陈鹤琴教育思想研究文集

U0804691

纪念
陈鹤琴先生
诞辰130周年

①　理论篇

江苏省陈鹤琴教育思想研究会　编

南京师范大学出版社

图书在版编目(CIP)数据

陈鹤琴教育思想研究文集:纪念陈鹤琴先生诞辰130周年.1,理论篇 / 江苏省陈鹤琴教育思想研究会编. -- 南京:南京师范大学出版社,2022.8

ISBN 978-7-5651-5411-9

Ⅰ. ① 陈… Ⅱ. ① 江… Ⅲ. ① 陈鹤琴(1892—1982)—教育思想—文集 Ⅳ. ① G40-092.7

中国版本图书馆 CIP 数据核字(2022)第135045号

书　　名	陈鹤琴教育思想研究文集:纪念陈鹤琴先生诞辰130周年(1. 理论篇)
编　　者	江苏省陈鹤琴教育思想研究会
责任编辑	张泽芳　吴曼丽
出版发行	南京师范大学出版社
地　　址	江苏省南京市玄武区后宰门西村9号(邮编:210016)
电　　话	(025)83598919(总编办)　83598412(营销部)　83598312(邮购部)
网　　址	http://press.njnu.edu.cn
电子信箱	nspzbb@njnu.edu.cn
照　　排	南京凯建文化发展有限公司
印　　刷	南京迅驰彩色印刷有限公司
开　　本	787毫米×1092毫米　1/16
印　　张	17.5
字　　数	315千
版　　次	2022年8月第1版　2022年8月第1次印刷
书　　号	ISBN 978-7-5651-5411-9
定　　价	88.00元(全两册)

出 版 人　张志刚

出版说明

陈鹤琴先生是“中国现代儿童教育之父”，也是我国现代幼儿教育的重要奠基人，陈鹤琴教育思想不仅对20世纪我国的学前教育产生了深刻的影响，至今依然焕发着理论的光辉，指导着学前教育的实践。

为了纪念陈鹤琴先生诞辰130周年，江苏省陈鹤琴教育思想研究会出版了《陈鹤琴教育思想研究文集》。文集分为理论篇和实践篇两册。理论篇共有29篇论文，主要来自国内学者近十年来研究陈鹤琴教育思想的重要研究成果，以期刊上公开发表的论文为主，同时也兼顾了未公开发表的学术会议论文和硕博士研究生的学位论文。每篇文章的注释、参考文献基本沿用了原期刊的体例。实践篇共有28篇论文，其中5篇是江苏省陈鹤琴教育思想研究会“十二五”“十三五”优秀课题研究成果，另外23篇论文是从面向我会单位会员和个人会员开展的“纪念陈鹤琴先生诞辰130周年论文征集活动”所收到的3749篇论文中精心选择的部分优秀论文，以反映近年来在陈鹤琴教育思想引领下江苏幼儿教育实践探索所取得的成果。

为了保障文集选编的学术性与科学性、创新性与实用性，江苏省陈鹤琴教育思想研究会专门组织成立了由孔起英（南京师范大学教授、学术委员会主任）、叶小红（江苏省教育科学研究院研究员、学术委员会副主任）、何锋（江苏省教育科学研究院副研究员、陈研会秘书长）、田燕（江苏省第二师范学院学前学院教授、陈研会常务理事）、张晗（苏州幼儿师范学校教授、学术委员会课程专业委员会副主任）、张世义（扬州大学学前系副教授、学术委员会民办教育专业委员会副主任）组成的文集选编小组。选编小组从理论价值与实践意义的角度对这些成果进行了反复甄别，特别是对实践篇中的论文进行了有针对性的修改。入选文集的论文均征得了原作者的授权。

本文集聚焦“陈鹤琴教育思想的时代价值、传承及其实践创新”这一命题，指引广大幼教工作者重新去发现和理解陈鹤琴教育思想的丰富内涵，将其与当前学前教育改革与发展的新要求联系起来，不断拓宽我们的理论视野和实践策略，从而创造性地解决当前学前教育的实践问题。论文集的内容主要涉及如下四个方面：① 关于陈鹤琴教育思想的本体研究和比较研究；② 陈鹤琴教育思想与教师专业发展；③ 陈鹤琴教育思想与幼儿园课程改革；④ 陈鹤琴教育思想指引下的园所发展。

由于时间紧，我们收集和整理的范围也许还不够广泛，也没有给作者充足的修改和完善时间，书中难免还有差错，欢迎大家批评指正。

江苏省陈鹤琴教育思想研究会

2022 年 6 月

目　录

出版说明 …………………………………………………………………………… 001

活教育的时代意义与实践指向
…………………………………………………………………………… 虞永平 001

基于“活教育”理论的幼儿园科学活动研究
…………………………………………………………………………… 余雅洋 012

传承与超越:从教学游戏化到课程游戏化
…………………………………………………………………… 邱学青　高　妙 020

陈鹤琴实证研究对我国早期学前教育理论体系的影响
…………………………………………………………………………… 蔡　菡 032

陈鹤琴“活教法”思想滥觞及对当前幼儿园课程改革的启示
…………………………………………………………………………… 张永英 042

中国儿童心理学开拓性研究成果
——《儿童心理之研究》的学理意蕴探析
…………………………………………………………………… 李梦琪　李姗泽 054

农村幼儿园园本课程资源开发探析
——基于陈鹤琴的“活教育”思想
…………………………………………………… 李重阳　李国强　施东城 064

儿童经验、行动与大单元课程
——陈鹤琴的“活教材”思想研究
…………………………………………………………………… 吴小鸥 071

陈鹤琴教育思想研究 40 年:回溯与展望
…………………………………………………………… 李梦琪　李姗泽 081

陈鹤琴家庭劳动教育思想的内涵、原则与路径
…………………………………………………………………… 刘军豪 106

陈鹤琴儿童游戏思想的演进与启示
…………………………………………………………………… 史晓倩 113

陈鹤琴“活教育”的摇篮:江西实验幼稚师范学校研究
…………………………………………………………………… 吴梦洁 125

杜威教育思想对于陈鹤琴“中国化”幼教改造的影响
…………………………………………………………… 柯小卫　彭海蕾 133

让“活教育”思想在幼儿园教育中“活”起来
——北京市东城区光明幼儿园践行“活教育”思想的探索与实践
…………………………………………………………… 申玉荣　胡琳琳 143

为幼儿教育发现中国儿童,为儿童创办中国幼儿教育
——纪念陈鹤琴先生诞辰 125 周年
…………………………………………………… 王振宇　秦光兰　林炎琴 157

学习陈鹤琴的课程论思想进行幼儿园课程改革的思考
…………………………………………………………………………… 周丛笑171

论陈鹤琴特殊儿童教育观
…………………………………………………………………………… 严碧芳177

教育家陈鹤琴新论
…………………………………………………………………………… 王伦信185

走科学化的中国幼儿教育道路
——纪念教育家陈鹤琴先生
…………………………………………………………………………… 陶西平195

基于陈鹤琴教育思想的幼儿园故事教学实施探析
……………………………………………………………………… 赵东群　王春燕205

基础教育国家级教学成果奖巡礼(二)
——单元课程的实践建构:陈鹤琴“活教育”思想的传承与发展
…………………………………………………………………………… 崔利玲210

陈鹤琴儿童音乐教育思想的内涵与当代价值
……………………………………………………………………… 李　欢　王小英220

陈鹤琴学前教育现代化探索的价值取向与路径分析
…………………………………………………………………………… 贾宏燕229

“原则”、“举例”与“讨论”的儿童教育范式
——陈鹤琴思想的时代道德解读
…………………………………………………………………………… 阮素莲237

教育思想的文学再现
——陈鹤琴童话初探
…………………………………………………………………………………………… 祖　琴244

我们应该为幼儿提供怎样的阅读文本
——从陈鹤琴先生对幼儿故事特征与价值的分析来思考
…………………………………………………………………………………………… 郑　荔250

回归命脉:重审陈鹤琴的“活教育”目的论
…………………………………………………………………………………………… 黄书光255

陈鹤琴游戏思想对当前幼儿园游戏实践的启示
……………………………………………………………………………… 陈晓红　黄　进262

陈鹤琴“精密观察”教学原则的探索与实践
…………………………………………………………………………………………… 徐玉杰266

活教育的时代意义与实践指向*

虞永平

一、陈鹤琴与活教育

陈鹤琴是真正的教育家，中国现代幼儿教育之父、儿童心理学家、中国现代学前教育学科的重要奠基人、中国学前师范教育体系的重要开创者、中国儿童玩教具研究的拓荒者，为我国学前教育的发展做出了重大的贡献。他的“活教育”理论至今仍具有重要的创新意义和实践指导价值。

活教育于20世纪20—30年代孕育，1923年在南京成立的鼓楼幼稚园和1929年在上海成立的中华儿童教育社为活教育的产生奠定了坚实的实践基础。活教育是20世纪40年代形成的一个新儿童教育运动，也是一个划时代的教育运动。它是中国社会的产物，是适应中国人民的需要，经历了一系列的实验而产生的。活教育是一种适合中国实际的教育制度，也借鉴和吸收了西方现代教育的核心思想，与陶行知先生倡导的生活教育一脉相承。活教育也是较早在西方产生影响的中国教育理论。

在创立江西省实验幼稚师范学校期间，陈鹤琴提出了活教育理论，并将该理论运用于幼稚师范学校的教育过程之中。活教育孕育在儿童教育（幼儿园和小学教育）之中，是对改进儿童教育的深入反思和迫切愿望催生了活教育。1940年，陈鹤琴在主题为“什么叫作‘活的教育’”的演讲中首次提出活教育。他说，我是最喜欢儿童的，同时我还可以说今天在座的诸位也都是喜欢儿童的，儿童总是可爱的，即使最低能的儿童。“我今天武断地说一

* 本文原载于《早期教育》（教育教学）2021年第12期。

句，儿童的命运，将来的前途，很大程度上操在教他们的成人手中，这是多么重要啊。”

活教育是一种真正旨在改变“浪费童年”的教育。陈鹤琴指出：“不会教小孩，不知贻误了多少聪明的儿童，埋没了多少天才的儿童，没有合理的教育去教我们的小孩，没有把我们的小孩的聪明与天才发展出来，这真是太可惜了。”陈鹤琴正是从这种对教育的反思和感慨当中，看到了教育中没有儿童的严重不足，引出了活教育，提出要改变教育，改变教育的目的，改变教育的内容，改变教育的方式。其实，这种情况直至今天还是没有从根本上改变，“小学化”现象的部分根源就在于此。“学前教育宣传月”宣传的就是要倡导儿童发展的活的教育。

活教育的本质是从儿童出发，主张教育必须为了儿童。陈鹤琴从对自己孩子的案例的分析中指出，很多成人其实并不了解孩子，随意采取的教育策略不能被孩子接受。为此，陈鹤琴说：“我可以肯定地说，要了解儿童心理，认识儿童，才能谈到教育儿童，这就是我们今天所讲的活的教育，而不是死的教育。”活教育活在追随活儿童，根据儿童的发展现状决定教育的内容、形式和方法，所以，活教育也是适宜于儿童的教育。陈鹤琴提出，什么是活的教育？简单地说一句，就是不是死的教育，我们要教儿童所需要的和应当知道的，我们不能一再贻误我们可爱的儿童，儿童不是皮球，更不是鸭子，而是一个有生命力和生长力的好动的小孩。我们所需要的教育不是打气或者塞鸭子，我们是要小孩自发主动地通过行动来学习。

活教育就是动用儿童的多种感官的教育。陈鹤琴指出，我们要活的教育，教材是活的，方法是活的，课本也是活的。我们大家要一起振作起来，研究儿童的切身问题，为儿童谋福利，尽量地利用儿童的手、脑、口、耳、眼，打破只用耳朵听，只用眼睛看，而不用口说，不用脑子想事情的教育，我们不能再把儿童的聪明、儿童的可塑性、儿童的创造能力埋没了。我们要效法狂风暴雨的精神，对教育也要以同样的手段纠正过去，开发未来。

活教育不是标新立异，想自外于一般的教育主张，而是不满传统的固陋和偏枯，想推动为全民幸福服务的一种教育运动。陈鹤琴指出，今天中国的社会及世界的趋势都是复杂而多变化的。我们中国人民的生活，无论在意识上和方式上都是多样的。在今天，我们还要求多数人闭门读书，把教育的意义停留在书本或学校的圈子里，这是不合公理也不可能的事。我们希望中国人民的教育是在生活上获得知识，以丰富的知识来提高生活，失去了生活的意义，也就失去了教育。我们提出的理论和我们的理想还有相当距离，正如一次长距离的旅行，提起了已经走了一段路程的腿，还要向着辽远的前程迈进。有刺手的荆棘吗？

有;有绊脚的石子吗？有。我们的步子有时候要迟缓一点,有时候要迂回一点,但是,我们的方向和意志永远不变。

二、活教育是一个完整的体系

活教育涉及教育的观念与实践,涉及教师和课程,涉及儿童的成长和发展,涉及国家和民族的未来,涉及幼儿园、小学和师范,要改进各层级的教育还涉及家长,要完善家庭教育。针对陶行知先生批评当时的教育存在“教死书、死教书、教书死,读死书、死读书、读书死”的现象,陈鹤琴提出“教活书、活教书、教书活,读活书、活读书、读书活”的思想,以努力改变当时教育的状况。

陈鹤琴详细分析了活教育与死教育的十大区别。他认为,死教育的主要特点是:“一切设施、一切活动,教师是中心是主体,学校里一切活动差不多都是教师的活动;教育的目的在于灌输许多无意义的零星知识,养成许多无关重要的零星技能;一切教学集中在‘听’,教师口里讲,儿童耳朵听;个人学习,班级教授;以威以畏来约束儿童;教师以个人主见来约束儿童;固定的课程,呆板的教材,不问儿童能否了解,不管与时令是否适合,只是一节一节的上,一课一课的教;儿童呆呆板板,暮气沉沉,不好动,不好问,俨然是小老人;师生界限分明,隔膜横生;校墙高筑,学校与社会毫无联系。”而活教育的主要特点是:“一切设施、一切活动都以儿童为中心的主体,学校一切活动差不多都是儿童的活动;教育的目的在培养做人的态度,养成优良的习惯,发现内在的兴趣,获得求知的方法,训练人生的基本技能;一切教学集中在‘做’,做中学,做中教,做中求进步;分组学习,共同讨论;以爱以德来感化儿童;儿童自定法则来管理自己;课程是根据儿童的心理和社会需要来编订的,教材也是根据儿童的心理和社会的需要来选定的,所以课程是有伸缩性的,教材是有活动性和可随时更改的;儿童天真烂漫,活泼可爱,工作时很静很忙,游戏时很起劲,很高兴;师生共同生活,教学相长;学校是社会的中心,师生集中力量改造环境,服务社会。”

此外,陈鹤琴还比较了死教育和活教育在课程、教学、儿童等方面的不同。如传统教育注重文字知识、听得来的知识、未经自己验证的知识。活教育注重大自然、大社会,以实际生活做出发点,观察事物、调查情况、从事实验,通过这许多活动的课程——“做”的课程、实际的知识、真实的经验,获得真知识。有了科学的依据,自己做出判断,这种知识才是儿童自己的。再如,学习方法上的不同。传统教育注重知识的传授,以教师为主,以社会为中心;活教育注重的是实际的做,要学生自己做,注意分组学习、集体讨论,以相互的经验来相互切磋。以儿童为主,以爱以德来感化儿童,每个儿童遵守集体公约,在爱的氛围中陶冶良好品德。

活教育是个完整的体系,其内容主要包括三大目标体系、十七条教学原则、十三条训育原则、学习的四个步骤、五项活动、活教育十个特点等。下面,主要从三大目标、五项活动和活教育十个特点来重温陈鹤琴的活教育思想。

(一) 三大目标

陈鹤琴在活教育体系中提出了活教育的“三大目标”:① 做人,做中国人,做现代中国人;② 大自然、大社会是知识的主要源泉;③ 做中学,做中教,做中求进步。同时指出,现代中国人的核心在于:

(1) 健全的身体。身体的好坏对一个人一生的生活、事业及抱负都具有很大影响。一个健康的人,他有理想,他乐观、积极、有毅力,他能担当起大事。我们应该锻炼身体,保持健康的身体,只有健康的身体才能担负起现代中国与世界给予我们的任务。

(2) 创造的能力。我们提倡培养创造力,并且从儿童时期培养起。儿童本来就有一种创造欲,我们只要善为引导启发,就可以事半而功倍。只要我们能加以适当的训练,就能培养他们一种创造能力。怎样训练呢?第一,要有劳动的身手,活教育主张“做”,做就是劳动。一切创造从不是从空中造楼阁,而是要劳动,需要做,从做中学,从做中求创造。第二,要有科学的头脑,把我们的头脑武装起来,认真认识大自然运动的法则,认识社会发展的路向,用科学的方法去做、去劳动,这样手脑并用才能创造。

(3) 服务的精神。我们要爱国家、爱人类、爱真理,并要为国家服务,为人类服务,为真理服务。如果我们只有知识和技能,却不服务于社会,只知自私自利,就失去了教育的目的,必须培养儿童的一种服务精神。我们要指导儿童去帮助别人,去了解大我的意义,肯服务,这才配做一个现代中国人,一个世界人。

(4) 合作的态度。我们的合作精神还不够彻底,所谓一个和尚挑水吃,两个和尚抬水吃,三个和尚没水吃,就是对我们中国人做人态度的一种强烈讽刺。只要人一多,就不知道怎样来合作……缺乏合作精神,确实是一个严重的缺陷。所以谈做人,做现代中国人,首先要培养这种合作的态度。

(5) 世界的眼光。既然我们要做一个世界人,就必须有世界的眼光,所谓世界眼光就是对世界的看法,我们要有对世界的正确看法,必须要了解世界的事事物物,大自然是怎样运动的，大社会是怎样发展的，大自然大社会是与人息息相关的。

只有认识世界，才能使眼光远大，不斤斤计较个人的利害得失。要在日常生活中去观察、去体验，我们必须与大自然、大社会接触，追究大自然、大社会的运动和发展。活教育主张大自然、大社会都是活教材，以宇宙为学校，这样才能有世界眼光，才能做一个世界人。

（二）五项活动

陈鹤琴在活教育中提出了儿童的五项活动，即儿童健康活动、儿童文学活动、儿童社会活动、儿童科学活动、儿童艺术活动，又称“五指活动”。

陈鹤琴说，五指活动的五指是生长在儿童的手掌上的。换句话说，就是一切的活动要在儿童的生活上、智力上、身体上互相联系、连续地发展。如果把这只手掌当作成人的，那么儿童心身的发展就不能依据正常的途径前进，而每次活动也因此变得枯燥乏味，脱离儿童实际生活。因此，五指活动要注意儿童生理、心理的发展，要关注儿童的生活实际。五指活动的五指是活的，可以伸缩，相互联系。在幼稚园里，课程不是分割的，不是独立的，而是相互联系的。幼儿园课程是整个的，连贯的。依据儿童心身的发展，五指活动在儿童生活中结成一个教育的网，有组织、有系统，合理地编织在儿童的生活上。

（三）活教育十个特点

(1) 活教育的中心是儿童，在整个学习过程中，儿童就是能动的核心。学校中一切的活动是为儿童的，教师可以建议儿童去学什么，但最终要学习者来处置。

(2) 活教育的目的是要培养儿童良好的举止和习惯，发现他们的内心兴趣，锻炼他们生活的艺术。

(3) 新教育制度着重在做，在做中学，做中教，做中求进步。

(4) 活教育促进分组学习、集体讨论。儿童根据自己的需要和爱好，可以参加各种小型的活动中心。

(5) 在新制度下，儿童在慈爱的氛围中成长。

(6) 在新制度下，课程是根据儿童的心理和社会需要来编定的，而且教学的材料在需要的时候可以做变动的。

(7) 在新制度下，儿童靠自尊和自治来管理。

(8) 在新的学校内，我们看到儿童活泼可爱，他们忙碌地工作，快乐地游玩。

(9) 在新的学校内，教师与儿童共同生活、共同工作、共同学习。

(10) 在新的制度下，学校是社会的中心，教师与儿童集中力量重整环境，为社会服务。

三、从活教育原则看课程的变革

陈鹤琴在活教育教学原则的卷首语中指出，他提出的教学原则，受到了两位西方学者的影响。一位是格雷戈里，他提出了“七个教学原则”，更重要的是另一位，威廉·詹姆士，他把教育心理学运用于具体的教学过程，让教学原则生动明了。

陈鹤琴说，十七条教学原则是根据最近儿童心理学的学说和他自己的教学经验来写的，他的目的与格雷戈里和詹姆士一样，实现“心理学的具体化和教学法的大众化”，使得做老师的和做家长的读了都能了解和应用。

原则一：凡是儿童自己能够做的，应当让他自己做

没有一个儿童不好动，也没有一个儿童不喜欢做，他自己动手就可以得到肌肉运动的快感。生活中有很多练习的好机会，他做过了，就有了自己的感受，就建立了跟外部事物之间的联系。在学校里的一切活动，凡是儿童自己能做的，应当让他自己做，自己动手即是做，做了就与事物发生了直接接触，就得到直接的经验，就知道做事的困难，就认识事物的本质。要知道做事的兴趣越做越浓，做事的能力越做越强。陈鹤琴说：“‘做’这个原则，是教学的基本原则，一切的学习，不论是肌肉的，不论是感觉的，不论是神经的，都要靠‘做’的。”“所以，凡是学生能够做的，你应该让他自己做。”

原则二：凡是儿童自己能够想的，应当让他自己想

一切教学不仅仅要在“做”上打基础，还应当在思想上下功夫。最危险的就是儿童没有思考的机会。思考是行动之母，思考没有受过锻炼，行动就等于盲动，流于妄动。各种教学你都不应该直接告诉儿童种种的结果，应当让儿童自己去实验、去思想、去求结果。教师的责任是从旁指导儿童怎样研究、怎样思想，越俎代庖是教学中的大错，直接经验、自己思想，是学习的唯一门径。

原则三：你要儿童怎样做，就应当教儿童怎样学

要让儿童获得某种行为或品性，就要有针对性地用适宜的方式去教儿童，让儿童学得有效，真正能通过学习获得这种行为或品性。尤其是应该让儿童在行动和体验中去学习，很多行为的获得，讲解并没有实际的用处，必须在体验中学习。如游泳、炊事及得体的说话均是如此，一定要使他们在适当的自然、社会环境中，得到相当的学习。

原则四：鼓励儿童去发现他自己的世界

学校所学的实在是很少，即使老师拼命地注入填塞，儿童所学到的东西还是不够用的，而且所填塞的东西都不容易消化，不容易理解，并且和学问修养仍然没有太大关系。把一本教科书翻开，遮住了儿童的两只眼睛，儿童所看到的世界只不过是一本六寸高、八寸宽的书本而已，儿童的世界多么大，有伟大的自然界亟待他去发现，有广博的大社会亟待他去探索。花草树木、鱼虫鸟兽，风霜雨雪，日月星辰，多是儿童知识的宝库。儿童的世界是儿童自己去探索、去发现的，他自己所求来的知识才是真知识，他自己所发现的世界，才是他的真世界。

原则五：积极的鼓励胜于消极的制裁

应该利用儿童人性普通的好恶来鼓励儿童怎样做人，怎样求学，要多给孩子鼓励，不管是物质的还是精神的，对儿童来讲都非常重要。活教育不是消极的，而是积极的。你不要禁止孩子不做这样，不做那样，而应该教孩子做这样，做那样。一切的一切，你要用鼓励的方法来引导儿童的行为，来督促儿童求学。消极的制裁不会产生多大的效果，有时候反而容易引起儿童的反感。

原则六：大自然大社会是我们的活教材

有大自然、大社会意识的教师，就能够注重周围环境中的自然社会资源，不会满足于讲解，不会抱怨没有辅助材料、没有课程资源。大自然是我们最好的老师，大自然充满了活教材，大自然是我们的教科书，我们要张开眼睛去仔细看，伸出双手去缜密地研究。书本上的知识，是间接知识，你要获得直接的知识，确实而经济，你应该从大自然中去追求、去探讨。大自然是我们知识的宝库，是我们的活教材、活教师，我们应当向它请教，向它探讨。这种教学，教师教起来生动深刻，学生学起来兴奋有趣，我们何必将一部分一部分的教材四分五裂？应该整体地去把握课程内容。

原则七：比较教学法

比较教学法的好处，是它能使小孩子对所学的事物的认识格外准确，印象更加深刻，记忆更加持久。各种常见的事物都是可以用比较教学法的。自然物、国语以及做人等都可以用比较的方式来进行教学。这种方法能提高教学的效果，学起来比较生动、比较具体。总而言之，比较教学法在教学上是很有价值的，他在学校里应当占着重要的地位。你若用这种方法去教小孩子，那么小孩子对所学的事物一定学得格外有兴趣，认识一定格外清楚，印象格外深刻，记忆格外持久。

原则八:用比赛的方法来增进学习的效率

凡是儿童、普通儿童都喜欢比赛的。比赛有什么好处呢?比赛可以增加学习兴趣,提高学习效率。比赛分团体和个人两种,团体比赛的价值比个人比赛来得大,合作互助、牺牲精神可在团体比赛中培养的,但团体的范围应当常常加以扩大,不要变得太狭窄。比赛中有两种精神小朋友必须学到,就是胜则不骄,败则不馁。个人比赛又分两种,就是与他人比赛和与自我比赛。自我比赛比较来得妥当,我们应当多多采用。

原则九:积极的暗示胜于消极的命令

小孩子喜欢听好话,而不喜欢听恶言。利用这种心理教师可用激励教育法去教育儿童。积极的暗示就是一种激励教育法,它是软性的,比消极的命令要费时间精力,但其效果却非常之大。暗示可分为四种:一种是语言;一种是文字;一种是图画;一种是动作。其中动作的暗示性最大。做父母、教师的应当以身作则,利用动作的暗示去教育儿童。

原则十:替代教学法

小孩子生来无所谓好,无所谓坏。他时时喜欢游戏,我们应当想办法满足他的欲望,同时使他顾到别人的幸福,要使他参加共同生活,要使得他爱护公共事务。小孩子好奇的侥幸的心理也是有的,机遇诱惑可以引起他的好奇,我们可以利用各种游戏来满足他的侥幸心理。小孩子是好动的,他喜欢做这样,喜欢做那样,你没有东西给他做,他就要破坏,就要捣乱,所以我们要他做,要他建设,要他创造。小孩子喜欢合群,我们应当让他有一种正式的组织来发展他的能力,养成他们的群性。我们要用各种替代的方法来满足他的欲望,来发展他的个性,养成他的人格。

原则十一:注意环境,利用环境

儿童既然喜欢玩耍,大自然、大社会中都可以找到很多好玩的东西来做活教材和活教具。教师要有发现环境中教学材料的能力和敏感性,不断利用环境充实教学内容,让儿童有更多材料玩,有更多东西学。要做一个成功的老师,你一定要注意环境、利用环境,环境中许许多多的东西,初看与你所教的没有关系,仔细研究研究看,也可以变成很好的教材、很好的教具。

原则十二:分组学习,共同研究

班级教学与个别教学各有利弊,分组教学更具好处。它的好处在于两个方面,一是有组织的,二是经济的。它更注重教学过程。集体学习是活教育教学原则的一种方式。一个人的思想需要有刺激,有了刺激,思想就越来越多,越来越进步。别人给我们的刺激不一定是好的，但别人的刺激而引起我们其他的思想，同样也可以得到好处。三人行，必有我师。还有时候，态度非常重要，不要以为自己总是对的，别人总是错的，要大家贡献意见，择其类别加以分析而讨论之，那做事的兴趣就一定浓厚。一人做事与两人做事就不同，两人做事彼此商量，意思就多，就是享受也是如此。所谓独乐不如共乐，所以研究学问更应当共同来学习。

原则十三：教学游戏化

游戏是人生不可缺少的活动，不管年龄性别，人们总是喜欢游戏的。健康的小孩子是好动的、快乐的。假如在读书的时代，我们能够化读书活动为游戏，那么读书就会变得更加有趣、更加快乐、更加进步。但是人们总是认为读书的时代不应该游戏，把读书和游戏孤立分离开来看，完全是错误的。假如读书只有读书，读书不应该游戏，那么读书的生活会变得枯燥无味，哪里谈得上进步？

做到教学游戏化就要使读书活动兴致勃勃，学习进步迅速。游戏化适合于任何儿童，也适合于任何工作与教学，在教学游戏化过程中，我们老师还应该特别注意：一要注意方法与目的的结合。游戏的方法，本来是为了达到教学的目的而应用的，忽视这一点就失掉了教学的意义；二要注重多数人的活动，游戏化最容易产生的利弊就是让少数成绩好的小朋友来做，其余儿童坐着看，这无异于剥夺了大多数儿童的学习机会。教学游戏化是以做为中心的，也就是做中教、做中学、做中求进步的教学应用，其充实与发展还有待于大家研究与努力。

原则十四：教学故事化

所有孩子都是喜欢故事的，教学故事化就是利用孩子喜欢故事的心理来展开教学，丰富教学的内容，增进教学的成效。第一，故事与儿童的情感有交流作用；第二，故事情节的神奇能满足儿童的好奇心；第三，故事能激起儿童的想象力；第四，故事组织完整，意义连贯的事物更容易理解，适合于儿童的学习心理。教学故事化可以从两个方面来展开：第一是教材的故事化；第二是教法的故事化。教学故事化是活教育的新要求，它在教学过程中究竟能产生如何的影响，需要进一步研究。

原则十五：教师教教师

所谓教师教教师，就是举行教学演示或者组织巡回教学辅导团一类的组织。这是近代教育方法上的一种新趋势，不仅能够在一个学校一个城市里举行，同样可以应用“分组学习、共同研究”的原则，推行到所有学校中去，对于充实教师本身、提高业务水平有较大的帮助。

那种只用耳朵听，靠别人用嘴讲的讨论或者演讲方式不能收到成效，就是由于非亲身去做，不能切实感觉的缘故。教学演示能改变这种状况。教学演示的基本步骤就是担任教学演示的教师做好教学设计，并演示给到场的各位教师观摩，演示完后进行评奖，评论其优缺点，进而讨论怎样用新的方法选择新的教材，完成最合理的教学工作。

原则十六：儿童教儿童

儿童教儿童的好处在于以下三个方面：第一，儿童了解儿童的程度比成人更为深刻，由于他们彼此年龄相仿，兴趣易于接近，理解思想一致，尤其是儿童最乐于把自己的经验告诉别人，当学会一点新的东西时，他总是热心地去让别人知道。儿童了解儿童较为深刻，这是我们所要提出的儿童教儿童的第一个基本认识。这一条教学原则是根据陶行知的"小先生制"提出来的，意思是让儿童来教育儿童，让儿童来指导儿童。这种办法一方面可补充教师数量之不足，有益于教育的普及；另一方面可以对教师的教学起辅助作用，有益于教学效益的提高。第二，儿童鼓励儿童的效果比成人所能达到的更为巨大。儿童心目中认为成人能够做成这件事并不稀奇，所以我们说儿童教儿童，对被教儿童的鼓励更大。第三，儿童教儿童是教学相长，儿童为了要教，事先就得充分准备，在教过以后，他们对于教的内容必然认识得更加清楚。所以，儿童教儿童不但是被教者得益，即使教者本身也得到了很大益处。这种得益不仅仅是教材以内的知识范围而已，而且儿童获得了发展创造才能的机会。儿童教儿童的范围应该不断扩大，个别儿童轮流教，在同一学校、同一班级都能进行。各校的儿童可以轮流教，各国的儿童都可以轮流教。儿童教儿童是有效的教学，希望它能够与儿童互助运动紧密结合，推进人类文化得到进一步发展。

原则十七：精密观察

观察是获得知识的基本方法。精密观察，这是开启真理宝藏的钥匙。掌握这把钥匙，我们就更能接近科学真理。我们在教学过程中，如果能采用观察方法，一方面通过实地观察来实行教学，另外一方面通过实际研究来培养儿童善用观察的学习态度，则教学效果必将因此而得到提升。为什么用了观察方法就能增进教学效果呢？第一，由观察所获得的知识是直接的知识，其次，亲身阅历的经验印象最深刻，第三，容易发现问题，也容易解决问题。最后，我们可以说，观察不仅能增进教学效能，还可以培养儿童学习的兴趣与求真的态度。

观察的教学不仅促进学习兴趣，而且儿童的人生态度也将因此得到健全的发展。观察所依据的是客观事实，失去事实的支持，则附会造作都将产生。儿童养成观察习惯之后，一种尊重事实、求真求实的态度自然会建立起来。怎样进行观察呢？第一，全面的观察，第二，比较的观察，第三，系统的观察，第四，五官俱到的观察。观察是人类获得知识的基本方法。假使要教学能获得大的效果，则精密观察的方法便不能不予以正确地应用。

我们要学习陈鹤琴的问题意识和反思意识。陈鹤琴所关注的问题经历了近一个世纪，有些问题尚未真正得到解决，现在需要反思的是我们，需要行动的是我们。活教育充分体现了陈鹤琴的创造精神，即努力学习和研究西方的教育思想，又能立足中国实际，脚踏实地、深入实验，探究解决中国问题的中国方案。我们需要这种魄力和勇气，更需要这种精神和志向。

从儿童出发是陈鹤琴教育思想的核心支撑，也是活教育活的灵魂。从儿童出发，能让我们看清很多问题的本质，我们应该大力倡导，努力践行！

基于“活教育”理论的幼儿园科学活动研究*

余雅洋

一、陈鹤琴幼儿科学教育思想的理论基础——“活教育”

陈鹤琴先生的教育思想可以在他后期总结的“活教育”理论中找到依据。他早年的留美经历，使其“活教育”理论充满了实用主义的色彩，但是他的“活教育”理论又不是一味地照搬国外模式，而是基于本国国情进行的再创造，并经过长期的实践研究，可见他的教育理论具有中国化、科学化的特征。

（一）“活教育”的三大目标

“活教育”反对的是传统的“死教育”，为此陈鹤琴先生在《旧式教育与新式教育的分别》中就特别指出：旧式的教育是以社会为中心的，而以儿童为中心的教育是一种新式的教育。[1]陈鹤琴先生从“活教育”的目的、来源、实施进行陈述，其“活教育”的三大目标为：做人，做中国人，做现代中国人；大自然，大社会都是活教材；做中教，做中学，做中求进步。

（二）“活教育”的特点

“活教育”的特点集中体现在其课程与教学过程之中，笔者基于“活教育”的三大理念，从课程目标的设置、课程的组织与实施、教学的原则及方法等角度出发，将其“活教育”的特点概括为儿童本位、归于自然、以做为中心、教亦多术四大特点。

1. 儿童本位

儿童本位在其课程组织上是体现以儿童为中心。陈鹤琴先生认为：“儿童的活动组织

---

* 本文原载于《豫章师范学院学报》2021年第1期。

我们依据两个原则来拟定。第一个原则是‘根据儿童生活需要’，第二个原则是‘根据儿童的学习兴趣’。”[2]换句话说，一切的活动都应该以儿童为中心，从儿童的角度来组织活动，并且尊重儿童的主体地位。此外，他还强调活动的组织应该是根据儿童的能力、体力、智力、年龄上的差异而做出不同的安排，尊重个体的差异性，做到因材施教。

2. 归于自然

“归于自然”是“活教育”的显著课程特征。陈鹤琴在关于“活教育”课程实施这个问题上特别提到：“要晓得书本上的知识是间接的，大自然、大社会才是我们活的书，直接的书。过去我们明明有无限丰富的活教材不知采用，只知道捧着书本子死读，其实书本只能当做学习的副工具……现在我们在这里主张大家去向‘大自然、大社会’学习……去向活的、直接的‘知识宝库’探讨研究。”[3]这个思想充分体现在他实施“活教育”的场所，他根据不同阶段儿童的年龄特点，将儿童的活动场所分为了三个阶段，而每一阶段的活动场所都体现着自然的特性，如小动物园、小花园、小工场、小农场，等等。

3. 以做为中心

在“活教育”的教学方法中，不再局限于狭窄的教室内，而是侧重于室外的活动以及在活动中的探索与体验，通过直接经验来获取感性的认识，并且以“做”的方式培养幼儿的自主研究精神。陈鹤琴先生还特地举了一个有趣的例子来说明这个道理。曾经有一个小孩子问他竹管里是否有空气？如果有，空气又是如何进去的呢？[4]他认为这个孩子提的问题非常棒，但他并没有直接地告诉那个孩子问题的答案，而是决定与这个孩子一起“做”实验，共同研究这个问题。他认为“活教育”就应该让孩子自己去实验，自己去思考，自己去找答案，而教师只是一个辅助者的角色，归根结底，就是要让儿童自己去“做”。

4. 教亦多术

陈鹤琴先生批判传统的教育，很重要的一点原因是传统的教学方法过于僵化，所有的儿童都被安排在封闭的教室里，坐在指定的座位上，听着教师说教式地灌输知识。幼稚园的本意原是希望它成为儿童的花园，儿童可以自由地活动，自由地学习，而传统的教学却活生生地把幼稚园变成了“监狱”。因此，陈鹤琴先生强调“活教育”就是要改变传统的教学方法，教学必须游戏化。同时，教师必须改变传统的说教方式，为此，他提出了教师应该采用多种教学方法来促进幼儿的学习，如“小团体式教学法”“游戏式教学法”“整个教学法”“替代式教学法”“比较教学法”等等。

正是基于陈鹤琴先生“活教育”的目标及其特点，笔者才有了提出陈鹤琴幼儿科学教育思想的前提条件，这些思想在其幼儿科学教育领域也能够充分体现出来。

二、陈鹤琴幼儿科学教育思想

陈鹤琴先生对于幼儿科学活动实施的目标、内容的选择、活动的组织以及教学所采用的方法都有着一套完整的流程，并且他也将其运用到幼稚园的实践之中，其实践理念可以说是扎根于“活教育”理论。

陈鹤琴先生幼儿科学教育思想发源于“活教育”理论的依据如下：第一是坚持以儿童为主体，培养儿童创造力和研究精神；第二是充分利用周围科学环境；第三是注重幼儿的科学实践活动；最后是注重教学的整体性、游戏化和多样性。

1. 以儿童为主体，培养其创造力和研究精神

陈鹤琴先生在南京国民教育实验区为进行“活教育”理论的实践特地设计了五指活动的课程实施大纲，其中，在幼儿科学活动的目标设置中，他鲜明地提出了要培养儿童实验的兴趣和启迪儿童的创造能力。其目标与过去传统教育强调的对知识的掌握有着本质上的区别，并且要求每星期的科学活动必须不少于两天半是作为研究时间的。可见陈鹤琴先生更赞同科学教育应该注重对幼儿学习品质的培养，而不仅仅是掌握科学知识。他将幼儿科学教育的理念付诸实践，也取得了良好的效果。

2. 充分利用周围科学环境

陈鹤琴先生认为孩子有着爱自然的天性，并且通过这种天性，也可以培养幼儿的科学精神。因此他对于幼稚园的环境提出了很高的要求，以期能够借助这种环境对幼儿进行熏陶。他特别提到户外活动将会是幼稚教育的新趋势，因此在幼儿园的室外应该尽可能地利用草场、花园、菜圃这些环境，让幼儿从事种植和生产劳动，并借助饲养动物，和大自然亲密接触，与周围环境的相互作用，从而获得正确的认识，进而了解人与自然的关系[5]。

他承认科学活动是很难教的，但又是一门很有趣的课程。然而在实施科学活动过程中，有的教师常常受困于教材的选择，而陈鹤琴先生却告诉了我们答案——周围的环境。因此南京鼓楼幼稚园在教材选择上是以贴近周围科学环境为依据的。陈鹤琴先生说道：“自然环境最丰富不过了，可以说全年的课程都可以取材于此。四季变换的动物，阴晴雨雷的自然现象，没有一日是找不出新材料的，可惜幼稚园里并不注意到这层……”[6]因此他在南京鼓楼幼稚园的科学活动，是根据南京的气候和自然条件来选定课程内容，并通过组织

幼儿园内外的散步、参观郊游等实际的观察和园内实践活动的感性认识，培养幼儿对大自然的兴趣和热爱。

3. 注重幼儿的科学实践活动

所谓科学实践，就是幼儿必须通过“做”来接受科学教育。他的教学原则的第一条就是“凡是儿童自己能够做的，应当让他自己做”便体现在其科学活动的教学过程中。南京鼓楼幼稚园开展的“认识青蛙”的科学活动就为我们呈现了如何在做的过程中实现科学教育：活动的第一步是“实验”，要求幼儿研究和观察一只活的青蛙；但是仅凭幼儿现有的认知是不够的，因此活动的第二步要求幼儿学会“参考”，即通过自己查阅书籍做他的“参考”工作；在经过“实验”和“参考”后，幼儿要在自己的工作簿上写一篇关于青蛙生活的报告，或者是故事、童话，甚至是自编自导自演的戏本，这个过程被称为“发表”，最后是“检讨”，也就是教师与幼儿一起探讨这一整个的学习过程[7]。

在整个科学活动中，活动的主体是幼儿，幼儿在整个科学活动所要做的事情就是不停地“做”。观察研究、查阅资料、创作发表乃至最后的检讨，都是幼儿与教师一起做的过程。陈鹤琴先生始终认为只有自己亲自去做，与事物进行亲密的接触，才能借此获得直接的经验，认识到事物本身的性质。因此在鼓楼幼稚园的教学活动，不单单只是在课堂做，近如金陵大学农科的种植场、饲养园、附近的池塘，远如坐船到燕子矶，都是幼儿“做”的场所[8]。

4. 教学的整体性、游戏化和多样性

教学整体性是注重学科与学科之间的相互联系。陈鹤琴先生认为教任何一门学科都不应该仅仅局限于一门学科，也就是“整个教学法”，科学活动也是如此。举一个简单的例子，在一堂科学活动课上，教师应该先以实物来激发幼儿的兴趣：一只活生生的乌龟或兔子，接着教师应该组织幼儿通过观察实验去研究龟、兔的生理特点（自然常识方面）；再接着是组织讲故事，若幼儿有关于龟、兔的故事也可以分享（语言方面），这部分的内容对于幼儿深化认识也是很有帮助的；后面的活动教师可以组织幼儿对龟、兔进行描画、着色、剪贴、拼图甚至是表演（艺术活动）[9]。整个教学活动，不仅仅只是科学活动，也包括了语言、艺术等各个学科的整合。需要注意的是，陈鹤琴强调学科与学科之间不是简单生硬的拼凑，而是自然的衔接，这就是整个教学法。

教学游戏化是用游戏式的教学方法来教育儿童。陈鹤琴先生认为游戏是幼儿天生喜欢的，幼儿的生活本来就是游戏，并且幼儿一旦投入游戏之中，就会全神贯注地做属于自己的游戏。既然幼儿有这个天性，就应该利用这个动机去教导他们。比如说科学领域关于数学认知这一方面，与其用呆板的识数来教授幼儿，不如借助拍球游戏、投圈游戏等学习数学的游戏方法来支持幼儿学习。此外，在陈鹤琴先生的幼稚园里，教师会利用积木游戏，让小朋友自己来搭建房子，这个过程就是幼儿在建构自己对空间的认知；又如在花园里养着许许多多动物，幼儿在饲养动物过程中，辨别不同的动物种类，培养对自然的兴趣。由此可见，陈鹤琴先生希望科学活动乃至幼稚园的所有教学活动，都能做到学习与游戏的紧密结合，也就是教学的游戏化。

教学多样性即“教亦多术”。幼儿的科学教育不只是简单的示范讲解，由于其过程是以幼儿为主导的探究性活动，这就要求教师必须采用多样的教学方法来促进幼儿的学习，“小团体式教学法”“游戏式教学法”“替代式教学法”“比较教学法”都是南京鼓楼幼稚园经常采用的教学方法。

三、当前幼儿园开展幼儿科学教育的问题

幼儿期是科学教育的启蒙期，如果在此阶段能够培养他们获取科学知识的兴趣和能力，可以为今后培养他们成为富有创造精神的现代新型人才奠定坚实的基础。这是21世纪对公民的基本素质要求，也是终身教育的需要，其重要意义不言而喻。随着《幼儿园教育指导纲要(试行)》《3—6岁儿童学习与发展指南》《新幼儿园工作规程》(2016版)等文件的颁布，科学领域作为幼儿五大领域发展之一越来越受到重视。在过去数十年，科学教育常常被称作常识教育，这两者之间的区别在于：常识教育更强调的是幼儿对科学知识的掌握，相比较而言，科学教育则更强调对幼儿科学精神的培养，它包括科学的态度、科学的兴趣、科学的精神等等。正是基于我国对于幼儿科学教育认识的进步，科学教育才渐渐取代常识教育成为如今的主流思想[10]。

然而，幼儿科学教育的改革起步于最近十几年，一个新的理念往往是需要经历长时间的考验而渐渐走向成熟的。但笔者通过阅读大量各地关于幼儿科学教育开展的现状问题研究，再加上在园的实践观察发现，当前幼儿园在开展科学教育领域的实际实施情况并不尽如人意。笔者将从幼儿园科学活动的目标定位、内容选择、课程的组织与实施三方面进行阐述。

（一）目标定位

有学者指出中广大幼儿教师在理论层面已经认识到科学教育活动的重点是培养幼儿

的科学素养，引导幼儿自主探究，但是在具体的科学活动开展中仍存在诸多问题而使培养幼儿科学素养和探究能力的科学教育目标难以达成[11]。例如科学活动中教师的主导性过强而忽视了幼儿的主体性，这些都说明了教师对于幼儿科学教育的目标定位依然停留在浅层的认识，理论上的美好设想与实践层面上的操作并未实现相统一。

（二）内容选择

对于幼儿科学教育内容的选择，许多教师最大的困扰在于不知如何选材，虽然大多数教师会根据《指南》的要求以及幼儿园课程大纲选择一些合适的教材作为教学内容，但是有学者提到教师在选择科学教育活动的内容时会有意识避开那些自己不太熟悉的内容，选择自身熟悉的内容。这样就造成了科学教育内容的不均衡，幼儿接受的科学教育也是不均衡的[12]。除此之外，一些教师在选择教材时也存在着内容过窄过难，脱离儿童生活现实，缺乏实用性和适宜性等弊端。

（三）课程的组织与实施

在课程的组织与实施方面，也存在着许多问题。例如，教师偏重知识和技能的传授而忽略对幼儿科学品质的培养；对于教学探究的结果过分地关注，而忽视了整个教学最重要的环节——探究过程；此外探究过程流于形式，幼儿为了做而做；教学方法单一枯燥等。这些都是导致幼儿科学活动的开展不尽人意的重要原因[13]。

四、基于“活教育”理论的幼儿园科学活动

根据上述提及的当下幼儿园开展科学教育活动存在的诸多问题，笔者认为可以结合陈鹤琴先生幼儿科学教育思想，针对当下存在的问题，为当前幼儿科学教育活动的开展提供一些可行性的建议。

（一）幼儿园科学活动的目标设置应该尊重儿童的主体地位

一切的科学活动都应该以儿童为出发点，尊重儿童的主体地位。在陈鹤琴先生的教育理论里，始终坚持以儿童为中心，他将其称为“新式教育”。这个道理运用到现代教育亦是如此，我们在开展幼儿科学教育，应该时刻谨记发挥幼儿的主观能动性，而教师的作用就是从中加以引导，激发幼儿主动探究的欲望，培养幼儿的创造能力和研究精神。

（二）幼儿园科学活动的内容应该以自然科为主要学习内容

对于幼儿科学活动课程的内容选择，陈鹤琴先生告诉我们“大自然，大社会就是活教

材”,若教师能够充分利用周围的环境,因地制宜开展幼儿科学教育,是可以取得良好的效果的。在科学活动的开展过程中,许多教师的选材不当往往会造成幼儿无法获取真正的科学知识,因此教材的适宜性尤为重要。针对这一点笔者认为幼儿科学教育应该以自然科为主要学习内容,因为自然科是最贴近幼儿的生活,同时它又有一定的实用性。袁爱玲在对比中美科学教育课程中就提到美国科学促进会和科学教育委员会提出的科学课程方案中的课程目标是给予幼儿关于自然现象的第一手经验,建构和理解基本概念,发展自由探索和好问的态度[14]。可见其理念与陈鹤琴先生的科学教育理念有异曲同工之妙,这对于我们幼儿园科学活动的开展有很大启示。

(三)幼儿园科学活动的实施应该以探究活动为主要形式

在过去的科学教育活动课程中我们虽然强调幼儿必须通过“做”来培养幼儿的科学素养,但事实是许多教师将“做”流于形式,即一种停留在低水平的实验行为。陈鹤琴先生就曾经强调不能为了做而做。笔者认为“做”更强调的是一种“探究”,“探究”的主体应该是儿童,这一点我们可以从之前笔者提到的关于陈鹤琴先生教学四步骤:实验观察、阅读参考、发表创作、批评研究体会到。因此,幼儿园在开展科学教育时,应该以探究活动为主,让幼儿在过程中学会自我体验,自我反思。

(四)幼儿园科学活动教育方法应以游戏活动为主

教师在进行科学教育时应通过游戏化的方式来开展,游戏能够满足儿童的多重需要,儿童参与到游戏活动中,能激发他们的探究欲望,培养科学探究意识。因此,教师在进行科学教育时,首先是要创设游戏化的探究情境,激发幼儿学习的兴趣,使幼儿积极主动地投入到探究活动之中,感受科学的奥秘。再者就是开展游戏化的探究过程。由于幼儿的注意力、持久性都比较差,教师开展游戏化的科学探究过程,能确保幼儿对科学探究活动保有持久的兴趣。让儿童在游戏中学习,使科学与活动融为一体。

参考文献:

[1][2][3][4][7] 陈鹤琴. 陈鹤琴教育思想读本·活教育[M],陈秀云,柯小卫,选编. 南京:南京师范大学出版社,2012:131,76,77-78,15,81.

[6][9] 陈鹤琴. 陈鹤琴教育思想读本·幼稚教育[M],陈秀云,柯小卫,选编. 南京:南京师范大学出版社,2012:62,85.

[5][8] 陈秀云. 我所知道的陈鹤琴[M]. 北京:金城出版社,2012:24,28-29.

[10] 俞芳. 幼儿科学教育内容框架的分析与展望[D]. 华东师范大学,2010.

[11] 王铧莹.幼儿园科学教育活动师幼互动研究——基于 class 课堂互动评估系统的观察分析[D].福建师范大学,2014.

[12] 理丽娜.武汉市幼儿教师组织科学教育活动现状的研究[D].武汉:华中师范大学,2013.

[13] 吴志勤.幼儿园科学课程实施现状研究[D].西南大学,2008.

[14] 袁爱玲.中美幼儿科学教育课程的差异性比较[J].比较教育研究,2001,(01):38-40.

传承与超越：从教学游戏化到课程游戏化*

邱学青　高　妙

一、游戏化：贯彻“幼儿园以游戏为基本活动”精神之必然

理解游戏化，需要弄清楚“化”的含义。“化”有变化、改变的意思，用在名词或形容词后，构成动词，表示使事物或现象转变成某种性质或状态，如绿化、本土化等。游戏化，意指使事物或现象转变成游戏的性质或状态。以此，不难推出教学游戏化、课程游戏化的含义。但如何深入理解游戏化、教学游戏化和课程游戏化，是我们行动的出发点。维果斯基认为，游戏是学前儿童发展的主要源泉，并非一种占优势的活动形式。[1]这样的观点，有助于我们对游戏化的理解。

（一）游戏化：顺应学前儿童喜好游戏的天性

游戏以其浓浓的趣味、愉悦等特性，吸引游戏者乐此不疲地自愿加入。玩游戏的人为了快乐而游戏，为追求轻松、愉快、自由的体验，自愿被卷入游戏并陶醉其中。游戏是学前儿童发展的主要源泉，儿童心理最重要的变化，都首先在游戏活动中表现出来。这就意味着游戏好比放大镜的焦点，“游戏在一个密集形式里包含了儿童各种发展的倾向，而且本身就是一个主要的发展来源”[2]，游戏凝聚和孕育着儿童发展的方向。在游戏中，儿童的行为表现似乎总是高出他的日常行为，超越他的一般年龄。因此，陈鹤琴先生认为游戏是幼儿的生命，“游戏心”是儿童的天然本能，主张给予充分的机会、提供适当的刺激让儿童“多与万物相接触才好”。[3]《3—6 岁儿童学习与发展指南》正是顺应儿童的这种天性，主张要理

* 本文原载于《学前教育研究》2021 年第 4 期。

解幼儿的学习方式与特点——幼儿的学习以直接经验为基础，在游戏和日常生活中进行，珍视游戏和生活的独特价值，最大限度地支持和满足幼儿通过直接感知、实际操作和亲身体验获取经验的需要。在亲近大自然丰富多彩的生活、游戏化环境中，我们要营造愉快和谐游戏的氛围，彰显开放自由活动的魅力，吸引儿童卷入其中，体验过程并表现经验，满足儿童自主探索、自我实现的需要，确保因势利导地促进儿童有效发展。

（二）游戏化：浸润放松性警觉感的情境体验

从儿童早期开始，儿童活动就没有全部游戏活动时期和全部工作活动时期的区别，而只有着重点的不同。[4]维果斯基强调游戏并非一种占优势的活动形式，这种观点冲击了我们的常识。在实践中，游戏大都以非严肃的活动形式而存在，人们常常会利用游戏来增加活动的趣味性，却并没有认识到游戏的意义及其价值，人们对待游戏的期望值有待提高。伽达默尔从哲学诠释的角度出发，认为游戏者的行为与游戏本身有区别，游戏对于游戏者来说不是某种严肃的事情，[5]但游戏活动必然与严肃性关联，只有当游戏者全神贯注玩游戏时，游戏活动才会实现它所具有的目的。[6]游戏者需要严肃认真地对待游戏活动，否则就会成为“游戏的破坏者”而被驱逐出游戏，[7]游戏活动也会成为美国教育家杜威所指的缺乏目的的“傻淘傻闹”。

放松性警觉是保持两种状态的平衡：类似小孩的状态，被动的聆听状态。[8]所谓类似小孩的状态即儿童所呈现的具备创造性的游戏状态，及随之产生的对不可预知结果的开放心态以及对预测或估计的一种积极状态。被动的聆听状态类似于听一场精彩的古典音乐会，既放松又全神贯注。当儿童处于放松性警觉状态时，会更开放性地体验游戏，容易接受输入性的新经验。

儿童在保持游戏与被动聆听状态时，处于放松性警觉状态，[9]能在一种安全的情境下接受挑战。教师通过游戏化的情境，将儿童浸润在这种环境里，让儿童产生并保持一种放松性警觉感，既能使儿童感受到良好有趣的活动，又能让儿童始终以自然而单纯的方式接受挑战，使儿童学习成为看似自动化的主动过程。

（三）游戏化：创建最近发展区以激活经验联结

张雪门先生倡导“一种自动的游戏方法断不仅仅限于一种游戏的本身为止，总能在这个重要的半径上把各种活动和东西全画在一起”[10]的观点。游戏不是为了愉悦心境，游戏必须成为经验内容的主要部分。罗森菲尔德认为，如果没有某种情感，记忆是不可能的，情感才能激发记忆。因此，游戏化的情境，对儿童积极热情地参与大多数学习很重要。它不仅能促使儿童积极参与社会互动并保持良好的情绪，还能激发深层动机，对于儿童理解某事物起着至关重要的作用。

维果斯基提出，游戏创造了儿童的最近发展区，游戏中的社会互动、想象和表征的转换是一个复杂的认知过程，能导致更高水平的认知形式。游戏可以激发儿童的学习，促使儿童超越现有的发展水平，尤其是当更有经验或知识的他人予以其支持的时候。布鲁纳进一步强调，游戏情境为儿童提供的很多机会使他们能够自己制定和实施游戏规则，成人与儿童的互动为间接学习知识创造了"支架"，激起足以引导儿童的自觉性和行动向更高水平前进的冲动，以促使儿童力图表现自己日益趋向成熟的能力。游戏的最高目的是儿童的充分生长，能力的充分实现，以及引导儿童从一个水平向另一个水平前进。

二、教学游戏化：中国幼儿教育的本土化创举

中国第一个学前教育法规《奏定蒙养院章程及家庭教育法章程（1903）》（简称《蒙养院章程》）中规定，游戏位列蒙养院保育法之首。但由于当时师资多为教会出身女子，家境贫寒、年轻无知，盲从译文，材料匮乏，机械实施，儿童被动瞎学，[11]她们把谈话、手工、唱歌、识字、积木等科目，按时间段排在功课表上。教师高高地坐在上面，儿童很端正地坐在下面。教师教一样，学生学一样，全体活动不脱离教师的示范，儿童不能别出心裁。教师效仿西洋皮毛，简单地把教材《三字经》《百家姓》的内容变作了游戏、歌谣、谈话、手技，忽视儿童的兴趣。[12]尽管《蒙养院章程》把游戏作为首要的保育法，但当时幼儿教育以"灌输式"呈现"小学化"的现象较为普遍。

（一）关注游戏：中国幼稚园本土化的开拓性研究

从美国学成归来的陈鹤琴深知游戏在幼儿教育中的重要性。但当时中国幼儿教育封闭、停滞、落后，游戏在幼稚园首要地位的落实受到限制，低水平师资沿袭"小学化"，整天将儿童关在狭小、拥挤的"幼稚监狱"，游戏时身体相互碰撞。"不管儿童此刻要不要玩，而教师总叫他们去玩。"儿童的兴趣和需要被忽略，儿童过着简单乏味的生活，缺乏与环境和社会接触的机会。陈鹤琴一针见血地指出，"吾国社会对于游戏不加注意，甚有以为学校不宜让儿童游戏的，普通人常以游戏为顽皮[13]"，"为什么不准他游戏？为什么强迫他一举一动像我们成人一样？……假使我们要收教育的良果，对于儿童的观念，不得不改变；施行教育的方法，不得不研究"。[14]陈鹤琴观察发现"快感是儿童产生游戏的诱因，只有当游戏给儿

童带来快乐时，只有当儿童有好动的天性及游戏的能力时，儿童才愿意游戏”。因此，为改变游戏名存实亡、幼稚园“小学化”的局面，他大声疾呼革除流弊、实行改革。

陈鹤琴主张要把儿童教育好，必须了解儿童的心理发展。他十分重视通过亲自观察来了解儿童的发展，最早运用观察实验的方法，每日对其长子的身心发展变化和各种刺激反应加以周密的观察和实验，进行详细的文字和影像记录。通过808天的持续研究记录，他发现了儿童好游戏等心理特点，旗帜鲜明地提出儿童的“游戏就是工作，工作就是游戏”的观点，主张关注游戏对儿童发展的价值，认为“儿童好游戏是天然的倾向。近世教育利用这种活泼的动作，以发展儿童之个性与造就社会之良好分子”[15]。他从儿童身心发展的角度考察儿童游戏产生的原因与游戏的发展变化，对游戏进行了科学深入的研究。他在评述国外游戏学说的基础上，提出了自己关于游戏的价值、种类及发展阶段等观点。

在幼稚园课程研究的过程中，陈鹤琴提出了适合我国国情的“教学游戏化”等15条办园主张，他所创办的我国第一个幼教实验中心——鼓楼幼稚园的实验成果，也成为1932年国民政府教育部公布的《幼稚园课程标准》的制定基础。他的研究奠定了中国儿童教育科学化研究的坚实基础，开创了运用科学方法研究中国化幼儿教育的先河。

（二）教学游戏化：课程游戏化的观念初现端倪

陈鹤琴基于自己对儿童游戏的观察和研究，发现“儿童在一天醒的时候，只是动作，无所谓游戏，无所谓工作”[16]。他认为幼稚园没有必要把游戏与工作分开，当教育活动充满趣味，符合幼儿好游戏的天性时，幼儿会自觉地在活动中学到东西。幼稚教育的主体是儿童，游戏是儿童的生命。由此，陈鹤琴顺应儿童好游戏的本性，以“做”为中心，把游戏看作是儿童学习科目的入门途径或辅助方式；提倡在幼儿园教学中，用游戏式的教导法；主张幼稚园应当采用游戏式的教学法来教导儿童，即“教学游戏化”。用游戏的方式教育，儿童不但学得快、效果好，而且印象深刻。

所谓教学游戏化，就是“化”教学为游戏，游戏化的教学法是陈鹤琴提出的幼稚教育的原则之一。他观察发现“儿童总是喜欢游戏的，而且他游戏的时候会忘了自己，用全副的精神去做他的游戏，名义上虽是游戏，但所学的却是很好的东西”[17]。因此，他认为游戏化适用于任何人与儿童，也适用于任何工作与教学，年龄越小越适宜。对成人来说，凡事当工作做就痛苦，当作游戏做就快乐，更何况以游戏为生活的儿童呢？他以教颜色为例，教师不必拿出某种颜色、某种色纸教儿童识别，只要用各种颜色来画图画，用各种颜色来做昆虫的游戏。这样非但可以教颜色,还可以教自然科。由此,他认为游戏具有双重价值,即“游戏的直接用处,虽只是寻求快乐,然而间接的用处则甚大,因为它可以发展儿童的身心,使儿童的感觉敏捷,对于儿童的生活有莫大之助益,所以幼稚园应当采用游戏式的教导法去教导儿童”[18]。

针对当时幼儿教育小学化的倾向,他以读书为例进一步解释游戏化,如果能“化”读书活动为游戏,读书就会变得更有趣和快乐。名义上虽然是游戏,但所学的却是很好玩的学问、很好的东西。由此,陈鹤琴研究制作了识字牌、缀法盘等教具,教儿童通过各种识数的游戏去识数、识字。

“教学游戏化”的提法,是借鉴美国先进的“做中学”理论,基于中国幼儿教育的实际情况,建立在对儿童观察和研究的土壤里生长起来的,具有较强的适宜性;为扭转当时“灌输式”的“小学化”,给出了具体可操作的方法,解决了当时幼儿教育缺乏理论和实践的困难;奠定了近代中国幼儿教育的理论和实践基础。

(三)游戏即生活:对杜威“做中学”教育思想的呼应

杜威提出“教育即生长、教育即生活”,强调学校不能脱离眼前的生活,正如人不能脱离其生活的环境。教育就是儿童通过活动区体验和获得直接经验的过程,学校课程应该着眼于儿童心智的生活经验,从现有的直接经验开始,注重培养儿童对现实社会的适应能力。对于幼儿园的儿童来说,这个过程就是游戏的过程,“儿童的生活可以说就是游戏,用游戏的方式教育幼儿不但学得快、效果好,而且印象深刻”[19]。儿童在做事,就是在游戏,“没有一些游戏和工作,就不可能有正常的有效的学习”[20]。

陈鹤琴深受杜威关于“游戏”与“工作”在一定条件下可以相互转化思想的影响,“儿童对于游戏有一种天生的欲望,在低年级中最有用处”[21]。他看到了儿童游戏既有寻求快乐的直接目的,也有促进儿童发展的间接目的。他认为,对于儿童来说“游戏就是工作,工作就是游戏”。他以“做”为出发点,认为一切的学习,不论是肌肉的,还是感觉的、神经的,都要靠“做”。“教学游戏化”就是利用儿童好游戏的本性,激发其学习动机,让儿童自由、主动地“做”,充分尊重了儿童活动的主体性、积极性,强调了直接经验的重要作用。

可以说,陈鹤琴“教学游戏化”的重大历史意义在于,其受到杜威“教育即生活、教育即生长”理论的直接影响,吸收了杜威重视儿童“做中学”的直接操作理念,将杜威思想本土化、科学化地实践创新。这是立足中国本土、坚持儿童立场、关注实践问题的尝试,是借鉴外国理论、运用科学方法、创新教育理论的研究。以儿童立场作为儿童教育的起点,将儿童心理作为儿童教育的基础,正是当时中国传统教育所欠缺的。经过长期教育实践的总结和发展,陈鹤琴提出"以儿童为主"的基本观点,它与杜威提出的注重儿童教育的观念整体相似,不仅继承了杜威实用主义教育思想,还在本土化的研究中对中西文化进行了融合与创造。在继承实用主义教育思想的基础上,陈鹤琴根据中国国情做出了本土化、科学化的实践创新。

三、课程游戏化:对"教学游戏化"之传承与超越

陈鹤琴提出,幼稚园课程就是3—6岁孩子所能够做而且喜欢做的经验的预备。他认为幼稚园里的课程很容易游戏化,提倡幼稚园的课程应当采用游戏式的教导法。他提倡"教学游戏化",他相信无论什么工作,都可以化作游戏,要看教师的能力。[22]由于当时师资水平的局限,尽管他把画图、看图、剪纸、着色、穿珠、锤击、浇花、泥塑、玩沙等带有一定任务的动作,都看作是有教育价值的游戏,提倡大部分幼儿园课程都可以通过丰富多彩的游戏活动来进行,但并未能系统地付诸实践,他认为"其充实与发展,有待大家研究和努力"。当下,在幼儿园中提倡游戏化的课程理念,贯彻"幼儿园以游戏为基本活动"的精神,正是对我国幼儿教育思想的传承和创新,是历史发展的必然,"课程游戏化"沿袭了"教学游戏化"的命名,是对"教学游戏化"理念的回归,对儿童权益的尊重和保护,对幼儿教育质量提升的改革与创新。

(一)回归儿童立场,保障游戏权利

儿童立场的核心是保证儿童的游戏权利和游戏需要。《儿童权利公约》(1989)第31条明确规定:"儿童有权享有休息和闲暇,从事与儿童年龄相宜的游戏和娱乐活动……""应尊重并促进儿童充分参加文化和艺术生活的权利,并应鼓励提供从事文化、艺术、娱乐和休闲活动的适当和均等的机会。"实施课程游戏化就是保证儿童有充足的游戏活动时间,是对儿童权利主体地位的保护,是把游戏权利还给儿童,尊重儿童的独立人格,保障幼儿的游戏权利。只有让幼儿在尊重权利的环境中成长,他们才懂得如何尊重自己和尊重他人。

我国政府文件明文规定幼儿园"以游戏为基本活动",但由于对游戏与游戏活动缺乏清晰认识,实践中常常出现这样的混乱:强调游戏轻松、愉悦的性质,误把游戏活动当作随心所欲的非严肃活动;强调游戏自由的特性,理所当然地将游戏活动变成无须遵守规则的活动;强调游戏自主的性质,夸大了游戏活动中儿童的盲目自主,缺乏教育目标,致使教师难

以发挥教育指导作用……当下，游戏成为集体教学活动的摆设或调味品。幼儿园普遍存在“游戏困境”，即在理论上、口头上重视游戏，而在实践中、行动中轻视和忽视游戏。游戏与课程教学活动各自独立，重上课、轻游戏的“小学化”现象依然存在，形式上将游戏活动安排在一日生活的主要时段，从名称和形式上都提到了游戏，但并未能从真正意义上实现以游戏为基本活动。有观点认为，儿童在游戏就不在学习，即使认为游戏时在学习，但效果也不如老师组织的教学活动。尽管游戏是自由的，但自由的缰绳却牢牢控制在成人的手里。

为指导幼儿园和家庭实施科学的保育和教育，促进幼儿身心全面和谐发展，2012 年教育部颁布的《3—6 岁儿童学习与发展指南》中凸显了以下四层意思。第一，尊重幼儿独特的学习特点。珍视游戏和生活的独特价值，重视幼儿通过游戏、日常生活获取“直接经验”的学习方式。第二，强调一日生活皆课程的理念。一日生活的每个环节都蕴含教育的契机，教师要合理安排一日生活，最大限度地支持和满足幼儿主动获取经验的需要。第三，重视环境资源的作用。创设丰富的、有准备的教育环境，满足幼儿在游戏中获取经验的需要，通过直接感知、实际操作和亲身体验获取经验。第四，游戏从某种具体活动扩展上升为具有游戏性质、渗透游戏精神的幼儿园一日活动，杜绝“小学化”倾向。

课程游戏化的实施，旨在落实《3—6 岁儿童学习与发展指南》精神，充分凸显游戏性是幼儿园教育教学固有的重要特质。幼儿身心发展特点和学习方式决定了幼儿园必须“以游戏为基本活动”，这是对陈鹤琴“教学游戏化”理念和实践的延续。其实，“课程游戏化”的思想早在陈鹤琴提出“教学游戏化”时就已初见端倪。由于时代背景的局限，陈鹤琴的研究只是停留在将游戏作为教学服务的手段，顺应幼儿身心发展特点和认识规律，满足幼儿好游戏的需要。“课程游戏化”将游戏化的范围由教学活动扩展到一日生活的每个环节，落实了幼儿园“以游戏为基本活动”的理念；“课程游戏化”不再局限于把游戏作为一种手段，展现了游戏过程体验的本质特征；“课程游戏化”不再是人为地把某个活动变成游戏的性质，更强调基于幼儿的兴趣和需要，创设相应的环境调动学习者的积极性和主动性，激发儿童主动学习的动机，彰显了尊重幼儿主体地位和权利、尊重幼儿学习与发展规律的儿童观和教育观；“课程游戏化”关注幼儿在生活活动过程中的经验和兴趣，注重教师观察的过程性评价，让幼儿以自己喜欢的方式投入学习，开心游戏、主动探索、快乐成长。这样从内容到形式、从实施到评价都根除了“小学化”倾向，实现了从理念到形式的整体跨越。

（二）贴近幼儿心灵，丰富游戏性体验

“课程游戏化”坚持以儿童为本，以儿童的发展为核心理念，尊重幼儿的经验兴趣和学

习特点，关注幼儿游戏和日常生活对幼儿发展的价值，努力为儿童创造通过“直接感知”“实际操作”“亲身体验”获取经验的学习机会。儿童的游戏世界就是一个体验的世界，在游戏世界中他们尽情忘我、全神贯注、不知疲倦，充分享受着游戏过程的轻松、自由、新奇、刺激。这是一种心理体验，发生在一切“游戏性”的活动中。然而并非所有的游戏活动都一定存在游戏体验，也即并非游戏活动就能给儿童带来游戏性体验。

“游戏性”是游戏活动的一种客观特征，是以主体性为核心的积极向上的人格特征。利伯曼认为“游戏性”是判断活动是不是游戏的标准，是所有游戏活动的重要特征，它贯穿于游戏者的各个方面，包括身体活动的主动性、认知活动的主动性、社会交往的主动性、情绪情感的积极主动性等。赫伊津哈提出游戏有各种程度不同的特征，有时游戏性强，有时游戏性弱。游戏性强的孩子，性格开朗、态度积极、具有创造精神、交际能力强。杜威则提出游戏性是一种自由的精神态度，是心智的态度，游戏态度通过游戏表现出来；工作的态度和游戏态度一样，也是心智的态度。对于游戏者来说，有什么样的游戏态度，就表现出怎样的游戏。心智不自由的儿童，在游戏中表现出来的就是拘谨、无主见、无思考、没有想法，缺乏自我规划、学习的能力。因此，游戏性体验比游戏本身更重要。

“课程游戏化”并不拘泥于具体游戏活动，并不是把幼儿园的一日生活都变成游戏的形式，以游戏活动取代教学或生活，而是赋予幼儿园一日活动以游戏的性质，以游戏的魅力吸引幼儿自愿走进活动，使活动更贴近幼儿的心灵，让幼儿享受着游戏般轻松、快乐、无拘无束、天马行空的状态。幼儿园课程要以适宜的内容和方式引发儿童主动、充分地活动，让儿童有时间成为儿童，有时间成为真正的主动学习者。[23]只要幼儿感受到活动中轻松、自由的氛围，即使看起来像是严肃的工作，但心理体验到“游戏性”，就会严肃认真地参与，在有趣的活动中体验着严肃工作和学习带来的成就感和自信心。这样就能保证活动更接近幼儿身心发展的一般规律，更好地满足幼儿的兴趣和需要，使幼儿在一日生活中表现出自由、自主、愉悦、创造等品质。“课程游戏化”所提倡的自由，不是形式上外在表现的自由散漫，也非盲目地随心所欲或者伪装的自由。自由有边界，有自由的地方，就一定有规则的存在，离开规则也就没有自由的存在。追求自由不是目的，目的是养成遵守规则的态度和意识，学习遵守规则，更加专注、主动、积极地投入活动。“课程游戏化”是为了培养儿童心智的自由，培养儿童不必拘泥于事物特性的游戏态度，[24]是一种心智自由的态度，儿童不用去关心一件事情是否真正“意味着”他所比拟的东西。“课程游戏化”所追求的自由，正如杜威所言，是实现游戏态度与工作态度的转换，即培养良好的学习习惯和品质。

幼儿园要以儿童为本，创设丰富、多元的生活和教育环境，吸引幼儿自愿参与并有事可做，满足他们多样化活动的需要。只有当幼儿全神贯注、严肃认真地参与活动，游戏活动才会实现其所要达到的目的。“课程游戏化”并不是要让幼儿园取消集体教学，将所有的活动都变成游戏；并不是一定要组织多么好玩的游戏，而是要凸显那种让人着迷、入迷的，吸引人的节律与和谐，以自由的表象、规则的形式、节律的运动，以及神秘莫测、变幻未知、无处不在、无处不有的自由精神，表现游戏秩序的内在表征；不在乎是教学活动，还是学习活动名称上的变化，也不在乎是室内还是户外地点的不同，其目的在于使幼儿园教育回归并还原儿童本真的生活，让儿童在生活、游戏中积极主动、自由快乐地学习。

（三）聚焦幼儿生活，培养学习品质

游戏不是幼儿的全部生活，但没有游戏或很少游戏绝不是幼儿的生活，游戏是儿童生活的主要内容。陈鹤琴主张游戏是儿童重要的生活，游戏与生活是相融的。儿童生活的过程就是学习的过程，他们在日常重复着吃、喝、拉、撒、睡的过程中，逐步学会生活的技能，养成生活的习惯；在与成人、同伴的交往中积累着经验；在与大自然接触的过程中，感知各种自然现象、了解自然的丰富多彩……一日生活环节蕴含着丰富的学习与发展契机，儿童本能的生长总是在生活过程中展开的，生长是生活的内容，生活即发展，发展、生长即生活。在幼儿那里，非游戏活动也可能带有游戏的意味。正如杜威所言：一切非游戏的活动都可能因当事者的态度而披上游戏的色彩。游戏是自由的，是具有可塑性的。在自然生长的过程中，在较早的游戏时期，就应该注重良好的学习习惯和学习品质的培育。在幼儿玩假想游戏的同时，教师要将游戏的态度逐渐转化为工作的态度，以避免儿童在游戏中沉迷于恣意的幻想而脱离现实，要注意使儿童扩展和更精确地认识现存事物，获取某些熟练的技巧，来选择和支配各种方法，用以达到其目的。这样才能帮助他们很好地实现有效衔接，具备顺利进入小学学习的较好的心智、能力和习惯。幼儿在活动过程中表现出的积极态度和良好行为倾向，是终身学习与发展所必需的宝贵品质。由于幼儿在生活中获得的知识零散琐碎、粗糙浅显，似乎与系统的学业知识无关，导致那种打着为入学做准备旗号的“小学化”现象日趋严重。“小学化”的显著特征是忽略幼儿的游戏和生活，忽略幼儿在生活中的学习与发展，尤其是忽视幼儿社会性与情感、学习兴趣、学习品质、学习能力等方面的发展。如果为进入小学做准备而单纯追求知识技能的学习，忽视学习品质的培养，这对幼儿终身发展将十分有害。幼儿教育应该考虑幼儿认知、情感、社会性的发展，真正的入学准备应该是包括幼儿心理的、身体的、行为习惯、学习能力、学习品质等全方位的准备。这样的入学准备，

从幼儿进幼儿园之时就已经开始,幼儿在愉快的幼儿园生活中能获得身心全面和谐的发展。在实践中我们发现,越是幼儿感兴趣的游戏或游戏性活动,幼儿越投入、越专注,越能主动克服困难、勇于探索尝试。这里的主动、专注、敢于克服困难、不怕挫折等正是学习品质的基本要素。因此我们要尊重和保护幼儿的好奇心和学习兴趣,“善于发现幼儿感兴趣的事物、游戏和偶发事件中所隐含的教育价值,把握时机,积极引导”。游戏是“儿童的精神态度的完整性和统一性的标志。它是儿童全部能力、思想、以具体化的和令人满意的形式表现的身体运动、他自己的印象和兴趣等的自由运用和相互作用”[25]。生活化、游戏化的活动情景更容易帮助幼儿逐步养成积极主动、认真专注、不怕困难、敢于探究和尝试、乐于想象和创造等良好的学习品质。良好学习品质的养成又会进一步促进幼儿能力的发展。

四、幼儿园课程游戏化的愿景与展望

课程游戏化是一项由政府推动的学前教育质量工程,是幼儿园课程改革的探索性实践,以项目推动问题的解决。为保证可持续地推进项目实施,生态学的理论为我们提供了新的视角:把课程游戏化看作是整个教育生态背景中的一部分,将幼儿教育放在社会各种复杂的生态关系之中,构建由政府、园所、教师、家长相互联系平衡发展的共同体,协同共构形成课程游戏化实施的支持系统。

(一)政府规范引导,促进观念转变

《中共中央国务院关于学前教育深化改革规范发展的若干意见》明确指出:“以游戏为基本活动,珍视幼儿游戏活动的独特价值,保护幼儿的好奇心和学习兴趣,尊重个体差异,鼓励支持幼儿通过亲近自然、直接感知、实际操作、亲身体验等方式学习探索,促进幼儿快乐健康成长。”“遵循幼儿身心发展规律,面向全体幼儿,关注个体差异,坚持以游戏为基本活动,保教结合,寓教于乐,促进幼儿健康成长。”这是对《3—6 岁儿童学习与发展指南》精神的重申和对游戏的强调。幼儿园教育是一个系统的质量工程,课程是一个有机联系的整体,政府政策的规范与资源管理,可以保障游戏的权利,让游戏真正回归幼儿、真正进入幼儿园活动,从课程改革入手促进儿童观、教育观、课程观的转变。“课程游戏化”关注幼儿学习的特殊性,以儿童发展为核心,构建成就美好童年的文化生态。

(二)园所环境贴近幼儿的心灵,形成资源丰富的教育生态

保护儿童立场,落实《3—6 岁儿童学习与发展指南》精神,创设丰富的、有准备的教育

环境，满足幼儿在游戏中获取经验的需要，通过直接感知、实际操作和亲身体验获取经验，是拓展课程资源的来源和课程实施的重要途径。环境是重要的教育资源，园所要更加关注环境与幼儿发展的价值，创造与自然融合、开放多元、人际互动的环境，以及准备充足的材料和空间，构建主题资源和课程资源，提高资源使用的实效性，以满足幼儿活动的需要，支持幼儿在接触自然、生活事物和现象中积累有益的直接经验和感性认识，注重领域经验之间、目标之间的相互渗透和整合，促进幼儿身心全面协调发展。

（三）教师素养不断提升，营造宽松的心理生态

课程游戏化是幼儿园教师综合运用多种专业能力实现专业发展的必经之路。教师应逐步掌握幼儿学习特点和发展规律，提高观察分析幼儿行为的能力，将一日生活皆课程的理念落实到一日生活环节，科学合理安排一日生活、学习与游戏，关注生活卫生习惯、学习品质及良好行为习惯的养成。

伴随着课程游戏化的深入开展，教师迫切关注的问题得以解决，教师关注生活细节、利用课程事件和偶发事件观察并发现幼儿的专业能力持续提高，教师的专业自主权、课程建设能力持续提升，尤其是观察分析、环境创设、课程设计、评价反思能力和培养幼儿自主探索、发现问题、解决问题、持续深度学习的能力不断提高。幼儿园师资队伍力量得以随之增强。

（四）家园合作意识增强，同构和谐共育社会生态

从生态学的观点来看，儿童所处的家庭环境、与家庭成员之间的关系等，对儿童的发展至关重要。家长在幼儿园教育中扮演着越来越重要的角色。当他们发现孩子在游戏活动中能够积极参与和主动探究，就会加深他们对幼儿园教育的了解和幼儿学习方式的理解。幼儿在游戏活动中对事物的浓厚兴趣和积极探索也会激发家长的参与意识，因此，应引导家长转变观念，将入学准备从片面的知识准备变为学习习惯和兴趣的培养，彻底改变“小学化”倾向。纵观近几年的学前教育宣传月活动，“游戏，点亮快乐童年”“科学做好入学准备”“特殊的时光，不一样的陪伴”都在向家长传递着幼儿教育的核心理念，帮助家长形成科学育儿的理念并愿意陪伴孩子一起成长，使得亲子关系越来越亲密。优化家园共育关系，是实现家园和谐的现实基础。

参考文献：

[1] [英]本内特，等. 通过游戏来教：教师观念与课堂实践[M]. 刘焱，等，译. 北京：北京师范大学出版

社,2010:14.

[2] [美]劳拉·贝尔克,亚当·温斯勒.鹰架儿童的学习:维果斯基与幼儿教育[M].谷瑞勉,译.台北:心理出版社,1999:89.

[3][13] 柯小卫.陈鹤琴传[M].南京:江苏教育出版社,2008:99,100.

[4][20] [美]杜威.民主主义与教育[M].王承绪,译.北京:人民教育出版社,2001:221,212.

[5][6][7] [德]伽达默尔.真理与方法:哲学诠释学的基本特征[M].洪汉鼎,译.上海:上海译文出版社,1999:130,131.

[8][9] [美]凯恩,等.创设联结:教学与人脑[M].吕林梅,译.上海:华东师范大学出版社,2004:123.

[10][11][12] 戴自俺.张雪门幼儿教育文集(上卷)[M].北京:北京少年儿童出版社,1994:29,303,56.

[14] 戴自俺.张雪门幼儿教育文集(下卷)[M].北京:北京少年儿童出版社,1994:303.

[15][22] 陈鹤琴.陈鹤琴全集(第一卷)[M].南京:江苏教育出版社,2008:151,24.

[16] 陈鹤琴.儿童心理之研究(上)[M].武汉:长江少年儿童出版社,2014:196.

[17] 北京市教育科学研究所.陈鹤琴教育文集(下卷)[M].北京:北京出版社,1983:13.

[18] 陈鹤琴.陈鹤琴全集(第二卷)[M].南京:江苏教育出版社,2008:82.

[19] 唐淑.中国学前教育史(第三版)[M].北京:人民教育出版社,2015:255.

[21] [美]杜威.明日之学校[M].未经农,译.北京:商务印书馆,1935:233.

[23] 王秋.大型户外建构游戏的课程化探索[J].学前教育研究,2020(01):88-91.

[24] [美]杜威.我们怎样思维·经验与教育[M].姜文闵,译.北京:人民教育出版社,2005:173.

[25] [美]杜威.学校与社会·明日之学校[M].赵祥麟,等,译.北京:人民教育出版社,2004:86.

陈鹤琴实证研究对我国早期学前教育理论体系的影响*

蔡　菡

实证研究是指通过对研究对象进行观察、实验或调查，对收集的数据或信息进行分析和解释，以事实为证据探讨事物本质属性或发展规律的研究方法，主要包括量化研究、质性研究以及混合研究等方法。[1][2]为了提高我国教育研究的科学性，教育界普遍认为应加强实证研究。[3]学前教育理论体系的建构同样面临着加强实证研究，进一步科学化、本土化的问题。

回溯历史，我们会发现从西方幼儿教育理论进入我国之日起，我国的幼教工作者就没有放弃建构科学化、中国化的幼儿教育理论体系，其中以陈鹤琴、陶行知、张雪门等人的研究最为突出。[4]陈鹤琴通过对当时中国学前教育状况和基本问题的探索和研究，创建了中国化、科学化的幼教理论体系和实践体系。[5]因此，梳理陈鹤琴的实证研究，逐本溯源地把握这些早期的、开创性的实证研究对学前教育早期理论体系建构的影响，有利于我们深入借鉴前人基于实证研究建构理论体系的经验，辨析科学化地建构我国学前教育理论体系的思路方法。

一、陈鹤琴实证研究概述

（一）主要研究内容、方法及研究过程

陈鹤琴回国后，受留学所学和当时我国开展的一系列新教育实验研究的影响，他以一颗热爱儿童的赤子之心和改变中国状况的宏伟抱负，围绕当时国内学前教育急需重点研究

* 本文原载于《教育观察》2021年第36期。

的基础性问题开展了一系列具有开创意义的实证研究。这些实证研究涉及儿童心理学、家庭教育、幼稚园课程、幼稚师范教育等多个领域，并广泛采用了观察法、测验法、实验法、个案研究法等具体的研究方法。这些研究成果对当时学前教育地位的确认和研究方法的科学化起到了举足轻重的作用，也极大地推动了我国早期学前教育理论框架体系的建立。

1. 儿童心理发展规律研究

陈鹤琴有关儿童心理发展规律的研究主要采用观察法、测验法和实验法，具体的研究过程如下。

陈鹤琴认为，为了让幼儿教育科学化，要先研究儿童、了解儿童，进而按照儿童的身心特点去教育他们。因此，他的研究范围甚广，包括好奇心、言语、绘画、游戏、哭泣、惧怕、动作与抑制等多个方面，可以说这开创了用科学方法探索中国儿童心理发展规律的先河。[6]

第一，陈鹤琴综合使用日记描述法、轶事记录法、摄影记录等方式开展了儿童心理发展规律的个案研究：以其长子一鸣为研究对象，研究记录了其出生到 808 天的发展过程。

第二，陈鹤琴通过对一鸣和两个侄子 27 天的观察记录，收集了 357 个问句，并用图表来记录发问次数、问句体裁、问句性质等，以定量的方式呈现和分析有关好奇心、好问心的观察结果。

第三，陈鹤琴通过观察实验法对南高师附属小学和暨南第一义务学校共 73 名儿童进行了试验，以了解儿童的颜色偏好，研究儿童图画发展。陈鹤琴还对比了国外关于图画发展时期的研究，根据其子一鸣从会握笔到 10 岁 8 个月当中所作的 431 张画，提出自己关于儿童绘画的分析。这些研究都可作为今后儿童绘画教学、教玩具设计的理论依据。

第四，在开设心理测验课程的基础上，陈鹤琴根据国情改编、设计测验量表和测验材料，与学生一起深入中小学开展大量测验，内容涉及儿童知识测验、智力测验等方面，以期获得关于中国儿童的常模资料。

作为我国最早运用观察、实验等实证研究方法研究儿童心理发展的学者，陈鹤琴对儿童心理发展规律的研究成果收录于《儿童心理及教育儿童的方法》《儿童心理之研究》《儿童心理学》等著作和讲稿中。所研究出的儿童心理发展规律，对其教育思想的形成、后续教育研究的开展产生了基础性的支撑作用。

2. 家庭教育状况研究

陈鹤琴有关家庭教育状况的研究主要运用观察法和实验法，具体的研究过程如下。

陈鹤琴以自己的孩子为研究对象，结合研究一般儿童及父母对待儿童的态度方法，开展了家庭教育研究，包括观察记录其子一鸣的所受的家庭环境影响，以及创设惧怕情境观察孩子的反应等。根据研究所得案例及结论，陈鹤琴在1925年出版的《家庭教育》一书中提出了11条教导原则、25条卫生习惯培养原则、20条游戏与玩具的原则、13条责罚原则等家庭教育原则。这些原则不仅奠定了我国家庭教育的基本方向，而且对如今的家庭教育仍具有很强的现实指导性。

3. 幼稚园课程系列实验研究

陈鹤琴有关幼稚园课程系列实验的研究主要运用实验法和行动研究法，具体的研究过程如下。

1923年，为了改变我国当时幼儿教育照抄照搬外国模式的情况，陈鹤琴在南京创办了我国最早的幼儿教育实验中心——鼓楼幼稚园，探索中国化、科学化的幼稚园课程。凡是与课程相关的内容，陈鹤琴都以研究的态度去对待，如读法教学法的研究。在鼓楼幼稚园经过试验的读法教学法有七种，分别是游戏法、故事图画法、歌谣表演法、自述法、随地施教、采用教科书、复习法。[7]此外，陈鹤琴还开展了环境创设（教玩具）的针对性研究。

陈鹤琴有关单元（主题）课程模式的研究主要采用了实验法。在鼓楼幼稚园经历散漫期、论理组织期、设计组织期三个阶段的研究后，陈鹤琴发现“（第一阶段）没有组织的（课程实施方式）既然不对，（第二阶段）有了组织又走不通（强制兴趣、蔑视个性）”[8]165-173，而设计的、单元主题式的课程模式最为适宜。1927年上学期，单元（主题）式的课程组织方式在南京全城14个幼稚园试行，1927年下学期，单元（主题）式的课程组织方式在晓庄、燕子矶等乡村幼稚园里试行，均效果显著。抗战之后，陈鹤琴和鼓楼幼稚园的教师仍然在进行着单元教学的试验，为不同年龄班编制了教学单元，并出版了《一年中幼稚园教学单元》一书。

4. 师范教育研究

陈鹤琴有关师范教育的研究主要采用调查法和实验法，具体的研究过程如下。

1925年，陈鹤琴与张宗麟沿沪宁、沪杭甬两线，对南京、苏州、杭州、绍兴、宁波等地共16所幼稚园和2所育婴堂进行了为期半月的实地调查研究，发现当时的幼稚园照搬照抄外国模式非常严重：各女子师范之设幼稚师范科，实效法各教会学校之成法，师范教师为外国人，所用教材教法莫不取资于西洋，进而导致师范生所学如是，则出校服务亦必如是。[8]97-99 陈鹤琴认为这一问题的解决之道在于由中国人自己培养幼稚师资。因此，1940年，陈鹤琴在江西泰和创办公立幼稚师范学校。

陈鹤琴主张师范教育一定要实验，认为只有通过实验才能获得切实的改进。围绕“活教育”的理念，陈鹤琴提倡的师范实验的内容包括师范课程、教材教法、师范学制等。[8]339 在师范研究期间，陈鹤琴形成并实践了他著名的“活教育”理论，并将“活的教育”作为师范学校的校训，倡导学生使用“做中学”的方法。

（二）实证研究结论为陈鹤琴教育思想体系的建立提供支撑

1927 年，陈鹤琴在鼓楼幼稚园实验的基础上总结写成了《我们的主张》一文，依据儿童心理、教育原理及社会现状，提出了适合中国国情的、办好幼稚园的 15 条意见，进而确立了中国早期学前教育的实践体系，也为 1929 年《幼稚园课程标准》的拟定奠定了基础。对比其之前的研究及结论，不难看出《我们的主张》提出的 15 条原则与陈鹤琴开展的实证研究有着密切的关联(见表 1)。

表 1 《我们的主张》提出的原则与实证研究的关系

《我们的主张》提出的原则	陈鹤琴开展的实证研究
原则 1:幼稚园是要适应国情的	所有实证研究的出发点
原则 2:儿童教育是幼稚园和家庭共同的责任	家庭教育研究
原则 3:凡儿童能够学的而又应当学的，我们都应当教他 原则 4:幼稚园的课程应以自然社会为中心 原则 5:幼稚园的课程须预先拟订，但可以临时变更	基于鼓楼幼稚园的课程实验研究，逐渐形成的“大自然、大社会”都是活教材的主张以及对设计教学法的实验结论
原则 9:幼稚园应当有充分而适当的设备	鼓楼幼稚园中对教玩具的研究
原则 6:幼稚园第一应注意的是儿童的健康 原则 7:幼稚园是要使儿童养成良好习惯的	关于卫生习惯的研究
原则 10:幼稚园应当采用游戏式的教学方法去教导儿童 原则 11:儿童的户外活动要多 原则 12:幼稚园要多采取小团体的教学方法	儿童心理规律研究所总结的 7 个幼儿心理特点:好动、好模仿、好奇、好游戏、喜欢成功、合群、喜欢野外生活
原则 13:幼稚园的教师应当是儿童的朋友 原则 14:幼稚园的教师应当有充分的训练	幼稚园及师范教育实验研究

可见，陈鹤琴先生主张实证研究，在长期实证研究的基础上，以实证研究结论指导其教改实践，并将实证研究和实践经验所得作为支撑，提出了自己的立论观点。这使得他的理论主张具有强烈的科学化特色，而不是单凭经验的盲行。陈鹤琴总结概括出了一整套适合中国儿童的科学教学方法以及相应的理论体系，因遵循科学的儿童发展规律、育儿规律，而具有长远的生命力。

二、陈鹤琴实证研究对我国早期学前教育理论体系的影响及现代启示

陈鹤琴所做的系列实证研究，以及基于实证研究和教育实践所产生的教育主张，对我国早期学前教育理论体系的建构产生了深远的影响。从本质上来说，他的研究很好地回答了关于“为什么研究、研究什么、如何研究、研究的学科视角、研究结果运用”等理论体系建构过程中的基本问题。围绕这些问题梳理分析陈鹤琴的实证研究与早期学前教育理论体系的关系，将有助于我们重新反思、澄清当前学前教育理论研究及理论体系建构的目的与方法。

（一）确立了我国学前教育理论体系中国化、本土化的价值诉求

“让幼稚教育适合中国国情”既是陈鹤琴20世纪20年代初投身于研究的初衷和目的，也是其毕生的心愿。不论是对儿童心理的研究还是对幼稚园课程的研究，陈鹤琴都坚定地实践这一价值立场。陈鹤琴研究的最终目的，是探寻“适合国情、培养现代中国人”的理论与课程实践。

要办适合中国国情的教育必先了解中国儿童之心理。因此，陈鹤琴首先开展的是儿童心理发展方面的研究。他认为学校的教材和教法理应以儿童已有知识为依据，而儿童的知识与心理学和儿童教育是有密切关系的。为了对当时儿童所掌握的知识的数量和质量问题进行问卷调查，陈鹤琴在借鉴国外研究的基础上，调整问句结构及核算方法，编制成更为科学且适合国情的自编知识测验问卷，将其运用于研究中。

陈鹤琴在进行课程实验并基于实验提出教育主张的过程中，更是反复强调了中国化的重要性。在1927年发表的《我们的主张》一文中，陈鹤琴尖锐地指出，“今日抄袭日本，明日抄袭美国，抄来抄去，到底弄不出什么好的教育来”，并提出“幼稚园是要适应国情的”。[9]110 1940年之后，他提出的“活教育”理论体系，更是将“活教育”的目的定为“做人，做中国人，做现代中国人”[10]。在1951年发表的《幼儿园的课程》一文中，陈鹤琴再次将“是民族的，不是欧美的……如此幼稚园的教育才不致与社会脱离而收事半功倍之效果”[9]110 列为编制课程的十大原则中的第一条原则。1979年，在全国幼儿教育研究会成立大会上，陈鹤琴再次指出当年创办南京鼓楼实验幼稚园，其主旨就是试验中国化的幼儿园教育：“外国有许多经验，但不能不加分析地照搬照抄，要结合中国实际情况以实践

来检验。”[9]664-665

正是有着这样的中国化情怀和立场，陈鹤琴的研究一直有着旺盛的生命力，并奠定了中国学前教育理论体系的基本价值立场，影响着一代代的幼教工作者投身于“摸索出一条中国化的幼儿教育路子”的事业中。

（二）明确了“问题导向”“实践所需”的理论体系构建方向

纵观陈鹤琴的实证研究，他选择的绝大多数研究内容，都是基于当时实践中的具体问题。第一，为了研究科学化的幼儿教育，必先了解我国儿童的身心发展规律，因此，陈鹤琴以我国儿童为对象开展儿童心理学研究。第二，针对当时盲目照搬照抄外国幼儿教育的状况，陈鹤琴在归纳当时令幼稚园几乎变为“幼稚监狱”的四种弊病（与环境的接触太少，在游戏室的时间太多；功课太简单，团体动作太多，没有具体的目标）[9]1-4 的基础上，创办了鼓楼幼稚园，开展了课程实验研究。第三，针对当时幼教师资培训被外国教会控制垄断的问题，陈鹤琴认为必须由中国人自己来培训师资，以通过实验产生确当而完整的、适合中国国情的新学制、新课程、新教材和新教法，以创立适合我国国情的师范教育。[8]3 于是，1940 年，陈鹤琴创办了幼师（幼专）学校，通过实验建立起培养幼教师资的完整体系。第四，在创办幼师学校期间，针对陶行知提出的对我国传统教育之弊病的“死教育”批判，陈鹤琴提出了“教活书，活教书，教书活；读活书，活读书，读书活”的思想和口号。

可以说，陈鹤琴进行的一系列实证研究，都是基于当时学前教育实践研究和理论建构中急需研究的现实问题提出的，这不仅让他的每项研究富有时代价值和理论意义，也使得他建构的理论体系能够贴合当时的实践所需，不仅在当时，即便是现在仍具有重大的实践价值。

（三）提出了基于科学化、实证观的研究方法论

陈鹤琴留美学习期间正是西方实用主义哲学和实证研究从萌芽走向兴盛的时期，他师从的教授也多是当时实证研究方面的权威，深受影响的陈鹤琴回国后开展的研究也大都以实证研究为主。这使得他成为我国第一位运用近代科学方法研究儿童心理、进行教育实验的教育家。陈鹤琴不仅自己重视实证研究，从事了大量关于儿童心理、教育教学的实证研究，还呼吁大家用科学化、实证观的研究方法来发展中国的学前教育。他的研究及相关论述很好地回答了学前教育理论体系建构过程中的“为什么要科学化的研究”“如何作科学化的研究”“哪些方面要作科学化的研究”等关键问题。

1. 为什么要科学化

陈鹤琴指出："幼稚教育，在我国幼稚极了……我们究竟如何可以使这种幼稚教育进展呢？这当然先要有人去实地研究。"[9]107 但是，他认为研究并不是单纯地学习研究他人的经验，因为这是间接的、不够的。"研究任何一门学问，我们应当直接去调查，去观察与实验，用事实来验证理论，这样的学问，才算是真学问。"[11]563-565 可见，通过实证研究的方法，发现验证一门学问的客观规律，是发展一门学科的主要方法。晚年，陈鹤琴再次强调："幼儿教育是一门教育科学，是基础教育的基础。搞好幼儿教育的科学研究工作，摸索出一条中国化的幼儿教育路子，与社会主义现代化建设有着十分密切的关系。"[9]661

2. 何为科学化的研究

在研究中，陈鹤琴用自己严谨、科学的研究态度，反思与批判的研究精神向我们展示了什么是科学化的研究。尤其是对儿童心理的研究，他不生搬硬套外国的研究成果，而是在介绍国外经验的基础上，以求实精神在实验中加以验证。以对儿童好问心的研究为例。陈鹤琴在了解克尔帕屈克、史密斯等人的研究成果之后，从"关于儿童好问的问题，除史密斯和霍尔二氏略有调查外，其余寥若晨星，就是他们所得结果，也不甚正确"的批判性视角出发，围绕"儿童为什么缘故好问呢？怎样问的、问的东西、问的方法，与儿童的年龄知识经验有没有关系？儿童的好问心与他的智力的发展有没有关系"等需要实验的问题，以自己的两个侄子为研究对象，采用了比霍尔的问答法更直接的直接观察法，收集了他们 27 天中自然发问的 357 个问句，并以次数、体裁、性质为分析单位进行分析。[11]252 最后，他得出了与克尔帕屈克不同的结论，并以此为基础提出教育的观点："从问句可以知道儿童的知识和经验；从问句可以看出儿童的兴趣；好问心乃输入知识之门……好问心这件事，在儿童方面是为启迪知识的关键；从儿童的父母和教师方面，是为施教的钥匙。"[11]262-263 陈鹤琴还反思了自己研究的不足，如研究对象只有两名幼儿，时间跨度只有 27 天等。总之，围绕研究内容和研究问题，陈鹤琴创造性地设计适宜的研究方案，综合运用多种研究方法(包括本土化改良国外研究工具、设计研究量表等)，以期收到预期的研究结果。

3. 科学研究的侧重点

1979 年，88 岁高龄的陈鹤琴出于对实验研究的重视，对当时幼儿园教育中亟待科学实验研究的重要内容进行了梳理，包括以下四个方面：对作为幼儿教育基础的儿童心理，做全面系统切实的科学实验；重视幼儿家庭教育的科学实验；对幼儿园教育进行系统、深入的科学实验与研究；对幼教玩具、教育的科学实验和制造。[9]661-664

基于自己亲身研究的体验，陈鹤琴进一步提出了“研究儿童者之资格”的五点要求：知科学的方法，具科学的精神；对儿童有敬爱之心；曾经研究过普通心理学；必须有恒心和细心；与儿童接触的机会要多。[11]503 可以说，陈鹤琴是建立科学化学前教育的提倡者和践行者，对推动学前教育早期理论体系的科学化具有开拓性的作用。

（四）将心理学、教育学确立为理论体系的基础学科

在哥伦比亚大学师范学院攻读心理学和教育学的经历，使陈鹤琴对儿童的心理发展规律有了深刻的认识，也受到了当时美国正在兴起的进步教育运动的深刻影响。陈鹤琴回国后开展的研究和实践，也多以心理学、教育学为理论基础。

1. 在心理学方面

陈鹤琴提出，为了让幼儿教育科学化，就要先研究儿童、了解儿童，进而按照儿童身心特点去教育他们。“做父母，做教师的，要怎样来实践他们教导儿童的责任呢？我觉得可靠的途径之一，便是要了解儿童……只有在了解儿童之后，我们对儿童的教导才能确实有效。”“我们要了解儿童，要教育儿童，就得老老实实地研究儿童心理学。”[11]563-565 作为我国最早运用观察、实验等实证研究方法研究儿童心理发展的学者，陈鹤琴研究出的儿童心理发展规律，对其教育思想的形成、后续教育研究的开展起到了基础性的支撑作用。基于对国外心理学理论的深入研究和对我国儿童的严谨研究，陈鹤琴总结出了儿童心理的 7 个基本特征，从而得出儿童尤其不同于成人的独特的生理、心理特点，因而树立了反对“把儿童当作小大人”的儿童观和教育观，提出儿童期具有很大的可塑性、可教性，并将其研究得出的我国儿童心理发展特点作为教育实施的理论依据。陈鹤琴坚持从儿童心理学等基础科学研究幼儿教育，1952 年出版的《儿童心理学》是陈鹤琴 61 岁时在南京师范学院讲授儿童心理学课程的讲稿。在阐述每一阶段的儿童心理发展规律时，陈鹤琴不仅针对性地综述了国外当时对某一阶段的研究成果以及自己对这一发展阶段的研究结果，还列出了对该阶段幼儿所做的“观察实验的内容提示”以指导学生观察，最后又提出针对这一阶段的教育建议。该书基于儿童期心理研究的结果提出的关于幼儿期教育的六条建议，为后人进行幼儿园教育的研究打下了基础。陈鹤琴对儿童心理学的研究是把心理研究从实验室转移到儿童教育的实践中，使儿童心理的研究能切实为教育实践服务。这不仅开创了儿童心理研究中关注教育实际的学术传统，也开创了中国幼儿教育的科学化道路。[12]

2. 在教育学方面

陈鹤琴曾留学美国，师从克尔帕屈克、孟禄等名师，深受当时以杜威为首的美国进步主

义教育的影响，反对灌输式的教学，主张“做中学”。这一思想不仅贯彻于鼓楼幼稚园开展的系列实验中，也贯穿于后续“活教育”理论的方法论中。在1948年《活教育——中国新教育的幼苗》一文中，陈鹤琴先总述了裴斯泰洛齐、卢梭、福禄贝尔、蒙台梭利等人的主张，详细介绍了杜威的主张及其开设实验学校的过程，进而指出：“我们现在提倡的活教育是接受着世界新教育的思潮，并和杜威一样地在创造理论，也在创造方法。”在详细介绍了杜威实验学校的5条原则之后，陈鹤琴提出了12条活教育的具体原则[8]337，并于1948年在12条基础上增加了5条，最终形成了活教育的17条原则。这17条原则体现出的活动性(做)原则、儿童主体性原则、教学法多样化原则、利用活教材原则、积极鼓励原则和教学相长原则等，基本上包含了当代教育心理学和教学论所提倡的主要原则。[13]

陈鹤琴基于教育学、心理学开展的实证研究产生了深远的影响，使教育学、心理学成为我国早期学前教育理论体系的基础学科，对我国学前教育理论走向科学化起到了开创性和决定性的作用。时至今日，心理学、教育学等前沿的动态变化，都为我们开展学前教育实证研究提供着新的切入点。

（五）构建了适合中国国情的教学实践框架和教育主张

1. 架构了适合中国国情的教学实践框架：幼稚园课程标准

在鼓楼幼稚园课程研究的基础上，1928年，陈鹤琴和胡叔异负责着手进行幼稚园课程标准的拟定工作。该标准在1929年作为暂行标准试验推行后进行修改，于1932年10月由教育部正式公布(1936年7月修正)，自此我国开始有了自己统一的幼稚园课程标准。[14]这是我国第一个国家正式颁布的、由我国专家学者基于本土研究、根据我国国情编订的幼稚园课程标准，它分为幼稚教育总目标、课程范围、教育方法要点三个部分。其中，课程范围分为音乐、故事和儿歌、游戏、社会和自然、工作、静息、餐点七个课目，基本上与鼓楼幼稚园课程实验的科目一致。该标准富有民族性和科学性，其在20世纪30至40年代的全国推广，极大地改变了我国当时幼儿教育的面貌，使其从抄袭外国、死板单调的旧教育传统中解脱出来，为我国现代幼教事业奠定了基础。

2. 提出了适合中国国情的教育主张：“活教育”理论

“活教育”理论是陈鹤琴最有代表性的理论主张，这一体系的建构及完善，是以陈鹤琴之前的儿童心理学研究、家庭教育研究、课程实验研究、师范教育实践研究等实证研究为基础的。陈鹤琴自己也明确指出：“之前的项目和实验，为活教育运动的到来铺平了道路。”[15]基于多年实证研究提出的“活教育”思想及后续提出的五指活动课程，不仅在20世纪 50 年代前对幼儿园教育产生过重大影响，也对 20 世纪 80 年代后延续至今的幼儿园课程改革具有重要的启示意义。

总之，陈鹤琴立足于中国国情的实证研究，为我国早期学前教育理论体系的建构作出了杰出贡献。在我国当前学前教育理论体系科学化的重要阶段，深入学习陈鹤琴先生的实证研究极其宝贵的成功经验，有益于加快中国化的学前教育理论体系的建设。

参考文献：

[1] 姚计海.教育实证研究方法的范式问题与反思[J].华东师范大学学报(教育科学版)，2017(3)：64-71，169-170.

[2] 袁振国.实证研究是教育学走向科学的必要途径[J].华东师范大学学报(教育科学版)，2017(3)：4-17，168.

[3] 程建坤，陈婧.教育实证研究：历程、现状和走向[J].华东师范大学学报(教育科学版)，2017(3)：150-158，174.

[4] 刘焱.关于建设有中国特色的幼儿教育理论体系的思考[J].学前教育研究，1996(4)：1-3.

[5] 虞永平，田燕.论陈鹤琴的幼儿园课程思想[M]//唐淑.童心拓荒——现代儿童教育家陈鹤琴.南京：南京大学出版社，2001：167.

[6] 何晓夏.简明中国学前教育史[M].北京：北京师范大学出版社，2013：191.

[7] 陈鹤琴.一年来南京鼓楼幼稚园试验概况[M]//北京市教育科学研究所.陈鹤琴全集(第二卷)[M].南京：江苏教育出版社，1989：5-16.

[8] 陈秀云，陈一飞.陈鹤琴文集[M].南京：江苏教育出版社，2007.

[9] 北京市教育科学研究所.陈鹤琴全集(第二卷)[M].南京：江苏教育出版社，1989.

[10] 中国学前教育史编写组.中国学前教育史资料选[M].北京：人民教育出版社，1989：344.

[11] 北京市教育科学研究所.陈鹤琴全集(第一卷)[M].南京：江苏教育出版社，1987.

[12] 张俊.陈鹤琴是中国现代儿童心理学的拓荒者[M]//唐淑.童心拓荒——现代儿童教育家陈鹤琴.南京：南京大学出版社，2001：182.

[13] 王春燕.幼儿园课程概论[M].北京：高等教育出版社，2014：207.

[14] 唐淑.我国第一个幼稚园课程标准简介[J].学前教育研究，1995(2)：18-19.

[15] 北京市教育科学研究所.陈鹤琴全集(第六卷)[M].南京：江苏教育出版社，1992：297.

陈鹤琴“活教法”思想滥觞及对当前幼儿园课程改革的启示*

张永英

“活教育”理论体系是陈鹤琴针对旧式教育“教死书，死教书，教书死，读死书，死读书，读书死”的局面，借鉴美国进步教育运动“从做中学”、陶行知生活教育运动中“教学做合一”的思想以及欧洲11国考察所收获的教育新趋势，在摩顶放踵数十载的教育实验中逐步形成的。“活教育”的目的在于培养有健全身体、有建设能力、有创造能力、能合作、能服务的“现代中国人”。“活教育”需要“活教材”“活教法”和“活教师”。前者便是我们今天常挂嘴边的“大自然、大社会都是活教材”，而关于“活教师”，我们不妨理解为能用好“活教材”“活教法”的践行者。陈鹤琴对“活教师”也有具体的七条基本要求，这需要另外撰文讨论。本文旨在对“活教法”，即“活教育”的实施过程作一探讨。陈鹤琴曾说过：“‘活教育’的研究和实施必须根据四个步骤：一是实验观察，二是阅读参考，三是发表创作，四是批评研究。”①“活教育”的研究和实施为何必须根据这四个步骤？其背后的哲学基础是什么？实施“活教育”的四个步骤与当前被引介到中国学前教育领域方兴未艾的项目课程的实施步骤是否有相通之处？对当前的幼儿园课程改革有何启发？本文将对这些问题展开探讨。

一、“活教法”的四个步骤

陈鹤琴在《“活教育”要怎样实施的》(1944)一文中结合一个研究青蛙的例子对实施活

---

* 本文原载于《南京师大学报》(社会科学版)2021年第6期。

① 陈鹤琴.陈鹤琴教育思想读本·活教育[M].陈秀云，柯小卫，选编.南京：南京师范大学出版社，2012：(代序)9.

教育的四个步骤作了较为详细的阐述。

"'活教育'教学的过程,可以分作四个步骤:一是实验,二是参考,三是发表,四是检讨。每一个小朋友都应当有一本他自己的工作簿。在工作簿上编他自己的教材。譬如一个小孩子,他研究一只活的青蛙,这种研究和观察的工作就是第一个步骤'实验'。但是这种实验是不够的,他还需要更多的参考书,什么关于青蛙生活的科学小品呀,故事呀,儿歌呀,他要这一类的书,这是他在做他的'参考'工作,也就是教学过程的第二个步骤。他在参考了这些书之后,可以写一篇关于青蛙生活的报告,或者编一个木偶戏或故事,或者是童话,或者是演一幕自编自导的关于青蛙的小小戏本,这就是教学过程的第三个步骤。在这一步骤之后,老师就和小朋友一起检讨这一个学习过程,这就是第四个步骤了。"①

该过程的第一个步骤是实验观察。这里的实验是指用眼去看、用耳去听、用舌去尝、用鼻去嗅、用手去摸……尽可能通过多种感官通道直接体验实物,并且相互补充地获得直接经验。当然,这里的直接经验并非体验者通过感官对外在刺激作出的被动反应,而是体验者通过有控制的感官操作及与思考的结合获得的主动经验。这个步骤的设计是对"死教育"中记诵书本间接知识为主的做法的反动。

记诵书本死知识不需要考虑儿童的兴趣需要,做法是"我讲你听",保障是教师的威严和惩戒,儿童完全处于被动的地位,故学习变成了儿童为考试、为家长、为老师的不得已的行为。在学习过程中儿童的好奇心和求知欲的流露往往还会遭到为师者的斥责,视之为离经叛道、刁难师长。久而久之,这样的教法便削弱、甚至泯灭了儿童好奇、求变、创造的天性。塑造的是被动静听、不思不问、驯服的心智习惯。没有问题的学习终究是旁观者式的学习,学习除了徒增厌倦并不会激起内在的动机。

但观察和实验,是有一定的促发机制的。观察和实验总有对象,总是因着某个对象引发了学习主体的好奇,才会有进一步的观察和实验。好奇意味着想知道,"什么(what)""怎样(how)""何时(when)""谁(who)""为什么(why)""哪里(where)""到哪里去(whither)""多少(much)",而这被陶行知称之为"八个顾问"。② 陈鹤琴认为这八个"学术顾问"是对做学问、做研究极有帮助的,需要"聘用"他们。因而这第一个步骤中包含了儿童对某事物或某现象产生兴趣,开展初步的思考,包括探问、猜测,并在问题的引导下进行观察和实验,获

① 陈鹤琴.陈鹤琴教育思想读本·活教育[M].陈秀云,柯小卫,选编.南京:南京师范大学出版社,2012:81-82.

② 陈鹤琴.陈鹤琴教育思想读本·活教育[M].陈秀云,柯小卫,选编.南京:南京师范大学出版社,2012:154.

得直接的经验。

"活教法"的第一步充分尊重和信任儿童作为学习者的主体地位，把关注、思考、探究的始发性和主动性留给了儿童的天性。这种顺应儿童天性的做法，久而久之，鼓励儿童形成"积极主动、认真专注、不怕困难、敢于探究和尝试、乐于想象和创造"①等学习品质(心智习惯)。

"活教法"的第二个步骤是阅读参考。陈鹤琴在对比"活教育"和"死教育"的时候指出，"活教育"的课程以"大自然、大社会做主要的教材，以课本做参考资料"。② 强调"做中学""从经验中学"并不等于完全排斥书本知识或间接经验。

"死教育"只重视书本知识传授的做法往往局限了儿童的世界，没有丰富的实际经验作基础，儿童对文字符号的学习只能通过记诵之功，比较、推理及抽象、概括等高级思维能力也很难获得发展的机会。各个科目彼此割裂，无法和生活世界汇通，使儿童无法理解学科经验在生活世界中的实际功用。除此之外，还会让儿童以为"读书"就是读"书本"，其余"实务"皆为奇技淫巧，不值一提。因而将书本中的世界和生活中的世界划出界线，无法将受教育与对实际生活的改良作相互联结。

"活教育"中的阅读参考则是在儿童对实物或现象作了一番观察或实验之后，在问题的导引下，有方向性地且充满意图地阅读，这是对信息资料的主动攫取，是解决问题的一种途径。书本此时可能成为儿童探究的向导，借助阅读，儿童可以节省时间，减少试误。这样的阅读能帮助儿童"思接千载"，站在前人经验的基础上继续自己的研究和探索。正如陶行知所言"接知如接枝"，"我们要有自己的经验作根，以这经验所发生的知识作枝，然后别人的知识方才可以接得上去，别人的知识方才成为我们知识的一个有机部分。这样一来，别人的知识在我们的经验里活着，我们的经验也就生长到别人知识里去开花结果"。

"活教法"的第二步设计扩展了儿童获取经验的途径，重在授之以渔。直接经验和间接经验不可偏废。直接的经验来自真实的生活情境，经验的生长指向更好地生活，因而这些经验是有意义的。而此时所阅读参考的间接经验是在已有直接经验基础上，为经验生长而服务的，会纳入儿童此时的经验系统中，成为有关联的、被理解的内容。这样做，久而久之，儿童掌握的是学习方法，而非仅是零散且与生活难以发生关联的死知识。除此之外，儿童的学习过程是儿童自己掌控的，儿童有自己选择的机会，这种掌控感也是儿童获得自信、安全感的重要来源。

---

① 中华人民共和国教育部. 3—6 岁儿童学习与发展指南教基二[2012]4 号，2012 年 10 月 9 日。

② 陈鹤琴. 陈鹤琴教育思想读本・活教育[M]. 陈秀云，柯小卫，选编. 南京：南京师范大学出版社，2012：143.

"活教法"的第三个步骤是发表。所谓发表是指儿童通过前面的两个步骤，在直接经验和间接经验相互作用以后获得了对某个事物或现象(或称主题)的独特理解，此种理解若通过个性化的方式加以表达，则能更深刻地得以建构。因而儿童可通过搭建、绘画、表演、制作故事书等多种适宜的方式来表达自己已经获得的理解，而在此过程中为了表达得更完善，也可能会回到步骤一和步骤二。

"死教育"中与儿童"发表"相对应的环节是"考试"。儿童要将从老师或书本那里得知的正确答案填写在试卷上，需要的是记忆的功夫。一旦知识点脱离了原来的情境，往往就不知该如何应对了。日常的"小考试"为的是检查知识是否掌握，检查是否已经掌握的最终目的是为了"大考试"中获得过硬的成绩。知识似乎是装在集装箱中从一处运到另一处，运送是一种实现社会身份更替或社会阶层流动的手段，而知识只是这种手段的一个帮凶。

"活教育"中的儿童发表则是儿童对某个主题通过探究后所获得更深入的理解的一种表达。这里的知识和经验也是流动的，但不是原封不动地被搬来搬去，而是具有个性化的面貌、并在流动中获得了增值。知识和经验是被运用在了真实的生产性的活动当中的，因而是灵动的，富有意义的。

"活教法"的第三步设计给儿童创设了运用知识的情境和机会。在制作、发表的真实情境中，有些知识会被儿童重新发现、重新发明，有些则被证伪而被抛弃或得以更新。间接经验在流通过程中实现了自身价值，孵化了新经验。在此过程中，儿童获得对知识经验的处身性理解：知识不仅需要传承，更需要创新；我们要敬畏知识，但并非不可挑战；表达自己的经验即是对这个知识世界的贡献。儿童按这个做法，长此以往，养成的是主动行动者的心智习惯；养成的是敢于挑战、不怕困难的实验精神。此外，儿童的发言常常以分组探讨的形式开展，小组成员间相互商讨和合作，这能锻炼儿童处理个人与他人及小群体之间关系的能力，增进民主的气质。

"活教法"的第四步是检讨。所谓检讨是指集体的讨论和反思。儿童在发表其作品后，可由老师组织或儿童组织大家一起来评点和修正。陈鹤琴曾指出："我们中国人个性很强，喜欢各自为政，在团体活动中，常常缺乏合作能力的表现。"①不仅如此，中国人似乎还特别吝于对别人欣赏和赞扬，而自己也不善虚心接纳他人意见。集体探讨的形式为儿童提供了体验集体生活的机会。集体检讨中的儿童有机会站在别人立场上尝试理解他人，也有机会

① 陈鹤琴. 陈鹤琴教育思想读本·活教育[M]. 陈秀云，柯小卫，选编. 南京：南京师范大学出版社，2012：72.

反躬自问在群体中的服务和贡献。

"死教育"的评价标准是确定的，评价过程只是看符合或不符合，评价主要通过试卷来进行。这种评价方式最终导致教育为考试绑架，一切以博取好的考试成绩为目的。教育丢弃其根本的育人目标，成为培养考试机器的工业生产线。

"活教育"采用集体检讨的方式来进行评价，这种方式需要学习共同体成员的全体参与，敞亮各自的视角。分享、对话、评价的目的不是为了作出正确与否的判断，排出你先我后的名次，而是通过对话融合，产生新的知识经验。这是一种集体生活的形态，这会促进个人在集体中作出恰如其分的表现。

"活教法"的第四步设计为儿童提供了体验集体生活的机会。集体探讨的过程不仅可以涵养儿童实事求是、坚持追求真理、虚心接纳他人意见的科学态度，更是培养民主价值观的有力途径。

至此，我们可以看到"活教育"教法设计是有明确意图的。书本主义的死教育，既脱离儿童心理发展这一基础，又不考虑社会发展对教育的要求。"活教育"强调"做"，怎么"做"的过程设计不仅充分考虑儿童的学习特点，而且考虑一个理想的社会对新社会成员的要求。教育要让儿童从关心自身的生活开始，依靠儿童的好动好问的天性、在探究和创作中获得建设能力和创造能力的生长。而个人在小组和集体中的学习既符合儿童好表达、交往的天性，更为其成长为具有合作精神、服务意识的公民奠定基础。这便通向了陈鹤琴提倡的"活教育"目的："做人、做中国人、做现代中国人(世界人)"。

二、"活教法"的哲学基础

"活教育"在20世纪40年代的探索并没有现成的方法可以照搬。陈鹤琴称之为"我们现在提倡的活教育是接受着世界新教育的思潮，并和杜威一样地在创造理论、也创造方法。"[1]可以说当时世界各国的新教育思潮都是"活教育"的参考，而杜威的芝加哥实验学校更是重要的参照。陈鹤琴曾说："我提倡的活教育是和杜威的学说配合的，因为活教育和杜威学说，其出发点如所走的路子、所用的方法有相似之处"。[2] 因而，我们要理解"活教法"的哲学基础可以去杜威学校的哲学基础中去探求。

---

① 陈鹤琴. 陈鹤琴全集(第四卷)[M]. 南京：江苏教育出版社，2008：270.

② 陈鹤琴. 陈鹤琴全集(第四卷)[M]. 南京：江苏教育出版社，2008：271.

“这个学校(杜威学校也即芝加哥实验学校，本文作者注)的教育哲学有两个主要组成部分，即社会与个人的关系，以及知识与行动的关系……”①这两组看似容易对立的概念在杜威这里是统一的。

“社会与个人的关系”在教育哲学中主要探讨教育如何能使个人发展为有社会担当、能使社会变得更好的新个人的问题。杜威认为尽管一个人要求生长的原始冲动和推动生长的最初动力是内部发生的，但使他的经验和能力不断生长更新的影响因素却来自错综的自然和社会环境。他所生活的社会环境中的一些人的鼓舞和行为、需要和痛苦都会增长他想要做点什么的冲动。这种内部的冲动和外部环境给予的充分的刺激的结合使拥有社会思想的新个人得以诞生。因而，学校要做的就是为这样的新个人的诞生创造适宜的社会生活环境——不以外在的灌输压抑自动求知的天性，而是鼓励主动的探究和创造，并且还要通过提供良好的集体生活形式使其受到民主生活的训练。“它试图不支配计划或订立规则，而是尽力供给学校这样一种社会，那是一种大家互利和互相关怀的关系，学生信任教师的帮助，懂得教师的指导。”② 由此便不难理解为何陈鹤琴倡导的“活教育”的教法中有小组学习、集体检讨这样的设计了。陈鹤琴还把“爱护儿童”作为从事“活教育”教学的教师的首要条件，因为“不爱护儿童的人必不为儿童所爱；儿童既不爱他，就不信仰他，不信仰他就不会听从他的领导”。③ 只有在“爱护儿童”的教师领导下，儿童才有机会、才敢于去参与、去行动、去表达。

“行动和知识的关系”是哲学认识论的问题。传统认识论认为真理是客观存在的，并且是独立于生活的，因而知与行可以相互分离。知识可以通过教学来传授，认识活动就是学生提取储存知识的过程。但杜威认为认识并非是世界旁观者的活动，而是有生命有体验的人对他所在世界真实生活的参与方式。获取知识并确保知识真理性的可靠方法是实验，科学的实验方法包含了观察、预测、验证、根据活动后果进行调整，再次实验，从失败中不断学习。这被杜威称作“认识论的改造”。杜威还提出“总有一天，认识论必须来源于实践，实践是获取知识最成功的方法，然后用这个理论来改进不很成功的方法”。④ 可见，杜威主张“从做中学”“从经验中学习”的教学方法便是从其认识论所作的推论。而这种方法也是真

---

①② ［美］凯瑟琳·坎普·梅休，等. 杜威学校［M］. 王承绪，等，译. 北京：教育科学出版社，2007：373－374.

③ 陈鹤琴. 陈鹤琴教育思想读本·活教育［M］. 陈秀云，柯小卫，选编. 南京：南京师范大学出版社，2012：82.

④ ［美］约翰·杜威. 民主主义与教育［M］. 王承绪，译. 北京：人民教育出版社，1990：355.

正开启心智、培养良好思维习惯的方法。“教学法的要素和思维的要素是相同的。这些要素是：第一，学生要有一个真实的经验的情境——要有一个对活动本身感到兴趣的连续的活动；第二，在这个情境内部产生一个真实的问题，作为思维的刺激物；第三，他要占有知识资料，从事必要的观察，对付这个问题；第四，他必须负责有条不紊地展开他所想出的解决问题的方法；第五，他要有机会和需要通过应用检验他的观念，使这些观念意义明确，并且让他自己发现它们是否有效。”①据此，我们可以确认“从做中学”这一活教法的哲学认识论基础及其所包含的要素，同时我们也看到杜威关于教法的五个要素与陈鹤琴活教法设计的相通之处，即要从对问题的观察实验开始，要有参考阅读，要有发表还要有集体检讨。这个程序把促进思维发展的重要因素——体验真实问题情境、参考间接经验、在实验中修正经验、在集体中检验经验等都囊括其中。并且如上节所述，由于将教学活动的过程置于小组和集体生活的背景中，儿童的得益便不止于智力这一维的经验生长，而是整合了心智习惯及道德的生长，当然还有身体的生长。可以说正是为培养完整的“现代中国人(世界人)”而量身定做。

三、“活教法”与“项目教学法”

“活教育”的试验在 20 世纪 50 年代后由于众所周知的原因并没有能够顺利地得以继续和推广。在陈鹤琴生前最后的岁月，他的思想和理论重新得到了肯定。陈鹤琴文集的整理和出版对其“活教育理论”的传播起到了重要作用。但不知何故，我们对“活教育”的学习似乎更倾向于一种理念上的吸收，或者是对活教育理论的部分元素的吸收。比如吸收“大自然、大社会都是活教材”这一思想，我们会表现在课程编制中选择与儿童日常生活经验比较接近的内容进入教材，但却没有充分意识到这依然只是教材中为儿童安排的生活，而非儿童真实的生活。此外，即便真正采用了“活教材”，大部分课程实施者对“活教材”的组织方法依然采用的是指向记忆的“死教育”的方法，以操作练习和复述为主，而非由真实问题情境驱动的一系列主动探究的活动，这就难免“穿新鞋走老路”。甚至我们也会看到将“做中学”片面理解为对某些材料的操作性练习，而讲究经验连续性和交互作用才能达成的“做中求进步”的教育成效在实际工作中非常鲜见。“活教材”和“活教法”并未能联合起来达到“活教育”所承诺的育人目的。这就好比我们把关注点一味地放在了菜肴的原料上，却忽视了菜肴的料理过程，把适合凉拌的菜进行了炖煮，不仅口感糟糕，营养也流失殆尽。不仅如

---

① [美]约翰·杜威. 民主主义与教育[M]. 王承绪，译. 北京：人民教育出版社，1990：174.

此，实践领域还在形成某种风气，注重"课程包装"，似乎给课程起个所谓有特色的名称，课程就高大上了。"约翰·杜威早就指出，学校里开设什么课程并不那么重要，真正重要的是课是怎么开的，怎么教的。"①不得不说，我们没能重视"活教育"的具体做法，是一种遗憾，就好比守着一处水质优良的泉眼却不自知，还四处引水。

四处引水的重要表现之一就是"方案教学"("项目教学法")的引进。"方案教学"是随着瑞吉欧经验的传播迅速在我国幼儿园受到热捧的。然而正如学者李季湄追问的："'方案教学'的本质究竟是什么？为什么我们需要它？我们想用它来干什么？"这些问题并没有得到很好的思考。"因此，尽管现在幼儿园里'方案教学'特有的'网络提纲'、活动照片、图片、记录等琳琅满目，'方案教学'的案例、著作也大量涌现，但令人产生橘生淮北而成枳的感觉的，我觉得不是个别现象"。②

"方案教学"又称项目教学法(The Project Approach)或项目课程教学，这并不是一种教导儿童的新方式，而是进步主义运动当中主要的部分，它的提倡者是杜威和克伯屈。在20世纪的六七十年代被英国的幼儿学校广泛地运用。1989年丽莲·凯兹与查德出版了《探索孩子的心灵世界：项目课程的理论与实务》，瑞吉欧也在20世纪八九十年代展示了一系列关于幼儿进行项目课程的成果，引起了广泛的兴趣和好奇。③

只要稍稍了解一下项目教学法的历史渊源便会发现原来"活教育"的方法和项目教学法在理论源头上是一个"门派"的。那具体的做法又如何呢？

项目课程的实施有三个连续阶段：

第一阶段——计划和启动：教师帮助幼儿厘清课程的焦点和想要通过调查获得解答的问题。

第二阶段——项目的发展：幼儿通常以小组方式对相关子题进行调查研究，他们需要变得主动，并要负起收集资料的责任。

第三阶段——总结和反思：幼儿会依循教师的引导，计划并执行一个高潮活动，这个高潮活动的内容是对调查的内容做总结与分享。

这三个阶段由五大具体策略来支撑：讨论、实地考察、调查、表述、展示。比如第一个阶段

---

① [美]奈尔·诺丁斯. 教育哲学[M]. 许立新，译，北京：北京师范大学出版社，2008：55.

② [美]丽莲·凯兹，西尔维亚·查德. 开启孩子的心灵世界：项目教学法[M]. 胡美华，译. 南京：南京师范大学出版社，2007：中文版推荐序第1页.

③ [美]裘迪·哈里斯·赫尔姆，丽莲·凯兹. 小小探索家——幼儿教育中的项目课程教学[M]. 林育玮，等，译. 南京：南京师范大学出版社，2004：2-3.

中儿童和教师可以通过讨论确定焦点问题，制订调查计划，并通过画画等表述方式呈现他们已有的经验等；第二阶段可以通过实地考察、调查（包括利用书本、网络等各种信息渠道获取相关信息）、讨论等途径来获得新经验；可以通过绘画、文字符号等方式呈现经验的修正或更新；第三阶段可以通过戏剧表演、设计班级制书、墙报、游戏等途径来展示新经验。[①]

与前文详细介绍的"活教法"的四个步骤作比较，不难看出两者内在基本逻辑的一致性：儿童首先要有一个有兴趣探究的问题，要对问题探讨作出计划或预测，接着在计划或预测引导下开展调查实验，然后把研究结果用多种形式进行表达，最后是展示分享和集体讨论。

之所以有如此相似的程序，实为两者以同一种教育哲学为基础。

再看瑞吉欧的项目活动，除更重视儿童多元的表达形式尤其是图画语言及通过教师纪录来助力儿童反思、加深教师理解外，其基本活动过程也是如此。

杜威在 1946 年讨论"进步的教材组织"的时候曾指出："在早期学校教育中，在幼儿园和低年级中，一种巨大的进展是维护了经验组织的社会与人的中心地位，而不是早先旧教育那样激烈地改变这个重心。但是教育上的一个突出的问题，同音乐中的突出问题一样，是转调问题。就教育而言，所谓转调是指把以社会和人为中心的活动转向更客观的合乎理智的组织计划。"[②]这是杜威针对当时保守者对于进步教育的批评所作的回应。进步教育力图革除传统教育的种种弊端，要改变的是旧教育仅仅依靠外部教材灌输导致的儿童被动学习，这里不仅涉及教材的改变，更有教法需要革新。当课程内容由来源于传统教材逐步为来源于儿童生活经验所取代，接下来便要"转调"至如何通过科学的组织方式促进儿童起始于自发兴趣的主动学习持续展开。这个过程需要"合乎理智"的组织，既要为儿童提供促进思维发展、养成良好心智习惯（学习品质）的机会，也要为儿童提供发展社会精神的机会，而前文所述杜威提出的教学法的五个基本要素和陈鹤琴的"活教法"实施步骤以及项目教学法的阶段及要素特征便都是这种"转调"后努力形成的方法。近几年风靡中国大陆的来自美国的高瞻课程（High/Scope Curriculum），其中作为其主要特征的"计划—工作—回顾"的活动顺序又何尝不是在杜威思想的基础上结合当代认知发展、脑科学等相关学科的研究结果而形成的"新"成果呢?![③]

---

① [美]丽莲·凯兹，西尔维亚·查德. 开启孩子的心灵世界：项目教学法[M]. 胡美华，译. 南京：南京师范大学出版社，2004：61 - 71.

② [美]约翰·杜威. 我们怎样思维·经验与教育[M]. 姜文闵，译. 北京：人民教育出版社，2005：291 - 292.

③ [美]安·S. 爱泼斯坦. 学前教育中的主动学习精要——认识高宽课程模式[M]. 霍力岩，等，译. 北京：教育科学出版社，2012：25.

四、对当前幼儿园课程改革的启示

无论是采用方案教学的意大利瑞吉欧，还是美国的高瞻课程，其根本的追求都和陈鹤琴先生的“活教育”是一致的，要培养“主动”的人，而这把钥匙就藏在教育的如何做中。世界范围内的学前教育实践已经从关注儿童“学什么”向儿童“怎么学”转变，“学习品质”成了各国学前教育改革的焦点，越来越多的实践者将“学习品质”视为学前教育质量提升的关键抓手。①

2012 年我国教育部颁布的《3—6 岁儿童学习与发展指南》对学前儿童学习品质的重要性给予了高度肯定和重视，强调儿童应在生活中学习和通过游戏来学习外，为我国的学前教育发展指明了方向。我们需要深入研究“学习品质”，研究培养儿童积极“学习品质”的方法途径。“学习品质”是一个中性词，积极的“学习品质”表现为情感维度的热情和行动维度的投入。教育中有很多因素会强化儿童对学习的热情，带动儿童在学习中的投入，同样，也有很多因素影响甚至破坏儿童所具有的积极的学习品质。这些消极因素有“成人和儿童之间非支持性的关系”“没有难度的、无关的课程”“不支持儿童在学习中投入和无法引起学习动机的教学方法”“严厉的规则”“依靠外部奖赏提升成绩”等。② 在一项深入幼儿园班级的田野考察中，研究者发现“幼儿园教师每日面对儿童做得最多和最重要的事是‘发指令’，从大量指向任务完成的具体指令到‘大量按教师指令行事’的元指令”且“教师指令多不被儿童悦纳，表现出又僵又直、不可变通的特性，教师对儿童违背指令行为的宽容十分有限”。③这让我们看到在当前幼儿园的日常生活中，教师和幼儿之间的互动还没有以彼此尊重、信任的支持性关系为基础。教师凭借“严厉的规则”和依赖“外部奖赏”来开展班级管理工作更是寻常。这些日日发生在班级中的日常实践样态对幼儿积极学习品质的养成是非常不利的。此外，在对幼儿园近年来方兴未艾的“项目活动”实施现状的调查研究中，研究者发现我国幼儿园实施项目活动存在教师缺乏项目活动的相关知识储备，④项目活动理念与传统活动理念存在冲突，⑤教师因对项目活动缺乏科学理解在实践过程中往往更注重外在形

① [美]马里奥·希森.热情投入的主动学习者——学前儿童的学习品质及其培养[M].霍力岩，房阳洋，孙蔷蔷，译.北京：教育科学出版社，2016：译者序.

② [美]马里奥·希森.热情投入的主动学习者——学前儿童的学习品质及其培养[M].霍力岩，房阳洋，孙蔷蔷，译.北京：教育科学出版社，2016：60.

③ 赵南.教师理解儿童的内在阻碍：基于一项田野考察的发现与反思[J].学前教育研究，2020(2).

④ 李聪颖.北京幼儿园实施项目教学的可行性研究[D].首都师范大学，2012：46－47.

⑤ 肖菊红，戴雪芳.幼儿园项目活动研究综述[J].江苏教育研究，2019(16).

式等困难。[1] 可见，幼儿园课程的组织实施方式——怎么教怎么学——已经成了幼儿园课程改革继续推进的瓶颈。在国家对学前教育事业发展前所未有的重视下，幼儿园课程改革做到需物质条件保障的形式上的生活化、游戏化还不算太难，真正难的是怎么通过幼儿园课程的生活化、游戏化的变革过程，将新时代的育人目标落实到细微之处。

陈鹤琴先生活教育思想体系中的“大自然、大社会是我们的活教材”因其话语通俗，表达内容明确已成了学前教育实践领域耳熟能详的流行语。在“活教材”思想的指导下，幼儿园改造环境，教师关注儿童生活，带着孩子们走进大自然、大社会，这已经成为较为普遍的现象。但这仅仅是第一步。陈鹤琴在 1927 年发表的“我们的主张”中对幼稚园应当教什么提出了三条标准：第一，“凡儿童能够学的东西就有可能作为幼稚园的教材”；第二，“凡教材须以儿童的经验为根据”；第三，“凡能使儿童适应社会的，就可取为教材”。[2] 这三条标准中儿童可以学和应当学的东西都须以儿童的经验为根据。正如杜威所言“教育必须以学习者已经具有的经验作为起点；这种经验和在学习过程中发展起来的能力又为所有的未来的学习提供了起点”。[3] 教育以儿童已有的经验为起点是为了保障儿童学习的兴趣和热情，但若是要通过学习获得经验的扩充和能力的增长，那就必须考虑教材组织的方式。“绝对不作计划的、废弃一切的组织，他们完全以临时的各种生活为主体，今天看到猫就来教猫，明天看到鸡就来教鸡，近乎设计教学派(其实大不相同)；并且他们所主张的理由，也着实言之成理，以为要适应儿童的需要，以生活为中心的教育，非如是不可……”[4]对于这一派的主张，陈鹤琴是不以为然的，甚至认为危害甚大。因为他认为“教育是有目标的，是按计划去达到目标的工作，毫无组织的做法，试问教育的目标何在？是否每天可以找到新材料，有了新材料是否教师都能临时预备得及？……”[5]而杜威也批判了关于知识组织的非此即彼的哲学。“人们时常认为，传统教育从知识的组织概念出发，几乎完全忽视现时的生活经验，既然如此，那么以生活经验为基础的教育就应当轻视那种关于种种事实和观念的组织。”[6]事实上如果以生活经验为基础的教育“不注意使人们认识更多的事实，不吸取更多

---

① 谢梦雪，陈时见. 我国幼儿园瑞吉欧方案教学的批判与改进[J]. 中国教育学刊，2019(3).

② 陈鹤琴. 陈鹤琴教育思想读本 · 幼稚教育[M]. 陈秀云，柯小卫，选编. 南京：南京师范大学出版社，2012：42 - 43.

③ [美]约翰 · 杜威. 我们怎样思维 · 经验与教育[M]. 姜文闵，译. 北京：人民教育出版社，2005：287.

④⑤ 陈鹤琴. 陈鹤琴教育思想读本 · 幼稚教育[M]. 陈秀云，柯小卫，选编. 南京：南京师范大学出版社，2012.

⑥ [美]约翰 · 杜威. 我们怎样思维 · 经验与教育[M]. 姜文闵，译. 北京：人民教育出版社，2005：291.

的观念，并把这两者更好地更有系统地安排起来，那么任何经验都是没有意义的”。[1] 在原有经验基础上的经验的拓展和深化并非如传统教育将知识“按照一定的分量配成若干份，一勺一勺地倒给学生”[2]，而是“在现时经验中发现的各种情况将被用来作为种种问题的源泉，这一特性使以经验为基础的教育同传统教育产生了差别”。[3] 比如，当教师和儿童在户外活动时，由于儿童天性是好动好问的，教师倘若能放手给儿童自由，并且真正关注儿童，能对儿童加以“同情的观察[4]”，便很容易发现儿童在对什么感兴趣。比如有一个幼儿园的班级里来了一只小壁虎，孩子们很好奇，但他们的兴趣点是不一样的，有的想知道小壁虎吃什么？晚上睡不睡觉？喜欢和谁做朋友？有的儿童从书上获得了很多这方面的信息，但也有的儿童认为书上说的不一定对，提出要养一只小壁虎看看到底是怎么样的。儿童种种不同的兴趣在杜威看来可以作为“生长中的能力的信号和象征”以及“最初出现的能力”[5] 来观察，以此为起点，教师要促进儿童经验的生长就要支持他们对自己的问题进行探究。比如针对有质疑精神，希望通过实验亲眼见证的儿童，教师联系家长为儿童在家中开展对小壁虎的观察实验创设了条件，并且提供了做记录和向同伴分享的机会。在这个过程中儿童通过自动的探求问题答案的理智活动不仅获得了事实和观念方面的经验拓展，判断力和理解力也得到了生长。更重要的是儿童敢于质疑、计划实验、反思调整、乐于分享等学习品质也都得到了鼓舞。这就是杜威为什么提出“教学法的要素和思维的要素是相同的”这一原则的目的。而陈鹤琴在同样的哲学基础上提出的四步骤“活教法”，才是其“活教育”理论体系的精髓。

今天的中国社会与近一个世纪前的中国社会相比，许多方面都发生了天翻地覆的变化。然而，我们也要清醒地意识到，要实现“中国梦”，要实现中华民族伟大复兴的历史使命，依然有赖于大批陈鹤琴描摹的“现代中国人”的培养。回望陈鹤琴的“活教育”理论，我们不得不为其理论的现代性、前瞻性所折服。同时，我们是否也要问一问“活教育”的思想是怎么发展起来的？它与当时的社会制度有着什么样的关系？我们现在在哪里？“活教育”可以为我们利用的东西是什么？

当前的幼儿园课程改革亟须从“活教材”开发向“活教法”研究“转调”，如此方能突破课程改革瓶颈，真正践履“活教育”思想，实现培养“现代中国人”的宏伟目标。

---

①② [美]约翰·杜威. 我们怎样思维·经验与教育[M]. 姜文闵，译. 北京：人民教育出版社，2005：291.

③ [美]约翰·杜威. 我们怎样思维·经验与教育[M]. 姜文闵，译. 北京：人民教育出版社，2005：288.

④⑤ [美]约翰·杜威. 学校与社会·明日之学校[M]. 赵祥麟，任钟印，吴志宏，译. 北京：人民教育出版社，2004：12.

中国儿童心理学开拓性研究成果*

——《儿童心理之研究》的学理意蕴探析

李梦琪　李姗泽

1920 年 12 月 26 日，陈鹤琴的长子陈一鸣出生。自此，陈鹤琴开启了他对个案追踪的实验研究。通过 808 天的跟踪观察、文字与摄影记录，陈鹤琴基于一手的观察数据与资料，结合心理学流派理论知识，系统且专业地总结与归纳了儿童心理研究的相关思想，汇集形成《儿童心理之研究》一书，于 1925 年出版。(该书曾由商务印书馆以大学丛书分上下两卷出版，于 1930 年、1933 年和 1947 年再版。全书分为二十四章，其中也收录了陈鹤琴在前期分散发表的部分论文)书中涉及儿童期的意义、儿童发展程序、儿童身体发展、儿童动作发展、儿童情绪情感发展、儿童道德训练方法、儿童艺术教育、儿童游戏研究、儿童的认知与思维发展和特殊儿童特点等多方面内容。

2020 年 12 月是陈鹤琴实施这一个案追踪实验研究的第 100 周年，对《儿童心理之研究》的学理探源，并非站在教育家思想研究的“光环”下，而是借中国首例本土儿童心理个案追踪实验研究的科学成果，以启发儿童心理研究之于儿童教育发展的研究根基所在与未来研究持续性的必要。从学理性的考究与分析来看陈鹤琴及其儿童心理研究的思想主张，其个人学科谱系来源于留美求学期间的师承关系，其知识理论渊源可以追溯至 19 世纪西方实验主义和实用主义心理学流派。陈鹤琴以个案系统追踪研究的一手资料为科学验证支撑，以强调环境和人对儿童心理发展的作用为精神主张内涵，以“儿童心理”切入儿童教育研究的分析视角，倡导“儿童期”的研究价值与意义。

---

* 本文原载于《动漫界·幼教 365》2020 年第 12 期。

一、学科根基:以专业学科理论和心理测验实践为知识储备

在美国求学期间,陈鹤琴先后就读于两所世界级的综合性高等学府,为其教育生涯奠定了重要的学科背景与专业知识。从其一生的求学经历来看,陈鹤琴个人学术研究之路的师承谱系主要是在霍普金斯大学和哥伦比亚大学师范学院逐步形成的。陈鹤琴自述,在霍普金斯大学的本科学习时期,基本处于"海绵吸水"式阶段;而到了哥伦比亚大学师范学院的硕士期间,便专心于教育或与教育相关的学科,"比第一个时期要专心得多了"[1],一大批具有社会影响力的心理学和教育学领域的权威人士对陈鹤琴的学术之路影响颇深。那时,他参与了拉塞尔(Rassell)、布里格斯(Briggs)、斯威登(Swedden)、荣格(Rugg)、斯特雷耶(Strayer)、塞勒(Sailer)、帕克雷(Bugloy)和凯内奇(Carnoy)等知名教授的课程。同时,他与教育史学科创始人孟禄(Paul Monroe)和克伯屈(William H. Kilpatrick),教育心理学体系创始人桑代克(E. L. Thorndike)和荣格(H. Rugg)等教授均有不同程度的往来,并获得过一些学术探讨的机缘,受到一大批美国进步主义教育运动倡导者的学术风格感染。1918年,陈鹤琴获得教育硕士学位后计划攻读博士学位,尽管他未能成为桑代克的"亲传弟子",但桑代克的个人学术权威及影响力对其儿童心理研究之路产生了重要影响。陈鹤琴经考试与评定,转入了心理系,师从伍特沃思(Woodworth)(又译吴伟士)教授攻读博士学位。时任哥伦比亚大学师范学院心理学主任的伍特沃思也是美国心理学家、机能心理学的代表人物之一。(伍特沃思否认自己属于任何派别,但因为他的思想主张与桑代克、卡特尔等人都是比较接近机能主义,因此从广义上来说是属于机能主义心理学流派)[2]伍特沃思亲自为他选定了研究选题"各民族智力之比较"。尽管博士论文并未完成,但该选题及研究计划的构思与设想,说明陈鹤琴"对测验的兴趣实始于斯"[3],并为其回国之后立马投入"南高师"(南京高等师范学校)的校内新教育运动改革提供了较为实际且快捷的切入点,也在一定程度上迅速打开了他在国内开展学术研究的视域与领域。

1919年,陈鹤琴回国后便入职"南高师",并担任"儿童心理"的授课工作。他借工作需要与个人旨趣,进一步研究并浏览了大量心理学家(诸如 Preyer、Baldwin、Moore、Dearborn 和 Stern 等人)的著述。次年,陈鹤琴与廖世承在学校开设测验课程,"科学化"心理测验的应用与发展进程也在国内教育界正式开启。随后,他与廖世承等人合作在校内开展智力测验工作,这与他对自己的儿子一鸣进行个案观察实验的研究起始时间几乎一致。1922年,

由陈鹤琴负责指导的中华教育改进社调研团队取得了大量成果，被国外专家评价为“至少都与美国的水平相等，有许多竟比美国的为优”[4]。他与廖世承合作的著作《智力测验法》对比纳-西蒙智力测验量表内容及其方法进行了系统性的介绍与阐释。该书被郭秉文称为“将来纸贵一时，可无待言”[5]，具有开创性的里程碑意义，“为我国开展智力测验的研究奠定了基础”[6]，同时也促进了后期我国心理学家陆续对20多种测验编制工作的开展（如《比纳-西蒙智力测验》等）。[7]此二人的另一本合著《测验概要》，又为确立“测验”的教育评价功能发挥了重要作用，并推动了中国教育“科学化”的发展进程。

此外，陈鹤琴在哥伦比亚大学师范学院求学期间，也正是该校教育测验与教育心理领域得到迅猛发展的重要时期。这不仅是整个西方教育界教育研究取向的转向阶段，也正是当时中国教育国情下所需要的教育改革切入点。陈鹤琴在学习期间所接受到的美国进步主义教育学说的“浸濡”与“专业训练”，不仅为其树立了教育信仰与观念，也学习并掌握到了“一整套科学方法”，为其回国后从事教育实验研究与实践奠定了基石。[8]陈鹤琴的教育思想特点中具备浓厚的实验性，背后也蕴含着陈鹤琴扎实的教育心理学学科师承背景和专业知识，涵盖了其在这一领域中教育实践的精髓。

总体来看，基于陈鹤琴留美期间的已有学科知识积累和国内新教育改革中的初步实践与成果，尤其是在“南高师”开展的测验运动和对国外重要教育测验量表的翻译与引入，对《儿童心理之研究》这一研究成果的诞生具有直接的基础性作用，为其进行儿童心理研究及理论体系的梳理、论文的撰写等都提供了重要的知识储备。

二、理论基础：以西方科学儿童观发展谱系及机能主义心理学派为主要引证

在《儿童心理之研究》一书诞生之前，我国关于心理学或儿童心理学的研究著述情况基本以翻译外文为主。从1900年到1918年间的心理学著作相关数据统计结果中可以看出，关于国外心理学思想及研究的引入与介绍涵盖了来自日本、英国、美国、德国、法国和丹麦等多个国家的专著或教科书等。[9]相比较之前或同时期的已有专著，学界认为《儿童心理之研究》一书的“可贵之处”之一在于，“广泛参考国外儿童心理学的著作，吸收其有用的资料”。[10]陈鹤琴在自序中也坦然表明，大量研究著述的研读让他感到“研究儿童心理之有味”，书中的内容在以自己的儿子一鸣作为个案研究基础之外，其中“借重欧美心理学家所

编著之儿童心理著作，也在在皆是”。[11]从陈鹤琴在其儿童心理研究的著述引证中，我们可以发现，其参考文献的学术谱系基本沿袭着西方近代科学儿童观的形成脉络。从19世纪初期西方儿童学产生阶段的英国学者斯宾塞(H. Spencer)和达尔文(C. Darwin)，到中期形成阶段的德国学者普莱尔(W. Preyer)、施太伦(W. Stern)，美国学者霍尔(G. S. Hall)、鲍德温(J. M. Baldwin)、杜威和桑代克(Thorndike)，以及法国学者比纳(A. Binet)等，再到后期分化阶段的美国学者华生(J. B. Watson)、格赛尔(A. Gesell)，以及奥地利心理学家弗洛伊德(S. Freud)等，这些学者的思想观点在其著述中都有相关参考或分析，也有来自18世纪的哲学家、教育家或文学家等学者或学派的相关观点。西方近现代儿童心理研究无疑对我国“科学儿童观”的形成与发展产生了重要影响。从众多学派思想与代表人物之间的关联来看，其本身也是在相互吸纳，针对儿童心理研究方面的主要观点，不少学派是一脉相承并不断更新与精进的。譬如，早期斯宾塞关于“进化论”的联想主义思想观点对普莱尔、霍尔、鲍德温以及杜威等人产生了一定影响。其中，普莱尔为西方儿童心理学奠定了科学儿童观发展的基础，在霍尔、鲍德温和卡特尔等人的研究与成果基础之上，西方儿童心理学逐步发展。其中，普莱尔和霍尔都曾受到过德国实验心理学大师威廉·冯特的间接影响。霍尔作为美国儿童心理学之父，在霍普金斯大学创立了实验室，杜威和特曼等人都曾追随其学习。作为霍普金斯大学的校友，陈鹤琴对这几位美国儿童心理学家的思想加以吸收，这对其后来的学术道路与研究实践产生了重要的奠基作用。(霍尔在个人心理学思想中始终贯穿着进化论的思想。他于1882年到1888年期间在霍普金斯大学工作，于1883年成立第一个美国心理学实验室，杜威、特曼等人都曾追随霍尔学习过。这时的陈鹤琴还未出生，但他们在这所学校对儿童心理研究的学科贡献和实验研究精神，多年后一直启迪着陈鹤琴的学术研究之路)

通过选取陈鹤琴个人学术思想的重要文献进行考察，发现其涉猎多国心理学家和教育学家思想，其学术渊源呈现学科性与国别性的多元化特点。从学科知识的覆盖上来看，根据研究者所专攻学科的擅长领域不同，主要集中在以心理学为主要方面的儿童发展心理学、教育心理学、哲学心理学、心理测验和统计学等学科。从国别上来看，通过对陈鹤琴的个人著述引证梳理，基本涵盖了美国、英国、德国、法国、捷克、奥地利、瑞士和中国等多个国家的众多心理学和教育心理学思想学派，可见其学科学术脉络的广泛性。从书中所涉及的文献作者学科归属来看，除前述所提及的各学派主流代表人物之外，还包括诸如美国心理学家布克(W. F. Book)、布鲁克斯(F. D. Brooks)、迪尔博(Dearborn)、弗里曼(Freeman)、弗里兰(Freeland)、汉佛莱(G. Humphery)、迈尔斯(C. C. Myers)、帕特里克(G. T. W. Patrick)、普雷西(S. L. Pressey),英国教育家克杰斯(L. P. Jackes)、心理学家麦克杜格尔(William McDougall),法国心理学家利鲍(T. Ribot),中国心理学家陆志韦和许佩业,等等。

从陈鹤琴早期研究著述(主要指代陈鹤琴个人在1925年之前的著作,譬如《教育测验》等)中的文献引用情况来看,基本吸收来自西方近现代心理学学科学术脉络的观点延续或进一步推进,尤其是基于心理测验、统计学等方面的专著或文章引用。许多著名心理学家的多本著作或论文思想被大量引用。基于本研究的文献统计,在《儿童心理之研究》中,来自西方心理学方面的文献数量约占该书总体参考文献的62.5%,即50篇左右,其他学科领域(如教育学、生物学、人类学等)约占37.5%。其中关于"研究儿童的历史"的章节来源于对马蒂尔(Mateer)的《儿童行为》(*Child Behavior*)第一章的内容,综述了儿童学的研究历史,涉及数十位教育家的思想及其著作。该书中有超过15本著述被多次引证与参考,其中,被多次重复引证的研究者均来自众多心理学家,如美国的华特尔(C. W. Waddle)、鲍德温(J. M. Baldwin)、克伯屈(W. H. Kilpatrick)等,英国的摩尔(K. C. Moore)、张伯伦(A. E. Chamberlain)等,德国的普莱尔(W. T. Preyer)等。在正文中,陈鹤琴也多次提及诸如德国席勒、瑞士格罗斯、美国霍尔和鲁滨孙等多位心理学家的不同学说主张。该书引用频次最高的著作的作者是美国的华特尔(见表1)。

表1 著作《儿童心理之研究》的文献引用情况

文献名称	作者	国家	主要领域	重复引证
An Introduction to Child Psychology	C. W. Waddlc	美国	心理学	6次
The Mental Development of a Child	K. C. Moore	英国	心理学	5次
Mental Development	J. M. Baldwin	美国	社会心理学	4次
The Senses and the Will	W. T. Preyer	德国	生物学、心理学	4次
The Child as a Study in the Evolution of Man	A. E. Chamberlain	英国	心理学、社会学	3次
Fundamentals of Child Study	W. H. Kilpatrick	美国	教育学、心理学	3次

从思想学派来看,由于19世纪80年代后期,美国资本主义迅猛发展。以美国芝加哥学派为代表的机能主义心理学得到美国资产阶级的青睐,并得以迅速发展。受到达尔文进化论的影响,心理学从来自冯特影响下的对心理内容的分析转向为心理对人在环境中的应用性研究。1913年,儿童(发展)心理学的创始人桑代克出版《教育心理学》一书,标志着教育心理学学科的诞生。(有学者指出,追溯到19世纪80年代,霍尔才是教育心理学的先驱,儿童发展心理学的创始人。他曾在美国引进了德国的问卷法,并通过调查研究发现许

多研究课题)陈鹤琴的博士论文指导导师伍特沃思,其心理学的观点具有美国机能心理学派的一般倾向。尽管他否认自己从属于任何派别,但他强烈机能主义倾向的动力心理学理论,决定了他“不仅不是一个一般的机能心理学家,而且也许是广义机能主义的最理想的代表人物”。(在伍特沃思 1918 年出版的《动力心理学》专著中,他以机能主义观点和原则,对铁钦纳的“是什么”、华生的“刺激的推动”、麦独孤的“目的的引发”等发表了反对的见解)自 19 世纪中后期开始,从教育心理学化运动到科学儿童学的诞生,以及美国机能心理学的影响,这些对陈鹤琴吸收西方近代儿童心理学的知识养分提供了良好的学科视野与机遇,也为我国逐步形成与建立科学儿童观提供了孕育的土壤。

三、科学论证:结合一手实验数据与前沿成果,坚持辩证科学分析与系统研究

作为一项中国儿童心理学个案追踪研究的开拓性成果,《儿童心理之研究》不仅是中国儿童心理学的一本开拓性著作,也是我国国内首例儿童早期个案追踪研究的典范。陈鹤琴基于 808 天亲身实验的一手实验数据,与前沿成果相结合,作为该论著的结论支撑,同时也创造了我国首个早期儿童系统追踪个案研究。

早在 19 世纪之前,在卢梭的《爱弥儿》一书中便可以发现其关于“理解儿童”的观点,以及窥见“以儿童为中心”的教育思想意识的转变。意大利幼儿教育家蒙台梭利,由于其自身的医学背景,其关于科学儿童观的思想与实践也具备相应的科学性和临床性。追溯中西方关于儿童心理的个案研究(见表 2),达尔文以“传记法”记录自己孩子的活动表现,并从进化论的角度加以阐释、分析和整理,于 1877 年发表了《一个婴孩的生活概述》一文,这也是最早的儿童心理发展的观察报告之一。达尔文除了以进化论的角度探索物种演变途径、动物心理的种系演化研究,还从个体发展的研究途径上做出了重要的研究贡献。德国的普莱尔是最早运用系统观察法研究儿童心理发展的心理学家。1822 年,他以研究儿童心理特点作为研究课题,出版《儿童心理》一书,这既是第一部用观察和实验方法研究儿童心理发展的系统性科学著作,也标志着科学儿童心理学的诞生。该书主要揭示了儿童心理发展的自然遗传性,对环境和社会等方面涉及较少。普莱尔早期从事生物学研究,其儿童心理研究思想主要受到德国实验心理学派的影响,尤其受到新心理学家费希纳的影响。他肯定了儿童心理研究的可能性与必要性,并以自己的系统研究成

果充分体现出了科学儿童心理学的体系与研究价值。受生理学思维的影响，他更偏向于对儿童心理发展的自然与遗传影响。

表 2　中西方近现代关于儿童心理研究个案的分析视角比较

时间	作者	国家	研究旨趣与方法	切入视角
19 世纪	达尔文(1809—1882)	英国	为进化论寻找依据，以“传记法”为研究方法；其《一个婴孩的生活概述》，是最早的儿童心理发展的观察报告之一。	生物进化论
19 世纪	普莱尔(1842—1897)	德国	以孩子出生到 3 岁，做系统观察或实验，再整理资料。运用系统观察和儿童传记；其著作《儿童心理》标志着近代西方科学儿童心理学的诞生。	儿童生理研究
20 世纪初	陈鹤琴(1892—1982)	中国	首次对 3 岁以前儿童心理发展进行完整的追逐研究，吸收大量国外儿童心理研究的有用资料，采用摄影法先进的研究技术，首次采用系列式追踪方法与视野；其著作《儿童心理之研究》开启了中国科学儿童心理学研究。	儿童心理特点研究

在近代西方心理学家的思想中，陈鹤琴在《儿童心理之研究》的研究及著述引注中，对普莱尔的著作多有借鉴与参考。尽管陈鹤琴的《儿童心理之研究》与普莱尔的经典著作《儿童心理》相比，并非同一个时代的研究成果。但《儿童心理之研究》在问世之后也同样在被试的代表性与典型性方面受到学界质疑。尽管普莱尔强调遗传、环境与教育对儿童心理发展的作用这一认识是正确的，认识到了“儿童心理发展的可能性、客观研究的必要性、个案研究的代表性”，凸显了科学儿童心理学体系和儿童心理学的研究价值，但由于其生理学家的身份，依然更为重视儿童心理发展的自然性，因而“对儿童的社会性、对教育的作用还是重视不够”。[12]然而，相比于普莱尔没有足够重视环境与教育对儿童心理发展的影响，陈鹤琴在其研究中对环境与人的强调在当时是一大历史性的进步。

基于一手的观察与实验数据，陈鹤琴在已有的学科知识和实践经验上时刻保持着辩证性的理性分析与实验精神。从《儿童心理之研究》一书中所蕴含的核心内容来看，它是不可割裂的一个整体，具备其内在体系的一致性。书中所涉及的内容条目十分丰富，从幼儿心理研究内容的横向划分来看，包含幼儿心理发展阶段与特点、幼儿情绪情感、幼儿道德与人格训练、幼儿的知识与学习、幼儿艺术教育和语言发展等多个板块的内容。同时，结合已有的西方心理测验成果和相关数据，陈鹤琴将其与自己的一手观察数据与实验结果进行对比与思考，加以系统归纳与科学分析。通过研究大量心理学或教育心理学文献，聚焦儿童心理与教育的结合视角上，展开了在权威知识理论上的“实证”比较与辨析。

在陈鹤琴所编著的其他一系列测验教材、儿童读物、刊物和理论书籍等文献资料中，也都体现着他基于儿童心理研究视角的思想主张。故而，这种始终坚持以幼儿心理特点为中心的研究取向，为陈鹤琴进行教育理论建构带来了一种科学性的研究思路与科研态度。同时，这种不断实践、实验并反复验证、修正与完善而形成的思想体系本身也蕴藏着科学性的价值内涵。

四、研究视角：倡导基于“儿童心理”的“儿童期”，具同时代进步意义

在陈鹤琴之前的儿童心理研究文献主要为翻译或编译性著作（譬如丹麦海普定著，英国龙特所译的西方现代心理学《心理学概论》；陈大齐的《心理学大纲》；廖世承的《教育心理学》；艾华的《儿童心理学纲要》；等等）。陈鹤琴于 1925 年独立完成的《儿童心理之研究》一书被称为中国“儿童学”的开山之作[13]。早在他 1922 年递交的赴美研究儿童心理的志愿书中就曾表示儿童心理研究具有重要地位的思想。他指出，儿童心理与幼稚教育是初等教育的基础，是“盖教育基础之基础也”，“故欲改革中国前途，教育非从初等教育入手不可，尤非从儿童心理与幼稚教育入手不可”。[14]这可以说是陈鹤琴与同时代其他教育家相区别的特点之一。在其思想中，他十分主张“人”与“环境”对儿童心理发展的作用，这对儿童心理研究和家庭教育的未来研究起到促进作用。

陈鹤琴倡导“儿童期”的儿童教育意义，其历史价值之一在于为中国儿童心理学奠定了理论基础。他所提出的“儿童期”是以儿童心理发展为根基的儿童期研究，强调“看得见的儿童期”的独特存在性价值。从“儿童期”的研究分析来看，陈鹤琴将人和其他十六种动物的儿童期（幼稚期）与生命期进行对比分析，提出由于人之儿童期与生命期的比率较各种动物之大，因而需要探究其存在的价值与意义。对个人而言，“儿童期就是可塑性（plasticity）的意思”。他以变形虫、蚯蚓、鸟和猴子等物种的生活环境为例，提出人的生活环境是如此复杂，“我们的适应能力就要大了，要发展适应能力非有发展能力的时期和可以发展的性质不可”，即“儿童期”的存在。其一，它代表的是发展个人能力的时期，且是“发展个人的最好的机会”；其二，“儿童期”具备可以发展的性质，即“所谓‘可塑性’或可教性（educability）”，包括言语、习惯、道德和能力，“在儿童的时候学习最速、养成最易、发展最快”。而对社会和家庭而言，陈鹤琴认为儿童是“一种家庭化和社会化的主要分子，也是一种改进家庭、改进

社会和促进文化的原动力”[15]。

与陈鹤琴同时期且对儿童心理学有一定研究的国内代表性的心理学家，在研究旨趣上都对儿童心理研究精神的科学性与方法的专业性和实践性提出要求。从内容侧重上来看，同时期的近代儿童心理学家诸如黄翼(1903—1944)十分主张环境与教育作用，同时也注重遗传的重要作用；艾伟(1890—1955)对儿童心理学中关于遗传和环境问题加以探究；肖孝嵘(1897—1963)早期对西方儿童心理学的接受，以及对我国实验儿童心理学的探究；陆志韦与吴天敏一同结合我国儿童特点，基于国外的比纳-西蒙智力量表，两次修订适宜中国人的比纳-西蒙智力量表，为我国儿童智力测定和儿童心理学的研究提供了重要工具，影响深远；等等。尽管从 20 世纪 20 年代以来，我国儿童心理学取得了一定的成绩，但总体上“还不够繁荣，水平也很不高”，“介绍西方的研究多些，独创性的研究少些”。[16]尽管诸位心理学家和教育学家在各自擅长的领域有所突破并获得了学术及应用方面的成就，但陈鹤琴关于儿童心理的研究，尤其是其《儿童心理之研究》一书的出版，从研究时间、研究对象、研究目的与内容、方法技术与支撑资料等方面来看，都可谓代表同时期针对学龄前儿童的一项专门性、独创性和系统性的科学研究成果。

针对陈鹤琴的个人学术研究之路而言，从儿童心理开始，切入教育研究，也从儿童心理结束。整体体现了“儿童心理”与“儿童教育”高度结合的科学教育理念。我们可以看到，对儿童心理的研究是陈鹤琴进行儿童教育研究的根基与前提。但是，他并不局限于研究儿童心理学本身，而是更多地关注了受到外部环境影响的儿童心理发展变化，包括行为特点上的变化及其发展规律等，从而试图探究教育可以发挥何种有价值的“干预”作用。因而，中国首例对儿童活动个案连续追踪观察、实验、研究，总结儿童生长、发展规律以及教育原理，汇集成姊妹著作的《儿童心理之研究》与《家庭教育》，不仅成为中国儿童心理学开端的标志，并且使中国儿童教育性质由单纯的“伦理”“道德”等社会需要转变为将儿童作为独立对象进行研究，总结儿童生长与发展规律，为儿童教育提供科学依据。总体来看，陈鹤琴关于儿童心理的研究始终与教育实际紧密结合，是贯穿于陈鹤琴个人的学前教育研究思想之中，逐步形成其“科学性”的儿童教育观，也映射我国现代科学儿童观确立的历史变迁，以及我国学前教育研究走向科学化时代的历史影像。

作为一部中国儿童心理学的开拓性著作，《儿童心理之研究》也是“中国化”儿童教育心理学的开端，至今仍然发挥着其“不可磨灭的学术价值”[17]，兼具儿童心理学研究和儿童教育两方面的价值，开创了我国学前教育研究的“科学化时代”，也可以说是“中国现代教育发展历程的重要标志与里程碑”[18]。一门科学学科的创立，远不止需要科学成就，“它还要求创业者自觉地对本学科领域内前人做过的很多工作进行组织、综合，然后加以宣传和发展”。[19]正如19世纪德国威廉·冯特创立的实验心理学代表了科学心理学的奠基，使心理学成为一门独立的学科一样，陈鹤琴的儿童心理研究及其《儿童心理之研究》著述在同时代中国儿童心理研究领域中的学科贡献价值上又得到了进一步的精进，标志着中国儿童心理学的诞生，其结合儿童心理探究儿童教育问题的研究范式也推动着我国学前教育研究的科学化进程，至今发挥着深远的影响。

参考文献：

[1] 陈鹤琴. 我的半生[M]. 上海：上海华华书店，1947：141.

[2][19] 高觉敷. 西方近代心理学史[M]. 北京：人民教育出版社，1982：136－212.

[3][14] 陈鹤琴. 陈鹤琴全集(第六卷)[M]. 南京：江苏凤凰教育出版社，2018：53－567.

[4] 汤才伯. 廖世承教育论著选[M]. 北京：人民教育出版社，1992：3.

[5][8][13][18] 柯小卫. 陈鹤琴现代儿童教育学说[M]. 南京：南京师范大学出版社，2019：15－364.

[6][10][12][16][17] 朱智贤，林崇德. 儿童心理学史[M]. 北京：北京师范大学出版社，2002：45－513.

[7] 王书林. 心理与教育测量[M]. 北京：商务印书馆，1935：44.

[9] 高觉敷. 中国心理学史[M]. 北京：人民教育出版社，1985：346.

[11][15] 陈鹤琴. 陈鹤琴全集(第一卷)[M]. 南京：江苏凤凰教育出版社，2018：8－53.

农村幼儿园园本课程资源开发探析*

——基于陈鹤琴的“活教育”思想

李重阳　李国强　施东城

“园本课程”来源于校本课程，“园本”一词源自“校本”，大意为“以幼儿园为本”。虞永平等人认为：“园本课程是指在幼儿园现实的根基上生长起来的，与幼儿园的资源、师资等条件相一致的课程。”[1]李爱华等人认为：“园本课程开发就是指幼儿园教师通过挖掘、利用园内外的课程资源形成幼儿园的课程计划并不断改进的整个过程。”[2]由此可见，园本课程资源开发是园本课程开发的重要基础。那么什么是园本课程资源？本文参考吴刚平、徐继存等人的相关论述，采用广义的课程资源的概念，认为园本课程资源指有利于实现幼儿园自身课程目标，可以参与到幼儿园园本课程设计、实施、评价等过程中的一切可利用的课程要素的总和，包括物质资源、精神文化资源及人力资源、社会资源等。

一、当前农村幼儿园园本课程资源开发的困境

（一）园本课程资源开发意识薄弱

当前农村幼儿园教师整体学历偏低，专业能力较弱，对于园本课程及园本课程资源的开发有着众多的误解，缺乏园本课程资源开发意识。如一些农村幼儿园教师认为“开发园本课程就是开发特色课程，农村幼儿教师基础教育都还没有做好，更没有精力开发园本课程”；另一些农村幼儿园教师则认为农村“课程资源贫乏，无法开发园本课程资源”。很多农村幼儿教师对于周边环境的教育资源尤其是丰富的自然资源“熟视无睹”，不知道这些资源

* 本文原载于《当代教育理论与实践》2020年第2期。

可以纳入教育教学活动中，更不会系统地开发幼儿园园本课程。其实，园本课程强调从自己的环境、条件及优势出发，确实具有其独特性，但园本课程并不就是“特色课程”，而是基于本园的实际情况、优势资源开展的课程，是真正适宜本园的基本课程；农村幼儿园有着丰富的自然资源和当地传统文化资源，开发农村幼儿园特有的园本课程资源，不仅可以提升教育质量，还可凸显农村幼儿教育的特色，体现农村幼儿教育的独特价值。

（二）园本课程资源开发目的不明确

农村幼儿园园本课程资源开发的目的是什么？很多一线的农村幼儿教师对此认识不足。首先，表现为对中国农村幼儿教育特有的使命不清晰，盲目地追求国外的知名课程或者照搬城市幼儿园的课程模式，并认为就是园本特色课程，培养出来的儿童缺乏对自身环境的认知、对本土的感情和对家国的热爱。其次，因为缺乏幼儿身心发展的基本专业知识，农村幼儿教师在园本课程开发的过程中无法对课程、年龄、目标精准定位，从而大大增加了园本课程开发的困难。课程资源开发的最终目的是为了达成教育目标，农村幼儿教育目标及其课程目标的模糊造成农村幼儿教师在课程资源开发过程中无的放矢或是浮在表面，无法深入进行课程建构。

（三）园本课程资源开发能力不足

农村幼儿园课程资源开发能力不足也是当前农村幼儿园课程建设的一大困境。首先，课程资源包括哪些？哪些是最重要的课程资源？农村幼儿教师对这些缺乏系统的认识。“多年来，教材被幼儿园教师看作最主要甚至是惟一的课程资源”[3]，生活中的课程资源只是偶尔作为“书本学习的补充”，没有系统地被开发出来，对人力资源、社会资源的开发更是有限。其次，如何全面开发和系统整合这些课程资源。“目前很多幼儿园更多注重园内各种课程资源的整合，而对园外课程资源与园内课程资源整合重视不够，没有充分整合利用园外课程资源，如当地自然资源、传统民族文化风俗等众多的乡土资源”[4]，对五大领域的课程资源整合开发的能力也不够。最后，如何深入系统地挖掘课程资源的学习价值。农村幼儿教师挖掘课程资源时常常浮于表面，不能根据儿童的年龄特点对园本课程资源的学习价值进行深入、系统地挖掘，从而造成农村幼儿知识学习的表面化、碎片化。

二、陈鹤琴“活教育”思想下园本课程资源开发理论探析

陈鹤琴先生的“活教育”思想吸收了杜威的“教育即生活”“做中学”及陶行知的“生活即

教育”“教学做合一”的思想，强调要从中国本土的实情出发办教育，重点阐述了中国幼儿教育应有的理念和做法。陈鹤琴的“活教育”思想强调要从周边“大自然、大社会”获取教育资源，因此蕴含了丰富的课程本土化思想，不仅指明了园本课程资源开发的重要意义，也为幼儿园明确其园本课程资源开发的目标、内容和方法提供了重要的理论依据。

（一）“活教育”的园本课程资源开发目标

“幼儿园课程最为核心的方面是该课程所依据的教育哲学以及所反映的教育目的，这是幼儿园课程的价值取向也即教育理念之所在，幼儿园课程的其他成分都是在此基础上产生和发展的。”[5]由此可见，幼儿园课程资源开发最终是为了实现教育目的。陈鹤琴提出：“活教育的目的就是做人，做中国人，做世界人。”[6]“做人”是“活教育”最为一般意义的目的，即人要处理自己和人类、世界的一般关系。然后，陈鹤琴提出了具体的要“做中国人”的目标。“今天我们生在中国，是一个中国人，做一个中国人与做一个别的国家的人不同。”[6]接着，陈鹤琴再进一步提出“做现代中国人”，进而体现时代精神。他认为“做现代中国人”必须具备以下条件：一是要有健全的身体；二是要有建设的能力；三是要有创造的能力；四是要能够合作；五是要有服务精神[6]。这五个条件突出了“做现代中国人”所必备的良好素质及其肩负的历史责任感和使命感。

首先，陈鹤琴先生的“做人教育”对我国幼儿园园本课程资源的开发目标提出了基本要求，即要开发和利用所有的课程资源帮助幼儿学“做人”。“幼儿个体的健康和谐的发展与其将来学会做人而必须具备的做人的态度、良好的习惯、健康的情感和兴趣、学习的方法、人生的技能有密切的关系。因此，‘活教育’目的论的‘做人教育’是当今深化幼儿教育教学改革所应追求的目标和理念。”[7]同时，“活教育”的目的论还体现了陈鹤琴对教育目标的整体性和特殊性的辩证观，即从“做一般意义上的人”到做“当时、当地的人”。因此，幼儿园园本课程的目标，应当是对陈鹤琴“活教育”目标“做现代中国人”的进一步具体化、本土化。幼儿园园本课程资源开发应从幼儿所面临的具体环境和要解决的具体问题出发，寻找相应的课程资源进行课程建构，以帮助幼儿做“当时、当地的人”。

（二）“活教育”的园本课程资源开发内容

在“活教育”大目标的基础上，针对传统教育过分迷信课堂书本知识的缺点，陈鹤琴提出“大自然、大社会都是活教材”的“活教育”课程论。陈鹤琴所谓的“活教材”是指让儿童在与自然、社会的直接接触中、在亲身观察中获取经验和知识。陈鹤琴说：“要晓得书本上的知识是间接的，大自然、大社会才是我们活的书、直接的书。”[6]但是，应该看到，“活教育”的课程论并不是要摒弃书本，而是要摒弃“书本万能论”的错误观念。他指出：“这些人并不是因为读书才变成了呆子，而是因为他们只晓得一味读书，而不去和真正的书——大自然、大社会接触，才变成呆子的。”[6] 因此，“应该以实物做研究对象，以课本做辅佐参考”[6]。接着，他把活教育的内容具体化为“五指活动”，即健康活动、社会活动、科学活动、艺术活动和文学活动；把教室也改成“五指活动场所”，并提出五指活动互相联系，是“整个的教育”。

陈鹤琴提出“活教育”的课程内容应当来自“大自然、大社会”，因此，幼儿园课程的内容其实主要应来自儿童身边的“大自然、大社会”。《3—6 岁儿童学习与发展指南》也指出：“要珍视游戏和生活的独特价值，创造丰富的教育环境，合理安排一日生活，最大限度地支持和满足幼儿通过直接感知、实际操作和亲身体验获取经验的需要。”[8] 因此，从幼儿园周围环境中寻找教育资源让幼儿进行直接的学习，是“活教育”园本课程建设的基本任务。另外，能够有利于园本课程实施的各种要素都是园本课程资源开发的内容，如各种有利于幼儿学习的社会场所、人力资源、社会组织等。

（三）“活教育”的园本课程资源开发的方法

陈鹤琴提出“活教育”教学方法有三大原则。① “做中学，做中教，做中求进步。”[6] 他强调：“活教育并不注重过去班级教学的课程，而着重于室外的活动，着重于生活的体验。”[6] ② “使小孩子获得均衡的发展，而不是专门培养儿童的某一技能，或使他们精习某一特殊学科。”③ “自动的研究”，另外还有“积极的鼓励、具体的比较”“分组的学习”“集体的竞赛”等原则[6]。

陈鹤琴还将“活教育”的教学过程分为四个步骤：① 实验；② 参考；③ 发表；④ 检讨[6]。老师和学生一起共同检验学习成果，互相学习、互相批评，总结经验，吸取教训。它们同样体现了以“做”为基础的幼儿主动学习。

“活教育”的课程实施方法以幼儿“做”为主线，在“做”的过程中，让幼儿实际操作、直接感知和亲身体验以获得身心和谐发展。因此，“活教育”的园本课程资源开发首先就是寻找可供幼儿“做”的或能帮助幼儿“做”的各种资源。这里陈鹤琴所说的“做”，首先是指做实验，更广泛意义上的“做”则是指幼儿亲身感知、亲手探究、亲自体验的主体性学习过程，应当包括幼儿的观察、实验、操作、体验等过程。其次，“活教育”的园本课程资源开发还应当包括对这些可“做”的资源的教育价值的挖掘，因为所有的人力、物力、社会资源的开发都是为了帮助幼儿去“做”并要在“做中学，做中思，做中求提升”。

三、“活教育”指导下的农村幼儿园园本课程资源开发

（一）开发目的：帮助农村幼儿“做热爱农村的现代中国人”

陈鹤琴提出，活教育的目的就是“做人，做中国人，做现代中国人”。做人，在不同的环境、不同的时代有不同的内涵，也就是要处理的各种关系不同。具体到农村幼儿园，就是要教幼儿首先处理好自己与农村自然、社会的关系，培养幼儿在“做人，做中国人，做现代中国人”的基础上，还要“做热爱农村的现代中国人”，尤其是在当前我国“乡村振兴计划”背景下，应当从小培养农村幼儿热爱农村、研究农村、建设农村的自豪感、责任感和使命感。

“农村幼儿园园本课程目标的价值取向兼顾儿童发展与社会发展”[3]，农村幼儿园园本课程资源开发的最终目的是为了达成农村幼儿园的教育目标。因此，一方面，从社会的角度来看，开发园本课程资源是为了帮助农村幼儿认识自我并处理好自我与周围环境的关系，从而学会用一种正确的态度为人处世。在开发课程资源的时候，应当注重开发有农村特色的物质资源和优秀的精神文化资源，从而树立其对农村的热爱和自信心。另一方面，从幼儿的角度来看，幼儿的学习主要是直接学习，因此课程资源的开发要尽量有助于幼儿直观感知或操作，帮助幼儿在与自然、社会互动的过程中获得知识和能力的提升，并培养对农村的归属感、对自然的热爱、对社会的感恩。

（二）开发内容：农村幼儿生活的“大自然、大社会”中的课程要素

幼儿的学习内容既要遵循教育目标，又要合乎幼儿的生活与身心发展实际。因此，在考虑教育目标的基础上，农村幼儿园课程资源开发的内容首先是农村幼儿生活的“大自然、大社会”中的各种适合幼儿学习的材料。参照布朗芬布伦纳的人类发展生态学理论，我们可以把农村的“大自然、大社会”影响幼儿发展的课程环境要素分为四个层面：(1) 微观系统课程要素。微观系统作为整个网络系统的核心，包括家长、教师等与儿童最亲密的其他人员以及与儿童最近的自然环境和社会环境等。农村幼儿的课程环境微观系统要素主要有教师、园长、家长以及幼儿园(家庭)周边的农村地理地貌、自然现象、动植物、非生物以及房屋、村落、集市、城镇和商店等。(2) 中间系统课程要素。中间系统是指影响儿童发展的各微观系统之间的联系，强调各微观系统之间的沟通交流，其沟通越活跃越有效，越有利于儿童发展。这里主要包括家园联系、幼儿园与社区的联系等。从中间系统的课程资源开发来看，主要应当加强幼儿园与家庭、社区的联系，优化他们之间的关系。(3) 外系统课程要

素。外系统是指处于发展中的个体没有直接主动参与的，但却对个体产生间接影响的环境系统。包括不和幼儿产生直接影响的各种周边环境，如父母的工作单位、附近城郊、城市的幼儿园、城市的科技资源等。(4) 宏观系统课程要素。宏观系统是指影响微观系统、中观系统和外系统在内的个体所处的整个社会的组织、制度及文化背景。对于农村幼儿来说，主要有中国及中国农村的经济、政治、文化背景等。

这几层课程资源由内而外，和幼儿的距离由近及远，能获得直观材料的可能性由高到低，对幼儿的影响从显性到隐性。因此，应当首先注重开发微观系统中直接和显性的课程资源，然后再开发中间系统、外系统和宏观系统中间接和隐性的课程资源，并把间接、隐性的课程资源的教育价值整合渗透在直接、显性的课程资源中。

（三）开发方法：围绕农村幼儿的“做中学”寻找课程资源

陈鹤琴指出，“做”是幼儿学习的基础，也是“活教育”方法论的出发点。因此，围绕“做”来开发与利用各种课程资源，是开发农村幼儿园“活教育”园本课程的基本途径。

第一，充分发掘可供幼儿去“做”的农村幼儿园物质资源、精神资源。物质资源和精神资源是课程开发的重要资源。陈鹤琴的“活教育”的“做中学”主要分为四个步骤，即实验、参考、发表、检讨。因此，在课程资源开发当中，首先要关注的是可供幼儿“做”的直接的课程资源有哪些，也就是能够让幼儿直接观察、探究、体验的课程资源，这些课程资源往往是物质资源。如先让幼儿直接通过观察、实验、体验的方式和周围环境中的动物、植物、无生命物质互动，获得相应的经验和知识，然后“参考”别人的间接经验，通过阅读相关的书籍，多渠道地获取相关知识和信息以丰富自己的间接经验。再通过相互的自由发表意见、互相交流促进幼儿之间的共同学习、自我反思，从而达到让幼儿“做中学，做中求进步”的目的。其次，周围环境中的“精神资源”也应当尽可能转化成为幼儿可“做”的资源。如中国的“茶文化”，可以转化具体的“观茶、采茶、制茶、沏茶、品茶”等活动，让幼儿从“做”中体验文化，学习茶文化。

第二，教师、家长是在“做中教，做中求进步”的人力资源。人力资源也是园本课程开发的重要资源，在农村幼儿园，主要的人力资源首先是幼儿园教师和家长，其次还有社会上可以利用的其他相关人员。“‘做中学’，儿童才有浓厚兴趣，才能积累经验、灵活运用。‘做中教’，教师的引导、解惑才有源头活水，教与学才有了生动、真切的默契。”[9]教师要成为幼儿“做”的学习的推动者，就需要和幼儿一起“做”，一起观察、实验，一起阅读、参考，一起表达、创作，一起批评、研讨，在和儿童共同发现、学习的过程中做幼儿学习的支持者。因此，幼儿教师要想了解儿童、支持儿童，就要和幼儿一起“做中学，做中求进步”。然而，教师的“做中求进步”，不仅仅是和幼儿一起探究世界，同时在“做”的过程中还要研究儿童，如研究哪些是幼儿感兴趣的内容、哪些是对幼儿发展最有益的经验，从而寻找相应的材料来支持、指导幼儿的学习，这其实也是幼儿教师专业发展的最佳途径。在此过程中“教师教教师，幼儿教幼儿”，教师、幼儿之间相互启发，共同去“做”、去“探究”，从而达到师幼互促，教学相长。幼儿教师、家长和幼儿一起“做中学”，并不是幼儿教师、家长被动地跟着幼儿做，而是有计划、有组织地促成幼儿系统地学习，从而获得相应的关键经验和核心素养。

第三，幼儿园在“做”中寻求社会资源的支持。园本课程中的社会资源主要是指在园本课程建设过程中应寻求社会上相应的课程支持要素，包括社会组织和社会其他个体资源。如幼儿需要学习畜牧业方面的知识，需要了解奶牛产奶的知识，可以到当地养殖大户或幼儿家中寻找课程资源，获得相应支持；幼儿需要游戏场地和材料，可以寻求当地政府及当地住户的支持。在农村，虽然开发这些社会资源相对比较困难，但是加强和周边社会的联系，获得当地社会的各种支持，对课程质量的提升是非常有益的。

总之，农村幼儿园应从自身环境和条件出发，充分挖掘环境中一切可利用的课程资源并加以有效的利用，帮助幼儿探究周围的“大自然、大社会”，学会“做人，做中国人，做现代中国人，做热爱社会主义新农村的现代中国人”，农村幼儿教育才能真正“活”起来。

参考文献：

[1] 虞永平.试论园本课程的建设[J].早期教育，2001(8)：4－6.

[2] 李爱华.幼儿园园本课程开发的策略[J].吉林省教育学院学报，2012(11)：35－39.

[3] 朱虹.“活教育”理论对农村幼儿园园本课程开发的启示[J].现代教育科学，2010(2)：117－118.

[4] 张海红.幼儿园园本课程资源整合利用的问题及对策[J].江西教育科研，2007(12)：99－101.

[5] 朱家雄.幼儿园课程论[M].北京：中央广播电视大学出版社，2007：10.

[6] 陈鹤琴.陈鹤琴教育思想读本·活教育[M].陈秀云，柯小卫，选编.南京：南京师范大学出版社，2012.

[7] 唐燕.陈鹤琴“活教育”理论对我国幼教改革的启示[J].学前教育研究，2008(10)：47－48.

[8] 李季湄，冯晓霞.《3—6岁儿童学习与发展指南》解读[M].北京：人民教育出版社，2013.

[9] 崔利玲.基础教育国家级教学成果奖巡礼(二)——单元课程的实践建构：陈鹤琴“活教育”思想的传承与发展[J].江苏教育研究，2015(2)：13－17.

儿童经验、行动与大单元课程*

——陈鹤琴的“活教材”思想研究

吴小鸥

陈鹤琴是“五四运动后我国‘新教育’事业的创始人之一”，[1]被誉为“中国的福禄培尔”。[2]1919年，陈鹤琴获美国哥伦比亚大学教育硕士学位，回国任南京高等师范学校教授，“倡导和组织了各种教育实验，培训师资，编写中国化的、适合儿童特点的各类教科书和课外读物”。[3]1939年，陈鹤琴呼吁“我们怎样使教师：教活书，活教书，教书活？我们怎样使儿童：读活书，活读书，读书活？这个问题实在很重要！这个使命，实在很重大！”[4]教材是教育的核心文本，是实现培养目标的直接手段，“我们要研究所用的教材，是否适合儿童的需要，……我们更要检讨以往，策励将来，把所有的教材，重新估量”。[4]1941年，陈鹤琴在《活教育》发刊词中提出，“我们要利用大自然、大社会做我们的活教材；我们要在做中教，做中学，做中求进步”，[5]强调通过活教材实现活教育，“这是‘活教材’，这是‘活知识’，这是‘活教育’”。[6]1946年，他提出“活教育”的三大目标，“1. 做人，做中国人，做现代中国人（目的论）。2. 大自然，大社会，都是活教材（课程论）。3. 做中教，做中学，做中求进步（方法论）”。[7]陈鹤琴指出：“我们现在所提倡的活教育是接受着世界新教育的思潮并和杜威博士一样的在创造理论也创造方法。我们活教育的实验没有成法可按，只靠我们自己努力研究，努力实验，从做中求进步结果。[7]2 学界对陈鹤琴“活教育”的研究较多，提及“活教材”时多为简要阐释。本文基于陈鹤琴编撰的多类型多层次教材，探寻“活教材”思想的核心内涵与重要价值。

---

* 本文原载于《课程·教材·教法》2020年第7期。

一、陈鹤琴在教育实验中编撰了多种教材

陈鹤琴(1892—1982)是浙江上虞人,1906 年入杭州蕙兰中学学习,1911 年到上海圣约翰大学学习,同年秋考入清华学堂高等科,1914 年毕业后留学美国。1917 年夏,陈鹤琴获约翰斯·霍普金斯大学文学学士学位,同年入哥伦比亚大学师范学院,1918 年夏获教育学硕士学位,准备攻读心理学博士,因留学期满回国,积极探索新教育。

(一)开展教育实验,参与课程标准编制

1923 年,陈鹤琴创办鼓楼幼儿园探索幼儿教育实验。1927 年,陈鹤琴出任南京市教育局学校教育课课长并建教育实验区。1928 年,陈鹤琴任上海工部局华人教育处处长,“此后十年中,笔者在上海把初等教育同中国自己的文化和精神协调起来,在环境允许的情况下,对学校的教学和学习进行了各方面的改革”,[8]298 先后创办八所小学、一所女子中学,开设职工夜校、简易小学,开展教育实验并编写教材。1929 年,陈鹤琴发起成立中华儿童教育社并任主席,社章明确“注重实际问题,供给具体教材为宗旨”。[9]他任《儿童教育》月刊主任,前三卷各期封面印有“供给具体教材、讨论切实方法”。[10]陈鹤琴被教育部聘为专家,1932 年是“全部课程标准的参与者”,[11]参编《幼稚园课程暂行标准》(1929 年)、编订《小学幼稚园课程标准》(1931—1932 年)、起草《低级唱游课程标准》(1936 年)。

(二)编撰国语、英文、自然、历史、社会、手工、算术、图画、音乐等教材

陈鹤琴编撰(或主编)国语、英文、自然、历史、社会、手工、算术、图画、音乐、体育等学科教材,种类繁多且形式多样,初步统计有 300 余册,具体如下。

1931 年,陈鹤琴编《幼稚园课本》20 册,“陈先生的幼稚教育夙著成绩,这是他的成绩的总报告”。[12]陈鹤琴、盛振声合编《儿童国语教科书》2 册,陈鹤琴主编、宋文秉与宗振寰编辑《分年儿童图画诗歌》12 册。

1932 年,陈鹤琴、屠哲梅合编《儿童游戏新法》出版,“以供国内幼稚园及小学低年级教师之参考”。[13]

1933 年,陈鹤琴、朱铭新编《手工教材》在《儿童教育》连载,[14]还有《儿童活页手工教材》4 套,《小学生应用图表》22 张,《算术练习片(教师用)》等。

1934 年,陈鹤琴“为求分别适应各流域的儿童经验,就把‘初级小学用的国语教科书’分编三部”,[15]封底“采用本教科书者鉴”他编著《儿童中部国语》8 册,与陈剑恒合编《儿童北部国语》8

册，与梁士杰合编《儿童南部国语》8 册，与陈选善合编《小学毛笔习字帖》4 册，与庞任公合编《小学小字习字帖》6 册，还与屠哲梅编译《世界儿童歌曲》第 1 集、《唱歌》及《四季故事唱歌集》。

1936 年，陈鹤琴用英文编撰《最新英文读本》4 册，还有《最新英文字帖》5 册，《儿童作文课本》12 册。

1938 年，陈鹤琴、屠哲梅、丁光燮合编《(家庭幼稚园小学新教材)我的工作簿》上下册，与陈选善合编“小学高年级及初中适用”《自然教材》40 册及《中国历史故事》40 册；陈鹤琴编《民众课本》第 1、2 册，在《活教育》连载“社会活动低年级教材”《怎样做个好国民》等。

1939 年，陈鹤琴编“英文补充材料”《儿童英文诗歌》《少年英文诗歌》。

1947 年，陈鹤琴、钟昭华、屠哲梅选辑“儿童节奏训练教材”《世界儿童节奏集》上下册，陈鹤琴编《幼稚生工作簿》12 册，陈鹤琴主编、汪绍陶编著“小学国语科自修读物”《儿童作文》。

1948 年，陈鹤琴编辑《儿童作文课本》4 册。

陈鹤琴编的儿童读本也用作教材，如 1931 年与丁柱中合编《儿童科学丛书》“全部百册，每月十册，十个月出齐”，[16] 1933 年 8 月参著的《儿童劳作类》“已出七种”[17]。

二、儿童经验：“活教材”的核心内涵

杜威认为，教育是“成人以经验给儿童，一施一受，合为教育”。[18]2 因此，“凡是学校内的科目，是从前人的经验里面选出来的，又加以组织，才成了有条理有部署的教材”，[18]35 要求“务使儿童的经验和教材互相联络，结成一气，这样那儿童才能了解课程的意义”。[18]37 在《儿童与教材》一书中，杜威特别强调“在明乎儿童经验中，与编订的教材已具有相通之要点。而尤要者，则在明乎向之使教材精选组织以臻于目今状况之‘态度’‘动机’‘兴味’三要素，亦固具于儿童经验之中”。[19]8 陈鹤琴不仅专门论述《怎样可以使小孩子的经验格外充分些》，[20]152-160 且在编撰教材时指出“今日课本编辑者的首务，便是如何使内容接近儿童的心理，使课本成为儿童片刻不释的好朋友”[21]。

(一) 儿童经验的现实性：“从现实丰富的内容吸收题材”，这样“课本上的知识才能成为儿童学习‘做人，做中国人，做现代中国人’的具体参考资料”

杜威指出，“学校里的教材，有系统有组织，根据科学的原理，和儿童固有的经验是不相

符合的，所以我们应该利用环境来做教材”。[18]49 陈鹤琴将现实环境分为自然、社会、生理、心理四个方面，“自然与社会构成了客观的环境，而生理与心理则构成了主观的环境，客观环境与主观环境，互相渗透，变化无穷，促成了现实生活的丰富内容”。[21] 他认为教材需从现实丰富的内容中吸收题材，“只有当取材现实化的时候，课本上的知识才能成为儿童学习‘做人，做中国人，做现代中国人’的具体参考资料”。[21] 例如，“我中华民国辖地辽阔，包含着长江流域（中部）和闽江流域（南部）及黄河流域和黑龙江流域（北部）。各个流域的自然现象与生活状况各有不同，因之各流域儿童的经验亦各有差异”，[15]封底“采用本教科书者鉴” 他主编“分部互用”《儿童国语教科书》三套，“以求儿童经验的适应和学习心理的适合，……这是本教科书编制的目的，也就是本教科书产生的真意义”。[15]封底“采用本教科书者鉴” 蔡元培认为，“这对于儿童的领会，必有极大的助力”。[22]“蔡元培先生评语” 陶行知指出，“这样才是百川分流，泽及万方，合于教育机会均等之旨”。[22]“陶行知先生评语” 潘公展认为，这是“教科书的一种革命”。[22]“潘公展先生评语” 1938 年，陈鹤琴主编《中国历史故事（小学高年级及初中适用）》40 册，明确“研究民族过去奋斗的精神，来激发我们的民族意识，加强我们救国的信念……”。[23]307 他强调教材契合儿童作为主体的经验范围，“自然现象的更新，社会关系的演变，所有一事一物，一光一热，都能引起儿童的好奇心与追求心”，[21] 知识学习才能生成现实意义，支撑作为中国人的精神特质。

（二）儿童经验的整体性：“对情境的理解是完整”，注重“整个意义的学习”

杜威提出教材心理化思想指出经验具有整体性，包含能经验的过程。[24] 因此教师不能只关注教材本身，“而贵以教材为全部发展的经验中与各方面有关之要素，此即使教材心理化也”。[19]20 陈鹤琴进一步阐发杜威的教材心理化思想，明确以儿童经验整体性组织教材内容，认为教材编制要以完形心理学为基础，以使儿童在情境中进行整个意义学习，反对构造心理学作为教材编制的基础。“构造心理学认为我们对情境的学习是可以孤立、分离、一片一断地来学习，旧式教科书的编制便根据这样的理论出发，因此特别重视拼音、单字，学生便来死记死读。但完形心理学正反对这种说法，它认为我们对情境的理解是完整的，因此，我们学习文字也应当着重在句子的学习，尤其是整个意义的学习，句子与句子，字与字，课文与课文之间都应有整个的联系，这样学习起来，就比较容易，且兴趣也就更浓厚。”[25]“新版自序” 因此“编辑教科书的几个关键”中排第一的是“课文当以整个思想为主体，不能以字的数量多少来限制思想”。[26] 这样“课本的内容更容易被儿童吸收和接受，在教学上所收获的效果，确是无法衡量的”。[21] 如编撰《自然教材》时，“用生动的‘导言’，引起学生研究的动机;用‘观察’‘实验’的方法,灌输学生科学的知识;用问题式的讨论,发展学生的思考力;详述‘参考材料’,补充讨论的不足;附‘测验题’,考察学生所获得的经验;附‘参考书’,供给学生自修和参考之用”[27]封3。

(三)儿童经验的行动性:“课本要附着许多叫儿童自动做的材料”,用以“养成儿童自学的能力”,同时“指导学生在做里求真理”

杜威强调,“学者已具的动作和经验”是“教育经程中所应用的利器”之一,[18]8 所以“真正的教授,当就已有的积极动作,指引到那发达滋长的一条路上去。”[18]8-9 陈鹤琴非常注重教材编排、使用中体现儿童经验的行动性,如《儿童科学丛书》“努力发挥以下三种力量:① 能够引导儿童喜欢去动作,喜欢去干了一个动作又一个动作;② 能够引导儿童喜欢去思想,喜欢去想了又想;③ 能够引导儿童喜欢去运用动作思想,以产生新而又新的价值。”[16]《小学自然教材》更是强调“以‘做’为中心,指导学生在做里求真理”。[27]封3 他在课文、插图、练习中呈现行动的设计,如《儿童国语教科书》第一、二册“完全用游戏式的教学法,很能使儿童们有兴趣地去思想,去动作,与普通国语教科书的编制,截然不同”。[12]他指出,“教科书有几种,有看的书,有听的书,有读的书,有做的书,其中做的书,当然比其他三种来得有趣。……试问怎样叫‘做’的教科书呢?现在可以把‘做’分做几个方面来说:① 小孩子可以画的;② 小孩子可以唱的;③ 小孩子可以想的;④ 小孩子可以玩的。这四种方式都是小孩子自己愿意去做的。用这种方法编的教材可以说是活的教材,不是死的教材;用这种方法编的教材不但可以引起儿童的兴趣,而且可以支持儿童的兴趣”。[28]为了让儿童做中学,“课本要附着许多叫儿童自动做的材料,如补图、着色、填字、改错等,以养成儿童自学的能力”,[26]要求国语教科书“正课本编就后,还要编一本工作簿,对准正课本所需要做的材料而编排,以供儿童应用”。[26]在《世界儿童节奏集》之《树林里的小兔子》一课“附注一 儿童两脚分开站立做树洞,小兔子从洞里跳出来。附录二 谱中的说明是为儿童表情用的”[29]41。

三、单元一贯制:“活教材”的外在表征

教材是经过特殊筛选,加以定式化、组织化的社会共同经验。如何“在发现自儿童现在经验以达于其较丰富,较成熟的结果”,[19]8 将课程内容合理组织成为一个有机的体系,是教材编制的重要问题。南洋公学《蒙学课本》是中国首次以“课”为单位编排教学内容的教材。[30]陈鹤琴指出,“页课制就是说一页限于一课,一课也限于一页的那种教科书的编制。

我国旧式的教科书，都属此种”，[28]116 其缺点在于“上下课文毫无关联；儿童不能自己学习；教师讲解困难；编者受文字限制的束缚；违反学习心理”。[28]116 单元是“整体中自成段落、系统，自为一组的单位”。[31]陈鹤琴为使教材“编制方式力求新颖”，[25]“新版自序”特别提出“单元一贯制”的编排。“所谓单元一贯制就是整套的课文是一个大单元，大单元中间包含了许多有连贯性的小单元，每个单元的后面还附有一个练习。”[25]“新版自序”

（一）“整套的课文是一个大单元，大单元中间包含了许多有连贯性的小单元”

陈鹤琴注重教材内容纵向连续与横向联络，“每册全文组织成一个大单元，后一个大单元中分作若干个小单元，前一册的一个大单元又和后一册的一个大单元衔接一气”。[15]封底“采用本教科书者鉴”如《儿童中部国语》第 6 册以“爱惜光阴”单元开篇，按时间线索，依次编排“植树节”“扫墓”“劳动纪念”“庆祝儿童节”“暑假旅行记”等 11 个单元，涉及公民、历史、自然、党义、文艺、地理、卫生等科。各单元编有连续情节课文，如“庆祝儿童节”单元有《宣言》《开筹备会》《发通知信》《大会仪式》《练习儿童节歌》《预备开会词》《开大会》[32]34-53，七篇课文展现儿童自己提议、组织、实施庆祝儿童节的完整过程及多种文体写作法。他还在英文、自然、历史等教材中设计“导言”激发兴趣或衔接内容。如《最新英文读本》从第 2 册开始有 24 处“导言”，衔接 39 篇课文，如 *The Sun and the Rain* 的“导言”为“Come here, children. said father, Here is a story about the sun who quarrels with the rain”[33]14。《小学自然教材(40)生物的进化》“导言”写道：“‘鸡生蛋，蛋孵鸡。’‘究竟先有蛋，还是先有鸡？’这种问题，是小朋友急欲解决的；可是至今没有圆满的答复。人哪里来的？ 人猿怎样会变人？ 猴子怎样会变人猿？ ……以至于地球哪里来的？ 最初的植物和动物哪里来的？ ……小朋友！ 你如果要解决这许多疑问，请研究这本小册子。”[34]1《中华民族的形成》“导言”写道：“我们都是中华民族的儿女，中华是我们四万万五千万人的家；……我们将加倍热诚爱护我们的民族，并且愿意为我们的民族而效忠了吧！”[35]1

（二）“整个课本的内容，是属于一个特定的故事”

陈鹤琴认为，以往教科书“大多是零星破碎、漫无组织的，格言式的句子，平淡无奇的叙述，儿童读起来好比吃草根树皮，咀嚼不出丝毫的滋味来，哪里还谈得上有兴趣向书本进攻呢”！[21]他提倡将内容体裁故事化，“所谓体裁故事化就是用小说的笔调，故事般的叙述，打破说教八股，把题材变成新奇生趣的故事，使课本的内容与儿童情感互相呼应，无形结合，以收潜移默化之效”。[21]他指出教材富有生动的叙事意义，“内容单纯化起来，以便儿童的阅读与了解，譬如，科学有科学的故事，艺术有艺术的故事，社会有社会的故事，卫生有卫生的故事等”。[21]他说明用体裁故事化编排教材，不必担心由此造成故事情节与儿童兴趣之间无法兼顾，如《科学故事》第 3 册 4 篇 13 章内容就是故事化体裁，“这样的课本，虽用故事化体裁，谁能说它的内容不够丰富？所以，体裁故事化之后的课本内容，是用不着我们担心的。并且，由于儿童兴趣的浓厚，课本的内容更易被儿童吸收和接受，在教学上所收获的效果，确是无法衡量的”。[21]人物是故事不可或缺的要素，单元一贯制需有“中心人物”贯穿，如《儿童中部国语》以“一鸣”为中心人物，与“秀英、光明、家树、月眉”等交互活动展开整套教材内容。《最新英文读本》“课本中有两个主角，一是约翰，二是玛丽，全套四册，都是以约翰和玛丽为中心”。[25]“新版自序”

（三）“课文与练习并重，文字与图画兼施”

陈鹤琴认为，单元一贯制还需要注意课文、插图、习题等的呈现形式。“教科书的形式从儿童的眼光看来是非常重要的”，[28]因为“课本的形式如果能够生动灵活，便容易吸引儿童的注意，鼓起儿童的兴趣。儿童是否爱好书本，书本的内容固然非常重要，而书本的形式，也有相当的影响”。[21] 他要求教材“课文与练习并重，文字与图画兼施”，[15]封底“采用本教科书者鉴”反对“用边框把图画束缚着”[26]的“格子式”呈现，强调“现已解放，把边框取消，变成‘无边式’了”，[26]即“课本中图画的地位与格式是全面的占有，在画的周围，没有留下任何空白的地方，书页的边缘，也就是图画的边缘，在每一页中，除了‘页码’之外，你找不到任何的废字（如‘书码’、‘课码’等等的字迹）”，[21]课文图文交融，“它已经做到活的地步了”[21]，这样的教材“有无穷的意思，儿童看了，也就发生无限的思想”[26]。陈鹤琴还特别提及，“插图为主，文字为宾。这样的排列，实在是最合儿童心理。因为儿童拿到一本书后，最急切的就是要翻阅书中的图画，看完了图画，儿童便要讨论图画里的意思，而引起读书的动机。所以教师不要叫儿童读书，而儿童自己已经很需要读书了，这样的排列，实在是有价值”。[26]如《儿童中部国语》开篇 2 页（无页码标识）插图为拟人化的猴、马、鹅、猫、兔、鸡、鼠、闹钟、茶壶、南瓜等手牵手排队跳舞，“大家来玩”大字在右上方空白处。第 1 课《骑马》（小字）插图是小花猫骑在小黄狗身上，两个小朋友（小字标注“弟弟”和“妹妹”）张开双手呼喊“哈哈！好玩，真好玩。”（大字）[15]1，接着是游戏图。“小孩子对图画特别感兴趣，故我们教科书插图，就非精细研究不可。”[26]练习题也是图文呈现，首次出现简笔画，如《中华民族的形成》“作业事项”：“① 阅读清初的历史故事；历史民族英雄的传记。② 画中华各族分布图。③ 收集中华各族的生活画片。④ 表演苗猺等族的生活情形。”[35]20

四、几点启示

（一）教材顺应儿童的自然性向，唤起儿童的独特体验和表达

陈鹤琴自述："不但喜欢小孩子，我也常常同小孩子一起玩弄，一起生活，所以小孩子的性情习惯在未研究儿童心理以前，我已略知一二。"[36]他指出儿童具有"好游戏的""好模仿的""好奇的""喜欢成功的""喜欢野外生活的""乐群的""喜欢称赞的"[20]2-7 特点，编撰教材应展现生活中的童趣。如《儿童中部国语》以"玩"开篇，顺应儿童喜爱游戏与模仿的天性。《最新英文读本》使用"cry""fun""funny"等表达儿童对话时的惊奇和激动，如 Tadpoles become frogs 一课中 Mary 突然发现蝌蚪长出两条后腿，不久又长出两条前腿，课文用 2 次"cry"、2 次"How funny it is!"、1 次"How funny it was!"[33]25 呈现 Mary 的激动，用连续 2 次 cried "Tadpoles have two hind legs! Tadpoles have two hind legs!"[33]23 "Tadpoles have two front legs! Tadpoles have two front legs!"[33]24 展现 John 的惊叹。"孩子最喜爱、最热心的事情是他的玩耍或游戏……因为在游戏时他创造了一个属于他自己的世界。"[37]

（二）教材尊重儿童的生活经验，鼓励儿童自觉参与和自动学习

儿童经验是在日常生活和学习中与周围环境相互作用而产生和发展的。陈鹤琴强调："直接经验，自己思想，是学习中的唯一门径。"[38]他精心设置单元主题活动，"因为课文有中心思想，有丰富的内容，有生动的文字，当然容易引起儿童的学习兴趣；学习兴趣既浓，则学习效率也就自然提高"。[25]"新版自序"他在主编《中国历史故事》时强调，"用浅近的文字，引起'容易懂容易记'的兴趣；用完整的故事，引起'读了再读'的兴趣；用生动的图画，引起'看了再看'的兴趣；用问题的讨论，引起'想了再想'的兴趣；用诗歌的练习，引起了'唱了再唱'的兴趣"。[23]308 教材展现儿童自己所见、所闻、所感，鼓励儿童自觉参与和自动学习，这样"他自己所求来的知识才是真知识，他自己所发现的世界才是他的真世界"[38]。

（三）教材引导儿童的正确认识，提升儿童的综合能力和伦理精神

1935 年 8 月 1 日，陈鹤琴发表《对于儿童年实施后的宏愿》，"愿全国儿童从今日起，不论贫富，不论智愚，一律享受相当教育，达到身心两方面最充分的可能发展"。[39]陈鹤琴在教材中编入故事、诗歌、游记、童话、寓言、演讲、表演等，引导儿童养成好习惯和品格。如《公民故事"空想"是没有用的》[40]一课，用 6 幅插图文字展现一个小女孩头顶牛奶瓶边走边想，用牛奶换小鸡、小鸭、小羊、花衣服……牛奶瓶不小心打碎了。陈鹤琴为培养儿童"做

人，做中国人，做现代中国人”[7]，在教材中展现大自然有声、有色、有温度，充满神奇变化而且可以利用，大社会有家、有校、有国家，互助友爱乐群才能幸福生活，儿童有健康身体、良好习惯、坚强意志、正确态度、科学思想等，以获得综合能力和伦理精神。

综观陈鹤琴的教育思想，他认为“在传统学校内，儿童没有生气，他们不好动、不好问”，[5]要积极探索“前进的、自动的、有生气”[5]的活教育。他在1934—1935年，“曾经做过一个针对欧洲十一个国家的教育考察，对欧美新教育的理论与实践得以认识，并给我一个新的启示，而大胆地提出了‘活教育’的主张”。[41]陈鹤琴在教育实验中编撰教材是活教育的先行探索，“活教材”思想是杜威教育思想的运用与发展，是中国教材史的重要篇章。郑宗海先生曾深有感慨地写道：“其(指陈鹤琴——引者注)服职上海时，殚精竭虑于教科书与儿童读物之编纂，每从儿童生活与经验中找材料。又于编教科书时，更按心理学习原则，将复现重温，筋肉表现，认识辨别(如缺图填补)等原则，组织于课文排列构造之中，惨淡经营，得未曾有，先后成幼稚课本，小学国语与初等英语教科书若干册。此等原则逐渐为教科书所普遍应用。后之人但见其沾溉之广而忘其倡导之功了。”[8]509

参考文献：

[1] 夏秀蓉.序言[A].上海市陈鹤琴教育思想研究会.陈鹤琴与上海教育[C].上海：上海教育出版社，2012：1.

[2] 钟昭华.中国的福禄贝尔鼓楼幼稚园创办者[A].陈鹤琴.我的半生[C].上海：三联书店，2014：21.

[3] 北京师联教育科学研究所.陈鹤琴幼儿教育思想与教育论著选读[M].北京：中国环境科学出版社，学苑音像出版社，2006：5.

[4] 陈鹤琴.发刊词[J].小学教师，1939(1)：1-2.

[5] 陈鹤琴.发刊词[J].活教育，1941(1)：1-2.

[6] 陈鹤琴.活教育的教学原则(二)[J].活教育，1941(5)：134-135.

[7] 陈鹤琴.活教育(理论与实施)[M].上海：立达图书服务社，1947：前记.

[8] 北京市教育科学研究所.陈鹤琴全集(第六卷)[M].南京：江苏教育出版社，1992：298.

[9] 陈学恂，高奇.中国教育史研究(现代分卷)[M].上海：华东师范大学出版社，1994：173.

[10] 儿童教育社.封面[J].儿童教育，1928(7)：11.

[11] 教育部中小学课程标准编订委员会.幼稚园小学课程标准[S].上海：中华书局，1932：5.

[12] 中华儿童教育社.儿童教育[J].儿童书局，1931(4)：封二.

[13] 陈鹤琴，屠哲梅.儿童游戏新法[M].上海：儿童书局，1932：卷头语(一).

[14] 中华儿童教育社. 儿童教育[J]. 儿童书局,1933(2):104-105.

[15] 陈鹤琴.(分部互用儿童教科书)儿童中部国语(第1册)[M]. 上海:儿童书局,1934:封底.

[16] 中华儿童教育社. 儿童教育[J]. 儿童书局,1931(1):封三.

[17] 中华儿童教育社. 儿童书局[J]. 儿童教育,1933(6):广告页.

[18] 杜威. 杜威教育哲学[M]. 上海:商务印书馆,1921.

[19] 杜威. 儿童与教材[M]. 郑宗海,译. 上海:中华书局,1922.

[20] 陈鹤琴. 家庭教育[M]. 上海:商务印书馆,1926:152-160.

[21] 陈鹤琴. 现代课本编排的新趋势[J]. 活教育,1947(2):53-55.

[22] 儿童国语教科书样本[M]. 上海:儿童书局,1934.

[23] 北京市教育科学研究所. 陈鹤琴教育文集(下卷)[M]. 北京:北京出版社,1985.

[24] [美]杜威. 经验与自然[M]. 傅统先,译. 北京:商务印书馆,1960:10.

[25] 陈鹤琴. 最新英文读本(第1册)[M]. 上海:立达图书服务社,1947:新版自序.

[26] 陈鹤琴. 国语教科书编辑问题[N]. 大公报,1947—04—06.

[27] 陈鹤琴,等. 小学自然教材(十六)我们的衣服[M]. 上海:民众书局,1943:封三.

[28] 陈鹤琴. 国语教科书要怎样编的[J]. 活教育,1943(4/5).

[29] 陈鹤琴,等. 世界儿童节奏集(上)[M]. 上海:世界书局,1947.

[30] 吴小鸥. 南洋公学师范生与中国近现代教科书发展[J]. 高等教育研究,2017(9):84-90.

[31] 中国社会科学院语言研究所词典编辑室. 现代汉语词典(第6版)[Z]. 北京:商务印书馆,2012:255.

[32] 陈鹤琴.(分部互用儿童教科书)儿童中部国语(第6册)[M]. 上海:儿童书局,1934:34-53.

[33] 陈鹤琴. 最新英文读本(第2册)[M]. 上海:中华书局,1936:14.

[34] 陈鹤琴,等.(小学高年级及初中适用)小学自然教材(40)生物的进化[M]. 上海:世界书局,1947.

[35] 陈鹤琴,等. 中国历史故事(三七)中华民族的形成(小学高年级及初中适用)[M]. 上海:世界书局,1943:1.

[36] 陈鹤琴. 儿童心理之研究(上)[M]. 上海:商务印书馆,1925:自序.

[37] 弗洛伊德. 创作家与白日梦[A]. 伍蠡甫. 现代西方文论选[C]. 朱光潜,译. 上海:上海译文出版社,1983:164.

[38] 陈鹤琴. 活教育的教学原则(一)[J]. 活教育,1941(4):104-106.

[39] 陈鹤琴. 对于儿童年实施后的宏愿[N]. 新闻报,1935—08—01.

[40] 陈鹤琴. 空想是没有用的(公民教材)[J]. 活教育,1947(5/6):140.

[41] 陈鹤琴. 创办幼师的动机和经过[J]. 活教育,1947(9/10):198.

陈鹤琴教育思想研究40年:回溯与展望*

李梦琪　李姗泽

陈鹤琴(1892—1982)是我国现代著名教育家、儿童心理学家,我国幼儿教育的开拓者和奠基人。陈鹤琴先生的教育思想覆盖广泛且影响深远,其教育论述涵盖了幼儿园、小学、家庭、社会等不同教育阶段和范畴;在教育对象上涉及婴儿、幼儿、青少年等的正常儿童或特殊儿童;在研究主题上涵盖儿童心理、家庭教育、文字改革、特殊教育、幼儿园教育和幼儿师范教育等。改革开放至今,在陈鹤琴先生逝世的近40年间,我国对其教育思想的研究成绩斐然。关于陈鹤琴教育思想研究(以下简称陈研)的已有回顾评介,①从时间跨度上主要从20世纪初开始,相关综述帮助我们形成对陈鹤琴研究概况的基本认识。本文通过对国内近40年的研究著述、期刊论文和学位论文分别进行不同平台的交叉检索和主题筛选,②排除与陈鹤琴教育思想主题在学术性研究上相关较低或重复的文献,整理并确定著述图书共84本,219种期刊的论文共706篇,硕博学位论文共38篇。基于已有成果,本文主要对1978—2018年的陈鹤琴教育思想研究历程和现状特点作一个整体探讨,讨论相关问题及未来的研究方向。

---

* 本文原载于《学前教育研究》2020年第8期。

① 学术界对陈鹤琴教育思想总体上主要以分阶段式的陈鹤琴整体教育思想或以其幼儿教育思想为主题侧重,综述的文献类型和数量主要集中于早期的个人著述整理或专著出版的不完全统计,尤其对2011年后的著述文献梳理情况涉及十分有限。

② 本研究检索工具以全国报刊索引、抗战文献数据平台、CNKI、维普资讯、万方数据、超星系统、国家数字图书馆等电子检索平台进行多重检索条件的反复筛选,同时也通过手工检索如人大复印报刊及相关图书文献等,检索时间起止为1978年1月至2019年3月。检索后的文献经过剔除及分类,基本以学术性文献为主(不包含随笔感悟式的论文、报纸、对陈鹤琴个人专著的直接再版书目或国外的相关论述)。为力求文献全面,除著述图书类和硕博论文外,对于涉及重点包含陈鹤琴教育思想发展脉络的部分期刊论文也作为本研究分析对象。

一、陈鹤琴教育思想研究的历史阶段回溯

自十一届三中全会以来，对陈鹤琴教育思想的研究之路主要经历了评价（1978—1986年）、重寻（1987—2000年）、研论（2001—2009年）、探求（2010—2018年）四个阶段。

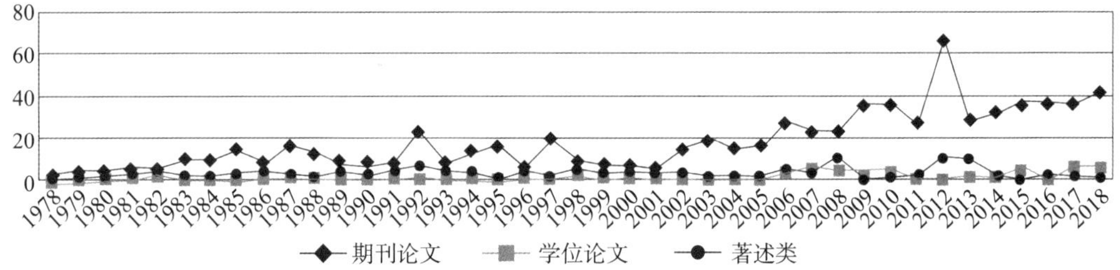

图1 1978—2018年陈鹤琴教育思想研究文献分布图

（一）评价之路（1978—1986年）：呼吁与奠基

20世纪初，学界对20世纪关于陈鹤琴教育思想的研究分为三个时期：各方关注、客观评价时期（新中国成立以前），粗暴批判、禁锢沉寂时期（1950—1976年）和拨乱反正、重新评价时期（1977—2000年）。[1]其中，新中国成立以前的各方关注得益于一大批国际教育学者访华的教育科学化运动和国内教育知识分子的新文化新教育思想运动。在经历"文革"和党的十一届三中全会后，知识分子的社会地位得以提高，"摆脱了桎梏的中国教育界"[2]开始呈现百家争鸣的新景象，对于陈鹤琴的研究在中国教育史的研究进程中才真正起步。如刘佛年所言，曾经我们对于陈鹤琴某些教育思想的"批判"是"不公允"的，要倡导对其开展研究。1979年，陈鹤琴曾亲自致信全国教育科学规划会议，提出对有研究价值的著作应重新审视并予以出版的建议，并在离世前的几年间仍继续就这一主张进行呼吁。而与此同时，学界对于同时代的其他教育家群体的研究关注度较多，如对陶行知"研究的研究"的相关学术史研究便可追溯到20世纪80年代末。[3]在中国现代教育的探索和发展阶段，当时的国人在如何建立社会主义教育的道路上还处于摸索中，在传统教育向现代新教育的转型过程中，更多地关注新文化运动背景下的早期教育家群体，尤其是当时比较有影响力的教育家群体。这包括推进现代学校和现代教育制度的张之洞和康有为，主张现代教育与平民化、乡村化和社会化相结合的黄炎培、晏阳初、梁漱溟和建构中国特色教育理论体系的蔡元培、陶行知、陈鹤琴等。

受西方教育思维训练的陈鹤琴、陶行知、蔡元培等都倡导建立对"新人"而非"新民"的

创新育人体系。如果说蔡元培的教育观以康德哲学为基调，陶行知和陈鹤琴无疑都是杜威现代教育理论中国化的积极践行者和创新者，但“陈鹤琴在此之外又增加了一个科学主义的心理学的支撑”，同时他选择“幼儿这一社会化程度最低且与社会改造最为间接的教育领域”，也无不凸显其个人教育哲学的主旨是“指向幼儿个体发展，即教育的最基础和最深层”，而这一点上，“与陶行知相同且有过之，超越了晏阳初、梁漱溟二人而上承蔡元培”，[4]这也是其幼儿教育思想相比其他思想主张更受关注的重要原因之一。同时，相比陶行知等人纲领性教育思想体系所发挥的“道”的指导影响，陈鹤琴教育理念中蕴含的“中国化”的独创体现，应该说更体现了从纲领性到具体性和实操性的“术”的特点。大多研究者也一致认为陈鹤琴的教育理论和实践在一定程度上属于当时社会历史的产物，其建立的中国化的幼儿教育体系是从中国实际出发的。因而这一阶段对陈鹤琴的教育思想评价方面也主要集中在对其幼儿教育思想学说上，如《幼儿教育》《早期教育》《文教资料》《人民教育》等杂志均以专栏或专题式呼吁各方开展对其思想的研究，包括对其文字实验改革、儿童心理研究实践、“活教育”的教学原则、幼儿玩具、幼儿音乐或幼儿绘画研究等方面的介绍。

尽管这一阶段的学术性研究成果数量与后面三个阶段相比并不算多，但部分成果对后期的研究进程仍然发挥了奠基作用。北京教育科学研究所在陈鹤琴离世的次年，出版了《陈鹤琴教育文集》（北京出版社出版，1983年），首次系统性地展现了儿童心理研究、家庭教育、幼儿教育、小学教育、师范教育和文字改革等部分内容。1984年，研究所又专门将该文集中有关幼儿教育的文章重新编成《陈鹤琴论幼儿教育》（内部发行，1984年）一书，用以提供给幼教行业、小学教育和师范工作者作为学习参考读物。与此同时，陈鹤琴作为教育家在实践方面的创业精神和科学态度也开始得到关注，如对其在鼓楼幼稚园办园的相关史料的研究，或对与其共事的同代老人、其学生和子女等的口述回忆的研究等。

表1　1978—1986年陈鹤琴教育思想研究成果类型统计表

数量 年份	著述		学术论文			
	文集文选	其他专著	思想渊源	活教育体系	幼儿教育改革	其他领域
1978	0	0	0	0	0	0
1979	0	0	1	0	0	0
1980	0	0	0	0	0	0
1981	0	0	1	0	0	0
1982	0	0	2	0	0	2

续表

数量 年份	著述		学术论文			
	文集文选	其他专著	思想渊源	活教育体系	幼儿教育改革	其他领域
1983	1	0	7	1	0	1
1984	0	0	8	0	0	1
1985	2	0	8	0	4	2
1986	1	0	1	1	4	1

（二）重寻之路(1987—2000 年)：回顾与审视

面对改革开放的背景和国际环境的冲击，我国在坚持走中国特色的现代化教育体系的道路上坚持整体联动的基本思路。除了现代学制和现代学校的运行层面，教育思想层面的观念影响和渗透与前两方面共同互动。随着 1985 年《关于教育体制改革的决定》和 1986 年《中华人民共和国义务教育法》的颁布实施，我国围绕“培养什么样的人”进行了深入研讨，这一研讨历经了“由培育精英化‘人才’向养成现代性‘国民’再到培养合格的‘人’的转变”，也经历了“由偏重政治化的‘社会人’到全面发展的‘知识人’再到综合中国人、现代人、世界人的‘文化人’的认识发展”的过程。[5]陈鹤琴关于“做人，做中国人，做现代中国人”的教育目的的倡导，既是基于教育家对时代和国家的一种责任使命，更是建立在其对国情背景下“做人”的儿童教育首要目标的坚定认识。这一口号中不仅蕴含着对时代背景的历史总结，更有展望现代教育的前瞻视野。同时，深受实用理性功能的知识价值论影响，陈鹤琴从实干中总结和诞生的一系列“活教育”学说，也正是关于“培养什么样的人”和“如何教与学”的学校教育改革的具体理论工具。从现代中国人的五项标准，走向对“活教育”现代教育方式的主张，陈鹤琴这一集目的论、方法论、课程论为一体体现“完整性”和“体系化”特征的论述，也是使这一时期较之前期研究热度开始回温的重要原因，继而在全国幼儿教育改革思潮等多方面客观影响下，要求“复活”对陈鹤琴研究的呼声不断，引起了学界对其思想价值的挖掘和寻求。

从 1987 年至 1992 年，北京教育科学研究所历时 6 年编写的六卷《陈鹤琴全集》①应时而生，为后续研究者提供了极为重要的资料。自 20 世纪 80 年代开始，各地相继成立的陈鹤琴教育思想研究会(以下简称陈研会)为陈鹤琴思想研究走向系统性、学术性和普及性奠定了重要基础。自陈研会组建以来，研究成果的形式逐渐丰富，包括思想全集、回忆类文

① 《陈鹤琴全集》，采取分类编年体例，分别于 1987 年、1989 年、1990 年、1991 年、1991 年、1992 年陆续出版。

集、会议类文集、生平传记、年鉴以及个人散见文章等,①开启了不少具有学术价值的研讨主题。尤其是在两次关于陈鹤琴诞辰周年纪念(包括1992年南京召开的100周年和1997年厦门召开的105周年纪念)中所涌现出来的研讨思想,成为这一阶段研究成果的主要体现。其中,第一次大会海内外参与人员约200人,收到会议论文约80篇。尽管也有代表认为部分成果或许“未达到一定的学术高度”,“但具有积极的现实意义,体现了90年代初我国教育界对半个世纪前产生、发展的陈鹤琴教育思想的再度尊崇”。[6]这一再度尊崇,不仅直接体现在幼儿教育改革思潮环境下的可借鉴和操作的思想蓝本,也代表对陈鹤琴的思想研究,从宣扬和关注其作为幼教事业奠基者的功绩贡献,走向了再次接受和承认其教育思想在中国整体教育改革思潮中的地位和价值。

这一重寻阶段,学术界基本保持了对陈鹤琴教育思想的时代性和历史性的客观评价,积极肯定了其研究成果的可取之处,亦合理地认识到其某些教育思想的片面性。对陈鹤琴教育思想的追溯主要谈及其受杜威、陶行知等人思想的影响。总体来说,学界基本一致认为陈鹤琴教育思想并非杜威翻版,而是中国化的思想体系再造。在对其思想渊源研究中可以看到,其对于西方文化教育理论的态度以及勇于实践、理论联系实际的作风,都是对其思想研究的现实意义所在。除了较早较为全面客观的思想整体述略外,[7][8][9][10]亦有部分杂志的专版论述,如1987年《师范教育》关于“活教育”的四期主题解读,1992年《早期教育》对陈鹤琴家教故事的系列论述等。从整体上看,对陈鹤琴教育思想的论述文章在研究者及文章数量上均有一定提升,发表高峰主要集中于1987年、1992年、1995年、1997年,共产生73篇研究成果,包括对陈鹤琴的师范教育、特殊教育、课程设计思想、德育理论、教育实验思想等的初步探讨。与此同时,随着“国内首次有组织有计划地对中国近代重要教育家进行深入、全面、系统的个案研究”开启,包含陈鹤琴在内的23名近代教育家的思想研究受到学界高度关注。作为《中国近现代教育家系列研究》的重要研究成果之一,我国第一部全面系统研究陈鹤琴教育思想的专著《陈鹤琴教育思想研究》(辽宁教育出版社,1995年),从

---

① 这一方向的研究著述可参见:《陈鹤琴教育思想研究文集——纪念陈鹤琴先生诞辰100周年》(人民教育出版社,1997年)、《为中华儿童尽瘁的教育家陈鹤琴》(浙江教育出版社,香港文化教育出版社,1992年)、《陶行知、黄炎培、徐特立、陈鹤琴教育文选》(浙江教育出版社,1992年)、《一切为儿童:陈鹤琴儿童教育文选》(南京出版社,1992年)、《陈鹤琴论师范教育文选》(上海第一师范学校教研室编内部资料,1991年)、《玩具与教育》(云南少年儿童出版社,1991年)、《陈鹤琴教育论著选》(人民教育出版社,1994年)、《家庭教育—怎样教小孩》(中国教育科学出版社,1994年)、《上虞文史资料之陈鹤琴专辑(第三辑)》(上虞市政协文史工作委员会编内部资料,1988年)、《陈鹤琴生平年表(1892—1982)》(上海陈鹤琴教育思想研究会编内部资料,1992年)等。

陈鹤琴"生逢变世，奋进不止"的成长背景到其投身于教育革命中的思想与实践研究做了系统梳理和述评。另一部对作为近现代重要教育家的陈鹤琴的专门理论研究《陈鹤琴与现代中国教育》(上海教育出版社，1998 年)，将陈鹤琴放在宏观考察和微观研究中，从其个人与其所处时代背景的互动中，再现了陈鹤琴与时代共进的中国新教育理论与实践相结合的历史轨迹。除了专门的教育家思想研究著述，陈鹤琴思想也出现在许多通史类、综合类教育史或教育思想史著作中。

表 2　1987—2000 年陈鹤琴教育思想研究成果类型统计表

数量 年份	著述		学术论文			
	文集文选	其他专著	思想渊源	"活教育"体系	幼儿教育改革	其他领域
1987	1	0	12	7	2	0
1988	1	0	3	2	3	3
1989	1	1	1	1	4	1
1990	1	0	2	1	2	0
1991	4	0	1	0	6	0
1992	4	2	7	6	6	3
1993	0	0	2	0	3	0
1994	2	1	0	0	0	12
1995	0	0	2	0	1	13
1996	0	0	0	0	4	0
1997	1	0	0	3	8	3
1998	0	1	1	3	3	3
1999	0	0	4	0	0	1
2000	0	0	2	2	1	1

(三) 研论之路(2001—2009 年)：研讨与论述

2001 年，我国基础教育课程改革运动全面推进，全国幼儿园素质教育的开展也在《幼儿园教育指导纲要(试行)》的正式颁布下启动。探索幼教改革的 40 年间，陆续出现了不同教学模式，如以大自然大社会为中心的单元教学模式，综合各学科的主题教育模式，以游戏活动为中心的活动教学法，以健身体育活动为中心的体育综合教育活动，以艺术、科学或德育活动为中心的综合教育模式，以五指活动与五大领域结合为中心的教学模式等。基于急需推进幼儿园实施素质教育和提高幼儿园教育质量的内部需求，早期国人对西方学前教育思想的学习与借鉴有一定的生搬硬套的迹象，追其缘由，可能是因为人们对早期现代教育家的贡献缺乏充分全面的了解。这也是导致“洋风”在“‘适宜性’和‘本土化’方面出现严重‘失血’现象的原因之一”。[11]因而这一阶段开始注重对中国特色本土理论的挖掘和研讨。如果说这一运动推进是基于本国国情和国际经验结合下走本土特色道路的教育现代化模式,那么对于原创型教育家的思想成果再进行反复研讨,自然也是不无道理的。克伯屈、孟禄、桑代克等教育心理学大师门下的陈鹤琴,其教育思想学说的形成基本扎根于其儿童心理研究思想并发展壮大,加之其秉承的实验实践—理论创建—实验实践—理论修正与完善—实验实践这一循环的教育实验精神,由此而诞生的一系列关于学前教育实验、儿童心理测验、幼稚园课程或教学等的思想的学理性和科学性自然被作为其教育思想最为关注的重要思想遗产来对待。同时,基于教育心理却也依然将儿童置于环境和社会之中的立场,也突显了陈鹤琴思想在杜威和陶行知的影响下更具时代性和现代性的教育目的。

这一阶段,学界开始走向对陈鹤琴教育思想下的“中国化”的幼稚园教育改革经验的研究讨论,[12][13][14]同时注重抢救鲜活口述资料。尤其在陈鹤琴诞辰110周年前后,学界对陈鹤琴的教育理论和实践中的史料进一步深度挖掘,增添了许多生平好友的回忆及口述资料。如《创建中国化科学化的现代幼儿教育》(金城出版社,2002年)以论文合集形式,选辑了陈鹤琴个人在理论和实践中的主要文章、讲稿和报告,更收入其关于“活教育”的重要著作史料,具体展现了作为幼儿教育家的陈鹤琴在开创我国现代幼教之路中的生动纪实;《童心拓荒—现代儿童教育家陈鹤琴》(南京大学出版社,2001年)中收录了16篇回忆录文章和20篇学术理论文章,以及陈鹤琴重要学术活动年表。

整体来说,这一阶段的研究进一步加强和提升了对陈鹤琴教育思想在课程改革运用中的“研究意识”,同时,对陈鹤琴教育思想的价值挖掘研究也走向了对从整体概况的理论探究到分主题论述的理论加实践探究的视角。作为献给鼓楼幼儿园八十华诞和中国幼教百年大庆的成果,《中国幼教之父——陈鹤琴》(南京师范大学出版社,2003年)采用了文学传记的艺术手段再现了陈鹤琴的生平,同时展现了作者对陈鹤琴教育思想系统学习的成果,包括从鼓楼幼儿园的发展看中国幼儿教育、陈鹤琴先生的办园思想实践与其家庭教育理论的探索等。安徽陈研会和合肥幼儿师范学校的教师们在多年学陈师陈工作的基础上,共同编写了《学习爱国老教育家——陈鹤琴教育思想与实践》(安徽文艺出版社,2002年),全书用十六讲展示了陈鹤琴的幼儿教育理论和其实践探索中的献身精神、创新精神。此外,由陈秀云、陈一飞编写的《陈鹤琴全集》由江苏教育出版社重新出版。另一本传记著作《陈鹤琴传》(陈鹤琴外孙柯小卫,2008年),以"活教育"思想的形成发展作为陈鹤琴人生经历的行文叙述线索。

除了对陈鹤琴思想渊源的整体探究外,研究者开始将重点放在其某一种专门思想的具体论著或选编上,包括关于家庭教育、"活教育"、特殊教育、幼儿教育、教育行政管理及教学方法等方面的思想。① 对陈鹤琴教育思想的理论述评也是这一时期期刊讨论的主要方向,譬如《学前教育研究》杂志在这一阶段发文累积数量最高,有对其幼儿教育思想体系的概述介绍、从更为深入的视角进行价值挖掘的探究,以及对其教育理论思想与幼儿园实践应用结合的研讨成果。② 这一时期也出现了一部分对陈鹤琴与陶行知的比较研究和生平关系的史料展现。③ 从整体数量上看,这一阶段陈研的数量基本保持了持续上升状态。除理论研究者外,在实践研究者中从幼儿园园长到教研教师,都积极参与到了以陈鹤琴思想找寻对幼儿园课程改革启示的队伍中。

表3 2001—2009年陈鹤琴教育思想研究成果类型统计表

数量 年份	著述		学术论文			
	文集文选	其他专著	思想渊源	"活教育"体系	幼儿教育改革	其他领域
2001	2	0	3	0	0	1
2002	1	2	3	3	6	2
2003	0	1	7	1	8	2
2004	0	1	4	2	7	2
2005	1	1	12	1	2	1
2006	3	0	8	6	11	5
2007	1	2	11	7	7	3
2008	8	1	11	6	7	3
2009	0	0	6	15	11	4

① 这一方向的研究著述可参见:《家庭教育——怎样教小孩》(中国致公出版社,2001年)、《陈鹤琴的活教育思想》(群英出版社,2004年)、《陈鹤琴与教育行政管理》(上海教育出版社,2002年)、《陈鹤琴教学法》(教育科学出版社,2007年)、《陈鹤琴特殊教育文选及研究》(华夏出版社,2005年)、《陈鹤琴幼儿教育思想与教育论著选读》(中国环境科学出版社,2006年)、《儿童韵律曲及歌曲集》(南京大学出版社,2006年)等。

② 如《学前教育研究》杂志在这一阶段直接与幼儿园课程或教学的应用实践论述约14篇。此外,还有较多关于陈鹤琴的思想渊源成因探究、对理论基础的探讨挖掘、对幼儿园课程改革的一系列启示等主题的论述。具体可参见王雯、唐淑、张春霞、王炳照、秦学智、程秀兰、吕苹、严碧芳等学者的观点。

③ 关于陈鹤琴与陶行知的史料关系研究,除收录于文集的部分文章,较早的公开期刊见唐淑的《同学·同事·同志——中国幼教的创业者陈鹤琴和陶行知》,早期教育(教师版)杂志,1988年12期。此外,重庆陶研文史杂志在2005—2012年间陆续刊登了若干史料,提供了许多珍贵材料。

(四)探求之路(2010—2018年):探索与求证

党的十七大提出"优先发展教育,建设人力资源强国",但这一阶段从人力资源大国走向人力资源强国面临着内外两面的现实挑战。40多年改革开放之路,中华民族实现了从站起来到强起来的质的飞跃。在深化社会主义经济体制改革过程中,我国在"实践检验真理"的道路中不断进行着实践创新、理论创新和制度创新。基于《国家中长期教育改革和发展规划纲要(2010—2020)》的内部发展任务,面临世界格局大发展大变革的环境,当下我国教育改革中关于提高教育质量、促进人的全面发展、促进教育公平、注重改革创新和探索等成了全社会的教育改革共识。学前教育在整个教育改革中也从边缘关注走向了纵深发展,尤其随着《3—6岁儿童学习与发展指南》《幼儿园教师专业标准》等的陆续颁布,以儿童为本的幼儿身心发展教育目的得到了进一步关注。总体来看,学界在幼教事业发展的"多元化"到"中国化"的探求之路中,一面继续积极探索并重构陈鹤琴教育思想的理论,一面小心实践和检验着其思想理论的应用性。从2010年至今,研究主题和内容进一步深化及专业化,研究队伍成员也逐步强壮,除陈氏家族成员、陈研会成员、高校研究者这三大群体依旧活跃在陈研事业中,也涌现了许多实践型研究者,各研究成果类型、数量也在这一阶段分别达到历史顶峰。对于陈鹤琴教育思想的研究缘由,既可以从其幼儿教育思想精细化呼应课程改革需要出发,或从其课程实验的探索经验呼应地方教育质量改进出发,也可以从其教育家办学精神呼应教育公平出发。

在对陈研的探索和求证中,一方面,主要是对其幼儿教育思想的继续深入总结和更新,以及对其教育思想体系解剖的主题精细化研讨。这一阶段期刊论文的数量迅速增加,为四个历史阶段最高。在具体内容上,对陈鹤琴教育思想体系主要方面的深入探究,增添了大量对当前教育事业发展的思考性论述。粗略估算,以其"活教育"生发的论述文章约110篇,以其幼儿教育思想为中心的深入论述约100篇,分别占当前阶段总体期刊论文数量的32%和29%;以其家庭教育或特殊教育为主题的文章约30篇,这一主题的相关文章数量在四个阶段中也是最多的。值陈鹤琴120周年诞辰,2012年的著述成果在这一阶段中数量最高。由陈秀云、柯小卫编写的选集《陈鹤琴教育思想读本》(南京师范大学出版社,2012年),包含儿童心理、小学教育、"活教育"、幼稚教育、儿童音乐教育、儿童语言教育、儿童美术教育、游戏与玩具等八大主题。其他关于陈鹤琴教育思想的专门著述还有《陈鹤琴与活教育》(东北师范大学出版社,2010年)、《写给青年》(安徽教育出版社,2011年)、《家庭教育与父母教育》(上海人民出版社,2013年)、《陈鹤琴教育思想三十解》(山西人民出版社,

2018年)等。

另一方面,这一阶段的研究从对以幼儿教育为主的教育思想体系研究开始走向对以本土实践为主的其他教育阶段的专题研究,如小学教育、高等教育、职业教育、师范教育等;或朝向时代转型背景和不同地区的应用发展等情况的具体研讨成果。① 在这一阶段的期刊中,以理论运用于实践的探讨性文章也较多,如谈陈鹤琴教育思想对当代教育意义的启示类论文就有70篇之多,占当前阶段期刊陈研论文总量的20%,内容涉及对当前的幼儿园课程实践应用、幼儿师范人才培养、农村园本课程开发、现代玩具设计生产等不同领域的思索。在比较研究方面,除与陶行知的生活教育思想对比外,还有将其与蒙台梭利、福禄贝尔、华德福、苏霍姆林斯基等人在教育思想或课程教学观等方面相比较的10多篇论述。

2010年,陈鹤琴的子女陈一鸣、陈秀云、陈一飞三人曾共同对国家教育政策提出建议,围绕陈鹤琴的教育思想精髓,呼吁学习和弘扬我国民族现代杰出教育家精神。[15]而后,陈秀云在陈鹤琴幼教思想研讨会上也谈到继承与创新的问题,对于近二十年来国人对各种外国教育理论的热捧,她表示人们对许多中国老一辈的现代教育家的研究成果或思想知之甚少,同时"对多年来大量群众性实践与创造"忽视,"缺乏总结和提升"。[16]随着中国近现代教育家研究逐步走向系统化和精细化,陈鹤琴作为原创性教育家的地位被再次提升,其原创性的思想和实践成果、影响等都对当代教育改革具有重要的意义。尤其面对提升办学质量,按照教育规律办教育的社会诉求,人们更加渴望去行政化的教育家办学,并期待教育家培训体系的逐步完善。在《我所知道的陈鹤琴》(金城出版社,2012年)中收集了陈鹤琴的朋友、同事、学生及亲人所撰写的文章,附编了陈鹤琴的八位子孙的文章整合,内容翔实感人,为领略陈鹤琴教育精神,以及再现师生与同志之间的深厚情谊和办学奋斗历程提供了极有价值的材料。这一阶段的传记类著述也在整个历史阶段中最为高产,②著述中大多体现出作为拥有教育一线实践经验和行政管理经验的陈鹤琴,其办学和教学精神对培育当代

---

① 这一方向的研究著述可参见:《教子不如先教己—给小学生家长的50条建议》(安徽教育出版社,2010年)、《陈鹤琴与上海教育》(上海教育出版社,2012年)、《高等职业教育理论探新与实践构建:陈鹤琴教育思想在高等职业教育领域的应用研究》(南京大学出版社,2013年)、《怎样做小学教师》(华东师范大学出版社,2013年)、《陈鹤琴童书(1、2册)》(海豚出版社,2013年)、《行走在"活教育"路上——教育转型背景下的陈鹤琴教育思想实践研究》(广西师范大学出版社,2016年)、《陈鹤琴活教育幼儿园教师实用手册》(南京师范大学出版社,2017年)等。

② 这一阶段对陈鹤琴的传记式或生平事迹著述大多集中在2012年,包括:《从拓荒奠基到幼教之父——儿童教育家陈鹤琴》(南京师范大学出版社,2012年)、《一切为儿童—中国幼教先驱陈鹤琴的故事》(长江少年儿童出版社,2012年)、《陈鹤琴画传》(四川教育出版社,2012年)、《陈鹤琴(世界著名教育思想家)》(北京师范大学出版社,2012年)、《教育家陈鹤琴研究》(山东人民出版社,2016年)。

教育家型的教师和管理者的启示。

表4　2010—2018年间陈鹤琴教育思想研究成果类型统计表

数量 年份	著述		学术论文			
	文集文选	其他专著	思想渊源	“活教育”体系	幼儿教育改革	其他领域
2010	0	4	8	15	11	4
2011	1	0	9	7	11	0
2012	5	6	16	21	19	11
2013	8	2	3	15	10	1
2014	0	1	4	11	15	3
2015	0	2	9	7	15	9
2016	0	3	8	11	12	6
2017	1	2	5	9	21	8
2018	0	1	15	17	16	5

二、陈鹤琴教育思想研究的学术成果特点

（一）研究成果整体数量大幅度提升，各主题数量逐年增多

整理发现，研究著述、学术期刊和学位论文三种类别的总体数量从1987年至今得到整体性扩大，呈现逐渐增长的趋势，并均于第四阶段达到最高。研究著述在数量上整体保持稳步增长，期刊的成果数量自第二阶段增长速度加快，而硕博学位论文数量则从第三阶段开始得到提升，并保持平稳上升。

研究成果在总体数量上的繁荣，整体反映出学界对陈研的热情与关注度正逐步扩大。40年间所涉及的杂志单位约219家，刊文总数约710篇。不同研究地域、研究单位、研究团体等成员队伍的扩大，也进一步促进其成果的增长。在学术期刊论文方面，其数量在第四阶段相比第三阶段呈现双倍增长，前三十年的研究成果对后十年在数量上的增长起到了重要的奠基作用。从涉及的杂志种类、期刊发文量以及开办专栏的杂志单位来看，近十年的数量最高，2012年为四个阶段发文量最高的年份；硕博论文研究数量在2006年之前研究速度缓慢，自1988年最早的两篇硕士论文后，7年之间仅见1篇硕士论文。而后，在硕博论文选题关注度上得以平缓发展，基本每年都会得到研究者的陆续关注，总体发文量最高年份为2007年、2008年、2017年、2018年。

由研究数量走向研究主题的维度在划分上愈发细致，说明了陈鹤琴教育思想之于当代学前教育改革需求的理论迫切性。陈研成果数量随之壮大，带动陈研走向更为系统和专业的学术领域分支。从发文的期刊单位看，学前教育领域的期刊是主要成果展示平台，基本占领发文量的前三名。① 如《早期教育》（全版块）的总发文数量在40年间最高，约66篇，其次为《幼儿教育》45篇和《学前教育研究》31篇。从研究内容的主题分布看，除专门著述多以陈鹤琴教育思想渊源为主外（约14本），近二十年来直接以陈鹤琴思想为主题的硕博论文总数量为38篇，②涉及约20所高校，其中师范类高校为15所。学位论文数量前三所分别为南京师范大学、湖南师范大学、华中师范大学，其数量各约占整体量的16%、13%、11%。

表5　近40年关于陈鹤琴教育思想研究主题的杂志刊发一览表

年　份	期刊数	论文数	开办专栏杂志数及论文数	发文量最高年份及论文数	刊发量最高期刊及论文数
1978—1986	17	45	3/27	1985/14	《幼儿教育》/13
1987—2000	63	144	6/79	1992/22	《早期教育》/44
2001—2009	94	176	7/61	2009/36	《学前教育研究》/26
2010—2018	196	345	14/99	2012/66	《早期教育》/15

（二）研究成果类型自单一走向多样，形式进一步丰富

回溯已有研究成果类型，主要有史料文集、专门著述、期刊论文、学位论文等多样形式。史料文集类资料最为丰富翔实且完整，其奠基价值发挥相比其他成果更为显著，总数量也多。具体包括基于陈鹤琴个人著述的论文文集、研讨会会议文集或文选、口述类文集等。专门著述类成果可大致分为理论研究型、实践应用型和生平传记式三大类，既包含学术性较强的理论专著，也有实践性指向的教材类书目，还有以年表式、画册、文学叙述、传记描述、故事叙述等③多样形式的传记类著作。期刊论文和硕博学位论文也是最为常见的成果类型之一。

---

① 根据本研究统计，从杂志发文量的前三位来看，1978—1986年间为《幼儿教育》《文教资料》和《早期教育》；1987—2000年间为《早期教育》《幼儿教育》《师范教育》；2001—2009年间为《学前教育研究》《重庆陶研文史》和《上海教育》；2010—2018年间为《早期教育》《家庭教育》和《生活教育》。

② 在博士论文方面，目前国内仅有一篇以陈鹤琴教育思想为主题的成果。具体见：贾宏燕.陈鹤琴教育思想的中国文化渊源与创新：一项口述史研究[D].华东师范大学，2008。

③ 除了本文前面提及的文集或传记类等著述中所展露的教育精神外，自1979年开始，《人民教育》《幼儿教育》《师范教育》《教育研究》《南京师大学报（社会科学版）》等杂志都陆续刊登了对陈鹤琴教育思想渊源的初步探究文章。详见喻品娟、陈秀云、钟昭华、陈一心、黄书光等人的相关论述。

研究成果的类型多样性带来不同程度的内容指向，满足了我国学前教育改革历程中的阶段性实际需求，也为当代学前教育科研事业提供了学术依据和重要参考。从类型成果的主题指向看，譬如早期的传记类成果，在不同的叙述脉络记录中展现了陈鹤琴的生平大事件，为我们了解其教育家成长历程和教育精神提供了借鉴；后期的编著类成果突出强调了陈鹤琴教育思想在实践应用上的价值，如在高等职业教育领域中的应用等，这些研究对我们基于现实需要对其理论基础、价值取向、目标定位等思想的思考带来了启示。从不同类型成果的引证情况看，史料文集类的著述共计引证图书量约270次，引证期刊量为1163次；理论研究型著述数量占12本，双项引证量约234次（其中，早期由黄书光和王伦信撰写的专著引证量最高，占据著述类总体双项引证量约56%）；实践应用型著述数量占11本，双项引证量约60次；生平传记型著述的数量7本，双项引证量约57次。

成果类型从早期的单一化走向适应不同改革历史时期下的多样化存在，加深了对近现代教育家及其思想研究的学术价值挖掘，扩展了陈研的广度和深度。同时，成果文本类型的多样性存在本身体现出对人物研究的全局性和系统化，也间接激活学界对我国学前教育家的研究兴趣和学术氛围，使研究者能够吸收不同历史阶段的各种类型的成果。在1987年到1992年间陆续出版的六册《陈鹤琴全集》，2008年又再版，其前后两次的总引证量分别为374次和220次。尤其在儿童心理、小学教育、师范教育、“活教育”理论、教育测验等主题分卷的关注度最高，对陈研起到了十分重要的作用。相关成果不仅有学术研究引证上的价值体现，也获得学界的许多评价认可，为未来陈研的继续创造动力。①

表6　近40年关于陈鹤琴教育思想研究主题的著述类成果一览表

著述类型	成果总数量	双项引证量次数	最高引证量成果
史料文集类	48	1433	《陈鹤琴全集》（江苏教育出版社1987年版）
理论研究型	12	234	《陈鹤琴与现代中国教育》（上海教育出版社1998年版）
实践应用型	11	60	《陈鹤琴教学法》（教育科学出版社2007年版）
生平传记型	7	57	《陈鹤琴传》（江苏教育出版社2008年版）

（三）研究主题覆盖全面，由面至点逐步深入扩散

从研究主题的横向分布看，主要表现为以“活教育”体系为中心，同时向其他主题逐渐

① 譬如张瑞潘评价《陈鹤琴与现代中国教育》是一次“既不苛求于前人又无意为贤人讳，能充分揭示其思想学说内在价值的”成功的尝试；金林祥评《陈鹤琴现代儿童教育学说》注重全面阐述且深刻揭示陈鹤琴教育思想的历史意义和当代价值，并提出了“许多发人深省的创新性的学术见解”等。

扩散深入的特点，包括从对“活教育”体系的理论认识和普及，到对“活教育”进行尝试应用的探析等，同时还包括从陈鹤琴关于幼儿教育改革实践的经验介绍到基于经验的理论建构，主要是其现代幼儿教育学说对幼教改革整体思想的启示借鉴，包括对师范教育、德育、特殊教育、家庭教育等不同领域和对自学前教育到高等教育等不同教育阶段的分支的影响。

研究主题方向与各阶段的教育时代背景紧密结合，且逐步指向陈鹤琴“活教育”体系在幼儿园教育改革中作用的发挥。近十年，关于“活教育”体系和幼儿教育改革经验的探究数量均达到四个阶段最高，在教育思想渊源、家庭教育与心理教育等方向开始增幅平缓。从“活教育”研究方向看，除系统专著中的理论探讨外，早期在《师范教育》等杂志上就有系统解读“活教育”创办历程的相关史料。① 而后，在“活教育”思想的推广及应用探索上，不少学者从幼儿园课程教学改革出发，如从“活教育”目的论启发“理性幼儿的塑型”问题的探究、[17]从“活教育”方法论启发教师教学法应用或教研合作，[18][19][20]以及从“活教育”课程论启发园本课程开发或环境创设等方向；[21][22][23]也有从陈鹤琴的儿童心理研究之路、中国化的幼稚园实践之路和从幼稚师范教育体系创办中提取经验、[24][25]从“做人”的教育目的挖掘对当代“教育家办学”的启迪价值、[26]从幼儿园课程与其“中国化”落地执行的关系视角解读可取之处，[27]以及专门从幼儿教育师资培养方面的思考论述等，[28][29]也有一些其他多元维度主题。②

专题性的研究内容逐步凸显出陈研的针对性和适用性，能够帮助挖掘陈鹤琴不同教育思想主张背后的科学性和现代化的教育价值。十一届三中全会后，许多杂志相继开办过陈研的专栏，如《学前教育研究》《家庭教育》《现代特殊教育》《早期教育》《生活教育》等，在专题内容上呈现一定的延展性和概括性。在早期的全集、文集等重量级史料著述出版后，关于陈鹤琴教育思想的内容研究也逐步呈现出不同主题板块的指向性，如家庭教育思想、儿童心理教育思想、特殊教育思想等。专题性研究不仅涵盖理论性的学术价值贡献，也为陈鹤琴思想发展的实践应用起到促进作用。近年来在应用型经验成果上就出现了一些更为深入精细的研究方向，如夏秀蓉、沈明、孟琪璐等人关于行政管理或高职教育的编著；陈虹

---

① 详见刘琪在《师范教育》杂志中的论述，分别刊登于1987年第4、5、6、7期中。其他可见贺琛、李文虎、易固基、杨宁、王雯、唐淑、成尚荣、黄书光等学者关于“活教育”的论述文章。

② 譬如德育教育、素质教育、教学技术、生态教育等方面。具体参见：梅汝莉.陈鹤琴德育理论的中国特色与现代精神[J].教育研究，1997(6)：41－47；沈书生.陈鹤琴的教学技术思想与实践[J].电化教育研究，2008(8)：89－96.

基于多年的学前教育课程授课经验所编著的书目,为学前师范教育提供了有用参考;以及从其他学者的散见论述中看到对"活教育"的理论生成性与应用性尝试结合的探索。① 在特殊教育思想方面,尽管有学者指出其部分观点存在探究空间,但总体来说是"民主的、激进的并富有创造性的"。[30][31]研究者专门选录优秀文章编册成《陈鹤琴特殊教育文选及研究》等,为促进特教事业的发展提供有效的应用价值;也有从历史渊源、教学原则、机构布局、课程标准研制等方面,对其特教思想的观点进行应用意义挖掘的研究。②

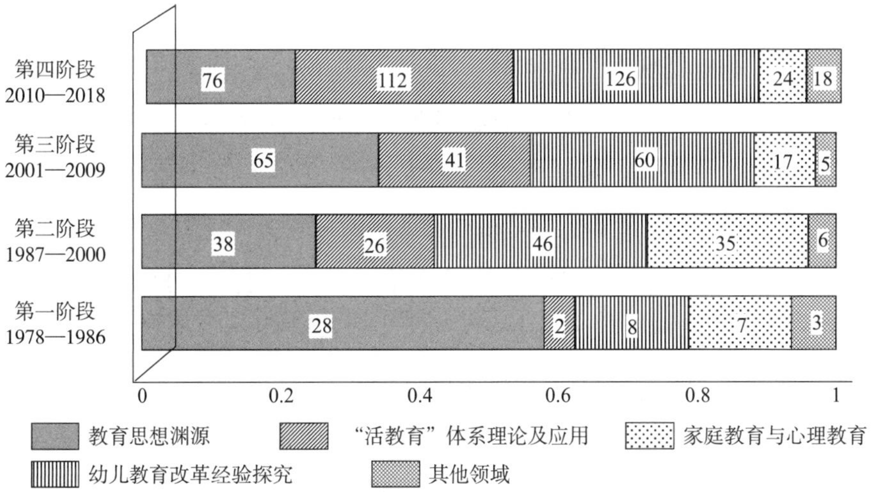

图2 1978—2018年期刊论文和学位论文的研究主题内容分布图

(四)研究队伍人员角色广泛,成员队伍逐步壮大

从陈研群体看,成员身份广泛,学术谱系建设已在良性发展中。从研究缘起、研究时间和研究成果价值看,直系亲属团队担当着不可或缺的首要角色。尽管人数最少,但其研究成果及其价值发挥是重要基石。其次为分布于上海、北京、湖南、江苏、安徽等地的陈研会群体。第三大主要研究群体是来自地方高等师范院校或幼儿师范院校等的学术理论研究团体,以及来自幼儿园的一线幼儿教师及管理者等实践团队。

陈研队伍的发展壮大首先深化了学前教育理论研究人员与幼儿园教育实践者之间的交流对话,提高了理论派和实践派的科研反思水平。作为陈研的中坚力量,家族研究者们一直致力于推崇和传播陈研,除编写和整理著述,也亲自参与到各项宣传活动或担任协会

① 如在活教育理论指导下,对不同领域课程实践的探索等方向,如幼儿园生成活动、生态课程实践等。详见张蕊、高鹭、邱霞萍、彭海蕾等学者的相关论述。

② 具体见兰继军、冠崇玲、柯小卫、史学军等学者在《现代特殊教育》杂志中自2000年到2016年间发表的相关论述。

专家顾问等。自20世纪80年代中期开始，在各地陆续成立的陈研会中会员已达三千余人，协会成员由地方科研单位研究员、高校老师、一线幼儿教师或其他研究者组成。上海市陈研会、北京市陈研会、安徽省陈研会、江苏省陈研会等都积极奋斗在一线，不断激发大家研究和探索陈鹤琴教育思想的热情。近几年开展的大大小小以陈鹤琴教育思想为主题的交流会也逐渐升温，为不同的研究群体搭建了研讨平台。

来自苏浙沪地区的陈研队伍身体力行，更加有力地推进了陈鹤琴思想在我国学前教育改革中理论与实践相结合的研究。基于陈鹤琴个人成长及工作的环境渊源，诸如上海、南京等高校团队和幼儿园教育实践者都对陈研展现出更为强烈和热忱的研究愿望，且具备更加便捷的资源优势。例如华东师范大学、南京师范大学、南京幼儿师范学校、上海第一师范学校等师范院校是一批主要研究力量。在实践基地教学改革中的科研创新合作，也促进了陈研在实践中的有效发展。譬如南京市鼓楼幼儿园的课程实验项目成果，①以及近期由周念丽教授主编，多所幼儿园参与共同研制的我国第一套以陈鹤琴“活教育”思想为指导的幼儿园课程丛书，虞永平教授主编的《中国幼教之父——陈鹤琴》等。

不同研究团体的角色参与，帮助陈研成果走向系统化与专业化，有效推进着学前教育理论的科学化实现。整个陈氏家族在40年间编著或合著的成果显著，家族成员已从史料整理走向了更为系统、学理式的理论研究。② 从陈一鸣、陈一飞、陈秀云等儿女辈研究者，到柯小卫、陈虹、陈庆等孙辈研究者，均身体力行地传承着陈鹤琴的教育思想与精神，积极推动了陈研的速度，提高了陈研的质量。各地陈研会主编或选编的文集等共10部，约占整个文集类的20%，为后续陈研学者的系统研究提供了颇有价值的学术指向。此外，在虞永平、喻本伐、严碧芳、田景正等20多名指导老师的带领下，近20年有关陈研的硕博学位论文也进一步深化了陈鹤琴教育思想在学前教育学科研究中的系统化研究定位。

（五）研究动因价值趋同，教育改革共同体联系更加紧密

陈研的发展首先与宏观时代背景是紧密相关的，这既是我国本土教育改革政策的实际需求，也符合我国改革开放以来国人对基础教育事业发展的内在期望。这既包括对学前教

---

① 譬如仅近3年就“撰写了17套136册专业用书，举办讲座、公开课上千余次”等，在反复探索后出版《单元课程的实践建构：“活教育”思想的传承与发展》等成果。具体参见：崔利玲．亲历“一切为儿童”的四十年[N]．江苏教育报，2018—12—28.

② 家族成员截至目前共出版专著、主编或参编等50余部，约占整个著述类成果的66%；论文撰写合计约111篇，约占整个期刊论文的14%。其中，编著或合著的代表性成果从《陈鹤琴全集》(6卷)到《陈鹤琴教育思想读本》(8本)，再到《陈鹤琴现代儿童教育学说》等发生了研究方向的侧重。

育学科建设的发展需要,也包括对本土幼儿园自身的改革需要。从具体的研究者角色看,有源于专业领域固守学科精神的理论派,有为陈研事业奋斗的家族使命者或情怀崇拜者,也有为寻求解决实践困惑的一线幼儿园教师、园长、教研或管理者等。

早期研究者对于陈鹤琴教育家精神及其理论价值的认可和坚守,不仅增强了我国学前教育人才队伍的教育情怀与专业素养,也为不同主题的纵深研究奠定了坚实根基。如张文郁教授、刘佛年教授等在生前都曾是陈鹤琴教育思想的传播者,以及作为陈鹤琴曾经的学生及同事的唐淑教授,承担着理论研究和实践研究的双重角色;而后有王伦信、黄书光、王振宇、虞永平等多位教授以多种形式反复参与陈研。多数研究者对陈研的开始都是以其思想学说体系本身为研讨根基,或直接以其学说著作而展开研究。譬如在家庭教育思想方面,学界的探讨主要是围绕《家庭教育》(商务出版社,1925 年)而展开的,其中提及的"家庭教育原则、方法和对策确实仍具有一定的现实指导意义";[32] 其另一著作《儿童心理之研究》的诞生也开启了学界对其幼儿心理教育思想的研究,主要是对陈鹤琴与我国儿童心理学研究的理论及实践的关系探究。[33][34][35]

许多陈研会成员也同时是陶行知思想研究协会的成员,他们不仅定期举办关于陈鹤琴主题的学术活动或纪念周年,也建立特色实验基地,推广和开展各种"学陈师陈"的活动。自 1995 年开始,全国 15 个陈研会联合部分文教新闻单位还合办了内部不定期刊物《鹤琴之声》。① 该刊在当时积极推动了陈研的宣传工作,配合了当时教改实践的背景,也成了"各主办单位及校友互相之间沟通信息、交流经验、推动合作、增进友谊的一个有效平台"。[36]陈研学术谱系的壮大也离不开一批散户学人的参与和幼儿园实践者的一系列成果贡献。他们或因改革开放后陈研之风而涉足,以期寻找其理论应用的适切性;或因个人与幼教事业的渊源或对教育家精神的认可推崇,而化情结于幼儿园课程改革中。

(六)以历史研究为主体,具体方法运用辩证客观

自新中国成立以来,教育界的陈研工作开展已初步达到了对陈鹤琴教育思想的"立体式综合认识",不仅"推动了各阶段教育理论的建设和教育实践的发展",也充实和丰润了陈鹤琴教育理论体系的"科学性、实践性和民族性"。陈研工作者也一直致力于在"活教育"中

---

① 《鹤琴之声》每期内容主要包含各地陈研会工作开展的情况和经验,各地陈鹤琴研究者的工作经验和个人经历体会等,与陈鹤琴有关的相关人物的往年生活回忆,其他形式如杂文、诗歌、资料等内容。自 1995 年创刊至 2010 年,15 年间各地轮流出刊且经费自筹,共出刊 30 余期,每期发行量 2000 份,其间收录了各种珍贵史料记录。目前《鹤琴之声》的专栏也继续在杂志《动漫界·幼教 365》等中集中刊载国内及海外地区的陈研相关成果。

“挖掘出新材料、新思想、新价值，不断完善着这个科学开放的体系”。[37]基于研究对象的时代背景，大多学者主要是站在马克思主义辩证唯物论和宏观历史理论的总体范式下，以历史分析法、传记研究法等一般研究方法，具体运用如文献法、历史考证法、口述历史法、个案分析法、问卷调查法等具体研究方法。对已有研究在“史”上的省思发现，部分研究存在史料的碎片化或总结重复化等问题，这实际上与研究者的“史料”认识观紧密关联。“可喜的是，研究者并没有受两极判断方式的左右，而是认真遵循了事实与价值相‘剥离’的原则”，既肯定了前任对陈研的探索成果，也指出了其思想理论在历史时代下的局限性和片面性。[38]

不同研究方法运用下的成果呈现，首先增强了对历史人物研究成果的可读性，提高了近现代教育思想研究成果的普及性和传播性。史料类文集尽显陈老生平及教育思想重点，原著论文类型的文集主要为直接解读其教育思想带来重要参考；会议类论文集从多角度展现了关于其教育思想，以及从其他人口述文集中深入了解其治学精神、工作生活及事业发展轨迹等。譬如，鲁黎撰写的《陈鹤琴传记》就被称为“小故事，大文章”，是幼师学生或教师及陈鹤琴热爱者的必读佳作。

其次，不同研究者以不同路径追溯教育思想精神，同时尽力在理论与实践的关联研究中寻求陈研应用价值在当代转化的途径。较早的学者从其个人传记或一手文献中的历史资料出发，以文献分析法来探究其思想渊源，或以口述历史法从相关的访谈资料中挖掘，如从南京鼓楼幼稚园、江西实验幼师等本土办学实践及教育精神的关联入手；①也有通过对其所在的生活环境及时代背景进行历史考证分析，包含对陈鹤琴教育实践中的纪实性经验材料挖掘，②或从其个人哲学观、政治改造背景或传统文化等因素中重识陈鹤琴在中国教育现代化探索中的卓越贡献。③ 当然，陈研队伍的参与也促进了学前教育科研型人才的队

---

① 除了本文前面提及的文集或传记类等著述中所展露的教育精神外，自 1979 年开始，《人民教育》《幼儿教育》《师范教育》《教育研究》《南京师大学报(社会科学版)》等杂志都陆续刊登了对陈鹤琴教育思想渊源的初步探究文章。详见喻品娟、陈秀云、钟昭华、陈一心、黄书光等人的相关论述。

② 如对陈鹤琴与上海教育的关系研究中，不仅展现了陈鹤琴献身于民族教育以及在上海教坛耕耘的足迹，还包含上海教育工作者长期以来对陈鹤琴教育思想的探索和践行。其中关于陈鹤琴在上海 15 年左右的教育作为的研究中更有首次面世的史料。具体参见：吕型伟. 陈鹤琴与上海教育[M]. 上海教育出版社，2012.

③ 譬如虞永平、王炳照、刘晓东等人的研究视角。具体参见：虞永平，王媛娟. 从陈鹤琴教育思想中探究其哲学观[C]/南京师范大学，江苏省陈鹤琴教育思想研究会. 陈鹤琴教育思想研究文集：纪念陈鹤琴先生诞辰 100 周年. 北京：人民教育出版社，1997：68－76；王炳照，秦学智. 陈鹤琴学前教育思想的传统文化渊源[J]. 学前教育研究，2006(3)：22－25；刘晓东. 政治改造背景下陈鹤琴的生活和思想[J]. 南京师大学报(社会科学版)，2012(6)：80－88.

伍建设,从理论研究者到一线园长及幼儿教师等,不仅有助于自身科研能力的水平提升,也积极发挥着理论者和实践者在新时代教育科学研究及改革中的主体作用。

三、陈鹤琴教育思想研究的未来展望

基于上述回溯,陈研在整体研究规模上较之新中国成立前得到稳步推进,其进程也一定程度上映射出我国近现代学前教育思想史的历史脉络。总体来看,陈研的四十年发展对我国学前教育的学科理论建设、幼儿园课程实验改革、幼儿教师教育专业发展、幼儿园管理人才队伍质量建设等多方面的发展都带来十分积极的推动力与持续力。当然,尽管这一项关于"陈鹤琴教育思想研究"的"研究"让我们看到陈鹤琴经过大量实验实践的教育思想理论体系是经得起时代检验的,然而也须辩证认识到陈研在当前研究背景下的不足之处。面对新时代的教育改革之风,结合当前陈研的现实状况,未来对陈研继续展开研究是十分必要的。

(一)立足新时代国情,发挥"中国化"学前教育思想理论体系的应用价值

改革开放以来,我国学前教育基本观念的历史经验告诉我们遵循幼儿的身心发展规律对推动学前教育事业蓬勃发展的根基作用,[39]其中所蕴含的"回归人、回归生活、回归经验"的观念重构过程,"恰恰是对陶行知、陈鹤琴、张雪门等我国老一辈教育家教育思想的重温、反思与探索践行"的体现,也是新时代"对'传统'教育观念的回归"。[40]近年来陈研的热度上升也正回应了这一点。有学者呼吁,"'回归到陈鹤琴'应该是我们当今中国幼教界最庄严的口号",也"只有回归,才能超越"。[41]这一回归的本质,意指回归到儿童和幼儿教育的本意,回归到陈鹤琴"活教育"的理论思路和实践体系,及其用毕生心血开创的符合中国国情的幼儿教育的道路上来。

近四十年来,许多陈研成果已成为学前人进行教育改革创新的理论基石。近些年,对陈鹤琴教育思想的文本解读转向结合实践应用的推广虽较为明显,但理论体系嵌入应用创新研究方面的侧重力度还远不够,较为缺乏多种理论混合实践现状中的应用调查研究。从实践中进行理论构建的学术型探索在整体篇幅数上较少,譬如近十年关于陈鹤琴儿童心理教育或特殊教育的思想之于新时代背景下的关联探讨就较为有限。

面对全球化和信息技术背景,对于陈鹤琴教育思想理论体系的回归,绝不仅仅是对理论的文本解读的回归,而是应结合立德树人的根本教育任务,深化其价值定位,并在现实转

化中发挥其更为显性的应用效益，从而走向我国本土特色社会主义教育事业发展道路。首先，应继续挖掘陈鹤琴教育思想中可适用于当前本土改革实践的理论支撑，在新时代的教育国情下，凸显其教育思想理论体系的应用性发展功能。其一是发挥陈鹤琴思想理论体系内容本身在应用实践层面上的作用，其二是体现陈鹤琴思想理论的创新研究对我国学前教育理论体系整体建设发展的调适作用。研究者应重点关注陈鹤琴教育思想体系中的原理根源、思维视角、价值判断等，以此来进行教育现象解释及问题解决的研究，从而发现科学且客观的解决路径。陈鹤琴在推动中国教育科学化道路上所发挥的其他贡献，如教育实验等成果，也需要研究者的继续开拓。其次，要注意选择高度契合新时代下本土儿童学习与发展特点，遵循儿童发展的基本规律，从对本土幼儿教育所适合的研究方向开始进一步深化。例如在对儿童身体机能的研究之上，关注研究孕育或影响背后的环境因素，如教师或家长干预、园所与家庭情况等。

（二）科学审视历史经验，为幼儿园课程改革寻找契合本土的理论根源和经验

纵观我国学前教育事业发展的百年，陈鹤琴教育思想体系为我国学前教育领域改革的政策或计划制定提供了重要的理论基础，这与其教育思想以遵循学前教育基本规律的“中国化”和“科学化”特点是紧密相连的。我国幼儿园课程改革自改革开放以来，基本奠定了管理体系、价值核心与基本的课程框架，并“引发了教学方式深层变革和教师专业发展长效机制确立”，积累了不少成果经验，但仍然存在诸如借鉴国外经验与我国课程改革历史经验的平衡结合等一系列难题。[42]早在20世纪20、30年代，以陈鹤琴为代表的幼儿园课程变革就从深层次体现出在“确立科学的儿童教育观、重视生活，以儿童为中心的崭新课程观、灵活的课程教学计划、以做为中心的课程方法论”等方面的理论价值。[43]由于学界向西方学习的热潮和改革参与者自身缺乏对历史经验的吸取，尽管在陈鹤琴所提出的课程理论上力图“向幼儿靠拢”，但最终却走向了“整个教材式”的实践偏向。[44]因而如何重新科学地审视和回顾我国课程改革的历史，并真正在经验教训回顾中甄定未来前进的方向，将“注定是未来课程研究无法回避的一项重大课题”。[45]

近年来不少国内幼儿园以陈鹤琴教育思想作为其课程改革和创新实验的指导理论。除了鹤琴系列幼儿园，如鼓楼幼儿园、南京鹤琴幼儿园、上虞鹤琴幼儿园外，也有如北京、上海、浙江、湖北等地幼儿园，在积极践行着陈鹤琴的“活教育”。然而目前关于陈研较为成熟的课程改革实验成果，在宣传普及度上还有待提升，且对于促进教研共同体学习、园所之间

的经验互助等方面的努力仍显不足。此外,部分研究者急切地将陈鹤琴幼儿园课程理论体系进行表面地复制与粘贴,并未能够深入地比较与思考,导致其课程体系背后的陈鹤琴幼教理论没有发挥真实的作用。

立足现实,在未来陈研的实践推广与发展的道路中,应寻求一条理论契合实践的合适道路。这意味着课程改革的参与者更加需要立足陈鹤琴理论的内涵,结合当下课程改革的文化历史语境来重新认识其教育思想。首先要大力开展关于其幼儿园课程思想理论的元研究和课程改革实验的经验研究,积极并扎实地开展对陈鹤琴教育思想运用的实验研究,有效吸收其理论精华。既要关注到学前教育课程改革实验优秀案例中的本土适应与理论根源问题,诸如江苏省的课程游戏化项目背后的陈鹤琴游戏思想观等;也应充分发挥幼儿教师在课程研究中的分析、探究、反思的研究者角色。其二,继续开展陈鹤琴教育思想作为幼儿园课程资源的开发与运用研究,如提取其思想中传统文化、民族文化等,与课程领域活动设计、传统玩具的开发及运用、民间故事绘本开发等研究相结合,进一步丰富幼儿园回归生活的课程取向。

(三)回归专业信念精神,优化学前教育人才队伍专业素养建设的培训体系

随着《幼儿园教师专业标准》《幼儿园园长专业标准》等一系列关于学前教育人才队伍建设的政策出台,我国幼儿园教师人才队伍建设有了更好的发展机遇。但目前我们仍旧面临着“合格教师供给不足、教师地位和待遇偏低、队伍不稳定”等亟待解决的问题,尤其是幼儿园教师队伍整体素质不高,这种状况“在不同区域、不同群体幼儿园教师身上均不同程度地存在”。[46]近年来开展的优秀园长培养或教育家培养的体系工程,全面汲取我国本土学前教育家的理论思想作为实践指南和培训理论,有助于园长“能够‘古为今用’‘洋为中用’地改进本园的保育教育和管理工作”。[47]

陈鹤琴是一个集“领导者、教育者、管理者”于一身的优秀典范。以往大多研究主要围绕其教育者的身份,对其领导者和管理者角色下的团队人员管理、师资教育培训、办学经费筹措、校舍资源开发与运用等方面的专门研究少见。此外,关于其教育家情怀与精神信念融入当前幼儿园园长培训和幼儿教师职前职后培训的方面,在培训课程设计与应用、培训效果反馈等关联研究上还有欠缺。

专业信念是园长和幼儿教师在其专业成长过程中的精神统领。对专业信念的积极优化和更新是专业素质提升的关键环节。依靠着专业信念的“标杆”力量,幼儿教育者的智慧将始终有效地支配和规范着实践。陈研的继续深入开展将成为幼儿教师和园长在其专业

成长中发挥自觉自主的源动力，进而坚定学前教育者科学的儿童教育观。一方面，陈研的开展在目标上为优秀园长和卓越幼儿教师的专业素养培训提供可借鉴的理论资源，如园长课程领导力、园所文化建设能力、队伍建设能力、保教工作指导能力、幼儿教师专业认同、教研协作共同体等；另一方面，丰富幼儿教师或园长培训课程内容的多元性，并提升针对性，有助于搭建长期且动态的职前、职中、职后的培训体系。

（四）推进科研范式和方法创新，提升陈研学前教育科研成果转化的质量

2019 年 10 月，教育部发布《教育部关于加强新时代教育科学研究工作的意见》，强调要"坚持吸收借鉴和创新相结合，综合运用各种研究方法来进行科研范式的创新"，提出进一步完善中国特色社会主义教育理论体系，拓宽成果转化的渠道和形式，积极鼓励实际开展教育改革实验等，从而不断提升教育科研质量。新时代对教育科研的迫切发展提出更高要求，也为当前陈研在研究方法上带来启发。回顾国内陈研的历史阶段，在不同科研团队的积极参与中，学术成果上类型的逐步分化和内容的系统化呈现均积极推动了陈鹤琴思想学术研究事业的发展壮大。但从以往研究者的整体研究方法上看，对于辩证唯物主义和历史唯物主义方法论的运用成熟度还不够，因而体现在成果中的思辨力度有限。在多种研究方法的整合运用上较为欠缺，尤其对基于其理论思辨之上的比较研究和实证研究的结合较少；在视域选择或剖析视角上的分析路径较为单一，对人物关系的关联研究依然较欠缺，尤其与其他教育家、社会机构等之间的互动不足；在不同层级和不同区域科研团体之间的合作频次与研究深度还不够。

未来陈研在总体研究方法论上，应首先牢牢把握以马克思主义辩证唯物史论为指导，建立科学的教育研究方法论，树立整体性原则，尤其注意从理论层面对其学理逻辑的思辨研究，要"用逻辑去考察历史"，[48]探索其内在本质。坚持以"历史唯物主义的眼光去研究、了解他的教育思想和实践的背景，分析其创造性和局限性"，并非"为了研究他而研究他"，而是"为了今天的教育改革"，要"发展"而不是"停留"于他的思想上。[49]其二，在宏观史学方法论基础之上加强陈研的国际视域。如柯小卫所指出的，不仅要将陈鹤琴教育学说放在世界进步潮流的大背景中，也要在与当代学前教育理论与模式的对话中凸显陈研的时代适用价值与实用意义。① 此外，开展系列个案追踪、行动研究、叙事探究等的质性研究创新取

---

① 柯小卫老师认为要发现陈鹤琴与夸美纽斯、裴斯泰洛齐、卢梭、福禄贝尔、达尔文、普莱尔、蒙台梭利、杜威、克伯屈、德克乐利等人的关系，这并非优劣的极端比较，而需找到陈鹤琴教育学说与其他学派根基的不同定位；也要在多元智能、瑞吉欧、高瞻课程、STEAM 等模式或理论中找到陈鹤琴教育理论的独特适用性。根据笔者与柯小卫老师的访谈整理。

向,也将继续深化陈研对学前教育基本理论的创新与应用。

在研究视域上,要对陈研把握其作为“人”的存在,尤其对陈鹤琴生活背景中的动态化把握,切忌将陈鹤琴这一个体进行割裂式研究。这一整体思维观的运用,一方面应与其同时代教育家群体研究相结合,另一方面要研究陈鹤琴所办校、园中学生和儿童的学习和生活状况等。[50]对陈研应放置于其生活存在的历史时代中,除了着眼于对其思想文本的研讨,必然也应回到其个人的生活世界中,动态地看待和考量其作为教育家和非教育家的角色;或是从其个人生活背景中的人际朋友关系视角,除与挚友外,还可继续关注其与同时代教育界、商界、政届等相关人物之间的关系等。

在研究方法上应积极倡导对多种具体研究方法的整合运用,具备多元方法融合的应用研究意识。除了历史分析法外,也应鼓励诸如结构分析法、生活历史法等一般研究方法和内容分析法、田野调查法等具体研究方法的整合运用。值得注意的是,在历史唯物主义方法论的指导下,结合多元方式来解读史实背后的教育价值,并非停留在史料的表面了解。碎片化本身“并不是消极的”,是与整体化并存的,“当我们了解的碎片越多,便越接近对历史的整体认识”。[51]一味地拒绝碎片并不是历史研究的改进或创新,应勇于面对碎片,从整体上走向对局部内容的更细致化的考察。同时,在多元手法的糅合度把握上,追求更具情节化、故事性、情境性的写作模式,通过重建对某一言说在特定历史语境中的历史意义,来实现从“文本至上主义”向“作者—文本语境主义”思想史研究的转换。[52]

参考文献:

[1][49] 金林祥,涂怀京.陈鹤琴研究的世纪回顾与前瞻[J].教育史研究,2001(03):72-80.

[2][37][38] 涂怀京.陈鹤琴研究中的矛盾转化观[J].中外教育(福建),2003(03):39-43.

[3] 刘大伟.承继与嬗变:陶行知研究的学术谱系[D].华中师范大学,2013.

[4][5] 王伦信.教育家陈鹤琴[M].济南:山东人民出版社,2016:26,11.

[6] 张其龙.江苏陈鹤琴教育思想研讨会综述[J].早期教育(教师版),1992(04):16.

[7] 韦禾.陈鹤琴教育思想研究述略[J].教育研究,1987(06):78-80.

[8] 唐淑.陈鹤琴与中国幼儿教育[J].南京师大学报(社会科学版),1992(03):10-15.

[9] 陈一鸣.陈鹤琴教育思想和维护、保障儿童权利[J].人民教育,1990(05):8-11.

[10] 陈秀云.陈鹤琴的教育思想和实践:纪念著名教育家陈鹤琴诞辰一百周年[J].人民教育,1992(03):41-43.

[11] 柯小卫.陈鹤琴现代儿童教育学说[M].南京:南京师范大学出版社.2019:2-8.

[12] 唐淑. 以陈鹤琴教育思想解读《幼儿园教育指导纲要(试行)》[J]. 幼儿教育,2003(01):4-5.

[13][43] 王春燕. 打造中国人自己的幼儿园课程:以陈鹤琴为代表的幼儿园课程变革为例[J]. 教育史研究,2004(02):49-53.

[14] 宋生涛. 陈鹤琴的课程思想对当前幼儿园课程改革的启示:兼谈《幼儿园教育指导纲要(试行)》教育理念[J]. 甘肃高师学报,2004(04):90-92.

[15] 陈一鸣,陈秀云,陈一飞. 关于对国家中长期教育改革和发展规划纲要的建议[J]. 生活教育,2010(03):31-35.

[16] 陈秀云. 继承与创新:在"陈鹤琴幼教思想研讨会"上的发言[J]. 北京广播电视大学学报,2015(04):7-16.

[17] 周南. 陈鹤琴教育思想在幼儿教育方面的现实意义[A]//南京师范大学,江苏省陈鹤琴教育思想研究会. 陈鹤琴教育思想研究文集:纪念陈鹤琴先生诞辰 100 周年[C]. 北京:人民教育出版社,1997:56.

[18] 景远. "活教育"教学原则探析[J]. 华东师范大学学报(教育科学版),1983(02):35-39.

[19] 田景正,祝绮. 历史地位与当前影响:陈鹤琴"整个教学法"评析[J]. 生活教育,2018(08):22-26.

[20] 严碧芳. 陈鹤琴幼儿教育研究合作观述略[J]. 教育史研究,2014(04):30-32.

[21] 秦元东,唐淑. 为儿童创设良好的环境:论陈鹤琴关于幼稚园环境创设的思想[J]. 学前教育研究,2002(06):42-44.

[22] 张颖,邹晖. 陈鹤琴"五指活动法"指导下的园本课程开发[J]. 江西教育科研,2004(03):30-31.

[23] 周卓莹,张传燧. 陈鹤琴教学法应用状况调查及思考[J]. 学前教育研究,2007(02):38-41.

[24] 唐燕. 陈鹤琴"活教育"理论对我国幼教改革的启示[J]. 学前教育研究,2008(10):47-48.

[25] 柯小卫. 陈鹤琴现代幼儿教育学说[J]. 北京广播电视大学学报,2015(04):8-10.

[26][39] 黄书光. 回归命脉:重审陈鹤琴的"活教育"目的论[J]. 教育发展研究,2012(12):16-20.

[27] 张淑琼,贾宏燕,宗旭苏,等. 陈鹤琴"中国化的新幼稚园"实践与启示[J]. 学前教育研究,2009(07):56-58.

[28] 刘于艮. 学习陈鹤琴先生的师范教育理论与实践[J]. 教育研究,1992(03):52-56.

[29] 严碧芳. 陈鹤琴幼稚师范课程思想及其启示[J]. 学前教育研究,2007(04):49-52.

[30] 王强虹. 陈鹤琴的特殊儿童教育思想述评[J]. 西南师范大学学报(哲学社会科学版),1998(06):37-53.

[31] 吕智红. 陈鹤琴特殊教育思想评述[C]//唐淑. 童心拓荒:现代儿童教育家陈鹤琴. 南京:南京大学出版社,2001:234-242.

[32] 黄书光. 中国家庭教育的奠基与现代意义:陈鹤琴《家庭教育》的学术旨趣及其现代价值[J]. 当

代青年研究,2012(09):1-5.

[33] 张文郁.陈鹤琴先生与我国儿童心理研究[J].大众心理学杂志,1983(01):40.

[34] 朱述宾.陈鹤琴先生教育实验概述[J].教育研究与实验,1989(03):54-59.

[35] 车文博.陈鹤琴儿童心理学思想探新[J].学前教育研究,2006(03):9-13.

[36] 陈一飞.一飞记述[M].北京:金城出版社,2013:49.

[40] 张斌,虞永平.基本立场的回归与内在本质的高扬:改革开放40年我国学前教育观念的流变[J].学前教育研究,2019(01):3-8.

[41] 王振宇,秦光兰,林炎琴.为幼儿教育发现中国儿童,为儿童创办中国幼儿教育:纪念陈鹤琴先生诞辰125周年[J].学前教育研究,2018(01):3-12.

[42][45] 杜继纲,蔡冠宇,和卓琳.从编制到理解:我国幼儿园课程改革40年回顾与展望[J].学前教育研究,2019(03):21-30.

[44] 冯晓霞.幼儿园课程[M].北京:北京师范大学出版社,2001:160,12-13.

[46] 梁慧娟.改革开放40年我国学前教育事业发展的回望与前瞻[J].学前教育研究,2019(01):9-18.

[47] 王小英,缴润凯.基于《幼儿园园长专业标准》的园长培训课程构建[J].学前教育研究,2015(04):35-39.

[48] 陈光春.当前中国教育史研究的应然趋势之分析[J].教育研究与实验,2011(01):6-8.

[50] 刘佛年.开展对陈鹤琴教育思想的研究[J].人民教育,1985(11):12-14.

[51] 王笛.不必担忧"碎片化"[J].近代史研究,2012(04):30-33.

[52] 李宏图.作者、文本与历史性阐释:基于思想史研究的一种理解[J].历史研究,2018(01):20-28.

陈鹤琴家庭劳动教育思想的内涵、原则与路径*

刘军豪

劳动教育是中国特色社会主义教育制度的重要内容，是贯彻落实“立德树人”根本任务的内在要求。2020 年 3 月 20 日，中共中央国务院颁发《关于全面加强新时代大中小学劳动教育的意见》（以下简称《意见》），就全面贯彻党的教育方针，加强大中小学劳动教育进行了系统设计和全面部署[1]。家庭是劳动教育的主要场所，也是劳动教育的有生力量。《意见》指出“家庭劳动教育要日常化”，并强调“家庭要发挥在劳动教育中的基础作用”[2]。

陈鹤琴先生是我国现代教育史上第一个把家庭教育实践与科学理论紧密结合的开拓者，其开创了科学化、民主型的幼儿家庭教育[3]。陈鹤琴家庭教育思想蕴含着丰富的哲理与智慧，并集中体现于陈鹤琴所著《家庭教育》一书及《和做父母的谈几句话》（1928 年）、《儿童教育的根本问题》（1934 年）、《怎样教小孩》（1937 年）和《怎样做父母》（1935 年、1937 年、1943 年、1947 年、1948 年）等论著中。劳动教育是陈鹤琴家庭教育思想的有机构成，陈鹤琴不仅提出了家庭劳动教育的多重意义与科学基础，且系统论述了家庭劳动教育的核心内涵、基本原则与实施路径。重温陈鹤琴家庭劳动教育思想有助于完善构建新时代家庭劳动教育模式，切实发挥家庭劳动教育价值。

一、儿童身心发展特点是家庭劳动教育的前提基础

（一）儿童心理发展的多样特点决定家庭劳动教育的实践开展

儿童心理研究是陈鹤琴幼儿教育研究的基础性研究，是陈鹤琴一切教育主张的根

---

* 本文原载于《陕西学前师范学院学报》2020 年第 8 期。

基[4]1-2。陈鹤琴最早在高等学校开设儿童心理学课程，系统研究我国儿童心理发展，是我国学者探索儿童心理的发端[5]。与此同时，陈鹤琴强调“家庭教育必须根据儿童的心理始能行之得当。若不明儿童的心理而妄施以教育，那教育必定没有成效可言的”[6]522。因此，儿童心理研究是陈鹤琴家庭教育研究的前提性研究，也是贯穿陈鹤琴家庭劳动教育研究的主线。在《家庭教育》开篇，陈鹤琴阐述儿童心理为：好游戏、好模仿、好奇、喜欢成功、喜欢野外生活、喜欢合群、喜欢称赞[6]522-527。

基于“教小孩子必须先要了解小孩子心理”的一贯主张，陈鹤琴将儿童心理发展融入家庭劳动教育过程，客观推动传统家庭教育的科学化发展与现代化转型。具体而言，陈鹤琴提出的101条家庭教育原则，处处彰显着儿童心理发展的内在需要。如“积极的鼓励比消极的刺激好得多”是基于儿童“喜欢成功、喜欢称赞”，“小孩子需要有适宜的伴侣”是基于儿童“喜欢合群”，“做父母的要以身作则”是基于儿童“好模仿”等。陶行知盛赞陈鹤琴著《家庭教育》是“科学的头脑、母亲的心肠”，其根本上是由于陈鹤琴以儿童心理研究提供了家庭教育研究的科学化基础。

（二）儿童生理发育的内在规律影响家庭劳动教育的具体实施

在系统论述儿童心理发展特点的同时，陈鹤琴同样高度关注儿童生理发育与身体发展，并提出“教养儿童必须要研究儿童的身体如何发育”。基于此，陈鹤琴在《儿童心理之研究》中专章论述了“儿童身体之发展”，涉及儿童身体成长及感知觉发展，诸如口、头、手、臂、坐、立、爬、足、走、跳等[7]92-132。家庭教育中，陈鹤琴着重从“孩子的躯干、孩子的心脏、孩子的消化力”等视角阐述儿童身体发展，并针对性论述儿童饮食、服装、睡眠等方面注意事项，极力规避父母将儿童作为家庭教育“试验品”“牺牲品”的“违反养育原理”现象。

陈鹤琴关注儿童生理发展对家庭劳动教育实施的制约性作用，更强调儿童身体发育为家庭劳动教育开展提供的可能性条件。在论述儿童身体发展规律的同时，陈鹤琴总是审慎地从消极和积极两个维度探讨其价值与作用，并由此提出儿童家庭劳动应难易适度的基本原则。儿童家庭劳动教育需考虑儿童生理发育的内在制约性，并积极为儿童身体发展创造良好条件与适宜环境。陈鹤琴强调“父母要训练小孩子，在家庭里做点事情，如整理物件、洒扫庭院等轻便工作”，小孩子自己做事“可以发展他的肌肉、可以养成他的勤俭性质”[6]662,632。

二、陈鹤琴家庭劳动教育思想的核心内涵

（一）以生活技能习得为主题的日常生活劳动

陈鹤琴深受杜威进步主义教育思想的熏陶和陶行知生活教育理论的感化，由此高度关注教育与生活的内在联系，充分肯定日常生活的教育价值，并将儿童生活融入其家庭教育思想，构成以日常生活劳动为表征的家庭劳动教育观。日常生活是儿童家庭劳动教育的主要场域，日常生活也是儿童家庭劳动教育的有效方式。陈鹤琴《家庭教育》一书中逾百条实例，无不源于儿童日常生活。此外，陈鹤琴与张宗麟还专门草拟了幼儿应有的习惯与技能表，以作为家庭教育及幼稚园教育的指引，其中含有“生活的技能”与“日常的常识”两栏，具体包括“会自己吃饭”“会戴帽子”“会穿脱衣服”“会洗手”“会穿脱鞋子、裤子”“会洗澡”等内容，集中彰显了陈鹤琴以生活技能习得为主题的日常生活劳动思想[6]93-97。总之，陈鹤琴认为，对幼儿进行劳动教育，培养幼儿的劳动习惯和技能，不仅是“生活”使其然，而且与幼儿体力、智力、道德和美感发展之间，有着不可分割的联系[8]。

（二）以卫生习惯养成为目标的自我服务性劳动

卫生习惯是儿童日常家庭生活的重要组成部分，养成良好卫生习惯某种意义上也是儿童日常生活劳动教育的内在组成部分。同时，由于卫生习惯的重要性与特殊性，陈鹤琴在家庭教育中以横跨两章的篇幅详细阐述了儿童卫生习惯养成的二十五条家庭教育原则，其客观上形成了陈鹤琴以卫生习惯养成为目标的自我服务性劳动思想。儿童的自我服务性劳动本质上兼具日常生活劳动和服务性劳动的双重属性，其劳动的场域是日常家庭生活，而劳动的主体与对象则统一于儿童自身。陈鹤琴所倡导的儿童卫生习惯养成教育是典型的家庭自我服务性劳动，其劳动目的是养成个人良好卫生习惯、形成初步自我照护能力。在具体的内容层面，陈鹤琴依次论及儿童的穿衣、刷牙、洗面、吃饭、睡觉、便溺等问题。儿童卫生习惯的养成不仅有赖于良好家庭教育的引导，更在于适时发挥儿童的自主性与能动性，使儿童逐步提升自我服务的劳动能力与劳动意愿。

（三）以良好品格塑造为导向的家庭服务性劳动

陈鹤琴指出“教育儿童，还要培养他们服务的习惯”[6]646，“要培养儿童的人格，我们一定要他去帮助人，使人得着快乐”[6]652。家庭是儿童品格塑造的重要场所，让儿童适时适量适度地参与家庭服务性劳动，有助于儿童服务意识启蒙与社会性培养。因此，陈鹤琴主张

“要小孩子每天做件好事”,“要能帮助父母做事”。相比于自我服务性劳动,家庭服务性劳动更有助于儿童形成家庭归属感与自我效能感,并进一步萌发“爱社会、爱国家”的情怀。家庭服务性劳动在具体内容上仍是以家庭日常生活为主要场景,涵盖“会关门窗”“会拿碟、碗、杯”“会搬椅子、凳子”“会扫地”“会抹桌”“会拔草”等细目。同时,家庭服务性劳动广义上还包括待人接物中的礼仪礼节与品格教育等,其涉及“要能顾虑别人的安宁”“对人要能表同情”“对长辈要有礼貌”等[6]661-662。总之,陈鹤琴认为“凡是小孩子可以帮助别人的事,不妨教他去帮助人”[6]652。

三、陈鹤琴家庭劳动教育思想的基本原则

(一)尊重儿童,科学教养

陈鹤琴是中国幼儿教育科学化的先驱,科学的立场、科学的态度与科学方法共同构成了陈鹤琴科学精神的主体[9]7-9。陈鹤琴的科学精神同样贯穿于其家庭劳动教育思想,并集中体现为科学的儿童观与科学的教养观。针对我国传统家庭教育中陈旧落后的儿童观与教养观,陈鹤琴进行了破旧立新的开创性工作,其强调“做父母的要改正对于小孩子的错误观念”,“要把小孩子看作小孩,不可妄想缩短他做小孩的时期,不可剥夺他在小孩时期中应该享有的权利”“要尊重小孩的人格,不可把他当作资产看待”等[6]656。尊重儿童的发展权利、珍视儿童的本体价值是当代儿童观的核心要素。陈鹤琴的家庭劳动教育思想正是建立在对儿童权利的尊重与对儿童心理的研究之上。与此同时,陈鹤琴对传统家庭教育中将儿童视为“试验品”“牺牲品”的经验主义教养观进行了激烈批判,其一方面感叹“小孩子实在是难教难养的很”,另一方面愤慨“(父母)对于养孩子的方法,事先既毫无准备,事后又不加研究,好像孩子的价值,不及一只猪、一只羊”[6]653。基于此,陈鹤琴在所有家庭教育论著中,几乎无一例外地以儿童心理研究为基础,其目的正在于传播科学化的家庭教育思想。

(二)积极鼓励,正面引导

陈鹤琴认为“喜欢成功”“喜欢称赞”是儿童的天性,也是儿童心理发展的基本规律。因此,对儿童的家庭教育,“积极的鼓励比消极的刺激好得多”[6]536。陈鹤琴倡导对儿童的积极鼓励与正面引导,强调父母可利用儿童喜欢成功与称赞的心理,指导儿童的品性与行为。“父母看见小孩做一件好的事情,就应该鼓励他几句,使他再努力学好;看见小孩做一件坏的事情,也要用积极的方法,鼓励他努力改正”[6]659。同时,陈鹤琴指出“鼓励法也不可用得

过滥，一滥恐失其效用”[6]537。劳动教育是家庭教育的重要内容，其同样遵循积极鼓励与正面引导的基本原则。然而，儿童的经验与能力毕竟有限，父母不应以成人的标准去要求或批评儿童的工作，即使在儿童做的太慢、做的不好的情况下，父母依然应该多给儿童独立的劳动机会、自主的体验机会。陈鹤琴特别强调：“小孩子弄坏东西，做父母的去责罚他，并不是因为可惜东西，是因为要改正他的行为。”[6]622 由此可见，积极鼓励与正面引导是贯彻于陈鹤琴家庭劳动教育思想的基本原则，是符合儿童心理发展特点的科学原则。

（三）独立自主，难易适度

陈鹤琴认为：“好动是经验的原动力，是知识的发动机，我们要让小孩子去运用双手，睁开眼睛，张开耳朵。”[6]674 陈鹤琴不仅系统探讨了儿童好动的天性，更从儿童的心理健康与生理发育层面肯定了让儿童独立自主参与家庭劳动的价值。然而，“溺爱”“包办”是中国传统家庭教育中普遍存在的旧习。陈鹤琴感叹：“我常常看见母亲替小孩子做这样，做那样，一天忙到晚，而小孩子反而没有机会去做去动。”[6]675 父母的替代包办或是出于对儿童无原则的溺爱，或是出于对儿童参与劳动的担忧，却唯独忘却做父母的责任。“你们（父母）的责任，是帮助小孩子生活，是帮助小孩子自立。”[6]676 因此，陈鹤琴主张“关于一切的饮食起居，凡是小孩子自己能够做的，我们不要替他代做。做是他的权利，这种权利，我们做父母的，不应该剥夺他的”[6]676。与此同时，独立自主也并非完全放手让儿童自己去做，父母还应发挥指导、协助、支持的职责，父母需要为儿童选择适宜适度的家庭劳动任务，即“叫小孩子做事，不宜太易，也不宜太难，需在他的能力以内而仍非用力不可的”[6]632。概言之，独立自主与难易适度是陈鹤琴家庭劳动教育的基本原则，前者侧重儿童自身主体性的充分发挥，后者聚焦劳动任务适宜性的有效选择。

四、陈鹤琴家庭劳动教育思想的实践路径

（一）寓教于乐的游戏体验式劳动教育

游戏是陈鹤琴科学研究的主线，陈鹤琴不仅在儿童心理研究中强调儿童具有“游戏心”“好游戏”“游戏是儿童的第二生命”等，且将儿童游戏天性渗透于家庭教育，主张“游戏式的教育法”，倡导父母“用游戏的方法教小孩子”。正是基于“喜欢游戏是儿童的本性”，陈鹤琴详细阐述了家庭教育中的游戏开展，并指导鼓励父母尝试游戏体验式的家庭劳动教育方式。其中，陈鹤琴特别以家庭生活中的物品整理为例论证游戏体验式劳动教育的价值：“有

一回，我家的孩子，把书摊在地板上，做买卖游戏。不久，快要吃饭了，我一再叫他把书收起来，他总是不肯。我就把书一本本地堆起来，堆的时候，我就'嗨嗬''嗨嗬'地喊着。他听了这种'嗨嗬'的声音，触动他以前搬东西的经验，他就高兴地帮着收拾起来。"[6]658-659 陈鹤琴认为以游戏体验的方式实施家庭劳动教育，既可以减少许多痛苦和麻烦，又能切实发挥成效，真正实现家庭教育的预期目标。

（二）以身作则的榜样示范式劳动教育

陈鹤琴认为儿童心理发展天生具有"易受暗示""好模仿"的特质，"做父母的一举一动都直接或间接影响小孩子"，因此，父母在家庭教育中要始终坚守"以身作则"的原则，以良好的行为示范影响和感染儿童。陈鹤琴特别强调："不仅言语行动，你要以身作则。就是你的态度，你的思想，也要以身作则。"[6]673 家庭是儿童的第一所学校，父母的言传身教具有不可估量的作用。陈鹤琴不仅从儿童心理发展角度阐述父母以身作则的重要性，更大力倡导父母在家庭中实施以身作则的榜样示范式劳动教育。具体而言，父母首先要主动积极地参与家庭劳动，为儿童树立一个良好的榜样，激发儿童参与家庭劳动的热情与意愿。其次，父母应有效引导儿童自主参加家庭劳动，给予儿童更多家庭劳动机会，让儿童在家庭劳动中体验劳动乐趣、提升劳动技能、培养劳动习惯。此外，父母还要端正对于家庭劳动的认识，树立以辛勤劳动为荣的态度，以实际行动引导儿童树立正确劳动观，崇尚劳动、尊重劳动，实现劳动意识启蒙与劳动情感培育。

（三）潜移默化的环境熏陶式劳动教育

陈鹤琴认为："小孩子生来大概都是好的，但是到了后来，或者是好，或者是坏，都是因为环境的关系。"[6]636 陈鹤琴对儿童天性的认识及对环境价值的强调显然受到卢梭及杜威等人的影响，加之其认为儿童具有"好模仿"的心理发展特征，故此提出"做父母的一方面要以身作则，一方面还要替他选择环境以支配他的模仿"。家庭教育中，陈鹤琴着重强调为儿童营造五个方面的良好环境，依次为游戏的环境、劳动的环境、科学的环境、艺术的环境和阅读的环境。劳动环境的营造集中体现了陈鹤琴倡导的环境熏陶式劳动教育思想。在劳动环境营造上，陈鹤琴首先批评了"平时做父母的总喜欢自己劳动而不愿小孩子去帮助他们"的社会现象，继而强调"做父母的主要工作是培养儿童自己劳动的习惯，培养儿童自己独立的能力"，父母应尊重儿童劳动的权利，相信儿童自主的能力，诸如吃饭、扫地、叠被，甚至浇花、洗衣、烧饭种种活动，在可能范围内，父母应当让小孩子有劳动的机会来发展他做事的能力[6]639。环境熏陶式劳动教育不仅需要父母有为儿童创造适宜家庭劳动环境的智慧，更需要父母能够切实尊重儿童人格、充分相信儿童能力，善于激励、敢于放手。

陈鹤琴家庭劳动教育思想是建立在对儿童身心发展规律的科学研究之上，建立在对劳动教育价值意义的充分把握之上，是其家庭教育思想的有机组成部分。同时，陈鹤琴关于劳动教育的见解不仅全面深刻，而且密切联系实际，富有操作性[10]。陈鹤琴家庭劳动教育思想在内容构成上主要涉及核心内涵、基本原则与实施路径，在呈现形式上主要以鲜明观点与生动案例相互支撑，贯穿其中的是陈鹤琴始终坚守的科学精神、人文关怀、本土立场与世界眼光。陈鹤琴作为现代家庭教育的开拓者与奠基人，其家庭劳动教育思想在当下虽不宜直接套用，但其内在蕴含的科学精神与实践智慧仍有待进一步挖掘、反思与传承。

参考文献：

[1] 教育部. 构建新时代中国特色社会主义劳动教育体系[EB/OL]. www. moe. gov. cn/jyb_xwfb/s271/202003/t20200326_434972. html. 2020－03－26.

[2] 教育部. 中共中央 国务院关于全面加强新时代大中小学劳动教育的意见[EB/OL]. www. moe. gov. cn/jyb_xxgk/moe_1777/moe_1778/202003/t20200326_435127. html. 2020－03－20.

[3] 卢乐珍. 陈鹤琴的家庭教育思想[J]. 幼儿教育，1992(3)：6－7.

[4] 虞永平. 中国幼教之父——陈鹤琴[M]. 南京：南京大学出版社，2019.

[5] 唐淑. 陈鹤琴与中国幼儿教育[J]. 南京师大学报(社会科学版)，1992(3)：10－15.

[6] 陈鹤琴. 陈鹤琴全集(第二卷)[M]. 南京：江苏凤凰教育出版社，2018.

[7] 陈鹤琴. 陈鹤琴全集(第一卷)[M]. 南京：江苏凤凰教育出版社，2018.

[8] 霍力岩. 幼儿劳动教育：内涵、原则与路径[J]. 福建教育，2018(47)：16.

[9] 虞永平. 陈鹤琴的科学精神[J]. 今日教育(幼教金刊)，2018(1)：7－9.

[10] 吴玲. 陈鹤琴幼儿劳动教育思想探要[J]. 安徽师范大学学报(人文社会科学版)，1998(1)：130－134.

陈鹤琴儿童游戏思想的演进与启示*

史晓倩

2018年11月，中共中央、国务院颁布了《关于学前教育深化改革规范发展的若干意见》，明确指出幼儿园教育应“坚持以游戏为基本活动，珍视幼儿游戏活动的独特价值，保护幼儿的好奇心和学习兴趣，尊重个体差异，鼓励支持幼儿通过亲近自然、直接感知、实际操作、亲身体验等方式学习探索，促进幼儿快乐健康成长”。如何理解和落实“以游戏为基本活动”这一命题？如何科学看待游戏理想与游戏现实之间的悖逆？如何精准把握幼儿园课程改革中游戏与课程之间的关系？均促使我们驻足回望陈鹤琴的游戏理论与实践。

陈鹤琴毕生致力于推进中国儿童教育科学化，被誉为“中国幼教之父”。学界对陈鹤琴的研究，多集中在他的学前课程思想和活教育理论，少有人系统论述他的儿童游戏思想，其实，陈鹤琴早在二十世纪前半期就对儿童游戏有着系统的理论和实践探究。关注陈鹤琴的游戏思想，解析它的演进，揭示它对当今幼儿园游戏研究的启示，有助于幼儿园游戏“理论困惑”的澄清和幼儿园游戏实践的开展。

一、陈鹤琴儿童游戏思想的演进及理论分析

观念的变革是儿童游戏思想生发与演进的先导和前提。在“五四”教育革新思潮下，教育界、文化界展开了对传统儿童观的激烈批判，以儿童为本位、尊重儿童的观念得到了空前的增强，为陈鹤琴儿童游戏的研究作了观念上的先导。

---

* 本文原载于《陕西学前师范学院学报》2020年第11期。

（一）潜心儿童心理研究引介创生游戏理论

1919年秋，受爱国青年奋起救国之精神和“民主”与“科学”口号所鼓舞，陈鹤琴毅然决定回国执教，担任南京高等师范学校教育科心理学、儿童教育学教授。他从儿童心理领域的研究出发，借由文献法和观察法，指出儿童具有“游戏心”，并借鉴西方游戏理论体系，建立了自己的儿童游戏理论。

1. “游戏心”：儿童游戏的出发点和归宿

陈鹤琴率先运用科学心理学的方法研究儿童心理，宣告了游戏作为儿童存在方式有着无可替代的本体价值。他指出儿童具有“好动心、模仿心、好奇心、游戏心”[1]4，揭示出“儿童好游戏是天然的倾向”[1]151。同时，受杜威实用主义教育哲学思想的影响，陈鹤琴又从儿童本真生活的视角揭示了儿童与游戏的关系：“儿童以游戏为生活的：儿童生来好玩”[1]172、“游戏是儿童的生命”[1]7，这不仅表现在游戏是儿童生活中所占比例最高和发生次数最多的活动，而且还表现在儿童会时刻以游戏的方式与周围的世界建立关系。游戏之于儿童不仅仅是“玩”，也不局限于是儿童认识世界、理解世界的手段，而是他们生存的状态，是儿童内在生命力的表现。鉴于此，陈鹤琴倡导游戏在儿童生活中的合理化，呼吁“我们应当给儿童充分的机会，使他得到完美游戏的生活”[1]172，同时，陈鹤琴尝试将游戏纳入教育领域。“当时盛行以注重儿童‘精神胚胎’与‘身体自由’，进而将教育目标仅局限在‘儿童自由’‘儿童解放’本身，排斥来自于外界，包括成人的指导、社会需要等‘环境’影响”[2]，而陈鹤琴对此则抱有更积极和谨慎的态度，他着重关注游戏指向发展的功能与价值，阐释了游戏具有发展身体、培养高尚道德、使脑筋敏锐、为休息之灵丹四个方面的价值，倡导“幼稚园教育，即根据游戏的本能”[1]4，着手探索游戏与教育相融合的可能路径，提出“游戏性的教育”，“儿童既然喜欢游戏，我们就可以利用游戏来支配他的动作，来养成他的习惯”[1]172。可见，陈鹤琴在研究儿童游戏之初，就已经开始谋求游戏在教育中的合理化。

2. 西方游戏理论的引介及本土游戏理论的创生

在《儿童心理学》的讲授中，陈鹤琴引介了“力量剩余说”“休养学说”“生活预备说”“复演说”等游戏理论，在介绍这些理论学说时，他并没有全盘接受和表面叙述。以“复演学说”为例，霍尔认为游戏是祖先的动作习惯，“我们无非复演祖宗的动作和生活而已”[1]155，陈鹤琴指出这个学说是没有证据的，人喜欢钓鱼是因为钓鱼引发的快感，而非祖宗以钓鱼为业，而现在儿童喜欢玩气球、火车等游戏更是与我们祖宗的生活不相关的。陈鹤琴大胆质疑这些受生物进化论影响而缺乏实证的学说，并总结发表了他对游戏的看法，“游戏是一种很复杂的动作，我们可以把它的要素分析出来：游戏有简单的，有复杂的"[1]159。这是对游戏外在形式的一种表达，将游戏视为由内部需要而产生的运动，游戏的发生不仅与儿童游戏的力量、动作的发展及儿童好动的天性有关，还与游戏带给孩子的快感相关。他举例说儿童第一次玩摇铃，或者是纯粹出于随机动作而成的，但是，后来儿童再去玩摇铃，就是因为第一次玩的时候发生快感的缘故。同时，借由帕默、华特尔等西方学者的研究结果，陈鹤琴进一步论述了游戏的种类、游戏与年龄的关系、游戏与性别的关系等，并借由对长子陈一鸣的观察，佐证了自己的游戏论点。例如，陈一鸣出生后第 82 天，陈鹤琴记录道："玩笑：现在我的小孩儿渐渐喜欢与人玩笑，今天早晨他吃乳后，卧在床上，我拿一条领带与他玩，他开着口转过来向着我微笑，同时手臂和脚乱动"[1]163，共计 67 天的记录既生动形象，又颇具说服力，这是陈鹤琴儿童游戏研究从理论走向实践的第一步，也为游戏理论的发展与演进提供了实证基础。

"从儿童身心发展的角度考察儿童游戏的原因与游戏的发展变化是陈先生关于儿童游戏看法中的核心思想"[3]126，陈鹤琴梳理总结出"儿童喜欢团体的游戏、儿童当与动物做伴侣、父母当做儿童的游戏伴侣"[1]172 等 7 条原创性的观点，囊括了儿童游戏的内涵界定、儿童游戏的特征、儿童游戏与教育等各方面的问题，对于反对压抑儿童天性的传统儿童观、扭转蔑视儿童游戏的落后观念具有重要的进步意义。可见，陈鹤琴在儿童心理领域研究中所倡导的游戏理念具有较强的应然性和超越性，为下一步儿童游戏的研究提供了理论依据。

（二）植根家庭教育研究观察儿童游戏活动

陈鹤琴在儿童心理学研究方面颇有建树，对儿童游戏的研究又走在了时代的前列，随着研究的深入，陈鹤琴又将研究重点集中在家庭教育中的儿童游戏，其原因有二：一是儿童心理学研究中引介的西方游戏理论和自己的游戏理论所得需要本土化、深层次的试验并验证；二是长子陈一鸣的出生为他开展家庭领域中的游戏研究提供了十分相宜的个案。以"科学的头脑、母亲的心肠"进行长达 808 天的精细观察和记录分析，得出的 101 条家庭教育原则中有 20 条专门探讨儿童的游戏，且撰写偏于生活化，易学好懂。在该领域的研究中，陈鹤琴重申"儿童好游戏"的心理特点，介绍了在家庭教育领域中支持和引导儿童游戏的方法，提出游戏式的教学法，在某种程度上印证并推进了前期心理领域中的儿童游戏研究。

1."游戏就是工作"：寻绎家庭中支持儿童自主游戏的具体方法

陈鹤琴倡导自主游戏在家庭教育中的合理化，在《家庭教育》中他描述了儿童的"游戏与玩物”，列举了“小孩子需要适宜的伴侣、小孩子应有与动物玩弄的机会、小孩子最好有玩水的机会”[4]571-575 等十条原则，并借由举例和讨论将每条原则所包含的内容进一步具体化、通俗化。十条原则涵盖了儿童游戏的特点、玩物的选择等诸多方面，对于父母在家庭中引导幼儿开展游戏活动有着相对具体的指导。在游戏理论研究的基础之上，陈鹤琴在家庭教育中对游戏的研究进行了诸多方法论层面的探讨。同时，陈鹤琴还发表了对游戏与工作的看法，明确提出“游戏就是工作，工作就是游戏”[4]582。他将画图、剪纸、着色、穿珠等活动均视作游戏，使得工作具有自选、自主游戏的特质，呼吁家长为儿童提供游戏的材料，创设游戏的环境，儿童自由选择、自主开展。在这个过程中，儿童的“游戏心”需要可以被满足，天性可以自由表现，主动性、创造性都可得到发挥。

2.“游戏式的教育法”:探索家庭教育中的儿童游戏

陈鹤琴注重家庭教育的心理学依据，在《家庭教育》中开篇便以“儿童的心理”作为该领域研究探讨的基地。他指出小孩子具有好游戏、好模仿、好奇、喜欢成功、喜欢野外生活等七个方面的心理特点，“家庭教育必须根据儿童的心理始能行之得当”[4]522。居于这七方面的心理特点之首的即为“小孩子是好游戏的”，他从对二三个月大的婴儿在床上敲手踢脚的观察切入，一是描述了不同年龄发展阶段儿童游戏的特点，并从“游戏是儿童的生命”的高度提醒家长注意儿童的动作和游戏；二是阐明游戏的价值：“有此二者，小孩子的身体就容易强健，心境就常常快乐，知识就容易增进，思想就容易启发”[4]523，这是对儿童心理领域中游戏四个方面发展价值的重申。因此，除了家庭领域中儿童自主游戏的探索，陈鹤琴开始尝试探寻儿童游戏的发展价值在家庭教育中的显性化路径，研究家长引导及支持儿童游戏的方法，并提出“游戏式的教育法”，“做父母的要使得小孩子听你的话，要使得大家高兴，最好用游戏式的方法去教训他，引诱他”[4]547，这是“游戏性的教育”在家庭教育领域中的实践延伸。

在儿童心理领域中，陈鹤琴研究了诸多前沿的游戏理论，这些理论有助于我们从特定角度来认识生活中的游戏现象。与此同时，陈鹤琴没有封闭地、教条地使用这些理论，而是继续在家庭教育领域中利用观察法，从实证研究的角度继续探究儿童游戏，以贴近于儿童生活的角度，用朴素自然的眼光来看问题，使游戏从抽象理论走向家庭实践，从而更容易被家庭所接纳，对扭转旧式落后的家庭教育对游戏的偏见具有重要意义，也为接下来在幼儿园课程试验中研究游戏提供了实证视角。

（三）深耕鼓楼幼稚园课程实验开展儿童游戏理论与实践的双向建构

有了家庭教育领域中儿童游戏研究的成功经验，陈鹤琴也在酝酿着如何利用儿童游戏的本能改变彼时落后的中国幼稚教育。同时，随着陈一鸣不断长大，家庭教育已无法满足其不断增长的社会化和个性发展的需要。因此，1923 年秋，陈鹤琴在自家客厅创办了“鼓楼幼稚园”，踏上了中国化幼稚园实验之路，借由课程实验法继续探寻游戏在幼稚园教育中开展的基本路径。

1. “当时当地儿童自发的活动”：游戏与幼稚园课程融合的独立求索

鼓楼幼稚园中的课程实验为儿童游戏研究提供了实践土壤。实验可分三期，散漫期的课程实验在“一切课程是当时当地儿童自发的活动”[4]105 等原则的指引下，主张以儿童为中心，尊重儿童的自发活动，教师只是改进环境和设备、提供材料、从旁指导进而使儿童接受环境的刺激，自发地去活动。虽然对于教师的施教来说的确存在种种困难，但散漫期的课程状态其实最贴近儿童本真游戏生活的状态，儿童的自由性、自主性得到极大的发挥，“儿童活泼尽致”“全园充满了生气与快乐”[4]106 等描述也从侧面刻画了儿童自动自发的自然游戏中愉悦、享乐的状态。然而，陈鹤琴所进行的实验是探索中国化幼稚教育的课程实验，是以教育目的实现为导向的，散漫期极端的儿童中心主义的做法使得完全自发的活动失去了教育的意义，因此，这种本质上自由自发的自然活动对于以“教化”为目的的幼儿园课程与教学来说，显然是相背离的。在幼稚园教育中如何界定游戏？游戏又当如何存在？是游戏进入教育领域所避免不了的问题。因此，到了论理组织期，为了方便教师进行课程组织，包括游戏在内的所有课程围绕着预先设定的课程大纲按部就班地完成，游戏也成了预设的课程，如此教师的确便利了，但儿童的自由游戏被剥夺了，游戏与其他课程相互隔离孤立的状态明显。而设计组织期围绕着课程中心把常识、故事、儿歌、游戏等各科组成一个整体，进行综合教育，“在同一设计单元里，各方面的活动很多，儿童愿意做任何一方面应该听儿童自由去做”[4]112，游戏不再是严格按照课程计划去做的预设课程，且与其他各科活动之间联络性增强，儿童临时发生的兴趣也被尊重，包括游戏在内的课程之间的融合性与灵活性得到了更好的体现。可见，课程实验的后期陈鹤琴转向了将游戏与课程相融合的探索之路，寻求满足儿童的天性需要和获得个体发展之间和谐共生的状态。在此期间，陈鹤琴还进行了教学法的实验，提出“我们主张幼稚园应当采用游戏式的教学法去教导儿童”[4]81，“因为儿童总是喜欢游戏的，而且他游戏的时候，会忘记了自己，用全副的精神，去做他的游戏。名义上虽说是游戏，但所学的的确是很好的学问”[4]81，倡导在内在动机的驱使下的身心投入和真切体验，从而达到教学的良好效果。

反观陈鹤琴鼓楼幼稚园课程实验的过程，实际上是对游戏与课程教学的极端理解不断消解的过程，是游戏与课程教学逐步融合的过程，是游戏“回归”教育的过程，也是游戏的教育价值逐步达到最大限度发挥的过程。散漫期更接近于本体意义上的儿童游戏，游戏的纯粹性在幼儿园被最大程度的保留，儿童的自由精神得到了最大程度的施展。其后，游戏被纳入课程领域来，“受到教育价值观的规范，被打上了教育影响的烙印”[3]97，在尊重儿童自由意愿与兴趣的基础上被计划、被预定，逐步在课程实验中演进为课程内容、课程资源和实施手段。

2. 作为教育法规的游戏：从学术话语到官方话语

“人类虽然拥有漫长的游戏的历史，但是对游戏进行系统的研究的历史并不久远。19世纪下半叶，人们才开始对游戏的游戏行为加以研究。”[5]前言 而自我国现代幼儿教育诞生以来，以陈鹤琴为代表的教育者对游戏的认识和研究逐渐从直觉和经验上升为自觉的学术探索。在经历了三期的艰苦实验和探索后，陈鹤琴正式促使游戏成为幼稚园课程的有机组成部分，由鼓楼幼稚园课程实验成果拟定的《幼稚园课程标准》(以下简称《标准》)的颁布，标志着游戏正式纳入幼稚园课程范围之中，这也意味着游戏实现了从学术话语到官方话语的跨越。《标准》中，课程范围包括游戏、工作、故事和儿歌等七个方面，其中，游戏的目标顺应幼儿爱好游戏的自然性向、发展幼儿的动作及感官、培养幼儿的社会性三个方面；游戏的内容主要包括计数游戏、故事表演和唱歌表情的游戏、节奏的和舞蹈的游戏、感觉游戏、应用简单用具的游戏、模拟游戏及我国各地方固有的各种良好的游戏，类型丰富，并列出了游戏的最低限度：“① 能参与群儿的集合，成行成圈，而觉得协调；② 能使用园中所设备的三种以上游戏器具；③ 知道游戏的简要规则。”[4]157 同时，与游戏一样被纳入课程范围之中的还有工作，工作的目标主要包括满足于对工作的自然需要、培养操作习惯，增进工作技能，并锻炼感觉能力、训练关于群体的活动力、发展智力四个方面，其内容包括沙箱装排、恩物装排、画图、剪贴、泥工、缝、木工、织工、园艺，其最低限度包括能爱惜工具和整理材料，能用剪刀，能排列图形等。《标准》在教育方法要点中强调游戏“由教师引导，施以团体作业”[4]162，可见，《标准》中的所谓的游戏主要指的是“规则游戏和教师引领下的团体游戏，而不是指幼儿的自由游戏。但是，值得注意的是在这个课程标准中被称之为‘工作’的活动，却有着以幼儿的‘自由活动’为基本特性的游戏活动之实”[5]361，工作中的儿童可以自主选择、自由活动，“大部分应该由儿童个别活动，由教师个别指导”[4]162，可以较好地避免儿童自由游戏中放任自流的倾向。可以说陈鹤琴对游戏的研究自转入到家庭教育中来，特别是鼓楼幼稚园课程实验之中都是基于教育学的视角在研究游戏，在课程政策中也是从儿童学习和发展的视角来界定游戏的。

鼓楼幼稚园课程实验中的儿童游戏研究是从游戏在幼儿园中的展开与实施这一行为组织层面进行的，初步进行了凸显课程实施游戏化的基本路径实验。由心理学领域进入到教育领域中，陈鹤琴更加关注游戏的教育属性，把游戏纳入有计划、有目的、有组织的幼儿园课程活动中研究与界定，有着较为鲜明的将游戏与课程教学相融合的构想，同时，该领域中的重要成果在于陈鹤琴将其科学的儿童观、教育观转化成了我国学前课程发展史上第一个幼稚园课程标准——《幼稚园课程暂行标准》，使得包括游戏在内的课程具有了国家层面的普遍价值，对儿童游戏开展的可能性提供了理论支撑和制度保障。可见，在综合考量了我国的教育传统、幼稚园实践诉求的基础上，该领域中的游戏理念更多地具有现实性的特点，且通过《幼稚园课程暂行标准》使得游戏有了来自国家的顶层设计，进而转化成为制度化所认可和推行的游戏观和游戏模式，使更多的儿童从游戏中受益。

（四）立足“活教育”理论体系与儿童游戏研究汇合融通

“陈鹤琴并非一个经院式学者”[6]，他研究儿童游戏的最终落脚点是为了改进儿童教育。因此，1940 年陈鹤琴着手进行活教育实验，在该领域的研究中，陈鹤琴利用实验法和思辨法，重点围绕着“教学游戏化”的实践总结和“做”的方法论开展研究，探寻儿童游戏在幼儿园课程教学中的归宿。

1.“教学游戏化”：回归儿童成长

“活教育”理论是陈鹤琴长期从事中国化新教育探索的概括和总结，是其教育思想的核心内容。在活教育的 17 条原则中，陈鹤琴提出“教学游戏化”原则：“游戏是人生不可缺少的活动，不管年龄性别，人们总是喜欢游戏的。健康的小孩子是好动的、快乐的。假如在读书的时代，我们也能化读书的活动为游戏，那么，读书不是会变得更有趣、更快乐、更能进步了吗？”[7]92 这里所指的游戏已不局限于幼儿园中的实体性游戏活动，游戏带给人的有趣、快乐是游戏精神较为原始的一种表述，陈鹤琴提出要“化读书的活动为游戏”，即是对游戏精神渗透于幼儿园课程教学的一种倡导，让读书活动富有游戏精神，使得游戏的自主性、自由性、创造性、愉悦性、体验的真实性与课程教学相融合。“假如说读书只有读书，读书就不应游戏，那么，读书的生活，势必枯燥无味，哪里还谈得到进步。”[7]92 显然，在陈鹤琴看来，读书生活中的享乐与发展是并行不悖的。就游戏本身而言，游戏的本体功能即是享乐，儿童在游戏的愉悦中无意学习，具有潜在的发展价值，为身体动作、情绪情感、智力发展蓄积能量，具有教育的属性。而游戏纳入幼儿园教育中来，作为游戏附加功能的教育结果会在幼儿园中得到有效的控制和指导，在教师的教育影响下发挥更大的教育价值；其次，陈鹤琴强调“做到教学游戏化，就要使读书生活兴致蓬勃，学习进步分外迅速”[7]92，在活教育领域中，以发展、培养人为目标的教育活动除了关注教育的“固有功能”外，也关注儿童好游戏的心理特点和需求，儿童“兴致蓬勃”即是游戏精神得以彰显的状态。此外，发展远不止于知识技能的训练和学习，其丰富的内涵，使得其内在精神兼具享乐、愉悦的功能，发展在时间上具有延续性，它同儿童生命展开的过程是相伴相随的，幸福童年关乎儿童一生的发展，儿童的生活应该是此刻的、当下的，读书生活中注入游戏精神，其当下的愉悦也是值得尊重的。

2.“做”：实现“教学游戏化”的基本路径

如何才能使教学游戏化，化读书活动为游戏呢？需要围绕着“做”来实现。陈鹤琴注重教育中儿童参与的重要性，“做”是活教育教学的基本原则，“做中学，做中教，做中求进步”[7]21，“做”的过程即是把死教育转化为活教育的过程，也是把枯燥乏味的读书学习转化为兴致勃勃游戏活动的过程。“做”的精神内核与游戏的精神在本质上是高度一致的。首先，陈鹤琴认为一切的学习都是靠做的，“做了就与事物发生了直接的接触，就得着直接的经验，就知道做事的困难，就认识事物的性质”。围绕着“做”的活教法，其实质是从知识本位到经验本位、从被动的接受学习到主动的发现学习的转变，这同游戏本身之于儿童的发展价值一样，儿童在游戏中可以“得着直接经验”，在积极自主的游戏中，旧经验得以巩固和改造，新经验得以生成和练习，儿童“身体和精神得到最大程度的放松，智力和情感上得到最大程度的自由，知识和技能得到最大程度的巩固，进而为发展提供了最充足、最富有动力性的准备”[8]169-170。其次，“没有一个儿童不好动的，也没有一个儿童不喜欢自己做”[7]67，游戏可以满足儿童好动及对自主性的需求。因此，我们可以将“做”视为游戏化的实施途径。

需要强调的是，在教学游戏化的过程中，陈鹤琴提出“要注意方法与目的的配合”，他说“游戏的方法，本来是为了要达到教学目的而运用的，忽视了这一点，就失掉了教学的意义”[7]93。在活教育实验中研究游戏，课程教学是本体，游戏是方法、手段，“教学游戏化”语境下，游戏被视为幼儿的一种学习方式，服务于特定的教育目的和任务。“教学游戏化”要求在教学目的的规范下，激发儿童的兴趣，谋求教学游戏般的趣味性，追求游戏的精神，强化游戏手段，重视儿童在教学过程的体验。“游戏的直接用处虽只是寻求快乐，然而间接的用处则甚大，因为它可以发展儿童的身心，敏捷儿童的感觉，于儿童的生活有莫大助益。”[4]82 因此，陈鹤琴在肯定了游戏体验的价值外，着重强调了游戏的教育价值与意义，这种属于游戏的内在功能使得游戏在学习和发展的层面上与教学达成一致，实现了游戏在课程教学中的合理化。

至此，游戏的教育价值和内涵在活教育理论体系中被进一步挖掘，游戏的趣味性也为幼儿园教学方式的变革提供了新的思路，借助于儿童与大自然、大社会的相互作用，游戏在幼儿园中的外在形式和内在精神都更加顺应儿童的自然发展，继而达到使儿童的读书活动变得更有趣、更快乐、更进步的游戏研究目标。

二、当代“游戏困境”与陈鹤琴儿童游戏思想的启示

“人类个体有童年期就必须有游戏和教育，游戏和教育在儿童机体发育和精神成长方面是不可或缺的两类活动”[9]。对于儿童这么重要的两类活动，教育者们一直为游戏进入到幼儿园教育领域而努力。我国自 1989 年 6 月国家教委颁定《幼儿园工作规程(试行)》以来，“以游戏为基本活动”的理念便在政策层面上得以确立，并成为幼儿园教育活动的基本指导原则。此后，《幼儿园教育指导纲要(试行)》《3—6 岁儿童学习与发展指南》等文件的颁布更进一步认可并加强了这一理念。当下，将游戏纳入幼儿园课程领域的尝试从未停歇，不论是刘焱教授提出的“课程生成游戏、游戏生成课程”，还是当下正在推进的“课程游戏化”和“游戏课程化”，都将游戏视为幼儿园课程的重要组成部分，重视游戏对于儿童成长的价值。然而，游戏与教育、游戏与课程、游戏与教学之间孤立和隔离的矛盾在幼儿园实践中一直存在，教育者们至今仍低估了游戏进入教育领域的难度。而陈鹤琴基于亲身实验而创立的游戏理论，跳脱出了就游戏研究游戏的狭隘视野，避开了从概念到概念的学究习气，既有对儿童好游戏本性的尊重，又根植于幼儿园教育现场实现了游戏在课程教学中的合理化，充分体现了陈鹤琴深厚的学养，为我们理解游戏与生活、教育、课程之间的关系提供了理论和实践上的参考。

(一) 从“儿童以游戏为生活”到“教学游戏化”——游戏本体价值的坚守

“儿童以游戏为生活”，是陈鹤琴在儿童心理学领域中对游戏与儿童生活关系的认识与概括，是对游戏本体价值的肯定；而“教学游戏化”则是对游戏在幼儿园实践中除本体化游戏之外的合规律性的认识，是对游戏与幼儿园教育教学之间关系的概括，是对游戏教育价值的肯定。这背后的实质问题是对游戏本质的双重理解。游戏的教育价值及功能，是游戏在幼儿园教育领域中作为一种学习方式，或者手段、方法所具备的内在功能，它建立在陈鹤

琴儿童游戏研究的前提与基础之上——游戏是儿童的存在方式，有了这一本体层面上的坚守，才能使陈鹤琴在后来的幼儿园课程实验中做到游戏不会发生异化。所以，“儿童以游戏为生活”是“教学游戏化”的必要前提与基础，“教学游戏化”是“儿童以游戏为生活”在幼儿园实践中的扩展与延伸。

当下，在学前教育改革继续深入和持续推进的同时，人们对幼儿园游戏的认识也经历了从重教学轻游戏到高度重视游戏的过程演变，但在幼儿园实践中，游戏与教学相互分离、游戏的本体价值无从彰显的倾向依然广泛存在。“在农村幼儿园，游戏就是课间休息，最多再加上专门设计的‘游戏课’；在城市幼儿园，只有徒具游戏形式的集体教学，加上演变成作业的区角游戏，再加上必须按教师要求进行的户外体育和生活常规活动，留给幼儿进行真正自由游戏的时间很少很少。”[10]作为儿童存在方式的游戏被异化，游戏精神更无从谈起。面对这样的游戏困境，陈鹤琴早在20世纪前半期便从儿童心理领域中“游戏性的教育”的研究探索开始，经历了家庭教育领域中的“游戏式的教育法”，鼓楼幼稚园课程实验中的“游戏式的教学法”的演变，最终在活教育体系中摸索出“教学游戏化”的实践做法。在活教育实验中，陈鹤琴的儿童游戏研究回归儿童的成长，将游戏研究的目标建立在将游戏精神渗透于幼儿园课程教学之上，并找到了践行这一目标的具体方法论——“做”。对儿童游戏的孜孜以求背后彰显的是对童年幸福的关注、对儿童精神体验的重视。因而，活教育中“儿童天真烂漫，活泼可爱，工作时很静很忙，游戏时很起劲很高兴”[7]22。可见，活教育中儿童是鲜活的、有张有弛的，有工作中的沉着安静，也有游戏中的兴趣投入和愉悦体验；有儿童本能的释放，也有生命激情的展现，这种“很起劲很高兴”背后彰显的价值取向正是尊重游戏作为儿童的一种存在方式，关注游戏精神在儿童发展中的独特价值。

作为儿童学习方式的游戏和作为儿童存在方式的游戏，二者互为表里，只有尊重游戏的本体价值，承袭游戏的精神，才可能更好地实现游戏的教育价值，让儿童在游戏中既获得发展，也能体会到快乐。

（二）游戏与课程融合——游戏教育价值的挖掘

游戏在教育领域中占有什么地位？发挥什么样的作用？受教育者的教育观、课程观、知识观的制约与影响。

“20世纪二三十年代，我国学前教育界都是从广义的角度理解和解释幼稚园课程的……幼稚园课程的实质包括了儿童在幼稚园的一切经验，一切活动，甚至一切生活。”[11]陈鹤琴虽然没有直接给出幼稚园课程的定义，但他提出幼稚园应该给儿童一种充分的经验，在这种经验本位的课程观下，游戏可以被看作课程内容、课程资源及实施手段。

首先，课程内涵的扩展使得游戏可以成为幼儿园课程的重要组成部分。儿童通过生活与周围世界发生相互作用而习得经验，生活本身即是课程，儿童又是以游戏为生活的，儿童在游戏中获取直接经验，“将游戏因素渗透入生活的方方面面”[8]75，这也使得游戏有作为课程组成部分的适宜性；其次，以大自然和大社会为中心编制课程使得游戏成为重要的课程资源。游戏作为满足儿童身心发展需要的教育素材，在“大自然和大社会是我们活教材”的前提下，可以成为幼儿园课程建设的重要基础，陈鹤琴曾说：“现在幼稚园的弊病，并不在乎没有房间游戏，而在乎没有与环境和社会相接触的机会”。[4]2 在陈鹤琴看来“四季变化的动植物，阴晴雨雷的自然现象”[4]30、家庭与社会生活均是组织中心课程的好材料，以自然为例，陈鹤琴呼吁儿童多去野外进行户外游戏，利用自然材料进行玩具制作、与动物玩弄等使儿童真正有机会与自然环境有充分的接触，满足儿童好动、好游戏的心理需求；最后，陈鹤琴主张的“游戏式的教学法”使得游戏作为课程有实施上的可能性。游戏是儿童生来喜欢的，陈鹤琴指出我们可以利用儿童这一心理特点，去教育儿童。他举例说教儿童识字，不能呆板地教他认字，可以利用识字牌、戳法牌等游戏的方法教他，游戏可以作为服务于预设课程目标达成的实施手段、途径和方法，主张利用游戏式的教导法去教导儿童。

三、结语

无论是对儿童游戏理论研究成果的不断创新，还是对游戏实践领域的不断开辟，均离不开陈鹤琴“一切为了儿童”的教育本体追求，对于儿童游戏的重视背后彰显的是对儿童人格的尊重，是对儿童的喜爱。当下我们所处的社会环境与 20 世纪前半期已经发生了质的改变，学前教育的现代化变革也在不断推进，如何把握和瞄准改革发展的正确方向，需要回归教育的育人本质，陈鹤琴“一切为了儿童”的治学理念依然是当代我国学前教育改革的重要价值导向，也是解决幼儿园“游戏困境”的价值重心和发展路向。

参考文献：

[1] 陈鹤琴. 陈鹤琴全集(第一卷)[M]. 南京：江苏教育出版社，2008.

[2] 柯小卫，彭海蕾. 杜威教育思想对于陈鹤琴“中国化”幼教改造的影响[J]. 陕西学前师范学院学报，2019，35(06)：84－89.

[3] 刘焱. 幼儿园游戏教学论[M]. 北京：中国社会出版社，2000：126.

[4] 陈鹤琴. 陈鹤琴全集(第二卷)[M]. 南京:江苏教育出版社,2008.

[5] 刘焱. 儿童游戏通论[M]. 福州:福建人民出版社,2015:361.

[6] 黄书光. 陈鹤琴与现代中国教育[M]. 上海:上海教育出版社,1998:53

[7] 陈鹤琴. 陈鹤琴全集(第五卷)[M]. 南京:江苏教育出版社,2008.

[8] 黄进. 游戏精神与幼儿教育[M]. 南京:江苏教育出版社,2006.

[9] 刘晓东. 儿童教育新论[M]. 南京:江苏教育出版社,2008:87.

[10] 华爱华,朱佳慧. 游戏与教学融合的关键:游戏与教学互为生成——华爱华教授访谈录[J]. 江苏幼儿教育,2017(01):4-5.

[11] 王春燕. 中国学前课程百年发展、变革的历史与思考[D]. 南京:南京师范大学,2003.

陈鹤琴“活教育”的摇篮:江西实验幼稚师范学校研究*

吴梦洁

江西实验幼稚师范学校(以下简称江西幼师)是陈鹤琴教育实践活动的典型代表。该校创办于1940年的江西省泰和县文江村,是一所集教学与实践为一体的具有完整幼稚师范教育体系的学校。学校自创办之初不断完善,1943年实验幼稚师范学校由省立改为国立,同时增设幼稚师范专修科,为幼稚师范学校培养师资。1946年,由于经费限制,国立幼稚师范学校师范部暂并入省立南昌女子学校,设置幼稚师范科办理,专修科迁往上海继续办理。江西幼师虽然仅存在了六年,但在一定程度上缓解了民国时期江西乃至全国幼教师资紧缺的压力,同时作为“活教育”理论的摇篮,江西幼师在陈鹤琴的努力下,将“活教育”理论贯穿于儿童教育和师范教育的方方面面,加速了中国幼儿教育事业的发展。可以说学术界关于陈鹤琴“活教育”理论的研究颇多,但主要集中在对“活教育”理论中的目的论、方法论、课程论的研究以及“活教育”理论指导下的幼儿教育、小学教育、师范教育、家庭教育的探讨,而关于江西实验幼稚师范学校的研究则明显不足。有鉴于此,笔者将在前人研究的基础之上,从该校的创办背景、办学特色及影响方面进行论述,以期丰富学术界关于陈鹤琴教育理论与实践的研究。

一、江西实验幼稚师范学校的创办背景

江西幼师是战时幼稚师范教育的典型代表,该校的创办是基于国内幼教师资紧缺的压力,得益于江西行政当局的大力支持,同时也离不开陈鹤琴的教育心愿,这些因素的交叠碰

* 本文原载于《豫章师范学院学报》2020年第6期。

撞，共同开创了中国公办幼稚师范学校的先河。

（一）国家对幼教师资的迫切需求

民国前期，国内并未设立独立的幼稚师范学校。幼稚园所聘请的教师多来源于教会设立的保姆讲习所或师范院校附设的幼稚科。“在国内虽然也有几所培养幼教师资的学校，如福建的协和幼稚师范学校、苏州的景海女子师范幼稚师范科、杭州弘道女子中学幼稚师范科，不过都是教会办的学校；又如南京女子师范、大夏大学、北平师范大学，虽然也附有幼教师资培养的机构，但它们也都只是设科或设班而已。”[1]教会学校培养的教师有深厚的宗教意识，这些学生受宗教思想的影响颇深，思想逐渐西化，民族独立性弱，不具备中国幼儿教师的资格；师范学校附设的培养幼教师资的机构所培养的教师，侧重于幼儿的身体保育，缺乏系统专业的幼儿教育理论知识的培训。因此，这些幼儿教师并不符合国家对于培养具有民族性、独立性、专业性、基础性幼儿教师的要求。随着政府对幼儿教育的重视程度逐步提高，大力倡导创办幼稚园以发展幼儿教育事业，国内的幼教师资力量紧缺，跟不上幼稚园发展的步伐，无法满足大规模创办幼稚园的需求。因而国家迫切需要一批具备幼儿教育理论知识的专业型幼儿教师来支持幼稚园的发展，江西幼师在这样得天独厚的条件下应运而生。

（二）江西省政府的大力支持

在江西创办幼稚师范学校，与江西特殊的社会环境有密切的联系。1937 年，抗日战争爆发，江西遭受战争的侵蚀，民不聊生，教育也随之衰败。更何况像这样一个情况，对教育的需求是迫切的。[2]战争扰乱了江西当局的政治秩序，使经济萧条，各项社会活动也随之骤停。江西省政府意识到先进的思想对经济发展与政局稳定的重要性，迫切需要通过教育培养一批有思想的实干家来恢复整个社会的运转。恰逢此时，陈鹤琴于 1940 年 2 月途经江西泰和时受到时任江西省政府主席熊式辉的邀请，他认为陈鹤琴是“儿童教育的圣人”，所以盛情邀请并鼓励陈鹤琴在江西推行儿童教育。江西省政府当局对儿童教育的大力支持，点燃了陈鹤琴创办江西幼师的星星之火。

（三）陈鹤琴“活教育”理论的积极推广

创办属于中国自己的幼稚师范学校是陈鹤琴多年的宏愿。陈鹤琴的教育经历使他具有大爱情怀，他意识到二十世纪初期的中国教育依然深受封建传统教育与教会教育的影响，教育丧失了先进性与民族性。他认为中国的教育应祛除封建教育的糟粕、摆脱教会教育的思想束缚，中国青年应积极学习西方先进的教育理念，更革国家的教育现状，使教育生活化、民主化、中国化,具有自己的特色。这种信念支持着他突破重重困难,学习先进的教育思想,试图改变中国的教育面貌,创办具有中国特色的学校。1934 年,陈鹤琴在欧洲进行教育考察,受欧美新教育思想的影响,提出"活教育"的新理念。他试图创办"活教育"实验基地,并将其推广至全国,使其成为全国性的教育运动。回国后的陈鹤琴一直在寻找创办幼稚师范学校的契机,直到江西省政府为陈鹤琴提供了推行儿童教育的机遇,陈鹤琴为推广"活教育"理念,实现多年的心愿,留赣办学,改革教育,于是他在泰和先后创办了南昌实验小学新池分校、江西实验幼稚师范学校,践行其"活教育"理论。

二、江西实验幼稚师范学校的办学特色

二十世纪三四十年代,由于时局动荡,社会发展不稳定,各地政府忙于战争无暇顾及教育的发展,所以各类学校的兴办、教育的推广多依赖于民间教育家们的努力。由于战争导致江西省政府财政紧缩,对教育的投资力度有限,且国内的幼稚师范教育体系处于初步发展阶段,没有太多可供借鉴的办学经验,所以江西幼师的创办过程异常艰辛,但在陈鹤琴及全校师生的共同努力下,江西幼师的办学模式成为全国幼稚师范学校的楷模,其在环境建设、教学实施、课程设置以及毕业生的就业问题上呈现出鲜明的特色。

(一) 自给自足的校园环境建设与"回流式"的就业模式

学校最初坐落于江西的临时省会——泰和县上田乡文江村。文江村位于泰和县城西 10 公里处,武山东麓丘谷、丘陵地中,所以地势起伏不平,交通不便,运输费用高昂。正值战时局势动荡,物资紧缺,物价高涨,建筑校舍所需材料的采购与运输,工人的接洽与分配十分困难,并且学校属于初创,具有实验的性质,附近没有可以利用的房屋,所有的校舍均需重新建筑,所申请的经费往往超出预算,教育经费也随之下拨困难,所以校舍的部分建设不得不由师生协作共同完成。

在建筑校舍的同时,陈鹤琴便开始实验"活教育"理论。于是学生们在陈鹤琴的带领下,投身于大自然中,开荒拓岭,拔地建校。学校虽然创办艰辛,校舍简陋,但结构完整,设备齐全。校舍共包括"教室一幢,寝室两幢,礼堂,小学校舍,诊疗室,琴室,厨房,农场工作室,合作社,工友室各一幢,教职员宿舍五幢,教职员厨房两幢,洗脸室两间,工艺室一所,厕所三所,园亭花架各一座,合计大小建筑十八幢,二间,四所,二座"。校舍的基础设施完善,不仅是实施教育的场所,也是师生战时的避难所,能够满足师生基本的生活与学习需求。

江西幼师采取志愿服务的措施为毕业生统一分配工作。学校与省内的各个师范学校，如省立南昌师范、省立吉安乡师、省立瑞金简师等，以及各个中等学校，如樟树中学、临川中学、赣县女中等学校合作，为学生提供就业岗位。学生每年一月份毕业，毕业前期由学校调查学生的工作意愿，后由校长上报教育厅按照学生的意愿分派工作，教育厅尊重学生的意愿将学生分派回原籍，从事教育工作。经过调查发现，师范部的应届毕业生志愿工作为幼稚园或小学教员，从事幼稚教育或低年级国文、算术、自然、社会、历史、地理、音乐、美术等工作；专科部应届毕业生志愿工作为师范学校教员、中等学校音乐教员，大众教育、儿童福利工作、儿童事业行政工作等。志愿服务为期三个月，四月中旬结束。志愿服务结束后学生可自行决定去留。无论是师范部还是专修部的学生，毕业后均由学校统一分配。从事儿童教育或师范教育，所学专业与岗位对口，专修部成绩优秀的毕业生，可以留在本校工作。这样精准的工作分配形式使学生们都能够学以致用，确保人才不被浪费，从而促进教育的发展。

（二）以人为本的民族性教育目的与优质多样的生源渠道

教育目的是教育的出发点和归宿。十九世纪二三十年代，随着杜威等西方学者来华讲学，西方的教育思想迅速传入中国。中西方文化的巨大反差使国人盲目摒弃传统文化，全盘吸收套用西方的教育理论，完全忽视中国教育的发展现状以及中国儿童的心理发展特点。在被西方教育理论冲昏头脑的同时，对于中国的教育应该把儿童培养成什么样的人这一问题，教育界并无统一定论。针对这种教育现状，陈鹤琴提出了“活教育的目的就是在做人，做中国人，做现代中国人。”[1]一针见血地指出了中国教育的目的。

陈鹤琴的教育目的论首先立足于全人类的高度，以人为出发点，体现了教育首先为人类服务，其次才为社会服务的观点。再次，陈鹤琴结合中国积贫积弱的国情与教育落后的现状以及普通民众家国意识薄弱的现象，有针对性地提出了“做中国人”的教育目的。最后，陈鹤琴认为教育应面向现代化，教育者应具有创新能力，不断去学习现代思想和现代技术，用此来服务于教育。同时，在教育实践中，将教育目的细分到各个教育阶段，最终落实到教育活动当中。

在实验幼稚师范学校的教学中，陈鹤琴始终坚持这一教育目的，力图为国家培养出中国自己的幼稚师资力量。在教育实践中，他将教育目的进行分类，针对不同阶段的教育，提出不同的培养目标。对于专科部，他提出“培养幼稚师范学校的师资及儿童教育研究人才”；对于师范部，他提出“培养幼儿园及小学的健全师资”。[3]所谓“健全的师资”是指教师应该具有“健全的身体、创造的能力、服务的精神、合作的态度、世界的眼光”[4]，这一培养目标坚持以服务国家为根本,强调以人为中心,不仅注重学生专业理论知识的学习,更注重培养学生的学习能力、学习态度以及生活态度。这在知识贫乏,教育相对落后的年代,无疑是先进的、有远见的。江西幼师在培养“全人”这一教育目的指导下,人才辈出,为江西乃至全国的幼稚园、幼稚师范学校输送了大量优质教师。

江西幼师的生源优质,学校分为师范部和专科部。师范部的新生必须是在公立或已立案的初级中学毕业,且年龄在十六岁至二十岁之间,男女兼收。专科部的新生必须为在公立或已立案的私立高级中学毕业,年龄在十八到二十四岁之间,男女兼收。初创时期,学生多来源于江西省各个县;改为国立后,学校开始招收临近省份的学生,如湖南、湖北、安徽、浙江、广东等地。[5]从学校学生来源广泛中可以得知,在陈鹤琴先生悉心栽培与教导之下,实验幼稚师范学校的影响力逐年扩大,不仅在江西本地产生深远的影响,同时也吸引了周围省份的学生前来学习。学校对于学生的入学资格并未有性别的限制,如民国三十六年度第二学期的专科部毕业生,共有四十一人,其中男性占十二人[6]。这在民国的师范教育中无疑是一大进步,同时也号召广大男性加入幼稚师范教育的队伍,对现如今我国男性幼师力量缺乏有一定的借鉴与启发。

(三)专业性与全面性相统一的课程体系

陈鹤琴针对传统教育过于死板的流弊提出“大自然大社会都是活教材”。他将教育的范围由课堂延伸到自然和社会中,要求学生在自然中获得知识。在江西幼师的教学中,他全面贯彻这一思想。

在课程设置方面,陈鹤琴并未照搬教育部制定的幼稚师范的课程标准。他认为这一标准无法体现幼稚师范教育的专门性,于是他根据实际情况,重新制定了适合幼稚师范学校的课程标准,包括“公民、体育、游戏、卫生、看护、国语、数学、社会、自然、农艺、工艺、家事、实习、幼稚教育、家庭教育、教育心理、人生心理、时事研究”等课程[7],这一课程标准所规定的课程设置涵盖了培养学生德智体美劳全面发展的需要。不仅包括作为一名教师必须掌握的教育学、心理学的相关专业知识,还包括社会教育与时政教育,培养学生的社会技能,帮助学生了解国内外的时事变化,有助于培养学生的公民意识和爱国精神,同时突出体现了幼稚师范教育的专门性。

除此之外,陈鹤琴不仅重视学科课程的建设,同时也十分重视实践课程的开发。他经常组织学生参加一些演讲比赛、实地考察活动等,邀请校外知名学者来校讲学,如率领学生前往江西省地质调查所参观“地层变迁与古生物”,在江西省保安厂进行国防科技教育、承办各省的科学演讲竞赛等。此外，实习是江西幼师重要的实践课程，幼稚师范学校附设的幼稚园、婴儿园和小学是学生们实习的场所，学生们通过参观与参与幼稚园、婴儿园、小学的教学与管理，熟悉教学流程，为其毕业后从事师范教育积累实践经验。通过这些课程的学习，不仅可以使学生们获得夯实的教育学知识，同时可以做到学以致用。为学生们更好地投身幼稚师范教育打下稳固的根基。

陈鹤琴的"活教育"理论在江西幼师得到充分的实施，随着"活教育"理念的传播与推广，以及江西幼师知名度的提升，来自全国各地的师范类学校也前来参观学习，间接地将"活教育"理论推向全国。

（四）实践与研究相结合的教学方法

陈鹤琴批判传统教育循规蹈矩的"死"教学方法，提出教学应在"做"中教，学习应在"做"中学，师生应在"做"中求进步。他认为："'做'这个原则，是教学的基本原则，一切的学习，不论是肌肉的，不论是神经的，都要靠做的。"[8]所以在师范教育的教学方法上，陈鹤琴依然坚持以"做"为原则，倡导教师应指导学生在实践中获得直接经验。他强调说："在学校里一切活动，凡是儿童自己能够做的，应当让他自己做，做了就与事物发生直接的接触，就得着直接的经验，就知道做事的困难，就认识事物的性质。"[9]在江西幼师的教学中，陈鹤琴与师生们开辟了很多进行实践活动的场所，如农场工作室、工艺室、合作社等。他主张将学生置身于大自然中，引导学生利用现有的条件对所感兴趣的事物进行自主研究，然后分组讨论，使学生获得直接经验，增强学生对事物的感知与认识。

在教学实施过程中，陈鹤琴十分重视学生的主体地位，他认为教师是学生学习的领路人，而不是向学生灌输知识的专制者。为此，他提出了新型的教学组织形式，"分组学习，共同研究"[10]。在教室桌椅的摆放位置方面，陈鹤琴打破了传统的摆放形式，采取U型的方式，这样的模式方便学生们进行面对面的讨论。教师采用集体教学的方式授课，讲授完毕后由学生分组，共同探究，最后得出结论。基于"做"的教学方法，陈鹤琴将教学过程分为四步。首先，引导学生在实践中观察，动手操作，获得直接经验，并发现问题；其次，通过阅读书籍，从人类积累的间接经验中找到解决问题的办法；再次，通过文字、绘画等方式将自己所获得的经验记录下来；最后，通过与老师、同伴的交流讨论，发现不足之处，并加以改正，为进一步的研究打下基础。通过以上四个步骤的反复练习，学生可以获得长足的进步。

这些教学方法不仅适用于儿童教育，同样适用于师范教育。要想使"活教育"落实到儿童教育中，就必须先培养具备"活教育"思想的教育者，使其掌握"活教育"的教学方法，以便更好地运用于儿童教育当中。

三、江西实验幼稚师范学校的影响

江西幼师开创了中国公办幼稚师范学校的先河,在中国幼儿教育史上具有举足轻重的地位。江西幼师的学生是江西教育师资的主力军,江西幼师培养的学生散布在江西省各阶段教育之中。这些毕业生经过多年系统而严格的“活教育”训练,将陈鹤琴先生所倡导的“活教育”理念传播在整个江西乃至全国,促进了“活教育”的实施,同时扩大了“活教育”理念的影响。

(一)以崭新的教育理念改革幼稚师范教育

民国时期,我国的师范学校为数不多,且受教会教育影响颇深,能够开设幼稚师范科的学校更是少之又少。教育的进步,学校的发展均需要不断更新的教育理念的支持,这样才能培养出具有新思想、新理念的专业型教师,优化社会的发展。陈鹤琴通过一系列的教育实践活动,不断改革传统师范教育的培养目标、教学方法、课程内容等,提出了符合中国国情的教育理论,并建立了一套从幼儿教育到高等教育阶段的完整的幼稚师范教育体系,填补了中国幼教领域的空白。在“活教育”理论的指导下,学校教学质量显著提高,儿童培养更加规范。

(二)为中国幼稚师范教育培养大量优质师资

优秀的儿童得益于优质教师的培养。江西幼师为江西乃至全国培养了大量的优质师资。学生们在“活教育”理念的倡导下,经过科学系统的教育训练,掌握了大量儿童心理学、教育学、保育学等方面的理论知识,且拥有前沿的教育理念与高尚的教育情怀,为其从事教育工作奠定了根基。专科部的学生毕业后多在师范院校从事师范教育工作,师范部的学生毕业后多在幼稚园和小学从事教学工作,这些学生来自全国各地,毕业后把“活教育”理念运用到工作岗位中,加速了“活教育”思想的传播。学校从此为中国培养了一批又一批的“活教育”工作者们。

(三)强调教育实践活动,引领社会风气之先

江西实验幼稚师范学校是战争年代孕育的产物,为了迅速弥补中国幼教师资缺乏的现状,作为中国首所公立幼稚师范学校,该校的管理模式、培养方式、教学模式、课程设置、学生管理等在不断探索中逐渐完善。并且,作为“活教育”理论的实验基地,教学以“做”为中

心展开，提倡活动课程，经常组织学生进行社会实践活动，打破了传统教育“死读书”的沉闷模式，开创了一种全新的注重实践活动的教学模式，引领了社会风气。作为“活教育”理论的摇篮，江西幼师培养的“活教育”工作者遍布全国各地。虽然学校仅存在了六年，但它的影响远远不局限于这六年。六年的艰难办学、创新教育所散发出的光和热是陈鹤琴先生为中国幼教事业呕心沥血的结果。虽有不足，但贡献远大于缺憾。作为未来的教育工作者，我们应以陈鹤琴为榜样，不断完善中国的幼教领域的各项工作。

参考文献：

[1] 陈鹤琴. 活教育理论与实施[M]. 上海：立达图书服务社，1946.

[2] 北京市教育科学研究所. 陈鹤琴教育文集(下卷)[M]. 北京：北京出版社，1983.

[3] 李定开. 中国学前教育[M]. 重庆：西南师范大学出版社，1990.

[4] 李军等. 中华文化通志·学术典(6—059)教育学志[M]. 上海：上海人民出版社，1998.

[5] 粟高燕. 中国百年幼儿师范教育发展史研究(1904—2004)[M]. 天津：天津古籍出版社，2014.

[6] 郑西鸿.《活教育》在江西——《活教育的创造》读后感[J]. 人民教育，1951，4(02).

[7] 钟昭华. 陈鹤琴教育思想与江西实验幼师——中国学前教育史研究之二[J]. 南京师大学报(社会科学版)，1981(2)：12-17.

[8] 江西省政府教育厅. 江西省政府教育厅关于据省立实验幼稚师范学校呈送校舍建筑费追加预算及图样清单签请准予照数追加的签呈+省立实验幼稚师范学校呈送校舍建筑费追加预算一份、校舍平面图一张、建筑工程总清单一份：1941[BJ]. 南昌：江西省档案馆.

[9] 国立幼稚师范学校. 国立幼稚师范学校关于函恳惠予介绍工作的公函[BJ]. 南昌：江西省档案馆，1946.

[10] 江西省政府教育厅. 江西省政府教育关于推荐国立幼稚教育师资专科毕业生工作的代电、公函+上海幼稚师范专科三十六年度第二学期应届毕业学生名册[BJ]. 南昌：江西省档案馆，1948.

杜威教育思想对于陈鹤琴“中国化”幼教改造的影响*

柯小卫　彭海蕾

自1919年“五四”新文化运动至1949年10月期间，以杜威及其教育学说为标志的美国进步主义教育思想对于中国近代教育历程的发展影响深远，不仅推动以改革传统教育、推动社会进步为目标的“新教育运动”广泛、深入发展，顺应并试图汇入世界进步教育潮流，同时，对于以陶行知“生活教育”、陈鹤琴“活教育”为标志的中国本土教育学说的产生起到了启迪、借鉴与促进作用。正如蔡元培（1868—1940）先生将杜威的学说与孔子（公元前551年—公元前479年）思想相提并论，进而引发出“东西文明要媒合”，“但媒合的方法，必先要领得西洋科学的精神，然后用他来整理中国的旧学说，才能发生一种新义”，以及“返忆旧文明的兴会，不及欢迎新文明的浓至”[1]210 等许多阐述；与30年后杜威在自己90岁生日庆典上所说的一段话相一致，杜威说：“我特别珍惜每一次的压力与紧张，正如我们今天的生活，我体会到我们都被连接在一个连续不断并持续发展的链条中，这是智慧与道德持续发展的链条；链条上的每一个人都能够为后来者作出贡献，因为我们已经从别人那里得到智慧与道德。甚至在最艰难的日子里，也存在着希望，而且不仅仅是希望，而是更有自信”[2]398。尽管20世纪50年代后，包括杜威倡导“实用主义”（Pragmatism），连同他自己的进一步阐释“实验主义”（experimentalism）受到美国教育理论界的批评，更与新中国初期在“全盘苏化”和社会主义改造等大背景下掀起的政治运动密切相关，以至于沉寂长达30年，被许多人们避恐不及或被遗忘。然而，当人们回望中国近代教育的历史、重温中国老一辈现代教育家的思想、学说、思考并研究儿童教育与发展的原理、原则，包括教育的本质、学校的作用尤其在教育对于社会的推动作用等时，经常能够感受到杜威及其教育学说的影响力

---

* 本文原载于《陕西学前师范学院学报》2019年第6期。

所在。

一、陈鹤琴与杜威的接触

陈鹤琴(1892—1982)于1914年夏天至1919年夏天在美国留学期间,没能有机会如胡适(1891—1962)、蒋梦麟(1886—1964)等成为杜威的授业弟子,也没能如陶行知(1891—1946)等那样聆听过杜威的讲课或演讲,实际上,他的导师是克伯屈(1871—1965)、孟禄(1869—1967)、伍德沃斯(1869—1962)等美国"哥伦比亚学派"代表性学者,从而受到包括杜威教育学说在内的美国进步主义教育思想浸濡。1919年4月至1921年8月,杜威在中国行程11省与北京、上海、天津3个大城市,共计2年4月又3天,先后做了200多场演讲,内容涉及教育哲学、社会教育、学校教育、平民教育、职业教育、大学教育、现代教育、伦理教育、学生自治、教师职责等方面,为刚刚兴起的"新教育"运动推波助澜,产生强烈反响,并成为20世纪20年代初期最重要的教育事件之一。根据记载,杜威在中国期间,曾在南京到访被誉为"中国新教育策源地"的"南高师"(全称:南京高等师范学校)发表演讲。当时,《新教育》《平民教育》等宣传新教育思想的刊物推出"杜威专号""欢迎杜威博士"专号等,杜威在各地演讲被译成中文后广泛传播。据记载,有一位听过杜威演讲的"南高师"教授感慨道:"有一些拒绝政治仕途的知名人士,他们把自己的整个精力转向学术界和教育界。就在那时,杜威博士来到中国宣传他的理论,告诉我们新教育是什么以及新教育应该采取什么方法,于是,整个国家的教育思想经历了一种变化,这就是新教育运动。"

由于"南高师"校长郭秉文(1880—1969)、教务主任陶行知以及教育科许多教授出自"哥大"(哥伦比亚大学简称)师范学院,故有"小哥伦比亚"之谓。因此,学校对于杜威到访的接待安排格外重视,时任"南高师"教育科儿童心理学教授的陈鹤琴在这一期间,聆听了杜威的演讲,还参与了相关接待工作,这是他与杜威本人少数的几次直接交往。更为重要的是,杜威对于教育性质与教育家应承担责任的阐述与陶知行(行知)、陈鹤琴等中国"新教育"倡导者的志向、追求相一致。几十年以后,联合国教科文组织(英文缩写:UNESCO)将近现代教育的性质归纳为三个方面问题:教育与社会的关系;教育与学生的关系;教育与知识的关系[3]424。

据记载,1920年5月7日至14日杜威在"南高师"发表演讲,题目为《教育家之天职》,其中有一段话:

教育家须明白所做的事业对于社会的关系要有真切的观念，任命教育为改良社会惟一的利器。教育家在社会上不止做分内狭小的事业，还要做社会的领袖，要做教育政治家，负指导社会舆论的天职[4]113。

由此，我们可以理解，杜威教育思想之所以在受到包括蔡元培、黄炎培、胡适、郭秉文、陶知行（行知）等“新教育”领袖们的热衷推崇，其原因是与“五四运动”前后，以至后来直到1949年以前，中国社会发生的变革、转折时代背景直接相关，其中包含中国教育家试图以教育改良方式实现推动社会进步目标的满腔热血与理想。陈鹤琴于1947年回顾自己倡导“活教育”初衷时写道：

今天，中国的社会以及世界的趋势都是复杂而多变化的，我们中国人民的生活，不论在意识上和方式上都是多样的。在今天，我们还要求读书人闭门读书，把教育的意义停留在书本上或学校圈子里，这是不合公理也不可能的事。我们希望中国人民的教育是在生活中获得知识，以丰富的知识来提高生活，失去了生活的意义也就失去了教育[5]53。

二、“中国化”教育改造

20世纪20年代初，陈鹤琴作为“新教育”阵营中最早的推动者、实践者，从“民主化”与“科学化”两方面起步，开始了“中国化”教育改造的进程。首先，他从儿童心理研究角度提出“幼稚期”（亦称“儿童期”）意义，一方面强调尊重儿童生长过程的“独立性”“特殊性”与发展规律；一方面强调“儿童期”对于儿童个人成长与社会、家庭所具有的意义，即“基础性”。他指出，儿童的成长、发展不是生物的遗传，而是社会的遗传；儿童不但是文化的“接受者”，更是文化的“促进者”，因为“人类的知识，完全是靠后天的学习。人类知识愈高，能力愈大，所做的事业愈广，所发明创造的东西也愈多，社会的文化因此也就提高了”。与许多中国早期“儿童主义者”所不同，陈鹤琴相信，“儿童”教育的本质与动力应是儿童自身能力受到环境的刺激而被激发，而这一过程的结果体现为社会生活的增长与进步。这与杜威强调“教育”作为“心理”与“社会”两个方面之间的“联系”与相互促进的观点相一致；也是对于当时盛行以注重儿童“精神胚胎”与“身体自由”，进而将教育目标仅局限在“儿童自由”“儿童解放”本身，排斥来自外界，包括成人的指导、社会需要等“环境”影响的修正，反映出陈鹤琴在这一问题上所持“积极”与“谨慎”立场、态度。在陈鹤琴看来，20世纪初期由西方“舶来”的福禄贝尔学说，连同幼稚园的形制，以及“恩物”、“游戏”、注重自然、幼稚教师训练，尤其是女子担任幼教工作等对于推动中国早期幼教的发展产生积极意义，同时，对于福禄贝尔学说中表现出的宗教倾向表示担忧。而对风靡一时的蒙台梭利（又译蒙特梭利）学说，陈鹤琴在肯定其中价值的同时，引用杜威教育学说主要代表人物，也是他自己在“哥大”学习时最为钦佩的导师克伯屈（又译克尔帕屈克），对于蒙氏理论存在三大质疑：一是教育是应该给儿童丰富的经验，还要照顾儿童的兴趣，这在蒙氏有限的教具受到局限，因为“儿童人生的经验断乎不止这些”；二是“教育是生活”，是“近世教育最进步之点”，而“蒙氏的教育，其目标都是在预备将来生活，又只注意在感觉方面，这是蒙氏教育不及近世教育新潮流之点”；三是“蒙氏因低能儿童需要感官训练之成见，因此，推论到幼稚生也需要训练感官。又以为经过这样训练以后，感官各部分可以发达些。而事实上我们只要看看某种感觉，是否可以受到训练，譬如生理上有缺陷的人可以受到训练吗？眼光可以因多用而敏感吗？这是生理学上的大问题”[6]61 陈鹤琴将蒙氏学与杜威学说的异同处进行具体比较[6]62，见表 1。

表 1　蒙氏学说与杜威学说的异同处比较

相似或相同处	不同处
1. 组织实验学校 2. 注重于自由、自动，儿童自己教育 3. 反对注入式的教育 4. 能尽量用实际生活的活动	1. 蒙氏教具是固定的，有限的 2. 蒙氏对于读写算诸般技艺，有预备学说的色彩 3. 蒙氏把人生的经验分得极细碎，于是用论理的方法来教，并且有“先从感觉到观念……然后到观念的联络”等学说。 4. 在课程上蒙氏也很想改造先人之缺点，但是所走的路太窄了，因为太偏重于预备学说了。

1923 年陈鹤琴在南京自己寓所内开办了中国最早的“实验幼稚园”，其初衷有三：一是试验并验证自己所从事儿童心理学研究的场所；二是他的长子即观察、试验对象一鸣已经三岁，他要继续自己的研究工作；三是他力图通过自己的办学实践，针对当时中国幼稚教育“贵族化”“外国化”倾向，从环境园舍、玩具教材和课程、教学活动三方面入手，进行“中国化”改造。

与许多中国早期儿童教育家对于儿童教育性质与目标的观念、认识有所不同，陈鹤琴在强调儿童“解放”与“自由活动”，以及“个性”的同时，更注重教育的目的性，即“帮助儿童目前的生活”“有用的动作”，以形成“健全人格”，从培养儿童养成良好习惯做起，营造儿童良好、适宜的社会环境，进而培养“现代公民”所需要具备的各种素质。其课程理论延续了杜威、克伯屈“课程论”思想，注重儿童“直接经验”，即“做中学”从而将儿童的学习范围与内容从学校、教室延伸至整个自然与社会，使个人性“工作”与集体性“活动”融为一体；以儿童兴趣与经验（即“儿童生活”）为根据，设计“单元中心”，以“综合性”教学活动形式，试图改变分科教学格局,体现儿童“整体性”认知规律与“直观性”“连续性”规律特点。在这一过程中,儿童与教师、教材,以及“教”与“学”之间的关系始终密切相关;儿童“自由活动”不应是“孤立”与单一“天性”,而应在外部环境(包括社会文化、教育目标等)框架内实施。

陈鹤琴归纳幼稚教育四大目标:

一是做怎样的人,包括:合作的精神;同情心;服务的精神。

二是应该有怎样的身体,包括:健康的体格;卫生习惯;技能。

三是应该怎样开发儿童的智力,包括:有研究的态度;有充分的知识;有表意的能力。

四是应该怎样培养情绪,包括:欣赏;快乐;打消惧怕[6]16-18。

在陈鹤琴设想中,幼稚园的活动应以儿童生活为根据,并将成人的意图(包括目标设计以及材料、环境等支持)隐藏在儿童自主形式之中并且“活用”。他参照美国幼稚园教学方式,将儿童活动分为五大部分:

一是开始的活动。儿童初来幼稚园即养成各种习惯,如,知道手巾、帽子,认识教师等。

二是身体上的活动。

三是家庭的活动。

四是社会的活动。

五是精巧的活动[6]31。

除以上内容外,陈鹤琴主张幼稚园培养儿童良好的习惯、以自然与社会为中心的课程(即“生活历”)、采用游戏式的教学法、小团体的教学法,以及教学标准等,同时,还“应当特别注重音乐”,其目的不仅在于“以发展他们的欣赏的能力,养成他们歌唱的技能”,更为“满足儿童个人的欲望需要”与“唤起团体爱国的精神”。[6]80

1925 年随着张宗麟(1899—1976)从“东大”(即东南大学)毕业,来到鼓楼幼稚园担任陈鹤琴助手,这一进程加快。他们分析、总结第一期并根据盛行一时“儿童中心”“儿童自由”观念所开展教学活动,即“散漫期”与为纠正由于过度“自由”而出现“教师穷于应付”“儿童在平面打转”以及“注意力难以集中”倾向而制定一些措施,进入了“论理期”阶段,然而他们很快感到这些措施“限制了儿童的兴趣”“蔑视儿童的个性”,也未尽如人意,于是走上了“第三条路”——“设计中心制”,先在鼓楼幼稚园开展,又在南京全城 14 个幼稚园以及陶行知先生创办的晓庄、燕子矶幼稚园试行[6]105-112。

所谓“设计教学法”强调将教师根据大部分儿童兴趣趋向并确定教学目标及步骤,包括布置适当的环境,在实施过程中顺应儿童的兴趣“引起各活动的各方面来,并且与各科来联络，但是并不强求合乎预定的”[6]111 以满足“儿童的需要”。显然，陈鹤琴、张宗麟等将“有目的的活动”与“儿童中心”包括“儿童兴趣”“儿童经验”以及“儿童生活”“集体合作”等原则相协调并有机结合，强调“直观性”教学方式，包括“自然”“社会”教学资源的开发与利用，同时，注重儿童“社会性”发展等教学主张，从而将克伯屈“设计教学”思想经过“中国化”改造后在幼稚园教学活动中“落地”。

1927 年陈鹤琴发表《我们的主张》一文，提出中国现代幼稚教育最早的宣言：

幼稚园是要适应国情的

儿童教育是幼稚园与家庭共同的责任

凡儿童能够学的而又应当学的，我们都应该教他

幼稚园的课程可以以自然、社会为中心

幼稚园的课程需预先拟定，但临时得以变更

我们主张幼稚园第一要注意的是儿童的健康

我们主张幼稚园要使儿童养成良好的习惯

我们主张幼稚园应当特别注重音乐

我们主张幼稚园应当有充分而适当的设备

我们主张幼稚园应当采取游戏式的教学法去教导儿童

我们主张幼稚生的户外生活要多

我们主张幼稚园多采用小团体的教学法

我们主张幼稚园的教师应当是儿童的朋友

我们主张幼稚园的教师应当有充分的训练

我们主张幼稚园应当有种种标准可以随时考查儿童的成绩[6]75-84。

三、“活教育”学说

1940 年初陈鹤琴正式提出“活教育”概念，包括“三大纲领”（目标论：做人，做中国人，做现代中国人。课程论：大自然、大社会都是我们的活教材。做中学、做中教、做中求进步）、“十二条教学原则”（以后逐渐形成“十五条教学原则”、“十七条教学原则”）。当时，陈鹤琴初衷有二：一是为适应“现阶段的中国是处于争取自由民主，争取科学光明的大时代，对外抵抗侵略对内要求建设”的时代要求与目标，以“训练青年，造就许多富有国家民族意

识的新国民”；二是“接受世界新教育思潮”，不仅“创造理论”，同时“创造方法”[7]269-270。他相信：“只要我们所走的方向能吻合中国社会的发展，那么，继续耕耘，必获丰硕的成果。”[4]111

1940年陈鹤琴在江西泰和创办了中国第一所公立幼稚师范学校——江西省立实验幼稚师范学校，自己带领师生怀着“变荒山为乐园”的决心，开荒辟路，建设校园。此时，他心目中有三位教育家成为他的效仿的楷模与精神来源：一位是杜威及其实验学校；一位是比利时教育家德克乐利(1871—1932)及其“生活化”学校；一位是中国的陶行知，连同“生活教育”理论，以及“晓庄”与“育才”两所试验性学校。其中，杜威及其“实验学校”所具有的价值、意义对于“活教育”学说的形成产生深刻影响。

陈鹤琴对于杜威学说及其“实验学校”的认识，包括以下五方面：

一是教育即生长：“他主张儿童自动，慢慢生长。但是在什么地方生长呢？生长不像鲁滨逊一样的在荒岛上生长，不是隔离的个人的，是大家相互鼓励相互刺激的，应该在团体中和大家一起生长。”

二是团体生活：培养儿童团体生活的习惯，从学校生活里培养儿童在校的社会生活。

三是课程条件：课程是有条件的，要适应儿童的需要和兴趣，要常常变换，要知道此处与彼处的不同，不能统用；并且大的儿童要帮助小的儿童，不是个别的学习，是团体的学习。

四是学习方法：从做中学；经验丰富；学校生活和家庭生活打成一片。

五是杜威学校的特殊作风：学校与家庭的联系；历史及科学在儿童日常生活中教学；读写算是研究自然和社会之副产品[7]270-271。

1947年4月《活教育》(陈鹤琴主编、张文郁总编辑)杂志将第四卷第三、四合期定名为“杜威研究特辑”，集中刊发与杜威研究有关的文章。在这一期杂志上，陈鹤琴发表《杜威为什么办实验学校》一文，对杜威的教育学说与被冠以“实验室”(英文：labo-ratory)学校，即“杜威学校”内涵进行解读，在他看来，解放儿童，特别是解放儿童的手脑是使儿童创造出属于儿童的“乐园”主要途径，也是中国新教育发展的“科学方向”。因此，“活动”是儿童发展、成长的主要载体与途径。儿童在不断活动的过程中“以获取自身的生长，同时，也因为自身的生长而改变活动的性质。”[8]

陈鹤琴对于杜威学说的解读：“一个学校的中心活动应该表现于工作之中，习俗所说的‘读书’并非新学校的真实意义。只有继续地工作、集体的创造和不断地培养才能促使人类的智慧与知识向更高的阶段发展。在整个社会的范围之内，各个人的经验是具有充分自由的予取的。换句话说，就是个人的经验是能互相渗透、互相影响的。教育能否给儿童准备其未来的社会生活，就要看学校是否已成为一个具体的小社会。所以，杜威所希望建立的学校，便是一个集体生活的形式。”在儿童“活动”（集体生活）中，因为“儿童社会性的发展，是儿童适应群体关系的主要因素。教材的选择，必须要顾到社会性的条件，给儿童团体行为以充分自由的活动，同时，要指导儿童如何在社会的目的之下来表现自己的兴趣。这种指导并非站在成人的标准上来说话，而是从日常社会行为中发展出儿童自己的标准来，使任何一个人，不管他年龄的大小都能在跟别人共同工作或活动的过程中来完成某一事件，并且还要学会如何顺应其周围的环境，如何适应其自己的社会关系。”[4]114 在陈鹤琴看来，应吸收、借鉴包括杜威学说在内的西方教育理论，来改造并且建设顺应中国国情与进步、发展趋势的教育制度与学校课程原则，探索具有本土特色的新教育发展道路。然而，在这一过程中，决不能“照搬照抄”而应坚持“做现代中国人”这一教育目的，不仅是中国教育区别于外国教育惟一不同之处，也是中国教育必须坚守的“底线”。在这一过程中，“儿童应当通过集体生活，在他的活动中受到刺激和控制”[9]5，“教师在学校中并不是要给儿童强加某种概念，或形成某种习惯，而是作为集体的一个成员来选择对于儿童起着作用的影响，并帮助儿童对这些影响做出适当的反应。”[9]5 陈鹤琴倡导的“活教育”所提出“三大目标”和“学习的四个步骤”、“五指活动”计划，以及“十七条教学原则”等，试图也能创造出一种新型的“学校生活”，以丰富多样、充满活力的教学活动改变以“读书”为主要内容的传统教育现状，如，杜威“实验学校”与陶行知倡导“生活教育”“教学做合一”等理论与实践一样，走出一条属于中国自己的“新教育”发展道路。

附："活教育"基本理论

一、三大目标

目的论：做人，做中国人，做现代中国人。

课程论：大自然大社会是知识的主要源泉。

方法论：做中学、做中教、做中求进步。

二、十七条教学原则

1. 凡是儿童自己能够做的，应当让他自己做。

2. 凡是儿童自己能够想的，应当让他自己想。

3. 你要儿童怎样做，就应当教儿童怎样学。

4. 鼓励儿童去发现他自己的世界。

5. 积极的鼓励胜于消极的制裁。

6. 大自然大社会是我们的活教材。

7. 比较教学法。

8. 用比赛的方法来增进学习的效率。

9. 积极的暗示胜于消极的命令。

10. 替代教学法。

11. 注意环境,利用环境。

12. 分组学习,共同研究。

13. 教学游戏化。

14. 教学故事化,采用故事式的教材。

15. 教师教教师。

16. 儿童教儿童。

17. 精密观察。

三、学习的四个步骤

1. 实验与观察。

2. 广泛阅读和运用参考材料。

3. 发表于创作。

4. 批评与研讨。

四、"五指活动"

"五指活动"的目的是在培养儿童的理想生活。它之所以称为"五指活动"是因为以下提出来的五种活动正像一只手的五个指头,各个指头相互联接构成一个整体。五个中缺少一个就会破坏这个活动的目标。即儿童健康活动、儿童社会活动、儿童科学活动、儿童艺术活动、儿童文学活动。

五、"活教育"十个特点

1. "儿童中心",即儿童是学习过程与学校生活的中心。

2. 儿童教育的目的是培养儿童的良好举止与习惯,发现儿童内在兴趣,锻炼其生活艺术。

3. 新的制度着重在"做",即"做中学、做中教、做中求进步"。

4. 分组学习，集体研讨，儿童根据自己的需要和爱好，参加各种小型活动。

5. 在新制度下，儿童在慈爱的气氛中成长。

6. 根据儿童的心理和社会需要来编制课程，而且教学的材料在需要的时候可以作变动。

7. 儿童靠自尊与自制来管理。

8. 在新的学校里，儿童活泼可爱，他们在忙碌地工作，快活地游玩。

9. 在新学校内，教师与儿童共同生活，共同工作，共同学习。

10. 在新的制度下，学校是社会的中心，教师与儿童集中力量，重整环境，为社会服务[10]243-246。

参考文献：

[1] 蔡元培. 演说词[M]//蔡孑民先生言行录. 桂林：广西师范大学出版社，2005.

[2] [美]杜威. 杜威传[M]. 单中惠，译. 合肥：安徽教育出版社，2009：398.

[3] 单中惠，王凤玉. 杜威在华教育讲演[M]. 北京：教育科学出版社，2007：422.

[4] 陈鹤琴. 陈鹤琴全集(第五卷)[M]. 南京：江苏教育出版社，2008.

[5] 陈鹤琴. 陈鹤琴全集(第一卷)[M]. 南京：江苏教育出版社，2008.

[6] 陈鹤琴. 陈鹤琴全集(第二卷)[M]. 南京：江苏教育出版社，2008.

[7] 陈鹤琴. 陈鹤琴全集(第四卷)[M]. 南京：江苏教育出版社，2008.

[8] 陈维雄. 解放儿童手脑[J]. 活教育，1947(3—4)：88.

[9] 杜威. 我的教育信条[M]. 赵祥麟，王承旭，译. 北京：教育科学出版社，2006.

[10] 陈鹤琴. 陈鹤琴全集(第六卷)[M]. 南京：江苏教育出版社，2008.

让“活教育”思想在幼儿园教育中“活”起来*

——北京市东城区光明幼儿园践行“活教育”思想的探索与实践

申玉荣　胡琳琳

北京市东城区光明幼儿园始建于1961年，是北京市首批一级一类幼儿园、北京市贯彻《幼儿园工作规程》(以下简称《规程》)《幼儿园教育指导纲要(试行)》(以下简称《纲要》)试点园和外事窗口园。2005年评为北京市示范幼儿园，也是北京市最早的陈鹤琴教育思想研究基地、北京陈研会基地园秘书处所在地。多年来，光明幼儿园坚持认真研究、深度解读我国著名幼儿教育之父陈鹤琴先生的“活教育”思想体系，结合新时代社会发展需求，将其“大自然、大社会都是活教材”的课程论，“做中学、做中教、做中求进步”的教学论以及十七条教学原则和《规程》《纲要》中关于儿童自主性、生活游戏重要性的论述指导进行整合贯彻，将陈鹤琴教育思想研究基地工作与贯彻《规程》《纲要》试点园工作进行融合对接，把“活教育”的思想精髓贯穿于园所管理、教育教学、课程设置、教研科研、队伍培养等方方面面，实施“活”的管理，营造“活”的环境，打造“活”的课程，用活教育思想引领园所文化重建，助推《纲要》《3—6岁儿童学习与发展指南》(以下简称《指南》)扎实落地。“活教育”思想的研究与践行，使光明幼儿园步入了科学化、特色化发展之路。

一、“活”的管理

如果想要教师能够成为实施“活教育”的老师，那么就要用“活”的管理方式来影响。“活”字是光明幼儿园管理的重要特征，“尊重儿童”的思想我们同样用于“尊重教师”，“做中

* 本文原载于《教育·校长参考》2018年第6期。

学”的方法论我们同样用于引导教师，以“活”字贯穿管理始终，启活、激活、放活、励活教师队伍。

首先我们注重对教师特长与成长需求的调研，这是“活”管理的基础，然后据此进行工作安排与培养。工作中，我们尊重教师成长的发展需求，如我园一位党员男教师一线带班十二年，形成教育特色并成为区级骨干。为园所持续发展也为助力男教师成长，我们不拘一格培养教师，使其跨界参与幼儿园后勤管理，成为复合型人才，获得“东城区青年人才”称号。在队伍培养方面，我们根据教师个人爱好和特长分组培训，使教师人人有专长，形成自身教育教学特色。

其次我们注重对教师培训体系的研究，这是“活”管理对教师发生作用的重要途径。培训中把握四个原则：实践中“活”问题激发动能，培训内容紧贴教师发展关键核心，途径新颖活泼符合教师需求，成果及时呈现激励教师成长。培训方式采用五个途径的有机结合：专家引领，走进现场，资源共享，搭建平台，同伴互助。培养目标聚焦三个重点：问题意识、研究能力、创造性解决问题的能力。培训分类细化两个层面：干部层面与教师层面，使干部教师都有各自成长发展平台。“活”的培训体系使教师成长卓有成效。在东城区“童心杯”大赛中幼儿园参赛教师全部入围复赛。新一届学科、骨干评选中，我园15位教师获得市区学科骨干称号。

第三，我们注重通过工作会议、培训、环境渲染持续加深全体教师对陈鹤琴“活”教育思想的理解与认知，这也是“活”管理要达到的重要目标。教师们通过深入了解幼教先驱的教育理论，不仅使活教育管理论内化于心、外化于行，同时更加深刻感受到“小儿童”有“大学问”，幼教工作有“大作为”，进而更加热爱自己的工作，成为专业的坚守者。

可以说“活”的管理锻造出“活”的教师队伍，为“活”教育思想落实于儿童发展奠定了良好基础。

二、“活”的课程

“活教育”课程论认为“大自然、大社会都是活教材”，也就是说幼儿的教育内容应是贴近儿童现实生活的，是灵活、丰富多彩的。我们结合幼儿一日生活的各方面，以幼儿的兴趣爱好、自然变化、社会生活、突发事件等作为课程开发的契机与抓手，开展教学活动。比如我们创新开展了“探秘幼儿园”主题活动，让幼儿通过多种富有趣味性的活动了解喜爱幼儿园;利用自然资源开展了春耕节、秋收采摘等主题活动,使幼儿了解到季节变化与自然、与人的关系;借助中国传统节日(中秋节、端午节、春节等)或国家节日(三八节、五一劳动节、教师节、国庆节等),开展"小小升旗手""真爱筑新家""重阳节""中秋团圆""我们的爱"等主题活动,弘扬中国传统文化,使幼儿萌发爱自己、爱家人、爱幼儿园、爱北京、爱祖国的社会性情感;利用幼儿即将升入小学为契机,开展"参观小学、学做小学生"等系列活动,让幼儿进一步了解、正确认识自己,为幼儿顺利升入小学奠定基础……这些与幼儿息息相关的事情都成了"教材"的元素。

不仅课程的来源是"活"的,课程的实施过程同样也是具有伸缩性与活动性的。教师在课程的设计中结合幼儿在活动过程中的问题,不断地生成新的活动,关注领域间的相互融合,注重幼儿的全面发展。比如在"闹元宵"主题活动的过程中,教师发现幼儿对每个人制作的元宵数量不一样产生了疑问,借此契机,教师将"统计、比较"等知识设计到延伸活动中,引导幼儿根据自己的疑问,设计调查表进行调查、统计,在幼儿自主的探索中发现了数量不一样的原因,解决了自己的困惑,同时也知道了解决问题的方法。这些从幼儿生活与自身发展中生发的"活"课程,尊重了幼儿的认知特点与兴趣,体现了学习活动中儿童的主体地位,取得了良好的教育成效。

三、"活"的环境

如果说课程是幼儿学习的"显性课程",那么"环境"就是幼儿生活、学习的"隐性课程"。幼儿一日生活皆教育,环境创设对儿童的影响非常重要,是幼儿潜移默化的老师。陈鹤琴在谈到环境建设时提出"教育上的环境在教育的过程中起到一定的作用。儿童从四周的环境中得到教育"。"一切设施、一切活动要以儿童为中心。"

从陈鹤琴环境教育理论出发,我们在幼儿园环境创设上以儿童为中心研究发展出"活"环境的四个原则——"寓教育于环境中、寓创造于环境中、寓操作于环境中、寓游戏于环境中"。如我们在楼道内环境创设上采取了一层一个主题的思路,一楼是陆地,二楼是海洋,三楼是天空,楼道内的环境创设蕴含了生活中、自然中的秘密,同时也是幼儿和教师作品展示、动手操作、互动游戏的好场所。各班级环境根据幼儿的兴趣以及生活中幼儿出现的事情为主题进行布置,既富有知识性、逻辑性,更具有互动性,如大班门口每日早来园的签到表,督促激励了幼儿,使其感受到"我的环境我做主"的参与感与成就感。

在重视物质环境的同时，我们还非常重视精神环境的创设，也就是“以真求真、以爱育爱”，打造和谐的师幼、师师、幼幼关系，营造良好的园所氛围，进一步发展了“活”环境的理论体系。“以真求真、以爱育爱”的“真爱”教育理念是我园在2008年就提出的，我们认为爱是一切教育的基础。时至今日“一切为儿童”的“真爱”教育理念已成为广大教职工的思想共识和行为规范。我们通过不懈的努力、无私的奉献、爱心的传递，积极为孩子们创设宽松、自由、互动的良好教育环境，使孩子感受到被尊重、被理解、被重视，在精神上非常快乐。

富于教育性、创造性、操作性、游戏性的物质环境，和“以爱育爱”的精神环境共同构成了具有光幼特色的“活”环境，有力助推了幼儿的身心健康发展与主动学习成长。

四、“活”的方式

只有“活”的方式才能培养出“活”的儿童。陈鹤琴的“活教育”十七条原则均指向儿童学习方式的变革。“凡是儿童自己能够做的，应该让他们自己做，凡是儿童能够自己想的，应该让他们自己想，鼓励儿童去发现他们自己的世界、注意环境、利用环境”等告诉我们教育方式应该是“活”的方式。这些原则与《指南》中“幼儿的学习是以直接经验为基础，在游戏和日常生活中进行的……要最大限度满足幼儿通过直接感知、实际操作和亲身体验获得经验的需要”的表述高度契合。学理尽处古今相同。幼儿的学习特点及方式决定了我们开展活动的方式。基于以上理论，我们不仅在幼儿一日环节中都蕴含了教育，在教学中强调儿童体验，还通过“走出去、请进来”的方式，真正地使幼儿的学习方式“活”起来。比如我们与幼儿一起走进图书馆、博物馆、展览馆、职业体验馆等各类场馆，与幼儿一起走进小学校、超市、邮局、敬老院等，走进春天的田野，走进秋天的庄稼地……开阔视野，体验、感受真实的学习环境；我们将刑警爸爸、交通警妈妈、飞行员爷爷、医生妈妈、足球运动员妈妈、教师奶奶、消防员叔叔、演员叔叔等等请进幼儿园，在老师的配合帮助下带领幼儿开展活动，让幼儿学习的形式真的“活”起来。

以下是我园教师在“活教育”理论指导下根据幼儿的兴趣点自主开展的教育活动。

■案例一：探秘幼儿园

进入大班，幼儿从原来的光明校区周转到弘善校区，初入新的环境，一切对于幼儿都是陌生的，他们对班级周边的环境及公共设施了解得很少。幼儿间经常会谈论：“我知道阅览室在一层。”“咱们去的乐高室在二层。”“医务室在哪你知道吗?”……这一现象引发了我们的思考:幼儿喜欢探索周围的环境,已具备一定独立学习的能力,自主意识越来越强,此时的幼儿对幼儿园的环境、设施非常感兴趣,渴望深入了解幼儿园室内的公共环境。借鉴陈老提出的“大自然、大社会都是活教材”这一课程论和“注意环境,利用环境”的教学原则,结合幼儿的兴趣及已有经验,我们开展了“探秘幼儿园”主题活动,目的在于让幼儿通过调查、交流等活动,对幼儿园内公共环境深入了解探究,获得更多关于环境的信息,增加对幼儿园的熟悉程度,萌发为幼儿园服务的愿望,提高幼儿自我服务、为他人服务的能力。

第一次活动:结合大班幼儿的学习特点及兴趣需要,开展“我的幼儿园”活动。活动中,我们带领幼儿熟悉幼儿园各个楼层的布局、设施及主要场所,重点介绍幼儿平时很少去的地方,鼓励幼儿大胆提问,并组织幼儿交流分享,及时记录自己的发现。通过“你有哪些发现? 你最喜欢哪个地方? 你还想调查幼儿园的哪些地方?”等问题激发幼儿再次探索的愿望。

第二次活动:随着活动的逐层深入,根据幼儿的第一次调查活动,设计相应的调查记录表,引导幼儿认识调查表,并组织幼儿讨论如何记录。幼儿自由结伴,调查记录,这是幼儿在第一次调查基础上所进行的更为细致、有选择的调查活动。活动中,幼儿边观察边记录,遇到问题会不断调整方法。在此基础上,梳理每层的房间位置及功能并用自己熟悉的符号进行记录。

第三次活动:通过对调查结果的梳理,以表格的形式呈现各个房间的功能后,幼儿对幼儿园各个房间的大小、用途有了清楚的认识。接着,我们为幼儿出示了本班的消防疏散示意图,对照幼儿园的安全疏散图,幼儿已经能够准确找到各个班的位置。在观察疏散示意图的过程中再引导幼儿发现有些房间并没有在疏散图中体现出来,激发幼儿绘画幼儿园平面图的愿望。之后再次带领幼儿感知幼儿园三个楼层的格局,找出安全疏散图中缺少的房间,并依据各个房间的大小进行调整。在汇总所有幼儿的意见后,请幼儿分组绘画幼儿园的平面图,绘画过程中允许幼儿进行协商讨论。绘画结束后,三个组分别展示,介绍本组所画的平面图。最后教师引导幼儿对三组平面图进行投票和统计,评选出绘画最清楚、最全面的幼儿园平面图。

第四次活动:在幼儿园平面图画好后,教师引导幼儿对照平面图找位置,并说一说每个房间、设施的功能和特点,讨论该地点有没有需要注意的地方,在这些地方小朋友应该怎样做。同时,结合本园服务课题引导幼儿思考:其他小朋友还不知道幼儿园的这些地方是做什么用的，或者存在那些危险，我们可以用什么方式让他们也知道呢？引导幼儿生成设计标记、粘贴标记的想法。再与幼儿一同讨论幼儿园的三个楼层需要注意的、需要提示的地方，并分别用红色三角形和蓝色圆形在平面图上做好标记。画好后进行“标记大比拼”，通过投票、统计的方式评选出幼儿认为设计得最好、最有意义的标记。最后将设计好的标记分组粘贴在相应地方。

第五次活动：随着“设计幼儿园的标记”活动的不断深入，幼儿作为环境中的一员开始承担一定的社会角色，从最初认识环境布局，延展至利用环境并为生活在其中的每个人制定规则，这是幼儿环境认识的质的飞跃。由此，进一步引发了“我是幼儿园的小主人”活动。一次户外活动结束时，幼儿发现户外玩具非常凌乱，很多玩具没有送回到原位。于是，有的幼儿就提出将玩具送回原位。随着幼儿的兴趣及需要逐步增大，在与幼儿一同讨论了“玩具没有放回原位怎么办”等话题后，教师组织开展了“今天我值班”等活动，每天都会有几个负责整理玩具的幼儿将玩具放回原位整理好。

探秘幼儿园的过程就是大班幼儿更好地了解幼儿园、更好地提升自身服务能力的过程。活动中为了让大班幼儿从自我服务入手，积累会看平面图、了解场所潜在危险的经验，到辐射整个幼儿园为给其他来园幼儿提供方便，制作起到提示作用的提示牌，到最后幼儿能树立幼儿园小主人的意识，主动轮流值守、收拾整理玩具等提供了丰富的参与机会。活动的设计根据幼儿的兴趣而生成，不仅注重提升幼儿服务自己的能力，同时为服务他人做好铺垫。在整个过程中注重领域间的结合，丰富幼儿已有的知识经验，不仅使幼儿的安全意识有了很大的提高，还帮助幼儿积累了为他人服务的方法和经验。

（郝宏涛　杜泉洁）

■案例二：野兽国

陈鹤琴先生的“活教育”中提出“做中学、做中教、做中求进步”的方法论。我理解为幼儿是在主动学习的过程中成长起来的，教师应该为幼儿提供更多的机会去感受这个成长的过程。幼儿升入大班，其情绪情感越来越丰富，在活动中时常有幼儿出现情绪不稳定、易冲动的现象，情绪容易受各种因素（家庭、幼儿园）的影响而产生变化，不愉快的情绪持续时间较长，且不能及时自我调节。释放和控制情绪，这不仅是大班即将升入小学的孩子们需要做到的事，也是今后孩子们成长路上需要具备的一种能力。故事《野兽国》中讲到：调皮男孩迈克斯的一趟海上之旅是一种治疗，帮助其消除心中压抑的情绪，使其内心平衡。因此，我选择了绘本《野兽国》作为教育载体，开展了一系列教育活动。

第一个活动，我借助戏剧的方式将故事分成六个情景请幼儿创造性地来表现。情境一：迈克斯的家。让幼儿迁移经验用自己的身体表现迈克斯的家里都有什么，发生了哪些变化。情境二：遇到野兽。让幼儿发挥想象，尝试用表情、动作、身体空间等肢体动作表现各种野兽的造型及吼叫声。情境三：智斗野兽。借助音效，让幼儿发挥想象，尝试用自己的办法制服野兽，以小组的方式呈现野兽围攻及迈克斯设陷等。情境四：百兽之王。幼儿用野兽语讨论给迈克斯举办加冕礼，分组用肢体表现加冕礼的场景。情境五：野兽狂欢夜。借助音效，用肢体表达野兽的舞蹈，然后定格保持造型不动。情境六：迈克斯回家。幼儿表现麦克斯的孤独，用语言和动作表达对爸爸妈妈的想念和爱的情感，让幼儿能随情境的变化而变化表演内容，能以适当的方式表达和调节自己的情绪。

基于第一个活动后幼儿的热度不减，经常在表演区、图书区表现野兽间的对话、野兽的造型等情况。恰逢新年，我又组织了第二个活动："读好书过大年"。首先，我带领幼儿“寻找书中的怪兽”，搜集、查找各种有关怪兽的绘本图书，以绘画的形式，画出封面及各种怪兽的样子，带领幼儿一起阅读有关怪兽的图书，如《我的情绪小怪兽》《小怪兽阿蒙》《吃掉黑暗的怪兽》等，让幼儿在阅读中学会情绪的调整。随后，结合新年，引出“年的由来”，通过听故事、画故事，让幼儿了解年的来历、为什么要过年、过年的习俗等，发挥幼儿的想象。还邀请家长们参与其中，观看幼儿的打击乐演奏《野兽狂想曲》。随后家长和幼儿一起制作“口袋怪兽”、表演野兽国情景，体验家人陪伴的快乐，家长和幼儿都享受其中。最后，我和幼儿一起开展了谈话活动“好书伴我成长”，让幼儿说一说通过阅读图书，自己的成长变化。幼儿都积极踊跃举手回答，有的说“看了图书后，我知道了以后不能乱发脾气，和小伙伴友好相处”，有的说“大人都是为了我们好，不能和大人顶嘴”，还有的说“我以前怕黑，现在再也不怕黑了，能自己一个人睡觉了”等等。

除了以上的活动外，我和幼儿继续开展了有关情绪情感中自我认同、克服畏惧心理的延伸活动。如结合绘本《我要变大》《别说你快点快点》，开展水墨画和手撕画活动，发现自己的闪光点，自信地做事情，能够多为同伴着想；结合绘本《奥古斯汀》故事内容，举办小朋友自己的“画展”活动，引导幼儿克服畏惧心理去适应和融入新环境。

每个幼儿都是精力充沛的“小野兽”，他们似乎有着永远不能被完全释放的能量。通过故事《野兽国》在戏剧表演中让幼儿充分释放自己，在阅读中感受主人公的情绪情感变化，在亲子制作中体验陪伴带来的快乐，幼儿对情绪和情感的自我调节逐步加强，能够调节自己的情绪和情感及其外部表现，由情境中的主人公经历迁移到自己的生活，经过多次“情景冲突”的讨论及表现，学会怎样更好地宣泄情绪。在活动中，我兼顾了绘本的艺术内涵，让幼儿在故事中品味绘画艺术、语言艺术和表演艺术，调动幼儿参与的积极性，发挥幼儿的思维、想象和创造力。教育来源于生活，生活时时处处皆教育。

（兰　渝）

■案例三：和《奥古斯汀》学习如何适应融入新环境

陈鹤琴老先生的“活教育”思想提倡“学习如何学做人，如何求社会进步、人类发展”。做人的深层在于人的发展。虽然我们不能改变环境，但是我们可以通过改变自己，学着让自己变得更优秀，成为独一无二的“我”，从而去适应环境。

适应和融入新环境——这不仅是大班即将升入小学的幼儿共存的、需要做到的事，也是今后幼儿成长路上需要具备的一种能力。

于是我选择了绘本《奥古斯汀》作为教育载体。本书主要讲述了小企鹅奥古斯汀跟着爸爸妈妈搬家去北极，因为爸爸有了新的工作。在那里，它搬进了新的房子，转进了新的学校、新的班级，认识了新的老师和同学。奥古斯汀通过大胆展现自己绘画的长处吸引了新朋友，很快就适应了新环境，最后还举办了自己的“画展”，变得更加自信勇敢。它从一开始的羞涩畏惧、想念原来的学校和爷爷奶奶到后来融入新的学校生活，书中的心理描绘细腻而真实。

幼儿听完这个故事后，非常喜欢奥古斯汀，把它当成了小榜样，同时对故事中举办的“画展”产生兴趣。为了给班里的幼儿“展示自己”的机会，亲身体验那种自豪感，树立他们的自信心，我当起了故事中的丽莎老师，请班里的幼儿都变成小企鹅，准备为我们班的小企鹅们也举办一次“画展”。幼儿得知这个消息都开心得不得了。

基于第一次活动后幼儿的反馈，在第二次活动中，我有意识地利用本书图画中巧妙地穿插了许多世界名作这一特点，引导细心的幼儿去发现书中的名画，如《蒙娜丽莎》《记忆的永恒》《自画像》等，并和幼儿一起收集欣赏了更多其他的世界名画，每名幼儿都当了一次绘画大师，进行了临摹活动。活动结束后，幼儿的作品汇集到一起，张贴布置在楼道中“画展”的区域，供全园的老师、幼儿和家长们欣赏。此次活动不仅给幼儿带来艺术的熏陶，更含蓄地道出了艺术与生活是紧密相连的。

之后，“奥古斯汀”在本班幼儿当中的热度不减，他们经常在图书区小范围继续进行“看图讲述”活动。虽然幼儿识字水平各不相同，但这并不影响他们流利顺畅地讲述。那是因为本书的另一特别之处还在于采用了新颖的画面布局：在对页中用右侧的大图讲述主干情节，而左侧的九格小图进行细节描绘，两者彼此呼应，别致有趣。左侧主人公小企鹅“奥古斯汀”站在九宫格的中间，另外八格都分别介绍着其他相关的事物，这就像是一本无字书。阅读的时候，幼儿既可以尝试讲右侧的主干故事，又可以通过观察左边九宫格的提示，讲出更细致的情节内容。对于幼儿来说，这样看故事讲故事是非常有趣的。

在三次活动设计中，我兼顾了此绘本的文学性和艺术性。活动中让幼儿在听故事中品味绘画艺术，在欣赏图画中认识文字、理解文学。

在学习过程中，老师的提问也非常重要。好的提问能调动幼儿的学习积极性，开拓幼儿思维，发挥幼儿的想象及创造力。在第一次活动结束后，我问幼儿：“有没有遇到和奥古斯汀一样的情况，你对自己说了什么呢？”叶梓珺主动举手说：“开始的时候我有些不习惯，但是我每天都会和自己说别害怕。就这样，现在我已经在班里找到了很多好朋友。”叶梓珺是中班时候转来的插班生，刚来时一整天都听不到他说话，即使偶尔举手发言，声音也是小小的。但在这一年的时间里，我发现他越来越大胆地发言，变得开朗起来！这次听了他的回答，更是让我很欣慰。对于班里所有的幼儿，马上要上小学了，这也是一节很好的心理疏导课，引导幼儿面对新环境要不断鼓励自己，大胆展示自己。

通过对故事的阅读和“画展”的举办，班里的幼儿大都已经克服了畏惧心理，增强了自我认同感。希望他们不久之后能顺利并尽快适应小学生活，健康开心地度过每一天。

（马 闫）

■案例四：发现自己的闪光点

然然进入大班后情绪变得很消极，干什么事情都无精打采。经过一段时间的观察，我发现有的幼儿会在他动作慢时大声地催促他；有时他也会自己自言自语地说：“没人喜欢我。”然然身上发生的变化在其他幼儿中也或多或少地出现过，这一点引起了教师的关注。分析幼儿的年龄特点，我发现进入大班的幼儿在游戏时不再满足追随，有了更多自己的主见和想法。《指南》中指出，幼儿“要具有自尊、自信、自主的表现；能与同伴友好相处”。为了让孩子“能够发现自己的闪光点”、保持积极的心理状态、多为同伴着想，结合陈老的“活教育”思想中“积极的暗示胜于消极的命令，富有暗示性之故事，可以发生很大的效力”的阐述，同时针对幼儿现状，我选择了两本绘本图书《我要变大》和《别说你快点快点》，以此激发幼儿的阅读兴趣，让幼儿理解故事的内容，引发幼儿的思考，并引导幼儿把注意力迁移到自己的身上。希望通过开展自我认同系列活动，帮助幼儿找回自信。

首先幼儿想要融入集体，第一就是有自信，能够自信地讲话、自信地游戏。《我要变大》是一本能够激励幼儿发现自己长处的绘本，主人公黑羽是一只身材较小的公鸡，所以大家都叫他“小不点”，他很懊恼自己是个小个子，独自一人来到大树下恰巧碰到遇到困难的小仓鼠，他将自己的遭遇告诉小仓鼠，小仓鼠为了报答黑羽，拿出了自己的绿松石让黑羽许愿，黑羽的愿望成真了，他真的变大了，当他回到自己村庄的时候，以前的朋友们都吓得四散逃走，黑羽很伤心，他吐出了绿松石，变回以前的自己，他发现自己身材虽然小，但是他可以轻易地飞到树上，帮助大家。故事看似简单，却拥有着广阔的感受和品味空间。在这一趟神奇旅行中，幼儿一定会潜移默化地学会认识自己，发现自己的特点，做好真正的自己。而任何事物都有它的优劣之处，任何事物都有自己独特的魅力，这道理也融汇其中，无声无息地流进孩子成长的心里。

幼儿很喜欢黑羽，在图书区的反复阅读中，幼儿发现故事中的画面和我们平时看到的不一样，“是像中国画一样的画”，由此引发幼儿尝试使用水墨来表现画面。根据故事画面，引导幼儿观察鸡的结构，了解水墨画的特点，尝试用水墨画表现书中自己最喜欢的场景。

让幼儿找回自信，同伴也是很重要的，要让幼儿知道要包容身边的小朋友，有的幼儿磨蹭，同伴会提出“快点”的要求，却从来没有想一想同伴慢的原因是什么，一味地用语言催促。《别说你快点快点》成了不二选择。说起创作这部作品的初衷，作者益田米莉写道：“人就是由于受到许多话语的鼓励和安慰，才一步一步地朝前走的。不过，我想，最开心的莫过于有谁在前边等着自己了。”一只小船轻声诉说着他的心声。“别说你快点快点。一个个顺序不一样。拿我跟他们比，我会紧张的。一紧张，我就会发冷。一紧张，我就会缩小。别问我为什么不会。我不知道的事情，太多太多。我说不出来的心情，太多太多。别拉我。别推我。一个个长短不一样。一个个时间不一样。”幼儿在听完故事后发现书中画面简单，都是由剪影或者基本图形拼接组成的，想完成书中的画面，所以采用撕纸粘贴的方式完成作品。

整个系列活动采用陈老活教育目标的方法论“做中学，做中教，做中求进步”，在阅读中幼儿主动探索。《我要变大》鲜明地表达了自己发现自己闪光点的过程，孩子们在阅读的过程中通过画面就能够联想到故事的内容，在教育活动设计方面，结合艺术领域，以绘本故事为载体，提供更丰富的美术工具和材料，并尝试使用新的工具，再现绘本内容，强化幼儿认知，每个人都有自己的闪光点；《别说你快点快点》是令我感触很深的，回想自己的工作当中时常也会对幼儿说快点，但是从没想过幼儿慢下来的原因，书中利用小船细腻地刻画了幼儿的内心，表达了幼儿的诉求——慢一点等等我，这也是我选择这本绘本的原因，让幼儿知道等一等同伴，能帮助他们一同进步。

（赵碧蓉）

■案例五：会变的杨树花

春天来啦，随着天气渐渐变暖，杨树花开了。微风吹过杨树花纷纷落下，户外活动的时候总会有幼儿捡起杨树花扔来扔去，开心地追逐。这天上午户外分散活动时只见嘉嘉、天天、浩宇跑到杨树底下开始捡杨树花，天天捡了一把杨树花后飞快地跑到晨晨的背后把手中的杨树花扔到了他身上，又转身跑掉了。接着浩宇也将自己手中的杨树花抛向了天空，花落下来的时候掉在了香香的头上，香香生气了也将手中的杨树花扔向浩宇。接着萧、大丁、可昕也加入乱扔杨树花的队伍中，此时的操场到处飞扬着杨树花、尘土，大部分幼儿的头上、脸上、衣服上都挂着杨树花的毛毛。有的幼儿很开心，有的幼儿很生气，有的幼儿则躲到了一边不参与。最多的是告状的：“老师，天天把杨树花扔到我头上了。”“老师，大丁把毛毛放到我脖子里了。”如何把握教育契机，在大自然中，借助自然物开展艺术创想活动，将自然环境中的美带给每个幼儿？要将幼儿的兴趣点引向积极的方向，在尊重幼儿的基础上，确定适宜的教育目标，有效地促进他们与大自然的互动，在运用自然物的美术创作游戏中，带给幼儿无限的遐想和创作契机，让幼儿真正成为学习的主人。

这时晨晨手里拿着一根杨树花来到我跟前说：“任老师您看，杨树花软软的，多像只毛毛虫。我能用毛毛虫变成一幅画吗？”晨晨的话提醒了我，把杨树花变成孩子们天然的游戏材料，我们可以引导幼儿观察不同种类的杨树开的花有不同的形状、颜色，还可以利用杨树花柔软的特性，用来造型开展创作。不一会儿晨晨用杨树花拼了一个小姑娘，他告诉我说：“这是我变的小妹妹。”

一定要抓住这个大自然大社会中的教育契机，把软软的杨树花变成幼儿艺术创作的自然材料，让幼儿感受它的柔软，发现它的变化，享受创作的快乐。我把四散活动的孩子们叫到我身边，请大家来欣赏晨晨的创作：“小朋友快看晨晨把杨树花变成了什么？”“呀！是个小人。”“真可爱！”“他好像在跳舞。”看到晨晨的创作，刚才乱扔杨树花的小朋友也纷纷对我说：“任老师我们也想用杨树花变点东西？”“当然可以啦，那谁能告诉我，为什么杨树花可以变出不同的形状?""它是软的！它是软的!"幼儿举着手中的杨树花大声地叫着。"你们一定也会用软软的杨树花创作出与众不同的作品。"听完我的话浩宇开始捡这些软软的杨树花;天天也安静下来和飞飞用软软的杨树花变房子;嘉嘉和香香合作游戏,香香捡杨树花,嘉嘉变小人。每名幼儿都在根据自己的创作需要或将杨树花弯曲围圆,或将杨树花延长变形,操场上再没有出现刚才混战的现象。他们都沉浸在用软软的杨树花进行创作的过程中。

以往我更关注设计好的教育活动和创设好的教育场景中的教育契机。而今天户外活动出现的问题真的有些棘手,武断地制止会打消幼儿尝试探索的积极性;放任不理,又怕幼儿之间发生冲突或危险。陈鹤琴先生的"活教育"理论让我清楚地知道,大自然、大社会都是活教材,幼儿的学习离不开自然和社会,教师要关注幼儿的发展需要,善于发现幼儿感兴趣的事物和偶发事件中所隐含的教育价值,在尊重了解幼儿的基础上,及时捕捉生活中、大自然中的教育契机,能及时将幼儿的兴趣转化到有效的学习中。鼓励幼儿在做中学,在探究的过程中,获得满足和发展。

这些普通杨树花在幼儿手中赋予了生命和灵性,每个人都在根据自己的感受和需要进行创造性的表达。在"会变的杨树花"的活动中,幼儿通过操作,在感知杨树花柔软、易变形、易组合的特性的基础上,能够主动地进行多种形式的艺术造型活动,也再次体现了陈鹤琴先生的"活教育"思想。活教育的课程是把大自然、大社会作为出发点,让学生直接向大自然、大社会去学习,大自然、大社会都是活教材。这次活动不仅激发了幼儿参与活动的主动性,提高了幼儿探索学习和创造表现的能力,还促进幼儿之间的共同合作学习,使幼儿在与软软的杨树花的互动中学会了更多的游戏和创作方法。

（任晓燕）

■案例六:我和树叶做朋友

假期结束后,幼儿带了很多出游的照片来与同伴分享。其中一名幼儿带来了一片热带植物的叶子,这让其他幼儿都十分感兴趣,纷纷过去观察、询问。看到大家对叶子这么感兴趣,教师抓住幼儿的兴趣点以及秋季的季节特征,借助陈老"活教育"思想"大自然、大社会都是活教材"这一课程论,开展了"我和叶子做朋友"系列活动。在活动中利用周围环境帮助幼儿感知生命、亲近自然,培养幼儿的好奇心和求知欲,使幼儿懂得爱护自然环境,爱护花草树木。

第一次活动，我们请幼儿将捡来的叶子在班里进行分享和观察，引导其发现叶子的不同之处，并按叶子形态的不同进行分类。后来通过和老师一起查阅相关资料，幼儿了解到叶子是由叶片、叶柄和叶脉组成的，还知道有些叶子到了秋天会变红或者变黄，随风飘落下来。由于叶子就在我们的身边，所以幼儿总能有新的发现。比如在幼儿园里散步时，有的幼儿会发现小野花的叶子找不到叶柄，南瓜的叶子上有小毛毛，茄子的叶脉是紫色的等等，于是我们把大家在生活中的发现按叶片、叶柄和叶脉三部分进行分类梳理，一一展示在班级墙饰上，方便同伴间相互学习和分享。

第二次活动是针对班里新添置的绿植，幼儿发现它们都有很漂亮的叶子。比如绿萝的叶子是心形的，金边吊兰有着白绿条纹的长叶子，彩叶万年青的叶片上有很多种颜色。在进行了细致的观察后，大家各自用自己喜欢的表现方式将这些美丽的盆栽植物展现在了纸上。中班的幼儿虽然不能很好地表现叶片之间的遮挡关系，但对于叶片的形态、颜色和花纹还是能够很认真地去用画笔或者黏土进行表现，这些都源于幼儿对叶子的细微观察。

第三次活动是在进入深秋以后，幼儿捡来了大量的落叶，我们一起展开想象，拼贴、添画了很多幅树叶粘贴画，有些幼儿还把剩下的叶子带回家，和家长们一起进行了亲子树叶粘贴活动，最后我们把作品都展示在教室中供大家相互欣赏。

从树上的叶子到花园里的叶子再到室内的盆栽植物，我们发现身边到处都是植物都有叶子，于是教师将幼儿的注意力有目的地引向离我们更近的吃喝上来。由于班中有部分幼儿吃饭挑食，不爱吃绿叶菜，于是我们开展了第四次活动。我从厨房拿来一些蔬菜的叶子请幼儿观察，引起他们的兴趣，最后告知他们这些就是我们吃的绿叶菜，还请来保健医来为大家介绍绿叶菜的营养，从而帮助幼儿改善挑食的坏习惯。

第五次活动，可以喝的叶子——茶叶。教师和幼儿一起通过 PPT 认识茶园，了解种茶和炒茶的过程，请他们用多种感官观察干茶叶、湿茶叶以及泡茶的过程，最后通过品茶结束茶艺之旅，让幼儿了解到偶尔喝一些淡茶水可以预防龋齿。

观察了大自然的叶子，描绘了生活中的叶子，品尝了可以吃可以喝的叶子，为了让幼儿能够得到多方面的发展，我们还在美术、语言和体育方面和幼儿一起开展了关于叶子的丰富多彩的活动。在美工区，我们开展了画叶子的活动，结合墙饰的支持，我们用画线描画的方法为叶子设计了漂亮的叶脉，借助涂渐变色的方法，我们为叶子穿上了美丽的秋装；我们还一起欣赏并仿编了诗歌《落叶》，让幼儿欣赏美丽诗句的同时了解了拟人手法，并学着编了一首属于我们自己的诗；在户外，我们玩了“大风和落叶”的游戏，幼儿不光模仿了落叶随风飞舞的形态，也锻炼了身体。

冬天的树光秃秃的，户外活动时有的幼儿在替叶子惋惜，有的幼儿说爸爸告诉他，叶子落下来是为了冬天更好地保护自己，而且叶子落到泥土里会变成肥料，等到春天的时候，所有的植物还会重新长出叶子的。于是我们相约，春天到来的时候再一起去院子里看一看刚长出来的叶子是什么样子的。

本次活动来源于幼儿，是从幼儿的兴趣点出发，教师作为支持者和引导者，从始至终支持着幼儿的兴趣，在幼儿多次观察叶子后，利用墙饰帮助幼儿梳理观察结果，供幼儿相互学习。由于幼儿对叶子持续的兴趣，教师还开展了相关活动，有目的地发展了幼儿美工、语言等方面的能力，了解了中国茶文化，并知道少量饮茶能预防龋齿，还让挑食的幼儿了解了绿叶菜的营养从而逐步改掉了挑食的坏习惯。通过这次活动，我深深地体会到幼儿的兴趣是活动的关键，根据幼儿兴趣开展的活动，幼儿参与的积极性非常高，收效也非常显著，在整个活动中我们都以“活教育”理论中教育原则为活动准则，全程以幼儿的“做”为中心，真正是“做中教、做中学、做中求进步”。

（郑薇莉）

结束语

问渠哪得清如许，为有源头“活”水来。光明幼儿园从大处着眼以“活”教育为锚定点确立园所发展方向，从小处入手开拓方寸之地，促进园所内涵发展，为幼儿提供了更加优质的教育，让教职工成长更加精彩。

为幼儿教育发现中国儿童，为儿童创办中国幼儿教育*

——纪念陈鹤琴先生诞辰125周年

王振宇　秦光兰　林炎琴

在现代幼儿教育史上，陈鹤琴先生被誉为“中国的福禄贝尔”。作为中国现代史上的儿童心理学家、教育学家、社会活动家、文字改革家等，他的一生，建树颇多。就其对中国幼儿教育的贡献，可以归纳为：“为幼儿教育发现中国儿童”和“为儿童创办中国幼儿教育”。这两句话实际上就是陈鹤琴先生的儿童观和教育观。潘菽先生曾说：“陈鹤琴同志由于他的一颗赤子心，是能紧跟着时代前进的。”[1]陈鹤琴先生的儿童观和教育观的形成和实施，正是他生活的时代各种教育思想碰撞和汇合的结果。纵观中国近现代史，我们可以看出经世派、洋务派、维新派、革命派和新文化派，都对批判封建传统教育、探索中国教育现代化产生过深远的影响。陈鹤琴先生则以广阔的世界视野和切实的教育实践，形成了科学的儿童观和系统的教育观。他努力吸收现代科学知识和教育思想，研究中国儿童的身心特点，确立了符合中国实际的幼儿教育的培养目标和教育内容，探索切实有效的教育方法，取得了丰硕的成果，为我们留下了宝贵的精神遗产，从而成就了他成为中国的幼教圣人和现代爱国知识分子杰出典范的光辉历程。

一、为幼儿教育发现中国儿童

媒体文化研究者尼尔·波兹曼指出：“童年的概念是文艺复兴的伟大发明之一，也许是最具人性的一个发明。”[2]所谓儿童观，就是成人社会对儿童的发现，对儿童的总体认识。

* 本文原载于《学前教育研究》2018年第1期。

陈鹤琴先生很早就表示:“我素来喜欢小孩子,小孩子也很喜欢我。我不但喜欢小孩子,我也经常同小孩子一起玩,一起生活,所以小孩子的性情习惯在未研究儿童心理以前,我也略知一二。”[3]从1914年至1919年期间,他在美国受到进步主义教育思想的熏陶,并系统地掌握了儿童心理学的研究方法。打那时起,他就非常明确地认识到,儿童有其独特的身心特点,教育者只有掌握儿童身心发展的规律,才能把儿童养好、教好。儿童心理学的知识对于进行幼儿教育至关重要。因此,他明确地说:“我们应当研究心理之如何发生及其如何养成种种的基本问题”,“我们若要教育之有效,非明了受教育者之心理不可,若不顾受教育者之心理而妄教之,那么没有不失败的”。[4]陈鹤琴先生学成回国后,遂开始对儿童心理和教育进行实验和研究,尤其是对自己的长子进行了连续808天的观察记录,对孩子做了全方位的系统研究,并于1925年出版了《儿童心理之研究》和《家庭教育》两本书,奠定了他的科学儿童观。

作为中国的儿童心理学家,陈鹤琴先生早在1921年就向我们揭示了儿童的心理特点并严肃指出:“儿童的时期不仅作为成人之预备,亦具他的本身的价值,我们应当尊重儿童的人格,爱护他的烂漫天真;儿童秉性好动,我们不要仍旧用消极的老法,来剥夺他的活泼天性,必须予之适当的环境,能使他充分地发展;我们教育儿童,亦当利用他的好奇心……;游戏是儿童的生命,游戏具种种教育上的价值……总而言之,我们应研究儿童的心理,施行教育当根据他的心理才好。”[5]即便到了晚年,陈先生依然坚持这样的信念:“儿童心理学的知识对于进行幼儿教育是异常重要的,特别要重视对幼儿从初生到学龄前这一段的心理发展和各年龄的心理特点的研究(包括心理活动的生理机制,心理活动和生理变化的关系),掌握幼儿的特点和心理发展的规律,把幼儿教育的工作建立在科学的基础上。”[6]我们必须“要对作为幼儿教育基础的儿童心理做全面、系统、切实的科学实验”,“对幼儿园的教育应进行系统、深入的科学实验与研究”。[7]可见,陈鹤琴先生的儿童观是建立在三个基点上的。这三个基点是:重视儿童心理的特点和发展趋势;儿童心理学的研究要为儿童教育服务,这是教育要实现儿童化的必要条件;要坚持运用科学研究的方法研究儿童。在这样的基点上出发,陈鹤琴先生形成了他科学和完整的儿童观,那就是儿童是独特的、发展的、应受尊重的人。

首先,陈鹤琴先生将儿童看作是一个独特的、有价值的人,也就是说,儿童不是“小人”,“小人”只是成人的缩小版,而儿童不是成人的缩小版。儿童期也不是可有可无或无足轻重的年龄阶段,而是一个对人的一生有着重要价值的特殊阶段。儿童传承着由父母遗传给他的人类的性状，也具备自己独特的心理和行为的特点。陈鹤琴先生指出："小孩子有小孩子的意志，小孩子有小孩子的人格。成人应当尊重小孩子的人格。"[8]儿童是人，而且是一个独特的人。只有尊重儿童的独立性和自主性，才有可能养成儿童的自尊心和自爱心。陈鹤琴先生不仅从儿童心理学研究的成果阐述了儿童和儿童期的独特性，还进一步从文化学和社会学的角度阐明儿童作为独特的人，对人类社会的发展和延续有着不可忽略和低估的作用。陈先生认为："文化是由人类智慧造成，不是生物的遗传，乃是一种社会的遗传，就是用人为的能力，一代一代地保持，一代一代地遗传。儿童期就是接受文化的时期。因为成人的学习能力没有儿童期的大，几千年来文化的传递实在是儿童期的功用。"[9]"儿童是世界历史文化的继承者、开拓者。"[10]此外，陈先生还指出："对于家庭方面，儿童占极重要的地位，第一，巩固家庭的团结力，家庭有了儿童就不容易分离；没有儿童，离婚的问题，就容易发生了。第二，有了儿童，家庭可以倍增快乐，不致孤苦无味。第三，有了儿童，家庭间的同情心可以格外地发展，牺牲的精神因而得到培养；互助互爱的动作，也可因此培养。所以，儿童是一种家庭化和社会化的主要分子，也是一种改造家庭、改造社会和促进文化的原动力。"[11]把儿童当作独特的、有价值的人来看，是形成科学儿童观的第一要义。

其次，陈鹤琴先生高度重视儿童的发展性。儿童是生命的开端，是人生的起步。儿童是带着人类数百万年的进化成果来到这个世界上的。人类进化的成果就是儿童发展的潜力。从心理学的角度说，这个成果首先是人脑的进化。人类大脑最复杂、最神奇的功能就是它的可塑性。陈鹤琴先生指出："对个人而言，儿童期就是可塑性(plasticity)的意思。我们的生活环境既然这样复杂，我们的适应能力就要大，要发展适应能力非有发展的时期和可以发展的性质不可。我们的儿童期就会有这两方面的意思：一方面儿童期是发展能力的时期，一方面儿童期具可以发展的性质，即所谓的可塑性或可教性(educability)。"[12]"幼稚期是人生可塑性最大的时期，所以，幼稚期也是奠定人生健全发展的时期。"[13]儿童期的可教性，既是儿童的心理特质，又是进一步形成教育观的心理渊源。我们大家都知道，如果儿童的大脑不具备可塑性，而只是保留几个有限的本能反射，那人类社会的教育就无从做起也没有必要。陈先生非常形象地指出：每一个人的心中都有一只狮子，这只狮子就是极大的潜在力量。教育的任务就是唤醒这头狮子，让人变得自觉起来。需要特别指出的是，陈鹤琴先生是在普遍性的前提下谈可塑性的，并不意味着儿童发展是整齐划一的。陈先生说："一班几十个儿童，他们的生活经验、个性、兴趣以及学习能力，大都不相同"，"我们不能再把儿童的聪明、儿童的可塑性、儿童的创造能力埋没了"。[14]为此，他结合听故事的事例来告诫我们。首先,他说,爱故事,如同爱游戏、爱美等一样,是儿童的天性,但“儿童不是全部喜欢听故事的,年龄太小的儿童,看图片、辨别语言的能力低,断乎不可强迫他听的。会听故事的小朋友,也不是每个故事都喜欢听的,有时候恰恰因为身体不好,有时候恰恰这个故事不合他的胃口,强迫他坐在那里听,那么他必定不耐烦起来,或者竟会扰乱别人。久而久之,养成了厌恶故事的习惯,那么危害真不小了”。[15]因此,教师要充分认识到,儿童教育是整体的、连续的,而儿童作为个体其可塑性又是特殊的、独特的。重视儿童的可塑性就是重视儿童的发展性。儿童的发展性也是认识幼儿教育重要性和形成正确教育观的心理学依据。

第三,陈鹤琴先生响亮地提出,应该尊重儿童。正因为儿童是带着先天的能力和个体不同的差异来到这个世界,并肩负着家庭和睦、社会发展、文化传承的使命,因此,我们必须尊重儿童。陈鹤琴先生说:“我发现小朋友的思想是我们想象不到的。”[16]“我们应当尊重儿童的人格,爱护他们的烂漫天真。”[17]尊重儿童的全部内涵就是对儿童的关爱和教育。钟昭华先生曾概括过:“爱护儿童是陈先生的天性,研究儿童,陈先生认为是他的天职。他不但创建了中国的幼稚教育,更用他半生的精力改进儿童教育。”[18]这一点最集中地反映在陈鹤琴先生的《家庭教育》一书中。该书计 13 章,一共提出 123 条教育原则。大凡读过这本书的人都可以体会到里面的每一章、每一条原则,都体现着对儿童的关爱和教育。在现实生活尤其是家庭教育中,关爱与教育经常是一对矛盾。只关爱不教育就是溺爱,只教育不关爱就是粗暴。溺爱和粗暴都是对儿童的伤害。只有在尊重儿童的前提下才能处理好关爱和教育的关系。针对中国社会的习俗和传统,陈先生指出:“我们做父母的,往往有一种迷信,就是以为孩子总是错的,父母总是对的……其实相反,错的往往是父母,小孩子往往是对的。”[19]陈鹤琴先生在这本书里用大量正反两面的案例给我们揭示出如何正确处理关爱和教育之间的关系,充分体现出对儿童的尊重之心。

陈鹤琴先生的儿童观,是西方现代儿童观在中国的延续。西方现代儿童观肇端于 18 世纪的法国思想家卢梭,兴起于 20 世纪的美国教育家杜威,运用于幼教则是意大利教育家蒙台梭利。这种以儿童为本位的儿童观是当今幼儿教育的主流和趋势。但陈鹤琴先生充分认识到,中国儿童除了具备儿童的一般特性外,还具有中国的文化、历史和社会环境所形成的特点。因此,他把自己的儿童观建立在中国儿童的“三个不同于”之上:即儿童不同于成人、儿童不同于洋人、儿童不同于古人。这“三个不同于”,是陈鹤琴儿童观的理论支柱。

第一个支柱是儿童不同于成人。这是陈先生作为儿童心理学家毕生坚持的基本观点。

他反复地强调儿童不是成人的缩影，儿童不同于成人。首先，儿童生理上不同于成人。例如，陈先生指出："儿童的肠胃消化力，是和成人大不相同的……儿童要吃宜于儿童身体的食物，并且切忌吃得过多。"成人如果处理不当，就会导致儿童"形销骨瘦，百病丛生"。[20]其次，儿童在心理上也不同于成人。因为，儿童有自己的思维方式、自己的行为方式、自己的学习方式、自己的交往方式。"对儿童的培养与成人不同，不能给他们成人化的东西，要适应他们的生理、心理特点，要做到儿童化。儿童化很重要的一点就是要合乎儿童的特点。"[21]

第二个支柱是儿童不同于洋人。陈鹤琴先生明确指出："我们的孩子不是美国的小孩子，我们的历史、我们的环境与美国不同，我们的国情与美国的国情又不是一律。所以他们视为好的东西，在我们用起来未必都是优良的。"[22]由于生态环境、生活方式和文化传统的差异，欧美儿童熟悉的东西，中国儿童往往不熟悉。因此，教育要正视中国儿童与西方儿童的差异和差距。例如，在分析要加强幼儿音乐教育的必要性时，陈先生指出，欧美的家庭大半充满音乐环境，小孩子在这种环境中会慢慢养成音乐的兴趣和学会一定的音乐技能。而我国儿童普遍地缺乏这种环境，因此幼儿园要加强这方面的熏陶和培养。

第三个支柱是儿童不同于古人。当代中国儿童，已经不是家庭的私产，不是封建礼教的奴仆，而是社会生活的积极参与者，是具有儿童权利的个体。陈鹤琴先生深刻指出："我们现在不要一般顺民式的儿童。我们要勇敢、进取、合作、有思想、肯服务社会的儿童。"[23]"我国传统教育的弱点太多，它的组织、它的内容，太不适应现代的情况了。"[24]我们不能以古人的儿童观念和伦理观念来束缚当代的儿童。"我们绝对不应该让年幼的、活泼可爱的儿童受到像我们童年时代所受的那种私塾教育的毒害；《三字经》《百家姓》当然不是幼年儿童所能理解的。"[25]我们应该用现代化的观念和知识为儿童创造一个良好的社会环境。

由此可见，他的儿童观是一套完整的、科学的、高屋建瓴的理论体系。这套理论体系一头连接着西方现代儿童观，一头连接着中国儿童的现实。陈鹤琴儿童观的这一特点，为幼儿教育发现了中国儿童，也为他毕生从事的幼儿教育事业提供了坚实的科学基础和理论依据。

二、为儿童创办中国幼儿教育

陈鹤琴先生秉持的教育观，是他的科学儿童观的有机产物和必然结果。我们知道，教育观是关于教育本质和教育各要素(包括教育功能、教育者、教育对象、教育目标、教育内容、教育方法等)的总体认识。教育观是以儿童观为理论基础的。但教育观又不是儿童观的简单照搬和机械运用,需要教育工作者根据儿童发展的理论、教育实践的需要以及社会条件创造性地发挥和运用。在这方面,作为儿童心理学家的陈鹤琴先生为我们树立了一个成功的典范。

首先,陈鹤琴先生终身坚持着一个信念,就是幼儿教育要以了解儿童心理特点为基础。早在 1922 年,他就表示:“幼稚教育为一切教育之本,研究幼稚教育,当以儿童心理为基。”[26] 1952 年,陈鹤琴先生又重申:“只有了解儿童之后,我们对儿童的教育,才能确实有效。”[27]

其次,陈先生善于将心理学原理演化成一个有事实依据的、通俗易懂的、切实可行的教育方法。他深深地懂得,心理学原理不等于教育原理,心理学方法也不等于教育方法。但心理学原理能为教育带来可能性的指引和预测,这样,就会使教育过程有一个学科性的支持。陈鹤琴的贡献不仅为我们明确了科学的儿童观,更在于他运用心理科学的知识和方法构建了适合中国儿童的幼儿教育体系——活教育。

1979 年 3 月陈鹤琴先生回顾道,“1940 年我提出‘活教育’的口号及其教育原则。我针对陶行知先生曾对中国教育腐化情况的批评:‘教死书,死教书,教书死;读死书,死读书,读书死’,提出必定要改变为:‘教活书,活教书,教书活;读活书,活读书,读书活’。在工作中,我和一些同事们提出了活教育的‘三大目标’,十七项教育原则,十三条训导原则,四个步骤,五指活动。写有《活教育理论和实践》等文章”。[28]陈鹤琴先生的活教育,就是他为中国儿童创办的中国幼儿教育。活教育是陈先生毕生呕心沥血的事业和目标,而活教育的核心是儿童主体的儿童观。

陈鹤琴先生给我们解释道:“我提倡活教育是立意创造中国化的新教育,我创办南京鼓楼幼稚园,立意是建立中国化的幼稚园。”[29]“什么是‘活教育’? 简单地说一句,就是‘不是死的教育’。书本主义的教育就是死教育。我们要教育儿童所需要和应当知道的东西,我们不能一再贻误我们可爱的儿童。谈到中国的教育,真的可怜! 我们办学快 40 年,到了今天,一切的一切仍是停滞在几十年前的状态中,少改进少创造。我们看了世界各国的新教育的发展和进步的迅速,真令人敬佩。”[30]“我们也要活的教育,教材是活的,方法是活的,课本也是活的。我们大家一齐振作起来,研究儿童的切身问题,为儿童谋福利。尽量地利用儿童的手、脑、口、耳、眼睛,打破只用耳朵听、眼睛看,而不用口说话、用脑子想事的教育。

我们不能再把儿童的聪明、儿童的可塑性、儿童的创造能力埋没了，我们要效法狂风暴雨的精神，对教育也要用同样的手段纠正过去，开发未来。"[31]"我们再不能列列强之后，必须把儿童教育的范围加以扩展，使之完成更伟大的使命。"[32]

这"伟大使命"就是培养人。1944 年，陈鹤琴先生说："活教育的目的就是在做人、做中国人、做现代中国人。"[33]到了 1948 年，陈鹤琴先生进一步提出活教育的目的是"做人，做中国人，做世界人"。[34]将"做现代中国人"，改为"做世界人"，这是一个意味深长的改变！陈鹤琴先生解释道："生在今日世界的一个中国人，他除了要过国家的生活外，同时还要过世界的生活。他不仅要为中国的民主独立而努力，他还要为世界和平而奋斗。"做人，做中国人，做世界人，还有许多具体的事情必须要做到，今天中国人必须具有这样五个条件："第一是健全的身体；第二是要有创造能力；第三是服务的精神；第四是要有合作的态度；第五是要有世界的眼光。至于做世界人呢？主要的条件便是'爱国家、爱人类、爱真理'。"[35]为了实现活教育的新理念，他不仅为活教育提出明确的培养目标，还创建了相应的学科体系、课程体系、师资培养体系和教材体系，为幼儿教育专业开辟了系统的学科体系基础。所有这些成就，构成了陈鹤琴先生的教育观。陈鹤琴先生正是根据这样的教育观，在中国，为儿童创办中国幼儿教育。

19 世纪末 20 世纪初，欧洲继承了法国启蒙主义思想家、教育家卢梭的自然主义教育理论，掀起了一场旨在反对传统教育的新教育运动。同时，新教育运动与美国的实用主义思想相结合，以杜威为代表的美国教育家们开展了进步主义教育运动。进步主义教育的核心理念是"儿童中心"，普遍地尊重学生的个性，强调兴趣、自由和自我活动等的价值。在教学方法上，培养建立在儿童经验基础上的倾向，其座右铭是从做中学，强调合作而不是竞争的世界观和个人价值，不要把外部的教材和规范强加给他们。进步教育中正在发生一种变革，是重心的转移。这是一种变革，一场革命，一场似哥白尼把天体的中心从地球转到太阳那样的革命。在这种情况下，儿童变成了太阳，教育的各种措施围绕这个中心旋转，儿童是中心，教育的各种措施围绕着他们而组织起来。[36]杜威提出了一系列新口号，如"教育即生活""学校即社会""从做中学"等，对现代教育起到了深远的影响，也不可避免地影响到中国的教育，包括幼儿教育。陈鹤琴先生说过："我们提倡的活教育是接受着世界新教育的思潮，并和杜威一样的在创造理论，也创造方法。我们活教育的实验没有成法可按，只能靠我们自己努力研究，努力实验，从做中求进步，求结果。"[37]陈先生历来重视教育要适合本国的国情。如果说进步主义教育是欧洲新教育的美国化，那么活教育就是美国进步主义教育的中国化。陈先生指出:“杜威博士提出从做中学。在这里,我们更进一步,不但要从做中学,我们还提出从做中教,从做中求进步。正像杜威博士在芝加哥的实验学校做的那样,我们强调儿童的各类活动都要在户外,包括游戏、劳作、与大自然接触活动、自我表达课程、使用工具锻炼等,而不是像过去那样都在教室内进行。”[38]活教育就是为了把在旧传统学校中的儿童从机械的、被动的、被灌输的“知识牢笼”中解救出来。活教育是陈鹤琴先生连接现代化教育与中国国情的创新之路,是力图把中国教育从教师为中心的旧教育引向以儿童为中心的现代化教育的伟大创举。中华人民共和国成立后,陈先生进一步提出:幼儿园的第一个任务是保证幼儿的健康和身心的正常发育。第二个任务是发展幼儿的智力和创造力。第三个任务是培养幼儿初步的国民公德和国际主义精神。第四个任务是培养幼儿爱美观念,增进幼儿愉快的精神。[39]活教育的本质,就是全面贯彻陈鹤琴先生的儿童观,就是实现现代教育的中国化、科学化和民主化,并为中国教育从理论上妥善地解决了培养目标的社会性、民族性与现代性的关系,直到今天依然具有现实意义。而且,也只有在今天,我们才能真正看清陈鹤琴先生心中的“伟大使命”的内涵和价值是多么的深邃和宝贵!

为了充分发挥活教育的教育内涵,陈鹤琴先生高度重视游戏对儿童的教育价值。陈鹤琴先生早就指出游戏是儿童的天性,对于儿童来说,“游戏就是工作,工作就是游戏”的命题。但是,在传统的语境中,“游戏在中国素来是一件不正常的活动,在古书上不是说过吗,‘勤读书,戏无益’。儿童若要游戏,做成人的就会骂他‘好顽皮’。儿童若到了15岁就变成‘小大人’了,‘游戏’二字完全谈不上了。什么户外运动,连梦也梦不到了”。[40]“我国社会普遍对于游戏不加注意,甚有以为学校不宜让儿童游戏的。普通人常以游戏为顽皮。乡村学校的教师就是要提倡游戏亦觉得困难万分,因为许多父母竟反对儿童在校游戏,以为送子弟到学校去是为读书不是学顽皮的。”[41]这是传统和习俗对游戏的误解!事实上,游戏是人类的一种极其复杂的活动,这就是游戏成为众多学科研究对象的原因。“玩,是小孩子整个的生活。”[42]对于儿童来说,游戏就是学习。陈先生指出:“儿童的生活可以说就是游戏……儿童总是喜欢游戏的,而且他们游戏的时候,会忘记了自己,用全副的精神,去做他的游戏。名义上虽说是游戏,但所学的确是很好的学问,很好的东西……游戏的直接用途,虽只是寻求快乐,然而间接的用处则甚大,因为它可以发展儿童的身心,敏捷儿童的感觉,于儿童的生活有莫大之助益。所以,幼稚园应当采用游戏式的教导法去教导儿童。”[43]陈鹤琴先生在提出“游戏化的教学”的同时,还特别推崇儿童的“自由教法”,也就是我们今天所说的自主游戏和自主学习。“‘自由教法’就是让小孩子各人自由去工作,小孩子喜欢做什么就做什么。不过这种自由工作之中，也有点相当的限制。不然随意妄动就要妨碍别人的动作了。而且这种教法非常之难：一方面幼儿园的设备要充分，一方面教师的知识要丰富……但是，这种自由的方法，能够运用得当，儿童所得的益处实在是不可限量的哩！由此儿童的能力可以加强，儿童的思维可以发展得很充分；天资特别的儿童不致为全体所牵制而不能上进；其他儿童也得以各人尽量的发展。"[44]陈先生说："我相信无论什么工作，都可以化作游戏，这要看教师的能力了。"

游戏着的儿童，是富有创造性的个体，是一个发挥着主动占有、积极转变和能动吸收的行动者。儿童游戏离不开玩具。游戏是使用玩具的学习，玩具是人类劳动工具的雏形。陈先生给我们指出：玩具有好有坏，小孩子玩的玩物是要活的，不要死的。"所谓'活'的玩物就是变化很多的，小孩子玩了不容易生厌的；所谓'死'的玩物，就是呆板的不会变化的，小孩子一玩就生厌的。"[45]为此，陈鹤琴先生曾专门致力于玩具的研发和制作，取得不菲的成果。陈鹤琴先生是站在儿童的天性与幼儿教育的特殊性角度看待和运用儿童游戏的，他的理念既造福于儿童，又造福于中国的幼儿教育，直到今天，依然是我们开展幼儿教育的指针。

活教育，是陈鹤琴先生根据中国的国情，为中国儿童创办的中国幼儿教育，是幼儿教育中国化的成功探索，是向西方学、走中国路的成功典范。陈先生的这一创举，让我们认识到，走中国特色的路，就是要为中国儿童制作一双适合于中国儿童的脚的新鞋，带领他们走向现代化世界舞台的路，而不是让中国儿童穿着西方人的鞋走自己的封闭小道。在陈先生的学术成就中，还有一项关于发展量表的工作。陈先生深谙心理测量学的原理：西方学界的量表必须在中国加以标准化，求得中国儿童的常模才能为中国儿童服务。中国儿童的常模，就是中国的鞋，而测量学理论则是现代化、科学化的道路。陈鹤琴先生自己用观察法记录、研究长子的研究，也是穿着中国的鞋，走儿童心理学研究之路，开创了中国儿童心理学的先河。所以，研究中国国情，符合中国儿童的需要，是科学的必然，是教育的归宿。可见，陈鹤琴先生的活教育，不仅是我们的幼教遗产，而且还是一种科学的人生观。用历史的眼光来审视陈先生的功绩，更重要的是，他通过中西文化的对比，寻求振兴民族和社会的道路，并通过教育实践实现国民性改造和独立人格培养的目的，为摆脱百年来"中体西用"的陈腐束缚，树立了一个融贯中西的教育改革的成功典范。

三、继承和弘扬陈鹤琴先生的儿童观和教育观，让幼教造福当代中国儿童

由于众所周知的原因，陈鹤琴先生的儿童观和教育观以及活教育的全部经验，在一个相当长的时期里受到了错误的批判。在当时的意识形态的压力下，陈先生不得不在政治上全盘否定进步教育、全盘否定活教育。但在内心深处，他终身保持着对活教育的成就自豪和理论自信，表现出一个真正的学者秉持的学术操守。所谓学术操守，一是对理性的尊重，坚持“理论比事实更重要”的基本认识；二是对实验的尊重，勇于接受实践的检验，不断完善理论体系；三是对自己信奉的学派和立场的尊重，善于维护自己的观点，宣传自己的观点；四是对发展和重构的尊重，但不轻率动摇或放弃自己的核心概念和理论基点。无疑，作为学者，陈鹤琴先生是秉持学术操守的楷模。

1979 年 3 月，教育部在北京召开“全国教育科学规划会议”，陈先生因腰伤未能莅会，他在给会议的致函中，诚挚的建议“全面、系统地整理和总结我国五四以来幼儿教育和儿童教育的实践和经验（包括具体课程、读物、方法、措施），作出科学的分析和评价，吸收其中有益的成果，包括利用各种生动活泼的形式并推陈出新，为社会主义四化服务”。[46]在信中，他深情地回顾了自己在教育方面所做过的九大方面的工作，其中，专门提到了“活教育的理论和实践”。陈鹤琴先生在政治上受到的错误批判虽然得到了“平反”，但就全局而言，活教育的理论和实践并没有得到足够的“分析和评价”，也没有得到应有的“推陈出新”。这不能不说是我国学前教育界的严重损失。今天，我们需要认真地反思一下，我们应该做些什么。

首先，我们要努力继承和弘扬陈鹤琴先生的儿童观和教育观。

“每一个特定社会中儿童的地位，是反映社会进步的标志之一。尽管它不是社会进步的原因，但作为社会发展的一个结果在表现着社会进步的程度。”[47]本次纪念陈鹤琴先生诞辰 125 周年大会的主题“儿童立场・中国道路・世界眼光”，就是为了让我们重温和继承陈先生的儿童观和教育观，审视当今儿童观和教育观异化的问题，建构适合于新时代的、有利于儿童发展和幼儿教育的儿童观和教育观，使陈鹤琴先生的儿童观和教育观得到应有的弘扬光大，推动中国的幼教走上现代化教育的康庄大道，为儿童谋幸福，为祖国出人才。

所谓儿童观，本质上就是人们是把儿童当作一个物体，还是一个机体。我们的教育之所以对儿童如此狠毒，就是因为把儿童当作是一个无生命的物体而没有把儿童当作是一个

机体。机体是有生命的，有感受的，有需要的，有发展规律的，因而是有自动调节和追求平衡化的功能的。而物体只有靠外力才能运动和改变。

所谓教育观，本质上就是教育是以儿童为中心（也就是主体的意思），还是以成人为中心。如果我们将儿童观和教育观的双极组成一个二维坐标，就构成了儿童观和教育观的四个维度，包含了人类教育的千姿百态。任何一种教育思想或教育实践，都是在这四个维度中采取一种特定的坐标点，形成自己的教育模式。而不同流派、不同文化、不同时代的教育也只是在这四个维度中组合和摇摆。看清楚这一点，把握潮流，把握本质，我们就能不为假象所动，不为潮流左右。

今天，我们要再次认识儿童。“儿童是人类中最特殊的群体，他们跟成人不是一回事。在儿童的身上集中着人类精神的本原：儿童的执着，表现着儿童求真的实验精神；儿童的烂漫，体现着儿童求美的艺术精神；儿童的率真，反映着人类求善的道德精神。在儿童清澈的眼眸中，闪烁着科学家的敏锐、艺术家的热情和哲学家的简洁。我想，所谓成熟，不过是重新体验儿时游戏的认真态度和重新审视儿时积累的早期经验。只有了解儿童，才会尊重儿童。尊重儿童，就是尊重人类本身。”[48]但令人痛心的是，当今的教育界以及在全社会领域中，儿童观和教育观的异化已经到了非常严重、非常有害的程度。儿童观、教育观的异化直接导致儿童的权利受到严重侵犯甚至剥夺，集中表现在忽视童年价值、扼杀儿童文化和取消童年世界三方面。在幼儿教育中，则集中表现为普遍存在的幼儿园小学化现象和那条蛊惑人心的“不要输在起跑线上”的错误口号。问题的本质依然是成人心中的顽固和偏执，把成人内心的焦虑和压力无情地投射在儿童身上，最后受伤的是儿童。所谓“玉不琢不成器”，就是把儿童当作物体的典型观念。为了使儿童成为成人之器，对儿童越琢越急，越琢越凶，越琢越狠，这便是中国教育对孩子“敢于下手”的潜在原因。其结果势必形成儿童大量的心理问题，而心理问题又必将最终转化成社会问题。早在 2006 年的“六一”儿童节，我们就通过《解放日报》呼吁“不要让孩子伤在起跑线上”，[49]但至今问题依然严峻。当今世界上还有一批“技术至上主义”者，认为由于信息时代电子传媒的极速发展，导致“儿童没有了”“童年消逝了”。从人类进化的全部历史来看，这种观点是没有根据的。人类的文化史告诉我们，一种新技术的诞生，如文字、印刷和电子传媒，为文化的传播注入了新的动力，但没有理由采用悲观主义的眼光来看待它。事实上，电子传媒为我们创造的信息环境，只是我们所处的真实环境的远距离反映，它既不可能替代，更不可能取消真实环境。新的传媒手段只是人类的工具，而不是人类的主宰。我们不能让童年的概念成为人类技术的牺牲品。还是蒙台梭利说得好:“儿童隐藏着未来的命运。任何希望给社会带来某些利益的人必须保护他不受歧变,并注意他自然的行为方式。儿童是神秘的和强有力的,他内藏着人性的秘密。”[50]童年在变化,但童年没有消逝。童年期的存在对于个体心理发展来说,是必要的、不可或缺的;对于人类的文化传承来说,依然是必要的、不可或缺的。因此,即便是当今的科技时代,陈鹤琴先生的儿童观和教育观依然是重要的和适时的。

其次,我们要继承活教育的精髓,坚持走符合国情的幼儿教育的道路。改革开放以来,幼儿教育呈现出多元化的格局,世界各国的教育思想、办学体制、课程模式都在社会主义市场经济的条件下被不同程度呈现,同时,各种未经理论证实和实践检验的教育口号和教育行为也纷纷出笼。这就要求我们要坚持科学精神,像陈鹤琴先生那样,用科学的态度审视一切,重构一切,维护儿童的利益,维护幼教事业的科学性和有效性,克服各种迷信观念。早期教育不能在迷信状态下进行。对于国外的一切成功经验,都要放在中国的社会条件和中国儿童的面前,加以认真的辨析,使之适应中国的国情,而不要做陈鹤琴先生早年抨击的那种贩夫走卒、学术掮客,“抄来抄去,到底弄不出好的教育来”。[51]好的教育,应该是“孩子是脚,教育是鞋”。我们应为中国的孩子们制作合脚的新鞋,带领他们稳步走上现代化的教育之路。

第三,我们要学习陈鹤琴先生通过科研促进学科建设的创造性努力。陈鹤琴先生的教育观和活教育的成套经验,是正确理解和处理发展心理学与学前教育关系的典范。众所周知,心理学关注因果,遵从事实判断;教育学注重目标,尊重价值判断。两个学科的取向是不同的。发展心理学揭示的儿童发展目标不等于幼儿教育的目标,更不等同于幼教课程的目标,需要创造性地运用和转换。这个道理非常简单,如同发展心理学讲儿童的感觉、知觉或自我意识等特点,幼儿教育不能开设感觉课、知觉课或自我意识等课程一样。学前教育专业不能简单地套用其他专业的结论,譬如有人认为“学前教育也是教育,是教育就得有课堂教学”,故意抹杀学前教育与基础教育的差异;有人将发展心理学揭示的儿童发展目标当成幼儿园课程的目标,都是缺乏基本的学科界限的表现。又如,发展心理学家按儿童发展的阶段,将游戏也形式化地分成不同的类别;研究游戏的学者们则习惯于按照游戏的对象和手法来作技术化的分类。形式化分类与技术化分类都不适合幼儿教育的实践,幼儿教育必须按自己的专业特点和学科特点重构游戏理论,才能真正实现《幼儿园工作规程》和《幼儿园教育指导纲要(试行)》中提出的“以游戏为基本活动”“寓教育于生活、游戏之中”的要求,实现游戏课程化的目标。再譬如,幼儿教育五大领域有一个社会教育领域,很多人把它理解成发展心理学中的儿童社会化或社会性发展，并且明确限定主要是指人际交往和社会规则，这就大大缩小了社会教育的外延。陈鹤琴先生早就指出：儿童社会活动“强调儿童与社会的关系。要求儿童有能力和带着对公共服务的兴趣去参加社会活动，懂得个人与国家的关系、国家与世界的关系，从此来激励儿童的爱国心与爱人类之心”。[52]“大社会也是儿童的世界，家庭怎样组织的、乡镇怎样自治的、社会上的风俗习惯怎样成功的、国家怎样富强的、世界怎样进步的，这一切社会的实际问题，都是儿童的活教材。”[53]“凡能使儿童适应社会的，就可以取为教材。”[54]可见，在学前教育的领域里，有许多值得我们深入研究的现实课题，学前教育不能有专业无学科，学科建设的基础是科学研究。没有完善的学科就不可能有坚实的专业。没有周全的学科建设，就没有成形的专业。我们要学习陈鹤琴先生的科学态度和科研方法，踏踏实实地研究本专业中的有关学科问题，建设一个有中国特色、符合儿童特征和幼教特点的学科系列。

第四，我们要推动幼教的回归，把游戏的权利还给儿童。南京师范大学的前校长谈凤梁教授曾经讲过一个故事。他早年考入南京师院中文系就读时，一日早晨在校园里读英语巧遇陈鹤琴院长。陈院长鼓励他：“同学，外语要认真学，眼光要远一点。”到了20世纪90年代，当谈凤梁自己当上校长后，才顿悟到陈院长那句“眼光要远一点”的含义。今天，如果我们学前教育界的同仁能把眼光放远点，就应该全面重温、继承和弘扬陈鹤琴先生的教育思想，坚持以儿童为中心的出发点，坚持幼儿教育要符合中国国情的原则，坚持把游戏的权利还给儿童。当代对儿童跨学科的研究表明：“游戏时会形成最佳的神经传导路径，不同类型的游戏出现峰值的时间与大脑发展具有可塑性的时间是一致的，这对幼儿的生存以及成人的一生都是有积极意义的。”[55]对游戏的态度，是衡量儿童观和教育观的试金石。我们坚持认为：“没有游戏就没有童年；没有游戏就没有完整健康的童年。”对于幼儿来说，“游戏＝学习”。浙江安吉的幼教改革为我们树立了一个广受欢迎的典型，安吉游戏实际上是一个具有中国幼教特色的课程模式，体现着游戏课程化的方向，实现着“游戏是儿童的基本活动”和“游戏＝学习”的科学理念。安吉游戏的核心是把游戏的权利还给儿童，让儿童自由、自主、自觉地开展游戏，我们称之为自主游戏。本来，游戏就是儿童的权利，但幼儿教育的实践中，在相当长的时间里和在相当大的范围里，儿童游戏的权利被限制了，甚至被没收了，造成能不能玩、玩什么、怎么玩和跟谁玩都得由老师说了算。而由老师说了算的游戏，不是真正的游戏，安吉的同仁们称之为“假游戏”是十分准确的。安吉的幼教同仁们把选择游戏的主题、选择游戏的方式、选择游戏的伙伴的权利统统还给了儿童，这是一个很了不起的回归。儿童成了游戏的主人,游戏成了儿童主导的活动。应该说,这是安吉经验的核心内容。安吉游戏课程化的探索,是对陈鹤琴教育思想令人瞩目的实践,对中国幼教的回归起到了难能可贵的引领作用。

中国的幼教事业到了必须回归的时刻。"回归到陈鹤琴"应该是我们当今中国幼教界最庄严的口号!这就是回归到陈鹤琴先生的儿童观和教育观,回归到活教育的理论思路和实践体系上来,回归到陈鹤琴先生用毕生心血开创的符合中国国情的幼儿教育的道路上来,并以此为基点,继续学习和吸收世界幼儿教育的先进理念、课程模式和一切成功的经验,探索新时期的活教育如何适应当代中国儿童的特点,适应当代中国社会的特点,适应当代世界的特点。因此,回归到陈鹤琴,就是回归到儿童,回归到幼儿教育的本意。只有回归,才能超越;没有回归,就没有超越。离开了回归,离开了陈鹤琴先生的道路,越折腾离科学的儿童观和正确的教育观越远,受害的始终是儿童。这就是回归与超越的关系。

参考文献:

[1][3][4][5][9][11][12][17][27][41] 陈鹤琴. 陈鹤琴全集(第一卷)[M]. 南京:江苏教育出版社,2008:3,8,372,7,53,52,7,407,151,407.

[2] 波兹曼. 娱乐至死・童年的消逝[M]. 章艳,吴燕莛,译. 桂林:广西师范大学出版社,2009:163.

[6][7][8][13][15][19][20][21][22][23][25][39][42][43][44][45][51][54] 陈鹤琴. 陈鹤琴全集(第二卷)[M]. 南京:江苏教育出版社,2008:504,505,696,412,193,639,646,503,75,645,486,446-447,409,81-82,78-79,577,75,77.

[10][16][32][33][37] 陈鹤琴. 陈鹤琴全集(第四卷)[M]. 南京:江苏教育出版社,2008:359,102,310,274,270.

[14][29][30][31][34][35][53] 陈鹤琴. 陈鹤琴全集(第五卷)[M]. 南京:江苏教育出版社,2008:359,37,17,18,59,64,70.

[18][24][26][28][38][40][46][52] 陈鹤琴. 陈鹤琴全集(第六卷)[M]. 南京:江苏教育出版社,2008:478,499,53,295-296,244,553,294,245.

[36] 杜威. 学校与教育[M]. 赵祥麟,译. 北京:人民教育出版社,1994:43.

[47] 王振宇,葛沚云,曹中平,等. 儿童社会化与教育[M]. 北京:人民教育出版社,1992:53.

[48] 王振宇. 儿童心理学[M]. 南京:江苏教育出版社,2006:1.

[49] 王振宇. 尊重儿童就是最大的关爱[N]. 解放日报,2006—06—1(7).

[50] 蒙台梭利. 童年的秘密[M]. 马荣根,译. 北京:人民教育出版社,1990:205.

[55] 普劳特. 童年的未来[M]. 华桦,译. 上海:上海社会科学出版社,2014:103.

学习陈鹤琴的课程论思想进行幼儿园课程改革的思考*

周丛笑

一、陈鹤琴课程论的基本思想

幼儿园课程是实现幼儿园任务和保教目标的一种手段或组织形式。对于幼儿园的课程问题，陈鹤琴老先生作过一系列重要的论述。

（一）关于课程目的

陈鹤琴认为，幼儿园课程的目的是“帮助儿童目前生活”“用适应目前生活需要的方法，去达到将来生活中必会出现的事情”。这一论述包含了两方面的含义：一是幼儿园课程是指幼儿在园的整个生活，也就是说一日活动都是课程；二是幼儿园的保教目标是通过幼儿园的整个生活（即一日生活）去实现的。

（二）关于课程内容

陈鹤琴认为，课程内容应包括五个方面。第一是儿童健康，包括饮食、睡眠、早操、游戏、户外活动等；第二是儿童社会，包括朝夕会、周会、纪念日集会、每天谈话和社会政治常识等；第三是儿童科学，包括植物栽培、动物饲养、自然现象的研讨和当地自然环境的认识等；第四是儿童艺术，包括音乐（唱歌、节奏、欣赏）、图画、手工等；第五是儿童语文，包括故事、儿歌、谜语、读法等。他将这五个方面形象地称为“五指活动”。五指是活动的，可以伸缩，互相联系。所以他认为应根据幼儿生理、心理的发展，联系幼儿的生活实际和社会实际，整个地、连贯地、有组织有系统地结成一个教育网络。

---

* 本文原载于《今日教育（幼教金刊）》2017 年第 12 期。

（三）关于课程编制的原则和方法

怎样组织课程，陈鹤琴说："简单一句话，'要有目标，又要合于生活'。"他认为教育是有目标的，所以，"幼稚园的课程须预先拟定，但可以临时变更"。同时他又认为"课程是要从人生实际生活和经验里选出来的"。"一切课程，包括儿童全部的活动都是可以变的，并不是按几位教师的想法而拟定的，并且是多方面的。不是专门注意某部分而使其他各部分向隅的"。从上述的"一句话"出发，他又着重论述了两个问题。

1. 以什么为教材

陈鹤琴对教材的论述是广义的。他认为幼儿所接触的周围的人和事情（包括玩具、教具等设备）均可作为幼儿园的教材。并指出：第一，凡是儿童能够学的东西就有可能作为幼儿园的教材；第二，凡是教材需以儿童的经验为依据；第三，凡是能使儿童适应社会的就可取为教材。如果这种教材对他现在或将来的生活上有不良影响时，切不能教他。他针对当时幼稚园将孩子关在游戏室内的呆板模式，提出"幼稚园的课程以自然、社会为中心"。到1940年更加明确提出"大自然、大社会都是活教材"的主张，让孩子们从书本、从室内呆板的活动扩大到大自然、大社会中认识活的真的事物。

陈鹤琴还提出选择教材的原则：要合乎本国国情；能促进思想的发展；合乎卫生。新中国成立之初，他根据新民主主义教育目标提出了编制课程教材的十大原则：是民族的；是科学的；是大众的；是儿童化的；是发展的、连续的，而不是孤立的；是配合目前形势的实际需要的；是适合儿童身心发展的；是培养五爱国民公德和民主、团结、勇敢、守纪律的优良品质的；是陶冶儿童的个性、培养儿童的情感的；是养成儿童说话的技能的。这就更为全面地论述了选择和编制教材的原则。

2. 课程编制的方法

陈鹤琴提出要采取"整个教学法"，即"把儿童所应该学习的东西整个地、有系统地去教儿童学"，"因为儿童的生活是整个的，所以教材也必须是整个的、互相连接的"，并"以自然、社会常识为中心，使各门功课互相联成一片，整个地进行教学"。

陈鹤琴就编制幼儿园课程的目的、内容、方法提出的一系列论点，都是非常宝贵的，也是应该继承和发扬的。

二、学习陈鹤琴的课程论思想，进行幼儿园课程改革的思考

二十世纪八十年代以来，我国幼儿园的课程改革取得了令人瞩目的成就，出现了综合

教育、综合性主题教育、活动区教育、整体教育课程、单元教育、单元教学等多种课程模式。这些改革，多数以自然、社会常识为中心，有的还加上思想品德教育等方面的内容，都不同程度地借鉴了陈鹤琴的课程论思想，并在新的历史条件下赋予了新的内容，不同程度地克服了分科教学中各科之间互相割裂的弊端。但由于这些改革没有经过统一标准的全面测量及科学评估，因此很难判定哪一种课程模式能最大限度地使幼儿在德、体、智、美诸方面得到全面发展，促进幼儿良好个性的形成。在我国进一步扩大开放，教育面向世界的步伐进一步加快的新的历史时期，如何做到陈鹤琴提出的把儿童在园的整个生活与要学习的内容有系统地整体地安排，并符合儿童生理、心理特点，使儿童得到充分的全面发展，这需要我们进一步的实践和研究探讨。

笔者学习了陈鹤琴的课程论思想，认为我们现在进行幼儿园课程改革，首先必须建立以下一些观念。

（一）尊重儿童人格，承认儿童权利——课程改革应注意的前提条件

幼儿园的课程改革，首先应该在尊重儿童人格，承认儿童权利的基础上进行。幼儿教育的对象是儿童，儿童不是“白板”，而是活生生的人，他们能通过活动和交往，满足物质和精神的需要，使自身具有的动力机能激发出来，发展自己的身心；儿童也不是消极被动地接受成人塑造和训练的“容器”，而是有血有肉的人，他们有自己的思想感情、愿望和需要，能主动地参与到教育过程中去，与教师及同伴进行相互作用；儿童也不是“小大人”，而是发展中的人，具有与成人不同的身心特点和发展潜力，他们各方面的发展还不够成熟，特别需要得到成人的尊重、关怀、照顾及教育。早在1921年，陈鹤琴就提出“儿童不是‘小大人’，儿童的心理与成人的心理不同样，儿童的时期不仅作为成人之预备，亦具他的本身的价值，我们应当尊重儿童的人格，爱护他的烂漫天真”。1959年，联合国大会也提出了《儿童权利宣言》，规定不同种族、肤色、性别、国籍和社会出身的儿童都享有同等权利。1990年召开的世界儿童首脑会议，又通过了《儿童生存、保护和发展世界宣言》和《执行九十年代儿童生存、保护和发展世界宣言行动计划》，包括我国在内的许多国家的政府都作出了庄严的承诺。今天，“儿童优先”的思想已被世界各国广泛接受。因此，我们要正确地看待幼儿，尊重并维护他们作为特殊的人的一切权利，这是科学地进行幼儿园课程改革不可忽视的前提条件。

（二）适应国情，反映民族特色——课程改革应遵循的重要原则

1927年，陈鹤琴在《我们的主张》一文中指出“幼稚园是适应国情的”。我们进行幼儿

园课程改革，也应当符合中国国情，具有中国特色，反映中华民族悠久的历史文化传统和美德。今天的儿童是未来的主人，他们的健康成长关系到祖国的前途和命运。因此，我们在构建"中国化"的幼儿园课程时，必须认识到如下几点。首先，中国是一个具有几千年灿烂文化的文明古国，有着许多优良的教育传统，如爱国主义教育、集体主义教育、尊长爱幼教育、知识技术教育等，这些必须体现在幼儿园课程中，且要有所创新和发展。其次，中国还是一个农业大国，农村人口占总人口的 80％以上，幼儿园课程的改革，应能反映出农村的特点。再次，中国还是一个发展中国家，各地经济发展不平衡，人民生活水平不同，幼儿园办园条件也参差不齐。所以，幼儿园课程的改革还应注意因陋就简，因地制宜，以主动适应当地经济发展水平和经济建设的需要。此外，幼儿园教育是基础教育的有机组成部分，是我国学校教育和终身教育的奠基阶段，幼儿园的课程改革要为幼儿顺利地过渡到小学打好基础，为造就社会主义建设的一代新人打好基础。

（三）面向世界，面向未来——课程改革应体现的时代要求

1948 年，陈鹤琴指出："活教育的目的，就是在于做人、做中国人、做世界人。"我们进行幼儿园课程改革，应该反映"教育面向世界、面向未来"这一时代要求。未来的世界是一个更加开放的世界，大众传播媒介的迅速发展，使世界逐渐变小。随着科技的进步，社会的发展，以及对外开放政策的进一步贯彻落实，我国与世界各国的交往日益频繁，人们受各种不同文化的影响与日俱增。因文化背景不同而形成的不同的教育观念、教育内容、教育方法、教育政策等也不断向幼教领域渗透，"面向世界、面向未来"，对幼教来说，已成了最现实的挑战。如果我们不从小对幼儿进行多元文化教育，那么，他们就不可能认识到外国儿童的独特性，学会尊重他们的权利，与他们友好相处，共同发展，长大以后也就难以理解世界各国的文化传统、风俗习惯、生活方式、价值观念，以致产生文化的隔阂与冲突，而不能成为国际型人才。所以，从幼儿期开始，我们就要有目的有计划地对儿童进行全球教育、多元文化教育，在幼儿园课程中融合外国优秀文化，通过节日、饮食、建筑、服饰、动物等主题活动，将反映不同民族特色的文化传递给幼儿，让他们在亲身体验中加以理解和接纳，使他们从小具有"健全的身体、创造的能力、服务的精神、合作的态度、世界的眼光"。

（四）尊重幼儿的年龄特点，尊重儿童的个别差异——课程改革应把握的关键所在

幼儿的成长和发展有一定的顺序和规律，不同的年龄阶段有不同的典型特征。陈鹤琴曾经指出："儿童的好奇心不是永久不变的，乃是随着年岁而发展的。""游戏是随年岁而变

迁的。”因此，幼儿园课程的改革，应该注意幼儿发展的特殊阶段，不仅反映出这一时期幼儿身心发展的要求，而且应体现出幼儿在不同年龄阶段的主要特征。在设计课程时，我们应该给幼儿提供尽可能多的动脑、动手、动口的机会，让幼儿多听、多看、多想、多说、多做，年龄越小的幼儿越应如此，以丰富幼儿的感性知识和经验，提高幼儿的抽象逻辑思维能力，使幼儿智力、个性、才能生动活泼、主动地发展。“游戏是儿童的生命”，应该把游戏放在特别重要的地位，使之成为幼儿生活中的基本活动，成为幼儿德、体、智、美全面发展教育的重要手段。

处于同一年龄阶段的不同幼儿，其成长、发展的时间和速度是大不相同的。每个幼儿都是一个独特的个体，有自己的家庭环境、知识经验、个性特征和学习方式。因此，幼儿园的课程改革还应考虑同一年龄阶段不同幼儿的需要，注意他们之间的差异性，促进其个性的发展，并进一步激发幼儿学习的兴趣，满足幼儿探索和发现的欲望，培养幼儿的责任感，提高幼儿的自尊心、自信心，通过“富于弹性的课程”，适应“个别不同的兴趣与能力的儿童”，使每一个幼儿都能“跳起来摘果子”，都能在原有的基础上有所提高，从而，“促进每个幼儿富有个性的发展”。但是，由于我国幼儿园班级规模普遍较大，幼儿人数较多，全班集体活动居统治地位，小组活动和个别活动开展较少，过多强调统一的教育要求，因此，对幼儿的个别差异关注不够，在一定程度上阻碍了幼儿个性的健康发展。这种现象是应该彻底加以改变的。

（五）挖掘幼儿的发展潜力，开发幼儿的智慧潜能——课程改革应关注的焦点问题

幼儿园课程的编排设计，对挖掘幼儿潜在的发展能力，开发幼儿的智慧潜能起着至关重要的作用。因此，我们在进行幼儿园课程改革时，必须注意以下几点。其一，要重视幼儿的学习过程。教师要更新教育观念，不仅要注重自身的教学教育过程，更要注重幼儿的学习过程；要给幼儿提供充分的时间、宽敞的空间、丰富的材料，让他们尽兴操作，尽情享受，而不要只顾达到预期的教育目标，催促他们迅速完成任务。其二，要让幼儿愉快地学习，“好之学，不如乐之学”。古今中外，许多教育家都强调愉快教育的重要性，认为它能有效地提高幼儿的学习效率。因此，教师要为幼儿创设轻松愉快的环境，使幼儿感到自由自在、无拘无束、没有压力；要善于激发幼儿的学习兴趣，使幼儿主动投身到学习活动中去；要尊重幼儿的意愿，让幼儿自由选择，大胆创造。其三，要充分调动幼儿的积极性。教师不要处处以指挥者的身份出现，而要时刻做孩子们的良师益友，做幼儿学习活动的支持者、合作者、

引导者，将自己主导作用的发挥建立在对幼儿积极性的调动之上，多站在幼儿的角度去看问题、思考问题，多让幼儿做活动的“小主人”，并给予其必要的支持与帮助。其四，要发展幼儿的创造性思维。创造性思维是幼儿智能结构的核心。教师要经常提出开放式、启发式的问题，鼓励幼儿展开想象的翅膀，大胆尝试，勇于创造。

论陈鹤琴特殊儿童教育观*

严碧芳

陈鹤琴(以下简称陈先生)被称为中国的“幼教之父”,他一生躬身实践且勤于著述,为后人留下了400多万字宝贵的研究成果。但后人对陈鹤琴教育思想的研究,大都关注在陈先生对幼教领域上所做的贡献上,而对他在特殊儿童教育方面的建树则有所忽略。其实研读陈先生的教育论著,不难发现其对推进我国特殊儿童教育事业的发展提出了许多真知灼见,其中有不少观点至今仍有深刻的现实指导意义。笔者认为,系统地整理陈先生对推进我国特殊儿童教育事业发展的主要贡献,是研究陈先生教育思想的应尽责任,本人在较系统研读陈先生论著的基础上,尝试就此问题进行阐述。

一、对发展特殊儿童教育事业提出前瞻性见解

(一)发展特殊儿童教育,让特殊儿童成为社会有用公民

回顾20世纪三四十年代的中国儿童教育,“可以说只注意到小学教育,像幼稚教育直到现在还处于发展的第一个阶段。至于特殊儿童教育……简直是一点也没有注意到”[1]417。当时的政府及国民对特殊教育并不重视,认为“中国目前还没办法保证健全的儿童全部享有教育的机会,哪有办法去顾及残缺的儿童?更何况特殊儿童是少数儿童(笔者注:在当时全国约有2700多万特殊儿童)”[1]420。为此陈先生反驳道:“要知道2700多万特殊儿童没有享受教育的机会,就等于使国家多了2700多万废人,这对国家是何等大的损失?反过来说,如果给他们以特殊教育,他们就可以好好地发展,而增加了极大的力

---

* 本文原载于《宁波大学学报(教育科学版)》2016年第5期。

量”[1]420。陈先生认为当前考虑的不是要不要办特殊儿童教育的问题，而是如何办好特殊儿童教育，使特殊儿童不成为社会的累赘，成为对社会有用的公民。

（二）发展特殊儿童教育是教育公平的体现

陈先生认为设立特别学校发展特殊儿童教育是教育公平的体现，教育机会均等“决非人们所想象的那样……真正的所谓教育机会均等，只不过是说使人人都能得到受教育的机会，各就其便来发展能力”[2]762。特殊儿童接受的“教育的内容也可不相同，各视所需，各学所能，这便是真正的民主教育理想。因此，建立特别机构来教育低能，不但不违反民主教育的理想，而且还足以使民主教育得以贯彻。有了特别为低能儿童而设立的学校或班级，则使原本无法获得正当教育的低能儿童，原本被排斥在学校大门之外的低能儿童，亦将因此而获得教育”[2]763。陈先生认为发展特殊儿童教育是对“有教无类”原则的贯彻，更是教育公平原则的真正体现。

除外，发展特殊儿童教育，能更好地对特殊儿童进行因材施教，这也是教育公平原则的应有之义。陈先生认为“低能是可以教育的”“教师在教育与指导方面，也可以专门注意他们所发生的问题……向低能儿童进行个别的考察与教育，促使低能儿童在可能范围内，获得充分的发展与进步”[2]762。

二、坚持借鉴与本土行动研究相结合的主张

在20世纪初叶，特殊儿童教育在中国尚未开创，而国外特殊儿童教育研究已取得一定成果。陈先生认为国外特殊儿童教育，“其与我国实际情形，或有所差异，而作为今后我国低能儿童研究及教育之参考，亦未使不无少补”[2]771，建议“聘请国外的特教专家来讲学，派遣学者到欧美各国去考察，以作我国开展特殊教育的借镜”[1]421。

在发展我国特殊儿童教育事业的具体举措上，陈先生主张要积极借鉴国外先进的理论和经验，并身体力行地潜心研究当时世界各国特殊儿童教育状况，将国外最新研究成果和先进的特殊儿童教育实践经验介绍给国人。如，详细介绍了美国品脱讷（Rudolf Pintner）教授、拍德生（Donald G. Paterson）教授关于耳聋儿童的心理研究，美国心理学家施弗脱（Walter B. Swift）关于口吃的特别心理的研究，法国心理学家比奈（A. Binet）和西蒙（T. Simon）的智力测验量表及世界各国对低能儿童的研究状况等；1949年，陈先生在中华儿童教育社上海分社会员大会上还详细地介绍了欧美各国特殊教育发展状况与具体做法，“在美

国，普通的一般学校还设有特殊班，在纽约一共有 1730 班，有 700 位老师，用特殊测验器，测验近视眼，重听，以及智力薄弱的儿童，然后再分班教授，有特殊的设备，譬如专门教授特殊儿童的课堂，他们用的是白板、颜色粉笔、大字体的课本，以及光线测量的器具，一切设备都是科学化"[1]455。陈先生将大量宝贵的国外特殊儿童教育研究资料以及先进的实践经验引进国内，让国人了解世界各国特殊教育的发展状况，为有力地促进我国特殊儿童教育的发展提供宝贵的理论与实践指导。

在借鉴国外特殊儿童教育研究成果的基础上，陈先生立足于国情，根据中国儿童的实际情况，进行特殊儿童教育的本土研究。1921 年、1925 年，陈先生先后与廖世承合编《智力测验法》《测验概要》两书，书中详细介绍了各种测验的做法和测验的性质，如智力测验、教育测验、测验实施方法、普通统计及列表法等。《智力测验法》《测验概要》两书是根据我国儿童的特点编制而成，"书中所举测验材料，大都专为适应我国儿童的"[3]653，它为当时教育界的"升级留级、入学考试、分组教授"等的甄别提供了依据，为特殊儿童诊断评估的科学化作出了贡献。1947 年 3 月，为实现为特殊儿童办教育的宏愿，陈先生筹创了上海特殊儿童辅导院，并亲自兼任院长。但因种种原因，辅导院几度停办，直到新中国成立后辅导院得以复办，更名为上海市聋哑青年技术学校。

三、提出特殊儿童教育的基本原则

（一）个别化教育原则

陈先生认为特殊儿童就是有特殊需要的儿童，特殊儿童教育就是对有特殊需要的儿童施以有效的适当的教育。陈先生指出特殊儿童教育对象的特点不同，教材内容及教学方法等也应有所不同，因此对特殊儿童应施以个别化教育。

陈先生认为教师要对特殊儿童进行个别的考察与教育，以使特殊儿童在可能范围内，获得充分的发展与进步。在教材的选择方面陈先生认为特殊儿童"更应采取大自然、大社会的直接知识。凡日常生活习惯，职业技艺教材，都是低能儿童最需要的东西"[2]766。特殊儿童教材应具有简易、具体、实用、生动、趣味等特点。在教学方法方面，陈先生认为"低能儿童创造自动的能力非常有限，其学习端赖优良教法之督导"[2]766。因此教师要特别注意教法之运用，"以做为中心""从观察入手""利用暗示心理""交替方法的运用"，教学要故事化、游戏化、兴趣化。在教学的组织方面认为采用单元活动方式可使教学、做人、生活打成

一片。[2]767-768

个别化教育是当代特殊儿童教育的一个重要原则，其主要理念是充分考虑特殊儿童不同的接受能力、知识水平，依据特殊儿童的身心条件、年龄特征、发展水平、个性差异，设计个别化的教育计划，有针对性地因材施教，促使特殊儿童的潜能得到最大限度的发挥。

（二）全纳教育原则

全纳教育是20世纪90年代初期国际特殊教育领域出现的一种新思想，它强调教育机会均等，强调特殊教育是一种特殊需要教育，要求全体儿童都应该而且可能从教育中获益等教育原则。研读陈先生的特殊儿童教育思想，不难发现其具有全纳教育思想意蕴，主要体现在以下几方面。

第一，陈先生认为“教育对象本来是‘有教无类’……必须一视同仁，不能因为他们的身心智力的差别而遂不顾到他，忽略了他的前途，他的幸福”[1]420。1935年陈先生在《儿童年实施后的几点宏愿》中写道：“愿全国盲哑及其他残废儿童，都能够享受到特殊教育，尽量地发展他天赋的才能，成为社会上有用的分子，同时使他们本身能享受到人类应有的幸福”[1]436。

第二，陈先生认为“随便拿低能的帽子给别人戴是危险的，这样的常识性错误发生在教师与具有专门知识的人们就更不应该了”[2]749。如果在低能儿童教育机构名称上冠予低能儿童，“凡入学的儿童自然要被视为低能了，因此每易刺激在校的儿童，使其自信心锐减”。“所设机关在字面上不必标出‘低能’来，可避免一些不良的后果。”“在儿童心身状态未能确切断定为低能之前，最好仍让他们在普通学校中生活。”[2]762

无独有偶，在20世纪60年代北美和欧洲特殊教育发展史上也经历了反标签化运动。反标签化运动起源于罗森塔尔(Robert Rosenthal)等人在1968年进行的实验，实验发现标签实际上起到暗示作用，人们称之为“罗森塔尔”效应。“罗森塔尔”效应引起了人们对特殊儿童被冠予“低能、弱智”等标签的反思，于是就有了反标签化运动。反标签化运动是欧美国家特殊教育与普通教育一体化的思想的反映，是特殊儿童教育一体化思想的最初表现。而陈先生提出的反对给特殊儿童贴标签的一体化思想比欧美早了数十年。

第三，早在20世纪三四十年代，陈先生明确提出特殊儿童就是有特殊需要的儿童，这样的特殊儿童包括天才儿童、低能儿童、残疾儿童及问题儿童等。陈先生对“特殊儿童”的这一认识比世界超前了半个世纪。传统文化对特殊儿童概念的理解比较狭窄，一般仅把残障儿童列为特殊儿童，天才儿童、问题儿童并不在此列。直至21世纪，更多的国家和地区对特殊儿童及特殊儿童教育才有了更深刻的理解。特殊儿童就是有特殊需要的儿童，这不仅是教育对象的扩大，更是教育思想的变化，面向有特殊需要的儿童的教育体现的是全纳教育的理念，即让全体儿童都能从教育中获益的教育原则。

第四，陈先生强调对特殊儿童进行“群性”教育。陈先生在回答林士骧和陈淑贞关于天才儿童教育问题的信中写道：“你们不必把他（天才儿童，笔者注）看得过分特殊，应该常常给以群性的教育，使他和群众尤其是年龄差不多的儿童多多接触，使他常在集体中间生活，了解个人与集体的关系，慢慢训练他……”[1]468 在“做人”方面的要求，陈先生认为特殊儿童与正常儿童是一致的，“因为低能儿童同是这个时代中的人……他们同样的无法避免时代与社会所给予的制约作用。尽管低能儿童教育的过程，具有显著的特殊性，而目标则仍然是做人，做中国人，做世界人。教育者应以各种方法使其在可能范围内，实现这一目标”[2]764。

（三）系统性教育原则

特殊儿童教育是一个系统工程，需要家庭、学校、社会的密切配合，需要从医疗养护、教育训练、就业培训等方面进行全方位干预，共同促进特殊儿童的健康发展。陈先生关于特殊儿童教育系统性教育的原则思想主要体现在以下几方面：

1. 特殊儿童的鉴定与诊断需多方参与，多维度考量

陈先生指出特殊儿童的鉴定应尽可能多方参与，指出教师、医生、家长、儿童的邻居与亲戚等都可参与特殊儿童的鉴定与评估，教育者切忌随意给儿童贴标签。同时，陈先生认为对特殊儿童的鉴定应有详细而精密的诊断过程，依据多方面缜密的材料，通过多种维度、多种方法进行考量，如心理测验、访问调查、生理检验、个性考察等方面的考察与测验。[2]722-741

2. 强调多元化特殊儿童教育研究专业结构

陈先生认为，特殊儿童教育者，不仅是学者、研究者、科学家，还须是医学专家，[2]768-769 陈先生还认为特殊儿童教育研究群体的知识结构应多元化。1947 年 3 月，为开展特殊教育研究，陈先生筹创了上海特殊儿童辅导院，并亲自兼任院长，陈先生聘请了许多拥有不同专长的大学毕业生，如专攻普通教育、特殊教育、文学、医学和营养学的专门人才，从不同的角度、全方位地对特殊儿童进行系统研究。[4]37-38

3. 提出特殊儿童教育机构是综合性的教育机构

从教育的对象看，陈先生认为特殊儿童就是有特殊需要的儿童，包括天才儿童、低能儿

童、残疾儿童及问题儿童，每种儿童各有不同的教育要求，特殊儿童教育机构应对各种各样有特殊教育需要的儿童施加个性化教育；从教育机构的性质看，特殊儿童教育机构是含教育、研究一体的综合性教育机构。在1947年3月筹创的上海特殊儿童辅导院，陈先生聘请各种各样的专业人才开展特殊儿童的教育与研究；从教育的目标、内容上看，陈先生认为特殊儿童的教育最终目标是使其成为社会有用的公民，“做人，做中国人，做世界人”。为了达到这样的目标，他认为在教育内容上既要进行“特殊”教育，对特殊儿童进行身体方面的康复训练，也要进行“群性”教育，让特殊儿童走进社会，融入集体，认为“凡日常生活习惯，职业技艺教材，都是低能儿童最需要的东西”[2]766。

4. 提出构建完整的特殊儿童教育体系

在1947年中国国民党召开的第六次代表大会上，陈先生提出构建完整特殊儿童教育体系的想法，主要内容有，在教育部下设“幼稚教育”“国民教育”“特殊教育”，并提出设立国立儿童师范学院，在国立儿童师范学院下设三系：幼稚教育系、国民教育系、特殊教育系，附设特教师范一所，下设盲童学校、聋哑学校、残废儿童学校、神经病儿童学校、天才儿童学校、低能儿童学校等建议。[1]422

四、呼吁政府构建完整的特殊儿童教育体系

（一）特殊儿童教育需要特殊儿童教育机构

陈先生认为特殊儿童教育需要专门的教育机构。他以低能儿童为例，强调低能儿童是可以教育的，但是不能如常态儿童一样接受普通学校教育，“根据低能的特性，其在心理发展上，实无法避免本身所具有的局限性，他们不能与常态儿童在同等情形之下，共同进行学习。假使这些儿童在同一学校受同样的教育，在时间上说是浪费，在经济上说也是浪费。许多有心理缺陷的儿童，便因为追不上常态的同学，以致停学，永远失去了其应受教育的机会。对社会，对自己本身也是损失。所以，从教育的消极功能上说，建立低能教育的独立机构或特别班，自属必要”[2]761。

值得一提的是，有学者指出陈先生关于特殊儿童需要在特殊学校或特殊班级接受特殊教育的观点有其历史局限性，认为陈先生的这一观点不符合当今的全纳教育理念。笔者认为，对陈先生关于特殊儿童需要在特殊学校或特殊班级接受特殊教育这一观点的认识，应站在特定的历史背景下进行考量，当时中国有2700多万特殊儿童需要教育，这些儿童中大

部分是重度智障、重度残疾的儿童。这类儿童的教育需要特殊教育教师、特别的教育设备，以进行个别化教育，而当时普通学校根本就没有特殊教育师资，没有适合特殊儿童教育的最基本的设施设备，在这种特定的条件下，陈先生提出让特殊儿童在特殊学校接受特殊教育，这符合当时特殊教育的实际需要。此外全纳教育并不排斥特殊学校或特殊班级的存在，全纳教育理念下的特殊儿童必要时仍然需要到特别班级接受特别的教育。凡是能让每个有特殊需要的儿童都能从教育中获益，并且有益于特殊需要儿童全面发展的教育都是在贯彻和实施全纳教育的理念。

（二）特殊儿童教育机构须由政府创办

陈先生认为特殊儿童教育机构必须由政府创办，以便统筹安排，确保教育质量。陈先生指出办特殊儿童教育需要有最低限度的特殊设备及教具，并且还要有受过特殊训练的师资。特殊儿童教育如果由教会或私人慈善团体办理，这种服务精神固然值得佩服，但是因为这种团体少，经济力量较微弱，教育质量较难保证。另外特殊儿童的散布在全国并不是平均的，各地普设特殊儿童教育机构，这在经济及人力上是不容许的，如果由政府来创办则可以统筹安排，以交通较便利的都市为中心设立特殊学校，集中财力，扩大效率。为此陈先生呼吁：政府必须广设特殊儿童学校，为特殊儿童开辟一幸福的大道。[1]419

（三）特殊儿童教育需要有完善的管理机构

特殊儿童享有教育的权利，特殊儿童教育应列入儿童教育体系中。1947 年陈先生提出将教育部的“国民教育司”改称“儿童教育司”，下设“幼稚教育”“国民教育”“特殊教育”各科。[1]421 为了加强对教育的质量管理，他建议教育行政当局应对儿童教育司下面的三个部门分别设置视导专员，并选用对儿童教育有特长的人员担任视导专员。

新中国成立后，陈先生重提完善特殊儿童教育管理机构的主张，陈先生的这些建议引起了政府的重视。1950 年中央人民政府教育部已设有特殊教育处，负策划推进全国特殊教育之责；上海市教育局设有特殊教育科，分管特殊教育事业。[1]430

（四）特殊儿童教育需要专业化的教师

陈先生认为从事特殊儿童教育的教师需要由受过专业训练的高素质的人员来担任。特殊儿童教师除了需要具备普通教师所应具备的条件之外，更须有特别的修养，如“言语要清楚；语言要庄重；态度要和善；说话要多反复；态度要快乐；态度要真诚；对儿童要亲切；对儿童要多鼓励；对儿童的成绩勿奢望；要有忍耐性；要有音乐才能；要有劳作才能；要有看护本领；要有高尚人格；要会讲生动的故事；要会做有趣的游戏；要会做精巧的玩具；要有敏锐的目光;要有会意的本领;要存同情的心理”[2]768 等。具体说来,承担特殊儿童教育工作的教师应具备以下五方面最基本的条件:

第一,“曾有专业训练。凡从事特殊儿童的教育者应有专业的训练。”

第二,“教师须具备学者的态度,把教育作为不断研究的过程,随时发现问题,随时解决问题。他是研究者,同时也是科学家。”

第三,“要有医生的精神。医生对病者是无微不至,无微不察的。特殊教育……也正如医生对病者一样兼有医疗的过程。低能心理的停滞现象至为微细,教师对儿童的观察,须有这种医生精神。”

第四,“要有事业的意志……具有事业的意志,我们才能以最大的坚忍与效率来推动这种教育的发展。”

第五,“要有慈母的心肠。”“一个低能儿童的教师,对儿童尤视同自己的子女,以爱以德去温暖儿童。”[2]768-769“做幼稚园教师起码的条件是要有耐心,要爱儿童,尤其在解决儿童各种问题上更要具备这个条件。”[5]609

正因为特殊儿童教育对象的特殊性,陈先生对特殊儿童教师的要求也特别高,要求特殊儿童教师需要有扎实的专业知识、过硬的专业技能,还要有献身特殊教育事业的专业情意。陈先生对特殊儿童教育及特殊儿童教育师资的认识在今天看来仍然是真知灼见,值得后人学习与借鉴。

参考文献:

[1] 北京市教育科学研究所.陈鹤琴全集(第四卷)[M].南京:江苏教育出版社,1991.

[2] 北京市教育科学研究所.陈鹤琴全集(第一卷)[M].南京:江苏教育出版社,1987.

[3] 北京市教育科学研究所.陈鹤琴全集(第五卷)[M].南京:江苏教育出版社,1991.

[4] 王强虹.陈鹤琴的特殊儿童教育思想述评[J].西南师范大学学报(哲学社会科学版),1998(6):37-38.

[5] 北京市教育科学研究所.陈鹤琴全集(第二卷)[M].南京:江苏教育出版社,1989.

教育家陈鹤琴新论*

王伦信

陈鹤琴(1892—1982 年)是我国著名的教育家和儿童教育专家,是开创我国现代儿童心理学和幼儿教育科学研究的核心人物。他的幼儿教育理论和实践引导了我国 20 世纪 20 年代到 40 年代幼儿教育的发展方向,对中华人民共和国成立后的幼儿教育也产生了重大影响。陈鹤琴创建的“活教育”理论在 20 世纪 50 年代曾被指为杜威实用主义教育的翻版,与陶行知的“生活教育”理论一并遭到批判。改革开放初期,经过思想理论领域的拨乱反正,50 年代对“活教育”理论的歪曲和加于陈鹤琴的一些不实之词得以澄清。此后,关于陈鹤琴教育思想的实践研究得到不断深化和拓展,他在中国教育现代化探索中的卓越贡献也得到了充分肯定。但在已发表的成果中,除几部系统著作外,论文仍以反映陈鹤琴教育探索的某一方面为主,综合评价陈鹤琴教育理论和实践贡献者仍属少见。

一、对近代中国教育研究方法实证化的推动

陈鹤琴留学美国期间,欧美教育研究中取向实证主义和自然科学研究范式的实证化趋势正方兴未艾。这一运动主要受实验教育学派的推动,其代表人物有美国的霍尔、德国的莫伊曼与拉伊、法国的比纳以及美国的桑代克等一批心理学和教育学家[1]98-127。他们反对把逻辑推理和抽象思辨作为建立教育理论的主要依据,希望对教育问题进行科学的分析和实验,促进教育科学成为一门量化的科学。他们致力于精确测量教育所导致的结果,从而改进和完善教育方法,因此在教育研究中大量采用观察、调查、测量和实验等实证化研究。

---

* 本文原载于《河北师范大学学报》2016 年第 6 期。

欧美教育研究实证化通过归国留学生的传导几乎同步辐射到中国，构成“五四”新文化运动时期科学教育思潮的一个重要侧面，即提倡以科学的方法研究教育，调查、统计、测量、实验等在20世纪20年代开始成为流行的教育研究方法和手段。陈鹤琴是推动这一发展趋势的代表性人物，他回国初期在多项研究中所采用的量化和实证的方法，起到了引领潮流的作用。

陈鹤琴是国内较早引进问卷调查方法进行社会和教育问题研究的学者，他的《学生婚姻问题之研究》[2]7-47，即是通过问卷调查法收集数据材料写成的一篇长达三万多字的调查报告。笔者目前尚未见有更早在国内如此系统地应用问题调查的先例。为了解当时青年学生群体的婚姻恋爱生活的状态、意愿和问题，陈鹤琴向江、浙六所中、高等学校的男生发出了调查问卷1500余份，实际收回631份。问卷统计分析的结果表明男生心目中的美满婚姻与女性受教育程度之间密切相关。“五四”前后在女权运动的影响下虽然出现了不少有关妇女婚姻问题的调查报告和研究文章，但陈鹤琴的《学生婚姻问题之研究》运用问卷调查和统计分析的方法，与当时有关研究中偏于采用描述的手段相比，更利于从社会学意义上对妇女婚姻家庭问题做细致入微的刻画，引起人们的关注，受到李大钊等“少年中国学会”成员的称赞，认为“其所用之调查方法，吾学会人不妨采取变通，以之调查上海、北京及其他各处”[3]。

我国从20世纪20年代初开始的汉字使用频率研究可以看成是受欧美实证教育研究影响的一个例证。进步主义教育理论在课程论上的一个基本观点即是根据社会和生活需要等实用标准来确定教学内容。为了给教材用字提供实证根据，美国教育心理学家桑代克曾统计约四百万字的不同类型的文献材料，选出使用频率最高的10000个英语常用词，于1921年刊行。1920年前后正是我国教育改革中文言向语体文过渡的关键时期，为了确定语体文的常用字量和汉字的使用频率情况，在陈鹤琴的主持下开展了对各类语体文文献材料用字的大规模统计，编成《语体文应用字汇》。这是我国第一本汉字查频表，该表为当时小学国语教材编写和小学生识字量测验提供了重要依据。之后，学者们又在陈鹤琴研究的基础上开展了多项后续研究，其中以王文新在20世纪30年代完成的《小学分级字汇研究》影响较大。该研究紧密联系当时小学国语教学实践，吸收了各类字频研究的成果，表达更加细化，查用更为方便。王文新还对小学生作文用字进行了大规模调查，获得了小学生作文用字频率的年级分布情况，并考虑到字形的难易（结合字的笔画数和形态进行衡量）、字义深浅等诸多因素。

精确度量是实证研究的基础，是否能对学生心理和教育因素进行有效测量，是决定教育能否成为实证科学的关键，因此诞生了教育测量学。俞子夷是我国近代在教育实践中首先应用教育测验量表的人物，他于1918年根据汉字书法的构造原则，编制四种小学国文毛笔书法量表。但从学理上引入教育心理测验并推动我国测验运动的则是陈鹤琴、廖世承等人。陈鹤琴、廖世承于1919年同期从美国留学回国，受聘于南京高师。他们首先运用心理测验测试投考南京高师及其附中的学生，开设测验课程，还转译和编制各种测验量表、发表文章和演说、到各地学校实施测试，产生了很大影响。1921年他们合著的《智力测验法》由商务印书馆出版，这是我国第一本系统介绍智力测验知识的著作，是20世纪20年代我国测验运动开端的标志。1922年夏，受中华教育改进社的邀请，美国测验专家麦柯尔（W·A·McCall）来华，指导编制各种应用测验，推动了测验运动的开展。当时成立有编制测验的委员会，组织编制了四十余种智力与教育测验，同时在全国各地进行试测。教育心理测量很快成为教育改革的工具，运用它来辨别智愚、录取新生或编排班次等，也成为检定教学法改革试验的重要手段。

实际观察和准确记录是实证研究的基础，陈鹤琴对其长子陈一鸣的成长和心理发展研究是首个以中国儿童为对象进行长期观察和追踪记录的个案研究。教育实验是教育实证研究的综合性表现，陈鹤琴主持过多项教育实验，如1923年秋创办鼓楼幼稚园，开始中国化幼稚园实验；1927年在南京建立小学实验区，设立实验学校；1928年主持上海工部局华人教育处的工作，开展各种教育实验；1940年在江西创立省立幼稚实验师范学校，开展“活教育”试验等。

二、南京鼓楼幼稚园实验及其对幼儿教育中国化改革的探索

我国从清末学制正式确立幼儿教育地位，到五四运动前后，国内幼稚园基本上表现为两种模式：一种是日本式的幼稚园；一种是宗教式幼稚园。日本式的幼稚园可以称作小学式幼稚园，其课目设置和对幼儿的训练标准都力求与小学衔接，游戏、谈话、手工、唱歌、识字、算术、图画、排板、检查身体、习字、积木等都分配在每天的功课表里，上课时严格执行。教学时教师高高地坐在上面，孩子们一排一排地坐在下面。宗教式的幼稚园在课程组织上和日本式幼稚园虽然有所不同，但也是按学科来组织课程，其中充满了浓厚的宗教气氛。这是清末学制模仿日本及教会学校作用于我国近代教育转型的表现。受五四运动所激发

的改革意识和民族意识的影响，特别是1922年“新学制”将幼稚园作为初等教育的一个阶段纳入正式的学制系统，更引起教育界特别是幼儿教育界的关注。学界普遍希望中国的幼儿教育发展能从最初的模仿移植过渡到试验改进，探索符合中国国情的幼稚园教育模式。陈鹤琴于1923年创办南京鼓楼幼稚园，开始进行改革实验，可以说是对时代要求的呼应。

1923年陈鹤琴的儿子陈一鸣已三岁，到了上幼稚园的年龄，同时东南大学其他一些教师的子女也有同样的需要，于是陈鹤琴在当年春天提出了设立幼稚园，实验其幼稚教育主张的想法。同年秋天，得到东南大学教育科人力和物力上的资助，陈鹤琴利用自己家庭住舍之一部为园舍，成立了南京鼓楼幼稚园，亲任园长，进行小型的实验。1925年建立新园舍以后，规模扩大，开始了以课程实验为主导的全面改革实验。

鼓楼幼稚园实验以课程为主导，将其他各方面的实验包含在课程实验之中。陈鹤琴等人认为课程改革是幼稚园教育改革的关键，是寻求中国学前教育发展路径的突破口。实验分课程组织实验和学科实验两个大的方面，开始于1925年秋末。课程组织实验过程实际可分为三个不同的时期，第一期是散漫期，以服从幼儿的自发活动为原则，教师主要负责回答儿童的询问，指导幼儿选取和应用材料。实验结果认为这一组织模式无法有效提升幼儿活动的品质，幼儿的兴趣常常飘忽不定，不能集中完成一项活动，不利于儿童良好的行为规范和意志品质的形成。第二期实验称为论理组织期，其特点是加强课程的计划性和组织性。教师事先编制好活动计划，每周安排一个或多个单元的活动，每个单元的活动围绕一个中心主题。活动内容预定在课程表上，根据其性质被分解为不同的学习课目，有游戏、音乐、图画、故事、手工、读法、艺术、旅行等，不过这些课目的内容都要尽量靠近选定的活动主题。但陈鹤琴等人不满于幼儿在这种课程组织模式中的被动地位和注入式的教育方式，在实行了半年之后，于1926年秋季又开始了第三期实验。

第三期是设计组织期。这期课程组织与二期实验的共同特点是，课程内容都是根据时令季节的变换，从儿童直接接触到的自然、社会事物中选取材料，事先预定课程计划，一周或几天安排一个单元活动，每个单元活动围绕着一个中心主题。但与二期实验所不同的是，首先，第二期实验的课程实施是按课目的形式执行，如游戏、音乐、图画、故事、手工、读法等。尽管在课目中要求体现出中心主题，但在课目安排与活动的中心主题不能统一时，活动主题服从课目的安排，活动主题融化在课目之中，课目表现为显性，活动主题表现为隐性，这也是“论理组织期”的“论理”二字的意义所在。第三期实验以活动中心主题的形式执行，在活动中虽然也要求体现如常识、故事、儿歌、游戏、工作(手工)等普通幼稚园各课目所要求的素养，但活动主题如果不能包含这些课目，则不牵强安排。课目服从活动主题的安排，融化在活动主题之中，活动主题表现为显性，课目表现为隐性。所谓“中心制时期”的“中心”指的就是活动主题这个中心。其次，二期实验因为以课目形式组织，儿童只能在同一时间围绕同一个中心，团体活动较多。三期实验以活动主题为中心，大的主题还可分化为小的主题，便于儿童分工合作，根据自己的特长、爱好分几个小组活动，或单个活动。儿童还可以围绕中心主题，发挥自己的想象，设计老师计划中没有列入的项目，以丰富主题的内容。这样儿童在同一个时间内可以分别做不同的活动，分布在不同的课目上。

根据第三期实验，陈鹤琴等人总结出幼稚园课程组织的合理模式，著文介绍推广，鼓楼幼稚园很快成为我国幼稚教育的实验中心而令人瞩目，一时成为人们参观取经的对象。南京国民政府成立后，对各级各类教育进行改革整顿，并于 1928 年 5 月召开全国教育会议。会后，陈鹤琴被聘请为中小学课程标准起草委员会的委员，主持制定幼稚园课程标准。在陈鹤琴的主持下，鼓楼幼稚园的实验参与人员和东南大学有关专业人员共同拟定了《幼稚园课程暂行标准》，在课目设置和教学方法上全面吸纳了鼓楼幼稚园的实验成果，体现了以主题活动为中心组织课程，让课目服从主题活动，消融于活动之中的原则。经过两年多的试行之后，1932 年更名为《幼稚园课程标准》，作为全国性幼儿教育法令颁布，成为 20 世纪 30 年代和 40 年代国民政府统治区指导办理幼稚园教育的纲领性文件。

鼓楼幼稚园实验之所以产生广泛的影响，还和陈鹤琴等人注意及时推广实验成果，提供可以直接参照操作的序列化材料有关。在鼓楼幼稚园实验的初期，陈鹤琴等人就拟定了《幼稚生应有的基本习惯和技能表》，列举了幼稚生到幼稚园毕业时应该获得的基本习惯和技能，发表了许多幼稚园活动设计和实录，生动、具体、富有现场感，又编制了以日、周、月、学期、学年为单位的幼稚生生活历。他还以长江流域为背景，编制了一份适合中国中部地区幼稚园活动的全年课程大纲，大纲采用活动中心课程的组织方式，提供了全年的活动设计，活动主题，注意事项、参考资料都一目了然，具有很强的可操作性，让学习者可以模仿办理。

为介绍鼓楼幼稚园的实验成果，推动幼儿教育研究，1927 年初陈鹤琴还发起创办了中国第一份幼儿教育专刊——《幼稚教育》，他在创刊号上发表了《我们的主张》[4]75 一文，系统阐述了幼稚园教育思想，提出了“幼稚园要适合国情”等十五条对中国幼儿教育发展方向的看法。他在《幼稚教育》上陆续发表了幼稚园各类课程的实验报告，如《幼稚园的故事》《幼稚园的图画》《幼稚园的读法》《幼稚园的玩具》以及关于幼儿游戏、玩具等的研究文章，形成了中国幼儿教育的系统理论。

除课程实验之外，陈鹤琴还将儿童研究、小学与幼稚园的衔接、幼稚师范、幼稚园的平民化等作为研究和实验项目，并陆续付诸实施。陈鹤琴的鼓楼幼稚园实验是近代中国教育实验的经典案例，这项持久而深入的实验改变了中国早期幼稚园教育外国化的局面，探索出了一套适合中国国情的幼儿教育新模式。

三、在儿童学研究和儿童教育领域的卓越贡献

以近代科学的精神来指导儿童研究约开始于 19 世纪中期。1856 年，法国学者席格门(B. Sigis-mund)发表了《儿童与世界》，以跟踪记录的方式，对其儿子出生以后包括哭、笑、行动、言语等能力的发展过程进行考察，这种研究儿童的方法是前所未见的。从此以后，各种关于儿童生理、心理的研究成果不断问世，直到 20 世纪 20 年代，与欧美正在兴起的进步主义教育运动紧密结合，更呈强劲发展之势。

五四新文化运动时期，西学输入进入高潮，西方儿童学理论被系统介绍进来。陈鹤琴 1919 年回国后担任南京高等师范学校(后改名东南大学)的“儿童心理学”课程教授，他在借鉴西方儿童学研究的基础上，先后在《新教育》、南京高师《教育汇刊》上发表了《儿童心理及教育儿童之方法》《儿童之好问心与教育》《儿童用书与儿童心理》等文章。在众多儿童学理论的介绍者中，陈鹤琴的介绍富有明显的特点。他结合自己对儿童的观察，博览众家学说，概括介绍西方儿童学研究的成果，如他最早发表的儿童学文章《儿童心理及教育儿童之方法》中将儿童心理特征概括为“四心”——好动心、模仿心、好奇心、游戏心，与当时众多的关于儿童心理的零散介绍相比较，显示出更强的理论系统性和整体性。在介绍西方儿童学研究成果的同时，陈鹤琴开始以中国儿童为对象，为建立民族化的儿童学理论进行探索，这在他 1925 年由商务印书馆同年出版的《儿童心理之研究》和《家庭教育》中得到集中反映。

《儿童心理之研究》是陈鹤琴结合对其长子陈一鸣的个案研究，综合介绍西方儿童心理学研究成果的重要著作。1920 年 12 月 26 日，陈鹤琴的长子陈一鸣出生，他以一鸣为研究儿童心理的对象，从出生的第二秒开始，对其身心发展进行了长达 808 天的连续观察和文字、摄影记录，内容包括一鸣动作、能力、情绪、言语、知识、绘画、思想等方面的发展情况。著作回顾了从夸美纽斯的《儿童图画世界》、卢梭的《爱弥儿》，到席格门的《儿童与世界》、克伯屈的《儿童研究之原理》、桑代克的《个别差异》等世界儿童心理学发展的历史过程，展示

了世界儿童心理学研究的对象、基本范围和有重大影响的成果等。可以说《儿童心理之研究》是近代中国学者以中国儿童为对象,参照西方儿童学研究方法和手段,进行长期观察、追踪记录,对儿童心理发展规律进行系统个案研究的开端;是对西方儿童心理学研究成果的一次最系统、全面的集中介绍;是试图通过对西方儿童心理科学广泛深入的研究,并依靠自己的实验观察,建立我国儿童心理学学科体系的最早尝试。

《家庭教育》堪称是《儿童心理之研究》的姊妹篇。陈鹤琴认为,研究儿童和了解儿童,目的在于按照儿童身心发展的规律去教养儿童。因此《家庭教育》是陈鹤琴在近代儿童学原理指导下,结合自己亲身育儿经验写就的。他通过对其子一鸣,其女秀霞以及其他儿童家庭教育的事例进行分析,从教育的一般方法、儿童卫生习惯的培养、游戏与玩具的选择、克服儿童的惧怕心理、父母的身教影响以及教导儿童待人接物、增进儿童经验与知识,如何在必要时对儿童进行责罚等家庭教育的方方面面进行论述,提出了家庭教育的 101 条原则。透过这些繁细的事例、具体原则和内容,我们可以看到陈鹤琴关于家庭教育思想的基本精神。首先,家庭教育必须以尊重子女的人格,建立家长和子女之间人格平等为基础,同时要尊重儿童的独立性和自主性,这体现了五四新文化运动这一时代精神下的儿童观。其次,了解、尊重儿童身心发展的规律和特点是实施家庭教育的前提,如在幼儿的记忆中,幻想、梦境往往和事实交织在一起,不能清晰区分。如果家长不了解这一点,就有可能误解儿童。第三,家庭教育应以积极的暗示和鼓励为主。暗示在于利用特定的情境去影响受教育者的认识与情感,在一种自然的情境和氛围中,儿童身临其境,甚至充当其中的角色,直接在行动中受到教育。如当家庭成员中有人生病时,家人的关切、问候,儿童参与其中,就是培养儿童同情和爱心最好的环境暗示[4]607。

南京国民政府成立后不久,陈鹤琴出任南京特别市教育局学校教育课课长,次年夏应聘赴上海主持公共租界工部局华人教育,从此小学教育的管理和办学实践成为陈鹤琴工作的另一个重心。在任职南京学校教育课课长的一年时间内,他组织开展了全市范围内的小学各科教学实验,将全市小学划分为东、西、南、北、中五个实验区,每区设实验学校一所,各区以实验学校为中心,实验并指导各所在区的所有小学的教学工作。同时,各区以一种小学学科(分别为语文、算术、美术、自然、社会)为实验研究的中心,本着分工合作的原则,共同试验解决各种教学问题,推动全市范围内小学教育的相互促进和经验共享。这种针对各科教材教法所做的实验研究对教师业务水平的提高和教学工作的改进有很大的促进作用。陈鹤琴主持工部局华人教育期间,积极谋求上海公共租界区华人儿童教育的改良与普及,在原有华童学校的基础上，创办了北区小学等七所华童小学和华童女子中学，并在办学实践中探索小学儿童教育的改革。

1926 年 12 月，陈鹤琴等人发起成立幼稚教育研究会，并于 1927 年 2 月发行《幼稚教育》月刊。随着陈鹤琴教育探索领域向小学教育领域的拓展，《幼稚教育》也从第三期开始更名为《儿童教育》，由主要介绍幼稚教育实验与研究成果转向兼顾小学教育的儿童教育刊物①。幼稚教育研究会则被改组为中华儿童教育社，于 1929 年 7 月在杭州召开成立大会，陈鹤琴担任主席。陈鹤琴以《儿童教育》为主要园地，著文发表他小学教育工作的经验总结和办学思想，内容涉及教学的原则和方法、学校的管理与卫生、道德教育、小学教师等各个方面，细微到儿童习字的程序、握笔的姿势、教室内日用器具的摆放等。中华儿童教育社成立后得到迅速发展，由 1929 年成立时的个人会员 47 人，单位会员 22 个发展到 1937 年全面抗战爆发时在全国拥有 21 个分社和 4000 个个人会员的全国性教育学术团体[6]，成为当时我国儿童教育研究与推动儿童教育事业的中心。

四、“活教育”理论的创建和施行

“活教育”是陈鹤琴对其教育思想和实践的概括性表述。作为一种理论形态，“活教育”创建于 20 世纪 40 年代初，提出了“做人，做中国人，做现代中国人”的教育目的论，“大自然、大社会，都是活教材”的课程论和“做中教，做中学，做中求进步”的教学方法论三大基本观点，以后围绕这三大基本观点不断阐述和深化，到 40 年代末，形成了一个具有完整结构和丰富内容的教育理论体系。

“做人，做中国人，做现代中国人。”人是教育的对象和出发点，人的发展和完善即是教育的目的。陈鹤琴从一般到具体三个不同的层面论述了人生的目的、意义和价值。“做人”作为对人的一般要求，必须“热爱人类”与“热爱真理”，表现了对人作为情感主体和认知主体的基本要求；“做中国人”和“做现代中国人”则体现了“活教育”目的论的民族性和现代性特征。随着形势的发展和认识的变化，1948 年他将“活教育”目的论重新表述为“做人，做中国人，做世界人”[5]59。在具体论述中，他将“做中国人”和“做现代中国人”归并为一个层面，认为“做中国人”已将现代性特征包含在内，不是做过时守旧的中国人，而是要做与现代

① 《幼稚教育发刊词》，《陈鹤琴全集》（第二卷），江苏教育出版社 2008 年版，第 72 页；《祝儿童教育诞生一周年——〈儿童教育〉卷首语》，《陈鹤琴全集》（第四卷），江苏教育出版社 2008 年版，第 40 页。

社会形态、生产生活方式相适应的中国人。这样,“活教育”目的论实际上增加了面向世界的层次,其理论内涵也得以丰富和发展。他以要求教育对象具有普遍的人类情感和认知理性出发,逐层赋予其国家意识、现代精神,直至世界的胸怀等更高的要求,其教育目的论包含了民族性、现代性、世界性等丰富内涵。

“大自然、大社会,都是活教材”这一“活教育”课程论观点的提出是从对书本主义的传统教育批判开始的。陈鹤琴认为传统教育严重受书本的束缚,“学生在学校肄业,称读‘书’。教师授各种学科,又称为教‘书’”[6]279。把“书”当成了唯一的教育材料,把“读书”和“教书”当作学校教育的全部内容。传统的书本主义教育严重脱离儿童的自然和社会生活,即使是有些反映自然、社会和生活内容的书本材料,也由于与事实严重脱节的插图、文字等,给儿童带来许多错误的观念和扭曲的印象。书本知识是间接和形式化的,自然、社会才是真正的知识本源,是活的书、活的教材。总之,书本教育限制了儿童的视野,束缚了儿童的思想,“把一本教科书摊开来,遮住了儿童的两只眼睛”[7]70。

必须表明的是,陈鹤琴并没有否认书本的教学地位。他说:“我们并不是说在学习过程中摒弃一切书本。如果恰当地用作参考资料,书本是有用的,但不应像过去那样,把书本作为学校学习的唯一材料。”[2]243 同时他强调书本应是现实世界的写照,应能在自然、社会和儿童生活中得到印证,教材和课程的组织应符合儿童与自然、社会接触、交往的形式。儿童的生活是一种活动,所以“活教育”的教材采用活动单元的形式编写,课程以中心活动的形式进行组织。为此,“活教育”打破了习惯上按学科安排课目的课程体系,而代之以能体现儿童生活整体性和连贯性的“五指活动”,它们包括:儿童健康活动、社会活动、科学活动、艺术活动、文学活动。所谓“五指”,是比喻这五种活动犹如一只手的五只指头,是相互关联和协作的有机整体,也借以比喻这五种活动在实施时可以像五个指头那样相对独立而又紧密配合,可以松紧自如。

“做中教,做中学,做中求进步”是“活教育”教学方法论。“做”作为“活教育”方法论的中心,着重强调两方面的意义。其一是儿童在学习过程中应以主体地位亲自参与活动。学习的最佳心理状态表现在积极、主动、自觉,“做”反映了身心积极参与的状态。儿童在做某件事情的时候,必须投入目的性注意,去了解事物发生发展的过程,认识事物的性质。其二是直接的经验。陈鹤琴指出,活教育的教学“不注重过去班级教学的课程,而着重于室外活动,着重于生活的体验,以实物作研究对象,以书籍作辅佐参考。换一句话说,就是注重直接的经验”[7]280。所以他把“实验观察”作为教学过程的第一步,同时作为一条重要的教学原则。

“活教育”主张提出前后，陈鹤琴一直希望办一所学校，实验“活教育”的思想。1940 年 10 月江西实验幼师的创办，即“在于实验‘活教育’的理论，使她能成为全国广泛的教育运动”[6]36。“活教育”的理论也正是在这所学校的实验过程中逐步得到丰富和完善，而陈鹤琴也在实验过程中陆续提出了十七条教学原则，十三条训育原则，教学的四个步骤，五指活动，活教育与死教育的十大区别等具体主张。1945 年底，上海市立幼稚师范学校成立，陈鹤琴担任校长。1947 年 2 月，上海幼师更名为上海市立女子师范，加设普师班，上海幼师（女师）成为陈鹤琴试验实施“活教育”的新的基地。

“活教育”是自近代以来教育新旧变革中几代教育理论和实践工作者进行艰苦探索的代表性成果。它在向传统教育挑战中所提倡的理论与实践结合、调动儿童学习的自觉性和兴趣、发展儿童的自动研究和创造精神，无疑符合现代教育发展的时代潮流。缘于特殊的实验基础和实施对象，“活教育”理论的一些原则和方法对于初等教育，尤其是幼稚教育以及在知识结构上要求以吻合学前儿童认知模式的幼稚师范生来说，具有更高的合理性和适切性。

参考文献：

[1] 赵祥麟. 外国现代教育史[M]. 上海：华东师范大学出版社，1987.

[2] 陈鹤琴. 陈鹤琴全集（第六卷）[M]. 南京：江苏教育出版社，2008.

[3] 恽震. 北游初恋[J]. 少年中国（第 3 卷）5、6、9 期（1921 年 12 月、1922 年 1 月、1922 年 4 月号）.

[4] 陈鹤琴. 陈鹤琴全集（第二卷）[M]. 南京：江苏教育出版社，2008.

[5] 张礼永. 中华儿童教育社简史（1926—1950）——儿童教育研究与发展中心的炼成[J]. 基础教育，2012(3).

[6] 陈鹤琴. 陈鹤琴全集（第五卷）[M]. 南京：江苏教育出版社，2008.

[7] 陈鹤琴. 陈鹤琴全集（第四卷）[M]. 南京：江苏教育出版社，2008.

走科学化的中国幼儿教育道路*

——纪念教育家陈鹤琴先生

陶西平

今天，我想以“走科学化的中国幼儿教育道路”这样一个题目，来纪念教育家陈鹤琴先生。这里的关键词一个是“科学化”，一个是“中国道路”。我想我们重温陈鹤琴教育思想与教育实践的时代意义就在于此。

有一个短片说如今做孩子很难，我想现在不仅做孩子很难，办幼儿园也很难。如果你办国际幼儿园，有人会说你缺乏民族传统，如果你办国学幼儿园，有人会说你没有开放的思想；如果你让孩子学的东西多了，有人会说你“小学化”，如果学得少了，又说上幼儿园什么也学不着；如果把孩子培养得很有礼貌、很守规矩，有人会觉得你太死板；如果你这个幼儿园孩子很自由、很开放，又觉得你太放任……所以说，如何办园也还是很难的一个题目。其中，可能存在着一个深层次的问题就在于文化的碰撞。

2015 年 5 月，由联合国教科文组织主办，联合国开发计划署等六家机构协办的“2015 世界教育论坛”在韩国仁川举行。15 年前，在塞内加尔的达喀尔举行的世界教育论坛，制定了一个 15 年规划，其中就如何推动教育的发展确定了六项目标。今年在韩国仁川的论坛主题为“通过教育改变人生”。大会总结了 15 年前所确定的目标实现的情况，同时也讨论了未来 15 年世界教育发展的目标。本届论坛有 100 多个国家的高级官员出席了会议。与会各方共同发表了《仁川宣言》，设定了面向 2030 年世界教育前进的方向和目标。

《仁川宣言》明确提出：“我们将确保提供 12 年免费、公共资金资助的、平等并有质量的中小学教育。其中，普及为期不少于九年的义务教育，并确保学习者获得相应的学习成果。

---

* 本文原载于《北京广播电视大学学报》2015 年第 4 期。

鼓励提供至少一年高质量的免费和义务学前教育，让所有的孩子都有获得高质量儿童早期发展、看护和教育的机会。”本届论坛高度重视教育质量，不仅提出了高质量教育的目标，确保儿童不但可以上学，更应该得到高质量的教育，最终使他们能够获得实现他们潜能所需要的技能，过上健康富裕的生活。

联合国秘书长潘基文在本届会议上指出，获得教育并不是一种特权，而是每个人与生俱来的权利，事关全球可持续发展；国际社会必须进一步采取切实行动，用知识“武装”年轻一代，以有效应对二十一世纪的严峻挑战。[1]联合国教科文组织总干事伊琳娜·博科娃女士指出，《仁川宣言》体现了国际社会的承诺：让所有儿童和青少年获得有尊严的生活所需要的知识和技能，发挥他们作为全球公民的潜能并为社会做出贡献；政府应提供终身教育服务，使孩子们在成长的过程中能全面发展；教育的重要性不言而喻，它是通向世界和平和可持续发展的钥匙。

中国的幼儿教育事业无论在规模拓展还是质量提高方面都取得了举世瞩目的成就。截至2014年年底，全国的幼儿园达到20.99万所，比上年增加了1.13万所。其中，民办园有13.93万所，比上年增加5831所。在园的幼儿总规模达4050.71万人，比上一年增加了156.02万人。其中，民办园在园儿童2125.38万人，比上年增加了135.12万人。幼儿园的园长、教师2014年年底是208万人，比上年增加19.52万人。2014年学前教育毛入园率是70.5%，比上年提高3个百分点。这是我们国家近年来大力实施“学前教育三年行动计划”的成果。但是，我国学前教育目前在理想与现实、理论与实践之间都还有较大差距。所以，突出的问题就是如何走好科学化的中国幼儿教育道路。

有一位专家曾做过一个比较研究。该研究选取了六个国家的幼儿教材，通过对教材内容的分析和比较发现：西方的幼儿教育理念比较关注的是自我和自主，强调个人意志和自由；而东方的幼儿教育理念比较关注的是克己奉公，强调集体精神和规范行为。研究还发现，日本、韩国的幼儿教育教材基本上体现的是东方理念，而中国的教材从理念上已经基本接近西方国家。

改革开放以后，幼儿教育出现了两种情况。一种情况是大量的西方幼教理论引入中国，比如福禄贝尔、蒙台梭利、马拉古奇等人的理论。另一种情况是大量的西方幼教实践也引入中国，比如法国的“做中学”，德国的“自然森林教育”，新西兰的“儿童学习故事”等实践也在我国产生很大影响。我国的幼儿教育工作者，特别是中青年的幼儿教育工作者，基本上学习的是西方幼教理论，以西方幼教理论作为自己的专业知识基础。在这种背景之下，我们的幼教体系，从纲要制订到教材编写，都更多地体现了西方的教育理念。这是一件好事，我们可以从中学习借鉴，有助于推进我国幼儿教育的科学化。但是，事实上还有很大差距。今年5月份我们到农村去调研，发现农村地区普及学前教育大部分都是采用依靠附设学前班的方式来实现。没有幼儿教师，就把不能胜任教学的小学教师调到学前班去。所以，目前的问题就是我们在理念上没有注重实践化，在实践上并没有做到真正的科学化。因此，我们今天学习陈鹤琴教育思想与实践有很重要的时代意义，就在于要走一条科学化的中国幼儿教育的道路。

陈鹤琴先生是我国现代著名的教育家，他是中国现代幼儿教育的奠基人。在他之前曾有很多教育家，也涉及了幼儿教育，但是从理论与实践结合的角度，给中国的学前教育奠定基础的应该是陈鹤琴先生。实践证明，陈鹤琴的幼儿教育理念既符合中国国情，又适应儿童心理发展特点，并最终在实践基础上形成了独具特色的、科学化的幼儿教育理论和思想体系。

我们学习陈鹤琴先生，走科学化的中国幼儿教育道路应该遵循四个方面的原则：追求理想，不脱离中国实际；借鉴西方，不盲目模仿西方；重视理论，不忽视与实践结合；全面育人，不放松生态改善。

一、追求理想，不脱离中国实际

陈鹤琴先生既追求理想的幼儿教育，但同时又不脱离中国的实际。1914年，陈鹤琴自清华大学毕业后赴美留学，在邮船上，他意识到要改变积贫积弱的中国，应该从教育抓起，而儿童教育是国民教育的基础，儿童是国家的未来和希望。因此，他改变了学医的初衷，决定将自己的一生献给祖国的儿童事业。他的理想也得到一同到美国求学的陶行知先生的赞赏。后来，他们一同在哥伦比亚大学攻读教育学硕士。

陈鹤琴对儿童无限热爱。他说："我是喜欢儿童的，儿童也是喜欢我的。"最近电视上演了一个关于最美教师的影片，有人问到最好的老师是什么样的。她说："最好的老师是我喜欢孩子，而且孩子也喜欢我，而孩子因为喜欢我，所以也喜欢我教的东西。"其实，这些陈鹤琴先生早就做到了。他呼吁整个社会都来"热爱儿童""尊重儿童""一切为儿童"。针对旧教育传统的弊病，陈鹤琴创立了中国化、科学化的幼儿教育学说，其中最有影响、最具生命力的就是"活教育"理论，主要包括目的论、课程论、方法论。"活教育"理论体系的形成以

1947年陈鹤琴主编的《活教育的理论及实施》出版为标志，这是一种有吸收、有改造、有创新、有中国特色的教育思想。我们学习陈鹤琴先生的教育思想，还要特别注意他提出的旧教育的问题，即没有“动手”能力。即使到了今天，我们现实的幼儿教育中依然存在着如何把“死教育”变为“活教育”的困境。“活教育”不仅在历史上产生过重要影响，对当前的教育改革也依然富有指导意义。

（一）“活教育”的目的论：“做人，做中国人，做现代中国人”

陈鹤琴指出：“做一个中国人与做一个别的国家的人不同。做一个中国人必须热爱自己的国家……为自己国家的兴旺发达而努力。”他满含深情地写道：“中国还处于半封建半殖民地的境遇……争取民族独立；对内肃清封建残余，建树科学民主，这便是中国人当前的生活内容与意向，而活教育就是要求做这样的中国人、现代中国人。”陈鹤琴先生概括出来了幼儿教育的目的就是“做中国人，做现代中国人”。他还进一步阐释了现代中国人的概念，即“我们要做世界人，便要爱全世界的人类”；“爱那些站在真理一面的人类，真理是不会泯灭的，真理是我们做人、做中国人、做世界人的最高准则”。所以，做中国人也不是单纯的有中国国籍的人，而是一个站在真理一边的中国人。[2]

陈鹤琴认为，“做现代中国人”有具体的要求：要有健全的身体；要有建设的能力；要有创造的能力；要能够合作；要乐于为社会服务，为人民服务。

（二）“活教育”的课程论：“大自然、大社会，都是活教材”

有了幼儿教育的目的论，就需要通过课程设计来实现。传统教育“把书本作为学校学习的唯一材料”，读书和教书作为学校教育活动的主要内容。针对这样的问题，陈鹤琴提出“大自然、大社会都是活材料”，并进一步概括为“活教育”的课程论。将大自然、大社会作为活教材，这是“活教育”的课程论跟“死教育”的课程论最根本的区别。

1928年，陈鹤琴负责全国幼稚园课程标准的拟定工作。他旗帜鲜明地提倡“整个教学法”，即主张教师应该把教学内容整个地、有系统地教给儿童。整个教学法到今天仍然是我们幼教改革重要的课题，而如何把需要学的各个方面有系统、整个地教给儿童，仍然是需要进一步研究的问题。

1929年，陈鹤琴负责编制的《幼稚园课程暂行标准》就由幼稚教育总目标、课程范围（包括音乐、故事和儿歌、游戏、社会和自然、工作、静息、餐点等7个方面的内容）、教育方法三大部分组成。他还从教学实践角度提出了17种教育方法及要点。

1951年春，陈鹤琴发表了《幼稚园的课程》一文，详细地论述了新时期我国幼稚园课程编制的十大原则:“是民族的,不是欧美式的;是科学的,不是封建的;是大众的,不是资产阶级的;是儿童化的,不是成人化的;是发展的、连续的,不是孤立的;是配合目前形势和实际需要而不是脱离现实的;是适合儿童身心发展促进儿童健康的;培养五爱的国民公德和民主、团结、勇敢、守纪律的优良品质;陶冶儿童的性情,培养儿童的情感;要养成儿童能够说话的技能。”[3]

从1928年陈鹤琴负责制定《幼稚园课程暂行标准》,到1951年发表《幼稚园课程》的十大原则,体现了陈鹤琴幼稚园课程思想的逐步发展过程,《幼稚园课程》的发表,也标志着陈鹤琴幼稚园课程思想的形成。

(三)“活教育”的教学论:“做中学,做中教,做中求进步”

做中学,做中教,做中求进步。这是我们现在所谓克服幼儿教育小学化倾向的关键所在。最近,督导部门也对幼儿园小学化倾向进行了专项督导。在督导过程当中出现的分歧,就是什么是小学化,到底是孩子学了小学的部分内容叫小学化,还是不要用小学的教学方式来进行学前的教育,这两个看法不是很一致。有的人提出来,美国提出要在近期实现下放大学5%的课程到高中,要高中的学生有50%选修大学的AP课程。那这是不是叫高中大学化呢?我认为,可能主要不在于课程内容,而在于用什么样的方式适应孩子的年龄特点。

因此,“做中学,做中教,做中求进步”是我们防止学前教育小学化改革的重点。陈鹤琴的“活教育”理念包括两个层次。第一,他充分肯定传统的书本知识。第二,讲授知识的过程中,强调儿童在与自然、社会的充分接触中,通过自身观察和活动获得知识和经验。通过这一过程获得的知识,才是真实的、亲切的,还会进一步激发儿童学习和研究的兴趣。“活教育”的课程形式不但要符合儿童活动和生活方式,而且要符合儿童与自然、社会环境的交往方式。随着课程内容的改变,其组织形式也因之变更。

1944年,陈鹤琴在实验活教育筹划会议上提出了“五指教学法”来实践活教育,也被称为“五指活动”①。他把五指活动用人的五个手指做比喻,五指活动包括儿童的健康活动、社会活动、科学活动、艺术活动、文学活动。五指活动在儿童成长中结成了一个有组织、有系统、互相联系、不可分割的教育网。这应该是中国最早的幼儿教育的课程模式。“活教

① 五指活动具体包括:儿童健康活动(包括体育活动、个人卫生、公共卫生、心理卫生、安全教育等),儿童社会活动(包括动物园、植物园、劳动工厂和科研机关等),儿童科学活动,儿童艺术活动(包括音乐、美术、工艺、戏剧等),儿童文学活动(包括童话、诗歌、谜语、故事、剧本、演说、辩论、书法等)。

育”的课程以活动中心和活动单元为形式，打破了传统的以学科组织为主的模式。有人认为这种“以活动为中心、以活动为单元”的课程形式只是改革开放以后才从西方引入的。其实，当年陈鹤琴先生从中国实际情况出发就已经提出来了。

1941 年陈鹤琴发表“活教育的 17 条教学原则”，主张：凡是儿童自己能够做的，应当让他自己做；凡是儿童自己能够想的，应当让他自己想；你要儿童怎样做，就应当教儿童怎样学；鼓励儿童去发现他自己的世界；积极的鼓励胜于消极的制裁；大自然、大社会都是我们的活教材；比较教学法；用比赛的方法来增进学习的效率；积极的暗示胜于消极的命令；替代教学法；注意环境、利用环境；分组学习，共同研究；教学游戏化；教学故事化；教师教教师；儿童教儿童；精密观察。[4]

二、借鉴西方，不盲目模仿西方

只有开放并善于借鉴，但不盲目模仿西方，才能更好地促进我们的改革。陈鹤琴留美期间，师从克伯屈、孟禄、桑代克、罗格等知名教授，他比较系统地学习了美国的教育学说，掌握了心理学的实验与研究方法。他特别受到以杜威为代表的美国资产阶级进步教育运动的影响。他说：“最知名的教育家之一杜威博士所提倡的美国进步主义教育，对形成中国的活教育运动起了相当的影响。”他还强调儿童的主动性和学习兴趣，提倡“做中学”的教学方法，提倡“实验”的精神。

1934 年 7 月，陈鹤琴实地考察了欧洲 11 个国家的教育。通过参观欧洲国家的新型实验学校以及对相关教育问题的讨论，他对欧洲新教育有了切实的感受，认识到现代世界教育的发展具有某些共同的特征，比如各国都很重视“做中学”的教育理念，而这正是值得中国教育借鉴的。“做中学”不是简单的老师讲，学生听，然后考试；而是重视学生动手，注重培养儿童的动手能力和创造精神。这也反衬出我们传统教育最大的弊端就在于忽视了人的动手能力和创造能力的发展。

陈鹤琴在借鉴西方教育学说的过程中，更注重中国的国情，他指出：“要晓得我们的小孩子不是美国的小孩子，我们的历史、我们的环境与美国不同，我们的国情与美国的国情又不是一律；所以他们视为好的东西在我们用起来未必都是优良的。”我们现在的实践实际上也证明了这一点，不仅我们的历史、我们的环境跟美国不同，我们整个的文化的生态以及我们现在的家长需求也跟美国不同。“总之，幼稚园的设施，总应当处处以适应本国国情为主体，至于那些具有世界性的教材和教法，也可以采用，总以不违反国情为唯一条件。”他强调了要借鉴，但是一定要和国情相结合，这一点仍然是我们现在进行改革时需要高度重视的问题。

改革开放以后引进国外的理论和国外的实践是必要的，在一段时间里面模仿也是必要的，但是如果只是一味模仿的话，中国的幼儿教育往前走就很难适应现在时代的发展以及家长的需求。所以，陈鹤琴为我们如何真正走出中国幼儿教育道路提出了指南。他指出：“今日抄日本，明日抄美国，抄来抄去到底弄不出什么好的教育来。”这句话是值得我们深思的。陈鹤琴在借鉴基础上提出了“做中学，做中教，做中求进步”的教育思想。这是在本国教育实验的基础上提出来的。他从幼儿教育实践入手，探索出一条符合中国幼儿身心发展特点和规律，适合中国国情的科学化、民主化、大众化的现代幼儿教育之路。至今，仍值得我们学习和借鉴。

三、重视理论，不忽视与实践结合

理论的指导是必要的，但是一定要跟实践相结合。现在理论跟实践脱节的现象在整个教育界都是比较突出的。我们可以拿出一些先进的理论来，我们也可以拿出自己根据这些理论加以适度改造的理论来，同时我们也可以举例来证明这个理论的正确性，但是并不意味着我们整体的教育实践是跟理论一致的。这是我们现在所面临的最大的困惑。我们的文章写得越来越好，理论表述得越来越深，而去看看我们常态的教育实践，却跟理论的距离很大。

1920 年，陈鹤琴的长子陈一鸣出生。陈鹤琴连续 808 天坚持每天对孩子的身心发展进行周密的观察，并用文字与摄影进行记录。他对孩子的身体、动作、模仿、暗示感受性、游戏、好奇心、惧怕、知识、言语、美感、思想等多方面的变化进行了系统的观察和研究，发表了一系列关于儿童心理及教育的论文。

1923 年，在东南大学教育科支持下，陈鹤琴创办了南京鼓楼幼稚园。该园于 1925 年成为东南大学教育科实验幼稚园，成为我国第一所幼稚教育实验中心。对于如何开展幼儿教育科学研究，他提出了以下几点建议：第一，要对于作为幼儿教育基础的儿童心理进行全面、系统、切实的科学实验；第二，要重视幼儿家庭教育的科学实验；第三，对幼儿园的教育应进行系统、深入的科学实验与研究，要办好示范性幼儿园；第四，必须重视和解决幼教玩具、教具的科学实验和制造。这是一个极为迫切的重大问题。[5]所以说理论和实践相结合，重视实验，重视实践是幼儿教育研究健康发展的重要保证。这一点至今仍然警示我们高度关注幼教科研中理论脱离实际，空喊口号而忽视实验和实证的倾向。我们注重“做”，不仅是在对孩子的教育上，也应体现在我们的教育科研上。

四、全面育人，不放松生态改善

目前，我们的幼儿教育面临一个很突出的矛盾，就是家园之间的矛盾。孩子所生活的社会、家庭和园所三者共同构成了一个生态环境。如果我们园所的教育不注意优化整个生态，特别是家庭教育的改善，教育的效果就会大大减弱，甚至会导致孩子的两面性。

1925 年，陈鹤琴出版了专著《家庭教育》，包括家庭教育的 101 条原则以及教育孩子的具体方法。这部书甚至被评为影响了中国几代人的家教经典。陶行知先生发表书评《愿与天下父母共读之》，称作者“以科学的头脑、母亲的心肠做成此书，系近今中国出版教育专书中最有价值之著作”。这本家庭教育的图书，如今依然有非常重要的指导意义。从某种角度来看，家长的需求有时候左右着幼儿园，因为家长是幼儿园教育的评价者，家长教育的缺失也会使幼儿园的导向出现问题。所以，需要重视家庭教育，给予家庭教育正确的导向。

陈鹤琴认为，儿童早期所接受的家庭教育关系着人一生的发展。他在《家庭教育》中写道：“一个人知识丰富与否、思想发展与否、良好习惯养成与否，家庭教育应负完全的责任。”“家庭教育是振兴中华民族的希望，是整个教育的基础，关系到国家的命运”。

陈鹤琴高度重视家庭教育。我们有时也会面临家长抱怨幼儿园，幼儿园抱怨家长的情况，协同难度很大。过去的家长是通过养老大积累经验来培养老二，现在一般是独生子女，没有办法积累这个经验。因此，如何让家长懂得家庭教育，也成为幼儿教育的一个重大的课题。从某种角度来讲，这也是幼儿园教育的一项重要的任务。我们现在讲家园共育，关键在于观点一定要一致，方法一定要一致。要使家长真正能够成为一个教育者，就需要对家长进行教育。陈鹤琴认为，家庭教育的教育内容也相当丰富，同幼儿园一样，担负着儿童体、德、智、美、劳等诸方面的教育任务。

陈鹤琴对于学前儿童家庭教育的基本主张，就是要全面改善儿童发展的生态环境，不仅在幼儿园创设好的生态环境，在家庭里面也要有一个良好的生态环境。孩子就像一棵树，要有土壤、肥料，还要有水、空气和阳光，需要在这样的生态环境当中成长。如果我们家庭不能创造一个良好的生态环境，孩子就很难健康发展。家庭应该为孩子入学读书甚至一生的发展都打下良好的基础。《家庭教育》一书，提出了“游戏就是工作，工作就是游戏”的早期教育观念，已经把对家庭教育的内容和对家庭教育的指导的重要性阐述得非常清楚，这是非常值得我们借鉴的。

如果我们帮助家长掌握陈鹤琴先生这些方法，实际上家庭的生态环境就会获得更好的改善。

家园共育，重视对家庭教育的指导，全面改善幼儿生态环境，是提高幼儿教育水平与实效的重要课题。

五、结语

陈鹤琴说过，“我们希望新师资的培养，富有劳动生产的技能，富有组织建设的技能，不但人格、行为，可做人家的楷模，而且服务、为人，可都做人家的榜样。不但要做一个优良的儿童教师，而且要做一个优良的社会工作者”。当前，我国幼儿教育事业发展得非常快。其中，是不是也存在一些失误呢？一部分人在反思，我们幼儿教师的培养是不是过早地取消了幼儿师范，虽然符合许多青年通过上大学跳出“农门”的愿望，却导致现在农村极度缺乏幼儿教师。能否真正提高幼儿教师的整体水平，决定着我们整个幼儿教育的水平。所以，陈鹤琴提出来幼儿教师应该有敬业、乐业、专业与创业的精神要求。

现在是“互联网＋”的时代。李克强总理提出了要大众创业，万众创新。实际上包括了“互联网＋教育”，或者是“教育＋互联网”。这需要我们在各个方面进行创造。因此，幼儿园应该开展“微创新”活动，不要只急于参加国家的重点课题或者是省市的重点课题，应该鼓励每一位教师在他遇到问题时，自己提出一个课题，并来研究如何解决。把理论与实践结合起来，实际上就是创造。而“微创新”有时候可能会产生巨大的影响。最近一些幼儿园开始搞“微创新”活动并对微创新成果进行奖励，这样就能调动起幼儿园老师的积极性。幼儿园老师当然需要物质的鼓励，但是也需要事业的发展。当他自己有创造的激情，而他的创造获得承认的时候，他的成就感会让他更热爱这个事业，所以我们各个地区各个园应该把这种微创新的活动广泛地开展起来。

“活教育”曾经在20世纪50年代受到不公正的批判，但“活教育”的科学理念和实践经验至今仍然站在时代的前沿，我们应当还“活教育”以应有的尊严，并借以推进幼儿教育的改革与健康发展。

我们今天纪念陈鹤琴先生，应当继承和发扬陈先生的献身精神、先进的理念、科学的态度，把幼儿教育真正办成活教育，走出一条科学化的中国幼儿教育的道路，从而对我们国家幼儿教育事业改革和发展做出更大的贡献。

参考文献：

[1] 崔俊萍，阚阅，朱羽潇. 面向 2030 的全球教育路线图[J]. 上海教育，2015(6).

[2][3] 程秀兰. 陈鹤琴幼儿教育思想及其成因[J]. 学前教育研究，2006(3).

[4][5] 陈鹤琴. 创建中国化、科学化的现代幼儿教育[M]. 金城出版社，2002：418，382.

基于陈鹤琴教育思想的幼儿园故事教学实施探析*

赵东群　王春燕

幼儿故事是以叙述事件为主的，适合幼儿听和读的文学作品[1]。幼儿园故事教学泛指在幼儿园中以故事为载体进行的教学活动。根据故事在教学实践中所扮演的角色，可以将故事教学分为两种：一种是以故事为内容进行的教学活动，通过对故事的分析、讨论、表演等，让幼儿理解故事并在此基础上构建自身与故事作品之间的联系，以此促进幼儿的全面发展；另一种是以故事为手段开展的教学活动，是为提高教学效率而运用的辅助性教学策略。本文所涉及的故事教学更多指向前者。

故事教学一直是我国幼儿园语言教育活动的重要组成部分。《3—6岁儿童学习与发展指南》将"喜欢听故事"作为语言领域的教育目标之一。但是，幼儿园故事教学实践仍存在不少问题。笔者认为，可以借鉴陈鹤琴的教育思想，重新去审视和探索幼儿园故事教学的有效实施途径。

作为我国幼儿教育的奠基人，陈鹤琴创建的具有中国特色的现代幼教理论和实践至今仍然焕发着生命力，对当前的幼教事业具有指导意义。基于陈鹤琴的教育思想探讨当前幼儿园故事教学的实施策略，对于提高幼儿园语言教育质量，促进幼儿语言的主动构建，发展幼儿的交往能力等，具有重要的现实意义。

一、故事教学对幼儿发展的价值

关于故事对幼儿语言发展的价值，陈鹤琴指出，言语作为人类建立社会关系的主要因

* 本文原载于《教育导刊》2015年3月下。

素之一，使思想交换成为可能，幼儿在听故事时“有了兴趣，无意之中就学习了很多语言”[2]。这种价值可以概括为三个方面：

第一，营造宽松的独白语表述环境，促使幼儿主动思考、大胆表达。故事作为幼儿喜爱的文学形式，能够吸引幼儿的注意力和调动幼儿参与讲述的兴趣。故事教学中，幼儿通过对故事进行不同角度的思考，尝试结合自己的经验或想象去表述情节，从而获得语言、思维的发展，增强勇气和自信心。

第二，提供良好的语言范例，帮助幼儿在模仿中习得语言表达技巧。幼儿故事中的语言作为一种文学艺术语言，具有简明、优美和形象的特点。幼儿具有好模仿的特点，故事为他们提供了一种良好的语言示范，让他们在聆听和讲故事中潜移默化地习得语言表达技巧。

第三，创设自然的交流氛围，让幼儿的语言在运用中得到发展。故事教学中常伴有表演活动，这就给幼儿创造了与教师、同伴之间沟通、交流、协商的机会。在此过程中，幼儿获得更多的交流经验和语言运用的机会。

二、故事教学的现存问题

一是故事的选择“随意化”“单一化”。对于故事内容的选择，不少教师仍带有随意性，使得故事无法契合幼儿的身心发展特点和已有经验。如：为小班幼儿选择篇幅过长、情节复杂的故事，导致小班幼儿对故事情节无法理解和接受。对于故事主题的选择，存在“单一化”现象。教师倾向于选择那些主题为反映幼儿生活的且具道德教育价值的故事，很少涉及历史人物、科学等主题。此外，教师选择故事的路径，绝大多数是通过教材和幼儿带回园的图画书，使得故事的来源很狭隘，选择余地很小。

二是故事教学活动的实施“僵化”。实践中，以幼儿静听为主、过度强调故事教育价值的传统故事教学模式仍然占据主导地位。这样的教学，缺少为幼儿理解和欣赏故事而创设的情境，也缺少为幼儿提供灵活并迁移使用语言的机会。对故事教育价值的过度挖掘和重视，荫庇了儿童故事本身所表达的美学价值和童真情趣，忽视了对幼儿情感体验的关注。这样的故事教学缺乏灵活性，不能及时根据幼儿的情感兴趣作出调整。尤其当幼儿对故事的兴趣关注点偏离教师的预设时，很少有教师依据幼儿的实况对教学做出灵活调整。

三、陈鹤琴教育思想指导下的故事教学实施策略

（一）故事选材应遵循一定的原则

陈鹤琴强调，故事对于儿童而言是重要的精神粮食，故事可以使儿童的学习更有趣味。幼稚园故事材料的选择应该“富于动作性；人物情节要在儿童的经验范围内；富于本地风光；切勿带有很多道德训义”[3]。他对故事材料的改编，提出几个要点：符合幼儿经验；富于动作；适合儿童的年龄特点；积极的结局；符合幼儿的口吻。

根据陈鹤琴的论述，故事教学所使用的故事应遵循以下原则：第一，故事内容要符合并贴近幼儿原有的生活经验和想象。第二，故事中的人物富于动作性，故事情节要简单有趣并且富有一些奇幻色彩。第三，故事内容和语言要有一定的重复性。第四，故事要有积极的结局。第五，故事内容要顺应本班幼儿实际发展水平及年龄特点。

可以说，故事选材是故事教学顺利进行的前提。因此，在故事教学开展之前，教师要在满足整体幼儿的需求并考虑个别幼儿特殊需求的前提下兼顾本阶段的教学目标，进行多样化的选材。

（二）生态的故事教学环境之建设

陈鹤琴在探讨幼稚园故事教学时论述了环境在幼儿教育中的重要地位，还在“活教育”理论原则中强调要关注和利用环境。瑞吉欧创始人马拉古奇也曾指出，环境是“第三位教师”，“创造出美好的环境，提供变化，让活动能更臻完善，而且环境的潜能可以激发幼儿在社会、情意和认知方面的种种学习”[4]。

可见，一种良好的故事教学环境有着重要作用。对于环境的创设，陈鹤琴指出：“幼稚园的环境最主要的是教师和四周的物件。”[5]故事教学应该营造一种强调师幼互动、重视创造性的、社会化的生态环境。这种生态环境不仅指教学的物质环境也包含精神环境——一种民主、自由、开放、和谐的交往环境。恰如陈鹤琴所言，“幼稚园教师应当做儿童的朋友，同游同乐的去教去玩”[6]。

（三）故事教学的组织要游戏化、生活化

故事教学的组织要依据儿童的心理特征。陈鹤琴将儿童的心理特征概括为“四心”，即“模仿心”“好奇心”“游戏心”“好动心”[7]，由此分析，儿童是好模仿的，故事教学应该根据儿童的能力水平，以角色扮演和情景剧的形式展开，促进儿童在认知情感和动作表演方面的发展。儿童是好奇的，陈鹤琴指出：“儿童的好奇心是儿童学问的门径，吾人不可不注意的，

不得不利用它。”[8]因此，故事教学可通过探究活动的形式展开，创设情境满足儿童的好奇心。儿童是好游戏的，故事教学应该游戏化，即用与游戏相结合的方法开展故事教学。儿童是好动的，故事教学应该突破室内场地限制，在自然、社会等场景中开展。

1. 故事教学要游戏化

陈鹤琴提出“儿童好游戏是天然的，游戏是儿童的生命”。教师在故事教学中应该构建富含游戏特点的故事学习情境，引起幼儿参与故事学习的兴趣和动机，让故事学习成为幼儿的一种灵活愉悦的游戏活动。要实现故事教学游戏化，有两个途径：(1) 利用各种玩教具，创设故事学习情境，设计游戏化探究环节。教师将故事中的事物具体化、生活化，对于幼儿的主动探索和感知游戏内容有着重要作用。例如，在讲述故事《古纳什小兔又来了》时，教师可以提前创设有两只毛绒玩具兔子的实物情境，让幼儿比较并发现两只看似相同的兔子之间的区别，从而初步感知每个物体的独特性。然后和幼儿一起玩“找一找、比一比”的游戏，让幼儿分组去探索和讨论活动室里还有什么事物看起来一样，其实是有区别的。(2) 通过具体、形象、有趣的角色表演活动重现故事内容，引导幼儿积极参与并深入体验故事情感。幼儿通过对故事中各种角色的模仿和讨论，进行多感官的体验，从而进一步理解故事中的角色和情节内容，在游戏中充分发挥主观能动性，进而获得更多社会交往经验。

此外，结合当前的教育形势，教师还可以灵活运用多媒体去展现故事内容。例如，利用PPT 能使故事角色形象化，将抽象的故事内容转化成为具体的，利于幼儿观看和模仿的过程，也能引发幼儿观察和思考的兴趣。

2. 故事教学要与自然、社会有机结合

幼儿是在与周围环境的互动中学习的。陈鹤琴认为幼儿周围的“大自然、大社会是活教材”，书本知识源于现实世界，故幼儿能够在自然或社会之中学到知识。因此，他强调让幼儿的生活、幼儿园教育与“大自然、大社会”成为一个有机联系的整体。幼儿喜爱户外生活，到自然、社会中探索可以获取丰富的、经济的、真实的、“活”的直接知识。这一思想指出了我国幼教实践发展的方向。

因此，教师必须因地制宜地创造条件，让幼儿到自然和社会生活中去探索、发现和学习。在开展故事教学时，可以根据故事内容，有选择性地将一些活动内容设置到户外。如：《影子的秘密》《森林演唱会》等是涉及自然现象和自然情境的儿童故事，都适合在户外开展相关的教学活动。让幼儿到户外的自然环境和社会环境中进行体验和探究，有助于他们从新的角度去理解故事中的知识内容，更好地建立起故事文本内容与其自身已有经验之间的联系。

3. 把握好故事教学的指导要领

教师在讲故事的态度上，应该做到陈鹤琴所指出的“不固执有我，以儿童之心为心”“我是故事中的人物”[9]，才能真正引发幼儿的共鸣。同时，教师在指导幼儿学习的过程中，要尊重幼儿，并恰当处理与幼儿的关系。陈鹤琴指出：“儿童的个性不同，我们不能强之以同。”[10]故事教学应该在了解每个幼儿的个性和经验的基础上实施，并且在教学过程中做到尊重幼儿的天性，重视幼儿的创作。

（四）故事教学的延伸活动不可忽视

通过对故事内容的挖掘，可以在教学结束后延伸出一系列幼儿感兴趣的有益活动。传统的故事教学延伸活动忽略了实践活动的组织。对此，教师可以组织一些以幼儿的“做”为主的延伸活动。这是基于陈鹤琴关于“做中教，做中学，做中求进步”的教育思想而提出的。他认为幼儿应该在同环境、事物的亲身接触中获得更多的练习、探索和直接操作的机会，在“做”中才能更好地发展幼儿丰富的想象力并提高幼儿的创造力。

比如故事教学“拔萝卜”的延伸活动，以往教师只是将故事和音乐结合，让幼儿到语言区表演一些简单的动作以巩固对这个故事内容和同名儿歌的学习，效果并不尽如人意。要突破这个现状，可以借鉴陈鹤琴“做中教，做中学，做中求进步”的教育思想，根据季节安排系列延伸活动——引领幼儿去关注萝卜的培育和成长过程，带幼儿到菜园去采摘蔬菜，了解蔬菜的不同营养价值，开展蔬菜的烹饪知识竞赛等，以一系列科学探究实践活动丰富幼儿的生活经验并促进他们良好生活习惯的养成。在其中，幼儿的认知经验得以丰富，感知身边生活的能力也得以进一步提升。

参考文献：

[1] 刘宝根. 学前儿童语言教育与活动指导[M]. 上海：华东师范大学出版社，2014：5，86.

[2] 陈鹤琴. 陈鹤琴全集(第二卷)[M]. 南京：江苏教育出版社. 2008：188.

[3][9] 陈秀云，陈一飞. 陈鹤琴文集[M]. 南京：江苏教育出版社. 2007：56.

[4] 屠美如. 向瑞吉欧学习什么[M]. 北京：教育科学出版社，2002：59.

[5][6][10] 陈鹤琴. 陈鹤琴教育思想读本 · 幼稚教育[M]. 陈秀云，柯小卫，选编. 南京：南京师范大学出版社，2012：20，2，8.

[7] 张亚军. 披荆斩棘开路先锋——陈鹤琴思想概览[J]. 学前教育研究，2006(3).

[8] 陈鹤琴. 陈鹤琴全集(第一卷)[M]. 南京：江苏教育出版社，2008：183.

基础教育国家级教学成果奖巡礼(二)*

——单元课程的实践建构:陈鹤琴“活教育”思想的传承与发展

崔利玲

一、成果档案

成果名称:单元课程的实践建构:陈鹤琴“活教育”思想的传承与发展

主持人及主要成员:

崔利玲:课题组长,南京市鼓楼幼儿园园长,全国名校长、江苏省特级教师、江苏省中青年科学技术带头人、江苏省人民教育家培养工程首批培养对象、南京基础教育专家,现任教育部学前教育指导委员会专家、教育部国培计划专家、省高等教育指导委员会委员、省妇女联合会执行委员、省人民政府督导专家。

陈静:课题组副组长,南京市鼓楼幼儿园副园长,先后获南京市优秀青年教师、南京市学科带头人、南京市基础教育课程改革先进个人等荣誉称号。

研究时间:1988 年 9 月至今

主要课题支撑:

联合国儿基会与国家教委“八五”1990—1994 年合作项目《幼儿园与小学衔接的研究》

江苏省教育科学“九五”规划重点课题《单元教育课程的研究》

江苏省教育科学“十五”规划立项课题《单元课程个别化教学的研究》

江苏省教育科学“十一五”规划重点资助课题《幼儿园多元办学的实践研究》

---

* 本文原载于《江苏教育研究》2015 年第 2 期。

全国教育科学“十二五”规划课题《沿着活教育的轨迹找寻幼儿园历史文化图谱》

二、成果简介

“活教育”是鼓楼幼儿园创始人陈鹤琴针对旧教育的一种教育倡导,是通过改革创新与长期的教育实践逐渐形成和发展的教育理论,是中国本土传统文化与西方先进教育思想的融合。陈鹤琴在鼓楼幼儿园早期的单元教学课程实验,使之成为“活教育”最早的摇篮。

近三十年来,单元课程在早期单元教学课程实验的基础上,将“活教育”作为文化之根,坚持“幼童本位”的儿童立场,以“做人,做中国人,做现代中国人;大自然、大社会,都是活教材;做中学,做中教,做中求进步”为目标,以环境为支点,以游戏为载体,遵循“预设为主、生成为辅”的编制策略,注重内容的“鲜活”、形式的“灵活”、效果的“激活”,研究探索出“走出校园,生活在前”“经验先行,探究在前”“分层指导,儿童在前”的主动学习教育策略,提出的“半程示范法”“家园共育101条主张”“一日生活皆课程”等理念,让教育过程成为儿童自发生成、自愿参与、主动探索、自主建构的过程,体现了“活”的教育思想和改革精神,形成鲜明的园本课程特色,实现“让儿童活泼泼的成长”的教育追求。

单元课程在三个阶段的实践中,课程设计以“链”“网”“云”式扩展弥漫,教学组织以集体、小组、个体形式渐进式发展,学习方法从“三步发现学习法”到“四步发现学习法”,通过一次次的传承与超越,让理念与行为逐步趋近。单元课程,探索出一条中国化、科学化、大众化的幼儿教育之路。

三、历程回眸

1923年,中国儿童教育家、儿童心理学家陈鹤琴先生,创办了中国第一个以儿童发展的科学理论为指导的,以实验的、行动研究为方式的幼儿教育研究中心——鼓楼幼稚园,开启了中国第一次幼儿园课程改革之门。陈鹤琴在鼓楼幼稚园实验的基础上,逐渐形成一套适合时代需要、符合民族精神的“活教育”的理论体系,这是我国学者提出的第一套系统的幼儿教育理论和方法体系,对当时依赖国外教育资源的旧中国来说,具有划时代的历史意义。

1. “活教育”思想的传承——鼓幼的使命与责任

“活教育”“幼童本位”，是鼓楼幼儿园办学的关键词与畅想，更是单元课程实践建构的文化之根与灵魂。我们为什么将“活教育”作为新时期幼教实践的指导思想？为什么将陈鹤琴教育思想视作办学的灵魂与生命？这是历史传承的需要，更是鼓楼幼儿园的社会责任。

（1）单元课程的文化之根——“活教育”。陈鹤琴认为旧中国的教育存在教学脱节、书本至上、不求进步的弊端，学生死读书、缺乏创造性，没有“动手”的能力。针对旧教育，陈鹤琴通过改革创新与长期的教育实践，逐渐形成和发展出“活教育”的思想体系，即“做人，做中国人，做现代中国人”“做中学，做中教，做中求进步”“大自然、大社会，都是活教材”。“活教育”作为中国近代旧教育变革的产物，其理论不仅影响了当年幼稚教育的发展，也引导着近百年中国学前教育的发展，至今，对现代学前教育也有重要的指导意义，更是鼓楼幼儿园单元课程重要的支撑理论。“活教育”是基于中国传统文化基础上弃其糟粕、汲其精华的改良，具有鲜明的民族特征。我们只有在此基础上将历史与时代融合，继续弃其糟粕、汲其精华，才能让“活教育”不断焕发新的活力。

（2）单元课程的灵魂——“幼童本位”。“幼童本位”是鼓幼单元教学课程实验早期实践的思想，意寓“活教育”的中心是儿童，在整个学习过程中儿童就是能动的核心，幼儿园的一切中心活动都是为了儿童的发展。面对幼儿教育大环境中“不能输在起跑线上”的误导，以及愈演愈烈的小学化倾向，我们要更加坚定“幼童本位”的教育立场，避免“放任发展”“过度保护”“本性压抑”三种极端。“幼童本位”提醒我们要科学地实施儿童利益最大化的教育行为，幼儿园所有活动及影响儿童的诸因素必须以儿童利益为前提，以儿童为中心，保教并重。我们鼓励教师观察儿童、了解儿童，做情感型教师，积极与儿童高频率互动，帮助儿童在原有基础上“适度发展”及最大化发展。

“活教育”给予单元课程文化滋养，也是鼓幼繁衍、发展的精神养料。“活教育”蕴含着丰富的课程资源，我们对“活教育”的研究不仅仅在幼儿园与课程的名称，更在于让大师的思想精华在当代继续“活”起来。作为“活教育”的受益者、传承者，我们要坚守幼儿园文化之根，将其镌刻在灵魂深处，种植在血液之中。从陈鹤琴的教育思想中汲取办园智慧，不被错误的观点和思潮左右，正是我们试图通过践行“活教育”思想要表达的一个态度。

2. “活教育”的发展——单元课程的再构

鼓楼幼儿园的历史，就是课程实验研究的历史。如果说 1923 年鼓幼创办时的务虚课程研究为第一次，1925—1928 年的中心制单元教学研究为第二次，1945 年—1952 年的五指活动研究为第三次，1988年开始的单元课程研究，就是鼓楼幼儿园历史上的第四次课程研究了。也就是从这时起，我们开始了单元课程的再构征程。

近30年来，单元课程以“活教育”思想为理论支撑，通过集体化、小组化、个体化三个阶段，尝试内容从“预设”转向“生成”，资源从“教学具”转向“场景”，评价从“结果”转向“过程”，重点从“教学”转向“一日生活”，体现“活”的教育思想和改革精神，探寻出适合中国国情的、科学化、大众化的课程之路。

(1) 以紧密的单元“链”，搭建儿童适宜学习的支架

单元课程实践研究起步时，正值计划经济转型时期，人们对“不能输在起跑线上”的误读以及独生子女政策带来的早期教育狂潮，影响了学前教育机构的科学教育方向。当时的幼儿园基本采用全国统一的统编教材，实施分科教学，教师专业水平低，一日生活中的“集体教学多、等待时间多、纪律约束多”，更是制约了儿童的发展。针对幼儿园分科教学模式的弊端以及忽视儿童的现象，单元课程研究团队提出了“整个教学法”设计，提出“社会中心、生活教育、主动学习”等改革实践设想。

单元课程研究团队在课程研究的第一阶段，沿着“整个教学法”给出线索，梳理出以时间为节点，以儿童发展需求、发展因素为坐标体系，整个的、融为一体的、有系统的、渐进的课程编制思想，以此架构单元的目标、内容、方法、师幼关系、评价等，构成完整的教育体系。单元课程所有的教育活动内容均围绕单元的中心展开，不再是简单的拼凑。教师根据教育规律、儿童发展需要、社会对儿童的要求、季节时令等，选编好3年6学期的课程单元内容组成备选单元，形成126个环环相续、螺旋形上升的单元链。

冲破园所的束缚，办没有围墙的幼儿园，是“活教育”给予单元课程的启迪。在课程实施中，单元课程以社会为中心，坚持“走出校园即是社会”“走进社会即是生活”“走进生活即是教育”的生活教育理念。生活教育，成为单元课程的重要实施方式。我们鼓励老师可以随时随地冲破幼儿园围墙的大门，带领孩子们到自然中、到社会生活中，实现“大自然、大社会，都是活教材”“做中教，做中学、做中求进步”的“活教育”理想。我们认为，“做中学”，儿童才有浓厚兴趣，才能积累经验、灵活运用。“做中教”，教师的引导、解惑才有源头活水，教与学才有了生动、真切的默契。“活教育”，就是要把幼儿园变成活的乐园，把校园变成生活的家园。除教学活动外，单元课程努力挖掘生活活动、游戏活动、体育活动等有价值的线索，发现可用的社会、生活资源，将教学活动融入游戏与生活之中，并通过社会实践活动，发现更多的学习线索，获得更多的单元生成可能性。单元课程的众多单元，都是从社会实践

开始，如《小娃娃走进大社区》《有趣的超市》《到农村去》等，将教育与生活紧密地结合在一起，通过生活在前，实现儿童直接经验积累下的、教师间接经验帮助下的，儿童的生动活泼的学习与提高。几乎每个月，都有班级走出校园参加交通安全、文明礼仪、民间艺术等实践活动。

社会实践活动作为儿童学习的通道，帮助儿童搭建起通向学习目标的支架，将发展的主动权从教师手中还给孩子，从而真正实现让儿童在原有基础上的适宜发展。我们常常这样形容儿童的发展：孩子的学习与发展好比爬楼梯，当他们有了冲刺需求的时候，老师就架起通往上一级的梯子，支持孩子"跳一跳"跃上新台阶。在新的台阶上，他们可以看周围的风景，可以用自己喜欢的方式在台阶上玩耍。当他们有了再往上冲刺欲望的时候，老师再架起梯子，孩子们再跃上新的高度看风景和玩耍。老师架起的梯子和儿童看风景的平台，就组成了不断向上、向前的楼梯，在教师支架的支撑和平台给予的探究、发现风景双重作用下，儿童才能实现有价值、有意义的成长。不被教材禁锢，不被教室框住，单元课程正发生着重大的转变。

第一阶段的课程实践以《幼儿园单元教育课程大全》出版作为完美收官，成为中国幼教主要的课程模式之一。

(2) 以舒展的单元"网"，促进儿童有意义的成长

第一阶段问题的化解与特点的呈现，让单元课程在幼教界获得好评。随着教师专业水平的提高和国外幼教理论的融入，我们发现了一个大问题，我们似乎仅考虑了"教"，忽略了儿童的"学"，仅注重预先"设计"，忽略了儿童的新的兴趣点，我们只顾了"抛球"，忘了"接球"。

为避免活动内容与班级儿童发展不相容，我们又增加了二次备课的设计要求。二次备课就是在课程组提供的设计好的以"教"为主的单元基础上，再次以儿童的"学"为方向调整。第二次的调整要完成两项任务：一是课程组提供的单元每学期最多使用70%，另外至少30%的单元需要班级教师根据本班儿童的发展与需求自行拟定，体现出班本特色；二是如果使用课程组提供的单元内容，实施者也要根据本班儿童的发展需要，至少调整三分之一的内容，以适应儿童学习的需求。如何依据本班儿童发展与需求，弹性设计30%以上部分，成为单元课程第二阶段的重点之一。

第二次"整个教学法"的调整，突出了关键理念追求："预设为主，生成为辅"，课程编制更加重视儿童发展进程中的需求。除了保持原有的横向关联性，更突出了纵向逻辑性，形

成横向互为关联、纵向循序渐进的教育格局。课程的编排采取经纬双坐标对应式，经线坐标为社会文化需要传递的、对应儿童年龄特点的知识内容，纬线坐标为学科逻辑体系架构的、对应教育规律的内容，竭力让单元内容既有五指活动的痕迹，又保证儿童学习的阶梯式进程。

当我们以“整个教学法”拟定出单元的框架后，就开始梳理以领域为代表的“五指活动”脉络，以触角的方式延伸并和其他领域建立血脉联系，最终形成网络，各领域的知识内容被相通相连的网络连接，活动你中有我、我中有你，让活动的内容更丰富、更有意义。“五指活动”不仅在本单元形成网络，还在单元与单元之间形成关联线索。

单元课程在内容编排上由浅入深、围绕中心、全面发展的设计要求，使得教育过程呈现前为后辅、后为前续的严密性，还有两点我们觉得非常重要——

除了课程编排上的调整，第二阶段的课程实践还有两个鲜明的特点——“主动学习”“分层指导”。2000 年左右，我们将生成理念渗透进单元课程，尝试采用无示范的方法开展教学活动，结果发现，儿童在活动中行为漫无目的，没有了探索的大方向，不仅荒废了很长的时间，而且不能达到预期目的。课程组老师反复实践、探讨，得出：儿童有经验支撑的、活动有安全保障的，可以放手让其尝试错误。如果活动缺乏儿童经验的支撑，需要教师通过间接传递以提高教学效率，就采用“半程示范法”。半程示范让教师的指导隐性化，让儿童在学习活动中发现问题、尝试探索，促进了儿童在学习活动中的主动性、积极性、创造性的发挥，儿童学得更加愉快、有效。儿童有了主动性，就有了学习的动力。

单元课程还提出“分层指导”的观念，就是通过小组教学、目标分层制定、分层材料提供、差异化的指导等，让每个孩子都能体验成功的快乐，并在原有水平上有所发展。单元课程再也不是原来预设的、固定的、静态的教材，而成为视儿童变化的动态过程，具有了一定的开放性。整个教学法的设计，让课程具有一定的确定性，同时课程强调关注活动中儿童的行为反应，课程又有了不确定性。教师与儿童再也不像分科教学时期孤立于课程之外，课程由计划或教材转变为一种资源，教师与儿童就是在不断地解读资源的过程中，“做中学，做中教，做中求进步”。整个教学法已成为由教师、儿童、教材、环境四个要素之间的相互作用的“活教育”系统。在这个“活”的系统中，课程的内容不断地生成，“活教育”的意义也不断地被放大。课程的生成性，让教育过程成为儿童自发生成、自愿参与、主动探索、自主建构的过程，也使课程成了教师与孩子共同探求新知的过程。

第二阶段的课程实践以《幼儿园单元教育课程》的出版作为结束。时任中国学前教育研究会会长冯晓霞在书评中写道,“阅读此书,我们时时都能感到新观念、新思想的闪耀:从单元主题的出现到环境的创设,从活动内容的拟订到方法的选择,从层次性目标到重难点的剖析,从区域的指导到延伸活动,从活动反思到新单元的生成,无一不体现教育者尊重儿童、关注儿童需求、引导儿童积极发展的思想。”

(3) 以弥漫的单元“云”,还给儿童快乐的游戏童年

第三阶段的课程实践目前正如火如荼地进行,其课程设计的核心,均围绕儿童。如果说第二阶段的课程设计的“单元网”是带着孩子前后左右探索、寻找最合适的学习方向的话,我们希望发展到第三阶段的“单元网”变成四处弥漫、变化莫测的“单元云”,让“五指活动”犹如云中的小水滴,任意地融入任何想融入的水珠中,将最合适的、最有意义的内容带进儿童的心灵。我们认为这种弥漫是源自对儿童的尊重,源自对“活教育”的追求。

在鼓楼幼儿园园史室内,收藏着一幅陈鹤琴 88 岁时书写的“一切为儿童”字匾。陈鹤琴用“一切为儿童”为鼓幼师生点燃梦想与追求,单元课程秉承陈鹤琴“一切为儿童”的夙愿,将“幼童本位”作为一种立场以及基本的价值取向。

我们认为,儿童不是小大人,幼儿教育要尊重儿童的年龄特点;儿童个体间发展进程不一,幼儿教育要尊重儿童的差异;儿童的成长有连续性也有阶段性,人的任何发展阶段都取代不了儿童期,幼儿教育要尊重儿童的需求,敬畏儿童的天性。由“幼童本位”引出的,是儿童好玩好动的天性,是满足天性的游戏环境,是儿童在环境互动中的经验,是经验获得中的主动性,是主动学习后获得的成功与快乐。因此,“游戏”“环境”“经验”“发现学习”,就是单元课程第三阶段实践研究的关键词。

单元课程秉持儿童在游戏中生活、在游戏中成长的特点,牢记“游戏是儿童的生命”,把游戏当作童年的工作,把游戏当作儿童存在的方式。坚持将游戏作为一日生活的基本活动,提倡游戏在一日生活中的渗透,强调一日活动皆课程,让儿童做游戏的主人。我们通过改造活动室、调整环境、提供材料等,创设丰富的游戏环境,建造儿童借助游戏成长的空间。我们认为,游戏的材料可以给予儿童丰富的刺激,萌发儿童操作、探究的兴趣,儿童在自己决定用什么方式玩、怎样玩的过程中,形成对自己有价值的经验,并以此为线索,萌发更多的兴趣,获得更多的经验。

单元课程鼓励儿童的“做”“玩”,注重学习情境对“做”和“玩”的支持,倡导儿童探究式的多感官学习,以获得多样化的经验。我们认为环境要传递与表现儿童在游戏中学习、活动的过程,要表达班级风格与特色,要“让每堵墙都会说话,让每个空间都成为游戏的场

所”，并提出“每天游戏三小时”的目标，借助角色扮演区、积木区、美术制作区、益智区、科学区、表演区、阅读区、生活区等丰富的游戏环境创设，让儿童在尝试探索中，感受游戏的乐趣，体味主动学习的快乐，获得有价值的成长。

基于第二阶段儿童主动学习的研究，我们发现，儿童的主动尝试，是基于自己的兴趣、自己的理解、自己的探索方式进行的，如果儿童的需要、兴趣、天性、学习特点和规律被充分关注，他们以自己特有的方式的学习，才是真正将思考与行动结合的学习。陈鹤琴在“活教育”体系中将教学过程分为四个步骤：实验观察—阅读参考—发表创作—批评研讨。在具体实践的过程中，第二阶段我们将其改为“三步发现学习法”，第三阶段又增加了第四步，形成了现在的单元课程“四步发现学习法”：创设情景，引发儿童提出问题，自由操作；儿童交流操作的经验，并互相学习、借鉴；教师帮助儿童总结经验，形成正确的概念；儿童用新经验再次探索操作，扩散练习。

此阶段，鼓楼幼儿园的“活教育”思想研究所被列为江苏省首批特色项目研究所，借助研究所的平台，鼓楼幼儿园面向全国幼教同行开展了近千场的单元课程探讨活动，特别是在建园 90 周年“践行活教育思想，建构特色园本课程”系列活动中，突出了“幼童本位”的理念，并呼吁“回归幼儿教育的本质，还给孩子幸福、快乐的童年”！

第三阶段的实践研究成果获江苏省基础教育教学成果特等奖，国家级教学成果一等奖。

四、反思与展望

1. 传承团队研究精神

很多来鼓楼幼儿园观摩的同行都好奇：鼓幼的老师为什么始终满怀热情、积极主动地投身于研究和实践？有的幼儿园观摩之后集体学习鼓幼精神。鼓幼的精神是什么？那就是从陈鹤琴建园时期就形成的科学实验的研究精神。研究的精神是鼓楼幼儿园的文化之一，是鼓楼幼儿园保持生命活力的源泉。江苏省教育学会会长杨九俊认为：“鼓楼幼儿园在课程建构中秉承了陈鹤琴的教育思想，保持了单元教学当年的雏形。但是，这种守根不是停滞不前的原地踏步，而是不断创新，有鲜活的时代意义。”研究精神不断唤醒鼓幼的教师，他将“活教育”“幼童本位”等价值观的血液传输到校园的每个角落，引领幼儿园向着科学幼儿教育的方向行进，召唤着鼓幼人持续提升专业素养，不断拼搏、创新、向前迈进。单元课程实践中秉承此精神，集聚园内各类研究的成果，一切以事实说话，以研究先行。如幼小衔接研究科学地回答了幼儿园孩子要不要提前识字、要不要学汉语拼音的问题，游戏区域创设研究科学地回答原材料、半成品材料、成品材料的占比关系，儿童自主性研究科学地回答了如何向游戏三小时迈进……课程团队的研究精神，让课程研究有了生命的轮回，有了不断前进与发展的基础。

2. 打造中国幼教名片

为让更多的幼教同行了解陈鹤琴、学习陈鹤琴教育思想，了解鼓楼幼儿园的办学精神与成果，2011 年，我们将私立鼓楼幼稚园旧址修旧复原，在故居内设立陈鹤琴纪念室、鼓楼幼儿园校史室、校友接待室、活教育思想研究所，成功地还原了历史，打造了幼教人心中的殿堂。

自陈鹤琴故居修复以来，我们每年都要接待海内外幼教同行数千人，来宾中，有研究陈鹤琴教育思想的学者、主管教育的行政人员、幼儿园园长、教师、家长、学前教育专业的学生……很多人踏进陈鹤琴故居，就被其中的内容震撼，有些人因为激动流下眼泪。人们要走进校友接待室坐一坐，因为这里是陈鹤琴创办鼓楼幼稚园的地方；人们要在陈鹤琴塑像前留影，因为这是中国幼儿教育的奠基人；人们要在鼓幼的大门前合影，因为这是中国最早的幼儿教育的试验田。看着人们兴奋、崇敬、渴望的表情，我们知道，我们要将陈鹤琴故居变成“活教育”思想学习的活教材，将鼓楼幼儿园园史室变成中国幼儿教育发展的缩影室，将陈鹤琴纪念室变成弘扬科学研究精神的“麦加”地，将活教育思想研究所变成全国幼教同行研讨、分享、交流陈鹤琴教育思想的平台。我们要将陈鹤琴故居变成中国幼教的名片，成为“活教育”历史文化遗产的继承地、传播地、创新地。

3. 续写“大麦田”的故事

陈鹤琴多次提及办幼稚教育就是要大田种麦，办鼓楼幼稚园就是要为大田提供中国麦种，让全国城乡幼稚园都能受到科学的启蒙教育。鼓楼幼儿园创办已近百年，近百年的沧桑，并没有垂垂而至老境。是什么让鼓幼常有锐气、朝气，不断向前呢？这就是陈鹤琴所说的“大麦田”的使命。中国古书中就有言“苟日新，又日新，日日新”，鼓幼只有每天都有新的发展，新的进步，每天都站在新的起跑点上，每天都有向上向前的活力，才能承载“大麦田”的责任，续写大麦田的故事。

陈鹤琴在鼓楼幼儿园这块麦田中，孕育了中国化的教育理论，收获的麦种在 80 年前已经由《全国幼稚园课程标准》撒向全国各地，推进了中国幼儿教育事业的进程。鼓楼幼稚园早期实验中教师的理论功底、研究态度、实干精神，成为鼓楼幼儿园世代相传的鼓幼精神。现在，鼓幼已进入新的发展时期，鼓幼人仍会以不变的传统去研究不断变化的儿童发展问题，同时也一定会结出推进课程发展的科学实践的丰硕成果。这是鼓幼的神圣责任，也是鼓幼的未来。鼓楼幼儿园在单元课程的再构中，将以大麦田的方式传播“活教育”思想及课程成果。

续写中国幼教麦田的故事，是鼓楼幼儿园永远的责任！

陈鹤琴儿童音乐教育思想的内涵与当代价值*

李　欢　王小英

我国著名教育家、儿童心理学家陈鹤琴(1892—1982),是现代中国教育史、中国音乐教育发展史上最具影响力的教育理论家和思想家。他用毕生精力研究探索“人类精神建筑”[1]的最佳创意、最高境界、最好方法,分析破解人类生活中特有的“音乐密码”及“传承基因”。他以勇开先河、敢为人先的拓荒精神和历史远见,创造性地提出中国儿童音乐教育的许多新观念、新见解、新主张。陈鹤琴儿童音乐教育思想作为其教育思想体系的重要组成部分,在理论与实践两个方面,为我国儿童音乐教育事业的发展指明了方向,也为我国儿童音乐教育学术体系的建立奠定了基础。今天,我们怀着对老一辈教育家的敬慕之心,躬身研究、探索陈鹤琴先生的教育思想,对促进和完善我们的学习和工作具有重要意义。

一、陈鹤琴儿童音乐教育思想的内涵

通过系统学习、全面剖析陈鹤琴先生的多部理论专著,笔者认为,其儿童音乐教育思想所涵盖的精神元素、思想元素、知识元素是多方面的,我们由此而引发的思考和求证也是多方面的。

(一)“一切为儿童”[2]的理念,体现陈鹤琴儿童音乐教育思想的核心价值

“一切为儿童”,这是陈鹤琴先生尤为鲜明、确定的教育理念,也是他从事儿童音乐教育理论研究和儿童音乐教育实践一直恪守的价值取向。这一点,在他人生经历的每一个阶段、学术生涯的每一段路程,都留下深深的印记;他为此付出的巨大努力,不仅成就了属于

* 本文原载于《现代教育管理》2015年第10期。

一个时代的儿童音乐教育思想，而且也为中华民族儿童音乐智慧的成长开垦出肥沃的艺术土壤。

1. “一切为儿童”，首先要尊重儿童

纵观陈鹤琴关于儿童音乐教育的诸多论述，我们可以归纳出的观点是：音乐教育对儿童的尊重，是一种由人性到理性、由自省到自觉的人对人的尊重；是音乐艺术对儿童与生俱来的“音乐基因”的尊重。这种尊重，是音乐教育“一切为儿童”的人性基础，是我们把音乐的艺术美归还给儿童的原因和理由。如果没有它们，我们“一切为儿童”的行动自觉将无从谈起。相反，正因为有了这样的动因，才有了像陈鹤琴先生那样一切为儿童所想、一切为儿童所学、一切为儿童所做的音乐教育思想家和忠诚的实践者。这一点，在陈鹤琴的理论研究和具体实践中有较为充分的体现。他曾明确指出：“我们应当重视儿童音乐教育，用音乐来丰富儿童的生活，培养儿童的意志，陶冶儿童的情感。”[3]他在《创造的艺术》一文中写道：“现在的艺术教育是要注意儿童的个性，儿童的天真，儿童的创造。”[4]在这种思想情感的驱动下，陈鹤琴还倾注大量精力，研究探索有利于儿童心灵成长的音乐教育新方法。如此“重视”和“注意”正是陈鹤琴对“童心”“童性”的由衷尊重。

2. “一切为儿童”，更需要了解儿童

为什么要了解儿童？了解儿童就是要搞清楚，在音乐世界里，旋律的感染、节奏的激励与基因的融合，造就了孩子们怎样的性情、怎样的习气，他们对音乐生活又萌生了怎样的欲望、怎样的需求。只有在这个基础上，我们才能知道音乐教育要为儿童做什么、怎么做。在这方面，陈鹤琴先生为我们树立了思想和行动的标杆，给出最细致入微的答案，他用他的研究成果直接告诉我们：“不同文化背景的各国的儿童都喜欢唱歌和舞蹈，歌唱和舞蹈是儿童的天性。”“生后几个月的小孩，他会听母亲哼着催眠曲而恬静地入睡；再大一点，他喜欢听各种优美动听的声音；到二三岁的时候，他能用手和腿做节奏的动作……等到进幼稚园的时候，他对音乐的需求范围更加扩大。”“音乐是儿童生活中的灵魂。”[5]因此他认为：“小孩子学习音乐要从小学的……大了学起来是学不好的。”[6]那么，小孩子学音乐究竟要怎么学呢？我们的音乐教育究竟该怎么做呢？陈鹤琴认为：“我们中国应采取这种创造性的新精神来改造陈腐、呆板的艺术教育”“将音乐的生气渗透到儿童生活中去……使儿童生活音乐化。”[7]

3. “一切为儿童”，必须要服从儿童

“一切为儿童”的核心和本质，是要弄清在儿童音乐教育中，“教育”与“被教育”两者谁是主体？是让缺乏理性的儿童服从教育，还是让相对成熟的教育服从儿童？对这个问题（虽是两个问号，但却是一个问题），陈鹤琴先生在理论上虽然没有更多、更直接的阐述，但他的许多想法、建议和主张却让我们深切地感受到，儿童音乐教育同其他方面的教育一样，在教育与被教育的复杂的内在联系中，确实存在着一种微妙的主从关系。从表象上看，处于被动、从属状态下的“被教育者”，似乎应该无条件地服从施教者的一切说教。可是若冷静深入地剖析我们的教育动机、教育目的、教育现状以及我们的教育对象未来要肩负的历史责任，我们完全有理由确认，当代儿童音乐教育必须要以儿童为主体，必须要俯下身来服从儿童——服从儿童的认知能力，服从儿童的天性，服从儿童的生活需求，服从儿童的神圣使命。陈鹤琴先生一直是俯下身来“抚摸”儿童，让他的思想中充满“服从儿童”的信号。陈老先生关于构建“良好的儿童音乐环境”的主张，关于文、史、地、劳、体各学科“与音乐密切结合”的建议等，都是向儿童音乐开放的绿色信号。

（二）实事求是的治学态度，折射陈鹤琴儿童音乐教育思想的科学精神

做学问讲求真理，搞教育力求实际，这是我们透过陈鹤琴的学术风格和治学态度看到的一种忠诚而执着的科学精神。循着陈鹤琴儿童音乐教育思想的脉络，我们会清晰地看到，他的每一根神经、每一个念头、每一段文字，都牵系着求实、求真、求是的信念与愿景。

1. 用客观实际的眼光，瞄准中国儿童音乐教育的大方向

陈鹤琴一生的终极追求，是以中国为原点，研究、确立最完美的儿童音乐教育体系，也就是中国版的儿童音乐教育模式。

既然是在中国的地界做中国自己的事情，就要了解中国、熟悉中国、读懂中国；就音乐教育而言，就是要全面把握中国的音乐文化背景、音乐艺术传承、音乐教育现状，这就叫作尊重客观现实，一切从实际情况出发。这是陈鹤琴先生始终秉持的思想方法和实践原则，也是他儿童音乐教育思想中最大的科学亮点，他所倡导的“建立适合中国国情，符合儿童身心发展的中国化、科学化的儿童教育”[8]，恰恰代表了我国儿童音乐教育事业健康发展的正确方向。在数十年前我国儿童音乐教育体制机制尚不健全、教育发展方向还不清晰的历史背景下，陈鹤琴先生能有这样的远见卓识，的确是难能可贵的。

2. 用唯物唯美的思维，营造中国儿童音乐教育的环境

在陈鹤琴的音乐教育思想中，对儿童音乐教育的环境思考、环境期待、环境布置，占有相当大的比重。正确理解和处理音乐环境与音乐教育的关系，以良好的艺术环境，启迪美妙的音乐灵感，为儿童音乐教育搭建幻美的智慧平台，是陈鹤琴儿童音乐教育思想的重要

组成部分。谈到音乐环境对儿童的影响，陈鹤琴说："他生活的环境是很优美的，他听见很好的音乐，会不知不觉地唱起歌来。"谈到家庭环境对儿童的影响，陈先生说："父母能够随时的吹吹唱唱，使家庭中充满了音乐的空气，这样小孩子不知不觉也喜欢音乐了……假使家庭中有乐器的设备，那就更好。"总之，"应将学校音乐、家庭音乐、社会音乐融于一炉，使儿童生活在音乐之中"。[9]这种依赖物质环境、激发音乐美感的思维方式，很符合马克思主义哲学中的唯物辩证法则。把这一哲学经典引入音乐教育的理论与实践，无疑是一种科学思维的升华，是很耐人寻味的"物焕艺术现象"。

3. 用机动灵活的方略，构建中国儿童音乐教育的活讲台

翻开陈鹤琴的儿童音乐教育理论专著，我们会发现，这种科学的思想方法和工作方法一直是他研究、开展儿童音乐教育的主旋律、总色调。"机动灵活"是陈鹤琴儿童音乐教育思想的"活的灵魂"，是他和陶行知先生倡导的"活教育"的高度概括。在教学活动的细节中品味"活"字，会使我们对陈鹤琴儿童音乐教育思想的科学精神有更具体的感受。比如：在教学活动的形式设置上，他强调要改变"教师教、儿童学的单一的、封闭的、枯燥的教学形式"[10]，"采用教师预设的音乐活动与儿童临时生成的音乐活动相结合，有组织的音乐活动与渗透性的音乐活动相结合。开展多样化的、开放的、互动的音乐活动……使儿童在与教师、同伴、环境的互动过程中，表现自我，并且获得丰富的情感体验，提高儿童的艺术审美能力和艺术创造能力"[11]。这是陈鹤琴儿童音乐教育思想这棵科学之树必然会结出的成功之果。

4. 兼容开放的师者胸怀，反映陈鹤琴儿童音乐教育思想的艺术智慧

盘点陈鹤琴的一系列音乐教育理论，我们会明显地感觉到，他的教育思想一直在向我们传递一个豁达、超逸的信号。根据这个信号所给予的暗示，去追溯陈鹤琴儿童音乐教育思想所包含的更深邃、更炫通的学识见地，我们发现，这个"豁达、超逸的信号"源自陈鹤琴先生兼容开放的广博胸怀，也正是这样的胸怀，才造就了陈鹤琴儿童音乐教育思想中的艺术智慧。陈鹤琴的执教理念能反衬出他思想的艺术智慧，这里主要阐述三点。

首先，从他的"兼容"看他的胸怀。陈鹤琴音乐教育理念中的"兼容"，主要体现在对音乐教育传统概念的改造、外延结构的拓展，让音乐教育与相关客体"嫁接"，从而壮大自己的阵容。如前面曾提到的"音乐教育与其他各门学科相结合"的话题，陈鹤琴建议："语文课，可选用文中诗词谱曲；地理课，可根据文中所讲的地域，选用当地的民歌；其他如劳动、体育等，更可与音乐密切结合。"[12]这个事例告诉我们，搞儿童音乐教育，不能只看到音乐教育

自身这具“骨骼”，更要关注那些能给音乐教育带来“增氧”和“助燃”作用的所有“族兄族弟”，形成“统一阵线”。陈鹤琴音乐教育理念中的“兼容”，来自他宽广的胸怀；没有如此宽广的胸怀，就不可能有如此庞大的“兼容”，而这种胸怀的修养，这种兼容的气度，都隐含着渊博的学识。现在，我们把陈鹤琴先生的高深修养和宏伟气度的渊博学识融入充满艺术美感的儿童音乐教育，就可以看到他思想中“艺术智慧”的光环。

其次，从他的“开放”看他的视野。强烈的开放意识是陈鹤琴儿童音乐教育思想的重要标志，也是他全部教育理论的一大特色。陈鹤琴儿童音乐教育理念中的“开放”与“兼容”是相辅相成的——开放是兼容的前提条件和先头触角，兼容则是开放的战略目标和必然结果。而这种行为关系最终体现的却是这位资深教育家异常开阔的视野。在他的视野中，不仅有现状，而且有未来的前景；不仅有眼下的亮点，而且有更遥远的辉煌。这一学术修养的特质，在他的理论研究和教育实践中多有体现，比如儿童音乐教育从“技术陶冶”到“欣赏指导”的延伸，陈鹤琴说：“由于技术的陶冶不能达到音乐教育的目的，所以我们进而谈到欣赏的指导。欣赏指导是让儿童由听觉所感到音乐的节奏、和声、旋律等，而引起儿童对歌曲有自发要求的一个过程；再由歌曲来表现儿童的情感，并使儿童的情感通过音乐的洗练，而得到至精至纯的陶冶，以至于引导儿童以音乐的精神来创造自己的生活。”[13]这种由“操控音乐”到“欣赏音乐”的升华，恰恰说明了陈鹤琴先生艺术视野的一次超越，这个超越进一步展示了陈鹤琴艺术智慧的巨大力量。

再次，从他的“创新”看他的才能。像陈鹤琴这样有思想、有远见、有抱负的教育家，他一定会知道：面向儿童的音乐教育，实质是面向未来的教育；儿童的未来是崭新的，未来的世界是崭新的，服务于未来的音乐教育也应该是崭新的。这或许就是陈鹤琴在儿童音乐教育方面始终主张创新的真实原因。应该说，在陈鹤琴的儿童音乐教育思想中，从治学理念的形成到教育方向的确定，从音乐环境的创设到教育重心的转移，从课程结构的重组到教学方法的改进等等，都是在他的创新精神引领下实现的。

走前人没有走过的路，做别人没有做过的事，这需要付出艰苦的努力，承受沉重的代价。而这种努力和代价，绝不是气脉和血汗所能代表的。比这些更重要的是，在他的精神世界中，要有完美的灵感跃动，还要有理想的火花迸发。这里所说的“灵感”和“火花”一旦与音乐相融合，就变成了不可多得的艺术才能，也就是陈鹤琴儿童音乐教育思想中特有的艺术智慧。

二、陈鹤琴儿童音乐教育思想的历史贡献

陈鹤琴的儿童音乐教育思想，是在中国的政治制度、意识形态、文化教育发生重大变革，进行新旧更迭的时代背景下形成的。他所肩负的历史使命和自身特有的科学性、进步性、实用性，决定他对中国音乐文化、中国艺术教育和中国社会文明所做出的历史贡献，是重大而关键、丰富而珍贵的，因而也使其自身拥有了显赫的学术地位。

（一）宝贵的精神财富

早在半个世纪前，陈鹤琴先生在一个陈旧落后的文化基础上，针对儿童音乐教育提出了超越时代的新思想、新观点、新主张。他向世人展示的是励精图治的革命精神、奋发向上的进取精神、实事求是的科学精神，而我们柔弱、模糊的儿童音乐教育恰恰缺乏这样的精神。陈先生的这种精神贡献的重大意义就在于，它可以激发我们投身儿童音乐教育的火热情怀，激活我们办好儿童音乐教育的内在动力，激励我们振兴中国儿童音乐教育的信心和勇气。这样一笔精神财富，是我们中华民族的骄傲，也是广大儿童的福分。同时我们也应该看到，陈鹤琴的儿童音乐教育思想虽然简约直白，但它所释放的精神魅力却是极其动人的。正因为如此，它在国内外学术界才赢得了强有力的精神支持，拥有了不可低估的学术地位。

（二）科学的理论经典

由陈鹤琴教育思想派生出来的儿童音乐教育理论，经历了一个由感性认识上升到理性认识，再由零散的学术观点上升到系统的理论概括的长期的研究过程。因此说，陈鹤琴的儿童音乐教育理论是在专心思考、深入探索、刻苦钻研、广纳建言的基础上形成的，是学习与研究相结合、现实与理想相结合、理论与实践相结合的产物。其数百万字的理论专著，虽然朴素无华，但字里行间都弥漫着求真求实的治学意识。这就决定了它必然具有的学术性、科学性、可靠性，因此我们才称它为“科学的理论经典”[14]。陈鹤琴把这个“精典”贡献给儿童、贡献给音乐、贡献给历史，其重大意义是显而易见的。除此之外，还有一点尤为重要，那就是：在我国儿童音乐教育理论体系尚未形成的历史阶段，陈鹤琴的理论为我国儿童音乐教育理论体系的最终形成率先奠上了一块厚重的基石，同时也为他的学术地位确立了时代的高度。

（三）丰富的实践经验

陈鹤琴先生的研究热情、学术观点和理论思路，多是在教育活动第一线、在身临其境的教学生活中形成的。其中的一些理论观点已经在他的教学实践中得到检验和认证。也就

是说，陈鹤琴贡献给中国儿童音乐教育事业的思想结晶和理论成果，都是成熟的、成功的、实实在在的教育教学经验和方法。这些富有思想内涵和理论依据的经验、方法，广泛适用于各种不同的儿童心理、儿童个性、儿童成长发育需求，因此，我们完全有理由把它视为全面而丰富的儿童音乐教育教学经验宝藏。这些宝藏，没有更多的炫耀和夸张，它特别好懂、好用。其生动活泼的内容和毋庸置疑的功效说明，它完全有资格作为陈鹤琴儿童音乐教育思想高超的学术地位的佐证。

三、陈鹤琴儿童音乐教育思想的当代价值

陈鹤琴儿童音乐教育思想对我们现实工作的启示，涉及儿童音乐教育的各个方面。我们探求陈鹤琴教育思想的当代价值，应把工作重心放在联系客观实际、解决具体问题上，真正做到学用结合，立竿见影。通过全面分析梳理辽宁地区乃至全国儿童音乐教育的现实状况以及存在的具体问题，笔者认为，儿童音乐教育践行陈鹤琴教育思想，当前和今后一个时期的主要着力点是以下几个方面：

（一）按照陈鹤琴的思想脉络，迅速调准教育方向，使我们的教学目标更能体现教育方针

中国是人口大国，也必然是儿童大国。中国是最大的发展中国家，也一定是最大的儿童音乐教育事业发展中国家。中国历史渊源悠久，发展道路漫长，人文环境复杂，文化层次参差。在这样一个国度里，我们要对祖国未来的建设者实施音乐教育，使之成为符合国家教育方针要求的“德智体美全面发展的社会主义建设者和接班人”，这是一项艰巨而光荣的任务。如何才能完成好这项任务？最关键的一点，就是要把方向搞对头。事实说明，中国儿童音乐教育唯一正确的方向就是陈鹤琴所说的“建立适合中国国情，符合儿童身心发展的中国化、科学化的儿童教育”[15]。一旦背离了这个方向，我们就会走向既定目标的反面。因此，当前我国儿童音乐教育面临的一项重要工作，就是摒弃和改造那些有违国情和童情的做法，切实调准儿童音乐教育的发展方向。在这当中，最应该引起我们警觉的，就是在中国已经沿袭了半个多世纪的音乐教育课程结构和教学流程。大家知道，当下中国最大的国情就是“改革、创新”。传统音乐教育那些老旧的东西如果再不更新换代，中国儿童音乐教育就会随之走进历史的垃圾堆，甚至会在国际儿童音乐生态链中“灭绝”，最终危及中华民族伟大复兴“中国梦”的如期实现。此外，那种一味追捧专业层次、技能水准，以考级列等、

特长加分为“激素”的高强度、高压力的儿童音乐教育手段，则是与“童情”格格不入的，当然也是与正确的教育方向背道而驰的，因此也该列入摒弃整改之列。我们只有按照陈鹤琴先生力挺的方向，把儿童从沉重的“教育枷锁”中解救出来，真正让音乐教育顺应儿童的天性，让儿童在音乐旋律的引领下玩耍愉悦、感受美好，才能达到儿童音乐教育的预期目的，使我国的教育方针得到真实生动的体现。

因此，中国儿童音乐教育必须要遵循“适合国情”“符合童情”的发展方向，这是陈鹤琴教育思想留给新中国、新时期儿童音乐教育的最重要、最积极、最富有建设性的启示。

（二）借鉴陈鹤琴的教学框架，积极创新教育模式，使我们的教学方法更能适应教育对象

对照陈鹤琴的儿童音乐教育理论，重新审视我们长期以来一直坚守的那个已成定式的儿童音乐教育模式，我们会感觉到，过去由于我们在大方向上出现偏差，因此在教育模式的定制和选择上也相应地暴露出一些问题。具体且形象地说，过去我们在儿童音乐教育中痴痴恪守的既成模式，大致是以课堂为圆心，以校园为半径，全部的七音六律、五味杂陈尽在咫尺间上演。于是便呈现出下面的场景：师长若疾，学童似腻，歌声起伏，心无涟漪。这样的结局，让我们在苦苦思索之后得出下面的结论：在狭窄、闭塞挤压下的儿童音乐教育，不适应我们的教育对象摄取“音乐营养”的心里要求和条件需求。那么，究竟什么样的教育能够适应他们、满足他们、让他们心生涟漪产生共鸣呢？陈鹤琴给出的答案已经很明确了。现在，问题的关键是如何依照陈鹤琴先生的思想脉络，把儿童音乐教育的空间放大，把儿童音乐教育的平台拓宽，进而实现儿童音乐教育模式的创新，使之完全适应于我们的教育对象。关于这个实践性很强的细节问题，陈鹤琴有更直接的导示，他告诉我们，儿童音乐教育不能“仅仅是教室里的歌唱和舞台上的演奏”，而“应将学校音乐、家庭音乐、社会音乐熔于一炉”。[16]也就是说，要用儿童音乐教育的音符和旋律，把学校、社会、家庭连在一起，这才是儿童们喜欢的音乐课堂。再逼真一点说，我们只有以这个课堂为天空，才能容得下广大音乐儿童心灵的翅膀；我们只有以这个课堂为模具，才能烘烤出可供广大儿童共享的音乐教育的“大蛋糕”。

因此，中国儿童音乐教育必须选择灵活开放、机动自如的教育模式，这是陈鹤琴教育思想留给新世纪、新时代儿童音乐教育的最生动、最感人、最富有创造性的启示。

（三）学习陈鹤琴的实践经验，不断坚定工作信念，使我们的教学效果更能接近教育目的

通过深入学习、认真剖析陈鹤琴的儿童音乐教育思想，笔者认为，陈鹤琴儿童音乐教育

思想所引申的实践意义远远大于其固有的理论意义。这是由它深厚的实践基础和坚定的实践原则所决定的。透视陈鹤琴教育思想形成和完善的历史进程，我们不难看出，他给予当代儿童音乐教育最明确的思想导向，就是坚持在学习中摸索，在摸索中发现，在发现中实践，最后在实践中检验。在这当中，有一点是必须要弄清楚的，那就是他的学习、摸索、发现、实践直到最后的检验，都是围绕他“以人为本、以教为责”[17]的工作信念来展开的，这是他“思想言之有物、理论充实完美、实践有的放矢”的根本原因。试想，用这样的思想理论来培养我们的教育理念、指导我们的教学实践，我们的儿童音乐教育怎能不桃李满园、凯歌高奏呢！

历史经验表明，善良的愿望和美好的初衷，只是工作和事业的“前言”。如果我们把全部希望和热情都倾洒在“前言”上，就不可能有精力去书写更精彩动人的“结束语”。因此，努力做到“动机”和“效果”的统一，始终是我们衡量工作、考核业绩的潜规则。今天，我们探寻陈鹤琴教育思想的当代价值，就是要以陈鹤琴儿童音乐教育思想的实践精神为镜子，努力改善和强化我们的教育教学工作，使我们的教学效果更能接近我们的教育预期，实现动机和效果的高度统一。为此，我们要破除各种经济因素和功利目的对儿童音乐教育的玷污和干扰。这是儿童音乐教育事业面临的严峻考验。

总而言之，中国儿童音乐教育要达到儿童满意、人民满意、社会满意的标准，就一定要做到学习与工作并举、理论与实践结合、动机与效果统一。这是陈鹤琴教育思想留给我们的最真诚、最有效、最富有现实意义的启示。

参考文献：

[1] [德]席勒. 审美教育书简[M]. 北京：北京大学出版社，1985：125.

[2] 刘晓东. 儿童精神哲学[M]. 南京：南京师范大学出版社，1999：134.

[3][4][5][6][7][8][9] 陈鹤琴. 陈鹤琴全集[M]. 南京：江苏教育出版社，1987：116，118，126，127，128，129，126－129.

[10] 上海文艺出版社. 中小学音乐教师手册[M]. 上海：上海文艺出版社，1984：27.

[11] 华夏. 学前儿童音乐教育与活动设计[M]. 北京：北京大学出版社，2010：56.

[12][13][15][16] 柯小卫. 陈鹤琴传[M]. 南京：江苏教育出版社，2008：131－134，144，131，133.

[14] 滕守尧. 文化的边缘[M]. 南京：南京出版社，2006：68.

[17] [美]约翰·杜威. 学校与社会·明日之学校[M]. 赵祥麟，等，译. 北京：人民教育出版社，2004.

陈鹤琴学前教育现代化探索的价值取向与路径分析*

贾宏燕

作为我国现代幼儿教育的开拓者和奠基人，陈鹤琴所创立的幼儿教育理论及其实践体系不论在当时还是改革开放后，都是我国学前教育发展不可多得的宝贵财富，对当今学前教育现代化有直接的指导和借鉴意义。

一、陈鹤琴学前教育现代化探索的价值取向：传统的现代性转换

中国是一个后发外生型的现代化国家，它的现代化接受着先行现代化国家的示范，并深受自身文化传统“绵续性和拖联性”[1]45 的影响，幼儿教育也不例外，而已经走过的这段极不平坦的征程已证明它仍将是“路漫漫其修远兮”。

1. 中国现代化理念的由来及其在教育领域的发展

在理论界，人们一般认为，现代化的概念和理论是在20世纪第二次世界大战之后由西方学者率先提出来的，后来这个概念才在中国思想界风行起来。但也有学者指出：“实际上中国现代化运动从自己的实践中提出现代化的概念和观点，早于西方的现代化理论约二十年。”[2]22 根据目前掌握的资料，在我国现代化的意识可说是萌芽于鸦片战争后，到了20世纪初中国思想界对现代化的理解有梁启超所说的“新化”、陈独秀所说的“欧化”和胡适说的“西化”几种。而“现代化”一词在五四运动后被与“西方化”并提，且偶尔出现。如，柳克述在《新土耳其》一书中，就将“现代化”与“西方化”并提。[3]337“现代化”这一术语在报刊上的普遍使用是在20世纪30年代。也就是说，当代中国人对现代化理念的反思滥觞于20世

* 本文原载于《太原师范学院学报》2014年第5期。

纪二三十年代。1933 年 7 月,《申报月刊》刊出了“中国现代化问题号”特辑,可看作是这个新概念被推广运用的正式开端。[2]14 到 20 世纪 40 年代初,现代化一词已经进入我国政治家的语汇中。

而冯友兰对现代化的理解可谓是“入木三分”:“从前人常说我们要西洋化,现在人常说我们要近代化或现代化。这并不是专是名词上改变,这表示近来人的一种见解上底改变。这表示,一般人已渐觉得以前所谓西洋文化之所以是优越底,并不是以为它是西洋底,而是因为它是近代底或现代底。我们近百年之所以到处吃亏,并不是因为我们的文化是中国底,而是因为我们的文化是中古底。这一个觉悟是很大底。即专就名词说,近代化或现代化之名,比西洋化之名,实亦较不含混。”[4]11

考察我国始于鸦片战争一百多年来的现代化历程,可以说是充满了坎坷和荆棘。这坎坷和荆棘既有我国自身政治、经济和文化等各方面的制约,也有我们自己对所面临困境的判断和解决路径选取的不尽合理的羁绊。其中以人的现代化转换为实质内容的近现代国民性改造作为中国现代化转型的一个重要组成部分,使得教育这一具有全局性和引擎作用的社会系统,始终处于现代化历程的核心地位。它所承担的工作之一也正是 20 世纪无数教育家对国家富强、民族复兴而寄予厚望的——现代化国民的培养。

1895 年春,严复首先提出,国民性是决定社会进化程度的基础,中国欲图振兴,重在治本,本治则标立。所谓本就是民智、民力、民德,三者皆备,才能实现政治变革解除民族危机。在这里,严复将国民素质提到了“本”的高度。[5]48-52 到辛亥革命时期,在严复等人对国民性与救国之间关系探索的基础上,国人更多地将视角转向改变国民性本身。此期最具代表性的是梁启超在其《新民说》中对国民性的系统思索。他首先认为“新民为今日中国第一急务”[6]48,我国数十年求新法而不见其效,如戊戌变法失败就是“于新民之道未有留意焉者也”[6]48。对一个国家而言,不论其内治还是外交,“苟有新民,何患无新制度? 无新政府? 无新国家”[6]48? 而“今日欲抵挡列强之民族帝国主义,以挽浩劫而拯生灵,惟有我行我民族主义之一策。而欲实行民族主义于中国,舍新民末由。”[6]可见,为抗击帝国主义的侵略,梁启超认为关键是变革政体,而变革政体的启动点是改造国民性,即他将国民性改造的目标确定为实现政体改革和国家自强、独立。1915 年的“新文化运动”,使近代以来对国民性的改造从单纯看重政治革命,变为重视思想、文化的革新和提高国民的素质。所以陈独秀、胡适等人就把人的发展和人的要求放在首位,以人为本位,极力鼓吹人权自由、个性解放、妇女解放等时代主题。如陈独秀就认为:“国家利益、社会利益,名与个人主义相冲突,实以巩固个人利益为本因也。”[7]166

当时，幼教界也积极响应国民性改造的社会潮流。陈鹤琴就将提高国民素质作为改革中国幼儿教育的终极目标，深入研究了幼儿教育、小学教育、师范教育和普及教育，并将培养现代中国人作为其学前教育现代化探索不离不弃的目标。

2. 陈鹤琴学前教育现代化的目标：从“做人”到做“现代中国人”

中国传统文化的基本精神是伦理精神，而伦理精神所关注的主要是怎样做人、怎样成人的问题，这自然非常直接地与教育的使命联系在一起。受生于斯长于斯的中国传统文化的濡化，“做人”始终是陈鹤琴教育实践坚守的目标，无论是在新教育中国化的初期阶段，还是幼儿教育体系的创立阶段，陈鹤琴始终不曾放弃这个目标。早在1926年，他就曾强调，幼稚教育的首要目的是“做怎样的人”。在工部局华人教育处处长任上，他为工部局小学所作的校歌中依然是在强调“做人怎样做”：

喂！我的学校，教我们学的是什么？

喂！我的学校，教我们做人怎样做。

团结活泼，做事勇敢；清洁健康，生活快乐；

遵守纪律，和气且恭敬；爱国爱人，还要爱学问。

啊！我的学校，我时时刻刻都爱你！

啊！你的教训，我句句都记在心里。

此外，陈鹤琴也是受西方现代化文化影响至深的一名学者。他自少年时代开始从儒家文化的传统教育中走出来，迈入西学的门径，又经常往来于中国与欧美之间，他亲身领略了两种异质文化的差异，从两种社会生活的落差中看到了中国社会变革的最终目标是如世界大局一样要走向现代化。正是凭着这种对教育和世界思潮的敏锐判断和广阔视野，陈鹤琴才能够不囿于传统，而是终生致力于改造教育中“做人”的传统内涵，培养现代中国人，并适时地将“活教育”的目的确立为“做人，做中国人，做现代中国人”，同时对现代中国人的含义做了详细的论述，到20世纪40年代末时，更将现代中国人的目的上升为世界人的要求。

陈鹤琴在解释这个目的时曾谈道：“为什么要讲做人呢？因为人生而至死，在他面前一直摆着一个做人的问题。中外古今的教育家，都是非常注重做人的，孔子所谓修身治国的道理，都是着重于‘做人’，可是到了近世，教育本身变了质，以为去读书就是‘受教育’，反而把做人忘记了，所以今天我特别提出‘做人’以唤起人们的注意。（不过我这种所谓的做人，自然与古代教育家们所说的做人，有根本的不同。）”[8]62 同时，他还特别强调：“中国的教育应当和外国的教育有所畛畦，它自有它的特性。这‘做人、做中国人、做现代中国人’就是中国教育唯一的特点，不苟同于其他各国的教育目的。”[9]356 而他更把“做人、做中国人、做现代中国人”作为“终身致学的目的”。[9]356

“活教育”的目的是“做人，做中国人，做现代中国人”。其中，做人的“人”是广义的，一般意义上的人，即人作为一个自然和社会的存在，所应具备的做人的一般修养。但做一个中国人就与做一个别的国家的人不同。就中国目前社会的特质而言，“中国还处于半封建半殖民地的境遇，人民生活的艰苦，有如水深火热，但亦正因为如此，每一个人都负荷了一个历史任务，那便是对外反对帝国主义的干涉，争取民族独立；对内肃清封建残余，建树科学民主，这便是中国人当前的生活内容与意向，活教育就要求做这样的中国人，现代中国人”[8]63。要做一个现代中国人，必须具备以下几个条件：第一，要有健全的身体；第二，要有创造的能力；第三，要有服务的精神；第四，要有合作的态度；第五，要有世界的眼光。

为让学生用这种新人的新形象激励自己成长，陈鹤琴还创造性地以这些新人的标准作为幼师、幼专的班级名，如幼师的班级名依次为：光明；创造；服务；真理；建设；互助；劳动；力行；清廉；新生；有恒；慈幼；平等。而幼专的班级名依次为：格致；大公；至诚；大同等。这些名称也表明陈鹤琴在向传统寻求资源，努力将他对新人的要求与中国的优良传统密切联系起来，同时赋予新时代的色彩。

二、陈鹤琴学前教育现代化探索的路径：实验（实践）—提出理论—再实验（再实践）

陈鹤琴崇尚行动研究的思想。他一生的教育研究始终是在行动中研究，在研究中行动。在教育实践和实验中进行研究，使他的理论有着可靠的基础和来源，而不是束缚在书斋里或象牙塔中仅供人观赏的东西。

纵观陈鹤琴毕生的教育研究历程，尤其是其幼儿教育体系的准备、创立和完善的整个过程，实验（实践）、总结提出理论、再实验（再实践），从而进一步完善理论，贯穿其整个学术生涯。他的最终目的是建立“中国化”的幼儿教育理论及其实践体系。这种研究的精神和理念其实早在他赴美留学期间即已播下种子。

陈鹤琴曾于1914—1916年间留学美国霍普金斯大学，该校以研究精神著称于世。陈鹤琴到校后，本着“凡百事物都要知道一些，有一些事物，都要彻底知道”（Try to know something of everything and everything of something)的求学原则，广泛涉猎了政治学、市政学、经济学、心理学、地质学和生物学。尤其是通过参与地质学和生物学的学习，通过研究果蝇的繁殖、小鸡的胚胎、青蛙的变形、骨骼、神经系统等等，他不但掌握了科学研究的方法，更重要的是体会到“霍普金斯的研究精神真是好极了。教授、学生一天到晚都浸润在研究精神之中做研究工作，而没有一点傲慢的神气、自满的心理，总是虚怀若谷，诚恳万分”。这种精神我们不是也在回国后的陈鹤琴身上看到了吗？陈鹤琴在《我的半生》中讲到，霍普金斯的校训是“真理使你自由”。自由有政治上的自由，有道德上的自由，有学问上的自由，有身体上的自由。一个人要有种种自由，就要先明白真理，得着真理。“霍普金斯研究真理的那种精神，真使我五体投地。以后我回国做点研究工作，未始不是受霍普金斯之所赐呢！”同时他还通过自己的留学经历深刻体会到：“我觉得一个游学生到国外去游学，最重要的不是许许多多死知识，乃是研究的方法和研究的精神。世界上所要知道的知识，实在太多了！怎样可以在短短的五六年的时间都学得到呢？若得到研究的方法和研究的精神，你就可以回国后自己去研究技术，去获得知识，去探求真理。方法是秘诀，方法是钥匙，得到了秘诀，得到了钥匙，你就可以任意去开知识的宝藏了。”[10]591-592 正是因为掌握了这样的“钥匙”，陈鹤琴回国后便在教育领域大展宏图了。而他的这种研究精神也享誉业界同行。郑宗海就曾谈道：“因陈君（指陈鹤琴，引者注）向来喜欢做观察实验功夫，实有科学家的精神。但后来陈君仍旧拿这种功夫回到‘人’的研究上去。”[10]668-669

1. 808天对长子的观察、记录、实验和《儿童心理之研究》

陈鹤琴曾说：“我素来很喜欢小孩子，小孩子也很喜欢我。不但喜欢小孩子，我也常常同小孩子一起玩，一起生活，所以小孩子的性情习惯在未研究儿童心理以前，我已略知一二。”[11]11 回国后一年结婚，又一年得子，有了孩子，陈鹤琴就有了时时研究时时实验的资料。他起初自己天天给小孩沐浴，坚持将所发现的事分类记载下来，并把观察到的身心现状材料进行摄影。通过这种实地考察、实地试验，通过对长子的个别研究，并借鉴欧美心理学家的儿童心理学著作，陈鹤琴写出了《儿童心理之研究》，总结出了中国儿童的八个心理特点，为提出切合实际的教育儿童的建议和办法提供了依据。

2. 家庭教育研究和《家庭教育》

就在陈鹤琴专心研究长子一鸣的心理发展时，长女的出生为他研究家庭教育提供了更好的条件。为了研究，也更是因为陈鹤琴喜欢孩子，他每天与孩子游戏、生活，并在这个过程中试验最佳的教育方法。就是在这样的不断实验、实践中，他总结了101条家庭教育原则，形成了完整的具有明确目的观、内容观和方法观的中国现代家庭教育的系统理论体系。

3. 鼓楼幼稚园和《我们的主张》

1923 年，陈鹤琴在自家客厅创办了一个家庭幼稚园，并于 1925 年正式建成鼓楼幼稚园，从此开始了他一边办幼稚园一边研究中国儿童的心理和教育问题的历程。当时在五四新文化运动和世界新教育思潮的推动下，他决意创设“中国化的新幼稚园”，随即于 1925 年秋着手进行了幼稚园课程、教材教法、设备玩具的研究，并于 1927 年发表了《我们的主张》一文，成为指导中国新幼稚园的崭新理论。

4. 幼儿教育体系与“活教育”理论

活教育思想的提出是在 1939 年。1940 年，陈鹤琴在江西泰和创立了从婴儿园到幼稚师范专科的幼儿教育体系，并以此为平台，边实践，边实验，边总结，到 1947 年，“活教育”的理论体系在上海正式确立，而后继续在上海幼专加以完善。

如是，我国著名儿童心理学家潘菽先生对陈鹤琴就有了如下评价：“在学术上，陈鹤琴同志有一个特点，就是知行合一，即知即行，由行而知。用现在的话说，他能做到理论结合实际。他是一个边知、边行、边写、边讲，即是把研究、实践或发表互相结合在一起的一个人。他同时研究儿童，同时办幼儿园，同时在自己的家庭里实施幼儿教育，同时宣讲儿童心理和幼儿教育。他所讲所写大部分是他自身的观察研究所得，是他自身的体会和心得，所以，阅读或听讲的人都会感到特别亲切有益，取得了不是仅仅运用书本知识，从概念到概念所能取得的效果。这是很值得提倡和学习的一种学风。”[12]2

由上述分析我们发现，其实陈鹤琴在践行这种实验（实践）—理论—再实验（再实践）的研究路径时，始终把我国教育问题的解决作为自己探索幼儿教育现代化的出发点和归宿，同时又能合理地吸收国外先进的教育理念。通过创办“中国化的新幼稚园”和中国自己的幼儿教育体系，提出中国自己的幼儿教育理论。

三、陈鹤琴学前教育现代化探索对中国当代幼儿教育改革的启示

改革开放后，西方的大量新思潮蜂拥而入，我国幼儿教育又重新站在了中西文化和教育理论及古今传统相冲突与碰撞的“十字路口”，如何面对外来文化和教育理论，即中外的关系问题又一次困扰着幼教界工作者。而国家实现学前教育现代化目标的正式确定，又为

幼教界提出了如何处理好近百年来幼儿教育已经形成的传统与当代世界幼儿教育发展趋势的问题，即古今的关系问题。甚至可以说，百年来中国幼儿教育走过的路就是在不断地学习并解决“古今中外”的问题。解决得好，具有中国特色的幼儿教育体系便能顺利建立，现代化中国国民的培养才有希望；解决不好，幼儿教育便将永远成为西方国家幼儿教育理论的“试验田”，现代化国民的培养也将成为空谈。陈鹤琴等幼教前辈曾经面对的问题和解决问题的策略并没有因时光远去而被我们遗忘，反而历久弥新，在新的历史条件下愈发显示出其价值。陈鹤琴学前教育现代化探索对我国当代学前教育的本土化和现代化提供了怎样的启示呢？

1. 如何面对外来文化和教育理论——扬弃与创新

学前教育现代化必须坚持扬弃与创新相结合的原则，即抛弃中西对立、体用二元的思维模式，以开放的胸襟、兼容的态度，对西方幼儿教育的组成要素和结构形式进行科学分析和审慎筛选，根据我国学前教育现代化建设的实际需要，发扬幼儿教育理论工作者和实践工作者的主体意识，经过辩证综合，创造出既有本民族人文特色又能充分体现科学精神的新学前教育。

要以扬弃与创新为指导达成学前教育的现代化，就需要处理好对本民族幼儿教育的认同与对外来教育的适应关系。任何民族的教育特别是现代化后的教育，在现代化进程中，都要经历这样的矛盾：一方面要维持自己的教育传统，保持自身的文化特色；另一方面又要吸收外来教育以壮大自己。从西方教育现代化的历程来看，欧美各国实现教育现代化的一个强有力的支撑就是保持自己本民族教育的特色，在很大程度上实现了民族教育的自我认同。而我国要实现学前教育现代化，更应以本民族教育传统为依托，它不应该也不可能是西方各国幼儿教育现代化的翻版。在立足本民族学前教育传统的同时，积极适应外来教育带来的冲击，永远保持陈鹤琴所主张和追求的“我们与杜威一样的，也在创造理论，创造方法”的自信。

2. 怎样面对中国文化传统——改造与更新

教育现代化是社会政治、经济结构的变革在教育上的反映，它既是工业化、世俗化的产物，也是社会各层面理性增长的产物；教育现代化是教育整体上的深刻变革过程，这种变革不仅限于教育手段、方法的现代化，还包括制度、组织行为、思想观念在内。教育现代化是一种世界性的教育变迁，而学前教育现代化也正是这一世界性过程的一个重要组成部分。

学前教育的现代化应从实现育人和服务社会的双重功能，即促进儿童发展，实现教育培养目标，并有效服务社会的角度进行思考。而要实现学前教育现代化，要做的是立足于中国社会变革的实际，以传统教育为基础，吸收国外优秀文化和教育成果，在积极改进学前教育的实践中，创造中国特色的现代化学前教育。

根据上述教育现代化所涉及的内容，学前教育现代化包括三个层次：表层为取决于经济科技水平的物质技术层面的现代化；中层为社会体制、管理水平的现代化；深层为文化价值观的现代化。深层次的思想、态度、行为方式等价值观念的变化是学前教育改革的核心。正如法国著名现代化学家莫内所言："现代化在先化人，后化物！"

学前教育的现代化应是基于传统并吸收外来先进成果基础上的创造，是对传统的改造与更新。因此，对民族文化传统资源进行创造性转换并弘扬优秀民族文化传统具有重要意义。但仔细考察，在幼儿园教育中，我们的传统活动、民族民间游戏等不见踪影，这实在是我们的悲哀。传统都被我们弄丢了，我国学前教育现代化的根基又在何处呢？

人的现代化是学前教育现代化的关键，而从事学前教育实践的教师和管理人员的现代化是学前教育现代化的前提和条件。就像陈鹤琴从办幼儿园转向办幼儿师范一样，正是由于他认识到了这其中的关系，才创办幼儿教育的完整体系来率先实现教师的现代化——做人、做中国人、做现代中国人。

参考文献：

[1] 潘光旦. 直道待人　潘光旦随笔[M]. 北京：北京大学出版社，2011.

[2] 罗荣渠. 从"西化"到现代化[G]. 北京：北京大学出版社，1997.

[3] 柳克述. 新土耳其[G]. 上海：商务印书馆，1927.

[4] 冯友兰. 新事论——中国到自由之路[M]. 北京：生活·读书·新知三联书店，2007.

[5] 严复诗文选注注释组. 严复诗文选注[G]. 南京：江苏人民出版社，1975.

[6] 梁启超. 新民说[M]. 郑州：中州古籍出版社，1998.

[7] 陈独秀. 陈独秀著作选(第一卷)[G]. 上海：上海人民出版社，1993.

[8] 北京市教育科学研究所. 陈鹤琴全集(第五卷)[M]. 南京：江苏教育出版社，1991.

[9] 北京市教育科学研究所. 陈鹤琴全集(第四卷)[M]. 南京：江苏教育出版社，1991.

[10] 北京市教育科学研究所. 陈鹤琴全集(第六卷)[M]. 南京：江苏教育出版社，1992.

[11] 北京市教育科学研究所. 陈鹤琴全集(第一卷)[M]. 南京：江苏教育出版社，1987.

[12] 北京市教育科学研究所. 怀念老教育家陈鹤琴[G]. 成都：四川教育出版社，1986.

“原则”、“举例”与“讨论”的儿童教育范式*

——陈鹤琴思想的时代道德解读

阮素莲

笔者关于陈鹤琴先生《家庭教育》的研究分述在三篇文章中。第一篇为《陈鹤琴幼儿道德教育思想的时代意义》，主要是对原则一至原则四进行解读[1]；本文是对原则五至原则八进行的解读；第三篇为《依儿童的天性开展教育——兼论陈鹤琴儿童教育研究范式》，对原则九至原则十一进行解读。

一、陈鹤琴的儿童教育研究范式

当代中国的儿童教育和儿童教育学，已经成为一个雄壮的事业，在教育普及的背景下，幼儿教育从过去的妇联和家庭，进化到今天的教育大系统。教育普及的时代，儿童应该是社会的第一事业，相应的，儿童教育已经成为家庭的第一事业了。“儿童是家庭的第一事业”日益成为当下全社会的共识，这是我国最近几十年教育的一大进步。至于“儿童应该是社会的第一事业”，实在还没有形成全社会的共识，譬如政府还没有把“儿童应该是社会的第一事业”当作硬性指标。然而政府正在积极地接近这个指标，其中一个表现就是政府对幼儿教育的重视。这也是我国教育最近几十年的一个积极进步。

教育家陈鹤琴先生的“活教育”无疑是我国近代以来的成功的研究范式。陈先生于1925 年出版的《家庭教育》，运用的是这样的范式：他先提出一个教育儿童的“原则”；接着用一个或者两个具体的儿童生活事件“举例”，在这个举例中，不仅仅是儿童的表现更是家

* 本文原载于《内蒙古师范大学学报》2014 年第 8 期。

长的具体教育，即在这个举例中，是怎么运用或者贯穿着前面的原则；最后用一段带有理论性的文字“讨论”这个“举例”，实际上是把“讨论”提升到理论高度，而这个“讨论”与“原则”形成是对应的。这样的范式，充分显示出“活教育”的风采，特别体现的是“活”。

笔者在此想对陈鹤琴先生90年前的范式进行一个道德教育的理解，即尝试对陈鹤琴先生的相关研究进行时代的某个方面的一点发展。我们的思考是跟着陈鹤琴先生的原则和举例，发展出“我们的讨论”，进一步发展出对陈鹤琴先生“原则的演绎”。

二、要给孩子建立一个肯定的道德观念

原则五：做父母的不应当对小孩子多说“不！不！”，事属可行，就叫他行；事不可行，禁止他行。

例1：有一天，青儿早晨起来推窗一望，看见香粉一般的雪，下得漫天遍地。白茫茫的马路上，全没有车马的踪迹，只有两个小朋友在那里做雪人。小朋友一面尽管弄，雪一面尽管下。后来雪人的面上肿起来了，两个小朋友的黑衣都变成白衣了，但是还是弄个不歇。雪愈下愈大，上下左右都是香粉一般似的白雪，在这中间，仿佛白浪中浮着两个蝴蝶。青儿见了这种景象，也要到雪地里去玩，但是他的母亲不答应他，嘴里连说：“不！不！不！”后来在山脚下，他又看见一只雪鹿，荷枪实弹的赶鹿的人都围在那里。一时枪炮声，狗吠声，鹿叫声，猎人的喧笑声，同时并作。他闻声脚痒，又向他母亲说“要出去”。他母亲骂他说：“大清早起，不洗面，不吃饭，跑到雪地去做什么事？”他哪里肯依，带哭带吵的，再三央求，他母亲没有法子，也只得让他去了。

例2：一鸣有一天早晨，在雪地里弄雪，我站在旁边看，一点没有去禁止他。后来他在吃饭以前要吃糖，我说“不可以”，他因为我不允许他的要求，就“ng ng”的吵起来，我也不去管他，径自走到别处去了。[2]712

我们的讨论：玩雪，跟小动物玩耍，都是儿童的亲历事件，“亲历‘事件’是儿童理解生活世界的最本初方式”[3]。儿童遇到不常有的事情，总会兴奋，如下雨天、下雪天，总想去雨中、雪中戏耍一番，这是儿童探索的机会。成人应该鼓励儿童去探索，在这样的机遇中培养他们的道德情感与道德能力：喜欢雨雪，成人教育他怎么喜欢雨雪，学会欣赏。大一点的孩子，成人可以用吟咏雨雪的诗词来教育儿童，形成儿童的道德情愫。

但是，这些事情在成人看来多少感觉有些不合时宜：雨、雪会把衣服弄湿、弄脏，还容易

让儿童感冒。保守是中国成人教育儿童最保险的法宝，中国人在道德上大率不求有功，但求无过。保守的爷爷奶奶还会说：不玩雨、雪，你身上的肉也不会掉一斤。你玩雨、雪，一感冒就得打针吃药受罪。不玩那些东西，固然没有什么长进，但也没有什么损失。实际上，儿童已经损失了一次精神成长的机会。虽然一般的年轻父母都知道，玩雨、雪一类的活动对孩子大有裨益，但是他们不一定带孩子玩雨、雪，甚至因为孩子曾经玩雨、雪而感冒就不再让孩子玩雨、雪了，甚至让儿童讨厌雨、雪。我们的教育能力，都是以“上一次不好的过程与结果”来决定下一次是否还要“冒险”。其实，这不应该是当代父母的儿童教育思维。

正确的道德教育思维，应该是疏导的思维，而不是堵塞的思维。实际上，我们应该利用那些机会，甚至故意给儿童制造一些稀奇的场合，教他们体验世界。如果成人有相当的教育能力的话，就能够通过利用儿童在那些场合中的失败，教他们在失败的体验中生发出成功的尝试。

原则五演绎：父母应该有教育小孩子尝试与探索、形成儿童的道德情愫的能力。不能用“上一次不好的过程与结果”来决定下一次还要不要“冒险”。在道德教育上，保守是扼杀儿童的道德能力，情愿教育儿童尝试失败或者痛苦。遇到确不可行的事情，不去理会儿童的要求，往往是最好的制止，成人的反对，反而强化儿童的好奇心。

三、给孩子一个赞许的精神

原则六：别人做好的事情或坏的事情的时候，做父母的应当以辞色来表示赞许或不赞许的意思给小孩子听，给小孩子看。

例：小香5岁大时，最不喜欢刷牙，而且在未刷牙前常常要吃饼干糖果等。她父亲当她面对她母亲说：“静波每天早晨起来是一定要刷牙齿的，未刷牙齿以前，别人即使拿食物给他吃，他总不肯吃的。”他说的时候，脸色显出很钦佩静波的样子，嘴里还不住地称赞他。小香在旁边听见他父亲称赞静波的话，心里也觉得很羡慕静波，所以到第二天早晨母亲叫她刷牙时她也要刷，在未刷前不要吃东西了。小香的父亲因为小香不注重清洁，心里觉得很不高兴。他看见小香的小朋友玩耍时嘴里有痰却不随便吐在地上，而是东看看西望望寻找痰盂。小香的父亲看见此情形就极力称赞他，说真注重清洁。小香看见她朋友的举动，听见她父亲的称赞，心里也觉得很敬重他。后来小香也不随便吐痰了。

芝英同她母亲散步时看见一个肮脏的小孩子。她母亲等到那个小孩子走过了就对她说:你见那个小孩子多脏呢！挂了鼻涕,不晓得揩揩。芝英听了就觉得肮脏是不好的[2]713-714。

我们的讨论:我们对自己的孩子的行为,总爱以别的孩子好的行为得到表扬为鼓励,以别的孩子不好的行为得到批评为恐吓,以此形成儿童的道德善恶是非的种种观念。儿童的道德行为,往往是在模仿同侪的过程中形成的。

但是,这样的道德教育也容易出现偏差,即我们的孩子会厌恶那些因为不好的行为而受到批评的孩子。虽然儿童不一定有帮助他人提高的能力,但也不该让孩子厌恶别人,而且自己也可能因为某个不好的行为而招致别的孩子的厌恶。在儿童教育中,儿童固然羡慕好的榜样,也容易厌恶坏的榜样,恶的样子比善的样子更深入儿童的头脑中。儿童厌恶的往往不是某个恶的事情,譬如一个孩子"挂了鼻涕,不晓得揩揩",而是那个孩子。也就是说,儿童道德上的善恶是非,不是一个抽象的观念,而是一个具体的人或事,最终很可能导致他对有某个不良行为的人产生厌恶之情。所以,父母仅仅指出不好的样子是不够的,还要进一步指出:你也会出现这样不好的行为,或者,你在这个事情上表现得好,但在别的事情上却可能表现得不好,不能厌恶人家,人人都能够做一个讲究的人。

所以,教育儿童时,除了以别的孩子好的行为或不好的行为来引导儿童形成善恶是非的观念外,还要教育孩子以自己的行为为准则。教育儿童知道,评判他人的行为,不是为了批评他人,更不是要嘲笑或者厌恶他人,是为了提高自己,即他人那些不好的行为是自己提高的梯子。所以,他人不但不应该受到自己的嘲笑或者厌恶,还应该得到自己的尊重。也就是说,儿童最终形成的善恶是非,是不再评判他人的长短,道德教育在根本上是自我教育。这样,儿童才能形成"我"的观念。

原则六演绎:在对儿童的道德教育中,往往通过赞许别人做好事或不赞许别人做坏事的方式,帮助儿童形成善恶是非观念。更进一步的要求是,教育儿童评判他人的行为,是为了提高自己,不是为了嘲笑他人,自己也会有坏的表现。他人不但不应该受到自己的嘲笑或者厌恶,还应该得到自己的尊重。儿童最终形成的是善恶是非观念,不是对某个做坏的事情的人的厌恶。

四、年龄和知识是孩子道德教育的契机

原则七:我们应当按照小孩子的年龄和知识而予以适当的做事动机。

例 1：一鸣约 1 岁半到 2 岁半时，凡看见肮脏的东西在地上，我总对他说“脏得很”，有时我把赃物拾掉，有时叫他拾掉。到了 2 岁半到 4 岁左右，凡他看见地板上的赃物如纸片、细棒等，我总叫他拾掉并说“客人看见不好看。”或他有时游戏后把房间的椅凳弄得东倒西歪，把玩物满地乱掷，我就对他说“客人来了，不好看；若客人问起谁把东西弄得这样难看，说一鸣弄的，一鸣要倒霉得很。”他听了之后就去把椅凳摆好，玩物藏好；有时他玩得已经太疲倦了，我就帮助他把房间整理好。

例 2：知行小时，他母亲常常对他说“你不要把地板弄得这样脏，爸爸不喜欢的，爸爸要骂的”。知行到了六七岁时，他母亲还是说“爸爸不喜欢的，爸爸骂”这类话，使得知行心目中存了一种逢迎之心，一种惧怕之念。[2]714-715

我们的讨论：伦理道德在根本上是人与各种各样的存在的正的关系：人与他人，人与周围环境，人与社会，人与自然……儿童的伦理道德教育，一言以蔽之，就是教育他们知道，他周围的一切是与他共同存在的。换句话说，他的一切言行，都得经过别人的评判——大人也是这样。所以，他的生活，不但要他感觉好，还要叫别人感觉好，甚至我们要以别人对自己的生活评判为考虑。他人的赞扬，是儿童的光荣；他人的批评，是儿童的羞耻。

儿童的心理，是以得到表扬为快乐，得到批评为羞耻的。儿童好的行为，得到他人的表扬，会得到强化，他就愈加快乐；儿童不好的行为，显露在他人的眼睛里，他人却不一定会说出来，成人要教育儿童，懂得他人对自己行为的在乎。不能使儿童形成这样的观念：我的房间很乱，我的东西摆放得乱七八糟，我不清理脏东西，我的事情和你没有关系，我又不是在你家生活。在儿童的道德教育中，成人教育儿童在乎别人，应该是第一要义，既要懂得在乎别人的赞扬，也要在乎别人的批评。儿童的羞耻感受和羞耻观念，往往就是这样形成的，这也是儿童道德行为产生的一个动机。

似乎我们教儿童把事情做得漂亮，是为了给别人看，是为了得到别人特别是家里来的客人的赞扬，至少不使儿童在客人面前感到羞耻。最终应该形成儿童对自己的尊重，这是中国儿童道德教育中最缺少的。或者说，一般的儿童不知道什么叫“对自己的尊重”，他只知道“不在别人面前难看”，不要使他人成为儿童自己的梦魇。

所以，儿童自己的行为，以他人的评判为道理，在于使儿童形成几个道德观念：一个是群的观念，也就是社会观念，一个是道德体验——自己体验到快乐，最终形成一个良好的道德习惯，不是为了惧怕或者逢迎别人，是我的习性。至于是什么样的他人，实际上并不是目的。等他到了一定的年龄，教育他古人说的话：不欺于暗室。

原则七演绎：儿童的道德教育往往是以他人的称赞或者批评为动机，他人是形成儿童羞耻心的道德源，但是过分用他人评判儿童有把他人变成儿童梦魇的危险。所以，要进一步把儿童的道德教育发展成为对自己的尊重，通俗地说，对自己负责使道德观念成为自己的习性。他人终究是外在的，终究是自己的客人，自己是时时刻刻在场的，自己永远是自己的主人、自己道德行为的评判者。

五、中道原则是道德教育的智慧

原则八：待小孩子不要姑息也不要严厉。

例1：心声是头生子，父母异常疼爱他。他要怎样就怎样，他要打人，别人只好给他打；他要骂人，别人只好给他骂。一日他看见邻儿有一个小洋号就抢了来。邻儿哭跑来告诉他母亲，而他母亲反埋怨邻儿说："借我们玩玩有什么要紧，你的气量为何这样小呢?"又有一日深夜，他醒来要月饼吃，但家里没有，他就乱吵乱闹，弄得一家不能安睡。日积月累，心声就变成了一个很倔强、很刚愎的小孩子。

例2：知非家里的规矩很严，差不多事事要秉承他父母的意旨。他要去玩水，母亲说："衣服要弄湿的。"他要同邻家小朋友玩，母亲说："你要同他们造孽的。"吃饭时要讲讲话，他父亲就禁止："小孩子吃饭，不准饶舌。"他在家游戏，父亲说："不要顽皮。"他的父母待他好像待成人一样，他慢慢地以他父母的意志为意志，一个活泼的小孩子竟变成一个萎靡不振、具体而微的小成人。[2]716-717

我们的讨论：从古至今，教育儿童都是在姑息与严厉之间跳舞，虽然我们知道要在其间行中道，但天底下最难的就是行中道，几乎做不到。

传统的亲子关系可以理解为父母为大，也就是儿童的意志是以父母的意志衡量的。在家庭事务中，教育孩子是一个婆婆妈妈的事情，不是家庭的主要事务。甚至父亲把教育孩子的责任丢给母亲或者祖母，父亲可以作一个严厉的符号，传统道德教育中是可以体罚孩子的，甚至体罚是重要的道德教育手段。在那样的"严厉"下，儿童养成的是庄重的性格，一般少年老成。对于父母来说，既省心又省事，是经验主义的道德教育，就是把上一辈人的道德惩戒或者规训经验继下来，教育儿童不需要特别的学习，是前喻文化下的道德教育。

当代儿童的亲子关系，可以理解为父母为小，也就是儿童的意志往往是父母意志之源。当代教育普及，教育孩子已经成为家庭的第一大事，父母几乎为了孩子而活着，提倡民主平等地对待孩子，父母知道应该对孩子宽容，但是又没有多少民主的道德经验，譬如当孩子做得不对或任性时，父母并不能把握分寸。父母能够做到的，往往是在物质上、外部教育条件上（如挑选好的幼儿园等）对孩子的尽心，或者从其他人士寻那里找经验。

实际上，在幼儿园里，老师对孩子大概容易偏于那么一点严厉，孩子必须按照老师的要求；在父母的家庭里，父母大概容易偏于那么一些姑息，父母往往得让步于孩子的情绪；在爷爷奶奶的家庭里，爷爷奶奶大概容易偏于姑息甚至纵容；在公共场合，有的孩子胆怯，有的孩子放得开，父母可以尝试对孩子姑息，也可以尝试对孩子严厉，教育孩子学会体验别人的感受；儿童与儿童在一起玩耍，那就要看孩子自身的脾性以及由他的脾性带来的感受了。所以，儿童在严厉和姑息上的境遇不一样。

所以，我们的理解是：(1) 父母要把教育儿童当作自己的职业，这是父母的道德责任。(2) 父母要研究孩子的脾性，更要研究自己的脾性。(3) 教育孩子，在不同场合、不同人面前怎么把握自己的脾气。(4) 既可以对孩子严厉，也可以对孩子姑息。并不是姑息就不好，也不是严厉就不好，因为姑息和严厉都是人的正常道德手段，不能只发展儿童的一个道德体验。

原则八演绎：对孩子既可以严厉，也可以姑息，中道是不容易把握的，而且姑息和严厉都是人的正常道德手段。对待小孩子姑息还是严厉，应该取决于父母自身的脾性与教育知识、孩子的脾性、孩子所处的场合、孩子所交往的人。

综上可见，陈鹤琴先生的“活教育”体现的是生活之活，从以上几个原则可以看出，陈鹤琴先生的教育范式都是完全基于生活的理论与实践，最后却是可以超越于一般的生活事件，上升到教育理论的高度。儿童的世界，尽管成人给他们那么多的童话故事，归根结底，儿童还是生活于世俗生活之中，所以，我们仍然要按照陈鹤琴先生的思想使儿童“活”在生活之中。只有活在生活中的成年人，才能保持赤子之心，保持赤子之心的成年人，才有资格教育儿童。

参考文献：

[1] 阮素莲. 陈鹤琴幼儿道德教育思想的时代意义[J]. 教育评论，2014(8).

[2] 北京市教育科学研究所. 陈鹤琴全集(第二卷)[M]. 南京：江苏教育出版社，1989.

[3] 付伟，张绍波，杨道宇. 以故事说生活：儿童语言教育的本质[J]. 学前教育研究，2013(1).

教育思想的文学再现*

——陈鹤琴童话初探

祖　琴

著名教育家，“中国幼教之父”——陈鹤琴先生五四运动之后从美国学成回国，立刻融入了中国的“新教育”改革运动中。他从儿童研究入手，创立了符合中国国情的科学化儿童教育和“活教育”的理论，被尊为中国近现代学前教育的拓荒者、奠基人。陈鹤琴不仅在儿童教育实践、理论等方面有独到的贡献，而且在60多年漫长的教育生涯中，为孩子们主编了多种儿童文学读物，并创作了多种体裁的儿童文学作品，其中有童话故事39篇。

在39篇童话中，《国王的信》是陈鹤琴唯一的一篇创作童话，1947年初发表于贺宜主编的《童话连丛》。《金斧头》是根据现代作家鲁风的民间故事改写的。《包公审石头》则是根据包公故事改写而成，于1939年发表于《四个教育家的儿童故事》一书中。其他36篇有的是改写自外国著名童话，如《红衣姑娘》(贝洛)、《三只熊》(列夫·托尔斯泰)、《黑狼想吃小山羊》(格林)；有的是改写自中国古典经典小说，如《捉拿孙猴子》；有10多篇改自中外寓言，如《乌龟上天》《猴子捞月亮》《龟兔赛跑》《卖驴子》等；还有的改自民间故事等。上述作品均于1946年发表在上海华华书店出版的陈鹤琴、钟昭华合编的《儿童故事》中。

在《儿童故事》卷头语中，陈先生总结其三个特点：一，文字非常浅显，适合儿童的口吻；二，笔法别致，不敢说“活泼生动”，断非呆板干躁者可比；三，内容儿童化，以期适合中国幼儿的心理。[1]

陈先生的孙女陈虹老师给这类故事从培养儿童道德品质、知识技能、情感智慧及幼儿故事的特点等方面做了总结。[2]结合陈氏祖孙的总结，笔者认为陈鹤琴童话的特点可概括

* 本文原载于《合肥学院学报》2013年第1期。

为以下几个方面。

1. 抑恶扬善,教育愉快化

《国王的信》是陈鹤琴唯一的一篇创作童话。故事说的是俩国王互致信件乱用省略号造成误会,导致多年残酷的战争,结果“尸横遍野,血流成河”“家破人亡”[3],兵士厌战,国王只好讲和。当他们追究战争原因,才知是省略号惹的祸。故事表面告诉孩子们语言表达要完整准确,其实,另有意蕴。1947 年中华民族经过抗战胜利又陷入内战之虞,一生致力于儿童教育来振兴祖国的陈先生,面对天真无邪的幼儿,聪明地选择了一个适合孩子们接受的角度,巧妙地处理沉重的战争题材,深入浅出地表明故事的主旨——反对战争,呼唤和平。

包公审案也是个严肃的成人话题,陈鹤琴将其改成幼儿故事《包公审石头》。一个卖油条的孩子的钱被人偷走,急得大哭,包公恰巧路过,连忙问询并将路边一块石头带回衙门,也将路人们引到衙门,审石头、打石头,路人们大笑。包公怒罚每人 30 文钱,放入水中,终于抓住偷“油钱”[3]的手。审石头只是借口,包公真正审的是偷钱的“手”。在清澈的水中,油光泛起,贼手暴露,因为钱是卖油条的钱,而手是不诚实的手。

审案子不审人却审石头,从审石头再审手审出真相。这既是包公的智慧,也体现了陈鹤琴的智慧。孩子们在奇异的情节中,在哈哈大笑中潜移默化地接受抑恶扬善的教育。

《小黄牛做饼》中,勤劳的小黄牛收了麦子想做饼吃,还需要磨粉、调粉、做饼、烧饼,三番五次请小伙伴们帮忙,可他们一次也不干。当小黄牛做好香气扑鼻的饼子后,小伙伴们纷纷要饼吃,小黄牛毫不含糊地拒绝。不劳动者不得食,自力更生。

《花生糕》是个赞颂爱心的故事。一个老婆婆为做花生糕,拎一篮梅子出门换花生,她先换棉花,又换山茶花,再换小狗,最后终于换得一篮花生,做成花生糕。故事中梅子、棉花、小狗都帮助了别人,老婆婆也得到别人的回馈——一篮花生,实现了自己的愿望。我为人人,人人为我。

为符合幼儿口味,陈鹤琴在精选的内容上有严格要求:(1) 物语;(2) 有音韵的故事;(3) 神话;(4) 奇异的故事;(5) 英雄故事;(6) 历史故事;(7) 笑话。[1]

作为一名幼儿教育家,陈鹤琴为孩子们写童话故事的目的是:(1) 使儿童愉快;(2) 学习语言;(3) 涵养性情;(4) 增进知识;(5) 引起儿童想象;(6) 陶冶嗜好;(7) 增进友谊;(8) 抑制恶感;(9) 培养发表能力;(10) 随机应变。[1]他通过自己的童话履行了自己的创作理论。

2. 增长知识，内容中国化

陈鹤琴童话中有十多篇改写自外国寓言或童话。《红衣姑娘》是陈鹤琴根据法国儿童文学先驱之一贝洛的童话《小红帽》改写。古稀之年的贝洛以其儿子皮埃尔的名义出版了童话集《鹅妈妈的故事》，《小红帽》是其中一篇。从《小红帽》到《红衣姑娘》，故事情节有七处改动。细节、对话描写更符合中国孩子的生活知识水平。最大的改动是将小姑娘被吃改为猎人打死大灰狼，暗合中国化大团圆结局的心理期望。原文突出狼的狠毒，改文则突出狼的狡猾，狼再狡猾，也斗不过好猎手。这既深刻地揭露了大灰狼吃人的本性，又彰显了人性的伟大。

《蚂蚁救喜鹊》是根据法国寓言大师拉·封登的《蚂蚁与鸽子》改写，将主角之一鸽子改成了中国民间常见的喜鹊。一只微不足道的小蚂蚁落入水中濒临死亡并大喊救命时，“一只虾看见了”“一只螃蟹看见了”“一只河蚌看见了”“都不去睬他”，只有喜鹊衔着张树叶飞来救了蚂蚁。几天后，当一个猎人举枪准备打正在树上做窝的喜鹊时，蚂蚁赶快爬到猎人脚上拼命咬了一口，痛得猎人放了空枪，喜鹊获救了。角色的替换增加了故事的亲切感、生活性。

《猴子捞月亮》改自亚洲佛经寓言《根本一切有部毗奈耶破僧事》。这则由佛教始祖释迦牟尼说出的笑话，实则包含多重寓意：不要追求不切实际的目标；不要庸人自扰和社会盲从；“色便是空”。面对几岁的孩子，这些寓意似乎太深。读陈鹤琴的《猴子捞月亮》仿佛是在看一场当事者迷、旁观者清的惊险搞笑游戏：随着一个个角色“小眼睛”“长尾巴”“大耳朵”的出场，惊叫“月亮掉在井里了”！场面惊险万分。随着老猴子一声喊“把月亮捞起来”，情节出现转机。当老猴子、大耳朵、小眼睛、长尾巴手脚相钩，深入井下久久捞不到月亮累得撑不住时，听故事的小朋友可能也会和老猴子一样喊“月亮在天上”！陈鹤琴改掉原作猴子溺死的悲惨结局。陈鹤琴就是这样在反复描写中，在一环扣一环的情节发展中，让孩子们与猴子们一起急，一起笑，急月亮掉在井里，笑猴子捞月亮的傻，在欢乐的笑声中增长生活知识，积累人生智慧。

3. 激发兴趣，语言“儿童化”

“小孩子喜欢听故事，所以幼稚园要讲故事”。[1]陈鹤琴把“使孩子愉快”列为讲故事价值的首位。他认为“‘真的兴趣’可以增加儿童做事和学习的效率”，“讲故事使儿童引起愉快，引起读书的要求，模仿故事中的人物，改善本身的行为……都是真的兴趣，也是儿童愉快之后发生的效力”[1]。陈鹤琴童话的受众是六七岁以下的幼儿，此年龄段的孩子喜欢听动物故事，39 篇童话中就有 35 篇主人翁是动物。幼儿集中注意力的时间短。39 篇童话除一篇篇幅较长外，其他都较简短。在故事的表达上，陈鹤琴运用了幼儿文学常用的手法：夸张、拟人、反复等，增加故事的情趣。

陈鹤琴认为故事对儿童学习语言很重要："故事里各种人物很多，各种动作也很多，形形色色，在当时儿童只觉得听了有兴趣，哪知道无意之中，就学习了许多语言。"[1]166 因此他提醒人们"要格外注意"："字句要文雅。故事是艺术，是学习语言的一道。我们在一方面固然要通俗，使每个儿童都懂得；另一方面我们要极力避去粗俗的字句。用民众艺术的语言来说书，是社会教育的秘诀，用儿童艺术来讲故事，也是儿童教育的秘诀。"[1]170

陈鹤琴的童话语言浅显易懂，活泼生动，即使是六十多年后的今天，也是通俗流畅，朗朗上口。"从前有一个孙猴子，他顶会变，一会儿变狗、变猫、变老虎、变狮子，一会儿变苍蝇、变蚊虫、变跳蚤、变臭虫、随便什么东西，他都会变；变的时候，只要把身子一摇就变成。"这是《捉拿孙猴子》的首段概述。

《捉拿孙猴子》改自中国名著《西游记》的经典片段。在《西游记》中，当"弼马温"的孙悟空偷吃了王母娘娘的仙桃和太上老君的仙丹之后，玉皇大帝派天兵天将捉拿悟空，都被悟空打跑。当真君二郎神奉命再次捉拿孙悟空时，也激战了"三百余合，不知胜负"。二郎神变巨魔、变饿鹰、变海鹤、变鱼鹰、变灰鹤，与悟空斗；悟空变巨妖、变麻雀、变大鹚老、变鱼儿、变水蛇、变花鸨，与二郎神战，仍是难分上下。最后是太上老君的"金刚套"，套住了悟空的天灵，终于捉住孙猴子。

而陈鹤琴的《捉拿孙猴子》用简短生动的儿童语言，再现了二郎神与孙猴子"变斗"的神奇精彩场面。孙猴子变鼠、变狗、变老虎、变蝴蝶、变乌鸦、变大老鹰，二郎神变猫、变狼、变狮子、变喜鹊、变猫头鹰、变猎人，猎人放枪打老鹰，孙猴子慌忙变成一只苍蝇飞到山上变成土地庙，最后被二郎神一把捏住尾巴变成的旗杆，被捉住。故事既保留了原作精髓，又做了切合幼儿实际的改编。"变斗"突出表现了作品丰富奇特的幻想，又将孙悟空和二郎神变的事物变成幼儿生活中常见的事物，增加生活的真实性。还将原作纷繁复杂的人物情节，眼花缭乱的打斗场面精简为集中明确的人物情节，单纯而曲折的场面，便于幼儿阅读理解。

4. 重编寓言，变童话体裁

陈鹤琴的 39 篇童话有 10 多篇改自寓言或传说。《乌龟上天》改自印度《五卷书・乌龟与天鹅》，《猴子捞月亮》改自亚洲佛经寓言《根本一切有部毗奈耶破僧事》，《龟兔赛跑》《黄狗啃骨头》《老鼠救狮子》《卖驴子》改自《伊索寓言》，《蚂蚁救喜鹊》《我的本领大》改自拉・

封登的寓言《蚂蚁与鸽子》,《兔子偷瓜》《胆小的松鼠》《猴子学样》《聪明的小兔子》《小黄牛做饼》《小猪找工作》《花生糕》改自民间寓言或故事。

他要求故事材料:(1) 富于动作的;(2) 人物情节要在儿童经验范围以内;(3) 富于本地风光;(4) 切勿带着很多的道德训义。他要求故事组织:(1) 全篇一贯;(2) 突然变化;(3) 开门见山;(4) 结果显然;(5) 富于重复性。他要求故事语言:(1) 词句要简短明了;(2) 词句要合于原意;(3) 插入有音韵的词句。[1]

寓言或故事原作篇幅简短,情节简单,语言表达多为概述,不便幼儿接受。因此陈鹤琴在遵循以上原则的基础上改写成童话,主要是增加多种描写。

一是细节描写。《我的本领大》改自拉·封登寓言《青蛙也想大如牛》。原作只有 18 句诗。[4]陈鹤琴在保留原作主题、结局的前提下,增加了三个细节描写:小青蛙和小鸟比唱歌;小青蛙和小公鸡比跳远;小青蛙和大乌龟比游泳。三次比赛小青蛙都是胜者,三次胜利助长了小青蛙的傲气,自以为天下第一,忘乎所以地要和老黄牛比身子大,用足力气拼命吹,吹破了小肚皮。小青蛙的形象幼稚又可爱,可笑又可悲,就像是小朋友们熟悉的幼儿园的某个小伙伴。最后结局使小朋友悲剧性体验更深刻,教育作用更久远。在同情中审视自我,在悲悯中警戒自我。

二是言行描写。《龟兔赛跑》改自《伊索寓言·乌龟与兔》。这是一个伴着中国几代人成长的经典故事,不聪明的孩子被鼓励要像乌龟一样勤奋,持之以恒;聪明的孩子则被告诫不要像兔子那样骄傲自满。原作是用叙述的语言概述故事,[5]陈鹤琴在保留原意的基础上,增加了言语和行为的细致描写,有对话,有神态,有行动,有心理,还增加了一个角色——小花猫,使乌龟和兔子的形象更栩栩如生,使故事更丰富[6],130 多字的寓言变成了 430 多字童话。

三是声音描写。在陈鹤琴童话中,几乎每一篇作品中都有模拟声音的词语。小猫"喵喵",小鸭"呷呷",青蛙"咯咯",小鸟"吱哩吱哩",驴子痛"欧喔呕喔",老猫哭"咪呜咪呜",小猴子笑"吱吱吱吱",猎人疼"哎哟哎哟"……逼真细致的声音摹写既增加故事的知识性,又增加语言的音乐性,更增加作品的趣味性,使孩子们在读故事、听故事过程中如见其"人",如闻其声,有身临其境之感。[7]

因此陈鹤琴强调故事的艺术性、儿童化,他的童话故事是自己教育思想的文学再现。现代意义的中国童话历史不足百年。20 世纪三四十年代专门从事童话创作的不多。[8]陈鹤琴在身兼多职事务繁忙之余亲自为幼儿园孩子写童话,拳拳之心跃然纸上。

历史翻走了一页又一页，故事读完了一篇又一篇，陈鹤琴先生“我爱儿童”的深挚之情换来一代又一代“儿童爱我”。陈先生不朽，陈先生童话不朽！

参考文献：

[1] 吕静，周谷平. 陈鹤琴教育论著选[M]. 北京：人民教育出版社，1994：395.

[2] 陈虹. 陈鹤琴和儿童文学[EB/OL].（2010—05—01）[2012—07—01]. http://cpfd.cnki.com.cn/Article/CPFDTOTAL－ZJCY201005003037.htm.

[3] 陈鹤琴，钟昭华. 儿童故事[M]上海：上海华华书店，1947.

[4] 周作人. 伊索寓言[M]. 北京：人民文学出版社，1955：37.

[5] 周作人. 拉封登寓言[M]北京：人民文学出版社，1955：26.

[6] 金近. 童话创作及其它[M]. 北京：少年儿童出版社，1957：112.

[7] 洪讯涛. 童话学讲稿[M]. 合肥：安徽少年儿童出版社，1986：187.

[8] 王泉根. 现代中国儿童文学主潮[M]. 重庆：重庆出版社，2000：5.

我们应该为幼儿提供怎样的阅读文本*

——从陈鹤琴先生对幼儿故事特征与价值的分析来思考

郑　荔

怎样为幼儿选择阅读文本，是摆在幼儿教育工作者面前的一个大问题。目前，有两种现象值得关注：其一，借“重传统文化”之名，各类经书粉墨登场，有人甚至为此掀起了一场声势浩大的“儿童读经运动”。其二，借“重世界经典”之名，大量翻译图书占据了幼儿阅读市场。

陈鹤琴先生高度重视幼儿故事读本的选择和创编工作，曾与张宗麟先生合作撰写了《幼稚园的故事》一书，深入分析了幼儿感兴趣的故事文本的特征，阐述了优秀故事文本对幼儿发展的价值。他还与钟昭华先生一起编写了一本《儿童故事》。[1]依据陈鹤琴先生的观点，我们试着对以上两种倾向作简要分析。

一、从幼儿兴趣看文本的适宜性

陈鹤琴先生提出，故事文本必须能够引起幼儿的兴趣。他在《儿童故事》“卷首语”中指出，文本要“适合儿童的口吻，生动形象，内容儿童化”，特别强调“人物情节要在儿童经验范围以内”。[2]故事文本要真正走进幼儿内心，为幼儿所喜爱和接受，其内容必须与幼儿生活有关联，否则便会产生隔阂，影响其阅读兴趣。那么，“儿童读经运动”倡导者所推崇的“四书五经”与幼儿生活有什么关联呢？刘晓东教授曾经指出，一百多年前就有外国学者非常奇怪，为什么中国人给孩子们读的是远离生活的经书，而拒绝从“猫”“狗”等贴近其生活的

---

* 本文原载于《幼儿教育》2012 年第 4 期。

内容开始。[3]时至今日，人们越来越认识到兴趣的重要，认识到教学内容必须符合儿童的生活经验，能够激发其内在需要。然而，倡导"儿童读经"的核心人物王财贵先生却在《儿童读经教育手册》中否定了"教材要依儿童的理解能力，由浅到深，由易到难，他能懂的才教给他；教育的目标是遵循实用原则，也就是他生活上有需要的才教给他；教学方法要顺应儿童的兴趣，有兴趣才学得好"等原则，这显然是逆潮流而动。综观那些经久不衰、能够赢得儿童"欢心"的故事文本，都是紧扣儿童心灵、吻合儿童生活实际的。陈鹤琴先生改编的儿童故事，几乎都是以儿童喜欢的动物为主角，以游戏活动等为内容的，充满了童趣，其中《拔萝卜》《猴子学样》《三只熊》等作品至今依然深受欢迎。教育有其内在的、不可违背的规律，四书五经之类的文本不符合儿童的发展特点，在民国时代即遭禁止，今日"卷土重来"相信也免不了再次被淘汰的命运。

陈鹤琴先生认为故事文本"切勿带着很多道德训义。儿童听故事就是为着听故事，不是为着受道德的训诫"。[4]而《儿童读经教育手册》却宣称："人的生命有限，熟读一些有高度价值的书，可以直探人性本源，较轻便地吸取人生的智慧，站在巨人的肩膀上，较迅速地启迪自己的理性。"众所周知，经书属于成人文化，刘晓东教授指出，"成人文化要想成为儿童生命和生活中的内容，那么它就必须与儿童的天性相符合，否则就不可能为儿童的生命所真正接受而成为儿童生命中充满生长力的成分。强行灌输给儿童的那部分成人文化只能败坏儿童的生活，是使儿童的生命发生异化的外部干扰因素。"[5]因此，不以儿童身心发展为基础的所谓"站在巨人肩膀上"只会让儿童徒增恐惧，"轻便地吸取人生智慧"恐怕只是一种美好的愿望。

陈鹤琴先生还提出，幼儿特别喜欢"富于本地风光"[6]的故事，因为幼儿熟悉本土故事的题材，具有与之相当的丰富的生活经验，所以容易对故事文本产生浓厚的兴趣。由此可见他对幼儿故事"本土化"的重视。从这个角度来看，当前某些幼儿园一味追捧从国外引进的故事文本，同样有失偏颇。

二、从幼儿语言经验的生成看文本的适宜性

陈鹤琴先生认为，幼儿听故事时"有了兴趣，无意之中就学习了很多语言"。[7]那么读经是否有益于幼儿语言发展呢？《儿童读经教育手册》中有这样的表述："遇到不认识的字和不懂的文句，要通通含混过去"，并且认为"这样是大有功效的"。果真如此吗？

儿童是学习的主体，在接受信息、解读文本的过程中是积极、主动的，文本所涵载的信息与儿童原有的语言经验、认知经验、情感和动机等因素相互作用，发展出新的语言经验和认知经验，成为其下一轮学习的基础；文本内容与词句是否符合儿童语言水平与语言学习的规律，直接影响儿童的语言习得。很多“儿童读经运动”的倡导者也承认，由于“经”的主体是四书五经，还包括《道德经》等成人也望而却步的艰涩文字，因此他们也担心儿童会“学而不化，难以为续”，于是提出先让儿童学“三百千千”（即《三字经》《百家姓》《千字文》和《千家诗》），以奠定读经的良好基础。[8]那么，儿童读“三百千千”的情况怎样呢？据报道，一名四岁女孩学念《三字经》，念到“苟不教，性乃迁”时屡屡记不住，于是干脆把这句经文改为“狗不叫，猫就叫”。在“庄严”的读经活动中，这样的改编真是令人啼笑皆非，也恰恰说明了经书的语言与幼儿格格不入。

陈鹤琴先生特别指出，幼儿故事的词句“不要失却‘儿童化’”[9]。给幼儿的语言文本应符合其语言表达与理解特点，否则会造成语言传递和语言接受的“信息差”，使传递和解读活动失败。杨实诚先生认为，儿童文学作品的词语要能为儿童所理解，所乐于接受，易于激励儿童去联想有关的具体形象。比如描写气候，成人文学一般会采用“风和日丽”或“雷电交加”之类的词语，而儿童文学可能会用“暖洋洋的太阳”“蓝蓝的天空”或“雷公公在发脾气”之类的词语。[10]因此，符合儿童年龄特点是对儿童文学语言上的要求。如，儿童喜爱的卡通猫形象，作者对其外观是这样描写的：“3个苹果那么重，3个苹果排起来那么高”，这样的语言正是儿童所能理解的。而经书文本中，即使是相对比较简单的“三百千千”，也与幼儿的语言有很大的距离，幼儿解读这样的文本，不只是“学而不化，难以为续”，根本就是“隔靴搔痒”“过而不入”。语言发展是循序渐进的，文本语言只有与儿童原有的语言经验相结合，才能促进儿童不断产生新的语言经验。读经倡导者所尊奉的“多念多反复乃至于会背诵”“只要能背，不管懂不懂”，实际上使语言与理解相分离，缺少了“理解”这一台阶，幼儿如何逾越经验之间的距离呢？又如何像读经倡导者所希望的那样让经书内容能够“日后一一从头脑中蹦出来”呢？同样是文本，幼儿解读与其生活相关联的文本是主动索求，轻松理解，积极建构语言和经验。读经书则是糊涂记下，千辛万苦，很难获得语言和经验。这是“事半功倍”与“事倍功半”两种截然不同的结果。

陈鹤琴先生在编撰《儿童故事》时，也引用了很多西方国家的儿童文学作品，但他都根据中国儿童的发展特点，对其中的情节和人物尤其是语言做了大量的改动。陈鹤琴先生说：“这里的故事没有一个是从原文直译出来的，个个都是重新写过、编过的。国外的情形与本国的不同，为适应中国儿童的心理，故事中的人物、故事中的情节是特别选择，特别叙述的。”[11]今天当我们再思考该如何运用国外儿童文学文本的问题时，陈先生的做法仍值得借鉴。

三、从对幼儿身心的影响看文本的适宜性

陈鹤琴先生阐述了故事的价值：使儿童愉快，涵养性情，引起儿童想象，培养表达能力，学会随机应变等。[12]读经倡导者却认为：“幼儿将文化经典智慧烙在脑细胞的无意识层，以后进入思考发育期，就以才能、性格表现出来。”“儿童诵读经典将古圣先贤的智慧结晶存入脑中，不但可以美化身心，而且可以改变气质，净化灵魂，优化品格。儿童诵读经典时，不强求他理解，只要他当儿歌或广告词来念，自由自在、愉快自然地多读几遍，如此在身心放松的情况下，脑内充满知识，心情平静，心中充满爱与温柔，右脑充分开启，情绪智商全面提高。”[13]

强迫幼儿小小年纪就去读与自身生活距离很远的经书，并期待着这些经书内容有一天能“以才能、性格表现出来”，这真是异想天开。语言发展本与整个身心发展相一致，幼儿不懂的文字难以真正进入幼儿心灵，又何来“美化身心”呢？儿歌是经大浪淘沙，为一代代儿童口口相传的“珍品”，艰涩的经书和儿歌是两码事。能为儿童诵记的广告词大多也是因为内容是儿童熟悉的，所以才引起了儿童的兴趣。儿童被迫去死记硬背那些他全然不理解的文字，这样的文字难免会变得面目可憎，又怎么能让他们产生“爱与温柔”的美好情感呢？

幼儿喜欢的文本有独特的品质。如绘本《第一次上街买东西》，讲的是一位五岁的小姑娘为脱不开身的母亲买来了一瓶急需的牛奶，这看似是一个平淡无奇的故事，但对孩子来说却是一个不折不扣的冒险故事。哪一个孩子没经历过第一次买东西的惊心动魄呢？故事吻合了孩子的精神成长，孩子在阅读时能引起心灵上的强烈共鸣。又如绘本《我绝对绝对不吃番茄》，讲的是一个女孩很挑食，宣布不吃番茄等一切餐桌上的食物，哥哥告诉她“豌豆是绿雨滴，土豆泥是山顶的白云，而番茄是‘喷水’的月亮”，结果女孩愉快地吃完了所有该吃的东西。故事不但容易让小读者联想起那些每天都发生的大同小异的餐桌故事，还容易激发起他们无穷的想象。这些故事触动的是儿童心底最隐秘的角落，并通过语言整合了儿童原有经验，促使儿童心灵与语言同步成长。

综上所述，陈鹤琴先生认为，故事对幼儿的发展具有独特的价值。他深入分析了儿童

故事“内容儿童化、词句儿童化”等基本特征，他认为，为儿童编写故事既要重视传统，又要借用国外经典，这种既追求“国际化”又不失“本土化”的思想，对我们今天选择和使用儿童阅读文本依然具有启示意义；对纠正当前“一味重视传统而忽略儿童身心发展特点”的不良倾向，以及对改变“一味崇尚国外经典而忽视民族文化传承”的现象，尤其具有指导意义。

参考文献：

[1][2][11] 陈鹤琴. 陈鹤琴全集(第三卷)[M]. 南京：江苏教育出版社，2008：403，403，403.

[3] 刘晓东. 儿童读经运动质疑：与南怀瑾先生商榷[J]. 南京师范大学学报，2004(3)：67.

[4][6][7][9][12] 陈鹤琴. 陈鹤琴全集(第二卷)[M]. 南京：江苏教育出版社，2008：196，196，188，198，188－189.

[5] 刘晓东. 论儿童文化：兼论儿童文化与成人文化的互补互哺关系[J]. 华东师范大学学报(教育科学版)，2005，23(2)：29.

[8] 沈立. 对当前儿童读经运动的反思[J]. 中国教育学刊，2006(5)：19.

[10] 杨实诚. 论儿童文学语言[J]. 中国文学研究，1999(2)：17.

[13] 郭齐家. 少儿读经与文化传承[J]. 湖南科技学院学报，2005，26(1)：52.

回归命脉：重审陈鹤琴的"活教育"目的论*

黄书光

对未来新人的呼唤从来就是转型期社会的时代强音。当代中国基础教育改革已经进入深水期，如何把握和瞄准改革发展的正确航向？如何回归教育的"育人"本质？如何着力儿童的健康成长？这些都不能不让我们驻足回望陈鹤琴的"活教育"目的论，去重温其"做人，做中国人，做现代中国人"所蕴藏的深刻哲理，以寻觅其不朽的时代价值与现实意义。事实上，陈鹤琴的"活教育"目的论即是其长期从事本土教育实践与办学活动的理论提升，其"一切为儿童"和致力于培养儿童"做现代中国人"的办学理念至今仍然是全球化背景下当代中国基础教育改革发展的必然诉求。

一、"做人"是教育的出发点和归宿

"做人"，这个看似简单的问题，常常被过于功利化的现代应试教育所遗忘。当我们以学生的考试分数来评判一个教师或一所学校的成就时，实际上已经完全异化了教育的本质，是"目中无人"的教育。当代中国教育学重建的一个重要基点就是要找回活生生的"人"，找回生命成长的丰富性、多样性和独特性。诚如叶澜所说："'人'的问题，既是教育学必须回答的前提性问题，又是教育学建构中不可或缺的核心问题。"[1]

如何做人，特别是如何做一个有道德尊严的人，始终是儒家教育十分关注的核心问题。孔子就反复要大家以"仁"德为己任，学做"君子"，强调"君子去仁，恶乎成名？君子无终食之间违仁，造次必于是，颠沛必于是"。[2]孟子进而认为，人之所以为人的根本就在于：人生

---

* 本文原载于《教育发展研究》2012 年第 12 期。

来就有具备善端的德性。他说:“无恻隐之心,非人也;无羞恶之心,非人也;无辞让之心,非人也;无是非之心,非人也。恻隐之心,仁之端也;羞恶之心,义之端也;辞让之心,礼之端也;是非之心,智之端也。”[3]陈鹤琴对原始儒家教育的道德哲学和“做人”传统十分赞赏,他说:“孔子所谓修身,治国的道理,都是着重于‘做人’。可是到了近世,教育本身变了质,以为去读书就是‘受教育’。反而把‘做人’忘记了,所以我今天特别提出‘做人’,以唤起人们的注意。”[4]

在陈鹤琴看来,人不只是一个自然人,也不只是一个有德性的人,更是一个具有丰富内涵的社会人。他说:“人之所以异于其他的动物,就因为人是一种社会的动物。自有人类历史以来,人都是过着社会生活的,人不能离开社会而独立。既然如此,人就必定在人与人之间相互发生关系,怎么使这个关系正确地建立起来,以通过这个关系参与共同生活,通力合作以控制自然,改进社会,使个人及全人类得到幸福,便是一个做人的问题,所以活教育要讲做人,应当努力学习如何做人,如何求得社会的进步,人类的发展。”[5]在这里,陈鹤琴肯定了“人不能离开社会而独立”,但同时指出:人不是社会的被动适应物,人还承担着“改进社会”,谋求“社会的进步”和“人类的发展”的神圣使命。正是出自这样的使命感,陈鹤琴认为,要从小为孩子发展打好“做人”的基础。他语重心长地说:“未达学龄的时期,从心理上看来,是养成习惯的基本时期,也是树立人格的基础时期。”[6]

那么,学龄前儿童应该养成什么样的良好习惯和树立什么样的基础人格呢?陈鹤琴主张要结合实际生活开展深入的科学研究和探索,强调要根据幼儿的身心发展特点和规律而定。1925年,其亲自订立的《幼稚生应有的习惯和技能表》,即是通过南京鼓楼幼稚园的精心实践并经反复提炼而成的,其中包含:卫生的习惯32条、做人的习惯61条、生活的技能24条、游戏运动的技能22条、表达思想的技能22条、日用的常识24条。这些习惯技能具体形象,可操作性强,幼儿经过努力是能够达到和渐次养成的。至于小学阶段,陈鹤琴则要求超越一般意义的习惯技能,提出更进一步的“做人”要求。他在《工部局小学校歌》中饶有兴趣地写道:“我的学校,教我们做人怎么做?团结活泼,做事勇敢,清洁健康,生活快乐,遵守纪律,和气且恭敬,爱国爱人还要爱学问。”[7]从中,我们不难体会出陈鹤琴推崇的办学理想:既尊重儿童的活泼天性和主体精神,又对其提出合理的做人要求,引领其“爱国爱人还要爱学问”。

二、“做中国人,做现代中国人”的时代价值和现实意义

如果说“做人”的要求突出的是人类的生存与发展的共性,强调人的社会性及其基本素

质，那么，“做中国人”无疑是要彰显中华民族的个性，着力培养具有中华民族特色和气质的优良品质。人一出生，就必然生活在一定的社会和国家里，作为中国人也就不可避免地要把自己的命运与社会国家的命运联系在一起。陈鹤琴语重心长地指出：“在世界上还存在各个国家时，做个中国人必须热爱自己的国家，这个拥有长期光荣历史的国家并尽力来提高中国在世界各国中的地位。他也必须热爱生长在同块国土上有着同样命运的同胞们，他们为同一个目标，即为自己国家的兴旺发达而努力。”[8]

很显然，“做中国人”强调的是教育的民族性，要求自觉弘扬每一个中国人的爱国情怀。但作为具体的中国人，又是生活在一定的现实情境之中，要具备“做现代中国人”的气度与素养。与传统社会的中国人不同，现代社会的中国人还应冲破循规蹈矩式的臣民心理和顺民观念。陈鹤琴说：“我们现在不要一般顺民式的儿童。我们要有勇敢、进取、合作、有思想、肯服务社会的儿童。”[9]在他看来，当时的中国社会正在转型，中华民族亟待独立，大家长式的专制封建观念仍然残存，科学民主的近代启蒙任务尚未完成。职是之故，他对如何践行“现代中国人”提出了明确要求。他说：“中国还处于半封建半殖民地的境遇，人民生活的艰苦，有如水深火热，但亦正因为如此，每一个人都负荷了一个历史任务，那便是对外反对帝国主义干涉，争取民族独立；对内肃清封建残余，建树科学民主，这是中国人当前的生活内容与意向，而活教育就要求做这样的中国人，现代中国人。”[10]在陈鹤琴看来，“做现代中国人”必须具备五个条件，这就是：健全的身体、建设的本领、创造的能力、合作的精神、服务的态度。

陈鹤琴先生提出的这五个条件涵盖了人的德、智、体诸方面的和谐发展，特别是其中“创造的能力”和“合作的精神”与当代基础教育改革与发展的核心理念是吻合的。一个民族和国家的发展归根到底离不开其创新性思维和创造能力的高低，中华民族历史悠久，自古以来并不缺乏天才的创造力。但由于专制主义帝国的长期钳制、传统经学教育的一统天下以及科举制度的应试本质，致使国人的创造力备受摧残。陈鹤琴关切地指出：“时至今日，我们急需培养儿童这种创造的能力。儿童本来就有一种创造欲，我们只要善为诱导，善为启发，可以事半而功倍。”[11]与陈鹤琴所处的时代不同，当代中国社会已置身于全球化、信息化背景下的社会大环境之中，知识的更新与职业的流动显然更为突出了，然而原创性成果和创造性人才的普遍缺乏引发了社会对“钱学森之问”的高度关注，创造能力与创新精神的培养实际上已成为当代中国基础教育改革发展的风向标之一。至于合作精神的养成，可追溯到孔子所创建的“仁”说，即乍现“人与人的相互支撑合作”的学术端倪，但长期的帝国专制政治统治却离散了国人的合作精神，致使近代外人视吾民为“一盘散沙”，从而引发了陈鹤琴对“合作”精神的特别关注。他说：“外国人骂中国人为一盘散沙，可说一点也没有挖苦我们，自己一想就不禁要为之寒心。所以我们对于小朋友从小就要训练他们能合作，能团结，这才能使他们配做一个新中国的主人翁。”[12]而随着东西方经济、文化、教育交流愈益密合的当代社会，全球实际上已成为一体化的村庄，人与人、国与国之间更需要真诚的合作精神，“学会共同生活”早已和“学会认知、学会做事、学会生存”一起，共同构成了当今社会每个人所必备的基本学习能力，是“教育的四个支柱”。[13]

陈鹤琴进而指出，“做现代中国人”还必须有国际的视野和世界的眼光。他说：“所谓世界的眼光，就是对世界的看法，我们要对世界有正确的看法，必须了解世界的事事物物……唯其认识世界，才能不斤两于个人的利害得失。”[14]在他看来，中国再也不是闭关锁国时代的帝国，“中国是世界的一环，不能脱离世界而孤立自存的”；强调现代中国人“不特要了解中国社会发展的特质，他还要了解世界的潮流。他不特要为中国的民主独立而努力，他还要为世界和平而奋斗。”[15]在这里，我们不难体会到陈鹤琴“做现代中国人”的博大胸怀，体会到该命题本身所包含的“民族性与世界性”的辨证统一，体会到这一辨证关系对于当代中国基础教育改革与发展的内在动力价值。

三、教育家办学的实践诉求与“活教育”理论的本土成长

随着中国社会经济发展和教育改革的不断深入，“教育家办学”成为教育学术界越来越关注的焦点，“提倡教育家办学”被正式写入《国家中长期教育改革和发展规划纲要(2010—2020年)》。诚然，“提倡教育家办学”要以教育家的胸怀和气度投身到实际的办学实践中，在实践中通过“理论”与“实践”的双向建构，以履行神圣的办学使命。在这方面，陈鹤琴杰出的办学实践和理论探索已为教育事业的后继者做出了榜样。事实上，“活教育”理论并非从天上掉下来，而是陈鹤琴长期从事本土教育实践与办学活动的理论提升，是20世纪前期中国“新文化”和“新教育”运动的产物，也是中外文化教育交流与碰撞的结晶。

陈鹤琴是怀着一颗“为人类服务，为国家尽瘁”和“喜欢孩子”的心出国留学的，当他1919年8月回到阔别5年的祖国时，便很快投入到他所钟爱的“新文化”和“新教育”改革洪流中。从基于学生自治、语体文应用字汇编制等话题而展开的教育民主化探索，到引入西方智力测验、教育测验的教育科学化求索，再到把教育研究进一步落实到对长子陈一鸣所

进行的长达808天的追踪观察与实验,并在观察实验与理论分析的基础上完成了两部划时代的教育巨著《儿童心理之研究》与《家庭教育》,陈鹤琴由此为“活教育”的形成奠定了基础。之后,陈鹤琴没有止步,而开始了系统的南京鼓楼幼稚园实验。虽然实验一波三折,但还是克服了幼稚教育的外国化倾向,走出了一条基于本土、适合国情的中国幼稚教育发展之路,并以《我们的主张》昭示于世。其后,陈鹤琴转身从事教育行政工作(1927—1939年)。令人惊奇的是,他视行政为学术,“以研究精神办理教育行政”,[16]不仅自觉地开展教育实验区,区域推进教育改革;而且亲自编写教材、读物,创建中华儿童教育社,投身难民教育,时刻维护租界区华人合法的教育权利等。很显然,“活教育”精神在这些实践中已全方位展开,“活教育”思想内核已呼之欲出。

1940年,陈鹤琴拒绝了当时教育部请他做官——“负责国民教育委员会”的邀请,来到了僻静的江西泰和城郊——文江村大岭山,以非凡的毅力克服了种种办学困境,筚路蓝缕,创办了著名的江西实验幼稚师范学校。在这里,他常常夜以继日地工作,并与学生一起开山辟园,潜心考索办学过程的种种细节,进行更加系统的“活教育”实验,其酝酿已久的“活教育”理论亦正式结胎和诞生。这所宛如古代书院的现代学校就掩映在大岭山的松林深处,校园中央树立着两块大牌:一是“做人,做中国人,做现代中国人”;另一是“大自然、大社会都是活教材”。陈鹤琴情不自禁地写下了这样的美丽校歌:“幼师,幼师,美丽的幼师！松林中响的是波涛来去,山谷间流的是泉水清漪……做中教,做中学,随作随习。活教材,活学生,活的老师。大自然大社会是我们的工作室。还要有手脑并用,文武合一。建设我们的新国家,教导我们的小天使。幼师,幼师,美丽的幼师。”[12]从1940到1946年,陈鹤琴和其“活教育”事业的追随者在这里共培养了七届213名毕业生,这些人后来绝大多数都成为全国幼教战线的骨干力量,对中国幼教事业的健康发展起到了极大的推动作用。抗战胜利回沪后,陈鹤琴创办了上海市幼稚师范学校(后改为上海市立女子师范学校),参与建立了国立幼稚师范专科学校,继续开展“活教育”实验,使之在新的历史条件下不断完善,与时俱进。

不难看出,陈鹤琴不仅是现代中外教育交流的使者,“新文化”和“新教育”改革的探索者;而且更为重要的是,能够立足本土进行长期的、多样化办学实践,将实践与理论对接,进行双向建构,创造出具有中华民族特色且不乏国际视野的“活教育”理论,从而实现了他所梦想的“和杜威一样的在创造理论,也创造方法”,[18]不愧为中国现代教育家办学的楷模和典范。

四、“一切为儿童”与当代中国基础教育改革的价值导向

以培养“做现代中国人”的“活教育”理论蕴含着博大精深的人本精神，其理论指向正是儿童的健康成长。陈鹤琴在一次“六一国际儿童节”中题词——“一切为儿童”，这样朴实的一句话却寄托着“中国现代儿童教育之父”的崇高理想和愿望，至今仍然是当代中国基础教育改革的重要价值导向。

弹指一挥间，伴随着巨大的外力冲击和“西学东渐”，经过几代人的不懈努力，中国教育的现代化探索已经走过了一百多年。其间，我们先是效法日本、取法德国，继而追随美国、学习苏联，乃至于“改革开放”的全方位对外开放，各国的教育现代化模式似乎都有所借鉴。但我们也应清醒地认识到，现代化作为理性化的过程，其彰显的是人在征服自然和改造自然过程中的理性威力；国人在教育现代化追求过程也就不可避免地首先要着力于器物与制度的变革、民族与国家的富强，热衷于教育科学化乃至技术化的推进，从而不同程度地忘却人的存在及其健康成长的本体意义。诚如潘光旦所说：“教育的唯一目的是教人得到位育，位的注解是‘安其所’，育的注解是‘遂其生’，安所遂生，是一切生命之大欲。”[19]因此，如何立足本土、透视民性，让儿童“安其遂生”地健康成长正是教育家梦回萦绕的良苦用心。为了让生活在底层的难民儿童也能够“安其遂生”，当初陈鹤琴就经常穿行在难民棚中，尽其所能地开展难民儿童教育。1935年8月1日，陈鹤琴写了这样的宏愿：“(一) 愿全国儿童从今日起，不论贫富，不论智愚，一律享受相当教育，达到身心两方面最充分的可能发展。(二) 愿全国盲哑及其他残废儿童，都能够享受到特殊教育，尽量地发展他天赋的才能，成为社会上有用的分子，同时使他们本身能享受到人类应有的幸福。(三) 愿政府及慈幼机关为儿童福利着想，尽力设计，多予儿童以安全的保障。(四) 愿全国各处从今以后，所有奴婢童工等不良制度，完全绝迹。(五) 愿全国的父母、导师以及全国的成人们，随时随地本着‘幼吾幼以及人之幼’的古训，各就自己能力所及之处，保育儿童，救济儿童，感化儿童。(六) 愿今后全国的父母们，都具有教育常识，切实了解儿童心理和儿童期价值。(七) 愿全国的妇女们，都自觉着母性的伟大，注意胎教和妊娠期的卫生，造就优良和健全的国民。(八) 愿全国教师们，抱着鞠躬尽瘁、死而后已的精神去教导儿童，训练儿童，使他们成为健全的公民。(九) 愿全国慈善家和一切成人们，对于凡百救济事业，先从儿童做起，遇到危险，先救儿童。”[20]在这个充满爱心的宏愿中，我们感受到了陈先生“一切为儿童”的崇高教

育理想以及对“教育”本体价值的深刻理解。

今天我们所处的环境与20世纪前半期的社会已有根本性质的变化,教育现代化变革特别是基础教育的现代化变革也在不断推进。但需要指出的是,教育变革与社会经济变革总是相伴而行,转型期社会的多元价值取向和功利主义盛行,教育领域的“目中无人”现象有所抬头,学校层面的分数至上,行政部门的“升学率”评价,家长对孩子学业成绩的过度期待,招考单位的生源大战,凡此种种都极大地影响了未成年人的健康成长,使幼小的心灵蒙受过大、过强的压力。这样的教育不仅违背了陈鹤琴先生的“做人,做中国人,做现代中国人”的教育理想,更与其“活教育”精髓背道而驰。毋庸置疑,当代教育改革千头万绪,但回归命脉——一切为了儿童的健康成长,无疑是当代中国基础教育改革的价值重心和发展路向。

参考文献:

[1] 叶澜.教育创新呼唤“具体个人”意识[J].中国社会科学,2003(1).

[2] 论语·里仁[A].杨伯俊译注.论语译注[C].北京:中华书局,2009:35.

[3] 孟子·公孙丑上[A].杨伯俊译注.孟子译注(上)[C].北京:中华书局,1960:80.

[4][5][7][10][14][15][17] 北京市教育科学研究所:陈鹤琴全集(第五卷)[M].南京:江苏教育出版社,1991:62,62,556,63,66,67,4.

[6] 北京市教育科学研究所.陈鹤琴全集(第一卷)[M].南京:江苏教育出版社,1987:518.

[8] 北京市教育科学研究所.陈鹤琴全集(第六卷)[M].南京:江苏教育出版社,1992:300.

[9] 北京市教育科学研究所.陈鹤琴全集(第二卷)[M].南京:江苏教育出版社,1989:883.

[11][12][18][20] 北京市教育科学研究所.陈鹤琴全集(第四卷)[M].南京:江苏教育出版社,1991:358,359,350,436-437.

[13] 国际21世纪教育委员会.教育——财富蕴藏其中[M]北京:教育科学出版社,1996:75.

[16] 陈鹤琴.我的半生[M].上海:华华书店,1942.

[19] 潘乃谷,潘乃和.潘光旦教育文选[C].北京:人民教育出版社,2002:57.

陈鹤琴游戏思想对当前幼儿园游戏实践的启示*

陈晓红　黄　进

"游戏"，是一种时常被提及并被呼吁要重视，但在教育实践中却往往被忽视的活动。"幼儿园要以游戏为基本活动"，不论是20世纪90年代出台的《幼儿园工作规程》，还是21世纪初颁布的《幼儿园教育指导纲要(试行)》，对这一点都尤为强调。然而，考察幼儿园教育实践我们发现，还有很多问题需要深入思考。

陈鹤琴的游戏理论是其教育思想体系中非常重要的组成部分。他主张以儿童特点为前提，以大自然、大社会为课堂，以实现"做现代中国人"为根本宗旨，以游戏为主要方式，充分发挥儿童的自主性，促进儿童的全面发展。时至今天，陈鹤琴的游戏理论对于解决当前幼儿园游戏存在的问题仍具有重要的指导意义。

一、"游戏是儿童的生命"

陈鹤琴认为儿童有四心："好动心""模仿心""好奇心""游戏心"，其中"游戏心"出自儿童的本能。19世纪以来，教育学家和心理学家对儿童游戏的重视，既是对游戏在儿童身体、认知、情感、人格等方面发展价值的认同，也是对儿童作为一个完整的、和谐的人的一种尊重。受西方思想的影响，陈鹤琴也反思："吾国社会对于游戏不加注意，甚有以为学校不宜让儿童游戏的。普通人常以游戏为顽皮。"

时间虽已过去了大半个世纪，人们的这种思想却仍然存在，只不过演变成了另一种较为隐蔽的形式：有游戏，但只有"教师的游戏"。这与我国传统文化中忽视儿童的地位，将成

* 本文原载于《幼儿教育》2012年第4期。

人文化作为典范的思想是分不开的。因而,人们即便接受了西方现代的教育观念,意识到儿童应该玩游戏,但也仍认为他们应该玩的是成人设计的游戏。

这一观念反映在幼儿园教育实践中即为教师对游戏控制过多,异化了游戏。教师往往是游戏的组织者和领导者,严格控制着幼儿游戏的内容、时间、规则以及游戏的发展。在角色游戏中,教师经常采取“包办”的做法,给幼儿准备好各种游戏材料,以一定的模式导演幼儿的游戏,如规定几种主题和角色,帮助幼儿分配角色或指定角色,角色必须按固定方式来表现,情节也要按一定套路发展。显然,幼儿没有真正成为游戏的主人。我们经常在幼儿园看到这样的现象:在游戏开始前,教师会说,你要想好玩什么,怎么玩;在游戏中,教师会说,你不可以这样玩,你必须那样玩;在结束时,教师会说,你学到了什么,你以后应该这么做。正如华爱华教授所分析的那样,“在教学计划中,教师会详细地安排游戏的过程,使得幼儿按教师设定的流程进行‘游戏’;在游戏的设计中,教师规定了幼儿的游戏行为,成为游戏的直接导演者,幼儿成为游戏的‘奴仆’;在组织游戏的过程中,教师不断强化幼儿必须达成的即时目标,使得游戏成为了追求结果的活动”。[1]

陈鹤琴提出:游戏是儿童的生命。因此,教师应尊重幼儿在游戏中的主体地位,不能不顾幼儿的意愿,不能总是要求幼儿按成人的意愿去做。教师应尊重幼儿的兴趣,考虑其需要,让幼儿在游戏情境中主动、积极地探索和发现,以自己的方式去获得各种经验。同时,要为幼儿创设良好的游戏环境,为其自发、自愿的活动提供条件,并将教育目标渗透其中,促进幼儿身心健康和谐发展。更为重要的是,教师要学会欣赏幼儿的游戏,欣赏他们在游戏中异想天开、不断生成和创造的品质。这是对生命本身的欣赏,也是一种民主平等的师幼关系的体现。

陈鹤琴还强调,儿童游戏要有快感。儿童从游戏中获得的快感越多,游戏兴趣越浓厚;快感少,情趣也少。因此,教师应关注幼儿游戏的愉悦性,不能使游戏成为任务。同时,也要注意到,游戏的发展价值是以幼儿获得自由自主的游戏体验为基础的。任何活动若被剥夺了快乐和自主,再怎么强调它对幼儿发展的好处,也是值得怀疑的。

二、“大自然、大社会是一本无字的书”

陈鹤琴说过,“大自然、大社会是一本无字的书”,是“活教材”。他对大自然的热爱和推崇渗透在他的整个教育理论中。在生活中,他也经常带着儿子去看蓝天白云、山林树木、鸟兽昆虫,让儿子快乐自由地玩耍和奔跑。陈鹤琴对自然和社会生活的重视是建立在对中国传统的书本教育和灌输教学的批判之上的。时间过去这么多年了,中国儿童的处境已发生了很大变化,而远离自然的问题却越来越严重了。

当前幼儿园游戏材料逐渐商品化,主要为玩具工厂生产的现成玩具或具有高科技含量的游戏材料。根据刘焱的调查,在儿童游戏材料中,商品化玩具已占80%以上,自己动手制作游戏材料的儿童比率下降很快,20世纪80年代末还占64.4%,到20世纪90年代已下降到27.1%。精美的现成玩具代替了过去的自然材料,儿童制作玩具的乐趣以及在此过程中想象、思考的权利也被无情地剥夺了。

随着都市化进程的加快,城市绿地的减少,幼儿走进大自然的机会也日渐减少。幼儿游戏的场所主要是室内,即使是户外游戏,也大多是在塑胶地面上(特别是在城市幼儿园)进行,幼儿很少有机会在大自然中玩耍。此外,大部分幼儿没有了观察和捕捉自然界小动物的经验,取而代之的是观察幼儿园的自然角等。很多充满自然趣味的民间游戏也已淡出人们的视野。自然材料和自然空间的缺乏导致幼儿只能在一个人工建造的环境里游戏,被商家和教育者"游戏"着。

陈鹤琴的理论和实践启示我们:气象万千、无可穷尽的自然界是儿童的经验宝库。因此,面对游戏的自然性逐渐减少的现状,教师首先要因地制宜地为幼儿提供自然性材料。例如,在意大利瑞吉欧的幼儿园中,教师为幼儿提供的游戏材料大多是从野外捡回来的树枝、树根、石头等,幼儿可以利用这些自然材料充分发挥想象进行创作。教师也可以为幼儿提供废旧物品或经过简单加工制成的玩具,以鼓励幼儿自制玩具,这样不仅可以节约开支,更重要的是可以进一步发掘玩具的教育价值。因为幼儿在制作玩具的过程中会积极开动脑筋,加深对客观世界的认识,提高动手能力,并养成勤劳、爱惜资源等美德。此外,教师要努力为幼儿提供更多接触自然的机会,在保证安全的情况下多带领幼儿到大自然中去游戏。例如,可以带幼儿去郊外认识大自然,参观养殖场,近距离地认识动物,等等。

三、"游戏式的教导法"

陈鹤琴明确指出,幼儿园活动以游戏为主。他认为,"喜好游戏"是儿童突出的心理特点,也是"儿童的本性""儿童既然有这种强烈的本性,我们就可以利用这个动机去教导他"。[2]他赞成将教学和游戏整合起来的做法,认为这是寓教学于游戏之中,游戏要成为幼儿教育的基本手段，乃至幼儿教育的一种精神或灵魂，要贯穿幼儿教育的整个过程。

这些年来，游戏作为教学的手段，受到了教师的重视。但有的教师为了使活动呈现所谓理想的游戏状态，会把教学、谈话甚至是生活活动都安上“游戏”的名目，这实际上是把游戏当成一种装饰，这样的活动往往会偏离教学目标，显得生拉硬套甚至不合逻辑。

教学与游戏的整合的确是教育实践中的一大难点。许多教师对这两者之间的内在关系缺乏正确的认识，以为“教学游戏化”就是教师在组织活动时运用一点游戏策略或拼凑一点游戏活动进去。笔者看过一个生活活动“筷子夹夹夹”，教师选用儿歌来引导幼儿做游戏：“小筷子，本领大，五个手指来帮忙，拇指、食指和中指夹着哥哥躺躺好，无名指、拇指和中指托着弟弟躺躺好，先打开，再合起，一夹一夹真有趣，饭菜吃完味更香。”这首儿歌把筷子分成“哥哥”和“弟弟”两个角色，看上去似乎带有游戏色彩，却缺少现实生活依据，根本不能激起幼儿对于使用筷子的兴趣，不但显得多余，甚至成了幼儿学习动作的障碍。又如，在一次美术活动中，教师设计了一个给娃娃的头发配发卡的游戏，规则是红头发配红发卡，绿头发配绿发卡，目的是让幼儿掌握颜色配对。结果操作时，幼儿纷纷给黑头发配上红发卡，给绿头发配上黄发卡，因为在生活中发卡往往用来装饰头发，人们经常使用对比色。这个活动中使用的游戏策略与幼儿的生活经验不契合，因而失败了。实践中这样的现象很多，归根结底，是教师缺少对幼儿生活经验的了解，以为只要设置一些假想的或竞赛之类的环节就是所谓教学游戏化了。

通过学习陈鹤琴的理论，我们体会到，他所提倡的“游戏式的教导法”是以幼儿自己的“做”为核心的，这能极大地调动起幼儿的经验。“做”是一个中心，联结着活动中的教师和幼儿，教师应与幼儿共同游戏，给予幼儿必要的指导。从他的这些观点中可以看出，虽然他强调要让幼儿自由游戏，却也强调教师对活动的指导，因为这两者并不是对立的。

当然，即便是强调教师指导的、有一定目标的教学活动，也得成为幼儿自主自由的活动，得按照他们的生活经验和逻辑去进行游戏化的设计，而不只是披着游戏的外衣，负载着教师规定的学习目标或责任。实践告诉我们，那些在体察幼儿的感受和体验、观照他们的生活经验的基础上设计的游戏化教学活动，往往能最大程度地激发他们“做”的兴趣。

参考文献：

[1] 华爱华.幼儿园课程改革中的游戏实践分析[J].幼儿教育，2009(4).

[2] 北京市教育科学研究所.陈鹤琴教育文集(下卷)[M].北京：北京出版社，1985：25.

陈鹤琴“精密观察”教学原则的探索与实践*

徐玉杰

陈鹤琴在《活教育的教学原则》中谈道：原则十七，精密观察。这一教学原则包括两方面的含义：“一方面通过实地观察，来施行教学；另一方面通过实际研究来培养儿童善用观察的学习态度；则教学的效果，必将因此而有所增进。”教师在教学过程中应用观察的方法便能增进教学的效果，即不仅能激发自身的教学兴趣，而且儿童的人生态度，也将因此而得到健全的发展。关于精密观察的深刻意义，陈鹤琴指出：“观察是获得知识的基本方法，而精密观察则是开启真理宝藏的钥匙，握着这把钥匙，我们便能接近科学的真理。”在此基础上，陈鹤琴还进一步论述了精密观察与增进教学效果和提升幼儿心理素质的关系，他认为：“重视幼儿早期精密观察力的培养，不仅可以拓展他们的新视野、开启新智慧，而且可以培养幼儿求真求实的人生态度，并为形成完美人格奠定基础。”

一、陈鹤琴的“精密观察”教学原则

陈鹤琴是我国运用观察法系统研究中国儿童心理发展规律第一人。早在 1920 年，他就用文字和摄影记录等方法对其长子一鸣进行了 808 天的全面、比较、系统和五官俱到的观察，对观察对象的身体发育、行为动作、游戏玩具、好奇心理、哭笑恐惧、认知语言和绘画美感等方面的发展状况，进行了全方位多角度的观察研究。而且观察的目的性、计划性和系统性都很强，他事先制订了科学观察计划，然后按时间顺序跟踪观察，及时记录，天天整理，并用日记描述法和事件描述法向我们展示了一个儿童从出生到 2 岁 7 个月的发展历

---

* 本文原载于《早期教育》(教育科研)2012 年第 3 期。

程。对于何时学爬、何时学走、何时用何玩具等的细微动作变化，都进行了一一观察和记录。最终，陈鹤琴撰写了我国学者探索中国儿童心理发展的第一本专著《儿童心理之研究》，其指导作用和研究价值的影响延续至今。

陈鹤琴说："孩子是喜欢到户外去的，是喜欢探索的。"大千世界为孩子们观察能力的培养提供了有利的视觉依据。观察是通过眼睛看、耳朵听、鼻子闻、嘴巴尝和肢体接触等方式认识事物的过程。如果说感受是对事物感性地欣赏，观察则是有目的、有计划、有组织比较持久和主动的知觉。观察什么，怎样观察，既要把握事物的整体，又要准确找出细节特征。观察的过程既是比较和发现的过程，也是认识和积累的过程。观察是认识世界的窗口，通过观察还可以从小培养幼儿的观察力，从而使他们受益终身。教师的责任在于为孩子提供观察的条件，把他们带到大自然中自己动手、自己发现、自己探索、自己成功，同时教给他们有效的观察方法。对此，陈鹤琴提出了指导幼儿进行精密观察的四点要求，即全面观察、比较观察、系统观察和五官俱到观察。

陈鹤琴对儿童的绘画和观察能力的发展及培养也进行了专题研究。他收集了 1510 个儿童的 6040 多张图画，进行了横向比较研究，并在此基础上进行了纵向的前后比较研究，从一个儿童 1 岁 1 个月起，一直追踪到 16 岁，进行了长达 10 多年的观察培养研究。通过研究他发现：幼儿绘画和观察及感知认识，与生活经验和教育实践有关。在观察的指导上，陈鹤琴特别强调要引导幼儿在日常生活中"观察大自然中的新异事物，利用颜色、线描、影绘、泥塑等形式来表达观察的成果"。他还强调要幼儿通过自己的视觉观察去获得事物的表象，他要求教师经常带领幼儿到大自然中去观察自然，增加直接经验，拓宽思路，启迪智慧，提高观察与表现能力。此外，陈鹤琴还开展了其他系列的观察指导实验。比如，他引导幼儿进行一年四季变化的审美观察试验，让幼儿观察春雨绵绵、夏池荷叶、秋收硕果、冬天白雪……"让孩子实验观察和用手摸、鼻子闻、口尝等，增加感性认识"。

二、"精密观察"教学原则的实践探索

陈鹤琴不仅对"精密观察"提出要求，而且一再强调在教学实施中要有"精密的辅导"和"精密的试验"。为此，我们根据精密观察的四点要求：全面观察、比较观察、系统观察和五官俱到观察，结合自身的教学实际，在观察方法指导上进行了一系列的实践与探索。

（一）全面观察，概括全体

教师引导幼儿对某一事物进行全方位的观察，既要注意到事物比较明显的特征，又要观察到事物比较隐蔽的特质；既要观察到事物发展的全过程，又要了解到事物发展到某一阶段的特点；既要把握住事物的整体，又要考虑到事物的各个组成部分，从而对该事物有较全面的了解。

如，在探索“灯”的主题活动中，教师带领大班幼儿参观“东方路灯饰城”。琳琅满目、千姿百态的灯饰吸引了幼儿的目光，教师通过提问引导幼儿观察：“灯的外形是怎样的？”“灯是由哪些部分组成？”“灯有哪些种类？”“灯是由哪些材料制作的？”等等。在一系列的问题情境中，幼儿通过观察认识到：灯有长方形、椭圆形等形状，灯由灯丝、灯芯等构成，灯有壁灯、吊灯、台灯等种类，灯由钨、石英、玻璃等材料制成……他们对灯进行了从外部形状到内部结构的观察，深化了对灯的类型、功能、特性等的认知。

（二）比较观察，精密分析

教师引导幼儿运用比较的思维方法去观察两个或两个以上的事物或现象，比较它们的异同，进一步让幼儿学习从分析、综合、判断、思考中，正确、细致、完整地认识事物。

如，在探索“赛车”主题活动中，幼儿对“车子在什么样的路面上跑得快”的答案不一致。为了让幼儿验证自己的答案，教师让幼儿找来形状不同的积木、光滑度不同的纸板、毛糙的木板和易拉罐等，搭出不同角度的斜坡，为赛车实验做准备。幼儿每四人一组，分成六组同时进行赛车实验。每组幼儿自行分工合作：一个人负责观察记录，两个人当裁判，另一个人操作赛车。裁判一声令下后，六辆车从不同的斜坡上同时出发，观察记录员及时记下实验结果。通过直观比较赛车的速度和比较符号记录得出结论，幼儿的思维活动实现了质的飞跃，他们不仅认识到车子的速度和路面倾斜度以及光滑度之间的关系，还认识到车速和轮子之间的关系、车速和车子的制作材料之间的关系等。

（三）系统观察，明确目标

教师引导幼儿制订明确的观察目标和清晰的观察计划，并在观察计划的指导下让幼儿有目的地、系统地观察某一事物。

如，在探索“信”的主题活动中，教师组织了一次邮局之行。活动前幼儿纷纷收集关于邮局的信息与资料，互相议论着想要了解的内容。在教师的鼓励和引导下，他们自由组合，互相商量，用图夹文、剪贴画、画符号、制表格等方法来制订观察计划书，确定观察的对象、内容等，精心制订了观察计划。到了邮局后，幼儿在教师和工作人员的指导下，拿出自己的观察计划书，认真地观察记录。在活动中，教师积极引导幼儿把观察到的内容用不同的方式记录下来，以此作为得出结论的依据。幼儿根据自己的观察计划书，不仅了解了信的产生、传递、分类、收发等过程，而且形成了正确的邮寄概念，并在实践中将零散的关于信的直接感性经验系统化。

（四）五官俱到观察，互相补充

教师引导幼儿不仅用视觉感官进行观察，还用听觉、味觉、嗅觉与触觉等感官去参与观察，使各种感官都能发挥其独特的功能，以达到观察更精密、更全面的要求。

如，在探索性主题活动“水果”中，孩子们带来了各种各样的水果，开设了自助式水果吧，小顾客们来到这里自制水果拼盘、水果三明治，冲饮水果茶。孩子切开水果，发现有的有核有的无核，引出串串疑问；摸摸水果，发现有的柔软有的光滑也有的毛糙，引来阵阵惊喜；闻闻水果，发现有的清香有的浓香也有的无味，引起无限猜测……然后大家自由选择、品尝着或甜、或酸、或多汁、或香脆的各类水果，积极地讨论着水果的形状、颜色、味道、吃法。整个活动让幼儿动眼、动耳、动嘴又动脑，各个感官积极参与，既满足了幼儿好动的天性，又能使幼儿更准确、更清晰、更完整地去观察某一事物，还能寻找问题的答案。

三、实践“精密观察”原则的教育建议

（一）善用随机观察与游戏观察

3—4 岁幼儿的观察活动容易受外界偶发事件的影响，所以教师可以利用自然界千变万化的特点，引导幼儿观察周围事物的变化。这种方法比较适合于小、中班的幼儿。例如，有孩子在草地上发现一条蚯蚓，并把它带到班级来饲养和观察，这也引起了其他孩子的兴趣，大家围着蚯蚓边看边问。此时，教师可以因势利导采用随机观察的方式来引导孩子去观察蚯蚓的爬行动作和体态特征。

将游戏和观察结合起来是遵循“儿童爱好游戏是天然的倾向”心理特征的方法。如，在“比一比，谁的观察本领大?”活动中，首先让孩子观察房间里各种物品的摆放情况，接着，请孩子闭上眼睛，这时教师稍稍地移动几样物品的位置，然后，请孩子再睁开眼睛看看“房间里有什么物品的位置有了移动?”“看看谁发现得快，比比谁发现得多。”这种结合游戏的培养观察能力的方法可以吸引幼儿的注意，调动他们观察的积极性。

（二）通过语言指导幼儿观察

幼儿自己在观察时常常带有随意性和盲目性，因此需要教师用恰当的语言指导幼儿进行观察，以明确观察的目标，清楚观察的过程，达到观察的目的。如，教师在“迎新年活动”中指导幼儿观察舞龙灯时，要用语言指导幼儿观察龙头、龙身和龙尾的各种形状，加深幼儿对龙的特征的认识，增强他们观察的兴趣。当然，教师的语言指导要起到画龙点睛的作用，千万不能用教师语言替代孩子的自主观察。

（三）注重观察记录与审美渗透

对于中、大班的幼儿，教师可以要求他们边观察边记录，这有助于培养他们观察的持续性和持久性。例如，让幼儿观察天气变化时，可以事先帮助幼儿设计天气记录表，便于他们记下每天的天气变化，统计每个月的晴天、阴天和雨雪天情况。这不仅有利于培养幼儿观察天气的兴趣，还能有效地培养幼儿的坚持性。

陈鹤琴先生认为爱美是幼儿的天性，幼稚园的教育目标之一是发展幼儿的欣赏能力。所以教师应当根据幼儿的童心、童真、童趣和好奇、好问及好探究的心理特点，在与自然、社会和艺术品欣赏的过程中引导幼儿有效的观察。例如，教师带领幼儿到野外活动时，有意识地让幼儿去观察花草树木变化的过程，倾听树上小鸟的鸣叫声，寻觅刚从泥土里钻出的小草……在幼儿作画时，引导他们表现出观察中所获得的美景，使画面情趣盎然，各具特色，提高幼儿对自然美、品质美与艺术美的欣赏水平。

“精密观察”是陈鹤琴先生早在20世纪40年代提出的，至今在幼儿教育中仍然具有十分重要的指导意义。“精密观察”对于幼儿的身心发展弥足珍贵，是一把开启幼儿智慧之门的金钥匙。精密观察是用大自然、大社会做活教材，从一定意义上解决了培养什么样的人，以什么来培养人以及采用什么方式培养等。

参考文献：

[1] 陈鹤琴. 陈鹤琴全集(第二卷)[M]. 南京：江苏教育出版社，2008.

[2] 陈鹤琴. 陈鹤琴全集(第五卷)[M]. 南京：江苏教育出版社，2008.

陈鹤琴教育思想研究文集

纪念
陈鹤琴先生
诞辰130周年

② 实践篇

江苏省陈鹤琴教育思想研究会　编

南京师范大学出版社

图书在版编目(CIP)数据

陈鹤琴教育思想研究文集：纪念陈鹤琴先生诞辰130周年．2，实践篇／江苏省陈鹤琴教育思想研究会编．—南京：南京师范大学出版社，2022.8

ISBN 978-7-5651-5411-9

Ⅰ．①陈… Ⅱ．①江… Ⅲ．①陈鹤琴(1892—1982)—教育思想—文集 Ⅳ．①G40—092.7

中国版本图书馆CIP数据核字(2022)第135047号

书　　名	陈鹤琴教育思想研究文集:纪念陈鹤琴先生诞辰130周年(2.实践篇)
编　　者	江苏省陈鹤琴教育思想研究会
责任编辑	吴曼丽　张泽芳
出版发行	南京师范大学出版社
地　　址	江苏省南京市玄武区后宰门西村9号(邮编:210016)
电　　话	(025)83598919(总编办)　83598412(营销部)　83598312(邮购部)
网　　址	http://press.njnu.edu.cn
电子信箱	nspzbb@njnu.edu.cn
照　　排	南京凯建文化发展有限公司
印　　刷	南京迅驰彩色印刷有限公司
开　　本	787毫米×1092毫米　1/16
印　　张	14.25
字　　数	260千
版　　次	2022年8月第1版　2022年8月第1次印刷
书　　号	ISBN 978-7-5651-5411-9
定　　价	88.00元(全两册)
出 版 人	张志刚

目　录

乐玩乐学
——陈鹤琴教育思想指导下的课程实践模式
…………………………………………………… 南京市中华路幼儿园　贾宗萍 001

生态课程的思考与建构 …………… 扬州市机关第三幼儿园　沐文扬　许琳琳 011

“活教育”思想引领下的幼儿园种植饲养活动的实践与思考
……………………………………………… 苏州市吴江区金家坝幼儿园　计彩娟 021

让教育“活”起来：基于幼儿行为观察的个性化教育支持
………………………………………………… 常州市新北区银河幼儿园　王　静 034

基于陈鹤琴教育思想的幼儿园家庭教育指导策略探索
……………………………………………………… 无锡市侨谊幼儿园　吴　昀 042

立德树人背景下陈鹤琴“活”教育思想的德育价值探析
……………………………………………… 苏州幼儿师范高等专科学校　郭进萍 051

新时代“活教师”的行动路径 ……………………… 南京市鼓楼幼儿园　朱水莲 057

"活教育"思想下园本教研革新的行与思
…………………………………… 徐州市丰县范楼镇振兴路幼儿园　凌　晨 066

幼儿园课程资源库的"活"管理 ……………………………… 扬州大学　方晨瑶 074

从"活教育"思想谈二十四节气在幼儿园课程中的融与不融
…………………………………………… 苏州市吴江区庙港幼儿园　王懿晴 080

陈鹤琴儿童故事教育思想的探索与实践 ………… 南京市鼓楼幼儿园　田　杰 086

基于陈鹤琴美术教育思想的户外涂鸦区指导策略
……………………………………………………… 南京市实验幼儿园　刘　静 092

打造良好环境，为幼儿提供真实的劳动体验场
——陈鹤琴劳动教育理念下的实践与思考
…………………………………………………… 南京市小红叶幼儿园　徐　莉 103

陈鹤琴教育思想"微"观念的体现与现实思考
……………………………………… 连云港市海州区幼儿教育中心　叶　婕 109

践行活教育思想　做符合幼儿发展的教育
——大班幼儿小组合作式学习的实践研究 …… 南京市第三幼儿园　汪晨蕊 115

"活教育"课程思想关照下的园本课程建构与实施
……………………………………… 南京师范大学吴江实验幼儿园　徐　菲 125

引入"活"水：陈鹤琴"活教育"思想的再发现
…………………………………… 苏州高新区实验幼儿园教育集团　杨晓方 133

“活”教育思想下幼儿园一日生活环节中音乐欣赏策略的实践研究
…………………………… 苏州幼儿师范高等专科学校附属教育幼儿园　冯雅晶 142

陈鹤琴“活教育”思想园本化的实践探索
——以“小社团式混龄民间游戏”为例 …… 江阴市要塞中心幼儿园　高　燕 148

陈鹤琴“活教法”理论指导下幼儿园小组探究活动实践研究
………………………………………………………… 苏州高新区文星幼儿园　刘　焰 157

追随幼儿，让课程“活”起来
——以“小南瓜，大乐趣”的收获课程为例
…………………………………………… 南京师范大学附属镇江幼儿园　岳美蓉 164

活教育教学原则指导下利用自然材料和废旧材料支持幼儿美术创意活动的实践策略
………………………………………………………… 江苏省军区第一幼儿园　张　静 170

基于“活教育”思想的农村幼儿安全自护实践“场”建构
……………………………………………………… 连云港东海县第三幼儿园　李学侠 179

基于“活教育”思想幼儿园开展二十四节气活动的实践
——以“霜降”节气活动为例 ………………… 南京市世纪星幼儿园　张　玥 186

传承“活教育”，编织“活”关系
——主题活动“桂花香香”的实践启示
………………………………………………… 南京市实验幼儿园　许　晔　郭　凡 191

“活教育”理念关照下的大班课程实践探究
——以大班绘本微主题《花婆婆》为例
……………………………………………………… 无锡市梁溪区南长中心园　凌　楠 198

再见了，我们的幼儿园
——践行陈鹤琴先生“活教育”思想的毕业典礼……………………………………………………………………………………南京市鹤琴幼儿园 叶屏屏 206

以“活教育”助推大班幼儿的深度学习
——以大班项目活动“快乐岛面饼店”为例……………………………………………………………………………………南京市力联阳光幼儿园 陈 玲 213

乐玩乐学

——陈鹤琴教育思想指导下的课程实践模式

南京市中华路幼儿园　贾宗萍

南京市中华路幼儿园(以下简称"中幼")成立于1954年,从20世纪80年代开始,中幼在专家引领下开创了"活动操作法",对当时的幼儿数学教育进行创造性的变革。"十一五"时期,中幼成功申报了江苏省陈鹤琴教育思想研究会课题。此后,中幼以陈研会课题为抓手,在陈鹤琴教育思想的指导下持续探索幼儿教育的改革。

"十一五"到"十三五"期间,中幼陆续开展了《幼儿数学教育和各领域相互渗透的研究》《"快乐·智慧"课程的建构与实施》《儿童经验视阈下区域活动的深化研究》等课题的研究。从探索数学教育到架构整体课程,从渗透领域教学到探究区域活动,从注重全面发展到立足儿童视角……一路走来,中幼逐渐形成了"乐玩乐学"课程实践模式。

一、遵循"幼童为本"的课程理念

"活教育"理论的核心主张是"幼童为本"。幼童为本的教育意味着从儿童的身心发展特点出发,让儿童通过经验来学习,意味着让儿童做符合他们需要的、适合他们天性的事,做他们能感受到挑战的事,做他们感受到趣味、快乐的事,做能激发他们思维参与的事。[①]"乐玩乐学"坚持"基于儿童,育人为本"的价值取向,强调关注幼儿的生活、兴趣和需要,关注幼儿的情感,尊重幼儿的主体地位,促进幼儿身心全面和谐发展,让每一个幼儿度过快乐而有意义的童年。

---

① 崔利玲.沿着"活教育"的轨迹前行[M].南京:江苏凤凰少年儿童出版社,2015:1.

（一）把握儿童经验的特点

尊重儿童意味着尊重儿童的独立人格和独特的价值，肯定儿童期在人一生中的重大意义，认同儿童的内在发展力量和发展可能性。理解儿童、关心儿童意味着敏锐地意识到儿童的需要并提供最适切的帮助，让他们健康、快乐地学习和成长。在新的历史背景下，幼儿园课程改革的走向愈加强调以儿童经验为中心整合课程内容，强调教育活动要回归儿童的经验。中幼在陈鹤琴教育思想的指引下，不断发现儿童经验的特点。

1. 儿童经验具有连续性

儿童的已有经验是经验的生成基础，儿童在经验获得过程中，每一次新的经验都整合到整体的经验当中。陈鹤琴提到经验是连贯的，不是割裂的、跳跃的。因此，要意识到幼儿的每一次经验都会影响之后经验的获得，新的经验也必然建立在已有经验的基础上。

2. 儿童经验具有完整性

儿童的经验本身是作为整体存在和发展的。在陈鹤琴看来，经验的特征是整个的，经验之间相互联系。所以，在幼儿的游戏和活动中，我们不仅可以看到他们的身体动作、语言表达、数学思维，还有艺术创想、合作交往等多方面的发展。

3. 儿童经验具有多样性

“儿童的经验具有多样性和丰富性的特点，每个儿童的生活背景和经历不同，他们形成的经验必定也是各种各样的。”即使有些学习内容本身是客观的、固定的、静态的，但幼儿的学习经验却是主观的、动态的。

4. 儿童经验具有互动性

陈鹤琴一直在儿童教育中实践和深化杜威的经验观，其中交互性是判断经验的原则之一。儿童是通过与人、材料、事件和观点互动获得直接经验的。互动性环境是经验的生成资源，互动性他人是经验的生成助力。要为他们提供多样化的资源，支持他们运用自己的方式获得成长。

（二）乐、玩、学的有机统一

1. “乐”是课程的核心

快乐是幼儿生活中重要的情感体验，是其生命发展中的必然需求。它既可以是外显的，也可以是深沉的；既迸发于外在的体验，更根植于内在的诉求；既满足于当下，又展望于未来。课程的核心就在于遵循他们的身心发展规律和特点，充分体现自由、自主、自发的游戏精神，尊重与支持幼儿的自主选择、主动探索，鼓励他们释放与表达童真和天性，基于自己的力量实现快乐、主动的发展。

2. “玩”是课程的基石

“小孩生来就是活泼好动的,是以游戏为生命的,游戏是幼儿的基本活动。”游戏贯穿于整个课程体系,无论是集体活动,还是区域活动,抑或生活活动,都有游戏的存在。但这里并非指在课程的每个部分都去做形式上的“游戏”,而是将游戏理念、游戏精神渗透到课程实施的各类活动中。快乐、自主的游戏体验让幼儿自然而然地积累起丰富的经验。

3. “学”是课程的目标

“儿童世界的主人不是别人,只能是儿童自己。儿童的世界由儿童自己去探讨,去发现。他自己所求来的知识,才是真知识;他自己发现的世界,才是他的真世界。”①学习是幼儿自然发展的内在需求,他们是学习的主体。他们好奇地探索周围的世界,学会发现与解决问题,学会探究与创造,学会共同生活,主动地建构起自己的认识与理解。

二、整合“五指活动”的课程实施

(一) 领域活动相互渗透结成有机网络

陈鹤琴将幼稚园课程内容的五类活动,即健康、社会、科学、艺术、语文,形象地称为“五指活动”。他认为这五种活动就像一只手的五个指头,各个指头联结成一个整体。五个中缺少一个就会破坏这个活动的目标。② 在儿童的生活中应该结成一张网,有组织、有系统、合理地将教育内容编织在儿童的生活中。中幼以数学为例,探索了数学与各领域相互渗透的方法。

1. 对“渗透”理念的科学理解

(1) “渗透”应该是相互的,是促进幼儿“整个儿”发展的。“任何活动都可以实现领域间的渗透,没有不涉及其他领域只能进行某个领域学习的活动。对活动中具体、感性的经验经常无法也没有必要作领域区分,不同领域的经验有机联系在一起,幼儿获得的经验是整体的。”③数学与其他领域之间的渗透应该是相互的,除了可以在其他领域中渗透数学的内容,也可以在数学活动中渗透其他领域的内容。

---

① 陈鹤琴.陈鹤琴全集(第五卷)[M].南京:江苏教育出版社,2008:71.

② 陈鹤琴.陈鹤琴全集(第六卷)[M].南京:江苏教育出版社,2008:245.

③ 虞永平.用渗透的思维建设幼儿园课程[J].幼儿教育,2005(01):26-27.

（2）“渗透”应该是有机的，是自然地融入和表现出来的。“活动内的渗透必须是有机的、随意的，而为渗透而进行的渗透则可能是漫无边际的，也可能是拼凑的。”[①]渗透应该在保持领域系统性的基础上，强化领域之间内容的相互联系和融合，多维度实现领域间的有机联系。

（3）“渗透”应该是生活的，是基于幼儿整体性生活产生的相互联系。幼儿的发展特点决定了幼儿的学习是整体的、生活化的，幼儿是在活的情境中用活的方式学习活的内容，离开了幼儿的生活也就没有了真正引发幼儿主动学习的五指活动。因此，各领域的渗透必须从幼儿整体性的生活出发，让幼儿在生活中学习、在活动中学习。

2. 数学与其他领域相互渗透的原则

（1）关注幼儿整体发展的原则。幼儿是一个完整的人，而不是片面或割裂的，其身心发展的整体性及年龄特点还不能适应严格而过细的“分科教学”，因此幼儿教育应树立整体观念，关注幼儿的整体发展，突破学科课程的局限，使各领域之间产生内在的有机联系，发挥教育系统中各种要素的综合作用，以促进幼儿在情感、态度、能力、知识、技能等多方面的发展。

（2）遵循各领域教育规律的原则。各领域虽然存在着内在的联系，能够进行横向的有机交叉，但不同领域的教育目标、教育内容具有自身的纵向系统性，有着各自独特的教育规律。因此，领域间的相互渗透不是任意的，必须牢牢把握各领域的教育规律，为幼儿逐步建立起必备的经验基础，促使渗透有效地发挥各领域整合的作用。

（3）坚持自然、有机渗透的原则。领域渗透的理念，使我们关注到幼儿发展的整体性、幼儿园教育的整体性，但领域之间的渗透必须是自然的、有机的，各部分只有构成“你中有我，我中有你”的合乎规律、没有内耗的整体，才能发挥出最大的功能，丰富幼儿的学习经验，积极地促进幼儿的整体性发展。

3. 数学与其他领域相互渗透的结合点

（1）在活动内容上具有共通性。《幼儿园教育指导纲要（试行）》在各领域的教育内容和要求中指出应密切结合幼儿的生活进行各领域的教育，以生活中的事物和问题作为幼儿的学习对象，在生活中发现问题、解决问题。由于幼儿的生活是一个整体、是不可分割的，因此源于生活的内容必然能把不同领域联系起来。

（2）在活动目标上具有共有性。虽然幼儿园各领域有着自己独特的学科体系，对幼儿的教育目标也有所不同，但是结构、秩序、节奏、规律、美等概念的发展，专注、合作、分享、遵

---

① 陈鹤琴. 陈鹤琴全集(第六卷)[M]. 南京:江苏教育出版社,2008:245.

守规则等学习品质的培养却并不是某个领域所独有的，它们在所有领域都可以找到相互渗透的可能性。不同领域共有的活动目标都可以成为领域相互渗透的切入点。

4. 数学和其他领域相互渗透的途径

（1）在其他领域中渗透数学的因素。在其他领域中渗透数学的因素是以其他领域的教育内容为主，有机地将数学因素渗透其中。在不同的活动中数学因素扮演着不同的角色，比如作为一种规则、一种任务或一种工具，有时比较显性，有时则比较隐性。通过有意识地将数学因素渗透到其他领域中，可以进一步丰富幼儿的数学经验，巩固已习得的数学知识和能力，并尝试运用简单的数学方法解决其他领域学习中的问题。

（2）在数学中渗透其他领域的因素。在数学中渗透其他领域因素是以数学的教育内容为主，在尊重数学学科系统性和幼儿数学学习特点的基础上纳入其他领域的因素，促进幼儿的整体发展。在设计数学活动时教师既可以迁移其他领域的已有经验，也可以运用其他领域的活动方法或者借助其他领域的目标渗透，增添数学活动的趣味性，丰富数学活动的内容，提高幼儿参加数学活动的主动性和积极性，扩展数学活动的教育价值。

（二）多种途径共同作用促进整体发展

陈鹤琴认为课程应实施“整个教学法”[①]，合理组织幼儿一日生活，以游戏为主要内容，综合运用集体、小组和个别活动等多种形式，将儿童要学的东西整个地、有系统地教给儿童，从而促进儿童整体地、有机地发展。中幼通过学习活动、区域活动、日常生活、家园共育多种方式实施整体化的课程，促进幼儿身心全面发展。

1. *灵活多变的学习活动*

陈鹤琴强调以游戏式、小团体式的方式学习，通过分组施教、区别对待，以满足不同年龄、不同智力的孩子的兴趣需求。[②] 中幼以此为指导，根据幼儿的需要运用灵活多变的方式，如面对绝大部分幼儿感到困惑、需要通过集体探究予以明晰的问题可以开展全班性的集体学习活动，或者利用晨间谈话、过渡环节谈话的方式来进行；期望关注到幼儿个体学习情况时，可以采用小组学习活动的形式，通过随机性分组、同质性分组、异质性分组实现幼儿分组轮换；当幼儿需要有更多的时间探索学习时，可以采用区域学习的活动形式，以一天或几天作为完成某项任务的时间段，幼儿自主选择，教师进行有目的的观察和记录。

---

① 陈鹤琴. 陈鹤琴全集(第二卷)[M]. 南京：江苏教育出版社，2008：165.

② 崔利玲. 沿着“活教育”的轨迹前行[M]. 南京：江苏凤凰少年儿童出版社，2015：15.

2. 自由开放的区域活动

陈鹤琴明确提出游戏对儿童发展的意义，他指出："游戏是儿童生来就喜欢的。儿童的生活可以说就是游戏。""游戏是儿童的生命。游戏可以给小孩子快乐、经验、学识、思想和健康。"[①]在游戏中，儿童的想象要丰富，思考要敏锐，判断要准确，动作要迅速，这对于儿童观察能力、想象能力、思维能力、判断能力和运动能力的发展，都具有重要意义。区域活动就是满足幼儿自主、自由、愉悦、创造的游戏，其中涉及空间、环境、材料等关键要素的创设与提供。

(1) 体现幼儿主体性。"凡是儿童自己能够做的，应当让他自己做。"[②]安全、放松、有归属感的氛围有利于幼儿产生自己是有能力、可以做决定、也能主导自己学习的感觉，激发他们主动探究的愿望。区域活动要以幼儿为主体，让幼儿感受到自己是活动的主人，他们可以对环境做出改变，可以舒适、自主地活动。

(2) 空间布局合理。对幼儿来说，将活动空间划分为若干个区域，并为每个区域配有相关材料，有利于他们进行自主探索、操作、实验，积极尝试自己感兴趣的活动，进而获得对周围世界的认识。因此，我们将原来整体化的空间格局分割为集中讨论区、阅读表达区、认知探究区、艺术表现区、角色扮演区、创造建构区等，支持幼儿体、智、德、美多方面的发展。各区域开放且利于幼儿自如行动，同时材料摆放整齐有序，以支持幼儿了解自己需要的场地和材料在哪里，进而自主决定自己的行动。

(3) 开放性与结构化材料结合。陈鹤琴先生提出了优等玩具的 7 个标准，其中就包括可以刺激儿童想象力和发展儿童创造力的，有变化而活动的，能适应儿童能力，发展儿童智力和发生兴趣的。[③] 对区域活动来说，材料是游戏的重要载体。每个幼儿都有对事物的独特理解，提供开放性、低结构的材料如瓶盖、纸杯、串珠及各种自然物等，可以让幼儿按照自己的想法自主探究，支持他们个性化、创造性经验的展现、发展。此外，一些与幼儿近期关键经验的获得相关的结构性材料也可以适时提供。

(4) 巧妙渗透课程意识。"通过巧妙的设计，把教育渗透进儿童生活的大环境和小环境之中，将无声的环境变成会说话的教材和教具，让看似静止的环境可以与儿童对话互动，成为能够激发儿童探索的活环境。"根据陈鹤琴先生关于环境的理论，区域环境和材料呈现时往往会蕴含着教师的课程意识，如摆放材料时渗透着分类、排序、模式等潜在的因素，在区域中摊开一本与幼儿近期探索主题密切相关的书……让有准备的环境随时呼应幼儿经

① 陈鹤琴. 陈鹤琴全集(第二卷)[M]. 南京：江苏教育出版社，2008:81.
② 陈鹤琴. 陈鹤琴全集(第六卷)[M]. 南京：江苏教育出版社，2008:244.
③ 陈鹤琴. 陈鹤琴全集(第二卷)[M]. 南京：江苏教育出版社，2008:579.

验的展开。

（5）遵循学习图式。“图式是婴幼儿探究和表达他们发展中的想法和思考的方式，是他们学习的核心。”[①]游戏是幼儿学习的基本方式，他们喜欢的游戏多是能够满足他们发展图式的活动，所以可以遵循幼儿的学习图式提供相应的环境和材料，支持他们展现经验、扩展经验。

3. 自然真实的日常生活

生活是完整的、多姿多彩的，能够给予幼儿多样化的、感性的经验。“大自然、大社会都是活教材”[②]，幼儿要和大自然、大社会接触，在真实的生活中获得直接经验。

（1）自然性。生活中蕴含着许许多多可以促进幼儿学习与发展的情景和事例，这些情景和事例经常、反复地发生，会对幼儿产生潜移默化、日积月累的作用和影响。重视生活的潜在价值，尊重生活自然、隐性的教育作用，让幼儿在生活中轻松、快乐地活动、学习、发展。

（2）随机性。幼儿生活经验是丰富多样的，但却是零散的、隐含的，如果没有发现教育契机的敏感性以及对幼儿关键经验的把握，就有可能遗失掉宝贵的机会。敏锐地利用生活中潜在的教育资源，引导幼儿在轻松、愉快、自然的气氛中体验、学习，组织幼儿交流、分享和总结生活经验、解决生活问题的方法，支持幼儿在生活中积累新的经验，获得新的发展。

（3）应用性。生活是幼儿园课程的来源，当然也是幼儿园课程的归属。课程支持幼儿所获得的知识、技能、能力乃至情感、态度、品质等都将回归幼儿的生活，应用于他们的生活。因此，要鼓励、引导幼儿将新的经验、方法等运用于真实的生活情境。

4. 密切配合的家园共育

陈鹤琴指出幼儿家庭教育和幼儿园教育在儿童成长中的作用和意义都非常重大，必须共同合作才能取得最大的教育效果。家长是幼儿园教育的合作者，课程实施的参与者。家长作为幼儿园课程实施的合作伙伴，一方面表现在幼儿的原有经验很大程度受到家庭环境因素和教育因素的影响。家长加强对幼儿的教育，与幼儿园教育形成合力，无疑为健康心理的形成、良好习惯的培养奠定了重要基础；另一方面表现在不同职业、经历、特长、爱好的家长为幼儿园课程实施提供了重要的教育资源，教师可以邀请家长来园做临时指导者或者事先与家长联系好，带领幼儿去某家长的工作单位进行现场教育。一旦家长参与教育的积极性被激活，他们将成为幼儿园教育最好的合作伙伴。

---

① ［英］斯特拉·路易斯，克莱尔·贝斯威克，萨莉·费瑟斯通. 认识婴幼儿的游戏图式——图式背后的秘密（第二版）［M］. 张晖，范忆，时萍，译. 北京：中国轻工业出版社，2019：5－9.

② 陈鹤琴. 陈鹤琴全集（第六卷）［M］. 南京：江苏教育出版社，2008：244.

三、构建平等和谐的师幼关系

师幼互动是影响课程实施效果的关键要素。在儿童“做”的过程中，教师是积极的参与者、引导者，以此实现师幼共同进步。中幼在课程实施的过程中，注重建立和谐的师幼关系，积极为幼儿营造值得信赖、安全、温馨的氛围，以开放的心态，理解和尊重幼儿的想法，以平等关系展开对话，共同进行想法、意见、思想、情感的交换和分享。

（一）建立“观察—识别—支持”的动态机制

“儿童教育是一门科学。只有了解儿童，才能教好儿童。实践出真知。要从实践中摸索教育儿童的规律。①”在陈鹤琴看来，只有真真地理解幼儿，才能支持幼儿。教师通过白描、便签、表格等方式观察、记录幼儿的活动，识别幼儿的发展，形成观察评估、生成转化、支持引导的动态机制。

1. 运用多种观察方法

陈鹤琴指出教师观察记录不同于一般的长篇幅的描述，应该有条理、有重点，选择能反映儿童发展变化的内容，而且记录时都有简要的概括和编号，便于统计分析。在陈鹤琴的观察研究中，观察是手段，记录是重点，分析了解情况是目的。观察中有比较和验证，只有这样才能获得真实且丰富的资料，才能使研究结果更科学、严谨。

（1）“小小观察墙”让观察更便捷。每个班级中，教师都在办公区的位置设立了一块“观察墙”，上面有每个幼儿的姓名，旁边是各种颜色的便签。当教师发现某个幼儿出现了一些“独特”的行为时，就用便签三言两语、提纲挈领地记录下幼儿发展的关键信息。一面小小的“观察墙”让教师对幼儿经验的观察更加便捷，方便教师今后回忆、提取、丰富观察到的实际情况。

（2）“一张观察表”让观察更聚焦。除了随机性的观察可以记录在便签上以外，教师也会根据计划有目的地进行观察。据此教师会提前设计观察表格，以帮助自己明确观察目的……不同类型的观察表给教师观察幼儿在区域活动中的经验指明了方向。

（3）“看听相结合”让观察更全面。虽然“看”是观察幼儿经验的主要方法，但绝不是唯一的方法。在用眼睛静心观察幼儿行为的同时，在不干扰幼儿活动的基础上用心倾听幼儿的想法，可以为接下来客观、全面地分析幼儿的经验奠定必要的基础。

---

① 陈鹤琴.陈鹤琴全集(第二卷)[M].南京:江苏教育出版社,2008:515.

2. 科学理解幼儿发展

“要了解儿童心理、认识儿童才能谈到教育儿童。”幼儿是独特的，在观察基础上识别、理解他们的需要和发展，才是真正意义上的“活”教育。

(1) 运用图式理论关注幼儿的学习。路易斯等识别和描述了轨迹、旋转、围合、包裹、搬运、连接、定位、定向等一些幼儿游戏和探索时常见的图式。观察和识别幼儿表现出的图式能更好地了解幼儿是如何学习的，以采用幼儿偏爱的学习方式，去支持幼儿的学习与发展。

(2) 全面积极地看待幼儿的行为。由于对幼儿经验特点的理解，教师观察到幼儿某些行为时，不再单纯地从某一方面简单地、单线条地去进行分析，而会看到幼儿多方面学习与发展的情况。此外，基于幼儿经验是多样的、个性化的，教师更多地从正面、积极的角度去理解幼儿的行为，纵向地看待幼儿的发展。

(二) 师幼成为平等的合作伙伴

陈鹤琴指出教育过程中，教师应该和儿童一起探索，一起发现，带着一颗好奇心和童心，成为儿童的朋友。与单向的教授相比，教师能与幼儿建立信任、平等、尊重的关系更有利于幼儿的发展。

1. 学会尊重与理解

“教育的谬论”在于认为在游戏中我们给儿童经验。事实上，经验不能给予，而只能去拥有。教师要耐心倾听幼儿的心声，努力理解幼儿的想法与感受，支持、鼓励他们大胆探索与表达。学会尊重与理解幼儿的行为，尊重他们玩什么、怎么玩、在哪儿玩。教师对幼儿自主行为的尊重与理解有利于幼儿展现他们的经验，按照他们各自的方式与速度发展自己的经验。

2. 学会留白与支架

“凡是儿童自己能做的，应当让他自己做；凡是儿童自己能够想的，应当让他自己想……”①从陈鹤琴的教学原则中，我们可以看到他为幼儿提供的空间与支架。作为幼儿在园接触的最主要的成人，教师是幼儿经验生发的重要助力，必然会与幼儿产生各种各样的互动。但教师要掌握留白与支架的艺术，注意与幼儿保持适宜的互动距离，在幼儿不需要的时候静心等待，在幼儿需要的时候给予支持。

3. 学会陪伴与支持

“做”是活教育的中心，教师的全部工作就在于创造条件激发儿童的创造兴趣，培养儿

---

① 陈鹤琴. 陈鹤琴全集(第六卷)[M]. 南京：江苏教育出版社，2008：244.

童的创造能力，鼓励儿童睁大眼睛去仔细观察，伸出双手去缜密研究。教师要根据幼儿爱游戏的心理，让幼儿感受到教师是他们游戏的伙伴。面对幼儿游戏中的问题，教师要做的不是给一个"正确"答案，不是用行为、提问等方式控制、取代、主导幼儿的游戏，而是提供一种可能性，鼓励幼儿自己思考、质疑。

"儿童就是儿童，儿童是独立的人。儿童时期不仅作为成人的预备，亦具有他的本身的价值，我们应当尊敬儿童的人格，爱护他的烂漫天真。"中幼"乐玩乐学"课程构建了支持幼儿经验生长的实践样态，到处都可以看到幼儿快乐、投入的身影，将促进幼儿快乐、整体、和谐、可持续发展的价值取向予以落地。

参考文献：

[1] 陈鹤琴. 陈鹤琴全集[M]. 南京：江苏教育出版社，1990.

[2] [美]杜威. 我们怎样思维·经验与教育[M]. 姜文闵，译. 北京：人民教育出版社，2005.

[3] 高杉自子. 与孩子们共同生活：幼儿教育的原点[M]. 王小英，译. 李季湄，审校. 上海：华东大学出版社，2009.

[4] 教育部基础教育司.《幼儿园教育指导纲要(试行)》解读[M]. 南京：江苏教育出版社，2002.

[5] 李季湄，冯晓霞.《3—6 岁儿童学习与发展指南》解读[M]. 北京：人民教育出版社，2013.

[6] [英]斯特拉·路易斯，克莱尔·贝斯威克，萨莉·费瑟斯通，等. 认识婴幼儿的游戏图式——图式背后的秘密(第二版)[M]. 张晖，范忆，时萍，译. 北京：中国轻工业出版社，2019.

[7] 虞永平. 用渗透的思维建设幼儿园课程[J]. 幼儿教育，2005(1)：26－27.

[8] 张慧和，张俊. 幼儿园数学教育[M]. 北京：人民教育出版社，2003.

[9] 张晗. 让理论看得见：活教育思想与幼儿园教育实践[M]. 合肥：安徽少年儿童出版社，2010.

[10] 朱家雄. 幼儿园课程的理论与实践[M]. 上海：华东师范大学出版社，2010.

生态课程的思考与建构

扬州市机关第三幼儿园　沐文扬　许琳琳

扬州市机关第三幼儿园于 1994 年建园，建园初始，就确立了“科研兴园”的发展目标。在陈鹤琴教育思想的指导下，我园进行了持续的研究及多次的调整，将科研成果运用在课程实施中，进一步提升了幼儿园课程的开发与实施能力，同时也将活教育的思想贯彻始终。

活教育是一个完整的体系，它强调大自然、大社会都是活教材，强调重视幼儿的实际生活，提醒着我们幼儿学习的方式是主动获取而非被动接受，强调应让幼儿在生活实际中去做、去思、去成长，最终成为“现代中国人”。在这些教育思想的引领下，我园以“生态教育”为核心，以课题研究为抓手，开启了二十多年的园本课程探索与实践之路。

一、第一阶段　离开教材、回归生活——探索环境教育价值

“大自然、大社会是知识的主要源泉”①，这是陈鹤琴在活教育体系中提出的重要内容。为了改变一直以来依赖教材、忽视幼儿生活的问题，我园从“九五”开始，以环保教育起步，学习环境知识，引领幼儿走进自然、探究自然，开展“在环境中的教育”。这是课程内容从书本到生活的一次重要跨越。

随后我们继续开展了“关于环境的教育”，重视自然世界的复杂性，帮助幼儿了解人与自然的相互作用；同时又进行了“为了环境的教育”，帮助幼儿对社会和环境进行分析和批判并采取行动；直至利用身边的多种情境，激发幼儿发现问题、解决问题，形成涉及价值观、知识能力和行为习惯的“可持续发展教育”，从而解决了课程内容缺失的问题，实现从“书本

① 虞永平.活教育的时代意义与实践指向[J].早期教育，2021(48)：4－9.

知识”到“环境保护”，让课程内容更鲜活。在此过程中，我园又从“生态”视角，重新思考并审视了幼儿园环境创设的问题，充分发挥了环境教育的价值。

幼儿园环境对幼儿身心及个性发展具有重要的作用。在生态课程研究与建构中，我园以生态学理念为指导，从整体、可持续及协同进化要求出发，在物质环境创设时形成了整体规划生态、环境材料生态、环境内容生态、环境创设主体生态以及心理环境生态和谐的创设原则。

1. 整体规划生态

在生态幼儿园环境创设时，首先要进行整体的规划与设计。我园活动室空间有限，无法完全满足幼儿游戏与活动的需求，因此，在环境创设时我园将室内与户外进行充分规划、连通与延展，如除了基础设施、大型器械外，我园设置了半开放式大型公共活动区域、户外音乐区、户外涂鸦区、户外角色区、自然观察区等多个区域，促使幼儿在和谐、有效的环境中积极探索与学习。

2. 环境材料生态

在生态学的理念下，我园生态环境材料使用也遵循了自然、可持续的原则。不论是班级环境，还是公共区域、功能室，都有一定数量的原始材料和废旧材料的使用与利用，如树叶、石头、树枝、沙土、纸盒、塑料瓶、布料等，这些不仅可作为环境创设材料，也可成为幼儿的操作材料，从而给予幼儿更多的学习探索空间。与此同时，环境创设时，我园在班级、公共区域都设置了材料资源架，让幼儿参与材料的收集与整理，培养了幼儿的可持续的生态意识。

3. 环境内容生态

在生态幼儿园环境创设内容上，我园遵循自然、和谐的生态原则，始终牢记幼儿生活与幼儿发展之关系，将自然、文化、社会等内容融入环境之中，充分发挥环境的隐形教育价值。如我园师幼共同根据二十四节气形成幼儿能够理解的内容展示在楼梯墙面上；在班级中，环境内容与生态课程、幼儿自主学习相呼应，彰显了自然、和谐、发展之意。

4. 环境创设主体生态

活教育注重幼儿实际的做和参与，“凡是儿童自己能够做的，应当让他自己做”①，所以幼儿自然也成了环境创设的主体。在幼儿园中教师与幼儿可以通过共享资源、共同创造教

---

① 陈鹤琴. 陈鹤琴教育思想读本·活教育[M]. 陈秀云，柯小卫，选编. 南京：南京师范大学出版社，2012：13.

育环境达到促进自身发展的作用。我园将教师和幼儿作为环境创设的共同主体，给予幼儿自我创造的空间和权利，使环境更好地满足幼儿学习、发展的需要，促进幼儿身心和谐发展，实现师幼间良性互动。

5. 心理环境生态和谐

生态学强调利用环境来陶冶人，我园以教育环境、人际关系以及幼儿园文化三个方面为依托，创设了愉悦、舒适、信任的心理环境。如在师幼关系中，从尊重和满足幼儿生理需要、安全需要、社会发展需要、自尊自信需要等多方面营造满足幼儿发展的心理氛围。

二、第二阶段　审视生活、开拓资源——尝试整合课程资源

随着我园对幼儿生活的重视和对环境教育的研究，我们不断发现，幼儿的生活中有着无数有价值且可以成为课程内容的资源。陈鹤琴提出“大自然、大社会是我们的活教材”①，这样的一种思想不断提醒我们在审视幼儿生活的过程中，要有开拓资源的意识，注重幼儿周围环境中的自然社会资源，让其成为孩子观察、探索、学习的内容。与此同时，这也是一种方法论，教师在利用大自然、大社会进行教学时，是一种整体的教学，区别于教材中的分科教学。并且，随着研究的开展，我们也发现了课程资源开发与利用的现状——空间凌乱、资源匮乏。游戏材料虽多，但没有从幼儿的生活出发，没有按照规律收集整理、开发利用资源，没有根据幼儿全面发展和可持续发展的要求，让幼儿参与资源的收集、整理和运用，学习资源凌乱，资源没有得到循环利用。

因此，我园在环境教育研究的基础上，以“整合、参与、渗透”为主线，开展了资源开发与利用的研究。一是整合资源，充分挖掘幼儿周围自然和社会中的资源，为幼儿提供多样化、适宜的课程资源，使资源成为课程的来源和实施的载体，让资源成为幼儿经验的媒介；二是主体参与，鼓励幼儿参与资源的收集与整理，让幼儿了解和寻找身边的资源、绘制资源图，让了解和收集整理资源的过程成为幼儿学习与探索的过程；三是合理利用资源，科学规划资源，根据幼儿的需要和能力，分析资源可能带给幼儿的经验，根据课程目标和内容，确定资源的时间、空间、类型和数量，将发展要求渗透于环境中，创新式呈现立体化的教育场景。主要方式如下：

① 陈鹤琴. 陈鹤琴教育思想读本 · 活教育[M]. 陈秀云，柯小卫，选编. 南京：南京师范大学出版社，2012：21.

1. 利用自然资源，创设良好的活动环境

《纲要》指出："幼儿园要充分利用自然环境和社区的教育资源，扩展幼儿生活和学习的空间"①。教育家陈鹤琴先生指出："大自然、大社会是我们的活动材料，运用天然材料开展教育活动，可以让幼儿获得真实的感受。在这个广阔的田地里，有许多自然材料可利用。"②为此，我园挖掘可利用的自然材料，如植物类、沙池类、壳类、布艺类、毛线类、纸盒类等，投放在区域游戏、户外游戏、环境创设等，使幼儿通过与环境和材料的互动，激发学习的兴趣，获得多方面的经验。

2. 挖掘文化资源，开展丰富的主题活动

我园梳理了生态幼儿园文化资源，将其分为历史资源、人文资源、运河资源、名胜资源、饮食资源几个部分，将本土文化资源渗透到幼儿园的教育教学中。这不仅充分调动了幼儿的探索兴趣，激发了幼儿对美好事物的向往，同时还培养了幼儿爱家乡的情感，使幼儿深入了解和喜爱自己的家乡。例如：为了让幼儿感受地方文化，我园开展了"木偶剧团进校园""非遗文化进课堂""扬州美食一条街""扬州茶文化"等活动，外出参观"张若虚纪念馆"，让幼儿的身心在各种有益活动中得到和谐发展。

3. 利用社会资源，提供多种的实践机会

第一，家长资源的开发与利用。我园充分认识到家长资源的重要性，首先建立组织，建立新家庭工作指导站，明确分工。依据家长工作制度，制订相关的工作计划，建立新家庭教育义工队伍，定期开展相关活动，并将相关家校活动进行线上、线下档案管理。各年级成立"好父母同盟体"，各班级通过家长工作群进行常态化家园工作的开展和管理。每学期初我园组织家访、家长会、家长半日活动开放、亲子阅读、家长助教等活动，形式多样，内容丰富多彩，活动宣传到位，成效比较显著。一方面，利用父辈家长的职业与能力优势，开展厨师家长、医生家长、巡警家长进课堂，让幼儿了解各种社会职业知识，开展相应的教育活动，让家长为幼儿园工作出谋划策、参与课程讨论、膳食分析等；另一方面，善用祖辈家长的教育资源，介绍家庭关系的处理技巧、交流育儿经验。有些爷爷奶奶有着精湛的手艺，有的奶奶会包粽子、蒸糕、做汤圆、编织等，有的爷爷是竹匠、木匠、铁匠，这些都是幼儿园的宝贵教育资源。

第二，社区资源的开发与利用。幼儿园教育教学依托于社区生活环境，深入挖掘社区

① 中华人民共和国教育部. 幼儿园教育指导纲要(试行)[S]. 北京：北京师范大学出版社，2001.

② 陈鹤琴. 陈鹤琴全集(第四卷)[M]. 南京：江苏教育出版社，2008.

中幼儿所需的一切教育资源，为幼儿提供科学合理的课程教学，满足幼儿成长和发展的需求，促使幼儿自主探究、愉悦身心。我园所属社区资源丰富，如：敬老院、超市、学校、银行、医院、派出所、消防馆、菜市场、公园等，这些都是幼儿园生态课程的资源库。我们将这些资源结合幼儿兴趣与需求融入课程，更好地为幼儿发展服务。

资源的开拓与研究解决了课程资源碎片性，我园将课程从“单一教育”变成了“整合多元”，努力实现了课程整体育人。

三、第三阶段　寻找初心、看见儿童——逐渐突出课程主体

对课程内容、课程资源的研究让我园的生态课程建构有了突破性的进展。在课程内容、资源开发的基础上，我园逐渐形成了富有本园特色的生态课程。而随着课程游戏化项目的推进，儿童观、游戏观等教育观念的革新，我们也在不断反思，幼儿园的课程到底是谁的课程？因为就当下的情况而言，儿童缺失、老师缺位现象明显，课程缺乏尊重儿童的生态理念，不尊重幼儿的主体性，幼儿自主性选择不够。在活动中教师安排多、幼儿选择少。我们究竟应当有怎样的课程观？在课程中幼儿又是如何学习的？学习观又是怎样的？为了解决这些课程研究中的困惑，我们重新审视幼儿园的课程，并从活教育理论中找到了课程建构的初心。

活教育理论告诉我们，所有的课程、活动都是以幼儿为中心、为主体的，幼儿有学习的能力与兴趣，游戏是他们最喜爱的活动方式，让他们在游戏中“做”，就可以很好地实现“做中学，做中教，做中求进步”①。所以说，课程，是幼儿自己的课程，他们是课程的主体；与此同时，幼儿有自主学习的能力与动力，我们应当摒弃“一切为幼儿决定”的思维，秉持“让幼儿自己选择”的观念，更好地促进幼儿在课程中的自主发展与进步。

因此，在明确幼儿在课程中的地位与学习能力之后，我园在现有生态课程研究的基础上，开展了生态博览园课程研究，以生态文明建设要求和可持续发展教育的理念为指导，以《幼儿园教育指导纲要（试行）》和《3—6岁儿童学习与发展指南》为依据，以生态系统和建构主义理论为基础，以尊重幼儿生命本真、遵循幼儿身心发展规律、促进幼儿自然有序成长为要求，通过师幼开发与利用“博”课程资源，创设以幼儿自主学习为中心“览”学习环境，激发幼儿强烈的学习动机和积极的学习兴趣，支持幼儿从原有的经验出发，自主探索，主动建构知识，生长新的经验，以形成良好的学习品质，从而实现幼儿全面、和谐、可持续发展。

---

① 虞永平.活教育的时代意义与实践指向[J].早期教育，2021(48)：4-9.

而生态博览园课程的研究，改变了我园以往的课程实施方式，从机械统一到自由选择，突出课程主体，转变幼儿学习方式，逐渐实现幼儿自主探究和持续生长。

因此，基于为儿童提供丰富的学习环境，满足幼儿自主探究的欲望，激发幼儿内在的学习动机，增强学习兴趣的需要，我们在研究中提出了生态博览园的学习样态，通过博览园的学习，变革幼儿学习方式，变外部压力为内在动力，变被动学习为主动学习，变教师安排为自主选择，变接受学习为自主探究，符合生态教育自然有序、平衡动态、和谐共生的要求。

1. 以"自主选择"为基础使用学习资源库

以"资源超市"形式呈现，选择生态环境中常见的生物资源，按幼儿自主选择、自由取放的要求，建立"超市式"的资源收集、整理、归类的机制，按资源自身性质、作用、结构、领域等进行存储，一目了然，随到随取，方便快捷。

2. 以"自主创设"为中心建构探究学习空间

以生态中平衡动态、自然协调的理念，将教师、幼儿、家长共同收集整理的丰富的、充分的学习资源，按一定的主题和形式，开辟专门的学习空间，借用儿童博物馆的思路，建构以师幼共同设计、共同规划、共同布局的，满足幼儿探究学习需要的，供幼儿欣赏、互动、操作的专门游戏环境，分为微型博览园、大型博览园。这是不同于教室和活动室的专门的探究学习空间。

3. 以"自主探究"为核心建设自主学习模式

通过建设幼儿学习平台促进幼儿学习方式的变革，将原本由教师设计、安排、组织各类教育教学活动，变为师幼共同寻找、收集学习资源；师幼共同设计、创设学习环境；幼儿自主规划、选择学习内容；幼儿自主思考、探究学习问题；幼儿自主交流、表达学习感受；幼儿自主回顾、评价学习效果"新型的幼儿自主学习方式。

4. 以"自主发展"为目标研发自主学习评价机制

树立生态评价的目的观：促进教师和幼儿共同可持续发展；生态评价的方式观，讲求评价各要素的平衡；生态评价主体的多元化，评价途径和方法的多样化，评价内容的综合化、评价对象层次化、评价关系的对话化，促进幼儿可持续发展。

四、第四阶段　转变思维、系统思考——完善生态博览园课程建构

在系列研究的基础上，我园对生态博览园课程有了更为清晰的认识，从"立足现在"到

“持续发展”，逐渐实现了课程思维方式转变，完善了生态博览园课程建构。

1. 明确生态博览园课程的内涵

生态博览园课程是依据生态文明和可持续发展的教育要求，运用人类发展生态学的理念和方法，秉持“系统开发环境资源、遵循幼儿生长规律、促进幼儿持续发展”的课程理念，采用“里外融合、显隐结合、领域整合”的课程策略，突破“空间与时间、内容与方法、环境与资源”的限制，满足自由选择与学习、探究与创造随时随地发生，构建开放多元、动态平衡、互利共生的课程生态系统。

2. 分析生态博览园课程的特点

生态博览园课程主张创设以幼儿自主学习为中心的互动式学习环境，以丰富的学习资源支持幼儿主动获取多方面有益经验。其主要特点有：

(1) 自然性。

幼儿是博览园的主体，是博览园的规划者、建设者和使用者。绿色是博览园的主色调。教师、幼儿、家长共同收集整理物质材料，供幼儿选择设计、感受了解、体验操作、探究学习，以帮助幼儿主动获取知识经验、建构概念、发展智能、养成习惯、提高能力，实现自然成长的一种路径。

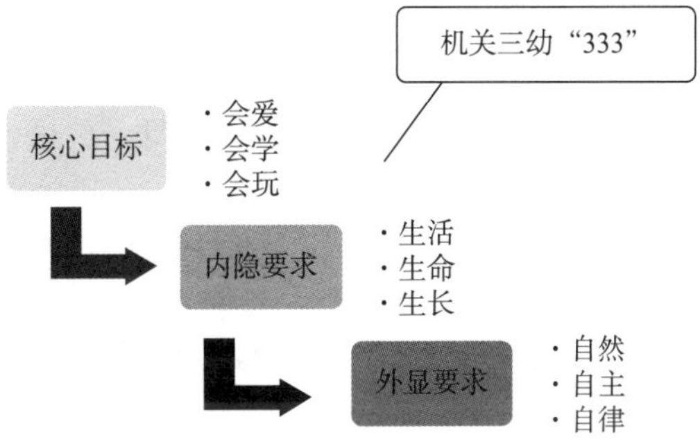

图 1 生态博览园课程“333”目标体系

(2) 多样性。

“博”即广博多样、丰富多彩，“览”即自主探究、主动学习。大自然、大社会为幼儿的主动学习提供了取之不尽、用之不竭的学习资源，既有园内的资源，又有园外的资源，既有现成的资源，又有需要开发利用的资源。所有的资源都成为幼儿自主学习重要载体。

(3) 共享性。

我园运用现有的资源，形成良性的动态生成的学习环境，为园所师生以及全市其他幼儿学习提供服务。一是园内的开放与共享，园内所有的资源对所有幼儿开放，实现全园资源的共享共用；二是园外的开放与共享，在保证安全的前提下，对全市适龄儿童开放，实现更大范围的共享共用。

(4) 探究性。

生态博览园既具有博物馆的艺术性、主题性和教育性，又将幼儿的学习特点体现其中，让幼儿通过与资源材料的互动，激发探究动机和兴趣，为幼儿提供直接感知、亲身体验和动手操作的机会，实现有益经验的不断丰富。

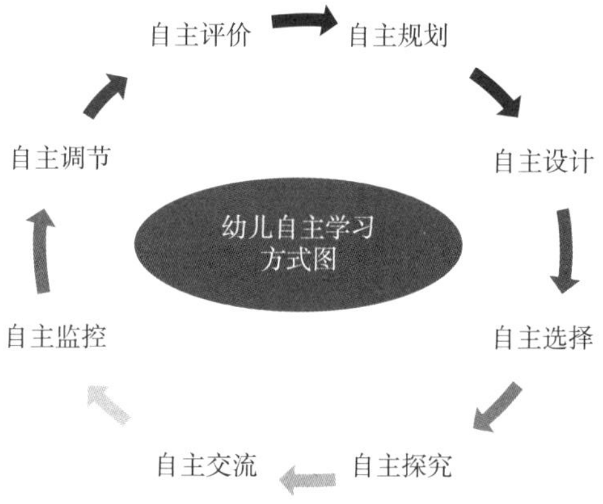

图 2　幼儿自主学习方式图

（5）协调性。

生态博览园为幼儿自主学习提供环境，在建构博览园过程中，教师充分赋权，让幼儿有充分的自主权，使幼儿心情愉悦、身心放松，认知、情感、能力等协调发展。

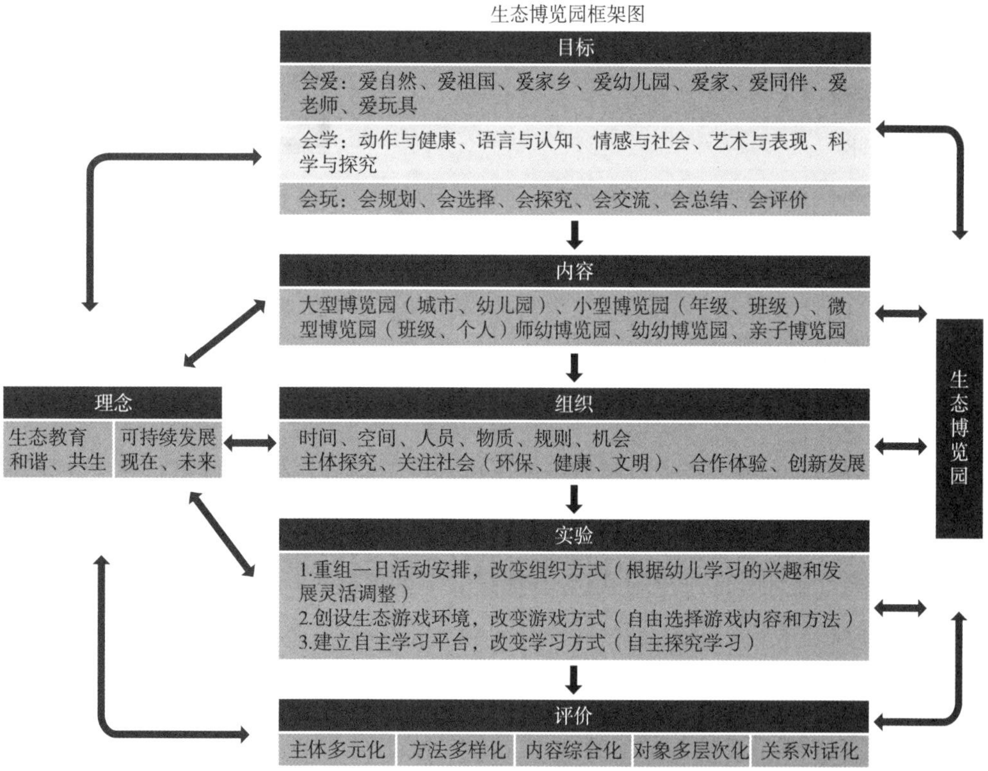

图 3　生态博览园课程框架图

(6) 全面可持续性。

幼儿园的教育应该是全面的、启蒙性的，生态博览园提供的环境和条件也是全面的、适合幼儿身心发展特点的，从健康、语言、社会等五大领域，不仅培养幼儿的主体探究精神和自主学习能力，而且帮助幼儿养成积极主动、认真专注、不怕困难、敢于探究和尝试，乐于想象和创造等学习品质，促进幼儿可持续发展。

图 4　生态博览园课程的全面可持续性

3. 构建生态博览园课程方案

明确“开展生态教育，促进幼儿可持续发展”的课程目标；依据幼儿发展水平和社会需要、环境资源等选择课程内容；主张“在环境中学习”，强调幼儿主动参与，将课程引向自然、社会和幼儿生活，以“关爱、倾听、参与和希望”为课程原则；注重内容的“有机”，激发学习的“动机”，生发课程的“灵机”，实现课程的“生机”；优化多维度、多主体、多方式评价方案，促进师幼可持续发展。

4. 探索生态博览园课程路径

以“博物—观察激趣、博识—体验认知、博雅—情感态度、博达—行为能力”为课程路径，从环保教育开始，通过师幼共建“资源可选、材料可玩、路径可行、经验可循、学习可见”的环境，引导幼儿主动参与和自主探索，丰富情感、形成习惯。实现环保教育的具体化、教育活动的体系化、生态意识养成的持续化。

5. 优化生态博览园课程系统

课程以幼儿为中心，整合多种资源，强调动态与平衡，改变育人方式，强调交互与对话，师幼关系是生态的，家长也参与其中，用生态育儿观支持博览园活动；管理者、后勤部门也为幼儿学习提供保障，建构体现生态场域与氛围的课程文化，实现人与人、人与自然、人与社会和谐共生。

从“九五”幼儿园生态环境教育——树木的研究，到“十五”幼儿园生态环境教育的研究，再到“十一五”幼儿园生态式主题活动的实践研究、“十二五”幼儿园生态式发展的理论与实践研究，最后到“十三五”的生态幼儿园建构、生态博览园课程研究。一路走来，我园逐渐打造了具有园本特色的生态课程。而幼儿园课程实施也经历了从模仿到园本、从关注教材到关注儿童、从摸索到规范的艰难历程，幼儿园的课程实践与研究，一直伴随着对陈鹤琴教育思想的学习与实践进行，无论是活教育体系中的“三大目标”，还是十七条教学原则、五项活动、十个特点等等，都是我园在践行活教育思想，建构园本课程中的指引与方向。我们期望在生态博览园课程下，我们的孩子能够成长为具有健全身体、创造力、独立思考能力、合作与服务能力、自主学习能力的“现代中国人”，我们的教师也能够成长为会“教活书、活教书、教书活”的专业教育者。让我们秉承活教育思想，一以贯之地努力吧！

参考文献：

[1] 陈鹤琴. 陈鹤琴全集(第四卷)[M]. 南京：江苏教育出版社，2008.

[2] 王海英，等. 儿童视野的幼儿园环境创设[M]. 北京：人民教育出版社，2019.

[3] 朱莉·M. 戴维斯. 幼儿与环境：致力于可持续发展的早期教育[M]. 孙璐，等，译. 南京：南京师范大学出版社，2018.

[4] 陈晓娟. 论学生自主学习能力的培养[D]. 福州：福建师范大学，2009.

[5] 中华人民共和国教育部. 幼儿园教育指导纲要(试行)[S]. 北京：北京师范大学出版社，2001.

[6] 虞永平. 活教育的时代意义与实践指向[J]. 早期教育，2021(48)：4－9.

[7] 崔利玲. “活教育”，为中国幼教百年引路[J]. 教育家，2018(43)：10－13.

[8] 虞永平. 幼儿园课程建设是系统和长期的工作[J]. 幼儿教育，2020(Z1)：4－9.

[9] 虞永平. 把促进幼儿发展作为课程改革和建设的根本目标[J]. 幼儿教育，2018(Z1)：4－8.

“活教育”思想引领下的幼儿园种植饲养活动的实践与思考

苏州市吴江区金家坝幼儿园　计彩娟

1940 年，陈鹤琴先生在主题为“什么叫作‘活的教育’”的演讲中首次提出“活教育”。“活教育”活在追随活儿童，主张“尽量地利用儿童的手、脑、口、耳、眼，打破只用耳朵听，只用眼睛看，而不用口说，不用脑子想事情的教育。”陈先生反对“读死书”“死读书”，认为大自然、大社会才是活教材。陈鹤琴先生提出的“活教育”理论，本质就是从儿童出发。但是，这种情况直至今天还是没有从根本上改变，重教轻学、端坐静听的现象还时有发生，大量丰富的生活化课程资源被闲置的情况也仍然存在。

金家坝幼儿园作为一所典型的农村幼儿园，该如何有效利用农村资源，帮助幼儿在回归自然中充实生活、丰富经验，达到科学保教的目的呢？我们以“活教育”思想为引领，立足“儿童发展本位”，秉持“大自然、大社会都是活教材”的课程观，以我园生态化的环境为教育背景，尝试开展种植与饲养活动。

一、寻脉相承，“活教育”思想引领下的种植饲养活动价值澄清

活教育是一种旨在改变“浪费童年”的教育，陈先生提倡“儿童中心”和“一切为儿童”，批判传统教育把儿童看作“小人”或不把儿童“当人看”“任儿童做牛马”。针对传统教育的“教师中心”，他强调师生平等，指出教师要以儿童为中心，做儿童的朋友，以消除师生间的隔膜；要与儿童共同生活、共同学习；要为儿童创设宽松的学习氛围，调动儿童学习的自觉性和学习兴趣。

金家坝幼儿园地处农村,有着与城市幼儿园不同的人文地理、自然景观,我们如何因地制宜,基于儿童立场,以幼儿的兴趣和需要作为教育的出发点,引发幼儿积极主动地学习呢?带领幼儿回归大自然应该是最好的选择。我们结合本园实际,建造了一个让幼儿流连忘返的生态园,其中有梨园、枇杷园、石榴园、金橘园、南瓜地、北瓜棚、毛竹园、孔雀园、鸽子屋……为幼儿开展各种探究活动提供了条件。

1. *种植活动*

幼儿参与种植与管理,既能锻炼多种运动能力,也能获得很多种植方面以及有关植物与动物的经验,如菜花与蜜蜂、桑树与蚕等。在参与种植和管理的过程中,幼儿对很多植物的生长过程有了深入的了解,对植物的根、茎、叶、花、果等有了对比性的了解,通过运用感官感知植物的特性,发展了观察能力和比较能力。当然,在这个过程中,幼儿的审美能力、数量概念、责任意识、与同伴的协作能力、计划能力等都得到了一定程度的发展。

2. *饲养活动*

幼儿通过参与饲养活动一方面增进了对动物的了解,丰富了关于动物的名称、类型、习性等方面的经验;另一方面,更真切地感受到动物的生长变化,感受动物生命的存在,感受自己的行为与动物生命之间的关系,从而懂得珍惜生命。

我们的种植饲养活动不同于社会生活中的绿化或饲养动物,也不是为了好看好玩,而是为了幼儿的发展。种植饲养活动关注的焦点始终是幼儿:他们怎样观察动植物,如何与他人合作参与动植物的照料,怎样提出问题,以及在此过程中怎样建构关于动植物的有益经验。在活动中,我们关注幼儿在做什么和学什么,鼓励幼儿像小小科学家一样探究动植物的秘密,逐步实现“关注幼儿、关注生活、关注经验、关注行动”的价值追求。(见表 1)

表 1　种植饲养活动与传统课堂教学对比

传统课堂教学	种植饲养活动
重教轻学 (1) 关注教学过程,忽视学习过程 (2) 在对教学成效的评价上,关注教师的工作,忽视幼儿的学习	关注幼儿 (1) 关注幼儿的兴趣和需要 (2) 引发幼儿积极主动地学习
重学科,轻生活 (1) 课程内容与现实生活没有有机结合 (2) 现实生活中的教育契机没有得到充分利用	关注生活 将课程学习当作幼儿的生活:以唤起其生活的需要,扩充其生活的经验,培养其生活的力量
重集体教学,轻区域活动 (1) 不能精心设计区域及活动 (2) 没有形成指导区域的基本策略	关注经验 提供丰富的环境和材料,帮助幼儿获得有益经验 关注行动 (1) 通过多种感官参与而获得的知识、经验、情感、

续表

传统课堂教学	种植饲养活动
重倾听，轻行动 (1) 端坐静听的现象还存在 (2) 活动中幼儿很少运用多种感官	能力 (2) 思维与行动结合起来的学习过程，也是发现问题解决问题的学习过程

二、落地生根，形成“资源—活动—经验”的种植饲养资源开发路径

陈鹤琴先生指出，我们要活的教育，必须教材是活的，方法是活的，课本也是活的，主张要根据儿童的发展现状决定教育内容、形式和方法。基于“活教育”思想，种植饲养活动尝试打破各领域界限，以整合的方式组织活动内容，将分割的知识经验连接起来，最终生成幼儿的有益经验。开发的思路从“可以种什么养什么”切入，普查动植物资源编制一年事例→依托幼儿兴趣需要选择动植物样本→围绕动植物特征、动植物间的生态联系以及与人类的生活关系开发内容，建构幼儿的有益经验，最终形成资源—活动—经验的种植饲养资源开发路径，实现从“物质”形态的课程资源到“精神”形态幼儿经验的转化。（见图1）

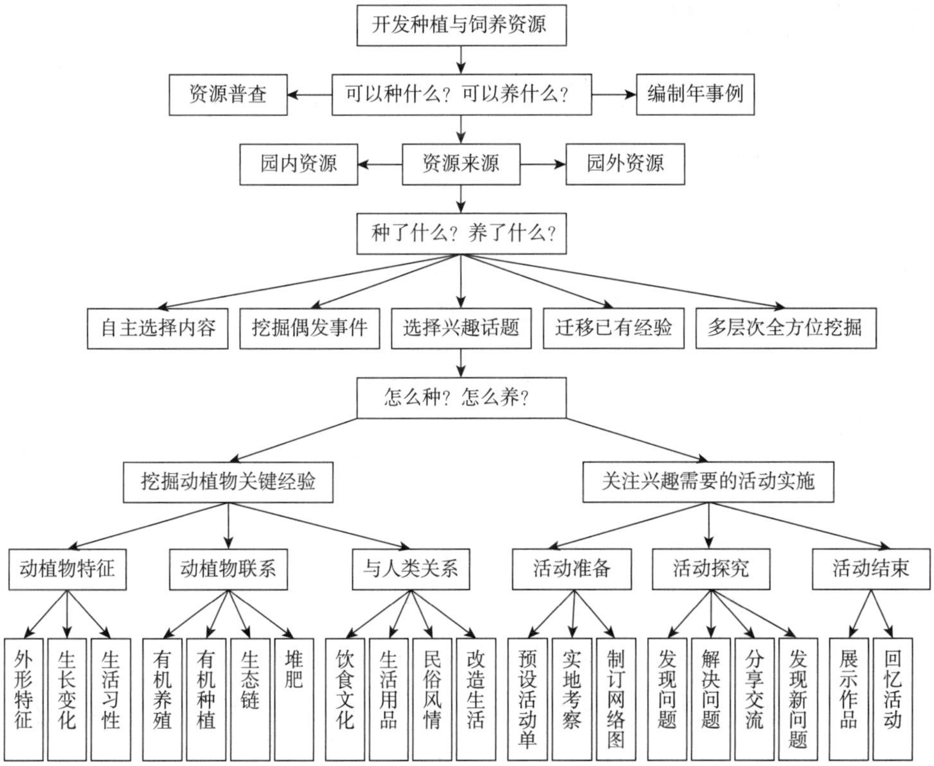

图1 种植饲养资源开发流程图

（一）适宜改造，创生“活”环境，优化种植饲养资源配置

陈鹤琴先生特别重视户外环境的价值。他说：“不晓得孩子是顶喜欢野外生活的……”“若是教师在这种适宜的地方教小孩子唱歌、做游戏、画图画、讲故事等功课，这样小孩子学了许多天然实物，又可以学到普通所教的功课，并且可以增加儿童的快乐，活泼儿童的精神，强健儿童的身体。像这种户外的教学，比起室内的生活来，不知道要强多少倍。”基于这样的认识，我们充分利用小山、果园、田地、水池等自然资源创设丰富有效的活动环境，力图将本土资源转化为活的教育资源。

1. 第一阶段：建成重感官体验的小豆丁农场

1996 年金家坝幼儿园完成易地新建，新建的园所外是一片农田，在政府的大力支持下，这一墙之隔的五亩农田划拨给了幼儿园。我们在逐步懂得了自然活动对儿童发展的重要意义后，开始着手在园内为孩子们打造一个“天天有绿、月月有花、季季有果”的小农场。经过规划，最终建成了梯田式旱植园、水植园、荷花池、飞禽园、水禽园、石榴园、梨园、枇杷园等。随着动植物的加入，我们的小豆丁农场初具雏形。（见图 2）

图 2　重感官体验的小豆丁农场

在这个多样化、可感受、可参与、可操作、开放的小豆丁农场里，我们带领幼儿回归大自然，尝试摆脱单一、教条的解说方式，鼓励幼儿与大自然交朋友，让幼儿通过听一听、摸一摸、闻一闻、尝一尝、看一看等，体验与大自然亲密对话的乐趣。

2. 第二阶段：拓展探究与挑战一体的户外主题游戏场

仅仅让幼儿在大自然中游戏是不够的，我们还需要引导幼儿用整体性的方法看待人与自然的关系。如何帮助幼儿欣赏并了解自然界的关联呢？一个天然的游戏场可以更好地满足幼儿的这些需求。幼儿通过对自然材料的摆弄和操作，对自然现象的观察和记录，能

不断发现各类事物的变化和循环，发现自然界中事物间的相互依赖。

我们继续利用现有泥土、水系、动植物、地形以及其他自然资源，结合主题功能对区域加以划分，主要划分成了 5 个功能区，设置了 20 项活动内容，围绕生态，将金幼打造成一个集生态、趣味、挑战、探究于一体的户外主题游戏场，以满足幼儿运动、游戏、探索大自然的需要，激发幼儿的探索与想象，促进幼儿身心全面发展。（见图 3）

图 3　探究与挑战一体的户外主题游戏场

在这个绿色、生态又不失童趣的游戏空间和运动空间，幼儿能更好地与自然产生交互作用，关注各种事物间的联系，特别是与人类生活的关系。

3. 第三阶段：完善人与自然和谐共生的动物野趣园

如何帮助幼儿更好地与动植物建立一种和谐关系？2020 年疫情发生，更坚定了我们对环境再次改造的决心。经过讨论，幼儿想帮动物造个新家，我们尊重幼儿的意愿，把圈养动物的围栏去掉，把原来平整的小豆丁农场改建为错落有致的“野趣动物园”，旁边设有工具房。幼儿既可以在高高的小路上安全观察动物的生活状态，也可以穿着雨鞋，在平地上和动物近距离接触，而动物们既可以在这一亩野趣园里自由行动，也可以和不同物种的动物交朋友。（见图 4）

图 4　人与自然和谐共生的动物野趣园

在前期种植饲养活动基础上，我们尝试从动植物的基本特征、生活习性、行动方式、生命周期进一步延伸到与人类的生活关系和动植物间的生态联系，尝试以农耕生活实践为切入点，将单纯的体验自然活用到日常生活中，让幼儿在行动中自发地萌发对各种生物的关爱，达到一种自然状态下的和谐共生。

（二）资源普查，编制年事例，统整幼儿种植饲养生活内容

我们通过对户外环境不断改造，丰富了园内资源，但资源本身不能自动转化为幼儿的有益经验。如何选择幼儿感兴趣的动植物样本，开展丰富多样的活动便成了我们重点思考的问题。陈鹤琴先生当年提出的鼓楼幼稚园单元教学主题都来自幼儿的“生活历”，他主张“课程都要从人生实际生活与经验里选出来”，应当把儿童的自然与社会环境作为幼儿园课程的中心，系统组织起来。

我们的教师虽然大多在农村长大，但是随着工业化发展，已很少有机会看见农民在田间作业的场景，也越来越少在家里饲养动物，所以，绝大部分教师对动植物知之甚少。因此，我们向书本学习，向网络学习，向家长学习，向农技专业人员学习，通过询问、调查、查阅资料，总结归纳了一年四季南方地区适宜种植的植物和饲养的动物，完成了动植物资源的

调查。这些动植物有什么特征？种养过程中需要注意什么管理事项？我们进行了资源明显特征的录入，以进一步加深对农事的认识和了解，为种植饲养活动资源的开发做好准备。如土豆的播种时间为12月下旬～2月上旬，收获时间为6月上旬～7月中旬，种植的注意事项是适合松软土质，深耕。再如，甘蔗的播种时间为1月～3月，收获时间为10月～12月，种植注意事项是选用蔗尾部分，节密集，出芽率高，适合栽种于土壤肥沃、阳光充足、冬夏温差大的地方等。完成了这一步以后，我们要考虑的是如何利用这些资源。于是我们又以二十四节气为抓手，从2月的立春节气开始，到次年1月的大寒结束，以节气为时间点，将资源分配至二十四节气，形成一年事例。（见表2）

表2　金幼自然资源年事例(示例)

资源 月份	二十四节气	自然现象	植物				动物				
			农作物	草本	木本	共同资源	候鸟	昆虫	水生动物	一般动物	共同资源
二	2.3～2.4 立春	天气转暖 白天长 晚上短 水面解冻 百草回芽	·土豆、甘蔗（12～2月播种） ·莲藕（1～3月播种）	迎春花开 风信子（2～3月花期） 酢浆草（2～9月花果期） 马兰头（种植） 树莓（2～3月花期） 杏花（花期） 石葱（1～3种植）	柳树发芽	树、树叶、花、种子、吊篮、万年青、富贵竹、铜钱草、绿萝、芦荟、凤尾草	大雁归				常见家禽家畜
	2.18～2.20 雨水	淅淅沥沥的雨水									
三	3.5～3.6 惊蛰	天气转暖 第一次春雷	·菱角（3月上旬播种） ·韭菜（3～4月中旬播种） ·荸荠、茭	三叶草、紫荆花、海棠花（花期） 桃花、梨花、樱花（3～4月花期）紫薇花	银杏（展叶）		燕归来，大雁往北方	蜜蜂、瓢虫、蚯蚓、蚂蚱	螺蛳（3～10月，6～7月产量最大）田螺（3～4月）	冬眠动物苏醒，孔雀开屏（3～4月）	
	3.20～3.21 春分	春分不暖 昼夜平分 草木成长 萌芽期									

（三）立足兴趣，追随幼儿中心，自主选择种植饲养活动内容

梳理了一年四季南方地区适宜动植物样本后，我们发现可饲养可种植的动植物极其多，这既为教师开发种植饲养资源提供了很多选择的机会，也向教师提出了如何选择动植物样本的问题。我们主要从以下几方面带领幼儿选择动植物样本。

第一,鼓励幼儿自主选择,向幼儿与家长发放“种植与饲养动植物意向表”,确定每班重点种植与饲养的动植物样本。第二,挖掘偶发事件中隐含的教育价值,除了物化的资源条件,日常生活中动态生成的、易被人忽略的偶发事件也是动植物样本选择的来源。第三,根据幼儿感兴趣的话题确定动植物样本,认真倾听幼儿的话题,及时对幼儿的兴趣点进行价值判断,生发持续、深入的探究活动。第四,注意迁移幼儿的已有经验,对于种植饲养内容的选择,应充分尊重幼儿的已有经验,并在主动的活动中建构新的经验。第五,多层次、全方位挖掘。在充分尊重幼儿自主性选择动植物样本的基础上,注意从班级向年级组和全园性的活动延伸,将种植饲养资源向社区和家庭延伸,形成多层次、全方位、多主体的共同参与,促进种植饲养活动内容与幼儿真实生活和经验的不断整合。我们每学期定期开展“临时动物园”和“亲子种植乐”活动,并利用外出郊游的实践活动等,引导幼儿与周围的自然、社会环境相互作用,帮助幼儿在探索、交往、表达等活动过程中不断建构新经验。

(四)尊重主体,围绕关键经验开发,实现资源到经验的转化

种植与饲养活动取材于生活,是幼儿看得见、摸得着、听得到的实体。对于确定的动植物样本,我们尝试从动植物的基本特征、生活习性、生命周期、动植物间的生态联系切入,进而延伸到与人类生活的各个方面,梳理了《3—6岁幼儿种植饲养活动关键经验一览表》,并提炼了适合3—6岁幼儿探究的关键经验。(见表3)

表3 3—6岁幼儿种植饲养活动关键经验一览表

探究内容	小班	中班	大班
外形特征	(1)辨别各种生物的基本外形特征,如颜色、大小、形状 (2)知道生物是由不同的部分组成的,如植物有根、茎、叶子	(1)辨别和比较生物除了颜色、大小和形状之外的特征 (2)知道生物的不同组成部分有不同的作用 (3)观察生物之间的相同点、不同点	(1)能理解生物的结构和功能之间的关系(如植物根的作用) (2)比较两种或者更多种生物的相似点和不同点 (3)根据生物的相似性和差异性将其分类 (4)观察和了解同一种生物也具有细微的差别
生活习性	知道生物有各种需要	(1)理解所有动物需要食物、水和居所 (2)知道植物需要水、阳光和土壤	(1)知道有些需求对所有的动植物都是基本的 (2)理解满足各种植物和动物基本需要的不同方法

续表

探究内容	小班	中班	大班
生命周期	知道动物和植物都会不断变化	(1) 感知并描述部分生命周期 (2) 发现动物和植物都经历了出生、生长、发育、繁殖、死亡的过程	(1) 感知不同生命体的周期长短和细节是不同的 (2) 通过观察,感知和描述植物和动物的生命周期 (3) 通过观察和比较,发现动物、植物和它们的亲代是非常相像的
与人类的关系	感受动植物与人们的生活是相关的	开始思考生物的需要及其与生活环境之间的关系	感知和体验人类的生存依赖于自然环境和人为环境
小小生态链	感知周围的动植物是多种多样的	初步感知动物的生存离不开植物	初步感知生物是相互联系、彼此依存的,初步感知小小生态链

种植与饲养活动资源开发是一个整体推进的过程。我们围绕“以幼儿发展为本”这一中心点,对活动内容的选择、内容实施的途径等进行开发和完善,做好长期、短期种植饲养活动的系统规划,最终实现培养幼儿热爱自然、热爱生活的情感,主动探究的学习品质,实现积累丰富的有益经验的核心目标。(见图 5)

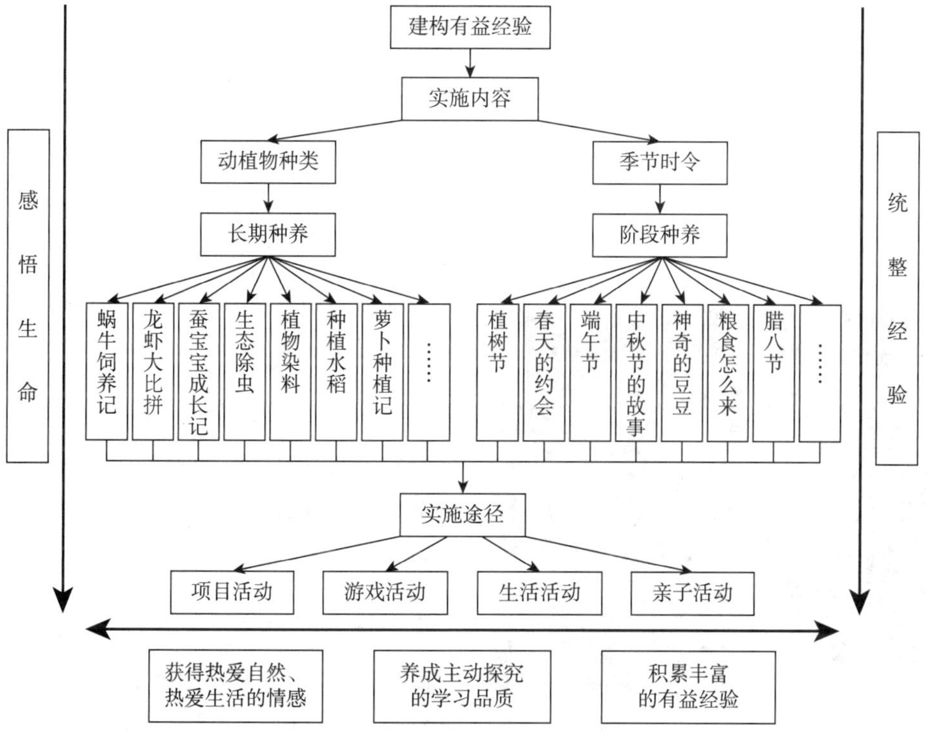

图 5　种植饲养活动经验建构发展图

三、科学拓展，建构“问题—经验—表征”的种植饲养活动学习路径

陈鹤琴先生认为：“教育儿童首先要了解儿童。只有在了解儿童之后，我们对儿童的教导，才能确实有效。”陈先生强调：“凡是儿童自己能够做的，应当让他自己做；凡是儿童自己能够想的，应当让他自己想；你要儿童怎样做，就应当教儿童怎样学。”

针对3—6岁幼儿的年龄特点和学习特点，我们研究了满足幼儿发展需要的多样化学习途径，从幼儿的兴趣入手，把幼儿感兴趣的问题分成一个个可操作、可实施、可探究的内容，并及时捕捉幼儿的新兴趣点，生成能够使幼儿获得新经验的丰富多样的活动，完整呈现“兴趣引发问题→问题形成经验→经验外显表征”的探究动植物的自主学习建构过程，最大限度地让幼儿直接感知、动手操作和亲身体验。在这个循环往复、螺旋上升的过程中，幼儿尝试解决问题的过程就是学习的过程，以此不断积累丰富的有益经验。（见图6）

下面以蚕宝宝的探究活动加以具体说明。

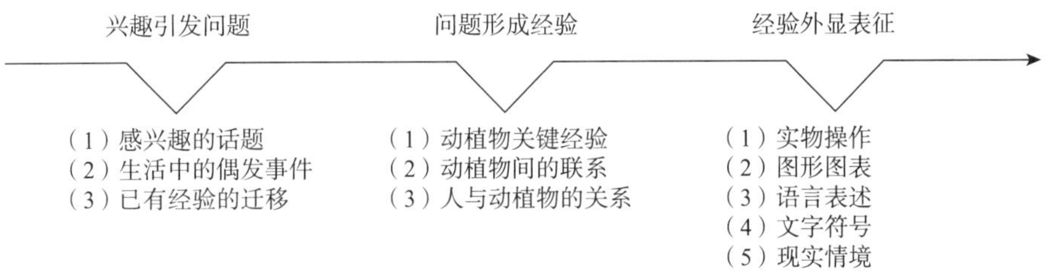

图6　种植饲养活动学习路径图

（一）从兴趣引发问题，增强幼儿参与种植饲养活动的动力

图7　蚕宝宝的食物——桑叶

种植饲养活动的核心是最大限度地满足幼儿对自己兴趣和想法的追求，并及时捕捉幼儿的兴趣，采取有效措施，只有这样幼儿才有可能得到有效适宜的发展。但要维持幼儿对种植饲养活动的兴趣，不仅需要可以操作的具体材料，更重要的是要有能够引发幼儿产生“问题”或“认知冲突”的问题情境。幼儿在饲养蚕宝宝时，为了给蚕宝宝找食物，自发地摘起了各种树叶。当他们热情地喂给蚕宝

宝吃时，却惊奇地发现，蚕宝宝只吃准备好的树叶(桑叶)。于是幼儿通过看一看、摸一摸、闻一闻等方式，比较了桑叶和其他树叶的区别。在随后的探究活动中，幼儿对蚕宝宝还有许多想了解的问题：“蚕宝宝睡觉吗?”“蚕宝宝和毛毛虫一样吗?”通过和幼儿一起讨论、交流，师幼共同预设探究活动主题。这样事先制订计划，做好准备，再进行实践观察活动，会让幼儿的自主探究更有品质、更有深度，才能真正实现蚕宝宝探究活动的教育价值。(见图7)

(二) 由问题形成经验，提升幼儿参与种植饲养活动的价值

在种植饲养活动中，我们坚持以幼儿自发探究为基础，分解幼儿的问题，由浅入深、循序渐进发展幼儿的探究能力。鼓励幼儿针对活动提出疑问，尝试运用多种感官进行仔细观察，通过实际行动、实验操作、调查、收集等方法对问题进行解疑，从而逐渐引导幼儿更加集中、系统地研究。如幼儿经过一个阶段的持续观察，发现蚕宝宝长大了，但是有的长有的短，该如何比较蚕宝宝的长短呢？经过讨论，孩子们提议用蜡笔、线，甚至用积木来量。为了进一步验证自己的猜测，幼儿各自到区域寻找材料进行蚕宝宝的测量工作。在活动“我给蚕宝宝量身长”的过程中，我们鼓励幼儿尝试自己解决“比较蚕宝宝大小”的问题，这为幼儿的自主学习提供了可能。虽然从幼儿的活动表现来看，幼儿有些想法的可操作性不高，但通过跟进实践探究活动，幼儿会自主发现哪些材料的测量是比较合适的。此时教师无须给幼儿提过多的建议，只需给幼儿提供疑惑—试误—解答的自主探究的学习机会。在整个种植饲养活动中，我们鼓励和支持幼儿大胆尝试，让幼儿从事实中得到反馈。我们关注的是让幼儿做什么，而不是听什么；关注幼儿整体的行为；把直接经验作为种植饲养活动的主要内容；鼓励幼儿交往、探索和操作，从而获得丰富的有益经验。

(三) 让经验外显表征，发展幼儿参与种植饲养活动的能力

幼儿通过细致观察、自主探究，积累了许多有益经验。幼儿的认知经验的获得是一个由外向内的过程，但如何引导幼儿将认知由内向外表征，使幼儿在此过程中获得发展，是我们在开展活动中面临的又一问题。经过实践，我们尝试引导幼儿综合运用多种方法表达对探究事物的认识和感受(见图8)，如引导幼儿用多种表征方式来表达对蚕宝宝的认识：鼓励幼儿将日常观察到的蚕宝宝特征用画笔记录下来；用泥塑方式塑造一条条栩栩如生的蚕宝宝；用身体动作模仿蚕宝宝吃桑叶、爬行、睡眠的状态，创编生动的韵律；开展丝绸制品模特秀(见图9)，等等。在探究蚕宝宝的活动中，我们关注幼儿通过语言、绘画、音乐、舞蹈、角色游戏、情境表演等不同形式表达对问题解决过程的认识，这种表达就是幼儿认知的表

征过程。在幼儿“经验—表征”的过程，我们注意扩大幼儿表征的范围，引导幼儿由近及远、由简变繁地进行不同方式的表征，使表征更完整、更翔实。

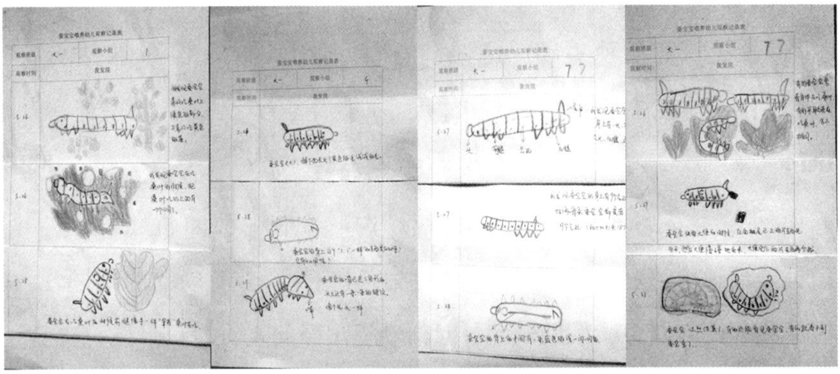

图 8　幼儿的观察记录

图 9　丝绸制品模特秀

三、深度反思，“活教育”思想引领下种植饲养活动的启示

通过实践，我们深深体会到要真正实现“大自然、大社会都是活教材”的课程观，坚持儿童中心，发挥种植饲养课程资源的教育价值，必须把握好三个“转变”。

1. 转变一：从关注教师到关注幼儿——转变种养理念

受传统教育观的影响，在活动实施过程中，我们可能更多地考虑“如何教”“怎么教”等问题，而忽视了幼儿学习的主体地位。随着对“活教育”思想研究的不断深入，我们逐步明确了要充分尊重幼儿的兴趣和需要，充分尊重幼儿的发展规律和学习特点，以此来确定教师的教学行为。只有深入地关注幼儿做什么，才能懂得应该让幼儿做什么。因此开发课程资源应最大限度地满足幼儿对自己兴趣和想法的追求，并及时捕捉幼儿的兴趣，采取有效措施，只有这样幼儿才有可能得到适宜的发展。否则教学活动就是脱离幼儿兴趣的，教育价值也是不大的。

2. 转变二：从关注学科到关注生活——把握种养价值

幼儿的心理发展水平决定了他们对事物的理解往往是粗浅的、表面的，对他们而言，课程就是他们每天所做的事情，只有源于生活的课程才会充满生机与活力。因此我们的教学内容更多地取材于生活，打破学科领域，让教学活动成为幼儿看得见、摸得着、听得到的实体。我们打破以学科为主线的设计方式，强调以幼儿的活动为主线，让幼儿在生活和游戏的真实情境中以及解决问题的过程中逐步形成良好的学习品质。这是陈鹤琴先生所提倡的，也是我们努力实践的。因此，教师只有善于从现实生活中发现和寻找课程资源，才能带领幼儿尽情去感受世界的美好，进而实现教育价值。

3. 转变三：从关注倾听到关注行动——推进种养深度

幼儿由于生活经验少，常常用已有的生活经验，要按自己的逻辑思维而行动。因此教师应尽量避免以讲授学科知识为主要的学习方式，更重要的是要促使幼儿产生获取知识的兴趣，培养勇于探索的精神，获得解决问题的能力。努力创造机会让幼儿进行尝试、探索、试误、研究，调动幼儿内在的学习动机，为幼儿创设解决问题的情境，使其进行有意义的学习并获得发展。正如陈鹤琴先生主张的，“学校里的一切活动，凡是儿童自己能做的，应当让他自己做”。值得注意的是，在课程资源开发过程中，要让幼儿做有意义的事：做幼儿乐意观察探究的事，做适合幼儿发展的事，做幼儿力所能及的事，做幼儿能接受挑战的事，做幼儿能感受到趣味的事，做有思维参与的事，引导幼儿多种感官参与，进而有效促进幼儿的发展。

从儿童出发是陈鹤琴教育思想的核心支撑，也是活教育活的灵魂。我们将继续依托本土资源特色，努力践行活教育思想，最大限度地发挥课程资源的教育价值。

参考文献：

[1] 陈鹤琴. 陈鹤琴教育思想读本·活教育[M]. 陈秀云，柯小卫，选编. 南京：南京师范大学出版社，2012.

[2] 胡碧霞. 让理论看得见·自然主义与幼儿教育[M]. 合肥：安徽少年儿童出版社，2010.

[3] 虞永平. 活教育的时代意义与实践指向[J]. 早期教育，2021(48)：4－9.

[4] 虞永平. 生活化是幼儿园课程的根本特性[J]. 学前课程研究，2008(10)：24－27.

让教育"活"起来：基于幼儿行为观察的个性化教育支持

常州市新北区银河幼儿园　王　静

常州市新北区银河幼儿园自2009年就一直致力于基于幼儿行为观察的教育支持的实践探索。十余年来，我们致力于理解陈鹤琴的活教育思想，践行活教育，追随活儿童，培育活教师，根据儿童的发展现状决定教育的内容、形式和方法，探索适宜儿童的教育。这一过程承载了发现教育实践问题的快乐，遇到瓶颈与矛盾的困惑，寻求方法取得进展的喜悦，以及不断提升自我的满足。

一、个性化教育支持的发展历程

（一）价值追求：每颗星星都闪光

活教育的中心是儿童，课程是根据儿童的心理和社会需要来编订的。个性化教育支持的最终目标，就是实现一生一案，真正为每一个幼儿提供适合的教育，确保银河的每颗星星都闪光。

1. 尊重差异——每颗星星都不同

每个幼儿都是独特的个体，差异性是幼儿成长最关键的特征，每个幼儿在沿着相似进程发展的过程中，各自的发展速度和到达某一水平的时间不完全相同。这些心理学理论能帮助教师明晰幼儿发展的特点，但如何将理论转化为实践，让教师在实践中理解幼儿的差异性，引导家长尊重幼儿的差异性，这些都是我们必须直面的问题。通过对幼儿的行为观察，我们发现，同一个领域，同一个活动中，幼儿的表现总是不同的，呈现出的发展状态也是不同的，在一次又一次的发现中，我们理解着尊重个体差异的理念，为个性化教育支持提供了可能性。

2. 支持发展——每一天每一个都自主

我们提出“每一天过有滋有味的日子”，教师和幼儿共同生活、共同工作、共同学习。教师应当充分尊重幼儿的个体差异，根据幼儿不同的心理发展水平，研究有效的活动形式和方法，注重培养幼儿良好的个性心理，支持和引导他们从原有水平向更高水平发展。从发现到理解到支持，强调建设支持每个幼儿全面而富有个性的发展的课程样态，让每一个幼儿都主动、幼儿在每一天每一个环节都自主，使个性化教育支持成为本园教师的专业自觉。

（二）探索经历：从幼儿行为观察到个性化教育支持

陈鹤琴认为，“教育儿童首先要了解儿童。只有在了解儿童之后，我们对儿童的教导，才能确实有效。”他指出：“若能依据小孩子的心理而施行教育，那教育必定有良好效果的。若不明儿童的心理而枉施以教育，那教育必定没有成效可言的。”“儿童为本”“因材施教”“以学定教”是其教学法的基础和基本原则。我园对个性化教育支持的研究源于对幼儿的研究，通过发现儿童，认识儿童，形成正确的儿童观。教师在摸索各种操作策略时，会产生新的问题。比如：如何提高观察能力，让幼儿看得见？如何提高教育决策能力，更好地支持幼儿？如何在教育支持中，实现师幼的共生共长？从看见幼儿，反思自我、解读童心，适宜回应、形成体系、共生共长的阶段中，我们从关注幼儿群体到关注个体，从单一支持行为到机制、体系构建的过程中不断地发现问题、解决问题、形成经验。

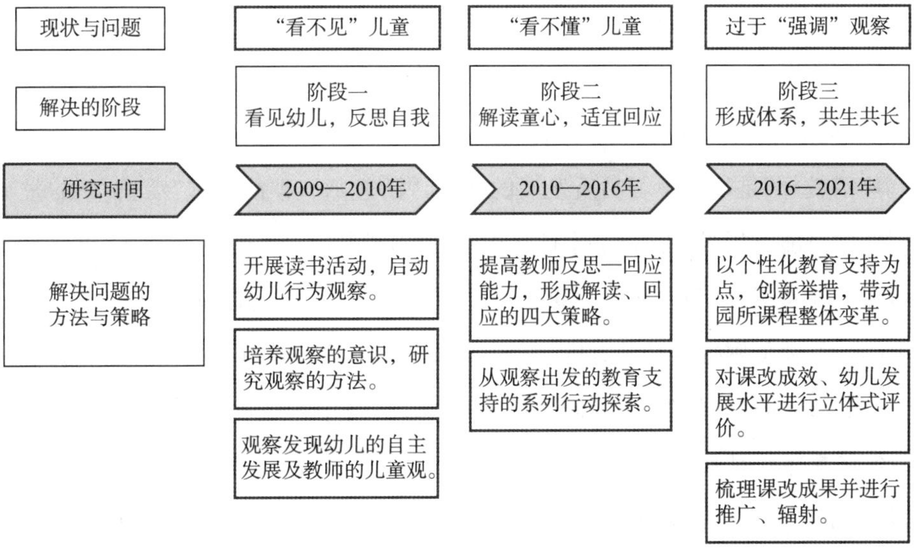

图1　个性化教育支持的发展历程

二、个性化教育支持的操作策略

个性化教育支持的内核系统，即“科学观察—精准解读—个性化支持”的循环，运转过程强调关注个体差异、因人施教、应需支持。它需要相应的保障系统，即支持内核系统有效运行的相关要素及其相互间的交互，主要包括理念系统的落地、管理机制的变革、反思型教师的研训等。在此过程中，对于发现活儿童、培育活教师、实施活研训、开展活课程，我们积累了一些经验。

（一）发现“活”儿童

从2010年起，我园全面推动幼儿行为观察，尝试在实践中研究各类观察方法，过程中比对优势与不足，同步开发信息技术，积累观察量表，支持教师便捷有效观察。推进“读大家，大家行”共读活动，与原有儿童观碰撞，形成对儿童的新认知。观察幼儿，就是观察他们的表情、动作、言语，这些信息都有助于我们全面了解幼儿。为此，我们努力做到在单位时间内尽可能多地看到信息。解读童心，包括解读他们的意图与感受、内在生命力、年龄特征、个体差异、基础点和发展点。解读越精准，对幼儿的理解也就越到位。其中，了解幼儿的意图和感受，看到幼儿内在生命的力量是我们最看重的。通过有计划地观察，我们发现幼儿在好动心、好奇心、模仿心与游戏心方面的共性，发现幼儿在智力、社会性情感和生理等多个方面存在差异性，了解其兴趣、爱好和特长，并根据社会要求适应期能力水平进行教育，使之得到发展。认识儿童，才能教育儿童，这样才可能有活的教育。

（二）培育“活”教师

培养“活教师”是幼儿学习品质发展的保障，“活教师”，即能实施“活教育”的教师。有了活教师，才可能有活教育。做好个性化教育支持，教师除了具有观察技术，更要具备关怀伦理，谦卑的儿童观，全面看待事件的视角，以及背后的教育学、心理学素养。这样的教师，在支持儿童时，才能踩准活动的时机、内容、方式及程度这些特点，尽可能做到因人而异，应需而行。为了培养这样的教师，我们从以下四个方面展开。

1. 锤炼教师的观察技术

总结形成观察的四会技术：会看、会记、会听、会说。用纸笔、音像、幼儿作品与表征等多种方式进行记录。鼓励幼儿、家长参与观察记录、主动表达。同时借助问卷星等现代信息技术手段，开发银幼无线APP，让观察及信息搜集便捷可操作。关注观察技术与艺术的融合，提出陪伴式观察，倡导有温度的观察，其根本在于寻找同频共振的生命之间的共鸣，这是对幼儿生命个体的尊重，是从“走近”幼儿到“走进”幼儿。

2. 重视教师的反思能力

教师既要解读幼儿的心思，读懂幼儿当下的需求、年龄特点、个性化需要及最近发展区，更要对观察到的信息进行分析与评价，做出事实性判断。在此基础上，反思教育行为，做出教育决策。比如，教师在学期观察中发现WQ小朋友在一学期中共来园31天，12天去了角色区，扮演医生或护士11次。在此观察数据信息背后，结合弗洛伊德“强迫重复”的心理理论，教师判断WQ小朋友通过玩角色游戏让心理的害怕和痛苦体验得到宣泄，从而做出持续观察、温情陪伴，支持重复体验的教育跟进。

3. 创新“因人、应需”适宜回应，支持幼儿自主发展的经验策略

教师针对全体幼儿及个别幼儿，采用不同的回应方式；根据不同的场景需求，或即时回应、或持续性跟进；凝练出不同类型的回应方法：经验拓展、情感支持、环境材料准备等。

4. 做好教师队伍建设的加减法

教师减少对幼儿发展而言无效或者低效的工作，比如，应付检查性的环境创设、性价比低的自制玩具、缺少专业水准的台账，将重点放在对课程的计划、实施、回顾，基于对幼儿行为观察的交流分享、一生一档的档案袋评价等工作上。我们启动教师内省机制，遵循教师的心理发展逻辑，在理论学习、实践以及同伴的促动下，通过“他育—自育—育人”的模式，形成自我成长机制的循环。我们开展文化引领，创建“微细胞”剖析、“微组织”成立、“微经验”分享的“三微”分享平台，激发教师的内驱力和主动性，保障幼儿自主能力发展的实现。

（三）开展“活”课程

陈鹤琴先生指出：“儿童的世界多么大，有伟大的自然亟待他去发现，有广博的大社会亟待他去探讨。什么四季鲜艳的花草树木，什么光怪陆离的虫鱼禽兽，什么变化莫测的风霜雨雪，什么奇妙伟大的日月星辰，都是儿童知识的宝库。”银河幼儿园的课程建设就是基于幼儿学习、以经验为主，充分凸显幼儿的中心地位。幼儿本身就是课程的建设者。课程的两大价值取向是：第一，确保核心价值的准确；第二，确保幼儿在课程中的地位与自主性。以“每颗星星都闪光”为课程理念，培养自主、自信、主动、能动的幼儿。课程内容上关注生活、劳动、游戏等五个板块内容的建设。重参与、重体验、重情感，鼓励幼儿在玩中学、做中学、模仿中学。同时，落实阶段课程的组织与管理，凸显民主化与标准化。在课程评价上，开发银幼无线APP，关注评价的实证性，方式凸显一个“活”字。

1. 解放时间与空间

建立相对稳定、兼顾弹性自主的一日生活流程，确保幼儿每天有适当的自主选择和自由活动的时间，支持幼儿逐步自主管理自己的学习进程。将一日活动的“时间、空间和生活”自主权还给班级与幼儿，让幼儿的自主发展有了平台与契机。按“空间最大化还给孩子”的原则创设自主活动环境，户外实现大家庭模式，开放空间、合理规划游戏区域，彰显混龄“野趣”特质，在户外活动时间，想去哪，跟谁去，做什么，都由幼儿决定；在室内公共区域推行中家庭模式，打破班级界限、允许幼儿按需选择，彰显互动走班特质；班内实现小家庭格局，打造区域、支持幼儿自主游戏，彰显安全温馨特质。实现幼儿参与环境创设及使用的真正话语权，营造关爱和接纳的心理环境氛围。

2. 创新设计周日计划

“面向全体、兼顾个体”的周日计划的变革，将“观察—反思—回应”与教育计划建立链接。关注课程资源的开发利用，形成基于幼儿发展的课程资源建设路径与操作经验。推动周日计划的变革，在观察中撰写每日“班级动态”，链接幼儿行为，让计划落地。周日计划的本质是面向全体、兼顾个体的观察记录计划。因为行为观察，所以能够分析出幼儿的兴趣和基础，由此预测周计划目标，让幼儿的自主发展有计划可依，提升课程跟进质量。同时，行为观察也成为计划高质量落地的重要抓手。我园从成人角度向幼儿主动发展角度变革，将原来的对教材和主题的分析转变为对幼儿的已有基础进行分析。

3. 推动“课程资源”的综合开发与运用

加强课程资源审议，关注幼儿资源的开发。教师观察并追寻幼儿的兴趣需要，运用有价值的资源开展课程以支持幼儿的学习发展，同时，鼓励幼儿去挖掘、开发身边的课程资源，形成人、事、物等教育资源地图，形成基于幼儿自主发展的课程资源建设路径与操作经验。

4. 创新“游戏后分享交流”的教学模式

教师在幼儿的自主游戏和生活中要看见幼儿的学习，进而基于解读和判断，明确教师应支持什么以及适宜的支持方式与策略等。它是从幼儿低结构活动经验出发，关注幼儿的已有经验、新经验及经验的拓展，运用幼儿的差异资源，采用兵教兵的互助方式。基于此，我们创新游戏后的分享与交流的教学模式，注重幼儿主体游戏经验的回顾与梳理，将“观察—评估”贯穿整个过程。幼儿在小组中的学习效果更好，人际关系也能得到强化。支持的内容遵循幼儿的心理发展逻辑，可以是知识拓展、技能习得、思维梳理、经验分享、问题反馈、计划协商等。

(四)实施活研训

要实施个性化的教育支持,首先要通过研训提高教师的专业能力。我们根据多看一点、有温度一点、多懂一点、支持针对性强一点几个方面中的具体问题,架构园本研训的框架。

1. 开展文化引领、源于教师需求的园本培训

建构“即时·实证”的园本教研生态,激发教师研究的内驱力和主动性,正如“活教育”中所说:“大家一起振作起来,研究儿童的切身问题,为儿童谋福利。”

2. 立足支持艺术,做好常规内容研训

梳理凝练“观察四类方法、看见四会技术、看懂四个途径、回应四种类型”与“两全”(面向全体、兼顾个体;面向个体的全面发展,兼顾优势智能)原则落地的“4+2”观察—反思—回应经验,尝试突破个性化教育支持的难点,积累教育智慧。

3. 借力课题研究,开展专题内容研训

成立研究工作室,梳理户外活动、自主生活、室内游戏等多方面的个性化教育支持策略。同时,借助省规划和精品课题,进行基于观察的个性化支持系统建构和“一人一档”研究,探索个性化教育支持成效分析。

三、个性化教育支持的机制保障

在任何一个系统中,机制都起着基础性的作用,它与事务推进的各个环节都存在着关联,在课改的过程中,自下而上产生了很多运行机制,这些机制发挥着管理、助推、保障和支持的作用,应需而生,应用实践,基于问题的解决。在各类机制的保障下,从幼儿行为观察到个性化教育支持的改革建立了链接,让每一个环节都发挥出最大的作用。

(一)课程领导机制

课程领导的机构从管理部门变成研发部门,课程管理者的角色与定位都发生了转变,从管理者转为课程领导者,逐步走向“心”的领导:基于幼儿,追随教师,改变自己。其核心即管理就是专业的服务。课程领导者反观幼儿活动的现场,敲碎自己的“潜意识”,敢于“革自己”;课程领导者“预在前”,确保方向与价值的准;课程领导者善于发现教师的需求,支持教师的课程思考与行动;课程领导者以身作则带改革,践行“三领与三做”、年级组长履职“三权三为”、阶段课程责任人做好“全员全程质量负责制”。

（二）即时·实证教研机制

为提升教师观察、解读、支持的专业能力，我园采用及时教研机制：教研贴近现场、聚焦幼儿需求和教师行为，追寻“实践即研究”与“活动场即研究场”的理念，开展问题式、实证性研究。其有三大特点：一是教研基点上，看幼儿、研教师，追教师的“潜意识”和“习惯性行为”；二是操作顺序上，现场观察后的分享交流更加注重前期的充分准备，尤其是对观察适宜的准备上；三是紧扣“游戏化、生活化、适宜性”特质，通过典型实践案例研讨与诊断，探索课程的实践路径。

（三）家园互惠的合作机制

幼儿的发展离不开家庭和幼儿园的共同关注，家长要了解幼儿心理发展的特点并且给予积极的回应。好奇、好问是幼儿的天性，是他们获得知识的利器。对于幼儿提出的问题，家长应给予耐心的解答，必要时还可以和幼儿一起探究。在这个过程中，家长与幼儿都会有所收获，彼此也会更加了解，关系也会变得更加亲密。在个性化教育支持的过程中，家长是主要的参与者。为让家园交流能更贴近每个幼儿的发展，既让每位家长了解孩子的整体发展情况，又能使班级教师了解父母对孩子的发展期待，我园开展基于观察的“1 对 1 个性化”定制家长会、体验式家长会、微型家长会。大家一起围绕幼儿发展情况和现状进行交流与沟通，聚焦问题探讨、开展经典视频赏析、回顾幼儿在园一日生活、分享优秀教育经验，家园双方形成合力，促进幼儿适宜地发展，实现高质量的家园关系。

四、个性化教育支持带来的成长

自 2009 年，我园开始幼儿行为观察研究，推动幼儿自主发展的课程改革，历经三个阶段的实践与探索，架构了基于幼儿行为观察的个性化教育支持系统的雏形，积累了丰富的课程建设行动经验，推动了管理机制与教研生态的变革与创新。

（一）幼儿自主发展成效显著，生活品质明显提升

基于对幼儿的积极观察和有效支持，幼儿的需要和兴趣被充分尊重，在自主生活、学习、游戏等多方面表现出较强的自主意识和能力。同时，自主能力的提升也有效带动幼儿在学习、交往等多方面的发展。自主、自信、能动、主动成为银河幼儿园幼儿的特质，每个个体都散发着属于自己的生命光彩。

（二）教师职业成长得以实现，专业自觉充分唤醒

教师整体表现出心智成熟、思维结构清晰、专业能力强的特点。教师懂人性、善共情、会支持，用行为表达幼儿立场，能走进幼儿内心，构建良好师幼关系，在课程中真正以幼儿

为中心，构建良好的家园互惠关系。这样的变革也培育了一个优秀的团队：引进人才 1 名，副园长 5 名，大市特级校长 1 名，特级教师 1 名，区级教研员 1 名，大市学科带头人 10 名。

（三）推动园所质量发展，树立幼儿教育样板

在课程改革推动下，园所先后承担省首届教师发展示范基地校、江苏省首批课程游戏化建设项目园、江苏省前瞻性教学改革实验项目学校等基地项目 5 项，省市区级改革项目 9 项，获综合荣誉二十余项。基于幼儿行为观察的课程改革系列经验与理论建树被省教育厅在课程游戏化建设过程中采纳和推广。其中幼儿自主生活课程、课程资源建设、野趣户外活动等研究成果，特别是关于幼儿生活状态、教师专业特质以及课程新生态的实践论述被省课程游戏化建设群推荐学习。

（四）实践探索出真经验，带动辐射影响广大

课程建设成果先后荣获中国学前教育创新成果奖、江苏省教学成果特等奖、江苏省教科研成果二等奖。近三年完成或在研省级课题 5 项，市区级课题 5 项。成立童心解读教育研究中心，辐射带动区域五个街道的幼儿园质量提升。拥有成果辐射合作园 40 所，涉及苏、豫、新、沪、蒙、浙等 6 省 15 市。慕名前来学习跟岗的共计 60 余次，近 5000 人，涉及辽宁、河南等 10 省。2015 年后将成果录制成网络课程，在全国推广。被邀请开展讲座或教科研指导近 200 场，教育科研具有一定的区域示范作用和辐射影响力。

陈鹤琴先生曾提出，中国的教育应当和外国的教育有所畛畦，它自有它的特性。这“做人，做中国人，做现代中国人”就是中国教育唯一的特点，不苟同于其他各国的教育目的。百年后，年轻的银河幼儿园正在摸索一条适合当下中国幼儿园实际且具推广意义的课改之路，且会持续摸索下去。

参考文献：

[1] 陈鹤琴. 陈鹤琴教育思想读本 · 活教育[M]. 陈秀云，柯小卫，选编. 南京：南京师范大学出版社，2012.

[2] 虞永平. 活教育的时代意义与实践指向[J]. 早期教育，2021(48)：4 - 9.

[3] 吴亚英. 从“爱儿童”到“懂儿童”：“观察—解读—支持”系统探索 20 年[J]. 东方娃娃 · 保育与教育，2021(12).

[4] 温剑青. 发现 理解 支持 ——指向个性化教育支持的幼儿发展评价实践[M]. 上海：上海教育出版社，2021.

[5] 袁湛江. 个性化教育的推进策略[J]. 教学与管理，2013(10)：10 - 14.

基于陈鹤琴教育思想的幼儿园家庭教育指导策略探索

无锡市侨谊幼儿园　吴　昀

我国著名的儿童教育学家陈鹤琴先生一生致力于教育研究，他的“活教育”思想深入人心，是对我国传统教育理念的革新。他通过自己的实践总结出家庭教育 101 条原则，撰写了《家庭教育》一书，对家庭教育影响深远。他曾说：“至于知识之丰富与否，思想之发展与否，良好习惯的养成与否，家庭教育应负完全的责任。”可以看出他把家庭教育对一个人终身发展影响提到重要位置。2022 年 1 月 1 日起施行的《中华人民共和国家庭教育促进法》，是我国首次为家庭进行的专门立法，彰显了国家对家庭教育问题的回应与关切，学前儿童家庭教育从被“关注”到被“重视”。

在陈鹤琴思想的指引下，无锡市侨谊幼儿园认识到家庭教育之于幼儿成长、幼儿园发展的重要性，学校教育必须向家庭教育拓展和延伸，将指导家庭教育、家园合作作为学校研究的重要内容，这是学校发展变革的应然使命，是儿童研究中不可忽视的重要课题。因此，我们不断深入学习陈鹤琴先生关于家庭教育的思想，探寻家庭教育在幼儿园教育中的生长点，创新家庭教育的实践模式，全面提升幼儿园教育的质量。

一、学而时习，陈鹤琴家庭教育思想的追溯聚焦

陈鹤琴先生的家庭教育思想来自海外求学的获得、自己生长环境的触动、对长子一鸣的研究，更有着对儿童心理研究的科学的理论支撑。为了更好地认识与理解陈鹤琴家庭教育思想，提升教师家庭教育指导的能力，我们依托幼儿园“三味书社”开展了共读行动。陈

鹤琴先生的原著《家庭教育》、北京教育科学研究所整理出版的《陈鹤琴教育文集》、由陈鹤琴子女主编的《陈鹤琴全集》成为我们的手边书。大家在相互的分享中汲取家庭教育的相关知识，提升自身的理论基础，对陈鹤琴家庭教育思想深度聚焦。

（一）家庭教育应尊重幼儿的发展特点

“家庭教育必须根据儿童的心理始能行之得当。若不明儿童的心理而妄施以教育，那教育必定没有成效可言的。”陈鹤琴先生认为，家庭要获得成功，必须尊重幼儿的心理特点和成长规律。在他的描述中，孩子是好游戏的、好奇的、好模仿的、喜欢成功的、喜欢野外的、喜欢合群的、喜欢称赞的。这些观点都建立在实践研究的基础上，是对儿童心理发展特点做出解析，揭示了儿童教育与儿童心理的紧密关系，家长与教师只有充分地观察并理解他们的行为背后的原因，才能合理应对、科学施教。

（二）家庭教育要重视幼儿全面发展

陈鹤琴在“教小孩子要从小教起的”原则中曾说：“我们应当用很好的教育方法去教育他，使他们关于体德智三育都从小好好儿学起……”这一理念是对“唯分数论”的推翻，他认为一个健全的人，须要有健康的体魄、优秀的品德，以及良好的学习能力。而促进幼儿全面发展的方式有很多，不仅需要家长有全面发展的观念，更要能将各方面的教育有机融合，科学、系统地实施教育。

（三）家庭教育需关注环境潜移默化

陈鹤琴先生指出，“教育一个人要从小就注意起的，讲话怎样讲，批评怎样批评，做人的态度，对人的礼貌，以及一切的一切都要从小养成。”孩子模仿几乎是本能，他们喜欢模仿身边的人、事、物，从动作语言模仿到性格品质的模仿，甚至是周围人为人处事的态度、教育孩童的方式，都会在他们的身上出现印记。父母、师长作为孩子生命中重要的存在，他们的言行举止对孩子都有着极其重要的影响，言传身教具有莫大的力量。

二、内化凝练，陈鹤琴家庭教育思想的园本理解

自“九五”起，侨谊幼儿园确立了幼儿心理健康与人格教育的课题研究，经过近三十年的实践，学校走过了一段认识人格、理解人格、培育人格的研究历程，建构了《幼儿人格发展课程》，逐步形成了人格教育特色。在此过程中，我们认识到幼儿健全人格的培育不仅在于幼儿园，家庭教育也有着非常重要的影响，正如陈鹤琴说过的那样“父母要尊重儿童的人

格”。基于此，我园聚焦儿童，通过深入、有针对性且系统整合的研讨互动，再一次厘清家庭教育的内涵、重点和价值，形成对陈鹤琴家庭教育思想的园本理解。

（一）人格发展是儿童成长的核心关键

陈鹤琴先生说：“从出生到7岁是人生重要时期，儿童的习惯、语言、才能、思想、态度、情绪等都要在此时期打好基础，如果基础不牢固，那健全的人格就不易造就了。”人格作为决定人的典型行为方式的心理系统或动力结构，直接影响到人们在环境变化和适应过程中的各种信念、情绪和行为。人格发展是幼儿生命成长的关键所在，是幼儿生命完整孕育的重要标志。近三十年的研究积淀，让我们对教育有了自己的理解。我们认为，幼儿园教育的根本任务，不仅是为小学阶段的学习做必要的知识、经验、能力的准备，更重要的是实施根的教育，为儿童今后一生的发展打好人格的基础，播下幸福的种子。幼儿期的人格培育至关重要，我们要尊重幼儿的身心发展规律，为他们创设促进人格发展的物质环境和心理环境，激活其“内源性”的能力，唤醒其对真善美的向往，引发幼儿自我成长的意识，实现生命的自觉建构。

（二）教育在于家庭、幼儿园的携手同行

陈鹤琴先生指出：“幼儿园教育是一件很复杂的事，不是家庭一方面可以单独胜任的，也不是幼儿园一方面可以单独胜任的，必须两方面共同合作方能取得良好的效果。”多年的教育实践让我们坚定了自己的认知：幼儿园教育与家庭教育有着共同的目的，都是为了更好地促进幼儿的发展，目标一致、实施路径却各有优势。幼儿园教育对于幼儿各领域的发展有着专业引导的优势，而家庭教育则对幼儿生活习惯培养、道德情操形成等有着场域的优势，双方对于幼儿的教育有着互补的作用却又不可替代。家庭与幼儿园应该是平等合作的关系，只有改变家园合作方式，将单向行为变革成双向行为，将家长纳入教育实施中，赋予家长在教育中的话语权，形成家园教育合力，共同构建和谐的教育生态，才能提升教育的效能和质量。

（三）指导家庭教育是幼儿园的应有之义

教育部在2021年发布的《关于进一步减轻义务教育阶段学生作业负担和校外培训负担的意见》和2012年颁布的《3—6岁儿童学习与发展指南》中，对家庭科学实施保育教育给予了明确的导向与引领。而与家长产生直接联系的我们，应正确对待家长在实施家庭教育中的问题与需求，充分利用自己的专业引领和帮助家长提升家庭教育质量，这是我们的社会责任与应尽的义务。只有家庭教育与学校教育同气同向，才能同频共振，产生共鸣效

应。我们可以通过家长学校、家委会、家长会指导家庭教育，可以运用家长园地、网络平台等线上线下的渠道向家长宣传科学保教观，可以利用亲子活动、主题活动等契机邀请家长参与到幼儿的活动中，让家长在一起参与、共同构架中了解幼儿的发展可能，对幼儿产生科学的认知，形成正确的家庭教育观，促进幼儿的健康成长。

（四）最好的家庭教育在于高质量的陪伴

陈鹤琴先生十分重视家庭教育中父母的作用，他认为儿童早期的家庭教育在人的一生成长发展过程中起着奠基的作用，父母要给儿童以真正的爱。追溯儿童的成长，家庭是儿童生活成长、触摸世界的第一场所，家庭教育便是儿童早期教育的开端。家长的教育作用无可替代，他们的理念、行为对儿童的健康成长有着最直接且深厚的影响，这种影响力一旦产生，想要改变时则要花费成倍的气力。陈鹤琴先生对家庭教育中生活习惯培养、品德教育、智育教育等提出了要求和建议，在深刻理解陈先生思想的基础上，我们认为家庭给予幼儿的教育要契合他们的实际发展，帮助他们以自己的生长节奏主动获取新经验、掌握新技能、发挥创造性、发展社会性。

三、变革突破，陈鹤琴家庭教育思想的实践推进

基于对陈鹤琴家庭教育思想的认识与解读，我们不断审思：何种家园合作的模式能够帮助家长走出家庭教育的误区，促进家长教育观念和教育行为能力的双提升？如何凸显幼儿园与家庭教育协同互补的效果？我们尝试将问题探寻与课题研究相融合，从“十一五”至“十四五”，开启了幼儿人格发展背景下家园合作共育的研究之旅，聚焦“家园合作模式”“亲子游戏”等破解家庭教育指导的真问题，探索提升家庭教育质量和促进家园优质合作的有效途径，形成关怀儿童生命成长的实践样态，实现了陈鹤琴家庭教育思想在侨谊这块土地上的落地生根。

（一）家庭人格教育的重点梳理

陈鹤琴先生十分重视儿童健全人格养成教育，认为“做父母的不能只知道怎样使孩子吃得好、穿得好、长得好，不能只顾到儿童本身的享受，而没有顾到去培养”。“一个人的知识丰富与否、思想发展与否、良好习惯养成与否，家庭教育应负完全责任”。根据幼儿人格发展的特点，结合陈鹤琴先生对于幼儿“好玩的”“好奇的”“喜欢称赞的”等特点的描述，我们尝试探寻家庭教育中幼儿人格发展的切入点。依据《3—6岁儿童学习与发展指南》《幼

儿园教育指导纲要(试行)》等，形成了我园家庭幼儿人格培育的六个关键词：好奇、探索、独立、友善、乐观、自信，建立了以发展幼儿人格为主要目标的共享逻辑，为家长培育幼儿人格指明了方向。

好奇：是指人们对不了解的事物觉得新奇而产生兴趣，从而产生想要进一步了解的愿望。幼儿有与生俱来的好奇心，当幼儿自发地对亲子游戏充满好奇，对新鲜事物感兴趣、有积极的求知欲时，他们会真正浸入到游戏氛围中，享受游戏的快乐，发现并验证游戏中的奥秘。

探索：是幼儿认识世界、认识自我的过程，通过观察、操作、对比、分析等科学的方法，在循环往复的"认知—实践、再认知—再实践"的过程中，发现自我，探索未知。作为人格发展关键词之一的探索，其本质是激发幼儿了解身边事物、亲近自然的兴趣，通过创造条件和机会让幼儿参加探索活动，使他们感受探索的过程和方法，体验发现的乐趣。

独立：是指不依赖于他人，不受他人影响，能根据自己的认知和情感，凭借自己的经验及能力完成某件事的水平。幼儿的独立，包括两个方面：具备生活自理能力，具备独立思考的能力。古语有云：一屋不扫何以扫天下。培养幼儿独立自主，对于其今后一生的发展都至关重要。

友善：是人与人之间的亲近和睦，是与人交往的可贵品质。不管是对自己的亲人、同伴，还是对待陌生人，都能心存友善，这也是健康人格的重要体现。友善，同样是中华民族千百年来形成的传统美德。《论语》有云："礼之用，和为贵。"这句话强调的是以和谐友善的态度来对待自然、社会、他人，以宽广的胸怀处理各种人际关系。

乐观：不但指快乐地生活，更是鼓励人们拥有乐观的生活态度。同样，乐观对幼儿的成长起着重要的作用，它会给幼儿带来许多积极的正能量。当遇到困难时，我们鼓励幼儿拥有乐观的心态，不气馁，不害怕，主动寻求各种各样的方法去解决，让微笑盛开在生活中的每一天。

自信：是指自己相信自己。对于幼儿来说，自我意识的萌发让幼儿更进一步认识自己，包括自己的生理状况、心理特征以及自己与他人的关系。自信心的建立对于幼儿一生的发展来说，都能给予前进的动力和克服困难的勇气。

（二）家园合作模式的创新探索

在对家庭教育中人格教育的重点梳理后，我们又根据幼儿好动爱玩的特点，在课程实践中开展了家园合作模式的创新探索。依托丰富、灵动的教育现场，将教育向家庭拓展和延伸，打破以往家园合作中出现的模式单一的局面，形成家园合作三大模式，提升了家庭教育指导效度。

1. 家长主动参与模式

通过调查，我们发现我园家长学历较高、知识面较广，对幼儿的培养和教育有着自己独特的见解，善于分享知识和经验。我们相信家长的主动参与会给幼儿园教育带来新的元素和活力。我们以自荐与推荐的方式组建“家委会”，家委会成员发挥主观能动性，全面参与课程活动。这样做一方面满足家长谋划和参与幼儿园管理的愿望，另一方面充分利用家长的智慧促进活动的有效开展。另外，我们通过幼儿园网站、家校联系软件、网络群等途径向家长发出倡议，邀请家长组成“成长助教团”，助教团成员利用各自独特的资源来丰富课程的内容和形式，以自己的教育智慧让孩子感受别样的学习乐趣；以班级为单位组建“智囊团”，针对课程活动内容和形式集思广益，收集金点子。家长的主动参与不仅为活动的开展提供助力，更意味着家长在家园合作中的地位逐渐发生着改变。

2. 教师内涵引领模式

家庭教育离不开专业的指导，学校必须承担起指导家庭教育的责任。在课程实践中，我们针对家长的困惑与焦点问题开展“活动专题指导”，采用多种文本活动指南、活动互动、教育体验等方式帮助家长感悟教育，了解儿童的成长规律、树立正确的教育观念；建立良好的沟通反馈机制，以“班主任跟踪指导”及时应对儿童生活情境中发生的问题，通过交流与分析，帮助家长理解儿童行为，有效地实施教育，提高家庭教育的质量；我们尝试着在家庭教育指导中引入个案、行为训练、家庭治疗等“特色效能指导”，教师承担儿童助教家长及邀约家长的家庭教育指导，在真实的活动情境、多元的互动中，来提升家长的现场指导能力，增强指导的实效性。我们创新联系途径，将家庭教育指导的触角延伸至祖辈和父辈家长群体，实施有质量的家庭教育指导内容，从而促使家庭教育观念转变走向教育能力的提升。

3. 家园双轨共育模式

我们通过幼儿园、家庭双向结合，有效互动，组织专题活动，使家园合作效益最大化，分别开设了“亲子摄影团”“父子足球队”“特色亲子社团”，促进幼儿个性发展；以在课程实践中出现的特定问题为专题，开展“专题式沙龙”，家长和教师一起表达亲身经历和内心体验，使得课程更具针对性和目标性，推进课程的完善；我们还会开展“家长开放活动”，邀请家长观摩、参与，切身体验幼儿园教育的乐趣，感受我园人格教育的魅力，感悟幼儿健康成长的快乐。在活动中，我们通过教师、家长、幼儿三者不同方式的互动，提升教育效益，打开适宜幼儿学习发展的教育视野，优化家庭、幼儿园对儿童学习成长的教育支持。

（三）亲子游戏实践的流程建构

“游戏可以给小孩子快乐、经验、学识、思想、健康。”陈鹤琴先生的教育思想让我们看到了游戏对幼儿的意义。而亲子游戏是儿童游戏的一种重要形式，以其生动、活泼、有效、实用的教育方式潜移默化地促进亲子交往，和谐亲子关系，同时，亲子游戏对幼儿认知发展、人际交往、语言发展和情绪发展有着至关重要的作用。我们将亲子游戏作为实现家庭教育的重要方式，将家长纳入研究团队，在思维碰撞、彼此接纳、达成共识、共同操作的过程中形成了富有特色的亲子游戏实践流程，即主要通过初步构想、拟订方案、家园沟通、游戏实操、实录反思五个步骤进行。

1. 思维碰撞中形成“初步构想”

我们常说“灵感来自生活”，亲子游戏的设计也是需要灵感的，而这些灵感往往来自孩子。当孩子对一些事物或现象表现出特别的兴趣，或者对一些事物或现象表现出畏难、胆怯、抗拒等情绪的时候，教师和家长敏感地接收到孩子发出的信号，这些信号会成为构思某一亲子游戏的来源，也就有了对某一亲子游戏的初步构想。

2. 商讨辩论中“拟定方案”

有了初步构想，就可以开始着手拟订方案。方案的设计基于孩子的人格发展，注重趣味性、目的性和可操作性。通过商讨辩证，我们化繁为简，选择简单快捷又能达到最好效果的方式，减轻老师们和家长们的负担，让亲子游戏的开展对于老师、家长、孩子来说都是轻松愉悦的，让三方在沟通、互动、游戏中共同成长。

3. “家园沟通”中形成合力

亲子游戏的顺利开展离不开家长的配合，所以家园沟通是至关重要的一个环节。沟通的重点不仅是游戏的流程，我们更重视对家长教育理念的引领，指导家长以正确的角度观察孩子，解析孩子的行为，从而让家长树立科学的教育理念，并将它渗透到家庭教育中。只有家园教育形成合力，才能更好地促进孩子全面发展。

4. 充分准备中“游戏实操”

游戏实操指的是开展亲子游戏这一实际操作的过程。有了前期充分的准备，实操就是把我们的设想与准备搬到真正的现场，根据设计的方案开展亲子游戏。有了实际的活动开展，我们才能更直观、科学地了解该游戏对于孩子、家长、老师三方面的促进作用。

5. 游戏"实录"中深刻"反思"

实录反思中包括了亲子游戏中的过程照片、视频和活动反思。反思不仅有老师的反思,还有家长参与亲子游戏的感悟与反思。反思使我们成长,是提高自己的一个重要途径。反思中记录的亲子游戏的亮点或者需要改进之处,也能给其他的老师提供借鉴与指引。除此之外,实录反思还能帮助我们发现新的问题和生长点,进一步促进亲子游戏的优化。

四、研有实效,陈鹤琴家庭教育思想的价值呈现

在数年不断深入的课题研究中,我们以有效的措施、途径解决了教育实践中的问题,达成了家庭与幼儿园的双向奔赴。

(一) 促进了家庭教育质量提升

我们坚持家园发展共同体的理念,在贴合幼儿、家长、教师需求的三大家园共育模式中重构了家长与教师的关系,实现了家长在家园共育中的主体地位。家长的教育理念与教育行为也在一次次的活动中悄然发生着转变:科学保教的理念在家庭教育中得到落实,家长从高控幼儿的言行变成尊重幼儿的意愿,从关注知识的传授灌输变成重视人格的健全发展,遵循了幼儿的发展特点;家长的家庭教育方式也得到了改善,从随机的无目的陪伴到锚定幼儿发展目标的陪伴,从关心幼儿的物质需求到倾听幼儿的内心声音,提升了陪伴的质量。

(二) 助推了教育生态有力构建

我们根植教育实践,实现了家园高质联动共育,这也是教师、家长、幼儿成长孵化的过程。在指导家长科学实施家庭教育时,教师以各种途径丰富知识底蕴,形成了对家庭教育理念深入的理解,同时在活动开展中提升课程实施、活动组织、指导家长等的专业能力;家长从理念的感知与行为的解读中更深刻地体会家庭教育的真谛,激发参与教育的主动意识;家长的参与还为幼儿园课程建设提供了支持,为教育提供丰富的资源,促进园本课程贴合实际,灵动地生长延展。教师、家长、幼儿、课程相互依托、相互促进,形成螺旋上升的动力,建构了良好的教育生态,让家庭教育与幼儿园教育的力量呈现出"1+1>2"的效果。

(三) 实现了幼儿生命蓬勃成长

在和谐教育生态的浸润中,幼儿呈现出向阳生长的蓬勃姿态。他们具有健康的体魄和心理,勇于面对困难与挑战,能在坚持中感受成功的快乐;他们善良包容,关爱家人、伙伴、

小动物，甚至身边的一草一木，所有的生命都被他们珍视且保护；他们充满好奇、喜欢探索，积极探知未知的世界，拥有独立思考和解决问题的能力；他们乐于表达，用自己的创意表达自己对这个世界独特的认知和理解。他们在侨谊幼儿园与家庭共建的人格摇篮中感受生命的愉悦、生活的自在、游戏的快乐，慢慢长成健康完整的人。

少年强则国强！《中华人民共和国家庭教育促进法》强调"发扬中华民族重视家庭教育的优良传统，引导全社会注重家庭、家教、家风，增进家庭幸福与社会和谐，培养德智体美劳全面发展的社会主义建设者和接班人"。这再一次表明家庭教育关乎民族的未来。我们将继续践行陈鹤琴教育思想，在《深化新时代教育评价改革总体方案》《幼儿园保育教育质量评估指南》精神引领下，聚焦家庭教育亲子活动的评价，开发科学适宜的评价工具，帮助家长精准解读幼儿学习与发展的特点，持续、深入、有质量地提升家长教育能力，提高家庭教育质量，家园携手为培养具有中华民族气质的儿童而努力。

参考文献：

[1] 陈鹤琴. 家庭教育(第二版)[M]. 上海：华东师范大学出版社，2013.

[2] 陈鹤琴. 陈鹤琴全集[M]. 南京：江苏凤凰教育出版社，2018.

[3] 北京市教育科学研究所. 陈鹤琴教育文集(上卷)[M]. 北京：北京出版社，1983.

[4] 北京市教育科学研究所. 陈鹤琴教育文集(下卷)[M]. 北京：北京出版社，1983.

立德树人背景下陈鹤琴“活”教育思想的德育价值探析

苏州幼儿师范高等专科学校　郭进萍

陈鹤琴先生是我国现代杰出的儿童教育家，他笃信“一切为了儿童”的教育理念，长期躬行于儿童教育实践，形成了一套成熟的儿童教育思想体系。活教育思想是陈鹤琴教育思想的核心，具有丰富的理论内涵和鲜明的时代价值。

2019 年 10 月 27 日，中共中央、国务院印发《新时代公民道德建设实施纲要》，明确强调要深化道德教育引导，把立德树人贯穿学校教育的全过程。学校要坚持育人为本、德育为先，把思想品德作为学生核心素养，纳入学业质量标准。这一文件将立德树人提升到学校教育根本任务的高度。陈鹤琴的活教育思想蕴含着丰富的德育资源，对新时代教育落实立德树人根本任务具有重要的启发和借鉴价值。

一、“做人”为根本：以人为本的德育理念

何谓活教育？顾名思义，就是反对埋没人性、教读死书的死教育，使之变为前进、自动、有生气的活教育。对于活教育的目的，陈鹤琴曾做过多次表述。1941 年，他在将活教育和死教育比较的基础上提出活教育的目的在于“培养做人的态度，养成优良的习惯，发现内在的兴趣，获得求知的方法，训练人生的基本技能”。同时，他还强调指出活教育的一大特点是“以爱以德来感化儿童”①，给活教育赋予了浓厚的德育底色。次年，陈鹤琴在《活教育要怎样实施的》一文中明确指出活教育的目的在于“做人，做中国人，做现代中国人”。而做现

① 陈鹤琴.活教育与死教育[J].江西地方教育，1941(210)：10.

代中国人，必须具有健全的身体、建设的能力、创造的能力，要能够合作、要服务。其中，健全的身体是为道德学问和“应付现代中国艰巨的事业”服务的。建设的能力是为了“适应国家的需要”，“凡百俱废”的社会现状需要致力于建设事业的人。要培养创造的能力，则需诱导和启发儿童的创造欲。能合作团结，才“配做一个新中国的主人翁”①。服务则是一种崇高的德性，攸关民族生存和国家前途。不言而喻，陈鹤琴关于做“现代中国人”的理论旨在为现代中国建设事业服务，体现了鲜明的民族特质和时代精神，并浸润着以人为本的德育理念。抗战胜利后，陈鹤琴对活教育的目的做了进一步完善，由“做人，做中国人，做现代中国人”发展为“做人、做中国人、做世界人”。其中“做人”旨在以谋控制自然、改进社会，使个人及全人类得到幸福。“做中国人”则要具备健全的身体、创造的能力、服务的精神、合作的态度和世界的眼光。“做世界人”主要的条件则是“爱国家、爱人类、爱真理”②，进而为国家、人类和真理服务。可见，爱的目的是服务。这说明活教育在面向现代化的同时已然开始面向世界和未来，旨在培养健全的现代国民，以达成一种身体上、精神上和社会适应上的健康完好状态，呈现出鲜明的德育价值。

二、“人生”为主题：丰富多元的德育内容

陈鹤琴围绕“做人”的教育总目标，以“人生”为主题，从政治、思想、道德三个层面，构建了活教育内容体系的基本框架。

（一）以爱国为要义的政治教育

爱国是做中国人最基本的道德准则。“我们要做中国人，便要有我们国家的保障。惟其如此，就必须爱我们的国家，不能让他任人宰割。”③陈鹤琴非常注重对儿童和幼儿教师爱国精神的培养。他明确将激发儿童爱国爱群及民族精神的发展作为儿童社会活动的实施目标。在《怎样做人民的幼稚园教师》一文中，他更是将政治思想作为幼稚园教师应具备的首要素养。具体表现为：幼稚园教师要认识中华人民共和国之文化教育建设的方针；要认识教师的主要任务是提高人民文化水准，培养国家建设人才，发展为人民服务的思想；要认识教师的重要任务是培养儿童爱祖国、爱人民、爱劳动、爱科学、爱护公共财物等的公德；

---

① 陈鹤琴.活教育要怎样实施的[J].活教育，1942 (7/8)：132 - 133.

② 陈鹤琴.活教育的目的论[J].活教育，1948 (2)：39 - 42.

③ 陈鹤琴.活教育的目的论[J].活教育，1948 (2)：41.

要认识教师是新中国的主人，要热爱祖国，要积极参加政治活动等等①。可见爱国立场是活教育的题中之义。

（二）以人生价值、理想追求为重点的思想教育

陈鹤琴非常注重对儿童进行人生观的教育。早在1928年，他就观察到当时社会上个人主义太盛，只重个人发展，只顾个人的利乐、幸福，而对旁人的安宁、利害不恤。为此，他主张培养儿童在社会上做一个健全的公民，培养“对于社会的同情”，并注意儿童自治的组织团体生活②。他指出，人的自私可以用崇高的道德观念来克制，训育的目的之一即在能养成学生“互助”的习惯。其后，陈鹤琴又进一步提出活教育要造就具有服务精神的人。“倘只有知识和技能而不服务社会，只知自私自利，就失去了教育的目的。”教育的目的在制止人利己的劣性而养成一种崇高的德性。服务即是一种崇高的德性，人若没有服务精神，则与禽兽“相去不远”，不仅民族的生存“极堪忧虑”，国家的前途也会“万分危险”③。陈鹤琴明确将服务的精神和合作的态度作为“做中国人”必备的条件而孜孜提倡。

（三）以行为准则、习惯养成为基础的道德品质教育

陈鹤琴非常注重幼稚师范教育。在他看来，幼稚教育是人生“最基本的教育”，也是人生“最重要的一个教育历程”。因此，做一个幼稚园教师任务“更加重大”④。他主张幼儿师范教育培养的幼师应具有“慈母的心肠、丰富的知识、和爱的性情、研究的态度”⑤。1950年，陈鹤琴撰文详述了做人民的幼稚园教师所应具备的素养。政治思想方面，要爱国，为人民服务；业务修养方面，要热爱儿童、热爱幼教，并了解和精通幼教业务；教学技术方面，要掌握教学技术的原则在“做”，并尽可能多地掌握各种教学技术，成为“多面手”；优良品质方面，则包括对人、对己、对儿童、对同事、对工作、对学问等多个方面。其中助人、不自私、热爱、合作、创造、学习等品质是陈鹤琴尤为强调的。⑥ 不难窥见，陈鹤琴的师德观与习近平总书记所倡导的“四有”好教师标准（有理想信念、有道德情操、有扎实学识、有仁爱之心）高度吻合。学习并践行陈鹤琴的活教育思想对推进当今师德建设，培育一支德才兼备的教师队伍并贯彻落实立德树人的育人方针具有重要的现实意义。

---

① 唐淑，钟昭华. 中国学前教育史[M]. 北京：人民教育出版社，1993：276.

② 陈鹤琴，储子润. 一个理想的小学校[J]. 无锡教育周刊，1928(56)：16.

③ 陈鹤琴. 活教育要怎样实施的[J]. 活教育，1942 (7/8)：133.

④ 唐淑，钟昭华. 中国学前教育史[M]. 北京：人民教育出版社，1993：276.

⑤ 中国学前教育史编写组. 中国学前教育史资料选[M]. 北京：人民教育出版社，1989：175.

⑥ 唐淑，钟昭华. 中国学前教育史[M]. 北京：人民教育出版社，1993：276－278.

活教育的内容体系以人生为主题，以德育为核心，涵盖爱国教育、人生观教育、道德品质教育等诸多意涵。这一体系包含了“做人”的基本要求，蕴蓄着丰富多元的德育内容。

三、“做”为遵循：知行合一的德育方法

活教育的目的在“做人”，“做”理所当然地成为实施活教育的原则和方法。具体言之，就是“做中教、做中学，做中求进步”。

何谓“做”？陈鹤琴强调指出“做”并不限于双手做才是做，凡是耳闻、目睹（观察）、调查、研究都包括在内，也就是我们通常所说的“实践”。怎样“做”？陈鹤琴提出四个步骤来指导做和教与学：实验观察、阅读思考、发表创作、批评研讨，并且用“五种活动”即健康、社会、自然、艺术及文学活动来丰富“做”的内容。①

“做”具有独特的德育功能。一方面，“做”就是要劳动，要培养学生劳动的观念、态度和身手。在这个意义上，活教育即劳动教育，而劳动教育是德育的有机组成部分，故而“做”在一定程度上丰富了德育的内容。另一方面，“做”即实践。而实践具有突出的德育功能，具体表现在四个方面：一是丰富学生的感性知识，增强道德体验。二是提高学生的道德情感，增强学生对工农的情感和认识。三是使学生接受社会公德教育、增强公民意识。四是增强学生的改革开放意识和社会责任感。② 德育是培养学生知、情、意、行的过程，在很大程度上是通过实践活动来实现的。在这个意义上，可以说活教育提倡的“做”有利于增强学生的道德体验和情感，将知行合一的理念落到实处，使学校德育的过程更为完整，实效性更强。通过“做”中教、“做”中学，学生在“做”中求得了进步。一方面知识储备、情感认同、道德水平和实践能力稳步提高。另一方面，学生学有所成，职业技能素养全面提升。

陈鹤琴非常重视训育工作，训育即道德教育。他视训育为整个教育工作中“最繁重最紧要的”。因为训育的目标是要学生“知道做人，养成种种优良的习惯和态度”。为此，他提出了13条训育原则：从小到大、从人治到法治、从法治到心理、从对立到一体、从不觉到自觉、从被动到自动、从自我到互助、从知到行、从形式到精神、从分家到合一、从隔阂到联络、从消极到积极、从空口说教到以身作则。③ 这些原则是陈鹤琴长期从事教育实践的智慧结晶，对新时代开展德育工作具有宝贵的借鉴价值。

---

① 中国学前教育史编写组. 中国学前教育史资料选[M]. 北京：人民教育出版社，1989：175.

② 石佩臣. 教育学基础理论[M]. 北京：教育科学出版社，2018：463.

③ 陈鹤琴. 训育的基本问题：确立训导原则[J]. 国民教育通讯，1949 (3)：37 - 39.

四、活教育思想的实践探索:以幼师历史课为例

对教师而言,陈鹤琴的活教育思想就是一部活的教科书,常读常新。活教育理念存乎于心而践之于行,方能发挥强大的力量。兹以幼师历史课为例略加管窥。历史课在培养幼儿师范学生良好的思想道德和人文素养方面发挥着基础性的作用。教师在日常教育实践中应主动运用陈鹤琴的活教育思想开展教学改革,落实立德树人的根本任务。

(一) 更新教学理念

教育的根本目的在于教会学生如何做人,育人先育德。所谓师者,不只是传道、授业、解惑,还肩负着人类灵魂工程师的重任。这就需要教师除了具备优良的学识道德外,还应孜孜启牖学生的道德情感。一方面,大力挖掘历史教科书中的德育素材,并将中华优秀传统文化、红色革命文化和社会主义先进文化有机融入历史课堂,培铸学生的家国情怀、正确的人生观和良好的道德品质。比如,法治文化是社会主义先进文化的重要组成部分,培养学生的法治观念和素养具有重要的意义。在开展日常教学时,应有意识地将法治文化尤其是习近平法治思想融入其中,紧密结合学生的学情和专业特点,引导学生绘制图文并茂、脍炙人口的法治文化宣传册、排演法治文化剧目及参与法治知识竞赛。通过学生自动、自发的“做”,达到启发法治意识的教育目的。另一方面,积极调动学生的社会实践热情,通过学校红十字会、志愿服务团体等平台活动充分发挥学校第二课堂的德育功能。比如,可以依托红十字会在幼师生群体中开展初级卫生急救员培训工作,普及应急救护知识和技能,或积极指导学生开展红十字会暑期博爱青春项目、红十字运动基本知识传播、预防艾滋病知识宣传以及其他具有红十字特色的志愿服务活动,从而浇铸学生良好的社会责任感和思想道德。

(二) 丰盈教学内容

活教育提倡使用活教材。何谓活教材?陈鹤琴明确指出“大自然、大社会,是我们的活教材”①。因之,历史教学要贴近社会生活,取材大社会,丰盈教学内容,使课堂鲜活起来。或可尝试从以下两个维度加以探索:一是从现实考察历史。如在展现古代中日两国之间友好往来的史实时,可以联系抗击新冠肺炎疫情中涌现出的鲜活实例,指导学生查阅“山川异域 风月同天”背后鉴真和尚东渡的史料及演说故事,将历史和现实沟通起来。又如在学习洋务运动历史时,可以联系“实现中华民族伟大复兴是近代以来中华民族最伟大的梦想”这

---

① 中国学前教育史编写组.中国学前教育史资料选[M].北京:人民教育出版社,1989:175.

一科学论断，积极引导学生将洋务运动置于民族复兴之路的探索及赓续的时代主题中，探究其成败得失及其对当今实现中华民族伟大复兴中国梦的启示。通过今昔对比，坚定学生的政治认同和家国情怀。二是由历史观照现实。如在研讨戊戌变法失败的原因后，可以引导学生走出历史，以史为鉴，探讨戊戌变法的失败对今天推进民主政治体制改革的启迪和借鉴意义。这既增强了历史课的亲和力，又彰显了历史教学服务现实的功能。

（三）改革教学方法

活教育也为教学方法的改革指明了方向：一切以学生“做”为中心。在日常教学实践中，可以尝试构建融专业、融时代、融实践的“三融”育人模式，凸显历史课的思想性、理论性、亲和力和针对性，从而增强育人实效。比如，可以将整个教学过程划分为课前准备、课中研习和课后拓展三个板块，设计为导、观、演、研、行 5 个环节。课前发布收集资料任务，紧密结合学前教育学生专业特长，引导学生开展绘制海报、排练情景剧、演讲比赛等创作活动。课中构建“观阅”“展演”“研讨”三位一体的教学模式。通过学生观阅图文史料、艺术展演情境和观摩研讨，助力学生思想道德素质与教师职业技能的提升。课后组织学生参观实践基地，开展实践教学。通过耳闻、目睹、动手、研究等一系列“做”的活动，学生从课堂的“观众”或“配角”转变为“演员”或“主角”，拓展了成长空间，增强了德育成效。

上述对教学理念、内容、方法的实践探索均紧紧围绕立德树人的根本任务。学生在学习知识之余，潜移默化地受到道德熏陶，进而争做社会主义道德的示范者和良好风尚的维护者。

五、结语

陈鹤琴的活教育思想立足于国家建设的时代主题，以整体生命培育为本位，强调德育先行、知行合一、全面育人，具有鲜明的德育价值。教育效力的发挥需要有个迁移的过程，这与个体生命阅历和体悟息息相关，只有二者结合起来通过教育所获的知识方会内化为思想道德。而活教育以“做”为遵循，注重实践体悟，能有效地升华学生的道德情感，使其成为自觉的服务精神的实践者和传播者、构建和谐社会的促进者和建设者，从而最大化地发挥德育价值。纵观我国当前的教育，无论认知方面抑或表现方面，基本仍没有摆脱传统读死书教育和利己主义教育的窠臼，硬生生地将一批天真活泼的小孩子培养成了缺乏特点和个性的产品。陈鹤琴的活教育思想不啻为改革当前教育痼疾的一剂良药，在立德树人的背景下绽放出绚丽的时代风采。

新时代"活教师"的行动路径

南京市鼓楼幼儿园　朱水莲

陈鹤琴的"活教育"思想对中国教育具有深远的影响，它不仅是鼓楼幼儿园坚守科学幼儿教育的基础性理论，更是教师专业成长的指路明灯。"活教育"的方法论是："做中学，做中教，做中求进步"，"做"是它的基本原则。陈鹤琴在杜威提出的"做中学"的基础上，进一步提出"做中教，做中求进步"。他主张教师与学生共同来做，必要时给学生以指导；教师和儿童在"做"与"教"中取得的直接经验，则是求得进步的主要因素①。"活教育"培养"活"的儿童，"活"的儿童呼唤"活"的教师。新时代的鼓楼幼儿园教师在科学实验研究精神的感召下，以儿童为主体，以儿童的天性为出发点，以培养儿童的自主意识、自主能力为归属，从生活入手，从身边的环境中汲取营养，在"做中教"里成为一名"活教师"，和儿童共成长。

一、做一名"活教师"要活用资源

"做中教"，首先思考"做"什么。陈鹤琴说：儿童的世界多么大，有伟大的自然，亟待他去发现；有广博的大社会，急待他去探讨。什么四季鲜艳夺目的花草树木，什么光怪陆离的虫鱼禽兽，什么变化莫测的风霜雨雪，什么奇妙伟大的日月星辰，都是儿童知识的宝库。大社会也是儿童的世界，家庭怎样组织的，乡镇怎样自治的，社会上的风俗习惯怎样形成的，国家怎样富强的，世界怎样进化的，这一切实际的社会问题，都是儿童的活教材。我们做教师的应该张开双眼仔细看看，伸出双手去缜密地研究。② 陈鹤琴号召教师去研究大自然、

---

① 陈鹤琴. 创建中国化科学化的幼儿教育[M]. 北京：金城出版社，2002：392.

② 陈鹤琴. 陈鹤琴全集(第四卷)[M]. 南京：江苏教育出版社，2008：80，155.

大社会中的资源，他反复强调“儿童的世界”，就是提醒教师要回归儿童的真实生活，在儿童自己的经历中挖掘资源。

1. 发掘儿童身边的微观资源

脱离儿童生活实际的教育，难以唤起儿童真正的学习愿望。在1927年陈鹤琴记录的《课程实验报告(一)》①和1928年拟定的《幼稚生生活历》②中，教师们查阅到节气、气候、身边的动物、植物、农事、儿童玩耍的游戏、风俗等都是儿童的活动资源；路边的枫叶、地里的番薯、邻家出生的小狗等都是儿童的研究对象。教师充分调查身边的资源，从熟悉的自然现象、社会风俗和本园的自然资源入手，研究儿童大致的生活规律，把儿童生活中熟悉的人物和事物纳入资源清单，编制属于自己班级儿童的“生活历”。

2. 保持对社会生活事件的敏感

除了恒定的自然资源，生活中有很多突发事件引发了儿童的好奇、疑问、欣喜、困扰。陈鹤琴认为：“儿童临时发生特种兴趣，教师要尽力去指导，有时竟可以把全部预定的改变，做这个临时的事情”③。老师们保持对社会生活事件的敏感，通过日常观察、晨谈、新闻播报、事件回顾等方式看见每一个儿童的所思所想，将这些与儿童的情感需求紧密联系的突发事件一起纳入“做”的资源中。

3. 鼓励儿童寻找喜欢“做”的事情

日常生活中，教师保障儿童拥有充足的自由活动时间和空间，鼓励儿童与环境互动。陈鹤琴指出：“‘活教育’促进分组学习，集体研讨。儿童根据自己的需要和爱好，可以参加各种小型的活动中心，如动物园、文娱室、工作车间、花园、图书馆、社交集会、美术馆、健身房、服务队等。”④教师及时观察，了解儿童的兴趣与需要，引导拥有相同兴趣的儿童组成小团体，分组研究，共同进步。

二、做一名“活教师”要活学活用

陈鹤琴是一位广闻博识、乐学乐行的教育家，他在霍普金斯大学和哥伦比亚大学先后

---

① 陈鹤琴. 陈鹤琴全集(第二卷)[M]. 南京：江苏教育出版社，2008：120.

② 陈鹤琴. 陈鹤琴全集(第二卷)[M]. 南京：江苏教育出版社，2008：118.

③ 陈鹤琴. 陈鹤琴全集(第二卷)[M]. 南京：江苏教育出版社，2008：108

④ 陈鹤琴. 陈鹤琴教育思想读本·活教育[M]. 陈秀云，柯小卫，选编. 南京：南京师范大学出版社，2012：170.

选修了地质学、植物学、动物学、生物学、教育学、心理学、教育哲学、教育史……在暑假期间,还选修一些国内尚新的诸如牛奶、鸟学、园艺、养蜂学、汽车学等种种课程①,这些内容为"活教育"的实践打下坚实的基础。对照陈鹤琴提出的以儿童为主体的师范生"五指活动"课程方案②,联系当下幼儿教师的职前培养以及日常工作实际,我们发现教师专业结构中的缺失和不足,例如,自然科学中的生物、理化、天文、地质,社会文化中的中外史地、政治哲学,艺术素养中的家事、园艺、编织、木工等。做一名"活教师",要像陈鹤琴一样拥有丰富广博的生活知识,才能够更加精准地"预见"儿童生活资源中蕴含的学习与发展契机。

1. 补充通识性知识

《幼儿园教师专业标准》要求教师的专业能力中要具备通识性知识,具有一定的自然科学和人文社会科学知识③。和儿童在生活中做课程,教师需要具备一定的生活常识作为支撑:植物的名称、特点,动物的生活习性,泥沙的比例种类,食品的制作烘焙,光影的变化成像,雨雪的凝结流淌……而这些知识或原理就是广博的通识性知识。有些教师在自身成长过程中接受的是灌输式教育,缺失"做"的经验;在职前培训中,缺乏通识性知识的补充,因而造成对活动资源视而不见的状况。鼓幼教师以大自然、大社会为教材,自己先向大自然、大社会学习,向书本学习,向网络学习,向家长学习,向其他人员学习,向儿童学习,在博学的基础上求得精进。

2. 了解儿童学习的多样性

陈鹤琴鼓励儿童去发现他自己的世界,希望他们做出探究社会、探究生活、探究科学的行动,"亲爱的小孩子们:到处有科学,到处有发明,你们要张开眼睛看看,提起耳朵听听,伸出双手动动,拔起两腿跑跑,谁敢说你们将来不是中国的牛顿,不是中国的瓦特,不是中国的爱迪生呢?"④儿童的学习是通过自己特有的方式与周围环境互动的过程,是儿童主动探索周围的社会环境、自然环境和物质世界的过程。游戏、生活、劳动、与人交往、使用工具等所有参与自己生存的活动都是他们学习的内容和途径,教师应充分了解儿童学习的多样性,不仅要创造探索研究的环境,激发他们对自然和社会高度的热情和广泛的兴趣,满足他们的好奇心和探究的愿望,更要明晰儿童在与各种资源互动的过程中可能生发的学习和建

① 吴晶,管迎香,陈巍.学以成童:陈鹤琴"活教育"思想的再发现——以新时代幼儿教师专业发展要求为视角[J].陕西学前师范学院学报,2021,37(05):1-7.

② 陈虹,崔利玲.陈鹤琴与活教育[M].长春:东北师范大学出版社,2020:10.

③ 教育部教师工作司.《幼儿园教师专业标准(试行)》解读[M].北京:北京师范大学出版社,2013:151.

④ 陈鹤琴.陈鹤琴全集(第四卷)[M].南京:江苏教育出版社,2008:80,155.

构的经验。

3. 构建跨学科的知识系统

陈鹤琴说:“对学问要做到学习、学习,再学习。”①他主张的治学之道:一是在广博的基础上求精;二是树立“处处皆学问,人人皆吾师”的思想;三是要面向生活实践,在生活中学习;四是要掌握正确的方法。② 鼓幼教师树立终身学习的观念,成立“自然研究组”“儿童研究组”“环境游戏组”“领域研究组”“创客研究组”等,通过一系列专业书籍的学习,了解儿童全面发展的概念涉及的维度。通过自然科学探究儿童生命特征,发掘儿童发展规律;通过人文科学赋予儿童人之为人的爱与关怀;通过社会科学洞悉儿童发展的社会环境,将儿童培养为社会人,构建跨越学科的关于儿童全面发展的知识系统。“纸上得来终觉浅,绝知此事要躬行。”教师们还通过亲身实践,将理论内化为经验,并通过各种方式与同伴分享。

三、做一名“活教师”要一起活动

陈鹤琴认为所谓“做”,并不限于双手做才是做,凡是耳闻、目睹(观察)、调查、研究,都包括在内,也就是我们通常所说的“实践”。③ “做”是儿童的天性,可以使儿童获得直接经验,学习探索世界的方式,养成坚毅的品质,形成动手的兴趣。但陈鹤琴反对单纯地由儿童做,他充分肯定了教师的作用,认为教师应该与儿童共同来做,并在必要时给予儿童适宜的指导。

1. 发现儿童兴趣,找寻真实问题

教师在陪伴儿童的过程中要用敏锐的眼睛和耳朵关注儿童的兴趣在哪里,对儿童喜欢的事物产生积极回应,为儿童提供有意义的支持。布鲁纳倡导的“发现教学法”就是要使儿童面临矛盾,产生困惑,明确探索的目标或问题,教师和儿童一起探索和发现④。生活和游戏中的真实问题常常没有固定的答案,和儿童一起做就是要在较长的一段时间里,教师和儿童围绕这些富有挑战性的问题,全身心地积极投入,运用高阶思维,通过合作探究,迁移已有经验,最终解决问题。

---

① 陈虹,崔利玲.陈鹤琴与活教育[M].长春:东北师范大学出版社,2020:368.

② 陈虹,崔利玲.陈鹤琴与活教育[M].长春:东北师范大学出版社,2020:395.

③ 陈鹤琴.陈鹤琴全集(第五卷)[M].南京:江苏教育出版社,2008:96.

④ 许映利.种植活动中对幼儿问题意识的培养的研究[J].幼教天地,2015(29):89.

例:下蛋啦

孩子们用孵蛋箱成功孵出了两只母鸡和五只公鸡。一天,孩子们发现两枚新下的蛋,大家激动极了!随之而来的是一系列的疑问:这两枚蛋是一只母鸡生的,还是两只母鸡生的?如果是一只母鸡生的,又是哪一只母鸡开始生蛋了呢?一只母鸡生两枚看起来一模一样的蛋,是不是就叫作双胞胎?鸡生的双胞胎和人生的双胞胎有什么不一样?鸡需要结婚才能生蛋吗?母鸡生蛋需要公鸡帮助吗?如果需要公鸡帮助的话,这两枚鸡蛋的爸爸是哪一只公鸡呢?母鸡是从什么地方下蛋的呢?围绕着下蛋的一系列活动开启了,孩子们通过观察、讨论、研究、比较揭开了“生蛋”的秘密。

2. 萌发探究愿望,激发内在动机

情绪是儿童认知与行为的唤起者和组织者,儿童浓厚的学习兴趣、强烈的动机与探究欲望是激发儿童做事、推动儿童学习的重要动力,这样激情燃烧的状态,需要教师来点燃。夏威夷大学教授菲尼认为教师和学前儿童互动时所表现的爱和尊重等积极的情感支持,能够培养学前儿童的自信心和探究欲。① 教师对儿童的反馈态度是影响儿童是否投入到做事及研究中的重要因素,对于儿童提出问题的重视和积极的回应,会让儿童研究的兴趣浓厚热烈。

例:春日的小雨

春日里,孩子们户外散步时,天空突然下起了小雨。大家像被施了魔法一样,突然兴奋起来:有的用手盖住头,对雨滴掉落在身上的感觉感到不可思议;有的瞪大眼睛张大嘴左右看,似乎在确定已经下雨的事实;有的咧开嘴笑了,一副跃跃欲试想要奔跑的样子。雨没有要停的意思,该回活动室吗?“小朋友们……”老师刚开口,有的孩子就显出遗憾的神色。两秒钟的思考后,老师的下半句换成了:“我们在雨里玩儿一会儿吧!”游戏场上顿时沸腾了!有的找来小碗,欣赏雨水滴落的涟漪;有的跳进水洼,燃爆“雨水炸弹”;还有的伸长脖子,倾听墙边落水管里的淅淅沥沥……

3. 提供参考资料,鼓励找寻方法

在问题的导引下,有方向性且充满意图地查找资料,是对信息资料的主动攫取,是解决

---

① 张晓梅.师幼互动质量对学前儿童学习品质的影响及其教育促进[D].东北师范大学,2016:36.

问题的一种途径。[①] 当儿童发现问题后要对问题进行理解和分析，需要通过学习找寻解决问题的办法，教师需要提供丰富的资源（人力资源、文化资源、物质资源等），引导并支持儿童找寻解决问题的方法。启发并带领儿童通过阅读图书、搜寻相关图片、采访专业人士、访问机构、与人工智能互动等方式找寻解决问题的方法，并运用图表记录下拟订方案的步骤。

例：小剧场的票

小剧场的观众发生了争执：一个说自己买了票进来坐在这里，只是去喝了口水，回来座位就被对方给占了；另一个委屈地表示，自己买票进来见这个位置没人坐，就坐下了。大家发现票面上和座位上都没有编码，想动手设计能够对号入座的观影票。可是观影票长什么样子呢？需要去电影院实地考察一下。孩子们在家长的支持下实地考察后发现：电影院的座位离屏幕最近的是第一排，后面的座位在前面两个座位的中间，观众席的两边都有通道，方便观众走路。大家推选出最受欢迎的观影票，重新规划了观众区的座位安排。观影票的使用让孩子们更加深入地理解"排"和"座"的含义，也助推游戏向更高水平发展。

4. 使用工具策略，实践解决方案

探索和发现是儿童学习非常重要的内容，有些学习还需要提供指导、支持并提出挑战。只鼓励儿童交流想法却不告诉儿童怎样运用工具交流，这不是适宜的支持。杜威曾经指出：当儿童在"从做中学"过程中"圆满地解决那样一个问题，他就增添了知识和力量。"[②]当儿童尝试用新的方法解决问题时，教师可以通过教儿童运用工具、材料和具体策略，促进儿童的学习，让儿童获得做事情的信心和能力。

例：鸭鸭的木屋

班上来了两只小腾鸭，孩子们参观了幼儿园的小木屋后，决定给腾鸭造一座真正的木房子。造木房子需要哪些工具呢？通过采访专家和查阅书籍，"建筑小队"首先绘制出小房子的设计图，再和老师一起搜集手套、护目镜、迷你钢锯、迷你羊角锤、大头钉等工具。工具准备妥当之后，老师先试用工具确认安全性，然后请孩子调查它们的作用和安全注意事项，

---

① 张永英. 陈鹤琴"活教法"思想滥觞及对当前幼儿园课程改革的启示[J]. 南京师大学报（社会科学版），2021(6)：25.

② 龚喆卉. 教、学、做：中国师范教育中的杜威实验翻译项目报告[D]. 华中科技大学，2013：59－61.

在分享交流的基础上了解工具的正确使用方法。小木工们对真锯子、真锤子爱不释手，借助美工区的热熔胶和麻绳，最终用粘贴、捆绑、钉板的方法将木板拼搭建成一栋“迷你木屋”。

5. 评价反思对策，引导经验迁移

杜威认为“思维的较好方式叫作反省思维，这种思维乃是对某个问题进行反复的、严肃的、持续不断的深思。”①儿童在做事的过程中，不断地发现问题，思考解决对策，通过实践验证后评价反思对策。一个对策失败，就要分析原因，思考新的对策。如此循环往复，直到问题彻底解决。儿童通过实际操作总结的方法还需要在生活中去验证，在此过程中，教师要通过高质量的提问和反馈帮助儿童反思迁移经验，将新的知识与旧的经验联系起来，不断强化他们的经验，厘清相关概念，完善认知结构。

例：运送多米诺骨牌

孩子们着迷于多米诺骨牌的拼搭，他们想要更多的空间，就在大厅里、楼梯上玩这项游戏。每当骨牌排列好顺利推倒，现场掌声连连。游戏回顾环节，有孩子提出：“收拾楼梯上的骨牌实在太累了。”于是，大家一起研究收拾骨牌的方法。有人建议把骨牌踢下去，再一起装到箱子里，这样省力气。孩子们尝试后发现这样收拾不仅省力气，骨牌掉下去发出的“乒乓”声，也是收拾活动的欢乐点。但没过多久，孩子们便发现骨牌摔坏了，大家纷纷表示不能再用踢的方法了。老师给孩子们分享了网上的古代“搬运”视频，大家模仿古人用小篮子将骨牌一筐筐地收好后再一个接一个传上去，这样做既快又省力。

6. 搭建多种通道，支持创造表达

儿童是好表现的，期望在生活中获得自我表现的机会。儿童乐意向别人证明自己的能力，也很愿意去教别人，会很热心，这让他们感到自豪。② 儿童在“做”的过程中积累经验，产生分享愿望，教师应鼓励儿童创造性的表达。在公共空间设立展示区，为儿童提供“做”事可以参照的信息，展示活动进展的记录或日志，反映儿童日益增长的活动经验；教师与儿童共同商讨向哪类特定的观众分享，用什么方式介绍，鼓励儿童思考如何站在对方的角度

---

① ［美］杜威. 我们怎样思维・经验与教育［M］. 姜文闵，译. 北京：人民教育出版社，2004：11.

② 毛曙阳. 关于儿童文化特征的思考［J］. 早期教育（教师版），2020(007).

解释事物，需要说什么或做什么能够让对方理解；还可以通过建构模型、绘制海报、国旗下演讲、创造游戏、编排戏剧、巡回报告、制作大书等方式支持儿童向他人交流自己的发现与成就。

例：怪兽面人展览

孩子们做了很多形态各异、趣味十足、具有艺术感的面泥“怪兽”，他们提议举办一场“怪兽面人”展览。在哪里举办展览呢？怎么举办展览呢？大家根据设想分成了几个小组，分工合作。布展组的孩子规划好参观路线，将“怪兽面人”分类后布置在展览架上，再贴上作者的照片，最后和老师一起给作品做图文并茂的介绍；海报组的孩子找来大大的纸张，画上各种有趣的“怪兽面人”，绘制剪贴标题，写上了展览会的开幕日期，将海报贴在幼儿园门口的画架展板上；介绍组的“工作人员”提前熟悉每一件作品的名称和特点，反复练习解说词并录制介绍视频。在大家的努力下，展览非常成功。

四、做一名“活教师”要灵活指导

为了促进高质量的学习，儿童需要以一种积极的、探索性的方式去做他们喜欢的事情。教师要充分培养儿童的自主意识、自主能力，不能将自己的想法强加给儿童，但教师不能脱离儿童做事的现场，要支持儿童正在做的事情，激励他们，在儿童受挫、变得不耐烦时，寻找“可施教的瞬间”。

1. 善于运用开放式讨论

教师是儿童观点的支持者，是儿童深层思考的引导者，这就意味着要尊重儿童的意见，倾听儿童。《幼儿园保育教育质量评估指南》指出：要“发现和支持幼儿有意义的学习，采用小组或集体的形式讨论幼儿感兴趣的话题，鼓励幼儿表达自己的观点，提出问题、分析解决问题，拓展提升幼儿日常生活和游戏中的经验”①。儿童在尝试解决问题受挫时，教师可以充分运用鼓励性言语、启发性问题，通过小组的开放式讨论实现持续性分享。这样的讨论不仅能增强儿童倾听、表达、交流的技能，而且能够帮助儿童反思迁移经验，将新知识与旧经验联系起来，使相关概念更加清晰。通过开放式的讨论支持儿童兴趣的持续、疑问的探

---

① 中华人民共和国教育部. 教育部关于印发《幼儿园保育教育质量评估指南》的通知[EB/OL]. http://www.moe.gov.cn/srcsite/A06/s3327/202202/t20220214_599198.html. 2022-02-15.

索、假设的验证、主意的实现、理论的修正，将儿童的研究向更深、更广、更高的水平推进。

2. 强调儿童间的合作

自主、合作、探究与儿童的学习有着密切的关系。自主是深度学习得以开展的前提，合作是深度学习的支撑，探究则是深度学习的核心。在同伴合作学习过程中，儿童会不断地产生认知冲突（即意见不一致），认知冲突就引发辩论和调整，这会使儿童对事物的认识更加全面、更深刻，从而使学习活动走向深入。“儿童教儿童”是陈鹤琴先生活教育理论中的教学原则之一，其意思是以儿童来教育儿童，以儿童来指导儿童。由于儿童了解儿童的程度比成人更深刻，儿童鼓励儿童的效果比成人更明显，儿童教儿童教学相长等原因，教师如能运用好“儿童教儿童”这一原则，则会起到事半功倍的教育效果，对儿童的身心发展起到积极的作用。① 教师要支持儿童向同伴学习，儿童教儿童。

3. 关注隐性指导的作用

儿童的问题，应由儿童自己去解决；当儿童确实不能解决时，教师才可以从旁启发引导。《幼儿园保育教育质量评估指南》告诉我们，“对幼儿的发展情况和需要做出客观全面的分析，提供有针对性地支持。②”在一起做的过程中，教师的任务不是为了使“做”的过程“更顺畅”“更容易”而“协助”儿童，而是通过让解决问题的思路清晰化，让儿童在积极参与、主动探究的过程中“推进”深度学习。也许在儿童“做”的过程中，教师已经意识到某种方法或假设是不对的，仍会像伙伴一样为儿童提供服务，通过提供援助、资源和策略使得活动继续下去，并在儿童遇到障碍时，帮助他们“重新启动”。

苏霍姆林斯基说，我一向认为，要进入儿童这个神秘宫的门，就必须某种程度上变成一个孩子。他还说，只有那些始终不忘自己是孩子的人，才能成为真正的教师。③ 在幼儿教育蓬勃发展的今天，在鼓幼的小园子里，“活泼泼”的儿童背后站着一群“活泼泼”的教师，他们不断发现生活资源，补充生活常识，和儿童一起生活，让“活教育”呈现鲜活的内容，灵活的形式，激活的效果，实现儿童活泼泼地成长。

---

① 魏培培. 浅析陈鹤琴“儿童教儿童”的原则在幼儿园中的运用[J]. 考试周刊，2019(91)：165－166.

② 中华人民共和国教育部. 教育部关于印发《幼儿园保育教育质量评估指南》的通知[EB/OL]. http://www.moe.gov.cn/srcsite/A06/s3327/202202/t20220214_599198.html. 2022－02－21.

③ 崔利玲. 做长大的儿童，营造良好园风[J]. 华人时刊(校长)，2018(03)：6－7.

“活教育”思想下园本教研革新的行与思

徐州市丰县范楼镇振兴路幼儿园　凌　晨

陈鹤琴先生的“活教育”思想有着极强的前瞻性与实用性。我学习并利用“活教育”思想对我园教研机制进行深度革新。随着进程的不断深入，园本教研从最初的开会讨论脱离园所实际问题的单一教研机制，革新为通过现场观摩、读书分享、课程审议等多种形式，对基于园所问题和师幼发展需要进行持续且沉浸的多元化教研机制。在这一过程中，我与园内教师的教研意识与行动更为科学专业，幼儿自主学习与合作发展趋于常态，园所保教水平与教研质量稳步提升。

在最初“上级任务”的教研观下，我园错误地将园本教研视为上级部门布置的工作，按照“问题提出、教师发言、内容记录、资料整理”的流程完成每次活动，待学期结束时留档备查即可。这种脱离班级主要工作的教研主题，导致教师从无话可说变为网上抄袭，形式化的教研流程也降低了教师参与活动的兴趣，在这期间园内保教质量未得到提升，班级问题也依然存在，甚至造成园内教师不愿参加并否定园本教研价值的负面影响，形式化、教研主题无用化等问题使园本教研一度陷入困境。

2019 年 8 月，我开始以兼职教研员的身份负责园内教研工作，也由此接触陈鹤琴先生的“活教育”思想。在这期间我阅读了《活教育》《陈鹤琴与活教育》等书，其中“十七条教学原则”“做中学，做中教，做中求进步”等思想使我深受启发。我感慨于陈鹤琴先生在 1940 年提出的思想对当今的教育依然有着极强的指导意义，也产生了把“活教育”的主体转变为教师，将“活教育”理论用于园本教研的革新。为此我根据“活教育”思想逐项审视园本教研机制与形式中存在的问题并得出结论：以往园本教研中存在主题未基于本园实际、重资料轻实践等错误做法，这也正是园本教研“开而无用”的症结所在。找到问题的根源后，我对以往教研机制与形式进行深度变革，与园内教师讨论并形成我们喜欢的形式与内容，通过教研创新与变革的持续推进，教师们逐渐接受并乐意参与园本教研，幼儿园保教水平与师幼发展也得到稳步提升。

一、多元学习提升教师专业能力，教师专业能力推动教研质量发展

教师是课程实施质量的决定力量，教研工作的目标是促进教师专业发展、提升教师的专业能力。① 陈鹤琴先生在“活教育”中指出：“教师要学习业务，研究新理论，实验新方法，交流经验，改进教学。”②基于此，我踏出了园本教研革新的第一步，使教师“读活书、活读书、读书活”：我带领教师学习《活教育》《学前儿童行为观察与指导》《幼儿园课程概论》等书，将书中的重点内容做好标记并及时在网络群内进行推送，鼓励教师分享自己的读书心得与感悟，通过每周手写一篇读书笔记与实践感悟、两周一次读书分享、每月互评读书笔记、学期评选读书之星等形式，培养教师的阅读习惯，教师们也从最初的被动阅读转变为现在的主动阅读，在各级论文评比中的获奖率也有所提升。

陈鹤琴先生在“活教育”中指出：“教师要了解儿童，不了解儿童，就会和他们隔膜，儿童把你看作外人，不把你看作他们一群中的一分子。”③观察是教师了解儿童的基础，为了提升教师观察与解读幼儿行为的能力，我们先后十余次邀请徐州市学前教育教研员李红蕾、徐州市教科所李燕、丰县幼教教研员张华等专家到我园为教师开展观察记录、开展课程审议等讲座；我每天进班指导教师如何正确观察幼儿，对教师的观察记录内容做批注，扎实提升教师观察、记录、解读和支持幼儿活动的能力。基于以上做法，我园教师逐渐摒弃灌输式的教学思维与方法，转而通过创设资源丰富的环境支持幼儿自主探究学习。教师们在研讨中的发言也不再是以往“抄袭式”的，而是在理论指导下通过自己的观察与实践得出的结论，教研也从人人不愿、不敢发言转变为人人乐意、激烈辩论的局面，形成了良好的园本教研氛围。（见图 1）

---

① 江苏省教育厅. 省教育厅关于加强学前教育教研工作的意见[EB/OL]. http://jyt.jiangsu.gov.cn/art/2017/9/22/art_77617_9061565.html，2017-09-22.

② 陈虹，崔利玲. 陈鹤琴与活教育[M]. 长春：东北师范大学出版社，2020：383-386.

③ 陈虹，崔利玲. 陈鹤琴与活教育[M]. 长春：东北师范大学出版社，2020：408-409.

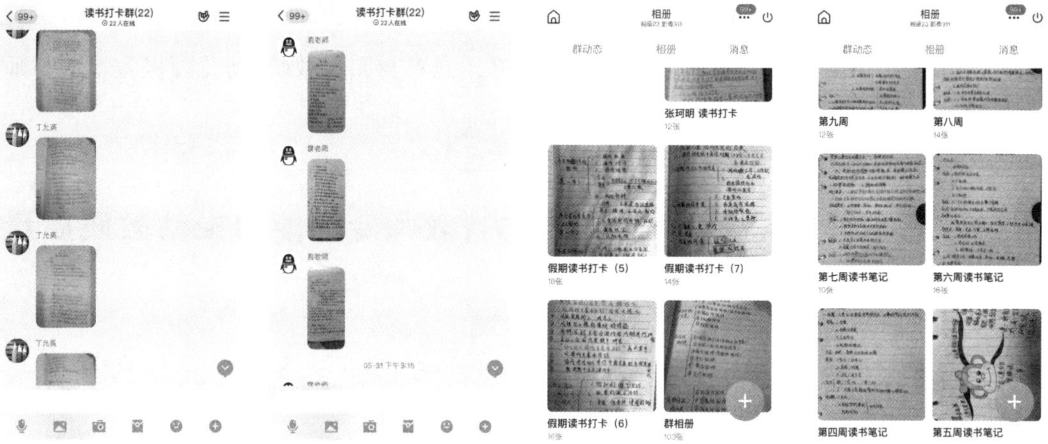

图 1　教师学习分享交流

二、创新园本教研结构分工，保证班本教研扎实研究

班本教研是园本教研的基础与关键，而班本教研结构分工的混乱导致我园教师只研究自己感兴趣的内容，当缺少材料或出现问题时，就会出现因相互推诿而造成班本教研停滞、中断的情况。

为了保证班本教研扎实开展，我对以往的教研结构分工进行了革新，首先选定优秀教师担任每个年级的教研组长，方便园本教研任务的逐级分解与管理；其次是将班内两名教师的教研任务分为“整体教研”和“焦点教研”，负责整体教研的教师按计划进行该主题教研期内班本教研活动的主持、记录、分析、总结等工作，负责焦点教研的教师负责在预设计划之外却有研究意义的内容。以 2021 年 11 月的大一班教研活动“落叶在幼儿美工区活动中的意义与价值”为例：张老师和施老师分别负责整体教研与焦点教研工作，张老师按预定计划研究幼儿在美工区对落叶的使用频率和喜爱度等，施老师则主要为班级美工区提供落叶和相关书籍。随着大一班教研的持续进行，苹果组与西瓜组幼儿对落叶的树木来源产生了兴趣，这一内容虽不在计划之内却是来自幼儿的兴趣，极具研究价值。施老师与两组幼儿对落叶的树木展开了班本教研的分支内容研究。最终，在两位教师的努力下，幼儿不仅用落叶创作了许多作品，还对每种落叶的树木有了了解，既完成了预期的教研内容，又激发了幼儿探索与学习的兴趣，取得了较好的效果。（见图 2）

这种“双引擎”式的分工革新，改善了以往班本教研在出现问题时便停滞或中断的情况。因为班内负责整体教研的教师始终在按预定的教研计划进行持续研究，而负责焦点教研的教师会对问题进行梳理并向年级组长汇报，年级组长组织本年级相关教师开展年级组教研；年级组长会在困难无法解决时向我汇报，我再对问题进行分析研究，寻找相关的理论书籍，组织园级教研活动，解决相关问题。在每期园本教研结束后，负责整体教研与焦点教研的教师进行身份与分工互换，以保证每位教师的教研水平得到均衡发展，提升教师主持班本教研和问题研究的能力，在班本教研扎实开展的同时也提升了园本教研的进度与质量。

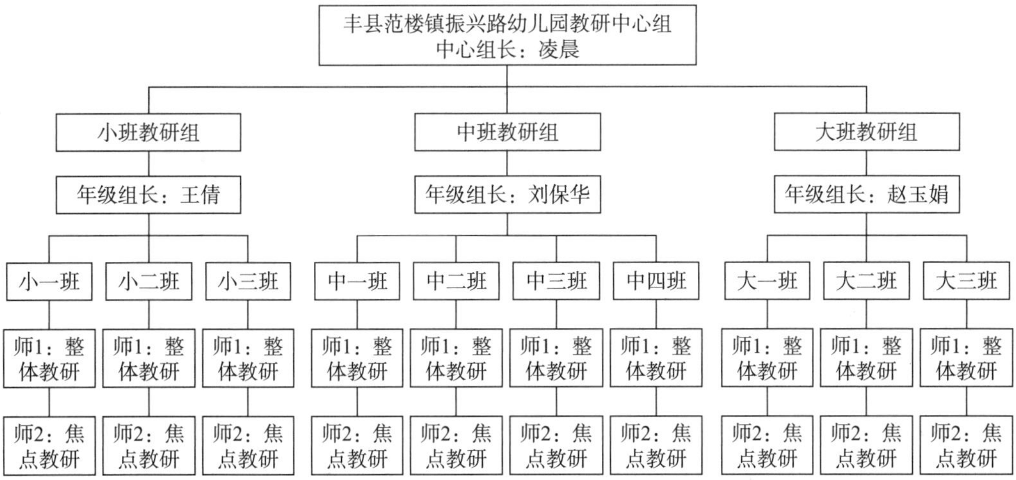

图 2　幼儿园教研管理结构与班级任务分工革新

三、教研主题制订者的变革，提升园本教研的实效性

以往园本教研主题由园长与教研员决定，如：园本课程建设、户外环境创设与改进等，但这类"大而远"的教研主题脱离我园教师一日工作主要内容，教师们难以进行"真教研、真反思"，也就降低了园本教研的实效性。

陈鹤琴先生提出的"活教育的十个特点"中指出，"课程是根据儿童的心理和社会的需要来编订的，教材也是根据儿童的心理和社会的需要来选定的，所以课程是有伸缩性，教学是有活动性并在需要的时候可以做变动。[①]"在对这段话进行学习与理解的基础上，我将其中的"儿童"变为"教师"，"课程"变为"教研"，对园本教研进行了第三步变革，即通过集体审议确定教研主题：我会每两月向教师发放调查问卷，及时了解其对班级一日生活、幼儿发

① 陈虹，崔利玲. 陈鹤琴与活教育[M]. 长春：东北师范大学出版社，2020：43－45.

展、教师专业需要以及教研活动的意见等，将问题按照必要性原则进行排序，再与全体教师审议并制定下学期教研主题。如：针对小、中班存在自主进餐环节混乱的问题，我们以“班级自主进餐问题及教师支持策略”为主题，制订了为期一个月的园本教研计划；针对教师在幼儿区域活动中指导能力不足的问题，我们又以“教师在幼儿区域中观察指导策略”为主题，制订了为期两个月的教研主题计划；针对杨惠老师希望担任教研主题主持人的意见，为此我将后续的教研主持工作交给自愿且有能力的教师轮流负责。这种基于师幼互动和班级一日生活中实际问题的教研主题制订策略，使教师们成了主题的制订者。她们也开始利用学习的理论知识，对本班的实际问题进行真实且及时的教研，观察记录和教育随笔等也有素材可写，教师在教研中的获得感与成就感显著提升，不再认为这是一项难以完成的工作和负担。园本教研也从开始的“大、难、假”转变为现在的“小、易、真”，园本教研的实效性得到了保障。

四、从文本向现场的形式变革，信息化软件提供有力支持

“重文本轻现场”是导致我园教研“写多于做”的根本原因。以往过多的书写任务给教师带来了很大负担，她们也因此难以进行现场研究。陈鹤琴先生在“活教育”中就教师要掌握教学技术的原则中指出“要了解教学的基本原则在‘做’，所谓‘做’，并不限于双手做才是做，凡是耳闻、目睹（观察）、调查、研究，都包括在内。”[①]基于此，我进行了园本教研革新的第四步，即“活教研”：将繁多的教研表格精简为一张“研思表”，表中仅包括教研计划、情况记录、心得反思三部分内容。从最初预设教研计划，到在过程中记录重要内容与问题，最后对教研活动进行总结反思，教师在书写表格的过程中也明晰了自己的教研思路。这种教研形式的改变为我们节省了很多时间，为此我充分利用这些时间组织教师开展持续且沉浸的现场观摩活动，允许教师在不干扰幼儿活动的情况下进行即时研讨，及时发现、提出并解决问题，使园本教研不再是以往的“纸上谈兵”，而是基于教师观察、反思、实践等过程的“活教研”，教师的教研思维与行动也更为清晰专业。（见图 3）

然而新的形式也带来了新的问题，因为教研员与三位教研组长难以兼顾到所有活动现场，某些班级便出现了“写而不做”的情况。为了能随时了解班级教研现场的情况与水平，我将网络群聊类信息化软件引入教研管理，有效解决了这一问题。在新建“振幼教研交流

① 陈虹，崔利玲. 陈鹤琴与活教育[M]. 长春：东北师范大学出版社，2020：392 - 393.

2020—2021学年第二学期　丰县范楼镇振兴幼儿园

教研活动意见调研表

教师姓名：　杨　惠　　　所在班级：　大一班

本学期即将接近尾声，对于本学期的教研活动您有哪些意见，请在下面的问题中写出您的想法，我们将根据您的想法不断优化幼儿园教研活动。

1. 我在本学期教研活动中在哪些方面有了收获或提升？

1. 我觉得自己论文撰写的能力提升比较明显，之前的文论只会用自己的假设而没有事实依据，而且撰写的语言也太多是“大白话”，通过教研活动知道了论文要理论联系实践，用理论指导自己的实践，用实践证明和完善理论研究，今年我的论文还获得了市级一等奖。

2. 我在班级工作、专业发展、师幼互动等方面还存在哪些问题或困惑？

1. 我们在科学区、美工区中根据课程主题提供了丰富的材料，但是幼儿对进行材料的运用率不高，尤其是美工区，幼儿的活动多是绘画和泥塑，很少进行其他活动。2. 我在幼儿活动不知道应该在何时支撑幼儿活动，担心会干扰他们。3. 班级幼儿对我收集来的自然资源不感兴趣，他们更愿意玩买来的游戏材料。

3. 您对于目前的教研活动有哪些意见和建议？

1. 希望减少教研活动集中研讨的时间，改成现场观摩中就问题进行即时研讨。2. 让每位教师都做教研活动听设计者和主持人，让老师们能以自己的想法来设计和主持教研活动，而不是现在的单一教研活动主持人。3. 要让每位老师的发言都有理论支撑，而不是“大白话”，做有深度的教研发言。

4. 您对于下学期的教研活动有哪些期盼？

1. 我希望在下学期也可以做一次教研活动的设计者和主持人。2. 我认为下学期教研活动可以一些读书分离和案例分析。

。

丰县范楼镇振兴路幼儿园

2021年6月30日

图3　尊重、满足教师对教研活动的意见与需要

群”后，我要求教师每日将具有代表性的活动现场拍摄成视频并发至群内，还在每日随机进班的基础上，不定时指定某一班级在群聊内发布实时的现场视频。通过这种方式，我能及时了解每个班级的教研情况与水平，做到了“教研管理零死角”。这种信息化教研管理的持续应用，逐渐显现出诸多优势：其一，教师拍摄的视频也是其认可的活动内容，直接反映该教师的思维认知，当视频中出现错误做法时，我能对其进行及时的指导；其二，在发现好的做法，我可以第一时间在群聊内为教师分析活动视频的价值所在，教师可在午休、下班等多个时间进行随时随地的回看，为教师学习交流及园本教研管理提供了有力支持。（见图 4）

图 4　教师分享本班优秀教研经验

五、从结论向过程的研讨变革，促进幼、师、园全面发展

园本教研的集中研讨是教师就教研实践进行分析辩证、提炼教研成果、促进自身专业成长的重要环节，也是使一次教研活动得到升华的关键。教师在以往的研讨中只是将自己对研讨问题的理解或做法陈述出来，再用些许理论证明观点即可，使本应有深度的审议研讨变为了浅显的工作汇报，不够深入的经验提炼与分享也导致教师、幼儿与班级发展的不均衡，因而我进行了教研变革的第五步：要求教师从只说“做什么”向说“如何做”转变。我首先要求教师关注过程资料的积累，将幼儿作品、活动照片、观察记录等资料分类留存，培养她们资料收集与整理的习惯；其次要求教师及时将实践经验进行记录与提炼，培养她们的反思能力；再次是要求教师要用资料证明自己的观点，做到“有图有真相”。在这种指导与要求下，教师在研讨中能通过资料的呈现，就教研问题从“做什么、怎样做、做后感”三个维度进行逻辑清晰且有深度的发言，使全园教师都能从发言中学习优秀的做法与经验，并在自己班级中推广，促进自身、班级与幼儿的发展。（见图 5）

图 5　教师参加教研活动

陈鹤琴先生曾说“教育是国家蜕变与前进的力量”，而我们全体振幼人也有着“教研就是园所蜕变与前进力量”的信念，因为我与全园教师深刻地感受到在“活教育”思想引领下，园本教研对教师专业成长、园所保教质量提升、幼儿全面发展带来的强大活力、推动力与凝聚力。但我们也深知目前所做的只是冰山一角，“活教育”思想等待着我们进一步去继承、探索与实践。

幼儿园课程资源库的"活"管理*

扬州大学　方晨瑶

幼儿通过多种感官通道直接体验实物获得直接经验，这一学习特点决定了课程资源对于引发幼儿操作与思考、促进幼儿发展起着至关重要的作用。幼儿园课程资源库为整合各种资源提供平台，帮助教师解决工作困难、提升工作效率，为幼儿教育开展提供多样的便利。然而，课程资源库的建设是否能够"一劳永逸"？资源库的完善是否等同于"拿来主义"？只将收集来的素材保存好就能发挥资源库的价值吗？答案显然是否定的。当前，幼儿园课程资源库的管理依然存在许多问题。

一、幼儿园课程资源库管理中存在的问题

（一）课程资源作用的理解存在偏差，忽视幼儿的主体地位

目前，面向教师开发的教学资源库远远多于面向幼儿的课程资源库，资源库的功能局限在为教师的教育教学活动服务，为幼儿的主动学习活动服务的功能较少得到体现。在管理课程资源库时，管理者常常重视固定的课程资源，而忽视了幼儿学习的需求。出现这种情况主要是由于管理者持有"静态"的课程资源观念，他们重视教师教学的需要，轻视甚至无视幼儿活动的需要，没有意识到幼儿是使用和管理课程资源的主体。幼儿在活动中自然产生多种兴趣和需要，这本身就是具有价值的课程资源。在课程资源与幼儿互动不够的情况下，选择课程资源仅仅依靠成人的主观判断，很可能形成华而不实的资源库。

---

* 本文系江苏省教育科学"十三五"规划 2020 年度课题"江苏省农村幼儿教师专业发展支持体系研究"（项目编号：C-b/2020/02/71）成果。

（二）资源更新滞后，难以满足现实需求

幼儿的发展性、课程建设的园本化、社会环境的变化性决定了课程资源库的建设与管理是一项持续工程，课程资源库只有不断更新、完善，才能满足幼儿、教师和园所发展的需求。然而目前幼儿园课程资源库管理普遍存在更新缓慢的情况，将建设课程资源库当成了“一劳永逸”的事，教师对课程资源采用“拿来就用”的方式①。如一些幼儿园将出版的园本课程作为课程资源库，教师只要按照书中教案开展活动就行了。“拿来就用”的方式虽然省时省力，但不能适应理论、政策与实践的发展变化，数年前出版的教材如果一直保持原状，则不能满足幼儿的发展需求，更不能反映新时代对育人的新要求。

（三）资源管理与实际需要脱节，使用效率低下

幼儿园课程资源库管理存在重数量轻质量、资源定位模糊、使用效率低下的问题。目前越来越多的幼儿园开始意识到幼儿园周边资源的可利用性，课程资源开发进展得如火如荼。在互联网时代，各类课程资源更是随手可得，资源库的充实看似轻而易举。然而，教师在资源库中提取资源时，鉴别和选择资源需要花费很多的时间与精力，严重降低了工作效率。究其原因，一是资源定位模糊，哪些资源可以用于活动的什么环节，哪些可以满足不同水平幼儿的需求，哪些资源能够支撑活动中关键经验的获得，都没有区分。二是资源管理不考虑园所条件和幼儿实际需求，仅大量堆积从网络搜集到的或是园所购买的课程资源，而忽视本园本班教师和幼儿自己设计并开发的资源，导致符合幼儿发展需求的本土资源大量流失，推动幼儿有意义学习的资源反而成为“一次性资源”，课程资源库的管理变成资源的无效堆积，极大地降低了资源的使用率。

（四）资源的管理方式落后

当前幼儿园课程资源库常常按照教学教案库、多媒体素材库、实物资源库、环境资源库等类型进行搜集、管理。一般来说，合理的资源分类有助于梳理已有资源，避免资源管理混乱。但在幼儿的实际活动中，各种资源是相互依托产生作用的。环境是幼儿进行情境学习的载体，实物操作使幼儿在做的过程中获得直接经验，教案体现教师对于活动的准备和行动方案，多媒体则利用信息化资源使课程更丰富有趣。不论是教学活动、游戏活动，还是生活活动，都需要综合利用以上几种资源，进而调动幼儿的多种感官，深化幼儿的学习。将文本、多媒体、实物等资源分别管理的方式与幼儿获取经验的整体性学习特点不相符，只能带给幼儿平面化的经验。如果在管理中忽视了资源库中的素材的相关性等，就不能为幼儿提

① 孙蕾蕾.园本课程资源库建设：何谓、为何和何为[J].福建教育，2020(29).

供完整的、连续的经验，幼儿的活动往往沦为单薄、肤浅的活动。脱离了活动，资源就失去了其教育价值。

二、幼儿园课程资源库“活”管理及其价值

陈鹤琴先生提出的“活教育”理论蕴含着丰富的本土化教育思想，他指出，儿童教育应把大自然、大社会做出发点，让学生直接向大自然、大社会去学习”[①]。以活资源实现活教育。“活教育”理念对幼儿园课程资源库的“活”管理具有重要的启示意义。什么是幼儿园课程资源库“活”管理？单纯作为素材，资源仅仅是纸上的文字，或是仓库里的材料。如果对资源库中素材的联系以及对幼儿周边环境的千变万化视而不见，这种“人为静止”的管理策略[②]就是“静态管理”。静态管理由于其封闭性、保守型、单一化等特点，常常导致资源缺乏活力，利用率低下[③]等问题。僵死的资源、固定的课程，不问儿童能否了解，不管是否与时令适宜，教师只管“一课一课的教”[④]，这是资源的“死管理”。针对这一问题，只有实现资源库的“活”管理，资源才能发挥其价值。幼儿园课程资源库的“活”管理，主要围绕“儿童中心”“持续更新”“互动”“联系”和“活动”等关键词，要求根据园内外环境的变化及时调整资源库建设思路，在管理上要快速适应幼儿需要和环境的不断变化。课程资源库的“活”管理对于创建幼儿园特色、提升教师专业成长、促进幼儿全面发展具有重要意义，“活”管理是实现“活教育”的基础。基于此，必须重新认识课程资源库“活”管理的价值。

首先，幼儿园课程资源库“活”管理是以儿童为主的管理，有助于实现幼儿的有效学习，从而提高教育质量。“活教育”理论强调“一切设施一切活动以儿童做中心当主体，一切活动都是儿童的活动”[⑤]，因此资源库管理也是以儿童为中心的管理。课程不仅是为了教师的教，而主要是为了幼儿的学[⑥]。资源固然可以帮助教师完成教学设计，但资源的根本价值在于使幼儿更直接有效地获得关键经验，教育质量才能得以提高。不论是课程资源的使用、管理还是维护，幼儿的活动线索应成为资源库管理的重要标准，使素材更加契合课程的实施要求，这种资源库中的素材一定是适宜的、有价值的。同样的素材在幼儿活动中被开

① 北京市教育科学研究所. 陈鹤琴全集(第四卷)[M]. 南京：江苏教育出版社，1991.
② 刘继同. 由静态管理到动态管理：中国社会管理模式的战略转变[J]. 管理世界，2002(10).
③ 田贤鹏. 研究生导师的动态管理机制研究[J]. 学位与研究生教育，2016(05).
④ 陈鹤琴. 活教育的教学原则[M]. 上海：华华书店. 1948.
⑤ 陈鹤琴. 活教育的教学原则[M]. 上海：华华书店. 1948.
⑥ 张娜，蔡迎旗. 卓越幼儿园教师的教学行为特征[J]. 学前教育研究，2019(09).

发出不同的用途，即使素材的数量和种类没有增加，但随着不同活动中素材的用法增加了，课程资源库依然得到了充实，资源的利用率也会随之提高。因此，“活”管理很大程度上充实了幼儿园课程资源库，也因其适宜性而为幼儿活动提供资源支持，进而增强了课程实施的有效性。

其次，课程资源库的“活”管理有利于推动园本课程持续发展。资源库管理与园本课程发展是相辅相成的，“活”资源才能实现“活”课程，“活”课程的要求推动资源更“活”。幼儿园课程的“活”，主要“活”在“做”上。儿童在做中学，做中教，做中求进步。课程是弹性的课程，资源是活动的资源。因此，课程资源库的发展不是一蹴而就的单向过程，而是一个“需求—供给—平衡—缺失—需求……”不断循环的动态过程。教师应根据幼儿“做”的实际情况调整、重组和改造资源。必要时，尤其当已有资源不能满足幼儿时，应当引入新的素材，激发幼儿深入思考。通过不断完善和更新课程资源库的功能和内容，实现幼儿经验的扩展，活动中新问题也不断产生，从而触发新的思考，推动园本课程螺旋上升式发展。

再次，课程资源库的“活”管理有利于积累、传承与发扬本园课程特色。很多幼儿园办园历史悠久，在课程实施的过程中形成了一定的教学特色，师幼在活动中开发了大量课程资源。这类资源源自幼儿的学习与探究，最能激发幼儿的学习兴趣，满足他们的发展需求。但由于缺乏资源管理的科学理念，这些宝贵的素材难以焕发出活力。有的幼儿园为了追求新潮的课程理论，甚至将自身传统与优势丢弃。通过幼儿园课程资源库的“活”管理，这些经典的活动素材不仅能得以妥善保存和维护，在幼儿的反复使用和更新下，还能形成有本园特色的系列课程资源。

另外，课程资源库的“活”管理有利于打造教师学习共同体。“教学相长”“共同研讨”是实现“活教育”的重要手段，资源库的“活”管理为教师合作创造了新平台。面对课程资源库，教师不仅是使用者，更是管理者、建设者，并从中受益。在寻找资源时，课程资源库能迅速为教师提供全部相关资源，满足了教师随时随地取用资源和学习的需求，实现了资源在园内甚至园际教师工作中的流动、共享。每位教师都为课程资源库的管理做出贡献，教师将从资源库的使用中感受到群体互惠互利的力量，通过学习借鉴其他教师的经验，参考使用、改造创新其他教师的素材，再将自身的教学经验进行总结和分享，在这种良性循环中团体学习、共同成长。

三、幼儿园课程资源库“活”管理的策略

（一）树立以儿童为本的管理理念

以幼儿的需求为本位，是课程资源“活”管理的本质特征和基本要求。首先，课程资源库要根据幼儿需求灵活吸收各类资源。《幼儿园教育指导纲要（试行）》指出，“幼儿园应……综合利用各种教育资源，共同为幼儿的发展创造良好的条件”①。可见，以幼儿为中心，其周围的自然环境、社区、家庭、同伴群体和教师集体都是宝贵的课程资源。幼儿园课程资源库的完善重在使用，而资源的使用要注意互动。② 幼儿与资源的互动是实现课程目标最重要的手段，也是进一步完善课程资源库的重要途径。幼儿园应高度重视生本课程资源的开发和利用。其次，在课程资源库管理过程中，教师既要把握幼儿园已有的资源基础，又要根据幼儿的需求与兴趣不断吸纳新的资源，以新主题、新活动带动资源的新开发、新用途，形成可持续发展的资源库，应根据幼儿活动的特点和需要动态管理幼儿园课程资源库，关注不同素材间的紧密联系，以活动的线索梳理资源。

（二）形成面向需求动态调整的管理方式

课程资源库实现“活”管理需要从制度入手，全园参与，分级管理。园领导应：首先，认识到课程资源的开发利用对于幼儿园课程建设的重要意义，加强重视课程资源库管理这项工作；其次，转变以往的课程资源观念，克服“拿来主义”的资源开发定式，强化主人翁意识；再次，建立相关规章制度，鼓励教师开发、管理课程资源的积极性和主动性，对园内领导、教研组长、教师等相关人员进行制度约束和定期考评，确保课程资源库的管理成为常态工作。

资源库生成后，教研组可以在每学期开学初从资源库中选取资源，结合自己组的计划，选择适合的资源开展主题活动。在活动开展过程中，教师结合实际情况灵活调整，补充自己使用的新内容。这些内容到期末时再由教研组收集整理，经资源库管理员进行版本的更新后统一保管备用。在预选资源、课程实施、补充资源的过程中，教师对课程资源的熟悉程度更强了，从而更能从资源库中提取出有价值的教学资源。

（三）明确资源定位，强调活动针对性

在幼儿园课程中，可利用的资源很多，幼儿园课程资源库管理应注意明确资源定位，以

---

① 中华人民共和国教育部．幼儿园教育指导纲要（试行）[S]．北京：北京师范大学出版社，2001.

② 楼彩虹．谈资源库的构建重在使用[J]．中国校外教育，2017(14).

幼儿活动需要为指向，在资源整合、管理的初始阶段就确定素材收集的方向。不能随波逐流，看见其他幼儿园有新颖、特别的资源，就照搬到自己的资源库，结果不仅用不上，有时甚至出现为了用上这些特别的资源而特意开展某些活动的情况。应根据幼儿活动需求调整资源，而不是根据固有的资源决定幼儿如何活动。当然，幼儿的学习不可能凭空产生，园长也绝不可能阻止教师学习他人的经验，管理者应引导教师正确借鉴，即必须根据本班幼儿的需求进行筛选和修改，以适应幼儿活动。“孩子是脚，教育是鞋。”教育工作者决不能犯削足适履的错误，应以适宜的资源去支撑课程。

具体管理课程资源库时，更应注重资源的活动针对性。这就需要明确定位素材的使用背景、使用方式，素材中蕴含的关键经验和使用的注意要点。以资源的定位作为资源使用的“标准”或者“指南”，使课程资源真正与课程活动协调起来，以高标准筛选素材进入资源库，从根源上解决资源库重数量轻质量的问题，从而提高课程资源库的使用率。素材经过加工整理一旦进入资源库，其作用就是明确的，就是易于查找的，就是能够快速投入使用的。课程资源库定位明确、职责清晰，才能真正提高教师的工作效率。

（四）素材标签化管理，资源与活动深度联系

文本资源、多媒体资源、实物资源、环境资源、人力资源等都是课程资源库中所必不可少的资源，幼儿园课程的顺利开展依赖各种各样资源的整合。教师应按照活动要求对资源进行精细梳理，否则面对这些素材脑子里便一团乱麻，难以从资源库中分辨对应活动的内容。在一个活动或一个主题中，往往需要提供多种资源满足幼儿不同方面的发展。如大班活动“大树挂水了”，孩子们对“大树挂水”的现象感到惊奇，围绕“为什么大树要挂水”这个问题展开了讨论。通过查阅资料、采访园艺师傅、观看相关视频、定期观察挂水的大树等方式幼儿都可以获得这个问题的答案。同时还可延伸出人类挂水、注意预防感冒等一系列活动。在这个活动中，多种资源得到综合利用，包括教师的行动方案、与种植相关的书籍等文本资源，视频、PPT、图片等多媒体资源，挂水用具、种植工具等实物资源，还有教师、家长、园艺师等多种人力资源和环境资源。幼儿的学习具有较强的综合性和整体性，资源库中的素材如果是按照领域简单划分的，那么是难以满足查询需求的。因此在管理资源库时，应对每个入库的素材进行分析，提取素材内含关键经验建立标签，形成明确的资源目录，从而方便教师查询使用。通过电子目录、电子标签等手段精准定位资源，能将教师从盲目寻找和重复制作中解放出来。教师就可以将更多的时间与精力放在观察幼儿、设计活动、自我提升等活动中，提升教学质量。

从“活教育”思想谈二十四节气在幼儿园课程中的融与不融

苏州市吴江区庙港幼儿园　王懿晴

著名教育家陈鹤琴先生在20世纪40年代提出了“活教育”思想。在时代的变迁中，先生的思想与当下的课程游戏化精神仍保持着高度的契合性，也仍能为幼儿园课程的实施提供重要指引，为幼儿“内在”生命力的生长提供养分。

近年来，幼儿园课程掀起了一股“二十四节气”热潮。各园纷纷打着“传承中华民族传统文化”的名义开展各种节气活动，但热闹的背后也暴露出脱离本土、脱离生活、生搬硬套等许多问题。因此，如何将二十四节气这一“时间里的中国智慧”巧妙地融入幼儿园课程就成为一线幼儿园教师需要思考和解决的问题。笔者试从陈鹤琴先生活教育思想出发，结合教育教学实践进行阐述和思考。

一、以活教育视角看二十四节气融入课程的可能性

（一）活教育儿童观与二十四节气课程的目标

陈鹤琴先生在研究儿童的过程中形成了科学、完整的儿童观，他认为儿童是独特的、发展的、应受尊重的人。其在关于幼稚园课程的论述中，同样强调课程应以儿童获得“经验”为宗旨。这些观点都充分凸显了儿童的主体地位，也启示我们幼儿园在实施课程时要尊重儿童的需要，在制订课程目标时要考虑儿童的身心发展规律和已有的知识水平。同样，以陈鹤琴先生所倡导的儿童观为依据，幼儿园在制订二十四节气课程目标时，首先要充分了解幼儿，其次要将社会需求以及二十四节气本身的文化特性纳入考虑的因素和制订的依据。

（二）活教育的资源观与课程内容的选择

陈鹤琴先生提出，“大自然、大社会都是活教材”。这一论述是活教育课程论的重要内容，也就是说儿童是在与自然和社会的接触中，通过直接观察和实践操作获取知识和经验的。它启示幼儿园在课程内容的选择上应注重儿童的生活环境，以大自然、大社会为中心。课程内容作为实现课程目标的有效支柱，应体现课程目标的方向和要求。以二十四节气来说，诸如“立春早，收成好”的谚语、雨水的草木萌动、清明踏青、冬至吃饺子，这些自然现象、传统风俗、饮食习俗等都可以成为节气课程的重要内容。总之，以“活教材”理论为基础的课程内容对儿童来说才会是有益和适宜的。

（三）“整个教学法”与二十四节气课程实施方式

陈鹤琴先生主张把“做”作为课程实施的出发点，并提出“整个教学法”，他强调儿童应该以“做”为基础进行主动学习而非被动、机械地接受知识。这一方面启示我们在课程实施中要调动儿童身心积极参与，引导他们在与事物的直接接触中获得直观的感性经验，另一方面启示我们在实施课程时要关注整体性和系统性，切忌相互割裂。现如今较为流行的游戏法和项目教学法都是具有统整作用的“活教法”。在幼儿园二十四节气课程的实施中，我们应当以“做中学、做中教”方法论为指引，通过环境创设、传统游戏、观察记录、美食制作、绘本阅读等方式将传统文化有目的、有意识地融于其中。

二、活教育方法指导下的二十四节气课程开发

儿童是“自然之子”，二十四节气是“自然之律”，将二十四节气融入幼儿园的课程便架起了一座儿童与节气的桥梁，幼儿园必须从二十四节气中选取适宜的内容，才能让节气润物细无声地滋养儿童的生命和心灵。

（一）与幼儿生活相连接的内容

生活化是二十四节气课程最基本的特征，也是陈鹤琴先生活教育思想所倡导的原则之一。在选择和筛选二十四节气内容时，我们要考虑课程的生活化取向，从儿童的生活世界里寻找课程内容。比如，植物生长的变化、气候的变化、季节的更替等，这些都蕴含一定的科学知识，是幼儿可以在生活中直接感知和观察到的。另外随着时代的变迁，幼儿的生活内容也在发生一定的变化，对于二十四节气内容的选择也要根据幼儿的实际生活进行灵活调整和编排。

（二）与本土习俗相统一的内容

二十四节气取材于传统农耕生活，是上古农耕文明的产物。因此在把二十四节气融入幼儿园课程时，我们还要把内容落实到本土风物中，挖掘具有本土气息的活动素材。比如，对于农村幼儿园来说，一些特色的、经过代代人传承下来的本地习俗就可以成为幼儿园节气课程的内容。而对于城市幼儿园来说，则要适当筛选和革新。唯有遵循"本土化"的原则，幼儿园才能在真实的时间流动中，生发出本地、本土、适宜的节气课程内容。

（三）与季节特征相符合的内容

二十四节气以"立春、立夏、立秋、立冬"这四立为标准清楚地划分了一年四季，其中的二分二至就是每个季节中其相应气候特点最分明的时候，这很好地体现了二十四节气的"时序性"。如立春后"东风解冻"，雨水后"草木萌动"，这都需要幼儿对生活环境有真实观察。幼儿园可以根据不同的季节特征将相应的节气内容融入课程中，在立春时节组织幼儿踏春、春种，在立秋时节组织幼儿在稻田写生等。当然，不同地域的幼儿对季节特征的感知是有所差异的，比如南方的幼儿就很少能见到大雪，因此在选取与季节特征相符合的内容时也要考虑实际的地域因素。

（四）与实践操作相整合的内容

生活实践和亲身操作是最好的教育方式，就如陈鹤琴先生的教学论所说"知识来源于实践"。在幼儿园课程中纳入二十四节气内容时，"实践性"也是一个重要的考虑因素。比如，冬至包饺子、立夏斗蛋等这些能让幼儿亲身体验、参与和操作的内容都可以整合后融入课程中，使其形成较为完整的课程体系。在这个过程中，幼儿通过与环境中人、事、物的互动获得各方面的有益经验。

三、活教育指导下的二十四节气课程实施原则

前文论述了二十四节气中哪些可以作为活动内容融入幼儿园的课程当中，那么反之，何为不融？幼儿园在组织节气活动时也需要分析和反思，带着批判的眼光去实施课程，绝不能"拿来主义"。

（一）摒弃生搬硬套的形式流程

很多幼儿园都把二十四节气课程作为园本特色课程进行开发，各种形式的节气活动开展得热闹非凡，但是细细看来这些活动有很多模仿的痕迹，它们像是流水线出来的"商品"

又或者是套用了某个固定的活动公式。比如，南、北方的幼儿园在“大雪”这一节气中都开展了布置雪景、做雪人、说童谣等活动，但对于部分南方的幼儿来说，他们对于大雪可能没有生活经验，也少有直接感知体验的机会，这样的活动内容显然违背了生活化和本土化的原则。诸如这样不符合地域特征，缺乏逻辑性和合理性的内容以及生搬硬套的活动流程应该被摒弃或修改。

（二）改变单一死板的固化认知

陈鹤琴先生的“活教法”强调“从经验中学”，拓展幼儿获取经验的途径。同样在把二十四节气融入幼儿园课程的过程中，教师也要拓宽对节气的理解、改变对节气的固化认知。一方面，节气活动不能只在节气当天开展，而应是对生活的环境进行长期观察，通过观察到的规律去建构和丰富自己的认知和经验。另一方面，节气课程的内容也不能是简单地模仿习俗或者是背诵节气童谣，而应该在传承当时精神和文化的基础上创造出属于这个时代新的节气内容，赋予其新的内涵。

（三）摆脱盲目跟风的从众心理

“适合性”是陈鹤琴先生在幼稚园课程编制中提出的原则之一。所谓“适合”就是指适合本地、本园以及适合儿童本身，类比到二十四节气课程中，就是说各园开展的节气课程不应人云亦云，盲目跟风，而应该关注南北方的差异、城市与农村的差异、过去与现在的差异。教师不能认为布置了花里胡哨的节气环创、品尝了特定的节气美食，就是让幼儿体验中华传统文化了，也不能为了宣传而一味追求节气活动的“量”却忽视了活动的“质”。相反，在审议和选择二十四节气课程内容时，对于一些流于形式的环境创设和与现代生活完全剥离的习俗，应该做适当的筛选、删减和创新。

四、活教育指导下的二十四节气课程实施策略

二十四节气蕴含的是自然节律的变化，它与幼儿的生活息息相关，可以说，二十四节气开展的过程，也就是幼儿生活的过程。关于这一点，陈鹤琴先生在其课程论中也有相关论述，我们以“活教育”思想为指引形成了以下二十四节气融入幼儿园课程的有效策略和建议。

（一）架构多维化的课程框架和活动设计

二十四节气内容具有丰富性、生活性、教育性等特点，要让节气在幼儿园课程中落地，首先要架构科学化、多维化的课程框架。基于陈鹤琴先生“五指活动”的课程结构理论以及

活动中心的课程论主张，我们可以以“四季八节”为主线，以自然探索、节气体验、文化艺术、饮食保健等几个主题板块的形式进行多维化的建构，这其中也就涵盖了五大领域的学习内容，符合“活教育”课程结构所倡导的“整体性”。另外，陈鹤琴先生把“实验观察”作为“活教法”的第一个步骤，也就是强调直接的感官和体验。在进行节气活动设计时，教师一方面要注重活动的实践性，另一方面要处理好预设与生成之间的关系，围绕关键经验进行审思，设计适宜的活动。就拿我园来说，江村历史悠久的农耕文化中藏着古老的二十四节气智慧，我们可以引导孩子们根据时令的变化，亲身体验耕种—劳作—收获，观察记录农作物的生长，在实践中找到幼儿本性与节气自然本质的契合点。

（二）探索多样化的实施途径和组织形式

关于课程的实施，陈鹤琴先生提出小团体教学法，倡导小组合作的体验式探究，强调幼儿的自主探索和发现。因此，在开展二十四节气课程活动时，幼儿园要在尊重幼儿学习特点的基础上拓宽活动实施的途径和组织的形式。比如，可以通过农耕体验、自然观察、科学探究、认知教学、日常渗透、亲子互动、社区合作、环境熏陶等多条途径进行推进，将经过审议后的二十四节气内容有目的、有层次、有结构地进行整合，组织和引导幼儿参与观察、体验、创作的全过程。上述课程实施的途径可以概括为基础的途径、渗透的途径以及合作的途径，只有这三条途径相互协调、通力配合，才能形成强大的教育合力。另外，在组织形式上，以项目化的方式着手组织是一种动态且高效的方法，从问题驱动—制订计划—组织实施—协作学习—项目评价，也是“做中教、做中学”理念的充分体现。

（三）采用多元化的评价理念和评价方式

课程的实施最终都要归于评价，它既是课程的“终点”，也是持续发展的“起点”。科学有效且客观的课程评价有利于我们对活动价值做出准确判断和分析，从而实现课程优化的良性循环。就如陈鹤琴先生在幼稚园课程编制原则中提到的“所有的课程允许重编”，这也说明课程必须经过不断的评价和调整，才能更适应幼儿的身心发展和生活实际。在二十四节气融入幼儿园课程的过程中，幼儿、家长和教师都应成为活动评价的主体，通过教师观察评估、家长参与互评、幼儿体验自评等多元化的方式对活动内容与设计中存在的问题进行反思，促进幼儿原有水平的提高和主动学习的深入。在这个过程中，幼儿园还可以借助计划表、体验表、评定表等图表将评价的结果可视化，构建可视化的评价框架。此外，在进行课程评价时，我们还要加强评价主体间的双向选择。沟通与协调，避免“重结果、轻过程”的问题。

（四）建立合作化的家园联系和互动机制

陈鹤琴先生在论述家庭教育时提出“幼稚教育必定要幼稚园和家庭两方面共同合作方能得到充分功效”。从中可以看出家庭教育是幼儿园教育中不可缺失的一部分。幼儿园在开展二十四节气活动时也需要与家庭形成双向的联系和配合，建立起有效且长效的合作化互动机制。一方面，在节气课程实施前，教师可以通过微信群等方式向家长传达节气活动的价值以及需要家长配合的事项；另一方面，在活动实施后，教师可以和家长、幼儿一起参与课程的评价，收集家长的反馈，并及时通过微信公众号、校园信息网等平台进行节气特色课程的展示和宣传，传递专业的课程理念，梳理幼儿在节气课程中获得的关键经验，记录教师的思考以及家长的寄语等。这些过程性资料都是家园共育最好的印证。

二十四节气赋予了生活 24 个感知自然细微的时刻，是一本古人给当下生活的“答案之书”。对于幼儿园而言，二十四节气是具有教育价值的课程资源。在时间的轮转中，丰富多彩的活动可以把节气带给孩子，融于他们的生活和生命。虽如此，二十四节气在幼儿园课程中的开发和利用仍不能盲目进行，也仍需要完善的思想理论为其指引。这其中，陈鹤琴先生的活教育思想在时代的变迁中历久弥新，对今天的幼儿园课程的实施具有深刻的现实意义和指导价值，以陈鹤琴先生的活教育思想为指引，再“看”二十四节气，融与不融的答案便都在其中了。

参考文献：

[1] 王荣荣. 二十四节气融入幼儿园课程的行动研究[D]. 西南大学，2011.

[2] 张秀英. 我国传统文化在幼儿园课程中的具象化实践——以二十四节气为例[J]. 江苏幼儿教育，2018(01)：13－18.

[3] 曾培. 二十四节气融入幼儿园课程的内容与方式探析[J]. 科教文汇（中旬刊），2020(05)：152－153.

[4] 钟倩瑜，徐艳贞. 基于二十四节气的园本课程资源开发与建构[J]. 早期教育（教科研版），2017(10)：44－46.

[5] 李重阳，李国强，施东城. 农村幼儿园园本课程资源开发探析——基于陈鹤琴的“活教育”思想[J]. 当代教育理论与实践，2020，12(02)：15－19.

[6] 李梦琪，李姗泽. 陈鹤琴教育思想研究 40 年：回溯与展望[J]. 学前教育研究，2020(08)：42－59.

[7] 李英美. “活教育”理论对幼儿园课程改革的启示[J]. 河南教育（幼教），2019(12)：49－53.

陈鹤琴儿童故事教育思想的探索与实践

南京市鼓楼幼儿园　田　杰

故事作为儿童文学作品的一种形式,深受儿童的喜爱,对儿童的生活、学习和发展有重要的价值。故事教育是幼儿园和家庭对儿童进行语言教育的重要内容。20 世纪 20 年代初,我国著名的教育家陈鹤琴对自己的长子陈一鸣,开启了儿童语言能力发展过程与途径的实践探究。陈鹤琴毕生致力于中国儿童教育的研究,他从研究儿童心理开始,关注科学认识儿童,顺应儿童的天性给予适宜的活动机会和指导。儿童语言教育是陈鹤琴幼儿教育思想的有机组成部分,故事教育更是他研究的兴趣点和关注点。陈鹤琴不但亲自为儿童编撰故事,探讨了故事教育的科学基础和多重价值,还详细论述了儿童故事教育的具体策略和方法,对当下的幼儿教育仍具很强的指导意义。

一、陈鹤琴儿童故事教育的理念解读

(一)儿童的天性是故事教育的逻辑起点

陈鹤琴认为,爱听故事是儿童的天性。他举例说,一个正在吵闹啼哭的孩子,你说讲故事给他听,他可能会瞪着水汪汪的眼睛,凝神地听你的故事。这一点,有过养育经历的家长和幼儿园教师都会十分赞同。究其原因,还要从儿童的身心发展特征说起。

陈鹤琴曾集中论述儿童身体之发展和一个儿童动作的发展,具体涉及儿童身体成长及感知觉的发展。他还提出:“儿童不是‘小人’,儿童的心理与成人的心理不同,儿童时期不仅作为成人之预备,亦具他的本身的价值,我们应当尊重儿童的人格,爱护他的烂漫天真。"[①]正是因为一直保持对儿童个体独特性的理解和尊重，他才通过观察、实验、研究发现了儿童的好动心、好奇心、好模仿、游戏心、喜欢成功、喜欢野外生活、喜欢被赞美等一系列心理特点。这些成为他研究儿童故事教育的逻辑起点。他一直秉持的教小孩子必须先要了解小孩子心理的主张和做法，帮助他对儿童喜欢的故事的特点有了更为准确的把握。

陈鹤琴一生挚爱孩子，在教育生涯中曾为幼儿园的孩子们撰写了50则故事和39篇童话。他很清楚孩子喜欢什么样内容和特点的故事。他曾坦言："故事，个个小孩都爱听的。六七岁以前的小孩喜欢动物故事。十来岁的小孩喜欢听冒险故事。十五六岁的小孩喜欢听英雄故事"[②]。为此，他和钟昭华合编的《儿童故事》(1946)中都是动物故事。这些故事，虽大半从欧美著名的儿童故事脱胎而来，但他特别说明有两点不同：一是每一个故事都非从原文直译出来，而是个个都重新进行了改编；二是故事的内容常与原文不同。他认为国外的情形与中国不同，所以，为适应中国儿童的心理，故事中的人物、情节都是经过特别选择和叙述的，即内容都是中国儿童化的。

从儿童故事细腻的笔触、丰富的情节和儿童化的趣味性上，我们可以深切感受到陈鹤琴先生的教育思想和教育态度：扎根中国文化研究儿童教育，从实践中不断向着科学化的道路迈进。

（二）品格能力发展是故事教育的价值定位

"小孩子喜欢听故事，所以幼稚园要讲故事"。这是大家常听到的。陈鹤琴先生认为，细品此话，再对照教育的原理就会发现故事的价值实在很大。为此，他在综合前人观点的基础上，总结出故事的如下教育价值："1. 使儿童愉快。2. 学习语言。3. 涵养性情。4. 增进知识。5. 引起儿童想象，并组织这些想象。6. 陶冶嗜好。7. 增进友谊。8. 抑制恶感。9. 培养发表能力。10. 随机应变。"[③]

这些都是故事这种独特的文学作品作为内容和教育形式的独特之处。陈鹤琴认为，寻常谈话中不能碰得着的语言，会在故事中自然习得。因为故事里各种人物和动作都很多，形形色色，实为儿童喜欢，讲故事就能使儿童引起愉快和读书的要求。再者，各种生活、社会常识都是故事的好材料，故事中的人物喜怒哀乐的表情也就多，儿童会在听的过程中自

---

① 陈鹤琴. 陈鹤琴全集(第一卷)[M]. 南京：江苏凤凰教育出版社，2018：7.

② 陈鹤琴. 陈鹤琴教育思想读本・儿童语言教育[M]. 陈秀云，柯小卫，选编. 南京：南京师范大学出版社，2013：75.

③ 陈鹤琴. 陈鹤琴教育思想读本・儿童语言教育[M]. 陈秀云，柯小卫，选编. 南京：南京师范大学出版社，2013：30－31.

然受到许多熏陶，故事内容也就可以感化儿童，直接或间接培养孩子的爱好，并帮助儿童对更多的人生发友谊和感情、发表感情。同时儿童还可以通过故事中的人物和内容自然获得对环境的应变能力，获得良好品格能力的发展。陈鹤琴曾举例，有一个孩子在幼儿园肯做事，回家却不肯帮母亲，母亲把老师推荐的《猴子做糕》的故事讲给孩子听后，收到了良好的效果。他还谈道，儿童很容易恨人，对一切事物发生恶感。告诫和赏罚有时会无效，而故事能无形中起到感化作用。他觉得故事中的勇敢侠义、爱怜仁慈，都可以使儿童反省而消除恶劣的情感。可见，儿童故事，已成为我们现在倡导的立德树人理念的教育媒介。

此外，陈鹤琴还认为，一个幼儿园里如有一位或两位教师能够讲动听的故事，会让孩子成为故事迷，还可以使“全园的空气愉快活泼：时而歌，时而笑，时而跳，是何等可爱的孩子群呀！这时候全园的生趣，教师的快乐，儿童的努力学习，真是达到极峰了。”[①]这里，陈鹤琴想力图表达的是故事不仅于儿童的健康活泼发展意义重大，对于幼儿园积极向上的文化氛围营造和教师职业幸福感的提升都有独特的价值。

（三）讲述主体和环境是故事价值发挥的核心要素

谈到故事教育，陈鹤琴认为对幼稚生讲故事尤其来得困难。故事的组织、种类和适宜的故事选择很重要，成人如何讲、环境如何营造则更为关键。

对于讲故事的人，他认为要尤其关注如下几点：“1. 要精神同化。2. 要彻底了解。3. 要有感到十分兴趣的态度。4. 要有自然的姿势与动作。5. 要有适当的言语和音调。6. 常常练习。”[②]所谓精神同化，即“不固执有我，处处要以儿童之心为心”，“我是故事中的人物”。[③]他曾举例成人在讲《木兰从军》时，要“勇敢、狭义、愤激、庄严……要宛如木兰，宛如兵士，宛如北方生活”[④]。他认为得到一个故事，要从头到尾读一遍，将最重要的人物、动作、句子、变化再温习一遍，把整个故事的注意点与连贯的地方串起来，然后放置一旁心领神会一遍，这时才算彻底了解了故事、产生兴趣，否则难以神化。当然，技术上的训练也极为关键，言语辅以引人注意的姿势、动作，故事便能活灵活现起来。当然，言语和语调是讲故事最为重

---

① 陈鹤琴. 陈鹤琴教育思想读本・儿童语言教育[M]. 陈秀云，柯小卫，选编. 南京：南京师范大学出版社，2013：32.

② 陈鹤琴. 陈鹤琴教育思想读本・儿童语言教育[M]. 陈秀云，柯小卫，选编. 南京：南京师范大学出版社，2013：32－36.

③ 陈鹤琴. 陈鹤琴教育思想读本・儿童语言教育[M]. 陈秀云，柯小卫，选编. 南京：南京师范大学出版社，2013：32.

④ 陈鹤琴. 陈鹤琴教育思想读本・儿童语言教育[M]. 陈秀云，柯小卫，选编. 南京：南京师范大学出版社，2013：32.

要的技术，不可忽视。他认为字句文雅、注意句读和段落、字音清晰要格外关注，抑扬变化、快慢顿挫、形容毕肖更是讲故事的神话之技，调息与发音之高低、常常练习则是讲故事极重要的工作。

对于讲故事的环境，陈鹤琴谈到要“随时随地随事留心，以引起儿童爱听故事的动机”，触景可讲、借机可讲、看图可讲。总之，抓住讲故事的契机会让故事讲述自然流畅、激发儿童听的兴趣，不必机械地规定在某时某处。当然，他还认为，成人讲故事要尊重儿童的兴趣和意愿，不可强迫儿童听，不可人数过多，不可年龄层次差异过大，还要关注座位的排列、讲故事的用品和教师的服装等，这些都是影响故事讲述效果的重要因素，不可轻视。比如，表演故事需要的材料，幼稚生和教师都可以动手制作，儿童的参与正是激发其表演的好时机。

陈鹤琴一一细述讲述故事的人和讲述环境如何营造，翔实具体、直击核心，从中可见其对教师、儿童作为课程建构的主体、资源的关注，对环境作为重要教育策略的重视。他关注儿童心理、关注故事内容、关注讲述方法，系统、科学、客观的研究过程一览无余，着实给我们启发。

二、陈鹤琴儿童故事教育思想指导下的实践探索

（一）故事选材，关注儿童、生活和社会文化

在日常的故事、绘本选择中，我们既要尊重儿童身心发展特点和成熟水平，还要关照日常生活、社会重大事件，更要关注中华民族优秀传统文化元素，这既是教育对儿童本体地位的肯定和尊重，也是科学教育儿童的必然选择。在陈鹤琴客观、求真的教育理念中充满着对“现代中国人”的培养目标，这从他的《如何利用故事教学对幼稚生进行爱国主义教育》中可略见一斑。因此，我们在日常故事素材选择和投放中，一定要因时因势。如逢清明、端午、中秋等节日，则可提前投放相关阅读素材与儿童分享，逢环境日、地球日等，则可调动幼儿阅读、讲述相关的内容。关注自己、关注他人、关注社区、关注社会文化、关注环境变化、关注战争与和平……当今的儿童需要有世界的眼光、宽广的胸怀、民族文化的自信，丰富多样的故事读本可以带着儿童去感受中国绵延千年的优秀历史文化，去看色彩斑斓的外部世界。此外，需要注意的是，儿童不但是资源的享受者，还是资源的创造者。教师要学会通过儿童的双手、大脑去寻找、学习、分享合适的故事资源，这样便可以满足激发兴趣、激活思维、提升自信的儿童主体成长需求。当然，身处信息化、数字化生活时代的我们，还需要关

注数字阅读对儿童生活、学习产生的影响，预防其对儿童的身心健康造成的不良影响。

（二）教育过程，关注多层次、多时空运用

陈鹤琴在儿童故事教育的论述中，不但涉及选材、原则，还讲解了策略、方法，可谓完整、系统、全面，这充分体现了他的“整个教学法”理念。要把儿童所学的东西完整地、系统地教给儿童，我们就要打破时间、空间、地点等的界限，关注情境、关注场域，从生活、自然、社会出发，帮助、支持、引导儿童在最近发展区内获得自我的认同和成长。故事教育的过程也可尝试运用此法，调动儿童的学习积极性和主动性，实现完整、系统、连贯、鲜活的知识、能力建构过程，发展为当下和未来生活的良好能力和学习倾向。如儿童在午后散步中发现了好几只雨后出行的蜗牛，为了满足好奇心和研究兴趣，他们将其带回班级饲养。这时良好的教育契机便出现了，观察讲述、阅读表达、发表创作、讨论优化等一系列过程便可有序展开来。儿童全身心的参与，才会有深度的学习。不过，陈鹤琴先生也提醒我们，要注意合适音乐、合适故事素材的选择，只有适逢恰当的故事素材，才会如“久旱逢甘霖”般直击儿童的心底，产生震撼心灵的效果。

（三）故事延展，关注适宜情境的表达与创造

从儿童好动、好模仿的心理特点和经常接触自然、社会刺激的角度出发，陈鹤琴认为幼稚园的故事教育是可以有表演的。教育要遵循儿童身心发展的规律，应根据幼儿的特点，多给幼儿感性的知识，创造各种环境和条件，多让儿童接触大自然和大社会，多观察，多活动，扩大他们的眼界。他们会在动手、动脑、表达和实际“做”的过程中不断吸收知识、积累经验、获得成长。因此，在日常生活学习中，我们鼓励儿童通过自编童话剧、制作图画书等多元方式表达自身的兴趣和需要，创设环境帮助他们练习和运用已吸收、内化的语言。如幼儿园的饲养角养了大白鹅和番鸭一家，教师就可以鼓励大班儿童用绘画、拍照等方式记录小动物们生活的点滴，并创编出属于自己的童话剧，在全园巡演、在各种节日中表演。家长发现孩子对恐龙感兴趣，就可以引导孩子通过剪贴、折纸或绘画等方式制作一本属于自己的恐龙图画书，并与他人讲述分享。总之，孩子在制作和讲述的过程中，不但学习了实用的语言，自然也锻炼了口语表达能力，也会在解决各种问题时获得思维能力与合作能力的提升，收获来自他人的鼓励、赞许，进而产生满满的自尊和自信。

陈鹤琴儿童故事教育思想内容翔实具体，在看似通俗易懂的文字叙述背后，彰显着他一贯坚持的科学精神和儿童立场，对儿童的热爱、为国家培养现代人才的热情一览无余。其鲜活的教育理念和充满感情的研究常学常新，令人敬佩、让人向往，为当下涵养儿童性

情、萌发民族文化自信的教育研究提供了基础和启示。

参考文献：

[1] 陈鹤琴. 陈鹤琴全集(第二卷)[M]. 南京：江苏凤凰教育出版社，2018.

[2] 陈鹤琴. 陈鹤琴全集(第三卷)[M]. 南京：江苏凤凰教育出版社，2018.

[3] 陈鹤琴. 陈鹤琴全集(第四卷)[M]. 南京：江苏凤凰教育出版社，2018.

[4] 虞永平. 中国幼教之父——陈鹤琴[M]. 南京：南京大学出版社，2019.

[5] 孙培青. 中国教育史[M]. 上海：华东师范大学出版社，1992.

[6] 刘宝根. 学前儿童语言教育与活动指导[M]. 上海：华东师范大学出版社，2014.

[7] 徐艳雅. 陈鹤琴儿童语言教育思想研究[D]. 河南师范大学，2017.

[8] 秦元东. 为儿童创设良好的环境——论陈鹤琴关于幼稚园环境创设的思想[J]. 学前教育研究，2002(6).

基于陈鹤琴美术教育思想的户外涂鸦区指导策略

南京市实验幼儿园　刘　静

一、陈鹤琴美术教育思想概述

“活教育”理论是陈鹤琴教育思想的凝练。陈鹤琴非常重视美育，认为美育是人全面发展的重要部分：“全面发展要从小培养，因此在教育中美育占着相当重要的作用。”①

陈鹤琴美术教育思想主要指他倡导的儿童美术教育思想，是儿童美育思想体系中的重要组成部分。其反对传统固化的教育，不仅对传统教育的改革具有深远影响，而且对当今儿童美术教育具有重要的指引作用。②

（一）儿童美术教育的目的

1. 生发对美术的兴趣

绘画作为儿童自发的内在冲动，需要有动机引导。儿童绘画欲望的产生，是由于儿童对绘画有内在兴趣，从而产生行为动机。因此，美术教育的目的在于激发儿童创作的内在动机，使其对美术产生兴趣。③

2. 激发艺术创造力

陈鹤琴将艺术创造力视作儿童美术教育的重要目标之一，看重通过激发儿童创造的动机来提升创造能力。对美术工具和材料的操作技能的掌握，直接影响了儿童的审美创造，

---

① 北京市教育科学研究所. 陈鹤琴全集(第二卷)[M]. 南京：江苏教育出版社，1989：663.
② 叶凡. 陈鹤琴儿童美术教育思想及其启示[D]. 南京师范大学，2018：1.
③ 北京市教育科学研究所. 陈鹤琴教育文集(下卷)[M]. 北京：北京出版社，1985：79.

艺术创造力的获得与儿童的审美感知密不可分。

3. 提升审美能力

陈鹤琴认为，美术教育的终极目标并不在于数量而在于质量。而质量体现在关注每一个个体是否具备良好的审美素养。美术教育的目标在于搭建幼儿内在的审美心理结构，提升幼儿的审美能力。

4. 掌握基本美术技能

陈鹤琴认为，美术基本技能是创作美术作品的必要技术支撑和手段。但如果将目标仅仅局限在技能的掌握而忽视了兴趣提升，或者仅仅是提升兴趣而忽略技能的掌握，都不能称作是一项完整的美术活动，所以儿童美术教育的目的在于使儿童能够掌握基本的美术技能。①

（二）儿童美术教育的实施

1. 实施原则

快乐原则：陈鹤琴主张在快乐中学习，在美术活动中同样也将“快乐”作为教育的原则。他要求教师时刻保持快乐的心情和积极的状态；采用源于儿童需求的教育方法，多鼓励；注重幼儿精神层面的养成与成长，希望通过美术教育将孩子培养成乐观向上的人。

整个教学原则：陈鹤琴反对分学科教学，主张教材应源于儿童的生活，完整地传授知识或技能，各领域间有机联系、相互渗透。

寓教于生活原则：陈鹤琴主张“寓美术教育于儿童生活中”，重视从儿童的实际生活中汲取经验作为美术教育活动的中心。倡导将自然环境和社会生活作为“活教材”，主张以实际的大自然、大社会作为儿童美术活动开展的中心。

民族化原则：注重本民族儿童发展的实际情况，提出适用于本民族教育实情的教学方法，注重儿童对中国社会环境的感知，提倡儿童将大自然和大社会作为学习的场景和教材，立足于本国的国情和实践进行学习。

2. 实施内容

主要集中在：美术欣赏、自由画、涂色、写生、剪贴画、雕刻和泥工等。虽然每天的实施内容都不一样，但是与幼儿生活紧密相连，内容的选择都是根据幼儿当天的一日生活流程而确定的。

3. 实施方法

动机启发法：陈鹤琴在《幼稚园的图画》中对儿童对于绘画的看法发表了自己的观点：

---

① 北京市教育科学研究所. 陈鹤琴全集(第二卷)[M]. 南京：江苏教育出版社，1989：442.

儿童原是喜欢画的，要善于去启发他们画画的动机。介绍新异的事物，讲好听的故事，都能引起他们自由去画的兴趣。”①要从儿童的兴趣与需要出发，善于利用暗示、鼓励等方法激发他们的创作动机。

自主创作法：陈鹤琴主张儿童自主创作，哪怕最开始的画作效果不尽如人意，但是慢慢地表意能力就会发展。总之陈鹤琴反对教师代替幼儿画画，也反对教师示范，儿童临摹，因为这样的做法会埋没幼儿的想象力，扼杀创造性。

此外，还有教师指导法、绘画辅助法、心理化教学法等，无论哪种方法，都蕴含着陈鹤琴的基本立场，即“把儿童当作儿童”，把他们视为健全的人，尊重儿童的心理特点，关注儿童的生活，环境创设、材料提供都能体现对儿童的尊重。

二、陈鹤琴美术教育思想对幼儿园户外涂鸦区的指导意义

（一）理论指导

陈鹤琴美术教育思想有着深厚的教育学、心理学、社会学基础，蕴含了陈鹤琴先生对儿童美术教育的深刻理解。他倡导儿童美术教学应走出课堂，到广阔的大自然、大社会中去，与当今幼儿园户外涂鸦区游戏的理念十分契合，为户外涂鸦区的创设提供了坚实的理论依据。他对儿童的心理研究为户外涂鸦区的指导提供了心理学依据，为教学目标的制订与内容的选择、材料的提供、年龄层次的划分都提供了参考。

（二）操作指导

在实施层面，陈鹤琴美术教育思想为我们清晰地阐述了儿童美术教育的目的、原则、内容、方法、实施途径等。其设计的五指活动中的美术活动，包含了素材、实施内容、环境创设等具体细化的方案，对当前户外涂鸦区的开展也有具体实际的指导意义。

三、当前幼儿园户外涂鸦区存在的主要问题

陈鹤琴对传统美术教育提出了重技能轻创造、重示范轻自主、重教材轻生活、重课堂轻游戏等问题。笔者基于自身在涂鸦区长期以来的指导实践，亦总结出以下几点问题。

---

① 陈鹤琴.陈鹤琴全集(第二卷)[M].南京:江苏教育出版社,2008:232.

（一）创作空间

当前户外涂鸦区主要设有涂鸦墙，满足了幼儿自由创意时对空间的需求。然而空间光是扩大就一劳永逸了吗？幼儿对单一墙面涂鸦的新鲜感无法保持，兴趣难以持久。

（二）创作材料与工具

涂鸦区创设之初，幼儿主要利用水粉笔在墙上进行水粉涂鸦画。之后稍做调整，丰富了绘画工具，提供了粉笔、水粉笔、水彩笔、刷子等。但它们归根结底是同一个属性——笔。它们决定了美术创作的动作就只是“涂涂画画”。这一定程度上使幼儿形成了表现、表达的固定模式。“涂涂画画”也就成了涂鸦游戏的主要内容，形式太单一，内容太单薄。

（三）创作形式

单一的创作工具也局限了创作形式。幼儿的想象力是天马行空的，单一的形式不足以支持幼儿实现其丰富生动的想法。例如，有时幼儿的想法很生动，富有情境，可当他面对一面大白墙时，顿时感到困难，仅靠一支笔，他的技能不足以支撑他表现心中的好点子。这样的例子，正是常常发生的。

（四）成人指导

这里的成人包括教师和家长。在这样一个高度开放的游戏区域，成人应当扮演怎样的角色？观察者、主导者，还是参与者？实践发现，成人在指导中常常走入两个“极端”：一方面，我们遵循幼儿自主游戏的原则，做到“管住手，管住嘴”，努力做一个合格的观察者，但是这有时会造成“放任不管”的心态，成了单纯的“旁观者”；另一方面，有些成人还比较传统与保守，为涂鸦游戏制订了完整的计划，幼儿在成人的引导下按部就班地绘画，成人成了游戏的“主宰者”。如何在这两个极端中间找到一个平衡点？成人以何种身份参与游戏？何种情况下需要介入？说什么话合适？这些都令人深思。

四、基于陈鹤琴美术教育思想的户外涂鸦区指导策略

（一）因地制宜，创设充足自由的创作空间

陈鹤琴倡导“大自然、大社会都是活教材”，要走出课堂，开辟广阔的活动空间。因此，户外涂鸦区的创设应满足最基本的一点：充足的创作空间，以保证自由创作、展示作品的需求。当然，如果仅有大面积的室外涂鸦墙，那只是把班级中的涂鸦墙搬到了室外，扩大了空间而已。教师应突破思维的局限，将创作空间变得更立体，变成三维空间。

比如，现有的涂鸦墙是垂直的纵向空间，如果提供大块面的空白的纸板，甚至就在水泥地上创作，就把涂鸦活动延展到了横向空间。（见图 1）

图 1　幼儿在平面纸板上创作

提供大纸箱子，孩子就能在立体的物体上创作。（见图 2）

图 2　幼儿在大纸箱上创作

进一步发散思维，我们发现躺在草丛中的鹅卵石、木墩子、修剪下来的树枝……都能成为幼儿创作的载体。立体的创作空间给了幼儿轻松、自由的心理暗示，孩子们或站、或蹲、或垫高脚尖、或挨近地面……他们在自由多变的身体动作的操作中获得了满足感，更激发了他们创作的热情。（见图 3）

图 3　幼儿在各种立体材料上创作

除了创作载体的选择，为了最大限度地解放幼儿的天性，释放幼儿的本真，户外美术活动应该选择靠近自然环境的区域进行。比如，小山坡边、草坪上、小花园边上，丰富的自然物素材能激发幼儿的创作灵感。春天到来的时候，孩子们面对满园的春色，面对随手可得的树叶、树枝、花朵、小草，创作热情高涨。（见图 4）

图 4　幼儿在二月兰花丛边创作

（二）就近选材，提供低结构的、多元的、亲近自然和生活的创作工具

陈鹤琴强调对美术工具和材料的操作技能掌握，直接影响了儿童的审美创造，先有充分的感知和操作，积累感性经验，才有创造。艺术创造力的获得与儿童的审美感知是不可分割的。上文提到，涂鸦区的创作工具太单一，它们决定了美术创作的动作就是“涂涂画画”。这一定程度上限制了幼儿思维的发散性与创造性。如何突破？可以从幼儿的心理特点出发，甚至回溯到婴儿期。在幼儿的眼中，生活中的一切材料都能成为他们创作的工具。除了拿着笔“涂涂画画”（这其实是他们动作发展到一定程度的才具备的技能），他们更喜欢选取生活中的材料来创作。比如，拿着树枝敲敲打打，拿着树叶涂涂抹抹，拿着牙刷剐剐蹭蹭……所有他们觉得有趣的材料，他们都愿意去尝试。因此，提供低结构的、多元的、亲近自然和生活的工具（见表 1）更能给幼儿提供自由创作的空间，给他们提供创作的无限可能性。

表 1　涂鸦区涂鸦工具一览表

自然物	生活材料
树叶、树枝、木桩、木片、花瓣、果实、种子、水果、蔬菜、鹅卵石、小石子、各类贝壳等。	牙刷、毛刷、按摩锤、沐浴球、海绵、毛球、饮料瓶、瓶盖、吸管、水枪、泡泡器等。

除了鼓励幼儿发现新颖的创作工具，传统的绘画工具也可以发挥新的用途。比如，一支水粉笔，除了用来画出图形，还可以将它蘸取颜料敲出、甩出、印出图案，甚至笔本身就能

化作图案的一部分——“一根笔直的线”,将笔变到图案中去。这种打破常规的思路,能打开幼儿的思维通道,发挥他们无尽的想象力。

（三）不拘一格,开展形式多样的创作活动

教师提供丰富多样的创作工具,幼儿就有了进行不同形式的创作活动的条件。

1. 色彩游戏

从幼儿的发展特点和兴趣入手,天性好动的幼儿喜欢各种形式的手舞足蹈:敲敲打打、摸摸按按、挥挥洒洒、拼拼摆摆……每一种动作、每一个姿势都能引发幼儿不一样的创作。在春天的主题中,孩子们把生活中的各种工具和自然物收集在一起,蘸取颜料,用按摩锤在底纸敲打出一团团绒球花,用牙刷刷蹭出一朵朵太阳花,用水粉笔互相敲洒出星星点点的小野花,用沐浴球印出一朵朵大花。孩子们用他们最喜爱和最得心应手的方式表征着他们心中春天里美丽的花园。(见图 5)

图 5　幼儿在用多种工具创作春天的花园

2. 绘画

涂鸦工具和形式的多样绝不意味着摒弃传统的绘画涂鸦。在涂鸦墙上自由绘画心中的想法依然是幼儿非常喜爱的涂鸦形式。教师应鼓励幼儿大胆画出生活中经历的人和事,表达自己的情绪情感。无论绘画内容是具体的还是抽象的,教师都应鼓励幼儿自由表现。值得一提的是,因为涂鸦游戏的开展一直在我园主题活动的进程之内,幼儿在涂鸦时出现了不少和主题活动紧密结合的绘画内容,这是令人惊喜的表现。一方面,印证了主题活动已经深入幼儿内心,幼儿将主题内容内化为自己的经验并表征出来,深化了在主题活动中的自主学习;另一方面,有主题内容的绘画丰富了涂鸦内容,使涂鸦游戏更贴近幼儿的现实生活。涂鸦游戏和主题活动成了幼儿学习生活中紧密联系、相辅相成的两个部分。

例如,在中班“我的家乡”主题中,我班幼儿绘画了各种“宝船”,源于他们参观宝船公园的经验。(见图 6)这是班级主题活动进程中非常重要的内容,体现了幼儿对主题内容的深入理解,非常生动,同时富有意义。

图 6　主题活动中幼儿绘画的“宝船”

3. 自由拼摆

除了借助颜料表现，拼摆也是一种自由创意的表现形式。幼儿就地取材，收集不同的自然物，包含了点、线、面不同“形”的元素。点状的小叶子、小花、鹅卵石，线状的小草、藤条、树枝，面状的圆木片、八角金盘的叶子、棕榈叶等，不同形式的材料成为幼儿创作中最生动的素材。（见图 7）

图 7　幼儿在进行拼摆创作

4. 其他涂鸦游戏

除了以上形式，还有一些专门适合户外进行的创作形式，有些受季节因素影响。例如，在夏季，玩水也能成为一种有趣的艺术创作形式；吹泡泡是孩子们都爱的游戏，一个泡泡枪、一桶染有颜色的泡泡，便成了孩子们在夏日里自由尽兴的涂鸦游戏的材料。（见图 8）

图 8　幼儿用吹泡泡的方法创作的绣球花

（四）追随儿童，展开基于幼儿兴趣与经验的游戏指导

虽然陈鹤琴要求把绘画的主动权交到儿童手中，但是他也要求教师一定要指导幼儿。陈鹤琴先生认为："艺术是一定要教的，倘使不教而让幼儿自己去瞎摸，那是太不经济了。我们人类所有的经验，是应当利用的，不然让儿童自己去瞎摸，就是摸了一辈子顶多不过像初民时代的作品罢了。"①

关于游戏指导，南京师范大学邱学青教授也有过这样两点阐述："观察是教师了解幼儿的途径，是教师指导游戏的前提，也是教师与幼儿进行游戏分享的重要依据。"②"教师应转变观念，在指导游戏的过程中学会等待和提问，不要急于把答案或者解决问题的方法告诉幼儿，而要让幼儿利用自身经验，用自己的方式来解决。"③

其中的核心含义是：基于观察，了解幼儿兴趣与经验，以幼儿为主，幼儿在前。在实践中，教师也在不断地转变旧观念，进一步用先进游戏理论指导自己。

下面用一个具体的案例来阐述。

■案例：彩砖的私人定制

1. 缘起——彩砖上的涂鸦

一天，在户外自主游戏涂鸦区，老师提供了几块砖头。两位女生认真地在砖头上画出了彩条、波点等彩色的纹样。她们画完后，就将彩砖搬到阳光直射的地方，自然晒干。这个地方，就在涂鸦区与砖块区的交界处。（见图9）

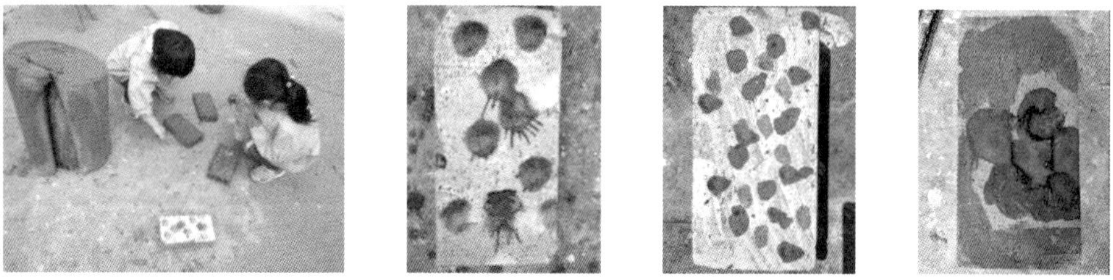

图9　彩砖上的涂鸦

2. 催化——你们需要吗？

彩砖吸引了砖块区的孩子们，他们走过来好奇地看着。这时，老师灵机一动："这些砖

① 陈鹤琴. 陈鹤琴全集(第四卷)[M]. 南京：江苏教育出版社，2008：55.

② 邱学青，等. 教师游戏指导策略使用的现状分析及建议[J]. 幼儿教育，2013(12)：13.

③ 邱学青，等. 教师游戏指导策略使用的现状分析及建议[J]. 幼儿教育，2013(12)：13.

头是我们涂鸦区特地装饰的，你们需要吗?”听完老师的介绍，砖块区的孩子纷纷过来，搬起彩砖，用在了他们搭的建筑物中。“我用砖搭了一个彩色大门!”“我搭了一个彩色窗户!”孩子们开心地说。(见图10)

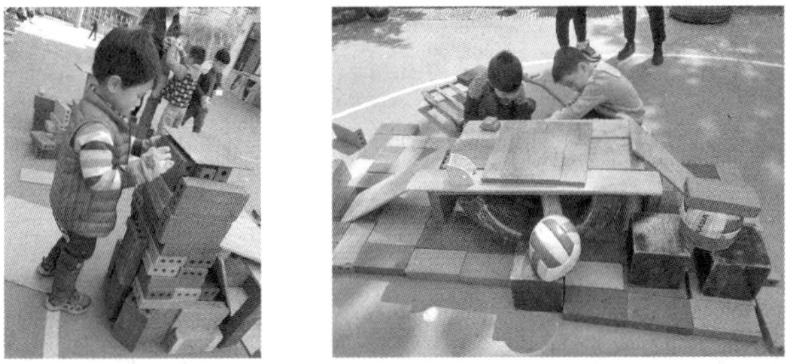

图10　用彩砖搭建

3. 升级——我们需要这样的彩砖

又一次户外自主游戏。这次，涂鸦区的孩子自发来到砖块区，搬了几块砖头准备创作。这时，砖块区的小强过来了。他来到涂鸦区的文文边上，拿着一块砖说:“我想要一块彩虹色的砖头，你帮我刷上彩虹一样的条纹吧!”文文按照他的意思，刷出了和彩虹排列顺序一致的彩色条纹。小强接过彩砖，心满意足地走了，他把彩砖变成了他们家的一个“门头”。其他砖块区的孩子，发现原来还能按照自己的意图来装饰砖头，纷纷来涂鸦区，请涂鸦区的孩子装饰出他们想要的彩砖。就这样，彩砖成了私人定制物品。(见图11)

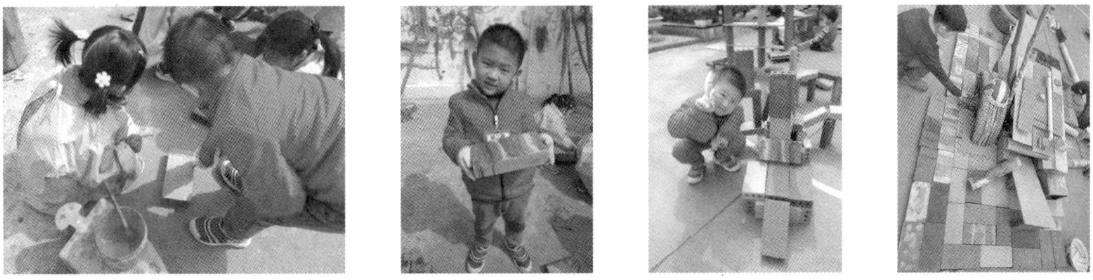

图11　彩砖的私人定制

从该案例可看出，教师的指导符合邱学青教授提倡的:注重观察，了解幼儿的兴趣与经验，坚持幼儿在前，教师做背后的支持者。教师顺应幼儿的兴趣，以参与者的身份介入，助推幼儿的游戏行为。当幼儿依此产生新的游戏行为时，教师适时地往后退了，并没有主导游戏的进一步发展。幼儿成为游戏发展的主导者，教师继续在幼儿身后，观察、欣赏、支持幼儿不断产生新的游戏行为。

五、感悟与反思

陈鹤琴美术教育思想深厚隽永，对于今天的儿童美术教育具有重要的指导作用，至今仍具备跨时代的启示与价值，其对美术教育的目的、原则、方法的规定，也对教师提出了更高的要求。结合自己在户外涂鸦区的实践，我有以下感悟与反思。

（一）回归天性，始终保持一份童心

教师首先应是满怀赤子之心的，只有回归和幼儿一样的立场，才能怀有对游戏的热情。成人应该像幼儿的玩伴，与幼儿肩并肩，手拉手，一起迸发大胆的创意，一起搜集有趣的材料，一起完成接踵而至的挑战，一起创造无限的艺术美！

（二）关注幼儿，始终保持一份耐心

成人应眼中始终有幼儿，把幼儿放在游戏中最重要的位置，相信幼儿，给予幼儿充分的自主权。同时，成人应认真观察幼儿，站在幼儿的立场上解读幼儿。当幼儿表现得似乎没那么“优秀”时，不急于在前面拉着幼儿“跑”，而是保有耐心，甘于站在幼儿的后面，做幼儿最坚实的支持者，鼓励幼儿自己向前“走”。

（三）提升自我，始终保持一份用心

自由开放的游戏形式其实对成人提出了前所未有的高要求。只有不断学习，丰富自己的理论知识，提高自己的教育素养，才能适应这份日新月异的工作。只有用一份真心去开展游戏，才能真正读懂一个个鲜活的孩子，才能在各种问题接踵而至时有着笑着面对的底气。

打造良好环境，为幼儿提供真实的劳动体验场

——陈鹤琴劳动教育理念下的实践与思考

南京市小红叶幼儿园　徐　莉

劳动教育是幼儿身心全面发展的重要目标之一，是贯彻落实“立德树人”根本任务的内在要求。2020 年 3 月，中共中央、国务院印发了《关于全面加强新时代大中小学劳动教育的意见》中，强调“劳动教育是中国特色社会主义教育制度的重要内容，要全面贯彻党的教育方针，坚持立德树人，把劳动教育纳入人才培养全过程……”。早在 20 世纪 50 年代，陈鹤琴先生在《幼儿教育的新动向》一文中就指出：“新中国幼儿教育所负的任务，是培养全面发展的儿童。”[①]为此，“托儿所和幼儿园必须实施初步的全面发展的教养”[②]。而劳动教育正是这种“全面发展的教养”的重要组成部分。所谓劳动教育，是教育者向受教育者施加的一种以劳动观念、劳动习惯、劳动知识技能为教育内容的活动。[③] 现代社会要求塑造全面发展的人，劳动教育是知、情、行合一的综合教育体系。

对于幼儿园，虽然“劳动”并不是一个新鲜名词，但从目前劳动活动开展的现状来看：首先，幼儿劳动教育地位不明确。对于幼儿园劳动教育的文本仍然十分缺乏，基本将劳动教育置于其他领域的子目标层次下。《幼儿园工作规程》将“萌发幼儿爱劳动的情感”置于德育保育目标中；《幼儿园教育指导纲要(试行)》将“对幼儿进行初步的爱劳动的教育”规定为德育的任务之一；将生活自理能力置于“健康”领域中。《3—6 岁儿童学习与发展指南》将有关劳动的教育放置于社会领域中，劳动教育在国民教育体系中的地位不清晰。其次，劳动课程实施内容欠缺，显得较为零散和分割，可借鉴的适宜幼儿生活的劳动课程资源不丰

① 陈秀云，陈一飞. 陈鹤琴文集[M]. 南京：江苏教育出版社，2007：135.

② 陈秀云，陈一飞. 陈鹤琴文集[M]. 南京：江苏教育出版社，2007：134.

③ 吴玲. 陈鹤琴幼儿劳动教育思想探要[J]. 安徽师大学报(哲学社会科学版)，1998(1)：129.

富。第三,劳动课程实施保障不力。由于父母以及照料者习惯于包办代替,导致幼儿动手能力差,劳动意识淡漠、技能缺失,加之幼儿园教师多数缺乏专门的劳动技能学习与培训,幼儿园劳动活动开展不力,实施成效甚微等。

陈鹤琴先生在《幼稚园的课程》中论述编制课程的原则之一为"是儿童化的,不是成人化的"。在第三点"幼稚生生活历"中,根据儿童日常生活可能接触到的事物,以及自然界现象等按照月份一一列举出来,其中关于农事的活动,很多都可作为当今幼儿园开展劳动活动的内容以及参考。① 我们以此为依据,结合我园的环境和幼儿特点开展了相关的研究。

一、挖掘园本资源,丰富劳动主题活动

陈鹤琴先生在《论幼稚园的环境布置》一文第二点关于"劳动的环境"提出:"吃饭、扫地、叠被,甚至浇花、洗衣、烧饭种种活动,在可能的范围内,我们应当让小孩子有劳动的机会来发展他做事的能力。"②

首先,我们对全园所有班级环境进行了改造,设置了由水池、操作台等构成的真实劳动体验区域,提供了真实的砧板、安全菜刀、剪刀、捣蒜器、小推磨等操作工具,为幼儿提供简便适宜的劳动体验场所。每个班级都有儿童扫把和簸箕等清扫工具,为班级每天开展相应的劳动活动提供便利。我们还改造了幼儿园的公共环境,设置了专门的室内劳动体验工作坊,提供了烤箱、电磁炉等更丰富的设备,供幼儿在其中更加充分地体验、操作等。此外,幼儿园的种植园地还设置了工具区,提供水舀、铲子、小锄头等适宜于幼儿在田间种植、浇灌的工具。

其次,我们关注幼儿的生活、关注幼儿感兴趣的生活,注重从幼儿的现实生活中寻找课程资源,强调将劳动教育与幼儿园现有资源有机融合,特别是由于疫情的影响,我们充分利用班级自然角和幼儿园种植园地、小果园等资源,每个班级都有自己专属的种植园地和果树,结合不同的节气和季节,跟随大自然的节奏,共同种植了向日葵、稻子、小麦、花生、芋头等幼儿感兴趣的农作物,从种植到收获,伴随整个过程,引导幼儿积极探索和研究,一年四季,取之不竭,用之不尽。

结合我园幼儿的特点和本土资源去挖掘幼儿生活中各年龄段的劳动内容,从现实生活中完善课程资源,注重课程实践中各领域的融合性和整体性,即综合幼儿学习的不同领域、不同的生活经验等,生成符合幼儿经验特点的、本土化的系列劳动主题活动。(见表1)

---

① 陈秀云,陈一飞.陈鹤琴文集[M].南京:江苏教育出版社,2007:246.
② 陈秀云,陈一飞.陈鹤琴文集[M].南京:江苏教育出版社,2007:293.

表1　各年龄段劳动主题活动(部分)

	小班	中班	大班
上学期	甜甜的柿子 香香的花生 山楂红了	“薯”你最甜 无患子的故事 好吃的蘑菇	甘蔗的故事 神秘的中草药 稻子丰收了
下学期	黄瓜长成记 葵花朵朵 西瓜丰收	西红柿的世界 端午“粽”动员 香香的芝麻	香香的野菜 麦子养成记 方山的春茶

结合地域、季节等特点，着力于幼儿劳动生活园本课程的开发，以年龄班为纵线、主题活动为横线，结合幼儿的生活，构建不同主题的劳动生活课程体系，重点建设劳动生活教育主题框架以及真实的劳动体验现场，统筹幼儿的自我服务、家庭劳动、社区、集体劳动等基本活动，以及展现幼儿园地域特点的特色劳动生活活动等，完善课程评价体系，为劳动教育的普及和落实提供经验，建构具有园本特色的、个性化的劳动活动，这也正是符合陈鹤琴先生提出的编制课程方法之一的“直进法”，即将儿童生活中可能接触到的事物，依照事物的性质和内容的深浅而分布在各个不同年龄的班级里……①

二、挖掘人文资源，强化劳动技能学习

陈鹤琴先生在《怎样做人民的幼稚园教师》一文中要求教师在教学技术方面要“能种花种菜、能做点心和烧菜……”②，因此，我们积极拓展途径，动员全园师生，为每个班级打造了劳动区域、自然角、种植园地等，根据年龄特点设置了食育劳动、种植劳动、自理劳动等不同的课程内容，开展了对教师、保育员以及各岗位相关人员共同参与的劳动技能培训工作。

(一) 建立人文资源库

入园前，我们对家长进行了问卷调查，重点针对家庭可提供的劳动资源进行调查(包括祖辈家长)，之后进行分类建档。同时，我们对周边社区资源也进行了相应的资源调查分析，建立了更大的社区人文资源库，根据主题活动以及季节、节气等活动的需要，有选择地邀请家长以及社区相关人员来园对全体教工进行劳动技能的培训指导。同时，我们利用园所为高校附属园的优势，将各院系相关专家进行相应的分类，如对于幼师院的社会学、教育学专家，食品学院的烘焙专家，环科学院的植物专家等，根据优势与特长建档。此外，我们

① 陈秀云，陈一飞．陈鹤琴文集[M].南京：江苏教育出版社，2007：248.
② 陈秀云，陈一飞．陈鹤琴文集[M].南京：江苏教育出版社，2007：352－353.

也对本园教工,尤其是土生土长的本地教工的资源进行了调查和分类,以为课程服务。

(二)有效利用各类人文资源

我们根据主题活动和教师学习的需要,分别邀请资源库的人才来园培训技能。如邀请奶奶来园指导老师们包粽子,邀请本地的教工来园指导大家做清明时家家必吃的乌饭,邀请非遗传人来园指导大家捏面人,邀请社区的工匠来园教授竹编等。同时,我们关注教师在课程实践中的困惑和疑问,邀请院校专家对教师进行有针对性的理论指导和实践沟通,集中共性问题开设微讲座,及时解决教师在实践中存在的难点,切实保证研究主题活动质量。

(三)劳动成果交流分享

我们将劳动技能与其他专业技能摆在同样重要的位置,全员参与,开展多种形式的线上线下评比交流分享活动:如全园性的保育员劳动区域指导、教师劳动主题实施的展示交流评比等;线上线下结合,分享自己关注的制作花式点心的公众号、群相册里分享自己的面点作品;工会组织全园性的花式面点、水果拼盘制作大比拼;开展新年亲子劳动节活动等,形式多样。通过专业化的劳育技能师资培养,由技能培训—强化练习—实践体验—专业提升,资源的有效利用,各个环节融为一体,提升了劳动技能学习的效益和质量,使活动的开展得到质的提升,为幼儿园普及劳动教育提供了通畅的途径和高质量的保障。

三、家园共同携手,为幼儿提供真实的体验场

我们根据对幼儿参加家庭劳动的现状进行调查后发现:50%以上的家庭对于幼儿参与劳动持有模棱两可的态度,即认为劳动是一件可有可无的事情;80%以上的家庭中幼儿基本不参与家务劳动,如:择菜、洗菜、烧饭、打扫卫生等。究其原因,一方面,家长及幼儿同为独生子女;另一方面,受到整个社会重视智力、轻视劳动等现状的影响。

陈鹤琴先生在“劳动的环境”中特别提出:“要知道做父母的主要工作是培养儿童自己劳动的习惯,培养儿童自己独立的能力。”①陈鹤琴家庭劳动教育思想是建立在对儿童身心发展规律的科学研究之上,建立在对劳动教育价值意义的充分把握之上,是其家庭教育思想的有机组成部分。② 因此,我们不断挖掘家庭中能够与幼儿生活密切相关的适宜的劳动

---

① 陈秀云,陈一飞.陈鹤琴文集[M].南京:江苏教育出版社,2007:293.

② 刘军豪.陈鹤琴家庭劳动教育思想的内涵、原则与路径[J].陕西学前师范学院学报,2020,36(08):46.

内容，充实劳动生活教育主题内容以及真实的劳动体验场，积极开发具有个性化、本土化的家庭劳动体验场，便于幼儿和家长共同开展劳动体验，共同成长。

其次，我们根据家庭劳动教育存在的问题以及我园幼儿的特点，以课程审议的形式，在现有的主题活动中自然融入家庭亲子劳动、幼儿自理能力劳动等多方面的元素，以视频、图片等多种方式呈现给家长和幼儿。我们正研究制作了小、中、大班家庭劳动指导手册，指导家长在家庭中继续延伸劳动实践系列活动，同时也为幼儿树立了良好的榜样。

此外，幼儿园与家庭建立动态的联系沟通机制，制作了小、中、大班家庭劳动系列指导手册以及检核表等，以提高家庭对幼儿劳动教育指导的专业性和有效性，提升幼儿园对家庭的劳动教育指导质量。（见表 2）

表 2　大班上学期劳动能力家庭检核表

项目	主要内容	第一周		第二周		第三周		第四周	
		周	周	周	周	周	周	周	周
劳动能力	1. 能正确使用简单的劳动工具或用具，如剪刀、小铲子、锅铲、喷壶、小刀、擀面杖、打蛋器等。								
	2. 能主动参与并学习简单的炊事劳动，如淘米、洗菜、剥蒜、择菜、切菜、和面、擀皮、包捏、翻炒等；学习利用剪刀、小锤子等工具剥带壳食物。								
	3. 学习制作简单的面点，如馒头、花卷、饺子、春卷、面条等。								
	4. 知道早餐的重要性，学习搭配早餐以及制作简单的早餐，如三明治、蛋炒饭等。								
	5. 学习制作 1～2 种家常菜，如西红柿炒蛋、清炒蔬菜等。								
	6. 学习养宠物或照顾花草、照顾弟弟妹妹。（根据具体情况自选）								
	7. 会进行简单的垃圾分类。								
	8. 能进行简单的种植活动，如撒种、浇水、除虫等。								
	9. 正确使用抹布、扫帚等工具参与家务劳动。								
	10. 能选择次日要穿的衣服，并叠放整齐。								
	11. 会自己系鞋带，刷鞋等自我服务活动。								
	12. 学习使用量具，计量洗衣液；学习使用简单的电器，如榨汁机、电饼铛等，并注意安全。								

特别是新冠疫情期间，我们在“停课不停学”线上活动方案中融入了大量的劳动活动内容，教师线上指导，家长和幼儿线下操作，家园每周在线进行劳动成果的展示并检核结果，

为疫情期间的生活涂抹了一层亮色。

在实施过程中,我们着眼于幼儿的全面和主体性发展,强调通过创设真实的劳动生活情境,做中教、做中学,强调幼儿学习与发展的动态性与生成性,尤其注重根据幼儿的兴趣和经验去组织课程实践,为幼儿的发展提供了更广阔的空间。此外,我们与家庭紧密联系,为家长提供专业性的服务,进一步完善幼儿园现有的劳动生活课程体系,从而弥补现有的课程资源中劳动内容的不足,丰富幼儿的劳动生活经验和学习能力。

劳动教育在全面培养教育体系中的重要位置,是"针对儿童整个身心健康而设计的"①,我们注重从幼儿感兴趣的生活出发,创设较为丰富的、游戏化的真实劳动体验场,强调幼儿在劳动活动中的快乐体验,激发幼儿的创造性和潜能,尊重其选择的自由。从幼儿成长的整体性和文化的多元性出发去挖掘适宜的课程资源,以主题活动为载体,关注主题活动中劳动内容的融合性和整体性,从而建构各年龄段具有丰富选择性和关联性的课程体系,培养身心健康的"完整儿童"。

陈鹤琴关于劳动教育的见解不仅全面深刻,而且密切联系实际,富有操作性。实践中,我们感到,教师的劳动理念不断转变,课程实施回归幼儿生活,将幼儿的兴趣与课程资源、相应的劳动活动结合起来。教师细致观察幼儿在劳动创造中所表现出来的想象力、好奇心、探究欲、自主性等,引导幼儿感受劳动的美好和趣味,给幼儿的劳动学习与发展提供更为适宜的环境,促进幼儿劳动技能的不断提升,使其在劳动实践中深化情感、养成习惯、巩固技能,促进其成为具有良好社会和时代适应性的个体,更好地顺应时代的需要,为终身劳动习惯和行为的养成打下良好基础。

---

① 刘军豪.陈鹤琴家庭劳动教育思想的内涵、原则与路径[J].陕西学前师范学院学报,2020,36(08):46.

陈鹤琴教育思想“微”观念的体现与现实思考

连云港市海州区幼儿教育中心　叶　婕

一、陈鹤琴教育思想中的“微”观念

（一）教师成长中的“微”——于点滴处了解孩子

如何成为一个理想的幼儿园教师？陈鹤琴先生非常强调作为教师，要从生活和学习的点滴处去了解孩子，要掌握孩子的行为和心理。教师，特别是幼儿园教师，面对的对象是具体的差异化的个体，而每一个孩子的能力和性情都会有所不同，可能是源于不同的家庭状况，也可能是源于不同的自然天赋，这样就会造成每一个孩子在幼儿园行为和表现的区别。作为幼儿园教师应该要做到，但实际较难做到的是平等地对待每一个孩子，在实际的教学中，往往是表现相对内敛的孩子，可能更需要幼儿教师的关注和指导。一方面，只有当孩子感受到被关注和一视同仁，孩子才会与教师更贴近，才会更有安全感和自信心。另一方面，幼儿教师必须通过对孩子点滴的观察，才能真正发现和了解孩子的潜在能力，才有可能通过针对性的教育，启发和培育孩子的积极情感、思想和价值判断，对某些孩子身体上或者行为上的缺点进行及时、针对性的矫正。孩子的心灵感受实际是灵敏的，教师的成长和成就，其实就是在一点一滴对孩子的认识和了解中逐步积累起来的，只有在了解每一个学生的能力、性情、家庭状况等基础上谈教育、谈培养、谈教师的自我成长才具有真实的意义和价值。

（二）幼儿教育中的“微”——从细微处培养孩子的习惯

陈鹤琴先生指出优良习惯和态度的养成，要由小到大，从细微处加以培养和训练。首先，幼儿教师本身的品质是培养孩子品格、习惯的重要因素。幼儿教师是孩子的榜样，其品行，一言一行、一举一动，都会通过这样或者那样的方式影响孩子的言行和态度，关系到孩子品行的养成。因而合格的幼儿教师应以身作则，注意自身的言行，将自身优良的品质身体力行地传导给孩子，培养孩子的优良习惯和品行。其次，对孩子施以教育最好的方式是在游戏中，通过与自然和社会自由、充分接触的集体活动，在潜移默化中从小处培养幼儿的良好习惯，使得幼儿的身体和品格都得到健康的发展。

（三）课程教学中的“微”——关注实际生活中的细节

1. 关于幼儿园课程的原则

陈鹤琴先生指出课程的目的是帮助幼儿目前的生活，“用适应目前生活需要的方法，去达到将来生活中必会出现的事情，这是制定课程的第一条原则”①。通过与儿童实际生活相关的课程教学活动，不断丰富孩子对自然与社会的经验和知识，实现培养孩子良好习惯和能力的课程目标。课程的基本原则在于“做”，“儿童要求得真实的知识一定要‘做中学’，而教师也应在‘做中教’，共同在‘做中求进步’，这是教学最基本的一个原则。”②

2. 幼儿园课程的设计

对幼儿的课程教学，应该让幼儿在实际活动中了解自然和社会的普遍真理，从经验体验逐步提高到浅显的知识，不断启发幼儿的思维。不能单纯地照搬书本的内容，否则无法吸引孩子的注意力，达不到教学的效果。教师要善于研究和思考，留心观察实际生活中的细节，尽可能利用生活中的材料，更有利于幼儿对知识的活学活用，还能激发幼儿的观察力和创造力。此外，还需要根据幼儿各自不同的身心发展需要和爱好特长，配备不同的玩具和游戏器具，这才有利于幼儿身心的健康发展。

3. 教学环境的设置

让幼儿通过娱乐和游戏充分接触自然和社会是更具意义的，这可以让幼儿在轻松、愉快的状态下，拥有更丰富的体验，从中积累经验和知识，同时，逐步学习情绪的合理控制，学习如何与其他人相处。幼儿的能力和知识是在游戏、劳动、交流、学习、自然社会中逐步积累和增长的，因而教学环境的设置也应该是多样、多渠道的，可以设置不同的游戏环境、职业场景、劳动场景，让幼儿通过参与和体验，向生活中的自然和社会寻求真理，让幼儿增长见识和智慧。

---

①② 陈鹤琴. 怎样做幼稚园教师[M]. 上海：华东师范大学出版社，2013.

二、陈鹤琴教育思想“微”观念的现实思考

（一）“微”观念的哲学基础

陈鹤琴先生针对自己的教育思想曾总结过：“我们现在提倡的活教育是接受着世界新教育的思潮，并和杜威一样地在创造理论、也创造方法。”①“我提倡的活教育是和杜威的学说配合的，因为活教育和杜威学说，其出发点如所走的路子、所用的方法有相似之处。”③对于陈鹤琴教育思想“微”观念的哲学基础可以结合杜威教育理念进行理解，“教育哲学有两个主要组成部分：即社会与个人的关系，以及知识与行动的关系”③。这两种关系同样也是现代教育的基础。

“社会与个人的关系”在幼儿教育的微观念中，主要关注的是幼儿与社会的接触，以及通过社会接触获得的知识积累和德性培养。从人类实践，到社会实验，再到神经脑科学研究所呈现出来的人的社会性情感，包括共情感、正义感、利他性、平等观等的意义，不仅仅在于个人的社会认同和精神报偿，还在于这些社会情感与整个人类群体的合作和社会发展有着密不可分的深刻关联。人在社会中的合作、平等关系，有利于社会规范的形成和确立，并增强其对社会交往和个人行为的约束效力。社会规范是包括风俗习惯、道德标准、法律条例等在内的，历史形成或规定的针对社会中个人的行为规则和判定标准，是每个个体普遍接受并达成心理共识的。幼儿阶段是个人道德、品性养成的关键时期，因而幼儿教育应更为关注幼儿的德性培养，使幼儿通过与社会和集体的充分接触，逐步养成幼儿合作的精神、同情心和服务的精神。

“知识与行动的关系”在幼儿教育的微观念中，主要关注的是幼儿教育与幼儿生活、经验的关系。要激发幼儿的兴趣，让幼儿获得真知，就需要幼儿在“做中学”，教师在“做中教”，两者共同在做中寻求进步。

（二）“微”观念必须处理好教育理论与实践的本土化办园问题

陈鹤琴先生对幼儿教育的研究和思考，一方面来源于当时国外先进的教育理论与实践，一方面来源于自身通过鼓楼幼稚园和对幼儿成长的观察和研究性教育实践与课程改革，通过实践对理论的验证和反思，进一步修正并形成自己的相关教育理论和思想。陈鹤

---

①② 陈鹤琴. 陈鹤琴全集(第四卷)［M］. 南京：江苏教育出版社，2008.

③ ［美］凯瑟琳・坎普・梅休，等. 杜威学校［M］. 王承绪，等，译. 北京：教育科学出版社，2007.

琴先生对先进教育理论的思维和态度是开放积极的，但绝不盲从照搬，他主张教育应该根据儿童的需要和社会的需要进行调整，因而我国的教育应该基于我国的风俗文化，不同区域的幼儿教育应基于地域文化的区别，而且教育和课程也不应该是一成不变的，而是根据社会的发展变化对教育进行及时的调整与改进。陈鹤琴先生对教育的这一态度与我们现在幼儿园教育强调的办园“本土化”“本园化”是基本一致的。我们在理解和实践陈鹤琴先生教育“微”观念时，应该以儿童的需要和兴趣为中心，结合幼儿园自身的办园条件和特色，批判地吸收和借鉴先进的教育理念和模式，形成中国化、本园化的幼儿教育理念与课程模式，以实现幼儿教育实践中更好的教育效果。

（三）“微”观念必须重视幼儿的主体参与性及其感官体验

陈鹤琴先生指出传统教育往往偏重于书本上间接的、固化的知识，忽视从自然、社会中对直接知识和真理的探究，脱离幼儿的生活经验，既不能有效激发幼儿的学习兴趣，也不利于培养幼儿发现真理、了解真理的探究精神。“蜜蜂是什么样的?”大多数幼儿的印象可能会是书本上的图片，对其大小、颜色、身体细节的描述可能都是书本上的，可这与自然中的蜜蜂会存在多大的偏差呢？从这点来看不得不说教育是失败的，如果把知识的获取绝对化地禁锢于书本，那我们所说的学习是认识世界、了解世界、改造世界那不也是纸上谈兵吗？对于幼儿园的孩子们来说，天性让他们更愿意去探索、去发现，那幼儿教育就更应该是以他们的这种认知需求为中心，以幼儿的主体参与性及其感官体验作为幼儿教育课程设置的核心，引导他们通过自己的眼睛、耳朵和双手去发现、了解世界，拓展他们基于自身体验和经验的认知。

三、幼儿“微”教育的实践案例

（一）“微”教育——我们的活动室

在幼儿园，孩子们学习、活动、吃饭大多是在活动里，教师们一般会把活动室布置得可爱、温馨，也会有很多特别、闪光的地方。但是幼儿在没有引导的情况下，会对活动室的环境和布置有所关注吗？这就需要教师帮助、引导幼儿关注身边的细微之处，从日常生活、学习的活动室开始，培养他们的观察力和求知欲，张开双眼、打开耳朵、伸出双手，让幼儿通过自身的体验和认知，学习认识环境，接触环境，并能够改造环境。首先，让幼儿观察自己所处的活动室。“你喜欢你们现在的活动室吗?”“你最喜欢活动室的哪一部分?”“有谁知道我们的活动室分为哪些区域？你喜欢哪个区域？”这时孩子们会带着这些问题认真观察他们平常极易忽视的细节，这其间就会有所发现，而他们不同的关注点就会显现出各自不同的兴趣、爱好。教师们可以根据幼儿各自的兴趣、爱好进一步加以引导，让他们在各自喜欢的区域，如：自然科学区、积木搭建区、角色扮演区等，进行探索和发现。其次，让幼儿提想法。“你希望活动室有什么样的变化？”“如果让你来布置活动室，你会怎样做呢？”这时可以引导幼儿把各自的想法通过绘画的方式表达出来，然后让孩子们一起分享、交流。最后，让孩子们共同参与活动室的布置和改造，让孩子们通过直接参与，学会合作和分享。这种围绕活动室为主题，以孩子为主体参与的方式，进行的提问—观察—思考—表达—行动的一系列行为活动，打开了幼儿的视野，启发了幼儿的思维，原来学习、认知并不只是来自枯燥的说教，还可以来自于自己的眼睛、自己的耳朵、自己的双手。对幼儿来说，只有贴近于生活的感知才更能触发幼儿的智力发展。

（二）“微”课堂——扎染初体验

“孩子们，我们穿的衣服摸起来是什么感觉？”“你们说说夏天的衣服和冬天的衣服有区别吗？手感和功能是一样的吗？”“你们的衣服上有图案吗？是什么样的图案？你们喜欢什么样的图案呢？”“衣服可以怎样分类呢？”……这些问题很容易吸引幼儿的注意力，他们会争相展示自己衣服的颜色、图案、材质，因为这些问题对他们来说是与其生活紧密联系、触手可及的，这种微课程的导入激发了幼儿参与课程的积极性和兴趣。在幼儿完成问题的讨论以后，再以扎染实物作品作为情景导入，让幼儿根据自身的亲身感受，比较扎染跟我们平常衣服的区别，体验民间工艺和传统文化的美。

幼儿对扎染有了初步感知后，可以通过欣赏实物、图片或观看纪录片等方式，让他们进一步感受扎染的丰富多彩和悠久历史，这时可以提出需要自主探究的问题或任务：这些扎染作品让你有什么感受？如果让你做，你会怎样完成扎染作品？然后让他们带着这个任务自己去查找答案，并展开扎染的初体验。在这个过程中，教师要充分激发他们自主体验的积极性，对探索精神给予肯定和鼓励，同时向他们展示和介绍扎染的基本工艺，并让他们自己思考扎染的方法，体验扎染的技法技巧。上这种形式的微课时，教师在充分考虑孩子的知识结构和年龄特点的基础上，根据幼儿的认知水平和生活经验，选取和设计更容易激发幼儿学习兴趣，与幼儿生活实际更贴近的课堂活动主题，并根据此活动目的设计活动方案，提出问题，让幼儿带着问题开展自主性的体验活动，通过幼儿的亲身体验，将传统文化和艺术审美更好地融入幼儿的意识中。

四、结束语

陈鹤琴先生是现代幼儿教育的先驱和实践者，他的教育思想极大地促进了我国幼儿教育的改革与发展，使得我国幼儿教育向中国化、系统化、科学化的方向迈进。陈鹤琴先生教育思想中的“微”观念体现在幼儿教育的各个方面：教师成长中的“微”——于点滴处了解孩子，幼儿教育中的“微”——从细微处培养孩子的习惯，课程教学中的“微”——关注实际生活中的细节，其间融入了陈鹤琴先生的智慧，及其对幼儿教育的付出与期盼。陈鹤琴教育思想“微”观念对于现在的幼儿教育同样有积极的指导作用。作为幼儿教育的从业者，我们应该承接他的科学教育理念，注重幼儿与社会、与自然的充分接触，以及幼儿通过社会接触获得的经验积累和德性培养，重视幼儿的主体参与性及其感官体验，从细微处培养孩子的良好生活习惯与学习习惯，使得孩子的身体、品格和智力都得到健康的发展。

参考文献：

[1] 张永英. 陈鹤琴“活教法”思想滥觞及对当前幼儿园课程改革的启示[J]. 南京师大学报(社会科学版)，2021(06)：9.

践行活教育思想　做符合幼儿发展的教育

——大班幼儿小组合作式学习的实践研究

南京市第三幼儿园　汪晨蕊

一、活动背景

新冠疫情对各行各业都造成了重大影响，红山动物园园长的一封信引起了社会各界的重视。孩子们利用假期纷纷去参观动物园、认养小动物……于是本学期我们开展了“可爱的动物朋友”这一主题活动。主题活动中，孩子们对动物有了初步的认识，也提出了一系列问题。基于活教育的思想理念及《指南》精神，教师引导幼儿开展了富有特色的动物研究小组活动。

二、大班幼儿小组合作式学习的实践内容

（一）以大自然、大社会为活教材，鼓励大班幼儿对自己感兴趣的问题刨根问底

陈鹤琴先生所说的活教材就是源于大自然、大社会的“教材”，就是让幼儿在与自然和社会的接触中，获得符合自身发展需要的经验，而动物一直以来都是孩子们非常感兴趣的。活教育思想为我们提供了课程的导向，而《3—6 岁儿童学习与发展指南》（以下简称《指南》）则为我们细化了幼儿的年龄特点与发展目标，二者的结合为我们实施活动提供了具体、明确的思路。

教师在与幼儿探讨动物话题时，根据幼儿的疑惑将问题进行分类与总结，并引导幼儿根据不同的兴趣自主选择加入不同的研究小组。如：幼儿对动物的困惑主要围绕动物的腿、动物的胡须、动物的牙齿、夜行动物这四类。（见图 1 至图 4）教师引导幼儿根据兴趣分成四大研究小组，鼓励其对自己感兴趣的问题刨根问底。

案例 1：教师与幼儿讨论“关于动物我想知道的话题”。又又想知道为什么火烈鸟的腿这么长，乌龟的腿却这么短。蹬蹬想知道猫为什么在夜间行动。薇薇想知道老鼠的胡须有什么作用……孩子们将自己的问题画了下来。教师发现孩子的问题多集中于动物的外貌，尤其是集中于动物的腿、胡须和牙齿等，还有的孩子对夜行动物很感兴趣。于是，教师总结出了四大研究小组，孩子们根据自己的兴趣选择了不同的研究小组，孩子们的探究之旅开始啦！

图 1　动物的腿研究小组

图 2　夜行动物研究小组

图 3　动物的牙齿研究小组

图 4　动物的胡须研究小组

（二）分组学习，共同研讨，促进幼儿合作学习

陈鹤琴先生认为活教育有十个特征，其中之一是分组学习，共同研讨①。可见陈鹤琴先生非常提倡以儿童为中心的教育，认为小组学习也是幼儿主动学习的重要途径。他也指

① 陈鹤琴. 陈鹤琴全集(第五卷)[M]. 南京：江苏教育出版社，2008：21 - 22.

出活教育的目的在培养做人的态度，养成良好的习惯，发现内在的乐趣，获得求知的方法，训练人生的基本技能。那么活教育的内容一定是全面的，可以促进幼儿身心和谐发展的。活教育思想既为我们提供了课程实施的方法，又为我们的课程目标指明了方向。而《指南》中根据中、大班幼儿的年龄特点，为我们开展小组合作活动提供了具体的教育建议，活动内容为以下几点：

1. 鼓励幼儿自主商量分工，明确自身职责

《指南》指出大班幼儿在活动时能与同伴分工合作。结合幼儿的年龄特点和活教育的特征，教师在活动中应充分发挥大班幼儿的主动性，明确幼儿的角色意识。例如，在动物研究小组活动中，孩子们共同确定了队长、记录员、资料收集员、汇报员的角色，讨论出队长负责安排场地，制订活动计划，帮助组内成员明确自己的任务，调解组内矛盾等；记录员负责记录问题和答案；资料收集员负责用多种途径查找资料；汇报员负责汇报研究成果。

案例 2：晨谈活动中，教师问："小朋友们，我们的动物研究小组该怎么分工呢？"佑佑说："我觉得需要一个小队长，就像玩搭积木时小队长会组织我们讨论。"哆哆说："我觉得需要收集资料的人，我们要把答案找出来。"薇薇说："还要有小朋友把我们的问题和答案都记录下来。"教师又问道："那你们想把研究成果与其他小组分享吗？"小墉说："当然啦！"教师追问："那需要小朋友负责做什么呢？"小辣椒说："汇报。就像是民族大联欢时有小使者汇报一样。"小朋友纷纷点头。教师回应道："是的，我们还需要一名汇报员。"经过孩子们的讨论，小朋友知道动物研究小组里需要小队长、记录员、资料收集员和汇报员，并对各自的职责也进行了讨论。

案例中，大班幼儿能根据自己的已有经验进行分工与合作，自主决定需要的角色有哪些，职责是什么。这充分体现出这是以儿童为中心的活动，活动内容是孩子可以自主完成的，活动过程中幼儿发挥了主动性。

2. 制订活动计划，认真完成任务

《指南》中指出大班的孩子在成人的帮助下能制订简单的调查计划并执行①。教师启发孩子制订计划，并用图画或者符号来记录。不同的角色负责不同的工作，教师引导幼儿

① 中华人民共和国教育部. 3—6 岁儿童学习与发展指南[S]. 北京：首都师范大学出版社，2012.

各司其职共同研究问题。例如，在动物研究小组活动中，队长在区域活动时间，组织小组成员一同确定了大家要研究的问题，记录员用纸和笔进行了记录，资料收集员利用回家后与父母浏览网络、查阅相关书籍、实地考察动物园等方式收集问题的答案，并将资料进行打印与组员分享等。（见图5至图7）

案例3：薇薇午睡起床后，看了看教室里同组的六六说道："下午我们动物胡须组就在美工区讨论吧，有笔有桌子，我们还可以记录。"吃完点心后，薇薇就组织同一组的小朋友来到美工区，先确定了他们想研究的具体问题：哪些动物有胡须？胡须有什么作用？记录员希希将问题进行了记录。薇薇放学前还叮嘱资料收集员别忘记回家找资料。

案例4：又又说："我已经收集了很多资料，但我还想去动物园看一看。"轩轩说："我也想去。"于是动物的腿研究小组利用周末时间和爸爸妈妈一起去红山动物园进行了实地考察。

在两个案例中，我们都可以看出幼儿各司其职，认真完成自己的任务。组长安排场地，记录员记录，资料收集员收集资料……幼儿对待自己的任务积极又主动。在这样的活动中，幼儿的知识经验得到了拓展，科学探究水平得到了提高，前书写能力得到了增强，人际交往水平得到了进一步的发展……各领域的渗透学习，让幼儿在做中学，从而得到全面的发展，达成活教育的目标。

图5　各动物研究小组记录员记录的问题

图6　实地考察动物园

图7　资料的分享与记录

（三）积极筹划排练，展示研究成果

《指南》指出要支持幼儿与同伴合作探究与分享交流，引导他们在交流中尝试整理、概括自己探究的成果，体验合作探究和发现的乐趣。教师在引导幼儿合作学习的同时，也注重其情感发展。《指南》指出大班幼儿在活动中具有很强的自尊、自信、自主的表现，取得成功后还想做得更好。教师利用孩子这样的心理，举办了动物研究成果汇报大会，一方面达到了知识共享的目的，另一方面激发孩子们继续合作学习的愿望。当孩子们的研究都有了成果后，教师组织了动物研究成果汇报大会的活动，分享成功的喜悦。（见图 8、图 9）

案例 5：动物胡须研究小组的资料收集员们早就与大家分享了问题的答案，记录员希希也进行了记录。可是汇报员灿灿这周生病请假了，薇薇有些着急地对老师说："老师，灿灿不来我们怎么汇报？"教师说："灿灿已经请假 3 天了，可能下周一就来啦！这样你们可以下周抓紧时间再来帮她练一练。"薇薇接着说："但是，如果她不来怎么办呢？"六六说："就换个小朋友来汇报。"教师追问："那换谁呢？"薇薇说："我来吧，我是小队长。"于是，下午的时候薇薇一遍又一遍地进行排练。周一灿灿来了，大家都抢着陪灿灿练习。汇报那天，灿灿的分享清晰流畅，动物胡须研究小组的小朋友们都格外开心，相互击掌庆祝小组的成功。

案例中，孩子们的研究过程并不顺利，当孩子获得成功时，再次获得成功的信念就会增强，这对孩子们可以起到很好的激励作用。这体现出了我们的教育重视情感体验，即不只是让孩子学会科学探究的方法，也要培养孩子的合作精神、同情心、自信心、自尊心……促进孩子健全人格的发展，形成正确做人的态度，把儿童教"活"。

图 8　认真排练

图 9　汇报成果

三、大班幼儿小组合作式学习的实践原则

（一）以活教育为指导思想，以《指南》为细则，多领域相互渗透

活教育理论的三大纲领是目的论、课程论、方法论，这对我们的实施课程具有重要借鉴意义。在动物研究小组的活动中，教师根据活教育思想，遵循《指南》中各领域大班幼儿学习与发展目标，充分发挥了大班幼儿的主动性。既引导孩子大胆尝试分工与合作，鼓励其认真完成自己的任务，激发其取得成功后还想做得更好的愿望，又启发孩子用科学的方式感知动物的外形特征、习性与生存环境的适应关系，了解动物的秘密；还引导孩子积极表达，尝试用图画与符号来记录等。

合作式学习区别于集体教学活动，不仅强调孩子的经验习得，而且会促进同伴交往能力、科学探究能力及语言表达、符号表征能力的提高，促进孩子的全面发展。其最终的目的是培养有健全的身体、有建设的能力、有创造的能力、能够合作、要服务的现代中国人①。

（二）明确教师职责，重视幼儿学习品质的培养。

陈鹤琴先生提到活教育应该是师生共同生活，教学相长。小组合作式的学习以幼儿小组为单位，更多的是依靠孩子之间的共同学习、经验分享。教师更多的是观察者、引导者的身份。正因为小组合作式学习这样的特点，教师需要更多地关注孩子们的学习品质，引导孩子在活动过程中形成主动、坚持、专心、不怕困难等学习品质。

案例 6：区域活动时间，每个小组都在积极讨论。这时，又又跟老师说："老师，肉肉在我们这组不认真和我们讨论，总和希希聊天。"教师说："肉肉，你的任务是什么呀？"肉肉说："我是资料收集员，我已经分享过了。"教师说："那别人分享的时候，你也要认真听呀！你们可是一个小组的，大家可以互相补充，这样研究成果就会越来越多。"

在整个合作过程中，幼儿会出现各种各样的问题。如：注意力分散、畏难等情况。教师应该充分发挥作用，明确自身的职责，培养孩子的学习品质，激发孩子的集体荣誉感。

案例 7：薇薇问朵朵："你找到资料了吗？老虎的胡须有什么作用？"朵朵想了想，说道："应该

---

① 中国教育史编写组．中国学前教育史料选[M]．北京：人民教育出版社，1989：344．

是挡灰。"教师问道:"你是怎么知道可以挡灰的呢?"朵朵不说话。老师问:"是你和妈妈找资料发现的?"朵朵说:"是我猜的。"教师说:"老虎的胡须可不是用来挡灰的,它有很大的用途。大家都不知道,书上和网络上有许许多多关于胡须的秘密,我们都好期待你能把它们都找出来。"

科学活动讲求真实严谨,对于未知的科学知识,孩子缺乏辨别能力。因此教师更应该善于观察,关注答案的准确度,纠正孩子的错误信息,同时也要在这个过程中培养孩子敢于探究、追求真理的学习品质。

(三) 重视家庭教育,发挥家长的作用,共同为幼儿的学习创造条件

陈鹤琴先生十分重视家庭教育,他在《家庭教育》中写道:一个人的"知识之丰富与否,思想之发展与否,良好习惯之养成与否,家庭教育实应负完全的责任"①。家庭是幼儿园重要的合作伙伴,应本着尊重、平等、合作的原则,争取家长的理解、支持和主动参与②。幼儿与家长共同完成资料收集的工作,一方面能增进亲子间的合作;另一方面能帮助家长了解大班幼儿的学习和特点,达到互生共长的目的。

孩子们的个体差异大,有的孩子责任心强,有的则弱。有了家长的支持,每个孩子都能更好地完成任务。家长们可以利用网络建群,在群里交流与提醒。(见图 10)

案例 8:动物的牙齿研究小组罗列出了 5 个问题,队长佑佑给每位收集员分配了几个问题。这天下午,孩子们在分享自己查到的资料。文文最先说话:"有的动物需要清洁牙齿,有的动物不需要清洁牙齿。大多数吃草的动物都不需要清洁牙齿,因为草都很粗糙,会把动物牙缝里的脏东西磨出来。但是有的动物就需要清洁牙齿,还会有帮手来帮助它,犀牛鸟就会帮助犀牛清洁牙齿……"大家听得津津有味。这时佑佑问涵涵:"动物会换牙吗?"涵涵说:"我忘记回家调查了。"佑佑说:"你怎么又忘记了。我想建个微信群,晚上让我妈妈提醒你。"孩子们纷纷表示想要建个群,互相提醒,于是老师根据孩子的分组分别建立了微信群。一到晚上,家长们都在群里互相提醒查找资料,还相约一起去实地考察。

家长的参与大大加快了孩子们的研究进程。有了他们的参与,孩子们就算是在周末和晚上都有了交流的机会。同时,家长的参与也提高了科学研究的准确性。

---

① 陈鹤琴. 陈鹤琴全集(第五卷)[M]. 南京:江苏教育出版社,2008:522.

② 中华人民共和国教育部. 幼儿园教育指导纲要(试行)[S]. 北京:北京师范大学出版社,2001.

图 10　家长群

(四) 创设班级环境,促进幼儿个体发展

陈鹤琴先生也提到环境是幼儿天天要接触的,它对幼儿的发展起着重要的作用。因此,应该通过环境的创设和利用,有效地促进幼儿发展。教师可以考虑将幼儿的研究成果展示出来,以促进幼儿互相学习,满足幼儿继续学习的愿望。(见图 11、图 12)

教师将幼儿的研究成果布置在班级环境中,并把收集的资料也布置在了幼儿唾手可得的位置,并鼓励他们将有关书籍带到幼儿园分享。一时间,孩子们有空的时候就把自己的研究成果分享给好朋友和老师。吃完饭后,自己就拿出动物书籍来阅读,这样的环境真正激发了幼儿继续阅读的愿望。(见图 13)

图 11　班级环境

图 12　环境互动

图 13　阅读书籍

四、大班幼儿合作式学习的教育建议

（一）关注幼儿的情感体验，形成团队凝聚力

在合作式学习中，教师不应该过于强调幼儿的能力所长，应该充分尊重幼儿的选择，用强带弱的方式引导能力强的幼儿分享自己的经验，帮助能力弱的幼儿习得相关经验。在实践过程中，教师也需要多关注每位幼儿的发展情况，帮助幼儿在活动中体验不同的角色，感受自身的价值，促进其多方面的发展。

合作式学习非常注重幼儿的交往与合作，教师应该充分调动每位成员的兴趣，让其感知每个角色的重要性，形成自我认可，促进团队的发展，形成团队的凝聚力。

（二）与家长进行密切配合，促进每个幼儿的发展

合作式学习主要依靠幼儿自发的学习，同时也依靠家长的力量。但因为家长的个体因素，个别幼儿的学习会被忽视。教师应该与家长密切联系，一方面让幼儿在活动中有知识的收获，情感的体验，另一方面也启发家长重视幼儿能力的发展和品质的培养，促进幼儿多方面的发展。

（三）提高专业素养，做更好的支持者

教师要反复多次研究与学习陈鹤琴先生的思想，做好活教育思想的传承者，也要学习其他专业文件和理论知识，让活教育思想更好地转化为符合幼儿发展的实践活动。在幼儿的研究过程中，教师要把握幼儿的知识习得，更要重视其学习品质的培养，促进幼儿多方面的发展。

同时，学无止境，幼儿关注的内容也可能超出教师的知识范围，教师需要不断地学习，提升自身素养，也应该亲身示范学习的正确方式，如看书、上网查资料，在潜移默化中影响幼儿。

（四）运用多媒体，搭建家园互动桥梁

时代在发展，科技在进步，教师应该学会利用多媒体，搭建家园互动的桥梁，发挥家庭的作用。教师可以通过网络，及时将幼儿的表现以图片和文字的方式向家长进行反馈，与家长及时沟通。此外，现在仍处于新冠疫情时期，家长入园的机会非常少，教师还可以将幼儿参与活动的视频发给家长，让家长透过视频感受孩子的进步。同时，也让家长理解教师的工作，积极与幼儿园合作。

在践行活教育思想，研究大班合作式学习时，我感受到了活教育思想对当代教育依然有着深刻的影响及重要的指导意义，我们要做陈鹤琴先生教育思想的传承者。而在将活教育思想与《指南》相结合的过程中，我体会到教育思想的不断进化，幼儿教育的不断发展，幼儿的主体地位不断提高。我们在践行活教育思想时，应不断丰富其内涵，让活教育更具有时代的意义，让教育更有活力，让幼儿更有生机。

“活教育”课程思想关照下的园本课程建构与实施

南京师范大学吴江实验幼儿园　徐　菲

2021 年 9 月 1 日，南京师范大学吴江实验幼儿园在美丽的苏州湾东太湖之滨正式开学了。开园第一年，7 个小班 14 位教师中 10 位都是新手老师，新园面临各种挑战，虽然有各种不成熟，但也因为“新”，让我们可以在一开始就统筹规划，确定自己的目标和方向。作为南京师范大学教育科学学院委托管理的公办园，在建园之初我们就确定了这样的办园思路——传承陈鹤琴先生的精神，继承和创新“活教育”课程思想，从园所实际出发，以研究的态度、实验的精神、创新的思路建构一个基于本地自然、人文和社会资源，适宜幼儿主动学习与发展的园本课程方案，建设一所高质量的幼儿园。

正值陈鹤琴先生诞辰 130 周年，现将半年多来我们在“活教育”课程思想关照下的园本课程方案建构的思路以及课程实施的探索进行梳理和总结。

一、传承“活教育”课程思想之思考

传承“活教育”课程思想，首先需要从阅读陈鹤琴先生原著及了解陈鹤琴先生的生平开始。虽然“活教育的 17 条原则”我们大都能说出几条，比如“大自然、大社会都是我们的活教材”“凡是儿童自己能够做的，应当让他自己做”。但真正理解“活教育”课程思想的精髓，还是需要认认真真地阅读陈鹤琴思想的著作。开园以来我园管理团队带领老师们阅读了《中国幼儿教育之父——陈鹤琴》《陈鹤琴教育思想读本 · 幼稚教育》《小园子里的大人物——陈鹤琴》等书籍。在阅读中我们会不时地反思我园的课程建设思路和实施策略，发现当前中国幼儿教育倡导的理念在“活教育”课程思想里都能找到，比如“游戏”，比如“观察和了解幼儿"和"环境的重要性""家庭教育"等等。"活教育"课程思想真是一个丰富的思想宝库，值得我们不断学习。

传承"活教育"课程思想，理解"活教育"与当前中国幼儿教育改革的方向以及国际幼教发展的趋势，管理者需要坚持独立思考，具有批判性思维，能辩证地将"活教育"课程思想融入园本课程建设和实施中；具有躬身保教一线，带领团队一起学习专业理论、实践、反思、再实践的研究精神、实验精神。陈鹤琴先生给我们树立了很好的典范。在"活教育"思想形成过程中，杜威的实用主义教学思想对其有着最为直接、最为重要的影响，但陈鹤琴先生并没有完全照搬实用主义教育思想，而是以开放、包容和批判的态度进行理念建构和实践探索，通过观察、研究，不断完善理论，优化实践。是他带领团队坚持在鼓楼幼稚园进行了三次课程实验研究，才形成了对"幼稚园课程"的总体认识，形成"活教育"课程体系。又比如他对蒙台梭利教学法、对福禄贝尔"恩物"的批评，即使在当下，这种独立思考的精神也非常可贵。

传承"活教育"课程思想，还要勇于创新。在幼儿园课程管理中，创新与独立思考是相互联系的。课程管理中的创新，目的是让教师专注于为孩子的主动学习创设环境、专注于每日在游戏和生活中观察幼儿、支持性地回应幼儿的兴趣和需要。管理者需要从幼儿学习与发展的角度、从教师专业发展的角度进行思考，才能发现课程实施中的问题，才能从创新管理的角度解决问题，开展有效的课程管理。

传承"活教育"课程思想，最根本的是传承陈鹤琴先生对儿童、对教师爱的精神。对教师来说，唯有发自心底里对儿童的爱与尊重，才会产生追求专业理想的不竭动力；对管理者来说，对教师发自内心的爱和尊重始终应是管理工作的核心。

二、园本课程方案的整体架构

"活教育"课程观是遵循幼儿学习与发展特点，采用来自自然、生活中"活的教材"，引导幼儿在真实的生活中进行主动学习。"活教育"倡导的幼儿园课程"是从人生实际生活与经验里选出来的"，是"富于弹性的"。"活教育"课程思想是一个完整的体系，包括活教育的目的观——培养什么样的儿童；活教育的课程内容观——活教育倡导的课程内容是什么，"大自然、大社会都是活教材"；活教育课程结构——以"整个教学法"实施"五指活动，包括儿童健康、儿童社会、儿童科学、儿童艺术、儿童语文"；活教育如何编制——弹性课程；活教育的实施观——做中学、做中教、做中求进步。

建园伊始，我园遵循“活教育”课程思想，遵循《幼儿园教育指导纲要(试行)》的要求，建构了一个园本课程的框架。这个框架不是教学活动设计，而是指导我园教师实施课程的行动指南，是弹性的，这与“活教育”课程思想所倡导的方向是一致的。我园的园本课程方案包括五个部分，现简略介绍。

(一) 园本课程的价值观

在这部分，我们澄清对幼儿及幼儿学习的认识，澄清对“教”与“学”的认识，形成我们共同的价值观和儿童观。

“活教育”儿童观的本质就是科学认识儿童，顺应儿童的天性，要爱儿童；主张儿童是在实践中学习的。比如“小孩子的知识是由经验得来的。所接触的环境愈广，所得知识当然愈多。所以我们要使小孩子与环境有充分的接触”。

在幼儿学习与发展的众多特点和原则中，我们选择以下 4 条作为最重要的价值观：

(1) 每个儿童都是独特的、有能力的学习者。

(2) 积极温暖的关系是幼儿学习与发展的支柱。

(3) 丰富而有意义的环境有助于激发幼儿的主动学习。

(4) 游戏是幼儿重要的学习方式。

这几点价值观都与“活教育”课程思想相呼应。

(二) 园本课程的培养目标定位：我们要培养什么样的儿童

幼儿教育的核心是培养全面发展的人，陈鹤琴先生提出的“做人、做中国人、做现代中国人”是我们确定教育目的的重要参考。在我园的园本课程方案中，我们提出的具体培养目标是：促进幼儿在健康、认知、语言、社会、情感和审美等方面均衡发展，具有健康的身心、良好的学习品质、良好的社会适应能力及不断萌发的良好品德和审美素养。

(三) 幼儿学习视角下的发展领域及其目标

陈鹤琴先生指出幼儿园“所有的课程都要从人生实际生活与经验里选出来”“儿童的一饮一食，一草一木的接触，灿烂的玩具用品，都是好教材”。

我园的园本课程方案没有单独提“课程内容”，而是从幼儿各领域均衡发展的角度，思考规划幼儿的学习内容。每个学期初和学期末，教师需对照《3—6 岁儿童学习与发展指南》中各个领域的发展目标，检核本班幼儿现阶段的发展情况，思考和规划如何支持幼儿各个领域的学习与发展，基于领域整合的视角探寻一日生活中、自然和社区中、季节和节日中的教育资源和学习机会,并将这些学习机会纳入课程计划中。

(四) 园本课程的组织实施

我园的园本课程方案就“活动类型(也可以理解为课程结构)”“如何安排一日生活”“教师如何合作制订教育计划”“如何创设室内外学习环境”“如何与幼儿家庭建立专业的合作关系”等课程实施进行了详细的安排。

(五) 园本课程的质量评价

在这部分,园本课程方案就“如何对幼儿的学习与发展进行评价”“如何对教师专业发展进行评价”“如何对幼儿园/班级课程实施进行评价”进行详细的安排。明确提出评价不是为了评判优劣,而是为了不断提高课程质量,促进幼儿的发展和教师专业水平的提升。

三、我园园本课程实施的策略与方法

为了落实园本课程方案的要求,在课程实践中实现“活教育”倡导的原则,引导教师建立“活教育”的课程观,建园半年以来我们以“做中学、做中教、做中求进步”的态度,重点进行了多方面探索。

(一) 以教师合作的方式进行课程计划的管理,实现“预设”与“生成”的均衡

1. 进行学期初的合作反思与计划

在学期之初,班级的两位老师一起对照《3—6 岁儿童学习与发展指南》,评估本班幼儿的整体及各领域发展的情况,思考本学期幼儿发展的各个领域应该达到什么目标,如何实现这些目标。讨论本学期幼儿园周边有哪些自然、文化(包括节日)、社区方面的教育资源,规划如何利用这些教育资源开展教育活动,进而反思并规划班级室内及走廊公共空间学习环境的创设和调整,列出物品采购的清单和向家长征集开放性材料的清单。

这次讨论,是教师重新学习《3—6 岁儿童学习与发展指南》,重新认识幼儿学习与发展需要的过程,是一次梳理教育资源、规划学习环境的过程,也是一次进行课程计划“预设”的过程。

2. 进行合作月反思与月计划

在每月底的最后一周的 4 个工作日,老师们利用中午午休时间,开展“月反思—月计划”。

第 1—2 天,班级两位老师合作反思本月课程实施的情况,反思的依据是《3—6 岁儿童

学习与发展指南》。两位老师要合作反思本班幼儿的各领域学习与发展情况，反思一日生活、游戏、运动等各项课程实施的情况。

第3—4天，年级组的教师合作计划下月课程实施，包括：室内外游戏环境的调整、教师发起的集体和小组教学活动的规划、项目教学的计划等，以及规划幼儿可能在自然、文化、社会、健康、安全、生活方面的学习机会。

从2021年9月开学以来，我们每个月都坚持进行合作月反思—月计划。月反思—月计划，可以理解为是预设的计划，但这个计划不是照搬教学活动设计，而是源于教师对幼儿发展的观察与反思，预设之中包含了生成。

3. 进行合作日反思与日计划

每天幼儿离园之后，班级的两位老师要坐下来一起回顾当天在游戏、生活中的观察，反思当天一日生活中的保教合作，幼儿在游戏中的行为表现，并讨论第二天需要进行怎样的调整，如：第二天的晨谈是否与幼儿讨论新的话题？第二天在游戏区角是否增加一些新材料如图片、绘本、自然的材料作为激发幼儿主动学习和探索的机会？在日反思—日计划中，班级的两位教师既要回到“月计划”中，落实“月计划”中预设的教育活动，同时也是一个基于当天对幼儿的观察，生成第二天活动的讨论。

在鼓楼幼稚园进行课程实验时，陈鹤琴带领老师们经常讨论、反思幼儿的需要、幼儿的兴趣，不断调整课程方案。对于课程计划，陈鹤琴先生主张“富于弹性的课程，可以适应个别不同的兴趣和能力的儿童”“要有目标，又要合于生活”，所以“幼儿园的课程须预先设定，但临时可以变更”。经过三次课程实验，他强调“每学期应该有一个总设计，以决定本学期应该注意的目标，每星期又要有一个预定的课程表”，但“此课程预定表并不是固定的、不能变换的，儿童或社会上发生临时的事情，老师就可以采用为课程内容，可以把一切预先设定的暂时搁起，重新再来做一番筹备的工作。倘若新发生的事情与预定的有些相像，那就把它容纳进去。”

我园课程计划的管理，在方法、策略上与“活教育”的倡导是一致的，体现了预设与生成之间的均衡；既有根据幼儿学习与发展需要的预设，又能根据幼儿的兴趣和需要进行生成的调整。这样的管理安排，能支持教师进行课程预设和生成之间的转换，支持教师不断从观察与实践—反思—计划之间的循环往复，从而促进教师的专业成长。

（二）多种途径实施课程

幼儿园课程是幼儿一日生活经验的总和。我园通过每日例行的日常生活、自由游戏、运动、教师发起的集体或小组活动、项目活动等途径来实施课程。这与陈鹤琴先生反对分科教学，倡导“整个教学法”精神相一致。具体来说，我们通过这样几个途径来实施课程。

1. 通过每日例行的日常生活促进幼儿的学习与发展

日常生活既是课程实施的途径，也是幼儿学习的重要内容。教师在制订计划时，要思考如何在日常生活中培养幼儿学习自我服务，发展独立意识和独立能力，培养幼儿遵守课室里的安全规则、学习轮流和等待，发展社会性；引导幼儿学习必要的安全知识、保健知识，发展自我保护和健康生活的意识。同时，在计划日常生活活动时，教师还要注意将审美和品德的萌发、认知及语言发展融入其中。

例如，去年10月，刚刚渡过新生适应期，老师们就发现点心环节蕴含了很多教育机会，经过多次研讨与实践，决定调整点心桌的布置和提供材料。调整后，小班幼儿可以自己用剪刀剪开点心的包装袋，看标识了解当天点心的数量，吃完点心自己拿抹布整理桌面，进行垃圾分类。在小小的“点心”活动中，实现了多个领域的发展。

2. 在自由游戏中促进幼儿主动探究和学习

“活教育”明确提出游戏对儿童发展的意义，“游戏也是儿童生来就喜欢的，儿童的生活可以说是游戏”。我园重视幼儿的自由游戏，在创园之初就为规划班级的室内和公共区域的游戏环境，投放各种开放性、松散型材料，为幼儿的自由游戏创设激发性的环境。合理规划一日生活安排，保证幼儿有整段固定的时间充分游戏和探索。以“学习故事”作为观察记录幼儿游戏的载体，引导年轻教师观察、了解幼儿的游戏，以鹰架的方式回应、支持幼儿的游戏。

3. 通过运动促进幼儿身体动作及全面发展

幼儿的身体动作发展需要创设丰富的室内外运动环境，提供丰富的固定性和移动性运动材料激发幼儿主动探索各种身体动作。作为一所新园，刚开始除了几个大型体育设施和一些购买的体育器械，我园的户外运动环境还是有待调整和优化的。2021年10月份后，我们就将创设能够激发幼儿自主运动的运动环境作为课程实施的重点，规划调整户外运动环境，向家长征集各种开放性材料，如轮胎、竹梯、纸箱等，经过不断尝试，我们已初步创建了满足幼儿自主运动、探索身体发展的户外运动环境。

我们在每月的月反思—月计划活动中，对照幼儿身体动作发展的需要，不断自我反思，不断完善室内外运动环境，促进幼儿动作及全面发展。

4. 通过教师发起的集体或小组活动提升幼儿的经验

在我园的课程实施中，明确提出教师发起的集体活动次数和时间要适宜；年龄越小的幼儿，大组集体教学时间应越短，次数越少。陈鹤琴先生在《现今幼稚教育之弊病》一文指出：“团体教授不应用得太多太滥，除了教唱歌及几种游戏外，团体教授法是不适用的”，至今读来还是让人警醒。

在我园，教师发起的活动有根据幼儿的学习发展需预设的，如以小组形式进行的数学操作活动“数一数一共有几片树叶”；也有教师根据观察幼儿的学习兴趣或生活中事件，生成的集体或小组的活动，如：教师发现幼儿在户外散步时对蜗牛壳兴趣，就在第二天的集合时间，与幼儿一起阅读关于蜗牛的绘本，激发幼儿对蜗牛持续的兴趣。

5. 通过项目活动开展跨学科领域的探究活动

项目活动的本质是幼儿就自己或与教师共同提出的问题（来自生活的真实问题），寻求答案的探究过程，是一种跨学科领域的学习和探究；项目活动不仅能开发幼儿的心智，促进知识和技能的学习，还能促进幼儿社会、情感、品德、审美等多方面的发展。项目活动本质上与“活教育”提倡的教学是一致的，《活教育要怎样实施》明确指出，“活教育教学的过程，可以分为四个步骤：一是实验，二是参考，三是发表，四是检讨”。

在过去的一个学期，我们以探究的方式开展项目活动。但在日常的课程实施中，老师们已经可以将生活、自由游戏、运动、教师发起的集体和小组活动进行有机结合，在游戏中、生活中观察和回应幼儿，建立了尊重幼儿、研究幼儿的专业性向。

（三）园长发挥在支持教师专业发展中的作用

幼儿是有能力的学习者，其实每一位教师也是有潜能的学习者。教师是幼儿学习活动的支持者、合作者、引导者——园长在班级课程实施、教师专业发展中的作用也是如此。

虽然园长每天有很多事务需要统筹，但支持教师的专业发展，带领教师落实园本课程方案，践行“活教育”课程思想，始终应是园长最重要的工作。过去的一个学期，园长每天上午到各个班级的教育现场观察教师与幼儿的互动，有时会在幼儿离园后，与教师交流观察到的情况，讨论如何调整第二天的一日生活安排；有时会在教育现场，与教师交流对话，提醒她们把握幼儿游戏中发生的事件、兴趣，引导她们有意识地回应幼儿并在后续的环境、活动中支持幼儿的游戏，引发幼儿深度学习。

正如一位新手教师的感悟：“园长观摩我们班半日活动后与我交流，让我意识到以前我认同的集体教学可能只是通过预设的活动对幼儿进行简单、意义浅薄的教学。我们必须了解幼儿在生活和游戏中学习与发展的价值，要看到生活和游戏中的幼儿自发行为具有经验的连续性。通过提问、讨论等形式，引导他们观察、感受从生活和游戏中得到的经验”。可见，引发教师在教育现场的思考和顿悟，能够及时有效地促进教师的专业成长；同时，园长与教师的沟通、互动不是单向的输出，而是一种双向教育交流、反思与对话，是促进教师与园长共同成长的一种方式。

作为一所新园，我们从“活教育”课程思想里获取了很多启发和力量，“活教育”已成为我园课程实施的精神与文化内核。每月底我们都坚持合作月反思和月计划，即使受疫情影响居家工作期间亦如此。教师们会从“活教育”的角度审视室内外游戏环境创设，思考来自生活、自然、社区的教育资源如何成为幼儿的学习内容，思考如何指导家长成为幼儿主动学习的支持者。在这样持续反思中，我们将不断回到幼儿的学习与发展需要，学习“活教育”课程思想，学习《幼儿园教育指导纲要（试行）》和《3—6岁儿童学习与发展指南》，不断丰富我园的课程内涵。

在我们成长的过程中，得到了来自南京师范大学教育科学学院的专家、江苏省以及苏州市、吴江区各方面幼教专家的指导、帮助和支持。在这些专业指导中，我们感受到了“活教育”课程思想的薪火传递。我们已经接过了“活教育”的火种，我们将持续探索和实践，在园本课程实施中实现“活教育”倡导的原则，做“活”教师、创设“活”环境，运用“活”方法，开展“活”教育，培养“活”儿童，努力实现创建高质量幼儿园的办园愿景。

参考文献：

[1] 陈鹤琴. 陈鹤琴全集(第四卷)[M]. 南京：江苏凤凰教育出版社，2018：281-282.

[2] 虞永平，田燕. 论陈鹤琴的幼儿园课程思想[J]. 山东教育，2003(18)：6-8.

[3] 陈鹤琴. 陈鹤琴教育思想读本·幼稚教育[M]. 陈秀云，柯小卫，选编. 南京：南京师范大学出版社，2012：54-64.

[4] 崔利玲. 小园子里的大人物——陈鹤琴[M]. 南京：南京师范大学出版社，2020：13-29.

引入“活”水：陈鹤琴“活教育”思想的再发现

苏州高新区实验幼儿园教育集团　杨晓方

陈鹤琴先生是我国著名的儿童教育家、现代幼儿教育发展的奠基人和儿童心理学的开拓者。他基于幼儿发展的客观规律和年龄特征，提出了包括目的论、课程论和方法论合一的“活教育”思想，这一思想符合当代中国教育发展的时代趋势，并从不同角度引领着幼儿教育的实践和探索；他提出的“五指活动课程”，衍生出的游戏法教学也为幼教工作者以“儿童立场”为基础的教育理念指明了实践路向，对探寻科学的幼教之路具有重大意义。

在陈鹤琴先生“活教育”思想的引领下，当代幼儿教育让我们有了更稳定而坚实的儿童观、教育观和教师观，呈现出幼儿与教师共生共长、教育活化的样态。但于我，“活教育”不单是一种教育的形态，更是一种隐喻。它包含了两层含义：其一是指教育面向的是鲜活的儿童和鲜活的生活；其二意味着真教育是灵动不息，需要“源头活水”的。

一、打造真实灵活的“生活场”

陈鹤琴在 1927 年发表的“我们的主张”中提出“凡能使儿童适应社会的，就可取为教材”。[①]他鼓励并倡导儿童去发现自己的生活世界。因此，幼儿活动应置于真实生活与生活实际相匹配的真实情境中展开，幼儿在真实的生活或游戏情境中以直接经验为基础，自我发现、自我探索后，所得到的认识、面临的问题、获得的经验才都是真实的。

---

① 陈鹤琴. 陈鹤琴教育思想读本·幼稚教育[M]. 陈秀云，柯小卫，选编. 南京：南京师范大学出版社，2012：43.

■案例一

户外沙池的“挖河”工程中，大家分工明确，小河不断延伸，正当“工程”有条不紊地进行时，孩子们遇到了新问题：河岸两侧的砖块时不时会倒落。（见图1、图2）

图1　砖块间缝隙增大

图2　砖块倾斜易倒

“砖块上方高高的沙会是砖块再次倒落的原因吗？”

新问题很快吸引了更多的孩子。瑾瑜和陶陶也前来助阵，像小专家似的来回观察倒塌的几块砖。瑾瑜皱着眉头问陶陶：“陶陶，你有没有觉得这几块砖上面的沙子太多啦？”陶陶俯下身，指着砖块倒落处的沙子回答道：“对对对，一定是因为沙子太高会滑下来，所以把砖块给压倒了！”说着，他拿起身边的铲子双手合力铲起河岸一侧高出的沙子。此时，康康也提出了新建议：“我们把岸边高的沙堆用大木桩竖着挡住不就行啦。”陶陶点头认可，“那我们分工行动吧！”孩子们再次热火朝天地行动起来……（见图3、图4）

图3　铲平砖块上方的沙

图4　增设防沙固沙的树桩和砖块

孩子们分工行动起来，但陆续遇到了问题：

(1) 用铲子铲砖块上方高出的沙子时，无法保证完全铲平，铲掉的沙子少，则起不了多大用，铲掉的沙子多，一旦河岸边缘沙子低于砖块高度，砖块仍容易倒塌。

(2) 增设固沙树桩时，将树桩插入岸边沙中，也容易导致沙子被挤压，最后推动砖块造成倒落。

那么，这些方法是不是不能用了呢？孩子们开始寻找身边现有的新材料，尝试弥补这些方法的不足之处。

元元：沙子是因为太干才往下滑的，我们可以浇点水在上面，沙子就不滑了呀！（见图5）

陶陶：用平底的铲子，然后从砖块最上面平着插到沙子里，再翘起铲子把沙子甩到远处，这样砖块上层和边上的沙子就一样平了。（见图6）

瑾瑜：可以先在河岸旁挖掉点沙，然后再挖出洞来，把树桩放进去，然后也要几个人在河岸边推着砖块，防止砖块倒塌。（见图7）

图5　浇水固沙

图6　平行移动铲沙

孩子们梳理了解决“大坝”两侧沙子过高过多问题的好方法，并将自己的方法运用于实际，用亲身实践验证了自己的方法确实是切实有效的。还总结了自己的经验：原来，只有砖块平直摆放，与侧面沙面紧密贴合且没有过多过高沙子“推”着砖块的时候，砖块才能牢牢立在两岸，挡住沙的滑落。

就这样，在孩子们一次次的尝试和调整下，一条牢固的砖块大坝终于“建成”了！（见图8）

图7　调整砖块的摆放

图8　牢固的砖块大坝

分析：幼儿在生活中虽见过建房、修公路的场景，却未亲身体验过。这次与生活实际相匹配的游戏情境，给予了幼儿真正的实践机会，也让幼儿在各种问题、挑战中，建构新经验，有了更多的经验拓展和提升。他们运用比较法、平移铲沙法、讨论法等方式，经过多次尝试和调整，在发现问题——尝试操作——失败后调整——再次尝试的学习过程中收获了直接经验，在与生活相链接的原生态环境中汲取了有价值的知识。幼儿的活动"活起来"了，幼儿自己"活起来"了，幼儿的经验也"活起来"了。

二、提供丰富多变的"资源库"

陈鹤琴先生认为"幼稚园要求发展扩张儿童的经验，非有充分的设备不可……设备不但要充分，而且要适宜。"①他尤其关注环境、资源的重要性，也倡导教师为幼儿准备丰富的教学素材。因此，我们应为幼儿提供开放、流动、丰富的生活资源库，让幼儿在与各种各样的事物产生联结时，可以尽情地探索，从而进行深度学习。

■案例二

在幼儿园后方的环形车道上，有一段短短的水泥板路，每当孩子们骑车通过这里，无论是小三轮或单人自行车，前轮都会陷在水泥板之间的凹槽里，车子的通行受到严重阻碍。(见图 9、图 10)

图 9　水泥板路凹槽

图 10　凹槽带来的不便

"把凹槽填满，这样车轮就不会陷下去了！"孩子们的想法很一致。可是，拿什么填呢？

① 陈鹤琴. 陈鹤琴全集(第二卷)[M]. 南京：江苏教育出版社，2008：81.

孩子们自发结伴去搜寻身边的现有资源。很快,大家的关注点聚焦在草坪一隅一堆闲置的砖块上。

说起来容易做起来难,铺设砖块的过程又把孩子们难倒了!不论横铺、竖着叠铺、平铺,砖块都无法正好塞进凹槽里。要么留有很大的空隙,要么超出了凹槽的原有高度。

正当大家一筹莫展的时候,柚子有了新的想法:“就平铺吧,大的空隙用其他东西来填”,其他孩子纷纷表示认可。铺完砖块后他们又寻到了其他填充物——石块、黄沙、泥土。(见图 11 至图 13)

图 11　填凹槽可用的石块

图 12　填凹槽可用的黄沙

图 13　填凹槽可用的泥土

那用什么把这些需要的“物资”运到铺砖的地方去呢?孩子们开始寻找现有材料。

尧尧:旁边的竹篮可以用的。

洋洋:我一直玩沙的铲子能用来挑小石块呀!

宸宸:这个舀勺是不是也能装不少的沙子呢?

于是,孩子们用自己找到的工具收集着、装运着……(见图 14、图 15)

在共同努力下,大家顺利填平了凹槽,再也不怕卡轮啦!

图 14　用各种材料收集“物资”

图 15　用不同工具装运“物资”

分析:资源(环境)是一位看不见的老师,一个开放的、互联的学习空间,能充分引起幼儿的兴趣生发、知识增长、经验习得和能力提升，能真正地触发幼儿“动脑”“动手”，没有资源就没有真正的幼儿学习。因此，教师要有发现环境中教学材料的能力和敏感性，关注资源的动态建构，不断利用环境充实教学内容，挖掘多种教育资源，隐、显资源两手抓，考虑环境的丰富性，将园内外、人事物等资源充分拓展并合理统整，让儿童有更多材料玩，有更多东西学。幼儿在与生活中各种“事”“物”的互动中快乐地探索自我和外物，获得前所未有的多元体验。

三、关注完整鲜活的“经历史”

按照陈鹤琴先生“五指活动课程”的思想，幼儿教育是一个相互联系的整体，并不是割裂开的独立部分，而是依据生活灵活安排的。课程的计划是可以依据儿童的现实生活做调整的、弹性执行的。[①]我们的教育追求的是完整的儿童发展过程、整体的儿童生活，即儿童所获经验的整合性。在过程中，教师还应适度留白，给予幼儿更多发展的空间。

■案例三

户外游戏时间，孩子们想玩轮胎。由于前一天刚下过雨，轮胎里还有些潮湿，有孩子提出，“老师，要不我们不玩了吧，手太脏了。”老师鼓励道：“没关系的，手脏了我们回去洗一洗。”这时，七七大喊：“哇！快看，里面像个小池塘！”钰钰和星彩赶紧跑了过来。星彩说道：“我们来把水倒出来吧。”于是，三人用力把轮胎挪了起来。可是，水又滑落到了底部，无法倒出。

孩子们尝试着，水一直出不来，星彩摸着脑袋皱着眉头，老师在一旁没有帮忙。不一会儿，六六来了，见状，他呼喊着边上的洋洋来帮忙搬一搬，自己紧紧抱住轮胎的底部。洋洋来了，与六六面对面，拉起轮胎的上侧边缘，几个人刚想抬起，元元一侧太重，刚拉起一点又马上落地。这时，七七、钰钰一起用力，仍未成功。突然钰钰和七七一侧受力小了，轮胎顺势摔到了地上，没想到……轮胎内侧的水都出来了！他们又接着试了两次，轮胎内的水基本都流了出来，孩子们成功啦！大家开心地跳起来。

分析：针对轮胎中存在雨水的现象，教师没有制止孩子们的自发行为，也没有改变孩子

① 陈鹤琴.陈鹤琴全集(第二卷)[M].南京：江苏教育出版社，2008：458.

们的想法让他们改玩其他的玩具,而是做一个理智的“观察者”,不过度介入,相信幼儿的生活实际及已有生活经验,耐心等待,引导幼儿大胆思考,找到解决问题的方法,让幼儿完整体验整个“思考方法”“合作解决”的过程,进一步实现轮胎的发展价值及游戏的乐趣;同时,也促使幼儿合作行为的发生,增强了他们的集体合作意识。

教师要有“牵着蜗牛去散步”的耐心,追随幼儿活动的脚步,学会等待、允许试错,为幼儿创造调动各种经验的机会和时间,给予幼儿进一步迁移经验的机会,帮助其获得完整经验。

四、激发联动活跃的“场所感”

陈鹤琴提出:“凡是儿童自己能够想的,应当让他自己想。”让儿童在“劳力上劳心”,手脑并用,由学习的被动接受者变为“自己活动”“自己思想”的主动学习者。[①]陈鹤琴先生还提出,大自然、大社会都是活教材,让孩子们回归自然、在大自然中去感受,结果往往总是令人欣慰和惊喜的。这与《3—6岁儿童学习与发展指南》中“支持幼儿直接感知、实际操作和亲身体验”的精神相吻合。因此,我们应当尊重幼儿的天性,当他们对奇妙的周围世界产生新鲜感时,应鼓励他们积极地去研究、学习,直接从大自然或者社会中获取重要经验。

■案例四

草坪对孩子们的吸引力太大了,他们时常念叨着“老师,今天去草坪上玩吗?”除了大型玩具,最有吸引力的就是高高低低的山坡了。每当去户外,山坡成了他们的聚集地。孩子们自由自在地爬上去、滑下来……俗话说上坡容易下坡难,有的孩子不敢、不会下坡。那么,怎样才能安全、快速地下坡呢?茜茜迫不及待地大声说道:“我爷爷爬过山,我回家问问他吧。”“我爸爸也爬过,我妈妈也爬过!”很快,他们自己带着问题回家,得到了各种各样的答案。

锦宸:爷爷说拄个拐杖,就可以撑在地上了。

柚子:我和妈妈去乐园的时候,是坐一个吊着的缆车滑下来的。

凯凯:我爸爸说可以扶着人家下来。

雯怡:我哥哥去滑雪,照片上他站在一块滑板上。

……

“我们下坡的时候能不能用这些方法呢?”问题再次抛给他们。这下,孩子们又炸开了

① 陈鹤琴. 陈鹤琴全集(第六卷)[M]. 南京:江苏教育出版社,2008:244.

锅，有了之前种草的经验，他们开始搜罗教室里的物品，自然也不会放过班内的“资源搜集区”：木棍、纸箱、袋子、长型卷纸芯……当一大波材料呈现在教室中央时，他们开心地互相击掌欢呼，满满的成就感洋溢在班级中。与此同时，洵洵、康康等几名幼儿也提出纸盘、塑料袋、小铁罐太小了，不能帮助他们下坡。在孩子们自发的商讨下，一些暂时不合适、不可用的材料被挑选了出来。

帮助快速下坡的工具准备就绪，孩子们开始大胆体验尝试啦！

宸宸：轮胎有点不好滑。

柚子：跳袋滑得好快！

嘟嘟：我感觉脸盆最快呢！

孩子们体验着不同辅助物带来的滑坡乐趣，也在玩乐中知道了乘坐不同物体滑下来的速度是不一样的。（见图 16、图 17）

图 16　借助木棍、拐杖下坡

图 17　借助脸盆下坡

分析：在上述活动中，幼儿通过寻找材料、尝试探索、总结反思等环节，找到了不同物体与滑行速度之间的关系，这个过程对于孩子来说是新颖的、活泼自由的，他们在乘坐不同物品下滑过程中的体验是前所未有的，当时的感受也是独特新奇的。这种愉悦、奇特的滑坡经历，让孩子们收获的不仅是对事物因果联系的发现，更是在滑坡过程中同伴合作意识和快乐感的获得。凡是儿童自己能够做的，应当让他自己做。

陈鹤琴认为，应积极鼓励儿童去做自己能够做、想要做的事情。[①] “体验学习”是幼儿最自然的学习方式，幼儿园将体验渗透到一日生活中，幼儿在观察中发现问题、在操作中享

① 陈鹤琴. 陈鹤琴教育思想读本·活教育[M]. 陈秀云，柯小卫，选编. 南京：南京师范大学出版社，2012.

受愉悦、在讨论中分享经验、在探究中获得反思。在日常教学中，我们要鼓励幼儿通过直接感知，独立思考，在沉浸式体验中涌发出丰富的“场所感”“惊奇感”“关联感”，让幼儿的思考与已有的生活经验更快地产生链接，从而迸发思维的“火花”。

“我爱儿童，儿童也爱我”。如何做到真正地“爱儿童”？如何实现真正的“活教育”？我想，我们一线幼教工作者始终要以幼儿为本，相信幼儿生命成长的张力，一路追随，在幼儿的“生活场”“资源库”“经历史”“场所感”上下功夫，默默践行，在实践中用心体悟陈鹤琴先生所倡导的“活教育”的丰富内涵，不断为“活”课程的生成而努力，引入“活”水，让“活学”实践活动生根发芽，让每一个生命个体都更有“活力”地成长。

“活”教育思想下幼儿园一日生活环节中音乐欣赏策略的实践研究

苏州幼儿师范高等专科学校附属教育幼儿园　冯雅晶

美育是儿童生活中不可或缺的教育内容。陈鹤琴先生在20世纪提出的“活教育”思想体系中，不仅强调把美育当作适宜儿童接受的教育内容，还主张把美育渗透到其他领域的教育中，赋予其促进儿童全面发展不可或缺的非凡使命，将美育教育的思想贯穿于儿童教育的始终。在“活教育”思想体系中，儿童音乐教育同样占据非常重要的地位。陈鹤琴先生提出“将儿童的生活音乐化”，强调要重视儿童音乐教育，用音乐来丰富儿童的生活，培养儿童的意志，陶冶儿童的情操，让儿童能够表现真实的自己，并积极导向于创造性的发展。

“活教育”思想同时强调“幼稚园教育要特别关注音乐”，将发展欣赏能力和掌握唱歌的技能作为幼稚园音乐教育的重要内容①。因此，本文旨在对幼儿一日生活环节中使用的音乐背景素材加以论述，重点阐述在陈鹤琴“活教育”思想指导下，幼儿一日生活各环节中的音乐使用的策略的实践过程，例证“活教育”思想在当代学前儿童音乐教育的实践指导中依然具有科学性、前瞻性和先进性。

一、活教育思想下的儿童音乐学习特点

（一）听觉为先

“活教育”理论中关于儿童音乐学习的特点主要有：儿童音乐学习首先要进行倾听，通过大量的倾听进行旋律、节奏、力度、速度等音乐元素的积累。就像儿童喜欢哼唱简单的歌

① 陈鹤琴.陈鹤琴全集(第四卷)[M].南京：江苏教育出版社，2008：346.

曲，儿童在学唱歌曲的时候，“全靠听觉，听了别人怎样唱，他也怎样唱，这是一种模仿学习的方法，不然何以有许多儿童在未进学校前就能唱歌呢？”[①]“活教育”强调听觉对于学习音乐的重要性。

因此，可以在一日生活的每一个环节都进行音乐听觉的锻炼和渗透，这样能够给幼儿的一日在园活动营造非常好的音乐欣赏氛围，从而让幼儿的音乐学习通过浸润式的方法获得音乐经验。同时，“活教育”强调听觉学习，也为当代学前教育领域中音乐教育过程中出现的弊端和误区提供了改进方向。

（二）游戏性

“活教育”理论中关于儿童的心理特征在《儿童的心理》中有明确描述，“小孩子是好游戏的”。他们天生好动，以游戏为生命。任何物品到了儿童手中，都有可能成为游戏的材料，儿童天生就是游戏的开发者。因此，我们在进行音乐教育的时候，要关注儿童音乐学习过程中的游戏性，这种游戏性不仅仅是简单地玩一个游戏，而是要有真正的游戏精神，即关注“自由、自主、愉悦、创造”的一种符合儿童心理特点的学习方法。

（三）愉悦性

儿童在音乐学习中的愉悦性是基于游戏性学习中生发的情感。儿童在游戏性的音乐学习过程中，会产生一种愉悦的情感体验，这种体验能够帮助儿童满足她的好奇心，同时还能够帮助儿童培养良好的情绪。在“活教育”思想体系中，关于儿童的情绪培养有三种方法，其中最重要的就是用“欣赏”的方式来培养儿童良好的情绪。[②] 由此可见，在音乐欣赏的过程中，儿童同样可以产生良好的情绪体验，而欣赏的素材非常重要，要来源于自然和儿童的生活，因此，多欣赏适宜儿童的音乐作品，要在幼儿园里大力提倡，这是不难办到的。[③]

二、一日生活环节中音乐欣赏的策略

幼儿园一日生活环节包含生活环节、游戏环节、集体教学环节等，这些环节都和幼儿的

---

① 陈鹤琴. 陈鹤琴教育思想读本·儿童音乐教育[M]. 陈秀云，柯小卫，选编. 南京：南京师范大学出版社，2013：22.

② 陈鹤琴. 陈鹤琴教育思想读本·儿童音乐教育[M]. 陈秀云，柯小卫，选编. 南京：南京师范大学出版社，2013：12.

③ 陈鹤琴. 陈鹤琴教育思想读本·儿童音乐教育[M]. 陈秀云，柯小卫，选编. 南京：南京师范大学出版社，2013：12.

学习相关,为了让儿童能够在不同的环节中情绪稳定、有序地开展活动,研究者针对各个环节的特点和价值,选择相应的音乐帮助幼儿更投入地开展活动。

(一)音乐素材的选择

幼儿园的音乐欣赏素材需要经过挑选,要符合儿童的心理特点,因此,并不是所有的音乐都适合儿童欣赏。研究者通过对大量音乐进行筛选并运用在幼儿园一日生活中,发现幼儿对于音乐的类型、风格以及作曲家都有明显的喜好,但是,研究者经过观察发现,在一日生活环节中,选择的音乐需要和不同的环节的价值和意义相匹配,使每一个环节使用的音乐最大限度地发挥价值。(见表1)

表1　一日生活环节音乐素材选择一览表

环节	音乐类型	风　格	作　用
入园	儿童歌曲	活泼、积极向上	稳定情绪,帮助儿童投入到幼儿园生活
餐点	古典音乐、轻音乐	舒缓、安静	情绪安定,愉快地用餐
盥洗	儿歌	节奏稳定、速度适中	有序进出盥洗室
午睡	古典音乐	轻柔、舒缓	帮助于幼儿进入睡眠状态
游戏	古典音乐	轻快、舒适、节奏稳定	有助于幼儿进入深度学习
体育锻炼	流行音乐、轻音乐	动感、节奏感强	唤醒幼儿的身体动作,热身,帮助幼儿身体投入大肢体运动状态
离园	轻音乐	舒缓、绵长、悠远	身心愉悦,情绪稳定

从表格中可看出,在幼儿园一日生活各环节中加入音乐后,各环节的活动开展比没有加入音乐有显著变化,最重要的是:能够帮助幼儿在各环节开展相应活动的时候以更加积极、投入的状态进行,这是音乐的价值和作用。在不同的环节,选择的音乐类型是不一样的,具体分析如下。

1. 生活环节

在生活环节(盥洗、餐点、午睡)推荐使用古典音乐。从类型上说,钢琴、小提琴、长笛等乐器的独奏曲或者小型室内乐等作品更为合适。从时间上说,首选巴洛克时期、古典乐派时期和浪漫乐派时期的音乐。这几个时期的典型代表作曲家,如:巴赫、莫扎特、贝多芬、舒伯特、肖邦等,这些作曲家的作品,旋律以大调作品为主,并且喜欢用主和弦、属和弦和重属和弦作为和声织体运用的主要素材,这样的作品让倾听者欣赏的时候能够降低音乐紧张感。研究结果表明,和弦的协和性、和声的进行、旋律音的倾向以及节奏与节拍等因素都可能影响倾听者的紧张感知觉。儿童欣赏这些时期的作品时,紧张感能够降低,①对培养儿童的良好情绪起到至关重要的作用。这也是活教育思想中利用让儿童欣赏艺术作品的方式帮助培养儿童建立良好情绪的根源所在。

2. 室内游戏环节

室内游戏环节在本文中特指幼儿园的区域游戏,在这个环节中,可以用节奏稍微轻快一些的背景音乐,也可以使用古典音乐或者轻音乐。在轻音乐的选择上,研究者主要推荐室内乐,这类音乐和生活环节中使用的欣赏音乐应有所区别,生活环节中的音乐需要儿童有意识地倾听,而这个环节的音乐更多的是营造一种音乐氛围,对幼儿倾听的要求可以降低一些,同时,音乐的音量也需要控制在一定范围内,理想的情况是保持在“不注意听,就听不到”的范围之内,②营造的音乐氛围能够帮助儿童在游戏中情绪稳定地开展深度学习。

3. 转换环节

在环节和环节之间,有一些零碎的时间,教师可以自己弹琴、唱歌或者引导感兴趣的幼儿参与到演唱的内容中,也可以玩一些带有音乐性的小游戏,也可以让少数人引发的自发性的音乐活动影响全体,通过少数人的引领,让其他人参与到音乐活动中,这种欣赏方式遵循了活教育思想中的教育原则“凡是儿童自己能够做的,应当让他自己做”“凡是儿童能让他自己想的,应当让他自己想”。③ 在这样的转换环节,教师应该特别关注儿童“自主性”游戏的体验,同时也要关注游戏环境的“舒适感”。一般能够让儿童产生自发性的活动都是在轻松、愉悦的情境中进行的。在这种自发的游戏活动中,作为观察者和支持者,应对儿童的游戏做出回应,让儿童能够感受到教师对待自发性游戏的态度。

4. 户外体育锻炼环节

幼儿园的户外体育锻炼环节一般在上午 8:00—9:30,称为晨间体育锻炼活动。这个环节使用的音乐一般是轻松愉悦的,但是要有鲜明的节奏感,一小部分流行音乐和通俗的儿童歌曲都可以作为选择的素材,但是在户外活动开始前和活动快结束的时候,需要选择有信号的音乐。这两种音乐让儿童能够了解活动的开端和结尾,并为后续的学习活动提供身心准备的暗示。

---

① 蒋存梅.音乐心理学[M].上海:华东师范大学出版社,2018:112.
② 许卓娅.学前儿童音乐教育[M].北京:人民教育出版社,2021:274.
③ 虞永平.活教育的时代意义与实践指向[J].早期教育,2021(12):6-7.

（二）一日生活环节音乐欣赏的策略

在一日生活中，不同环节音乐欣赏的内容和方式各不相同，单纯靠“听”进行欣赏的这种方式不适合 3—6 岁儿童的年龄特征。儿童的学习方式是“多通道感官学习”，其在获得经验的过程中，不只使用一种感官学习方式，往往需要全方位地利用多种感官进行学习。因此在进行音乐欣赏活动的过程中，研究者总结了以下几种方式，仅供参考。

1. 练习式

练习式欣赏方式适合在小班阶段开展。小班幼儿刚进入幼儿园，喜欢模仿成人的动作，并且喜欢反复地做已经习得的动作或经验，比如，在餐点前的洗手环节，教师一边帮助幼儿在盥洗室卷袖子、洗手，一边分享幼儿学过的有关洗手的歌曲或者儿歌；在游戏结束后的整理环节，教师轻声引导幼儿唱一首完整的与整理有关的歌曲；在散步时，鼓励幼儿轮流演唱学习过的儿歌，可以和当下季节有关，或者跟最近的节气、节日有关，甚至也可以用学过的儿歌即兴谱曲，在练习儿歌内容的同时加入旋律元素，让儿歌变得有趣。

这种形式适用于一日生活中的任何一个环节，尤其是生活环节、散步环节或者自由活动过渡环节，让幼儿在反复练习的过程中，不断强化所学的歌曲，习得生活技能。在进行此类音乐欣赏的时候，教师自身对待音乐的态度非常重要。在和儿童互动的过程中，教师如果觉得这种形式只是每天在重复，那么幼儿就很难从中获得对音乐的感受，但是如果教师对待每天重复的内容都有快乐的体验，比如用微笑的表情、温柔的歌声传达歌曲中的意境，用自然的态度传达自己的心情，那么幼儿就能够从教师的表现中体会到每天的“练习”并不是一种单纯的练习，而是对音乐的美的体验。

2. 游戏式

这种音乐欣赏的策略大多用在游戏时间和区角活动中，适合中、大班幼儿。与集体教学活动环节不同，而在这种游戏环节，教师扮演的角色更多的是支持者，即教师在儿童游戏过程中提供场地、环境、设备、材料，但是，在幼儿有需要时，教师可以提供情感、信息、策略及多种支持，帮助幼儿在游戏过程中获得有益经验。在这个过程中，幼儿是游戏的主导者，游戏的内容可以是集体教学活动内容的拓展和延伸，也可以是全新的。比如，在教室的合适位置设立“音乐表演区”，提供常见的乐器或者生活类材料，同时提供音乐素材，包括视频和音频，让幼儿学会自主操作音响设备，充分创造幼儿自主游戏的条件，让幼儿进行创作和排练。

同时，游戏式的音乐欣赏活动还可以和其他区域的游戏或活动进行整合，比如，给大班毕业典礼排练表演的舞曲，给角色游戏中即将开业的店铺进行开业表演，或者给娃娃家中即将过生日的人练习演唱生日祝贺歌，等等，充分把音乐游戏的作用最大化，提供给幼儿更多欣赏音乐的可能性。

3. 背景式

在幼儿园一日生活中，还有一些环节的音乐可以作为背景音乐进行播放，比如，入园和离园环节、睡前、起床、游戏环节等。对于这些环节的音乐，播放时间上需要有周期地更替，不同的年龄段有不同的更替时间。小班一学期更替一次，中班和大班以一学期更替两次为宜。年龄越小的儿童，对于音乐听觉的系统建立需要的时间更久，对于音乐内容的有意关注需要的时间周期更长，因此，相比高年龄段的儿童，低年龄段的儿童倾听音乐，需要的时间更多。同时，研究发现，音乐的长时记忆和人类的年龄有关系，年龄越小的儿童，对于音乐的记忆能力比成人和老年人更强，老年人记忆中幼儿时期的音乐记忆力最强。① 因此，3—6 岁儿童在欣赏背景音乐所需的时间也与儿童的年龄特点有关。

今天的中国社会和一个多世纪前相比有了翻天覆地的变化，但是，陈鹤琴活教育思想中关于儿童音乐教育的内容在当今学前教育领域依旧有非常重要的指导意义和参考价值。尤其是在当今幼儿园一日生活中的音乐欣赏教育缺失的情形下，作为担负着培养“现代中国人”责任的教师，如何在“活教育”思想下成为合格的“活教师”，这对于教师的专业成长和发展至关重要。因此，我们在现阶段依旧要“学陈”“思陈”，把“活教育”思想的精髓真正地运用到平时的工作中，真正践行“活教育”思想，为培养“现代中国人”而努力。

参考文献：

[1] 陈鹤琴. 陈鹤琴全集[M]. 南京：江苏教育出版社，2008.

[2] 陈鹤琴. 儿童音乐教育[M]：南京：江苏教育出版社，2013.

[3] 许卓娅. 学前儿童音乐教育[M]：北京：人民教育出版社，2021.

[4] 蒋存梅. 音乐心理学[M]：上海：华东师范大学出版社，2018.

[5] 虞永平. 活教育的时代意义与实践指向[J]. 早期教育，2021(12).

[6] 张永英. 陈鹤琴“活教法”思想滥觞及对当前幼儿园课程改革的启示[J]. 南京师大学报，2021(6).

[7] 高振宇. 民国时期儿童学研究者的理论成就及实践贡献[J]. 河北师范大学学报，2020(11).

① 蒋存梅. 音乐心理学[M]. 上海：华东师范大学出版社，2018：54.

陈鹤琴“活教育”思想园本化的实践探索

——以“小社团式混龄民间游戏”为例

江阴市要塞中心幼儿园 高 燕

陈鹤琴先生的“活教育”思想对我国幼儿教育有着重要启示。“活教育”思想将幼儿作为教育的中心，注重培养幼儿的行为习惯，采用多种方式，增强幼儿的情感体验。在“活教育”思想的指导下，新时期的幼儿教育要注重理论和实践的结合，开展个性化教育，促进幼儿健康、全面发展。小社团式混龄民间游戏是我园对陈鹤琴“活教育”思想的一种园本化实践。

“小社团式”是指借用社团活动这种形式，打破年龄界限、班级界限，让中、大班不同年龄的幼儿在教师引导下共同参与幼儿园活动的一种教育模式。小社团式混龄民间游戏以“小社团”为组织形式，以“民间游戏”为活动内容，让传统的民间游戏在传承中获得创新。我们以陈鹤琴“活教育”思想为指导，对活动的组织形式、环境创设、内容选择有了一些自己的思考和做法。

一、“活”组织形式

“活教育”思想注重将地方特色和课程建设结合起来。教师在组织教学时不应拘泥于固定的形式，要充分利用多种教学资源，创新教学方式，针对孩子的特点实施个性化教育。小社团式混龄民间游戏是一种创新的活动形式。每周二上午为我园的“小社团活动日”，活动流程如下：幼儿自选小社团—热身（找异龄朋友）—小社团团长带领喊口号、熟悉社团公约—混龄幼儿活动—幼儿交流分享。

活动开始，中、大班幼儿根据自己的兴趣选择不同的小社团，在小社团中自主结伴，形成一个较为固定的混龄伙伴组。通过竞选，每个小社团选出一名小团长，小团长带领大家喊社团口号、熟悉社团公约、分发活动材料等。活动中，混龄伙伴组共同参与；活动结束，教师组织幼儿开展各种形式的分享交流会。

1. 活动前奏曲——谈话环节

每周二早晨，各班教师利用直观形象的课件结合小社团式混龄活动的开展与幼儿进行谈话活动，谈话的内容可以提前预设，还可以追随幼儿的兴趣随机生成一些话题并展开讨论。

(1) 说内容。

教师出示课件，呈现各个小社团活动场馆照片，帮助幼儿唤醒已有经验，对当天所要开展的小社团活动的名称、地点、内容做一个简要的介绍。教师可以请个别幼儿结合照片进行一一介绍。

(2) 谈想法。

幼儿在了解本次小社团活动内容的基础上，和同伴谈论自己的经验和想法。幼儿都有参与小社团活动的经验，可以通过讲述的方式谈谈自己的小伙伴，分享自己成功的喜悦或失败的经历。

(3) 聊计划。

在回顾以往社团活动的基础上，教师可以进一步组织幼儿聊聊当天参与小社团活动的计划，想和哪个小伙伴玩？如何完成小社团活动中的一次挑战？针对活动计划的讲述能让幼儿参与小社团活动明确了方向。

2. 活动主旋律——序进环节

(1) 自由选择游戏。

在小社团活动日，伴随着清脆悦耳的音乐，中、大班幼儿走出教室，自由结对，手拉手去自己喜欢的小社团，自主签到。每个小社团区域都有活动海报，小小的活动海报隐藏着许多小社团的规则(见图 1)。

(2) 自主参与活动。

幼儿进入每个小社团后，自主参与活动。教师负责内容的制订和活动的组织，“小团长”负责协助教师组织活动，各小社团成员明确小社团活动公约。幼儿在活动的过程中可以自由选择玩伴，自主参与各项民间游戏活动，整个活动过程轻松愉悦。教师在此过程中当好引导者、支持者、合作者，不过多干涉混龄活动。

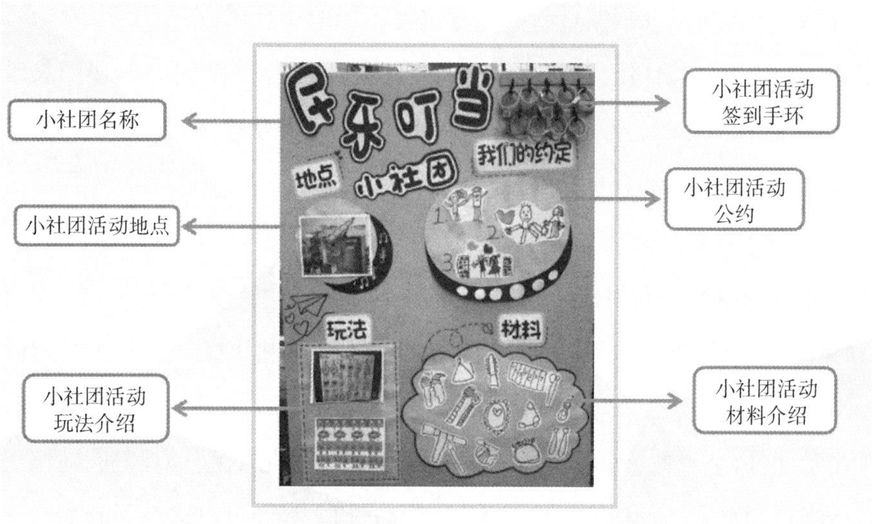

图 1　小社团活动海报

3. *活动尾奏曲——分享环节*

陈鹤琴先生的“活教育”思想对课程评价也有详细的阐述。当教学活动结束后，幼儿教师要组织检讨会，对幼儿进行评价，对自己的教学状况做好记录，针对不足及时做出调整。在小社团式混龄民间游戏中，评价是分享环节中的重要内容。

(1) 分享式评价。

分享式评价是指在小社团混龄民间游戏结束环节，由教师组织、以幼儿为主的评价，可以是幼儿个体分享，也可以是小组分享的评价方式。集体分享是幼儿在集体面前对自己在活动中的情况进行梳理，如可以让幼儿讲讲自己在活动中的感受、遇到的问题和困难等。小组分享即以小社团为单位的小组成员间的分享。如跳竹竿小社团在表演结束后，小组成员在组长的带领下针对小组成员的表现情况及时给予反馈和点评，幼儿间自主进行点评，自主调整行为，促进能力发展。

(2) 记录式评价。

记录式评价是指教师或幼儿以自己的方式记录活动的某一历程，师幼共同回忆、交流、分享的评价方式。教师记录是指教师在幼儿活动过程中，利用视频、录音、照片等方式记录幼儿活动的某一片段，在活动结束时引导幼儿观看、评价。幼儿表征是指幼儿在小社团活动结束后，回忆自己的活动历程，在“小社团记录本”上用自己的方式进行记录(见图 2)。随后和同伴共享自己的经验和看法，教师则帮助幼儿记录幼儿之间的交流和点评。

(3) 合作式评价。

合作式评价是指由同一组的高年龄幼儿带领低年龄幼儿结伴进行评价的方式。(见图 2)这种幼儿两两间的交流体现了幼儿的主体地位,促使同伴之间的交往和合作。同时,我们采用共同奖励的策略,只有结伴的幼儿合作完成任务才能得到每次的爱心贴纸奖励,以此促使幼儿关心自己的同伴,互相帮助,获得成功。

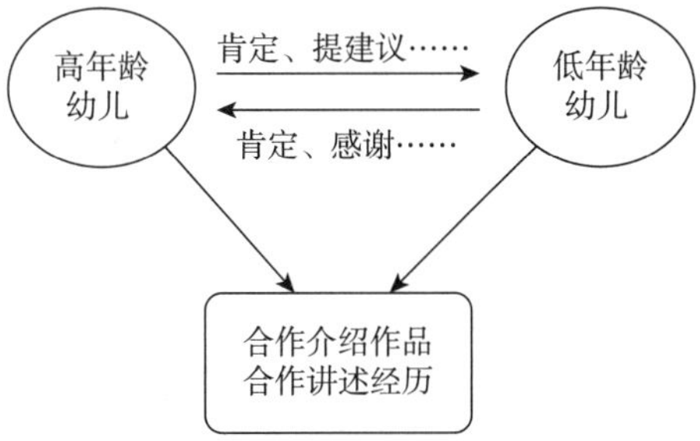

图 2　小社团活动合作式评价

(4) 分层式评价。

分层式评价是指教师根据幼儿的年龄、能力而采用的评价方式。每次小社团式混龄民间游戏结束时,教师会分别对不同年龄的幼儿进行提问和评价,帮助他们梳理大带小及相互合作的经验。(见表 1)

表 1　分层式评价

评价对象	教师评价指向
高年龄幼儿	提问:你带的是哪个弟弟/妹妹?你带弟弟/妹妹做了什么事?弟弟/妹妹学会了吗?你是怎样帮助他/她的?
低年龄幼儿	提问:你跟哥哥/姐姐学会了什么本领?哥哥/姐姐是怎样帮助你的?你遇到困难时,是怎样求助哥哥/姐姐的?
能力强的幼儿	在肯定的同时进一步引导,怎样做会更好。
能力弱的幼儿	肯定、鼓励、帮扶。

二、“活”环境创设

“活教育”思想认为活动环境对教育效果的影响深远,这种活动环境分为心理上的和物质上的。教育要呵护幼儿的天性,让幼儿在轻松、愉悦的环境中学习,获得全面发展。幼儿教师要善于利用可利用的资源,为幼儿创设良好的活动环境。教师在组织小社团式混龄民间游戏的活动时,根据混龄幼儿的年龄特点,充分考虑民间游戏的基本场地要求,构建幼儿乐意参与、愿意实践的小社团活动场所,充分满足幼儿爱玩、爱动的天性,激发幼儿的好奇心与想象力。

1. 小社团式混龄民间游戏场地区域的分配

我园的现实条件是:人数多,空间小,户外活动场地缺乏。我们的做法是:灵活利用室内外空间,同时,充分利用周边资源及社区资源,根据各民间游戏活动场地要求,因地制宜,规划出若干个活动区域。比如,我们利用周边资源,开辟小树林;利用社区资源,到社区运动场开展活动。这大大拓展了幼儿的活动空间,满足了活动开展的需求。(见表 2)

表 2 小社团式混龄民间游戏安排表

小社团名称	场地	幼儿表征地点
扎染坊小社团	中 1 班教室	中 1 班教室
龙舟奇缘小社团	跑道	玻璃门外面平台
放风筝小社团	小区公园	大 3 班教室
老作坊小社团	大 4 班教室	大 4 班教室
足球玩家小社团	顶楼操场	中 2 班中 3 班午睡室
驯龙高手小社团	园门口	晨检处
丢手绢小社团	大 1 班教室	大 1 班教室
京韵戏迷小社团	二楼走廊	中 3 班教室
翻花绳小社团	大 2 班教室	大 2 班教室
沙水乐园小社团	沙池	一楼多功能厅
车硬币小社团	中 4 班教室	中 4 班教室
野战部落小社团	小树林	底楼围墙边
踩高跷小社团	底楼西院	西楼梯
民乐叮当小社团	底楼围墙	图书室
民游嬉戏小社团	底楼操场	中 2 班教室

2. 小社团式混龄民间游戏场地功能的定位

"活教育"思想主张幼儿学习以大自然为中心,将它作为活教材。但受到客观条件的限制,许多幼儿和自然接触的机会非常少,无法在大自然中学习。小社团式混龄民间游戏就活动场地功能而言,要灵活运用各种场地,在确保满足基本游戏需求的基础上,体现民间游戏的特质,激发幼儿的民族自豪感与自信心。

(1) 满足基本游戏需求,体现自由自主。

要提供能够满足幼儿正常开展活动的基本物品,如小社团活动海报、小社团活动工具车、小社团活动材料箱等,这些物品的提供,是幼儿自主参与、自由活动的基本保证,教师与幼儿可以根据活动的进程进行灵活增减,确保活动所需。如在舞龙小社团中,活动开始时,教师与幼儿共同将舞龙社团活动海报、可放水壶的移动小车、自制“纸板龙”、小彩龙等材料放置到活动场地上。

（2）展示游戏演变过程，激发民族情感。

活动场地可做相关民间游戏主题布展，可展示民间游戏演变的过程。小社团活动开展的过程中，教师可以与幼儿通过多种方式了解民间游戏的演变过程，并用儿童特有的方式加以表达、表现。如在舞龙小社团中，通过几次活动，幼儿了解了民间舞龙活动的由来，在教师的带领下进行了表征，用图画、手工方式制作了各式彩龙，并进行布展，呈现在活动场地上。

3. 小社团式混龄民间游戏场地空间的布局

为了全面开展活动，充分利用室内外空间，有的小社团式混龄民间游戏场地在室外，有的场地在室内，还有的场地在幼儿园围墙外的小树林、幼儿园附近的小区运动场。我们充分利用不同的活动场地，满足不同民间游戏的场地要求，并巧妙规划小社团活动空间布局，带领幼儿深度开展活动。

（1）充分利用室内场地。

在小社团式民间游戏室内场地的规划设计中，我们通过对门头、墙面等进行整体设计，与幼儿共同打造一种富有民间文化氛围的游戏环境。环境的打造从活动的准备阶段就开始了，并随着活动的开展逐步完善，而不是一蹴而就。从简单的活动室门头的打造，到后期吊饰、墙饰、隔断的增加，从开始的多处“留白”，到后来的逐渐增补，在创建和使用的过程中，师幼共同创生，不断完善、丰满。室内活动场地采用区域的方式呈现，运用橱柜、桌椅、屏风等物品进行隔断，形成几个相对固定的混龄民间游戏活动区域，供混龄幼儿自主选择、参与。

（2）巧妙利用户外场地。

户外场地能够满足不同混龄民间游戏的需求，如跳竹竿、舞龙、赛龙舟等游戏更适合在户外开展。根据活动场地需求，我们对幼儿园户外场地进行了重新规划。例如，玩沙区、玩水区原来分布在幼儿园户外两个相对较远的独立场地，我们利用暑期对其进行了改造，在沙池旁增设水龙头，便于幼儿取水。例如，我们将龙舟奇缘小社团安排在跑道上，便于组织幼儿进行赛龙舟活动。同时，对于户外活动场地的小社团活动，我们利用栅栏、海报架等进行活动区的划分。这样，每一个小社团活动区域就形成了半隔离的状态，便于活动的组织与开展。

(3) 灵活利用园外场地。

我们要给幼儿提供不同材质的多样化场地,满足幼儿开展不同民间游戏的需求。目前幼儿园内塑胶地、水泥地较多,草地、坡地、沟渠这样的场地较为缺乏。而这样的户外场地恰恰是开展民间游戏的好地方。通过实地考察,我们开发了园外的一片小树林,在围墙上开了一扇小门,小树林里充满了趣味性和挑战性,幼儿可以在这里尽情玩耍,挖沟开河、打弹子、捉迷藏、跳房子、打野战。在这片小树林里,幼儿尽情拥抱自然,演绎着自己的混龄民间游戏。

三、"活"内容选择

"活教育"的目的就是培养人成为人,成为中国人和现代化中国人。"中国人"强调民族性,是要了解中国人的文化传统、有身为中国人的自豪感和爱国情怀,小社团式混龄民间游戏对培养孩子"做中国人"具有重要的价值。传统民间游戏的传承不应该生搬硬套,应该以民间游戏精神传承为核心,民间游戏的传承应该在创新中发展。我们采用文献学习和田野考察等多种研究方法,鼓励家长参与,回忆或整理儿时流行的游戏,深度挖掘社区资源,收集了一批既与当下生活密切相关又能传承民俗文化的民间游戏作为小社团式混龄民间游戏的内容。

1. 民间游戏资源的收集

(1) 查阅文献。

课题组通过查阅文献,挖掘合适的民间游戏项目,比如,郭伴溪编著的《民间游戏与竞技》《民间游戏 100 例》,土文宝编著的《中国民间游戏》等文献资料。

(2) 发动家长。

向家长征集民间游戏,收集爷爷奶奶、爸爸妈妈小时候玩的游戏。

(3) 我们收集到的游戏。

丢沙包、滚铁环、老鹰捉小鸡、跳房子、套圈、挤油、踢毽子、跳绳、跳皮筋、放风筝、打豆腐干、打弹子、挑花棒、抱小狗、玩纸牌、打弹弓。

2. 民间游戏资源的整理

我们对民间游戏资源进行初步的整理,按照游戏功能分为运动、益智、语言、艺术四个类别。(见表 3)

表 3 民间游戏资源一览表

类别	游戏名称
运动类	丢沙包、赶小猪、滚铁环、炒黄豆、网鱼、跨大步、老鹰捉小鸡、踩高跷、跳房子、套圈、抬轿子、踢毽子、跳绳、投壶、跳皮筋、老狼老狼几点了、梅花桩、旱地龙舟、放风筝、打豆腐干、野战、踢足球
益智类	石头剪刀布、猜中指、公鸡头母鸡头、走迷宫、纸牌乐、挑花棒、十二生肖翻翻乐、数青蛙、翻花绳、五子棋
语言类	小老鼠上灯台、虫虫飞、点兵点将、摇到外婆桥、山上有个木头人、丢手绢、抱小狗、顶锅盖、小板凳歪歪、两只小蜜蜂、拍手歌、扮家家
艺术类	音乐类：竹竿舞、戏说脸谱、舞龙、民乐、皮影戏、对歌、丢手绢、找朋友、小兔乖乖 美术类：剪纸、扎染、捏泥人、自然物创意、制作香囊、青花瓷、折纸、印章、花灯

3. 民间游戏活动的创编

打破年龄界限玩民间游戏是由民间游戏自身的特点决定的，在以往的岁月里，不同年龄的孩子聚集在一起，大的带着小的，小的追随大的。随着时代的发展，传统的民间游戏远离了孩子的生活，单一的民间游戏不能满足混龄儿童的游戏需要。因此，我们运用组合法、延伸法、发散法等对民间游戏内容进行创编，供不同年龄段的幼儿共同戏耍。这些方法的运用，使幼儿民间游戏的内容更为丰富和灵活，更受幼儿的喜爱。

(1) 组合法。

组合法是指根据幼儿的实际发展水平和兴趣需要，把两个或两个以上民间游戏的内容或动作技巧有机地组合在一起，比如飞上云霄小社团，将放风筝、竹蜻蜓、风车转转乐三个有相同游戏元素“飞”的游戏组合在一起，并由教师和幼儿共同制订新的游戏规则。

(2) 拓展法。

拓展法是根据民间游戏的具体内容，在保持原有结构完整的基础上，对民间游戏的内容进行适当的延伸。比如民游嬉戏小社团的投壶游戏中，游戏玩法较为单一，教师可以拓展延伸，引导幼儿共同制作不同的“壶”并共同探讨“壶”的摆放位置。

(3) 发散法。

发散法是鼓励幼儿根据一个游戏项目发散想象出不同的游戏内容。比如在龙舟奇缘小社团中，教师鼓励并引导幼儿“发明”出龙舟的不同玩法。又如在丢手绢小社团中，幼儿开展了躲闪游戏、投掷游戏、抛接游戏、闯关游戏等活动。

小社团式混龄民间游戏的开展是我园以“活教育”理念为指导，结合本园教育的具体实际，充分利用自身独有的教育资源，打造出的特色园本课程。活动中，幼儿有更多的活动伙伴，更广的活动环境，更丰富的活动内容。幼儿的自主性在其中可以得到更好的释放和发展，低结构、高开放、多元化的小社团式混龄民间游戏更能促进幼儿的社会性发展、认知能力发展、情感发展等，对培育幼儿的核心素养有重要的作用。我们将进一步以陈鹤琴先生的"活教育"理念为指导，深入实践探索，充分发挥个性化教育的价值，促进幼儿健康、全面发展。

参考文献：

[1] 葛晓英. 混龄教育的探索与实践[M]. 福州：福建人民出版社，2013.

[2] 李文娟. 幼儿园小社团式艺术活动中教师角色转换的策略研究[J]. 学前教育，2011(2).

[3] 邱学青. 学前儿童游戏[M]. 南京：江苏教育出版社，2008.

[4] 沈艳凤. 幼儿园民间游戏课程开发与实施[J]. 早期教育(教育科研)，2020(Z1).

[5] 厉云. "吴地童戏日"中大班混龄民间游戏的实施[J]. 好家长，2018(86).

[6] 万明慧. 关于幼儿园《民间游戏》微课程的思考[J]. 好家长，2020(45).

[7] 顾智敏. 幼儿园混龄民间游戏探究[J]. 江苏幼儿教育，2018(2).

[8] 徐希玲. 陈鹤琴"活教育"思想对幼儿教育的影响[J]. 新智慧，2019(28).

陈鹤琴“活教法”理论指导下幼儿园小组探究活动实践研究

苏州高新区文星幼儿园　刘　焰

一、突破现有瓶颈，让“活教材”和“活教法”联合

我们对于“活教育”理论的学习倾向于一种或者单个理念的吸收，或者是该理论体系中部分的元素，如“大自然、大社会都是活教材”这一思想。随着教师课程意识和课程观的不断提升，教师在组织活动时选取幼儿能够接触到的大自然和大社会中的一些素材开展相关的活动，也会带着幼儿走进大自然、大社会，开展活动。但这只是教师们做出改进迈出的第一步。即使有了这些“活教材”，教师在组织和实施活动时还是会主导整个活动，忽视幼儿的兴趣和需要，幼儿处于被动的状态。当我们有了“活教材”后，教师要思考的是如何利用好这些“活教材”，让“活教材”发挥其应有的价值。这就需要教师拓宽对“活教育”理论的认知。“活教育”理论包含了三大纲领、十七条教学原则、学习的四个步骤、五指活动计划等，在此就不一一赘述了。

那怎么样才能充分利用好“活教材”呢？这就需要教师的“活教法”。观察实验——让孩子们去大自然、大社会中直接感知实际操作和亲身体验，在观察中引导幼儿发现问题、提出问题。阅读参考——为了解决在观察实验中的问题，鼓励幼儿通过多种途径获取间接经验来解决问题。发表创作——鼓励幼儿通过绘画、舞蹈、戏剧、建构等多种方式向他人分享自己的探究发现和成果。批评研讨——批评研讨环节即我们所说的回顾反思环节，也可以说是评价环节。教师和幼儿都需要对活动进行评价，一起总结提炼经验，建构新经验。

从陈鹤琴先生"活教法"即学习的四个步骤上，不难发现其中的儿童立场非常的明确，尊重幼儿的身心发展规律，相信儿童是积极主动的学习者，让儿童从生活中能够接触到的事物和现象开始，依靠对这个世界充满好奇的天性，在操作和探究活动中获得新经验。而个人在小组和集体中的学习既符合儿童好表达、交往的天性，更为其成长为具有合作精神、服务意识的公民奠定基础。总而言之，我们不应该原地踏步，停留在"活教材"这一单元素上，我们要逐步延伸到"活教法"的探究上。只有让"活教材"和"活教法"联合起来，才能更好地实现"活教育"目标，即"做人、做中国人、做现代中国人、做世界人"。

二、"学习的四个步骤"在幼儿园探究活动中的实践研究

幼儿园小组探究活动是幼儿选择他们自己感兴趣且对他们有意义的主题，幼儿能够持续进行探究，在探究过程中教师则将数学、阅读和科学整合到主题之中，帮助幼儿获得完整的学习经验。小组探究活动这一活动组织形式更符合幼儿的学习方式和特点。小组探究活动可以使师幼之间、幼幼之间相互学习，教师赋权幼儿，使得幼儿有更多自主学习、自主探索的机会，有更多表达表征自己的观点和想法的机会。这一方式能充分发挥幼儿的创造性思维，使他们能在小组探究活动中得到愉悦的情绪体验。那么教师怎样才能更好、更科学地组织小组探究活动活动呢？在陈鹤琴先生的"学习的四个步骤"理论指导下，我们进行实践探究，并结合实践探究尝试着提出几点粗浅的建议。

（一）明晰兴趣需要，鼓励幼儿在问题驱动下探索实验

幼儿对事物的兴趣是项目小组活动的缘起和持续探索的动力。幼儿的兴趣能够激发幼儿发现问题、持续探索、解决问题。教师在一日活动中要将对幼儿的观察落到实处，及时把握住幼儿的兴趣，并做出判断。教师要思考幼儿的兴趣点是否对幼儿的发展有促进作用，幼儿的兴趣点能否支持幼儿进行持续探索，在活动过程中幼儿是否能够用多种表征进行记录交流、能否提供资源支持幼儿进行持续探究。如果以上问题的答案都是肯定的话。那教师就可以围绕幼儿这个兴趣点开展探究活动。

2021 年 9 月 13 日，台风"灿都"来袭，下起了雨。孩子们在户外游戏时发现小水珠在荷叶上滚来滚去。常欢说："水滴在叶子上玩滑滑梯游戏！"馨馨说："水滴滑下来的速度好快啊！"小淇疑惑地问："这么大的水珠在荷叶上，为什么荷叶都不湿？"在游戏分享环节，孩子

们分享了自己的观察发现。为什么被雨淋了荷叶还不湿？水珠为什么能在荷叶上滚来滚去？对于孩子们的疑问教师并没有直接给予回应，而是鼓励孩子们带着问题自主探索。孩子在幼儿园里、家里搜集常见的叶子，通过喷水实验发现水滴只能在荷叶以及芋艿叶子上滚来滚去，并且最后叶子都没有被水打湿。（见图1）

图1　喷水实验

当一些孩子发现的荷叶的秘密通过集体游戏分享变成全班幼儿的关注点，教师则以幼儿的问题为导向鼓励幼儿自由探索，通过直接感知、实际操作、亲身体验去探索叶子和水滴之间的秘密，从而获得直接经验。"活教法"的第一步要求我们相信幼儿是积极主动、有能力的学习者，把关注、思考、探究的始发性和主动性留给幼儿。

（二）鼓励幼儿通过多种途径，获得间接经验

活教育的课程以"大自然、大社会做主要的教材，以课本做参考资料"①，强调"做中学""从经验中学"，并不等于完全排斥书本知识或间接经验。幼儿除了在直接感知、实际操作中获得直接经验外，教师应该鼓励幼儿通过多种途径获取间接经验，如阅读书籍、查找网络资源、采访调查等途径获得新信息。因为"站在巨人的肩膀上"能够减少失误。幼儿在问题的驱动下主动获取信息也是解决探究中问题的一种方式。

通过实验探究孩子们发现只有荷叶和芋艿叶不会被水打湿。那为什么荷叶和芋艿叶能留住小水滴还能不湿呢？孩子们进行了大胆猜想。小涵说："我发现荷叶上有很多多的小点点，肯定是这些小点点。"小萱说："我摸荷叶的时候感觉有点粗糙，可能是因为荷叶上

① 陈鹤琴.陈鹤琴教育思想读本·活教育[M].陈秀云，柯小卫，选编.南京：南京师范大学出版社，2012.

的粗糙的毛阻挡住了水。”小婷说:“因为荷叶上有层保护膜!”孩子们的意见不统一,那到底是什么原因呢?孩子们表示可以在网上查一查、看一看关于叶子的书籍……带着问题,孩子们通过不同的方式了解了关于荷叶和芋艿叶的相关知识。荷叶在显微镜放大500倍后,叶片表面有许多细小的突起,这些突起上不仅长满了纤细的茸毛,还覆盖着一层蜡质结晶,像是给荷叶铺上了一层保护膜,能抵挡住任何液体的侵入。在探索荷叶奥秘的过程中,孩子们还发现了叶子之间的相同点和不同点。如树叶由叶柄、叶脉、叶片构成。这是叶子的共同点。叶子有各种各样的形状,叶形不同。叶柄上叶子的数量不一样,有单叶和复叶的区别。叶子的边缘有的光滑,有的像锯齿,这是叶缘的不同。

对于荷叶和芋艿叶为什么不会被打湿这个问题,孩子们通过阅读书籍、上网搜索、询问爸爸妈妈等方式找了问题的答案,对荷叶效应有了一定的了解,并且建构了关于叶子的新经验。

(三)在交流讨论中拓展、整合经验

交流讨论包括幼儿和幼儿之间的交流以及幼儿和教师之间的交流。幼儿之间的交流能够使得彼此的经验得以共享,体现“儿童教儿童”的原则。教师和幼儿的交流讨论,能够帮助幼儿提炼总结,将幼儿零散的经验进行整合。在以后的活动中,幼儿能够迁移经验来解决新的问题。所以交流讨论在探索活动中必不可少,是实现幼儿发展的重要一步。

在观察叶子的过程中孩子们发现了“小荷叶”(实为铜钱草),在交流环节孩子们对“小荷叶”展开了激烈的讨论。一部分孩子表示那是荷叶,是没长大的荷叶,另一部分孩子表示那不是荷叶。双方各执己见。认为是荷叶的孩子们表示,这片叶子跟荷叶一样是圆形的、绿色的,叶脉也是一样的,形状也一样,都是单叶。而认为不是荷叶的孩子们认为这片叶子太小了,表面没有像荷叶一样凸起的颗粒,比较光滑,而荷叶的叶脉比较粗且上面还有刺,这片叶子的叶脉很细且光滑。针对争议孩子们继续对这片“小荷叶”进行了喷水实验,通过实验孩子们发现这片“小荷叶”并没有出现“荷叶效应”,喷水后叶子马上就湿了。实验证明这不是荷叶。在交流中孩子能够通过对比观察了解荷叶和铜钱草的相同与不同,并能够迁移之前的经验进行验证,解决问题。教师在孩子们的讨论中帮助幼儿总结荷叶和铜钱草的相同和不同,帮助幼儿了解了铜钱草这一植物。

在出现争议时我们应该给予幼儿充分的自主交流的时间，让思维发生碰撞，实现经验共享，从而建构新知。幼儿对于铜钱草是不是荷叶这一问题存在争议，通过观察、验证，幼儿对于荷叶以及铜钱草的特点有了更深的认识，并且能够迁移已有经验来判定铜钱草不是荷叶，实现了有意义学习。

（四）鼓励幼儿通过多种方式表达表征，和他人分享经验

发表创作，是幼儿探究活动过后获得更深入理解的一种表达。儿童有一百种语言来表达自己，教师应该鼓励幼儿通过绘画、建构、舞蹈、戏剧等适宜的方式对活动进行表达表征。幼儿通过直接经验和间接经验对荷叶及铜钱草的叶子的特征有了一定的理解，教师应该鼓励幼儿将自己在活动中的思考或者收获表征出来，让幼儿建构的关于叶子的新经验内化。（见图 2）

在种植荷叶和铜钱草的空中花园，每天都有本班或其他班级的幼儿来游戏。其他小朋友会认识这些植物吗？会不会也不认识铜钱草，把荷叶和铜钱草弄混呢？为了帮助其他小朋友了解空中花园的植物，孩子们决定制作一些植物的身份牌，向其他小朋友介绍空中花园的植物，并且有时间的话幼儿还会去跟其他班级的幼儿解说我们空中花园的植物。

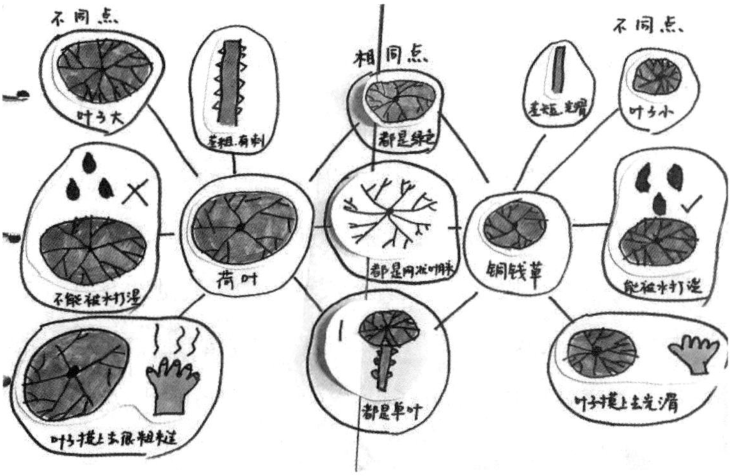

图 2　展示在荷叶和铜钱草旁的宣传图

在这一过程中，孩子们将他们对叶子的一些认知通过绘画表征的形式以及语言表达等方式进行了展示。

本次探索活动以荷叶为出发点，进而开展了一系列围绕叶子的探索活动。在这个过程

中，幼儿通过主动探求关于叶子奥秘问题答案的活动，不仅拓展了经验，判断力和理解力也得到了发展。更重要的是，幼儿敢于质疑、计划实验、反思调整、乐于分享等学习品质也都得到了鼓舞。①

三、“学习的四个步骤”在幼儿园探究活动中的实践省思

在陈鹤琴先生的“学习的四个步骤”即“活教法”的引领下和孩子们来一场关于叶子的探索之旅，在这次实践探究中也有自己的一些思考。

（一）聚焦生活，及时捕捉幼儿的兴趣和需要

陶行知先生曾说：“教育为本，观察先行。”观察幼儿是幼儿园老师教师职业生涯的必修课。《幼儿保育教育质量评估指南》指出，要发现和支持幼儿有意义的学习。这体现了幼儿的有意义学习离不开教师的观察和发现，所以我们要做一个好的观察者，发现幼儿的兴趣点后以教师的专业判断能力对幼儿的兴趣进行判断。只有高质量、持续的观察，才能对幼儿的行为和幼儿的发展做出客观判定，才能有针对性地进行指导。实践探究中，教师捕捉到了幼儿对荷叶的兴趣，并且判定活动对幼儿是有价值的，进而才有了后续的探索叶子的活动。

（二）赋权幼儿，相信幼儿是积极主动的学习者

陈鹤琴先生提出，“凡是儿童能够自己做的，就应当让他自己做”“凡是儿童能够自己想的，就应该让他自己想”②。在探索活动中，教师应该给予幼儿自由探索的时间和空间、自主选择探索方法和探索工具等，让幼儿充分发挥主观能动性。在叶子这一系列探索活动中，孩子们在问题的驱动下进行探索，寻找答案。教师始终鼓励幼儿自由选择实验探究的方式和实验探究的材料。在水滴和叶子的关系的实验中，孩子们能够自由选择各种各样的叶子进行水滴实验，在观察各种各样的叶子过程中发现了叶子的秘密。教师的赋权让探索活动有了意想不到的发展方向。

（三）灵活调整，不断优化、完善“活教法”

教师在实践探索活动中不能照本宣科，应该根据实际情况灵活调整。在我看来，观察

---

① 张永英.陈鹤琴“活教法”思想滥觞及对当前幼儿园课程改革的启示[J].南京师大学报(社会科学版)，2021(6).

② 陈鹤琴.陈鹤琴全集(第一卷)[M].南京：江苏教育出版社，2008：28.

实验、阅读参考、发表创作和批评研讨这四个步骤在活动的开展过程中并不一定要严格按照某种特定的顺序来进行。“阅读参考”这一环节可以作为活动开展前的经验准备，可以在活动一开始就让幼儿通过多种途径获取间接经验为后期的探索活动做准备。“发表创作”可以贯穿于探索活动的每个阶段，孩子们可以随时随地将活动过程、探索方式以及自己的学习成果进行表征记录。同样，“批评研讨”也应贯穿整个探索活动的始终，因为在探索活动中，幼儿会在不同的阶段遇到不同的问题，教师要持续地观察幼儿的活动，及时组织幼儿的讨论交流，解决活动中的问题，推动探索活动往下一个阶段发展。所以教师可以根据活动开展的需要，对“活教法”进行适当的调整以及优化。

从关注“活教材”到将关注点拓宽到“活教法”上，学习、实际、反思不断，我们对“活教育”的探索一直在路上。

追随幼儿，让课程“活”起来

——以“小南瓜，大乐趣”的收获课程为例

南京师范大学附属镇江幼儿园　岳美蓉

课程游戏化是贯彻落实《3—6岁儿童学习与发展指南》精神的实质保障，把游戏的权利还给幼儿，是当今幼儿园课程改革的主要方向。为此，我园积极探索以陈鹤琴先生“活教育”思想为理念指引，有效推进幼儿园课程游戏化。但在班本课程实施过程中，教师常常会以自己的主观预设为主，存在走流程的现象。在课程实施的过程中我们发现，内容太过于形式化，幼儿不感兴趣，缺乏深度学习。随着幼儿园课程改革，作为一线教师，我们可否追随幼儿兴趣，让课程回归本真，使班本课程真正是从发现幼儿的兴趣点出发，支持幼儿的探究学习，促进幼儿能力的发展。陈鹤琴先生“活教育”思想强调：大自然、大社会都是活教材。因此，要发挥孩子的积极性、主动性和参与性，鼓励幼儿自己发现自己的世界。因此，我以陈鹤琴先生的“活教育”理念为指引，不断地追随幼儿的脚步，生成“小南瓜、大乐趣”的班本活动，让“活教育”思想更好地落到实处。

一、“小南瓜，大乐趣”收获课程“活”的实践

（一）和南瓜偶遇，产生问题

星期五餐后的散步时间，我带孩子们一起漫步在幼儿园的种植地里。“快看，这里有个圆圆的大东西。”贝贝一声大喊，将我们的注意力吸引了过去。大家突然围观起来，贝贝忍不住用手去摸了一下说：“这好像是个大冬瓜。”这时候凡凡跑过来说：“这不是冬瓜，这个是南瓜，我奶奶菜地里还种过呢！”

一一:我知道,我妈妈带我去超市里买过这种样子的南瓜,很好吃的。

希希:真的吗? 我也好想吃啊,老师,我们可以把它摘下来吗?

教师:可以呀,那你们想想怎样才能把南瓜给摘下来呢?

凡凡:哎呀,不能摘,这个上面有刺,我的手好疼啊!

闹闹:难道这片叶子像仙人掌一样会扎人吗?

曼曼:我知道,我去拿一把剪刀把它剪下来。

孩子们之间的讨论非常激烈。好奇是孩子们的天性,那么我们就应该满足孩子的天性,将南瓜以及南瓜藤、南瓜叶带回班级仔细观察。师幼经查找资料得知:南瓜的叶子也是可以食用的。

陈鹤琴先生的“活教育”思想之一:大自然、大社会都是活教材。[①] 通过采摘,发现问题、寻求解决问题的办法。孩子们在亲身感知、实际操作中,动手能力、探究能力、合作能力、语言表达能力都得到了进一步提升。只有让幼儿在与自然和社会的直接接触中,才能获取经验和知识。种植地里的大南瓜,激发了幼儿的探索欲望,我们的教育故事也就开始了。

（二）对南瓜进行调查,激发兴趣

幼儿园种植地里的南瓜,让每个孩子都产生了好奇,为此我们利用周末时间给孩子们下达了一项小任务:回家和爸爸妈妈一起收集各种南瓜,并了解南瓜的一些小秘密。在寻找南瓜的过程中,我请家长将和孩子一起寻找南瓜的身影用拍照的形式记录下来,并为他们保存好,相信未来的某一天,这份珍藏会成为孩子与大人之间美好的回忆。

星期一入园时,有部分孩子把自己周末寻找到的南瓜主动带到了班级。我们在班级内开展了“秘密分享”活动,孩子们争先恐后地介绍自己的带来的南瓜。有的说是在乡下的菜园里找到的;有的说是在菜场买到的;有的说是跟爸爸妈妈一起去超市挑选了自己最喜欢的一个;还有的说和爸爸妈妈一起去参观了种植园。他们还和爸爸妈妈一起从网上查找了很多关于南瓜的知识,并跟同伴分享了这些“秘密”。

我把孩子们带来的所有南瓜都放在一起,他们观察到所有南瓜的外形和颜色都不太一样,还有的孩子用小手轻轻触摸南瓜的表面,发现南瓜的表面凹凸不平,随着孩子们的好奇,我切开其中一个南瓜,让他们仔细观察。孩子们惊喜地发现南瓜的里面像迷宫。还有

---

① 陈鹤琴.陈鹤琴教育思想读本・活教育[M].陈秀云,柯小卫,选编.南京:南京师范大学出版社,2012:21.

的孩子说味道很像哈密瓜，里面居然还有白色的南瓜子，难道它们都可以吃吗？带着疑问，教师带领大家一起寻找答案，让幼儿清晰地了解到：南瓜的组成部分有瓜皮、瓜肉、瓜子，不仅南瓜和南瓜子可以吃，南瓜叶也是可以食用的。

陈鹤琴先生的“活教育”教学原则中提出：“凡是儿童自己能够做的，应当让他自己做；凡是儿童自己能够想的，应当让他自己想；你要儿童怎样做，就应当教儿童怎样学。”①要知道做事的兴趣，愈做愈浓，做事的能力，愈做愈强。因为对南瓜感兴趣，所以孩子在这个过程中潜移默化地获得了一定的知识，他们非常乐意去表达，语言能力得到发展，同时在集体面前的自信心也增强了，也会为自己寻到秘密而感到自豪和满足。通过看一看、摸一摸、闻一闻等活动，运用各种感官，动手又动脑，孩子们了解了南瓜的外形、颜色及味道等，知道了南瓜浑身都是宝。

（三）与南瓜游戏，深入探究

有了小南瓜的加入，孩子们在区域活动中创意无限。在美工区，孩子们将小南瓜当成他们的“模特”，给南瓜做各种有趣的造型，摆放在展示柜上欣赏；用画笔和颜料给南瓜写生，一个个生动的大南瓜呈现在画板上；用黏土捏出大大小小的立体南瓜，放入装饰盘中；用剪刀剪出各种彩色的南瓜面具，在班级开一场南瓜舞会等。在科学区，用放大镜观察南瓜里面的南瓜瓤和南瓜子，并在记录表上进行表征。在建构区，黏土小南瓜被邀请来“做客”，孩子们为南瓜搭建豪华城堡。在图书区，孩子们从家中带来关于南瓜的各种书籍，三五个孩子围在一起读绘本，并将自己知道的知识分享给别人。在生活区，孩子们模拟绘本里的场景制作“美味的南瓜汤”“好吃的南瓜丝饼”等美食，和同伴一起分享美味。在骑行区，孩子们加入情境，玩起“南瓜大丰收”的游戏，并且一起骑行比赛“摘”南瓜。

陈鹤琴先生的“活教育”教学原则四：鼓励儿童去发现他们自己的世界。② 儿童的世界是儿童自己去探讨去发现的，他自己所求来的知识才是真知识，他自己所发现的世界，才是他的真世界。教师将幼儿自己动手制作的游戏材料投放到各个区域，能提升幼儿的兴趣及参与度。将儿童放在首位，自主为区域增添游戏材料，丰富区域游戏内容，促进游戏发展，同时提升幼儿的合作意识和学习主动性，小小的南瓜带给幼儿的是无尽的欢乐！

---

① 陈鹤琴. 陈鹤琴教育思想读本·活教育[M]. 陈秀云，柯小卫，选编. 南京：南京师范大学出版社，2012：13－17.

② 陈鹤琴. 陈鹤琴教育思想读本·活教育[M]. 陈秀云，柯小卫，选编. 南京：南京师范大学出版社，2012：17.

二、对“小南瓜，大乐趣”收获课程“活”的思考

（一）“两个凡是”，激发幼儿活动的主体性

陈鹤琴先生的“活教育”教学原则提出两个“凡是”，一是：“凡是儿童自己能够做的，应当让他自己做。”“做”这个原则，是教学的基本原则，一切的学习，不论是肌肉的，不论是感觉的，不论是经验的，都要靠“做”的。所以，这一条是依据了儿童喜好游戏、好动的心理，通过动手他们可以获得肌肉的快感，自己动手即是“做”，做了就与事物发生直接的接触，就得到直接的经验，就知道做事的困难，就认识事物的本质。① 二是：“凡是儿童自己能够想的，应当让他自己想。”②根据行为心理学说，思想也是一种行动。儿童不仅身体好动，而且也喜欢动思想，因此学校中的各种活动及教学，教师都不应直接说明结果，而是由儿童自己去探索结果。

一次日常散步，幼儿偶然发现种植地里的南瓜，由此展开了一系列讨论，教师观察到幼儿对南瓜的好奇心，于是顺应幼儿的好奇心，支持并鼓励幼儿采摘南瓜。在采摘的过程中，南瓜藤刺到了幼儿的手，他们对此产生疑问。教师便将南瓜及南瓜藤带到了班级，让他们继续去观察和探索。对幼儿的问题不能一一解答时，教师便启动了家长资源，将亲子调查表做细，让家长利用周末带幼儿去收集各种南瓜，同时也为后期的活动做好铺垫。基于幼儿对南瓜的好奇，教师通过看、摸、闻等方式让幼儿与南瓜发生直接的接触，去深入观察和探索南瓜的“秘密”，最后得到直接的经验：知道了南瓜由瓜皮、瓜肉、瓜子构成，不仅南瓜和南瓜子可以吃，南瓜叶也是可以食用的。教师将南瓜投放在班级区域内，与区域游戏产生有效互动，既丰富了区域游戏内容，也提升了幼儿的兴趣及参与度，同时促进了游戏发展。幼儿带来的南瓜绘本投放在阅读区里，绘本的介入也非常适合幼儿自主学习。孩子们通过绘本《南瓜汤》萌发了在生活区做美味的南瓜汤的想法，教师带领幼儿共同制作南瓜汤和南瓜丝饼。整个活动都是将幼儿的发问、猜测落实到实际行动中，引导幼儿通过自己的动手操作来验证结果。活教育理论也是注重大自然、大社会，以实际生活为出发点，调查情况、从事实验，获得实际的知识，真实的经验，在适当的环境中发展幼儿各方面的能力。

---

① 陈鹤琴．陈鹤琴教育思想读本·活教育[M]．陈秀云，柯小卫，选编．南京：南京师范大学出版社，2012：13－14．

② 陈鹤琴．陈鹤琴教育思想读本·活教育[M]．陈秀云，柯小卫，选编．南京：南京师范大学出版社，2012：15－16．

（二）利用资源，让学习发生在每个现场

《指南》指出，我们应最大限度地满足和支持幼儿通过直接感知、实际操作和亲身体验获取经验需要。我们把幼儿的兴趣、需要放在首位，强调幼儿的直接体验，重视活动过程对幼儿发展的意义。当幼儿偶然发现种植地的南瓜时，教师机智地筛选出有价值的教育活动：针对幼儿的发问不能一一解答的时候，教师启动家长资源，让家长利用周末时间带孩子去收集各种南瓜。在购买南瓜时进行了称重，幼儿感知到了大和小的区别；幼儿将收集到的南瓜带到班级时，投放在区域里，通过绘画南瓜、做南瓜造型、观察南瓜等，知道了南瓜的种类和构成；通过看绘本，延伸到生活区的品尝南瓜活动，邀请家长进课堂和幼儿共同制作南瓜饼，幼儿了解了南瓜的营养价值。幼儿在亲自参与收获分享的过程中，学会主动观察发现、对比、合作，学会通过连续的观察去表达自己的发现和感受，真正使丰富的自然环境成为幼儿主动探究的园地。

（三）创设环境，提供适宜的活动材料

将"活"课程引入班级主题课程中，增强各个区域的互动性。以教师引导和幼儿自发学习相结合的方式，开展多领域互动活动，提升课程活动的价值性和有效性。教师将美工区里幼儿手工制作的南瓜投放到建构区里做辅助材料，可以提升幼儿的兴趣及参与度；将幼儿带来的南瓜绘本及时投放在阅读区，让幼儿自主为区域增添游戏材料，可以丰富区域游戏内容，促进游戏发展，同时提升幼儿的同伴交往能力。户外活动中，幼儿自发玩起"套南瓜"，并在骑行区里演绎着"南瓜大丰收"的情景游戏等。幼儿在自行发起的游戏过程中更尽兴。一系列回归大自然的游乐区，更是尽力模仿大自然的本真面貌，给幼儿提供了充分探索的机会，让教学活动灵活化，从玩到学自然过渡。儿童在不知不觉中获得了知识的积累和个人的成长。幼儿园是真正属于幼儿的成长空间和乐园，在这个乐园里幼儿有充分的自主权利去利用园所里的每一处空间和设施。陈鹤琴先生是我国儿童玩具研究和开发的先驱，他也提倡和鼓励幼儿自己去做。在幼儿对游戏有了一些想法的时候，教师就可鼓励幼儿大胆去创造，在做好安全保障基础上，让幼儿亲身操作和实践，让幼儿做幼儿园真正的主人，积极向上、探索发展。

（四）积极鼓励，在观察中支持活动的深入开展

午餐后，阅读区里坐着两位小朋友，凑近一看，原来是楠楠在绘声绘色地给好朋友讲着关于南瓜的绘本故事。一会儿，便又吸引来几位"小观众"。楠楠的声音随即变得越来越小，然后就停止了，眼睛望着眼前的"小观众"。这时候教师在旁边鼓励说："你刚刚讲的真

精彩呀，像一个小老师一样呢。”楠楠听完脸上露出了自信的微笑，和旁边的“小观众”们说：“你们想听吗？我可以再跟你们讲一遍，但是你们要安静地听哦。”一会儿，阅读区里便传出阵阵的嬉笑声。

陈鹤琴先生的“活教育”教学原则五：积极的鼓励胜于消极的制裁。① 讲述能够很好地锻炼幼儿的语言表达能力，增强幼儿表达和表演的基本心理素质。“小小故事家”“小老师”等角色是面向全班幼儿的。每一位幼儿都是可以塑造的好苗子。教师的鼓励和肯定的眼神都可以促进幼儿大胆表现自己。因为活的课堂需要将幼儿的积极性调动起来，教师在这个过程中切实起到指引、引导的作用，放手让幼儿去表达，去诉说，让幼儿园成为幼儿快乐的乐园，成为属于幼儿自己的乐园。

在我们的日常教学活动中，经常会发生一些始料未及的事，针对这样的现象，教师要关注偶发性事件，进行价值判断，进一步生成活动，充分挖掘身边一切可利用的课程资源并加以有效利用，开展生动有趣形象的活动，带领幼儿一步步往前走，帮助幼儿探究周围的“大自然、大社会”，学会“做人、做中国人、做现代中国人、做热爱社会主义的现代中国人”，这样才能使幼儿教育真正“活”起来。

参考文献：

[1] 陈鹤琴. 陈鹤琴教育思想读本・活教育[M]. 陈秀云，柯小卫，选编. 南京：南京师范大学出版社，2012.

[2] 中华人民共和国教育部. 3—6 岁儿童学习与发展指南[S]. 北京：首都师范大学出版社，2012.

[3] 中华人民共和国教育部. 幼儿园教育指导纲要(试行)[S]. 北京：北京师范大学出版社，2001.

[4] 王飞艳. 课程游戏化之资源的有效利用与管理[J]. 好家长，2016(Z1).

[5] 陆蓉. 让流动的资源落地开花——课程游戏化建设中资源的开发和利用[J]. 考试周刊，2017(A4).

[6] 戚伟文. 利用身边资源构建游戏化课程[J]. 动漫界・幼教 365，2018(12).

① 陈鹤琴. 陈鹤琴教育思想读本・活教育[M]. 陈秀云，柯小卫，选编. 南京：南京师范大学出版社，2012：19-21.

活教育教学原则指导下利用自然材料和废旧材料支持幼儿美术创意活动的实践策略

江苏省军区第一幼儿园　张　静

陈鹤琴先生指出："儿童教育应当把大自然、大社会做出发点，让学生直接向大自然、大社会中去学习。"①他认为，学前儿童是在周围的环境中学习的，应该以大自然、大社会为中心组织课程，大自然构成的自然环境和大社会构成的社会环境组成了学前教育课程的中心内容。这个大社会、大自然的活教材是其他教材无法替代的。

材料能让幼儿产生浓烈的艺术创作兴趣，也能促进幼儿主动学习和积极创造。大自然中丰富多彩的材料和生活中的废旧材料为幼儿的艺术创作提供了天然的素材。选择幼儿常见的自然材料和废旧材料能激发他们创造美的激情，选择多样化的材料，创造有新意的内容，开展形式多样的活动多角度支持幼儿开展美术创意活动，通过自然材料和废旧材料与"艺术"的结合，寻找美、发现美、创造美。

一、自然材料和废旧材料的收集与利用

幼儿通过多感官去探究自然界中神奇的自然材料、生活中丰富的废旧材料，神奇和丰富给每一个幼儿呈现了不可思议的创意空间。

在幼儿园的美术区域活动中，幼儿可以利用各种不同的材料，自主地运用多种创作形式和技法进行美术创意活动。幼儿对大自然的喜爱是幼儿进行艺术创作的天然源泉。种子、石块、树叶、树根、树枝、纸片、瓶子这些自然材料和废旧材料不仅能够迁移和深化幼儿

---

① 北京市教育科学研究所.陈鹤琴全集(第二卷)[M].南京：江苏教育出版社，1989.

的已有生活经验，还能促进幼儿积极主动地学习、探究，提升他们的创造力。因此，充分利用自然材料和废旧材料对幼儿美术创意活动更有独特意义。

（一）自然材料和废旧材料的开发

自然界给我们提供的不仅是一个整体，同时还有名目繁多的个体，它们具有令人感兴趣的质地、颜色、形状和大小。幼儿通过自发地寻找和收集，不仅能走进丰富多彩的自然生活，还能通过收集引发对自然物和废旧物品的探索。

基于幼儿的生活经验，我们将可被用在美术区域中供幼儿进行美术创意活动的材料进行了收集和归类，引导幼儿和家长积极参与自然材料和废旧材料资源的开发和利用，设置班级的资源箱（百宝箱），丰富相关材料的收集渠道和种类。

1. 自然材料及其价值

生活中常见的自然材料指在自然界中随时可觅得的一切，花草树木、五谷杂粮、瓜果蔬菜、鱼鸟虫石等。我们可以从自然环境中寻找和收集一些物品，也可以在自己生活环境的周围收集物品，包括树叶、树枝、各类坚果、花朵、石头、木棒、贝壳等，这些都来自幼儿的生活。在收获的季节，教师、幼儿、家长可以收集一些果壳，如鸡蛋壳、瓜子壳、开心果壳等。在收集的过程中幼儿既了解自然作物等的生长过程，又认识了各种果实，还能用这些自然物创作出美丽的图案。

饭后散步时可以捡拾一些掉落的树枝、树叶、石头、花瓣，这些在幼儿的创作下都能变成美丽的作品。在美工区，教师可以给干枯的树枝、树叶涂上颜色鲜艳的颜料，还可以将幼儿的作品挂在树枝上，让树枝焕发出新的生命。

2. 废旧材料及其价值

废旧材料是一种可再生的安全卫生的材料，在生活中也很常见。每一种废旧材料对幼儿来说都有意想不到的创作价值，都为幼儿的艺术创作提供了丰富的素材，也为美术创意提供了生动的来源。

生活中常见的废旧物品有各种板材、纸盒、瓶子、管子、绳线等。丰富多样的废旧材料，能引起幼儿不同的创作想法，激发幼儿大胆创作。如：可利用纸盒、板材等制作头饰、玩具等，用旧轮胎制作大花盆，用各类球制作运动小人，用各类包装盒制成飞机、汽车、房子等。

在生活中可开展废旧材料大收集活动，鼓励家长和幼儿共同收集日常生活中常见的、卫生且安全的废旧物品，将收集到的物品进行简单的归类后，在美术创意活动中不仅能变废为宝，还能让幼儿了解环保与人们的密切关系。

（二）自然材料和废旧材料的投放

材料的投放是否适宜是幼儿进行美术创意活动的重要方面。活动中材料的投放要基于幼儿的已有经验、年龄特点和兴趣，教师应结合班级主题活动，随着幼儿能力的提升和主题活动的发展而不断变更、循序渐进，是动态的过程。

1. 材料投放的层次性

区域活动中，自然材料和废旧材料的投放要有层次性，在材料不变的情况下，递增创作的难度，有利于幼儿探索、发现与提高。

如区域活动“叶的童话”中，在第一次操作时，教师只提供颜料等辅助材料，让幼儿给叶子刷上颜色；第二次操作中提供颜料、纸黏土、纸片等材料，幼儿感知用多种材料去改变树叶的神奇变化；第三次操作中增加海绵、纸片、笔等更多的辅助材料，让幼儿自己探索关于树叶的多种创作方法。这样通过材料的逐步递增，能进一步激发幼儿大胆想象和创作的兴趣。

2. 材料投放的适时性

在美术区域活动中，材料的投放是有的放矢的，教师在投放操作材料时，不仅要根据幼儿的年龄特点，还要观察材料是否能够满足幼儿现阶段实际发展的需要，是否符合季节特点等。如结合元宵节，提供橘皮制作小橘灯；中秋节后桂花落下的时候，收集桂花投放在区域中。在秋季落叶的时候，提供落叶和树枝；在春天种子发芽的时候，提供各类种子；在夏季鲜花盛开的时候，收集并提供各类花瓣……

在美术区域的绘画区，孩子们常用白纸来画画，慢慢地，很多孩子都不再喜欢画画。通过自由讨论，他们想到了用石头、树叶、蚌壳等材料代替白纸来画画。因此，在孩子们对原有材料不感兴趣后，教师可以提供石头、大树叶、大贝壳等，进行创意绘画。

3. 材料利用的充分性

每一种材料的价值都是无限的。只有充分挖掘了材料的价值，才更有利于幼儿的创作。如：收集的奶粉罐，在进行创意活动前，可以组织幼儿充分讨论，用奶粉罐做什么创意作品，需要哪些辅助材料。通过讨论，师幼总结出多种创意方式，并做成表格，放在区域中供幼儿参考。通过这样的方式，幼儿对美术区域活动产生了越来越浓厚的兴趣。同时，新材料和新工具也经常出现在美术区域，吸引了孩子的目光。

二、自然材料和废旧材料的开发与挖掘

生活中那些不起眼的自然材料往往给幼儿带来无尽的惊喜，一片落叶、一株小草、一朵小花、一个小石子，每一种材料都有不同的色彩、形状、味道以及肌理，给幼儿带来不同的艺术感觉和无限创意。

（一）挖掘材料的审美价值，使其更具生命力

在传统的美术区域里，我们常常会投放一些现成的材料，幼儿也是按部就班地进行操作，往往在一段时间后就不感兴趣。而将自然材料和废旧材料提供给幼儿，会激起他们新的兴趣，进而大胆创作。如：各种各样的树叶、树枝、种子，可供幼儿创作树叶种子拼贴画；形状各异的石头，可供幼儿在石头上作画等。在创作的同时，幼儿不仅能亲近自然、融入自然，还能和花草对话，与虫鸟嬉戏。

■案例：枯树枝的春天（大班）

活动来源：

初春，乍暖还寒。一次午后散步，孩子们发现地上有一些零星掉落的枯树枝，一些孩子捡了起来。突然，一个孩子惊奇地发现，一根枯树枝上竟然有一小片绿叶。于是，孩子们和枯树枝的故事开始了……我们收集了很多枯树枝，放在了美术区域中，孩子们围绕枯树枝开展了一系列有趣的、有创意的美术活动。

枯树枝发新芽

孩子们惊奇地发现，有的树枝竟然发绿芽了。有的孩子好奇地问："老师，你快看，这根树枝发绿芽了。这是一根枯树枝，怎么会发出绿芽呢?"我跟孩子们说："那我们再来看看其他的枯树枝有没有发出绿芽的呢?"于是孩子们把所有捡来的枯树枝都查看了一遍。我们只发现两根枯树枝发了绿芽，其他的都没有。有个孩子遗憾地说："如果这些枯树枝都能发出新芽，那该多好啊。"看见孩子们如此感兴趣，我便顺势引导他们："是啊，要是都能发出绿芽，那该多好啊！我们怎么才能让它发出新的"绿芽"呢？我们想想办法，帮帮它吧。"

经过一番讨论，有的孩子说："那我们用绿色的纸黏土做绿芽吧。"有的孩子说："我可以用记号笔在绿纸上画小叶子，然后剪下来粘上去。"还有的孩子说："用水粉颜料，把树枝涂成绿色。"……于是，孩子们在区角中利用纸黏土、记号笔、剪刀、绿色卡纸等，行动起来。枯

树枝变了样，有黏土做的新芽，有剪出来的新芽，枯树枝变得春意盎然了。孩子们骄傲地说："老师，老师，枯树枝有了新芽，它应该很开心吧！"还有的说："老师，下次活动我还想再给它做一些叶子，可以吗？"

（二）运用材料的独特特点，使其更具艺术魅力

■案例：美丽的花草纸（大班）

自然之物蕴含生活之寻常美。为了让孩子们关注自然，体验自然之美，感受自然和生活的密切关联，我们探索"花、草、纸"的融合，收集自然界中可寻到的各色花、草、叶等，提供了造纸框、准备容器、纸浆等，做一张自然气息扑面而来的花草纸。

花、草、纸，在孩子们的巧手下逐渐融合，通过亲身操作和体验感受自然的美好和奇妙。

（三）利用材料的自然特性，使其更具想法和热情

在美术区域游戏中投放丰富的自然材料和废旧材料，使幼儿有效地利用这些材料主动地进行探索与发现，并大胆地进行创意制作，获得各种艺术经验。在生活经验的基础上，幼儿利用生活中的各种材料，通过视觉形象的塑造，大胆创造和想象，提高自己在视觉感受、色彩感知、造型能力等方面的艺术能力。

■案例：树叶拼贴画（大班）

树上的叶子被秋风吹落，多姿多彩的树叶给孩子们带来了不同的发现和惊喜。在散步时，我们在幼儿园里发现了许多不一样的树叶，孩子们兴致勃勃地讲述自己的发现，大家把找到的特别的叶子全部带回了班里，放在区域中观察它们的颜色、大小、厚薄、形状等，展开了更激烈的讨论。有的还自发地摆弄着叶子，拼成了一些物体。

在树叶的世界中，孩子们获得了更多对秋天的感受和丰富的经验。在了解了树叶的特点，认识了不同的树叶之后，我们在区域活动开展了树叶拼贴画。孩子们根据树叶的形状进行想象，用拼贴的方法制作美丽的树叶画。在这样的操作活动中，幼儿不仅感受到了树叶的多样性，也通过一幅幅树叶画感受到了秋天的韵味，获得了更丰富的感知体验。

师：你喜欢什么样的树叶？

幼：我喜欢松树的叶子；我喜欢像爪子一样的枫叶；我喜欢黄色的银杏叶；我喜欢绿色的树叶。

师：你喜欢的树叶像什么呢？

幼：像爱心；像扇子；像波浪；像金鱼；看，这两片树叶摆在一起像月亮和太阳。

师：你们喜欢哪一幅树叶画？

幼：我最喜欢这幅像小金鱼的；我也是；小金鱼的尾巴真好看，像把扇子。

师：小金鱼的尾巴是什么做成的呢？

幼：银杏叶吧；芭蕉叶吧。

师：为什么你们觉得这幅作品好看？

幼：因为小金鱼的尾巴好看；小金鱼还会吐泡泡呢；特别像真的小金鱼。

师：怎么才能让小金鱼的尾巴更好看？

幼：可以把好多片银杏叶贴上去；还可以用水彩笔画好看的颜色和花纹；看，泡泡和花纹都是画上去的。

师：今天小朋友们就要用树叶来做漂亮的拼贴画了，你想到做什么了吗？

幼：我想用树叶做个小房子；我想做个小姑娘的裙子；我想用树叶做个小兔子；我想做飞机的树叶画。

师：你们准备选择什么样的树叶呢？

幼：我的小姑娘的裙子可以用椭圆形的树叶一片片地贴上去；我的小房子尖尖的顶可以用剪刀把树叶剪成三角形；我的小飞机可以用好几种树叶；我的小兔子做好后，我还要画草地呢。

师：你在干什么？

幼：我准备用这片长长的叶子做小兔子的耳朵。

师：你准备做什么？

幼：我的这片叶子像个大大的手，我准备把这个当作小朋友的手。

师：你喜欢哪个作品？为什么喜欢？

幼：我喜欢房子的尖尖的房顶，它是用剪好的树叶做的；我喜欢小姑娘的树叶画，她的裙子很漂亮。

师：你们觉得这些树叶贴画有什么特别的地方呢？

幼：有的画用了很多颜色的树叶；有的画上有好多图案；有的画的画面很满，还添画了很多东西；有的画上的树叶特别像真的一样。

树叶是日常生活中的常见物，和树叶有关的活动，来源于幼儿的生活。因此将树叶投放在区域活动中，围绕树叶开展一系列创意活动，是孩子们非常喜欢的。

在活动的过程中，创作出生动的树叶画是有一定难度的，是先预想还是先观察树叶的形状再想象是老师在活动之前比较纠结的问题。为了体现区域活动的自主性，充分发挥幼儿的主体性，教师让幼儿自由选择方法，创造性地开展活动。在活动的过程中，大多数幼儿会事先想好想创作的图案，但是在操作过程中，也有幼儿会根据树叶的形状进行想象。我们根据幼儿在活动中表现出的快乐积极的情绪可以发现，无论是哪种方法，都会让幼儿获得美的体验。

在拼贴过程中，幼儿动手动脑，运用多种感官进行操作，利用身边的自然材料——落叶，制作了一幅幅美丽的树叶贴画，充分体验到了创作的乐趣。在动手动脑、大胆想象和创造的过程中，幼儿积极地与大自然产生互动，发展了审美情趣，感受到了艺术的魅力。

三、支持大班幼儿利用自然材料和废旧材料进行美术创意的策略

（一）敏锐观察，支持幼儿发现生活中的美

幼儿是天生的艺术家，每个孩子都有一双善于发现美的眼睛，教师要肯定他们的这种艺术天性。

■案例：我和石头做朋友（大班）

在一次户外活动中，一位小朋友发现一颗会发光的小石头，孩子们都争着研究好半天，有的认为是宝石，有的认为是钻石，还有的认为就是一颗很普通的石头。顺应孩子们的探究愿望，我们开展了以石头为主题的探索活动，并在美术区域活动中，提供了大量的石头。这些石头在我们的生活中十分常见，且“玩石头”也是幼儿喜爱的活动。孩子们通过倾听关于石头的故事、拼叠石头、敲击石头、拓印石头、涂染石头、用放大镜观察石头等一系列活动，认识石头的自然属性，感受不同石头的不同特质，发现石头有很多有趣甚至特别的地方。原来这些毫不起眼的石头竟然是我们玩耍和学习的“宝贝”呢！

这是生活中非常平常的一件小事，但是老师敏锐地捕捉到了幼儿的兴趣和强烈的探究

欲，并引导幼儿发现石头的美，肯定他们的感受与发现，由此在区域中生发出一系列美术创意活动。

（二）提供支架，支持幼儿的艺术体验与表达

当幼儿发现了自然中、生活中的美，并随之出现了探究欲望的时候，教师如何利用幼儿的好奇心去引导他们感受美，体验美，创造美呢？此时，教师的支架作用就显得尤为重要了。

1. 搭建环境支架，激发幼儿的创作欲望

幼儿有着强烈的好奇心，对感兴趣的事物尤其专心。当教师发现了幼儿的兴趣所在，就要及时地把握，为幼儿搭建出和兴趣相关的情境，调动他们的情绪，带幼儿走进接下来的活动中。区域环境的创设能让幼儿有一种身临其境的感觉。当在充满了自然气息的美术区活动时，幼儿的创作欲望也必然会被激发出来。

2. 搭建问题支架，激发幼儿创意想象

在上面提及的“枯树枝发新芽”活动中，幼儿对枯树枝发绿芽很感兴趣。教师抓住了他们的这一兴趣点，适时地抛出问题：“枯树枝为什么会发芽？有什么办法可以让枯树枝再发芽呢?”引导幼儿自己动脑解开心中的谜团。问题支架的运用在于帮助幼儿进一步理解自己想要做什么和怎么去做。教师在活动中适时地根据幼儿的实际情况提出相应的问题，让幼儿充分发挥想象力和创造力，这样更有利于幼儿美术创作的顺利进行。

教师以枯树枝为出发点，尊重幼儿的所看所想，以幼儿的真实发现——枯树枝发新芽为切入点，先请幼儿思考怎么样让枯树枝长出新芽，鼓励幼儿利用多种材料进行操作，让枯树枝变得春意盎然，满足了幼儿对生命的渴望之情。在接下来的区域活动中，幼儿利用坚果壳和纸黏土等多种材料去创作枯树枝上的花苞，既丰富了幼儿利用生活材料进行美术创作的经验，也提高了幼儿感受美、创作美的艺术能力。

3. 搭建材料支架，鼓励幼儿创作

随着幼儿与材料的互动，幼儿的艺术体验与表达经验在不断丰富。如：在幼儿的美术作品中经常会出现各种各样的线条，海浪是波浪线、桥是直线、花朵是曲线等，这些关于“线”的经验都是零散的。于是我们收集了生活中各种各样的线，有电线、毛线、串珠线等，幼儿通过玩线等自主探究活动，发现了更多线的“秘密”，不仅了解了线的种类、性质、用途等，还用线做成乐器等。

在“奇怪的脸”区域游戏中，我们为幼儿提供了各种材料，包括纸黏土、彩色打印纸、棉

签、木板等，这些都是生活中常见的材料，所以当幼儿面对这些熟悉材料的时候，他们会更加懂得如何去使用，能充分体验艺术创作的乐趣。

《幼儿园教育指导纲要(试行)》明确指出："指导幼儿利用身边的物品或废旧材料制作玩具、手工艺品等来美化自己的生活或开展其他活动。"而《3—6岁儿童学习与发展指南》也指出："幼儿艺术领域的学习关键在于充分创造条件和机会，在大自然和社会文化生活中萌发幼儿对美的感受和体验……引导幼儿学会用心灵去感受和发现美，用自己的方式去表现和创造美。"

任何一项活动都离不开材料的准备，而大自然是我们最好的老师，大自然是我们的活教材，只要你善于发现，敢于创作，任何材料都可以创作出美的事物。只要我们用心观察、用心发现、用心感受、用心探索，自然材料和废旧材料一定能成为孩子创意的主角。

参考文献：

[1] 北京市教育科学研究所. 陈鹤琴全集(第二卷)[M]. 南京：江苏教育出版社，1989.

[2] 董琳. 废旧材料在幼儿课程游戏化中的有效实施[J]. 文渊(高中版)，2019(1).

[3] 沈美宇. 物尽其用 旧而不废——巧用废旧材料，引导学生快乐创作[J]. 小学教学研究(理论版)，2012(9).

[4] 李敏. 废旧材料在幼儿美术活动中的应用研究[J]. 学周刊，2019(30).

[5] 赵学勤. 基础教育改革探索[M]. 北京：首都师范大学出版社，2005.

基于“活教育”思想的农村幼儿安全自护实践“场”建构

连云港东海县第三幼儿园　李学侠

陈鹤琴先生在活教育目的论中指出：做一个人，做一个中国人，做一个现代中国人，最重要的条件是要具备健全的身体。《幼儿园教育指导纲要（试行）》（以下简称《纲要》）也指出：“幼儿园必须把保护幼儿的生命和促进幼儿的健康放在工作的首位。”而“安全自护”是儿童身体健全、良好生存的基本技能之一，被称为儿童健康成长的第一把“金钥匙”。而在农村，由于幼儿园、家庭及社会中的“安全自护”教育理念缺乏，致使农村幼儿的“安全自护”教育缺失，时有“意外伤害”发生。这对农村幼儿的生命健康成长有一定的不利影响，幼儿园应发挥主阵地的作用，加强农村幼儿“安全自护”方面的教育，让幼儿拥有健康的身体。

一、农村幼儿“安全自护”教育缺失的诉求

“安全自护”教育是幼儿生命健康教育的基础保障，能够有效促进幼儿生命健康的发展。然而，农村幼儿“安全自护”教育的现状不容乐观，存在严重的缺陷，幼儿易受各种“意外”侵害，非常令人痛心，农村幼儿的“安全自护”教育需要加强。

（一）幼儿园“安全自护”教育“乏力”

农村幼儿园师资较为缺乏，教师大多是二人包班，有的园甚至是一人包班。面对繁重的保教工作，教师难以对幼儿实施全面的教育。加之农村幼儿教师对“安全自护”教育的意识和理念不强，往往忽视幼儿成长中非智力因素的影响。另外，受经济等因素的制约，农村幼儿园“安全自护”教育的资源也相当匮乏，且仅有的资源也主要在应对检查时开放使

用。这些导致农村幼儿在接受“安全自护”教育方面呈现“乏力”状态。

“安全”是大事，更是幼儿园和教师都“避之不及”的事。一旦孩子受伤，不仅家长抱怨，教师受“心痛煎熬”与“制度惩罚”，幼儿园也怕惹上“事端”。在多重“制约”下，教师在开展“安全自护”练习时，常常畏首畏尾，不敢行动，甚至取消行动。幼儿更多的时间是待在室内，而幼儿园也会默许教师的“不行动”，导致幼儿缺乏有效应对“意外事件”的能力。这些缺乏长远教育目标的“短视”，是一种变相的“惩罚”，严重影响了幼儿“安全自护”能力的发展，必须引起重视。

（二）家庭“安全自护”教育存在“空白”

农村幼儿的“安全自护”意识不强，这与传统养育中的过度“保护和保养”有关。譬如：穿衣吃饭代劳，跌倒立即搀扶等。有的家长甚至为减少幼儿出事，限制幼儿的活动，让幼儿与“小板凳”“电视机”为伍。“过度保护”必然滋养出一批缺乏“安全自护”能力的“弱童”，导致他们缺乏“免疫力”，致使对突然来临的“意外伤害”无法应对。

对农村幼儿来说，“放养”则是一件令人悲悯的事情。因“留守”而被祖父辈们温饱式哺育的农村幼儿，在生活中呈现出一种散漫“放养”的方式——放任自流、不管不问。本应诗意栖居的“玩童”，蜕变成了散漫顽皮且缺乏“安全自护”的“顽童”。农村家庭对幼儿“安全自护”方面的教育存有“空白”。

（三）社会“安全自护”教育存在“缺失”

农村幼儿的“安全自护”教育缺失有其社会根源，是一个社会性的问题。农村幼儿园，特别是村办园，“安全自护”教育方面的社会关注度不够。许多幼儿放学后，没有安全的玩耍场所，无人看管，易受到伤害，令人担忧。幼儿园、家庭和社会，必须共同关注农村幼儿生存中的安全问题。

农村幼儿生活的环境有诸多不安全的因素，如水、火、电、交通等，缺少必要的宣传“标识”。当机动车在狭窄的“村村通”道路上飞驰时，缺少“红绿灯”与“斑马线”管限。这对经常在道路上行走、玩耍的幼儿来说相当危险。当面对飞驰而来的车辆时，缺少“安全自护”能力的幼儿，往往不知如何是好，提升农村幼儿“安全自护”的能力势在必行。

二、农村幼儿“安全自护”教育的价值内涵

“安全自护”教育是指对儿童自我保护的基本知识和保障自身安全的基本行为的教育。

千般万般的爱护，莫过于幼儿的自护。“安全自护”教育，可以帮助幼儿获取应对安全意外的知识，实现生命的价值。

（一）使“教育致天赋”：习得“安全自护”的知识

对幼儿实施“安全自护”教育，能够唤醒幼儿珍爱生命的意识，并让其习得一些“安全自护”的知识，懂得关爱生命。譬如：让幼儿知道“人的生命很珍贵，它只有一次，每时每刻都要保护它”；让幼儿知道“我们的眼睛如果受伤了，就看不清东西”，“我们的腿如果断了，就不能好好地走路”等等。在幼儿时期，教师根据幼儿的年龄发展特点，开展多通道的“安全自护”教育，为幼儿搭建多种生长平台，能够使“教育致天赋”，能够唤醒幼儿“安全自护”的意识，拥有“冷暖自知”的本能。

（二）促“习惯成自然”：获得“健康成长”的能力

对农村幼儿实施“安全自护”教育，能够在幼儿内心深处播下一颗“敬畏”生命的种子，这颗种子会在幼儿的心田生长出“自护”的力量，并把这种“自护”力量发展成自然而然的习惯。对农村幼儿实施安全自我保护教育，也可以培养他们的精神素质，面对困难时敢于迎接挑战，避免潜在的危险，提高生存的技能，使他们成为最好的“自我”。对农村幼儿实施“安全自护”教育，既能让幼儿获得“安全自护”健康成长的力量，还能在提升幼儿生命质量的过程中，实现其成长中“认识生命→尊重生命→珍爱生命→发展生命”的不断变化。

三、农村幼儿实践“场”生命健康教育的有效策略

陈鹤琴先生认为，“活教育”的课程论就要把学校里的一切设施一切活动，以儿童作中心当主体。《纲要》也指出：“幼儿园应为幼儿提供健康、丰富的生活和活动环境，满足他们多方面发展的需要，使他们度过快乐而有意义的童年”。农村幼儿“安全自护”教育责任重大，且内容庞杂，需精心建构策略，多通道展开教育。利用不同形态的实践“场”，开展“场”体验感知教育，是提升幼儿“安全自护”能力，实现幼儿生命“健康成长”的有效路径。

（一）建构多维“生态体验场”，助力幼儿习得“安全自护”的知识

布鲁纳认为，学习者在一定的问题情境中，经历对学习材料的亲身体验和发展过程，才是学习者最有价值的东西。在“安全自护”环境中熏陶，在“安全自护”情境中浸润，在“安全自护”游戏中强化，能够有效地帮助幼儿习得“安全自护”的知识。

1. 在“安全自护”环境中熏陶

夸美纽斯认为，一切知识都是从感官开始的。教师可利用幼儿园的环境资源，建构“安全自护”教育的“生态体验场”环境，让幼儿在多通道感官中，透过环境的潜移默化，获得“安全自护”的认知。

利用“专题栏目”，让环境“说话”。幼儿园的环境应为幼儿提供交流与学习的支持，可以在门厅、廊道等处，制作“交通安全要记牢”“地震知识我知道”等专题墙报，让幼儿在浅显易懂的故事中，在色彩斑斓的图画中，在学习趣味歌谣中初步获得安全知识。这类“专题栏目”能够让幼儿在与趣味的“安全自护”环境对话中习得知识，非常有效。

利用“主题画廊”，让幼儿“表达”。在“安全自护”主题教育活动中，请幼儿创作“主题绘画”，张贴在“主题画廊”里，表达他们对生活中的“安全自护”认知。如“消防安全”“交通安全”等主题绘画，既为幼儿的经验分享搭建了平台，也拓展了幼儿学习的空间。

2. 在“安全自护”情境中浸润

“儿童能否长期保持注意力和热情取决于教学方法的灵活性和创造有趣的课堂气氛。”设计生动的“情境课程”，使幼儿在积极多变的“情境体验”中获取“安全自护”的知识，更加有效。

巧用“故事”情境。“故事”是幼儿最喜爱的教育方式。巧用故事内容，能够使幼儿在具体的“情节及事件”中，掌握自我保护知识。如在《小兔乖乖》的故事中，幼儿懂得了“一个人在家时，不要给陌生人开门”；在《白雪公主》的故事中，幼儿理解了“不能拿陌生人给的玩具、食物，更不能跟着陌生人走”等。

巧设“多样”情境。幼儿缺乏对世界的认识，教师应采用不同的方式，让幼儿在“多样”情境中感知事物的危害性。如用看动画片的方式，让幼儿在动画情境中感知“地震、洪水、火灾”的危害，让幼儿摸摸发烫的水壶及尖锐的别针，感知烫、戳的危害。另外，还可创设各种“问题情境”，让幼儿设想自救和求救的办法，如：一个人在家，闻到煤气味怎么办？外出与家人失散了怎么办？

3. 在“安全自护”游戏中强化

“游戏是幼儿最基本的活动。”把“安全自护”教育渗透于幼儿的游戏生活中，让幼儿在游戏玩乐中“体验”什么是安全的；在游戏中，强化幼儿的“安全自护”意识，生成各种应对危险的“能力”。

“自制”器械，游戏体验。农村幼儿园“自制”教育用具、器械不失为一种有效的方法。

如自制“灭火器与消防车”，把喷蚊子的喷雾器灌上水，制成“灭火器”；用大纸箱和小椅子，制成“消防车”。幼儿游戏时，有的用灭火器“救火”，有的用消防车“灭火”，有的假装滚动灭掉身上的火苗，有的假装爬行逃生等。这样的“趣味”游戏练习，幼儿自然而然地习得了“安全自护”的方法。

“创编”游戏，强化体验。在游戏情境中利用趣味的游戏，让幼儿获得知识和发展能力也非常有效。如创编“变化的红绿灯”游戏，幼儿轻易地记住了“绿灯亮了过斑马线”“红灯亮了要停一停”等交通规则方面的知识。

（二）建构多能“模拟体验场”，助力农村幼儿获得“安全自护”的能力

“运用具体事例情境，可以唤起幼儿自我保护意识，使幼儿从小就懂得珍惜生命，并在日常生活中去获得一些自我保护的知识和技能。”建构多能“模拟体验场”，助推幼儿在具体情境中扮演角色、习得能力，是农村地区对幼儿实施“安全自护”教育的有效策略。

1. 在“微观模拟”体验中生成能力

幼儿喜欢模仿学习，他们的直观形象思维占主导地位。创建多通道的微观模拟体验场，让幼儿在模拟体验场中感知、体验、学习，懂得“安全规则”，提升“安全自护”的能力，符合幼儿的认知特点。

如“交通安全模拟”体验场。让幼儿在“模拟”游戏中，体验交通规则的重要性。在园所场地，开辟“模拟”体验场，设置指挥台、红绿灯、车道、斑马线等，供幼儿游戏体验。幼儿在游戏中，可做“小交警”指挥交通，可做“小司机”开车前行，多种“体验”助推幼儿获得了“安全自护”的能力。

鲁迅曾说：“游戏是幼儿最正当的行为，玩具是他们的天使。”这种模拟“体验式”的游戏深受幼儿的喜爱。幼儿借助“游戏道具”，在愉快的游戏体验中，获得了“安全自护”的能力，也养成了遵守规则的良好习惯。

2. 在“安全演练”体验场中提升能力

杜威认为：“教学过程必须创设情境，依据教学情境设立目的，制订教学计划，利用教学情境激发学生的学习动机。”教师可创设“安全演练”实践体验场，运用各种形式的安全演练体验活动，让幼儿在具体的情节中，获得能力的发展。

如“乘车中的安全”演练体验场。教师利用乘车中的体验，帮助幼儿获得乘车时的安全防御能力。教师设置“郊游”的演练场景，将小椅子排成座椅，请幼儿乘车“郊游”。当幼儿兴奋地唱着歌儿“郊游”时，突然发生了“大地震”，教师指挥幼儿快速撤到安全场所。这类

"演练"活动,能有效提升幼儿的应急反应能力。

教师围绕"防火、防水、防雷电"等,设计多种情境式"安全演练"体验场,并通过"演练"体验,把"安全自护"的知识及规则等传递给幼儿。"演练"催化了幼儿心中那颗"安全自护"的种子,这颗种子一定会在幼儿的心田"生根发芽",慢慢长大。

(三) 建构多元"人文交互场",助推农村幼儿获得"安全自护"的能力

农村幼儿"安全自护"生命健康教育还有很多不足,创设多元的"人文交互场",让幼儿在一种较理想的"交互"文化中获得有效的关怀教育,提升他们"安全自护"的能力,是有效可行的。

1. "小手拉大手"延展"安全自护"教育

"小手拉大手",是针对当前农村幼儿"安全自护"教育缺失的现状推行的举措。幼儿园在对幼儿开展各种"安全自护"教育时,需要家庭的"合力"教育,才能有效地借助孩子这一"纽带",用"小手"拉起"大手",激发"大手"对幼儿安全自我保护教育的认知,来延展"安全自护"教育。

定期发放"致家长的一封信",引领幼儿家庭成员对幼儿"安全自护"教育的认知;定期开展各种形式的"亲子活动",让家长与幼儿一起在活动中获得"安全自护"的知识;定期开展"安全主题月"活动,让幼儿在生活中与家长谈论在园习得的安全知识。另外,还可评选"安全小卫士",用"激励"的方式带动家庭等。一系列的"小手拉大手"活动,提升了农村家庭中"安全自护"教育的水平。

2. "儿童之家"共享"安全自护"教育

"儿童之家",在这里是指"临时的看护场所",也是为那些被"留守"、被"放养"的农村留守儿童设置的。"儿童之家"能给那些被"放养"的幼儿,一个离园后安全的"栖息之地",也能培养他们一些"安全自护"的知识和能力。

"儿童之家"是在自愿的基础上,把"有亲戚关系"或"住所靠近"的几名幼儿集中在一起,由教养知识良好的家长临时养护,或大家轮流养护。在养护过程中,家长要教给幼儿必要的"安全自护"等知识。"儿童之家"不一定很完善,但这个"家"确实有效规避了"夏日沟河涨满""冬日河沟破冰"及"马路玩耍"等潜在的危害。同时,也有助于提升幼儿"安全自护"及社会性发展等能力。

3. "多元合力"共赢"安全自护"教育

"多元合力",在这里是指幼儿园、家庭和社会三方的力量。把幼儿园作为主阵地,通过

带动、引领、辐射，提升家庭及社会对幼儿“安全自护”教育的认知度，并形成“完善”的教育合力。“小手拉大手”行动，“儿童之家”行动以及“师幼进乡村”表演“安全情景剧”行动等，赢得了家庭的认同，获得了社会的支持，逐步奠定了幼儿园、家庭和社会“多元合力”的教育基础，为农村幼儿的“生命健康成长”谱写了一曲新乐章。

陈鹤琴先生认为，“活教育”的课程就是把大自然、大社会中有益的东西拿来让儿童学习。农村幼儿的“安全自护”教育，是对农村幼儿“生命健康成长”的呵护，也是农村幼儿生命健康成长的“有益行动”。这一教育方向，是立足现实的，是指向生命的，也是面向未来的。多形态的“安全自护”教育实践“场”，能够使农村幼儿在趣味的生态“场”体验中，丰盈生命的内涵，丰厚生命的底蕴，进而实现农村幼儿“生命健康成长”的理想与追求。

参考文献：

[1] 李季湄，冯晓霞.《3—6 岁儿童学习与发展指南》解读[M].北京：人民教育出版社，2013(3).

[2] 朴恩景.儿童安全 365[M].北京：新星出版社，2016(6).

[3] 张蕊.微观交通仿真实践指南[M].北京：人民交通出版社，2014(7).

[4] [德]达柯玛尔。盖斯勒.自我保护意识培养[M].沈阳：辽宁人民出版社，2016(10).

[5] 张兴强.农村学前教育发展的策略[J].西部素质教育，2017(2).

[6] 盖笑松，焦小燕.当前村屯学前教育发展的难点与对策[J].学前教育研究，2015(05).

基于“活教育”思想幼儿园开展二十四节气活动的实践

——以“霜降”节气活动为例

南京市世纪星幼儿园　张　玥

陈鹤琴先生是我国著名的儿童心理学家、儿童教育家、中国现代儿童教育的奠基人和开拓者。这位中国学前教育之父于1923年在南京创办了鼓楼幼稚园，开始探索适合中国国情、中国大众的幼儿教育之路，提出了影响深远的“活教育”理论，其内容主要包括目的论“做人、做中国人、做现代中国人、做世界人”[1]；课程论“大自然、大社会都是活教材”；方法论“做中教、做中学、做中求进步”这三大要点[2]。一直以来，中国百年的幼教事业追寻着陈鹤琴先生，在其“活教育”教育思想的滋润、熏陶和引领下践行推进。

二十四节气作为我国历史文化遗产，是宝贵的教育资源，具有丰富的精神文明内涵，与自然科学相融，拥有独特的教育价值。二十四节气在以“活教育”理论为基础，与当今幼儿园教育相融合后焕发着新的生机和活力。

一、基于“活教育”思想开展二十四节气活动的意义

（一）契合目的论，培养幼儿对中华文化的热爱与传承

《3—6岁儿童学习与发展指南》中提到“要向幼儿介绍反映中国人聪明才智的发明与创造，激发幼儿的民族自豪感[3]”。二十四节气是千年中华文明里璀璨的一颗星，将二十四节气带进幼儿园，积极开展相关活动，可以让孩子们接触到传统文化，进而感受节气、爱上节气文化。节气文化来源于漫漫历史长河里一代又一代百姓们的生活，是一项来源于大自

然文化的独特发明，不仅展现了我国古人当时的农耕生活方式，更是他们智慧的结晶。正如2022年北京冬奥会开幕式中向全世界展示的“中国二十四节气”倒计时短片那样，幼儿教师要通过更具体、形象的方式将节气文化传达给幼儿，让幼儿了解和体验传统民俗节气的独特魅力，认识了解中华传统文化的广度与深度，在孩子心里种下一棵学习自然科学的幼苗，激发其在成长过程中对我们的传统文化自信感和民族自豪感，从而一代代传承和发扬优秀传统文化。

（二）符合课程论，善用二十四节气自然文化资源

二十四节气是中华民族优秀的传统文化资源，教师可以围绕各个节气主题开展自然探索、节气体验、文化艺术、饮食保健等方面的活动，以多种方式将二十四节气融入幼儿园的一日活动。内容涵盖体验式学习节气文化、观察气候、农耕文化、节气游戏、节气生活等，都是幼儿可以自然体验学习的“活教材”。在陈鹤琴“活教育”课程论的指导下，以节气的自然本质与儿童的率真的生活为契合点，依托园所环境，挖掘多种资源，基于幼儿的兴趣爱好，善用有价值的自然资源生成教育活动，围绕每一个节气主题可开展多种活动。以游戏的方式将二十四节气融入幼儿园的一日活动中，从理论和实践两个层面思考和探索“二十四节气”在幼儿园课程中的应用，充实幼儿园课程内容。

二、幼儿园开展二十四节气项目活动的实践——以“霜降”节气为例

（一）设计环境，巧妙营造“霜降”节气氛围

陈鹤琴先生对幼稚园的环境创设也具有独到的见解，他认为“有什么样的环境，就会有什么样的激励，就会有什么样的印象”“教育环境在幼儿教育过程中起着一定作用”[4]。通过环境自主学习是幼儿在幼儿园学习的隐性方式，因此，营造节气的文化氛围，让孩子们浸润于环境的影响中，自主深化对节气文化的认识，体会其本质和内涵。在霜降节气期间，教师为幼儿设计了“霜降知多少”调查表，收集有关“霜降”的起源、传说和习俗的图文，布置教室主题墙面与教室小景，让幼儿每天在环境中自然而然对霜降节气耳濡目染。教师在班级阅读区投放了《中国二十四节气绘本故事》《二十四节气》等包含“霜降”节气的绘本，让幼儿日常翻阅。在美工区，提供画纸、超轻黏土、折纸等多样化材料，让幼儿自己动手画一画、捏一捏、做一做霜降节气里的“柿子”“菊花”，将幼儿亲手制作的可爱的艺术作品挂上树梢来

点缀枝头，增添节气氛围。节气氛围浓厚的环境，可以让幼儿对“霜降”节气文化知识有更直观的了解，让他们在感受“霜降”的同时，提高观察学习的水平，为幼儿创造一个动态的学习环境，让幼儿在自主选择中获取知识。

（二）一日生活中渗透

我们的教育同样是贯穿于幼儿的一日生活的各个环节当中的。大班幼儿在前期寒露活动中，通过记录温度和总结温度的变化，初步感受到气温和节气的关系。基于已有经验，在每天晨谈时，幼儿都会讨论记录天气。渐渐地，小朋友们谈论的天气话题越来越丰富，有最低温、最高温，以及自己记录的温度区间。小朋友们也通过记录表发现最近昼夜的温差较大，通过进一步的调查了解，发现原来是和节气“霜降”有关。于是，教师和幼儿一起，进一步体验气候、节气、人三者间的关系。然后，孩子们通过调查天气预报、感知风、制作风向标、编写风的小诗等一系列活动对霜降温差大的特点有了深入了解，在这一过程中的每日生活里都获得了真切的生活体验和美好的情感体验。

（三）融合“活教材”，开展项目活动

将丰富的二十四节气文化融入幼儿园教育，可以开发出许多优秀的课程资源。我园在开展“霜降”节气系列活动前进行了研讨，各班教师设计了悦享课程“霜降”项目活动方案，包括“穿衣大比拼”“霜降暖心喵窝”“做柿饼”“暖暖水果茶”等，各具特色。“霜降来了，树叶落了”项目活动主要涉及语言、科学领域，在活动中幼儿通过观察和调查“霜降”前后的植物有什么变化，分享自己的发现；通过观看视频、阅读图书，了解“霜降”节气的含义、由来和风俗，培养口语表达能力。“穿衣大比拼”项目活动主要涉及健康领域，旨在使孩子认识到节令变化与日常生活之间的联系。在“霜降”前后，天气逐渐转凉，孩子们也要学会做好保暖。除了及时添加御寒衣物外，加强户外运动也是御寒的一种方式。教师带领幼儿一起寻找让身体暖起来的方法，鼓励孩子选择场地，体验和小朋友们在一起运动让身体暖洋洋的乐趣。同时，因为天气渐冷，流浪在外的小动物没有家，“霜降暖心喵窝”活动主要涉及健康、艺术、社会等领域，目的是让幼儿亲身参与到保护自然活动中，关心关爱小动物，为自己能利用废旧材料成功做出窝帮助小动物们更好地过冬而感到高兴。另一边，随着小班“甜甜的水果”主题进行，小班的幼儿在散步途中发现了幼儿园内就有一颗结满果实的柿子树。有句老话说“霜降吃柿丁，不会流鼻涕”，在这个节令里为什么要吃柿子？柿子好吃吗？柿饼又是如何变成的呢？“做柿饼”主题活动主要涉及健康、艺术、科学领域，教师带着幼儿进行了探究，组织幼儿采用摸、看、闻等方式观察柿子，了解柿饼的制作步骤。“快乐过霜降”主题活

动，涉及艺术创作，让幼儿感受秋天的乐趣和大自然的美好。在这些贴近幼儿学习特点又趣味十足的活动中，幼儿的好奇心被充分满足，并在探索中发展了对自然、对生活的认知，提升了身体素质。

（四）贯彻方法论，重视操作体验的学习

幼儿是通过在最直观的动手操作中，将体验内化，进而逐步得到学习与发展，活教育中“做中教，做中学，做中求进步”的方法论在幼儿园开展的各种活动中都能尽数体现。而教师如何通过自己班幼儿在活动中随机获得独一无二的体验深入挖掘进行教育，是考验幼儿教师灵活地学习运用活教育方法论的时机。“做柿饼”项目活动开展的过程中遇到了柿饼发黑的问题，幼儿在每日对柿饼的观察中细心地发现了好几个柿饼的表面出现了黑色，班级教师迅速关注到这一现象，向幼儿提出了柿饼为什么会发霉的问题。虽然在项目活动开展的过程中遇到了难题，但“关注现象—提出问题—尝试解决”带着孩子们从失败的经验到找出原因到再次尝试做柿饼，也正是幼儿学习的一种主要途径。同时，也能让幼儿遇到困难后知道要想办法解决，树立自信心，在操作中获得成就感，使情感进一步得到升华。

（五）家园合力，渗透“活教育”思想

“活教育”除了活在幼儿园内，作为幼儿园的共同合作伙伴，家长也是孩子日常教育中最亲密的参与者。在节气来临时，教师可以设计适合在家庭开展的方式，鼓励我们的家长与幼儿在家里开展有趣的互动，把二十四节气文化带进家庭，浸入生活。

相较于幼儿的爸爸妈妈，爷爷奶奶等长辈对节气文化了解更多，也是“活教材”之一。祖辈温馨地给孩子讲述、分享他们丰富的经验常识，因节气而产生了更多的沟通。在文化的传承中，幼儿不仅体验了有关节气的多元乐趣，还夯实了与父母、祖辈间的情感连接。在节气到来时，教师可以通过亲子游戏的形式让幼儿感受节气的内涵，促进家长和社会成为“活教育”思想的实践主体，自然地将“活教育”思想向家庭和社会渗透，营造促进儿童全面发展的良好环境。如果条件允许，也可邀请家长入园与幼儿共同体验“霜降”的习俗和饮食文化。

三、结语

陈鹤琴先生说过：“儿童教育应当把大自然、大社会做出发点，让学生直接向大自然、大社会去学习。”让幼儿体验二十四个自然时间节点的魅力，促进幼儿养成良好的生活习惯和

积极向上的生活态度，传承中华民族优秀的文化精神。优秀的文化精神具有鲜明的时代意义和深远的儿童发展意义。我园一系列节气项目活动的实践证明，幼儿园开展二十四节气活动，不仅能让幼儿们领会到中华优秀传统文化的精彩有趣，激发他们的民族自豪感和爱国热情，还能让幼儿在浓厚的节气文化氛围中积累丰富的经验和初步的知识，助推幼儿做现代中国人，充分体现了“活教育”理念的育人内涵。

参考文献：

[1] 北京市教育科学研究所. 陈鹤琴全集(第五卷)[M]. 南京：江苏教育出版社，1991.

[2] 中国学前教育史编写组. 中国学前教育史资料选[M]. 北京：人民教育出版社，1989

[3] 中华人民共和国教育部. 3—6 岁儿童学习与发展指南[S]. 北京：首都师范大学出版社，2012.

[4] 秦元东，唐淑. 为儿童创设良好的环境——论陈鹤琴关于幼稚园环境创设的思想[J]. 学前教育研究，2002(6)：42 - 44.

传承“活教育”，编织“活”关系

——主题活动“桂花香香”的实践启示

南京市实验幼儿园　许　晔　郭　凡

2020年至今，新型冠状病毒反复来袭，被疫情笼罩的这几年中，人们愈发感受到与大自然的冲突对生活带来的影响。大自然是人们赖以生存的环境，也是幼儿感知世界的直接媒介。陈鹤琴先生的“活教育”思想体系对于正处疫情的世界具有跨时代的意义，其课程论中“大自然、大社会都是活教材”的思想及实验探索精神启发我们应将教育回归到人与自然、环境的关系当中。由于居家生活，幼儿平日里亲近大自然的活动也在“中止”与“行进”中交错进行。在生活活动范围缩小的当下，幼儿对周围的事物仍然有更强的观察力和好奇心。

我园立足国情，继承和发扬陈鹤琴教育思想，以综合课程形式确立了“以综合的教育造就完整儿童”的核心主张。本文基于儿童视角，在对“五指活动”的各要素间的关联性和整体性的思考中，以小班主题活动“桂花香香”为缩影，探寻活教育里的关系意识、幼儿与环境的交互关系及其对课程开展的实践启示。

一、在感知中了解自然，生发“活”关系

陈鹤琴先生在1944年提出要珍视大自然的教育价值，曾在活教育的课程论中提出：“大自然、大社会都是活教材”。面对大自然，幼儿有着与生俱来的好奇心和求知欲，一日生活皆课程。虞永平教授指出：“课程的演进就是不断制造关系，生发关系，幼儿在复杂的关系中获得经验和成长。”在教师思考课程的过程中，幼儿对环境的探索也在同步展开。陈鹤

琴先生曾言："我发现小朋友的思想是我们想象不到的。"①此次活动也让我们感受到关系的起点蕴藏在幼儿对大自然的感知中。

主题活动"桂花香香"缘起于幼儿在一次偶然的午间散步中闻到了阵阵花香，在自主交谈中，幼儿得出有可能是桂花香，可在周围都是墙壁的运动平台上未看见桂花的踪影。这引起了他们的好奇。一名幼儿大声喊道："桂花在哪呢？"大家纷纷猜测起来，有说隔壁小区的，有说楼下的，有说楼顶的……面对幼儿的热情，老师捕捉到了接下来的主题"桂花香香"，并询问幼儿："怎样才能知道桂花在哪里呢？"他们此时用小手指着不同的方向并兴奋地表达了寻找的心情。当天，"桂花香香"活动便在幼儿下意识的亲自然行为中开始了。

可见，幼儿对大自然有着先天的好奇，在面对未知事物的众多猜测与想象中建构了对空间、时间、熟悉事物之间的关系。有时幼儿天马行空的想象力也来源于对关系的认识和重组，在幼儿经验的基础上，教师应引导幼儿在生活和活动中生动、活泼、主动地学习。②帮助幼儿寻找兴趣点和经验之间的关联性是这次活动的起点。

二、在行动中亲近自然，明晰"活"关系

"从做中学，从做中教，从做中求进步。我们强调儿童的各类活动都要在户外，包括游戏、劳作、与大自然接触活动、自我表达课程、使用工具锻炼等，而不是像过去那样都在教室内进行。"③找到班级幼儿的兴趣点后，在实施主题活动的初始，教师带领幼儿在户外寻找桂花，将不同的学习内容围绕桂花有机连接起来，帮助幼儿通过对桂花进行持续、深入的关联与探究，进而获得新经验。

确定主题后的一天正值周末，幼儿在周末和家人们讨论了对桂花的认识，寻找桂花，感受不一样的桂花香。寻找桂花的过程中，幼儿一边欣赏幼儿园的秋景，一边寻找桂花，还时不时地讲述自己对相似植物的认识。他们会用自己的小手触碰绿植，在喜欢的植物前驻足观察，对桂花有着丰富经验的幼儿则在比较中观察着每一棵树，有的幼儿还对围墙外的小

---

① 陈鹤琴.陈鹤琴全集(第四卷)[M].南京:江苏教育出版社,2008:102.
② 张传燧,杨文."陈鹤琴教学法"体系建构尝试[J].学前教育研究,2008(11).
③ 陈鹤琴.陈鹤琴全集(第六卷)[M].南京:江苏教育出版社,2008:244.

区产生了好奇……在寻找桂花的过程中,幼儿比往常更关注幼儿园里的环境。每一处景象都在幼儿的观察与讨论中比以往更耀眼。在找到桂花时,幼儿激动地用小手指着桂花树,捡起地上小小的花瓣,自发地说着:“它好小呀。”“比我家旁边的颜色浅。”“我找到啦,在滑梯的旁边。”每个幼儿在找到桂花时,都在根据自身的经验表达着内心对桂花独特的认识。

陈鹤琴先生说:“一班几十个儿童,他们的生活经验、个性、兴趣以及学习能力,大都不相同。”①在找到桂花的过程中,幼儿都在用自己的方式表达着对桂花的认识。不同幼儿的感知方式构成了集体中的“活”关系:从感官认识到对桂花的外形认识、从过去的桂花到当下桂花的对比、在空间上对不同桂花树的感知都在寻找自然、感知自然中动态化地得到系统性的编织,有关桂花的经验也在此刻通过集体活动的方式多元化提升。

三、在活动中表征自然,编织“活”关系

活教育的课程观中提到,课程是有伸缩性的,教材是有活动性和可随时更改的。在开展的活动中,美术、科学、健康、语言等活动的融合与联系深化了幼儿的经验。

在寻找桂花的当天,老师看到有幼儿装了很多桂花在口袋里,还有桂花的小花瓣落在小朋友的头发、衣服上,发现幼儿对桂花的观察兴趣正浓,便商讨着用什么来装桂花。幼儿纷纷说道:盘子、小桶……在热火朝天的讨论中,麦麦甚至拿起了班里的备用雨伞说:“打开就可以装桂花了。”当听到老师说再次下楼寻找桂花时幼儿开心地拿起雨伞到楼下准备接桂花。灿灿看到满地的桂花,想起了公园里有人摇桂花树,便轻轻地摇晃起来。此时苹果着急地说:我们要保护大树,不可以晃。老师看到幼儿期待的眼神,于是告诉他们:“当人们需要桂花的时候会轻轻地晃动桂花树,幼儿园里的可以,但是在外面看到桂花树,要爱护,不可以晃哦。”听罢,幼儿开心地用容器接住飘落的桂花、捡起地上的桂花,帮麦麦把桂花装进雨伞。大家小心翼翼地拿着雨伞,开心地回到班里,细心地观察桂花,和同伴讨论着自己的发现。

① 王振宇,秦光兰,林炎琴. 为幼儿教育发现中国儿童,为儿童创办中国幼儿教育——纪念陈鹤琴先生诞辰125周年[J]. 学前教育研究,2018(01):3-12.

在老师发现幼儿手上、口袋里的桂花后，发现幼儿的又一个浓厚的兴趣——装桂花。幼儿在老师的引导下，也自发地说出了环境里可与桂花生发生的新关系：用容器接桂花。为了深入了解桂花，师幼再次回到桂花树旁，并引发了新一轮的讨论：如何保护桂花树？用伞盛桂花要怎样才能保护好花朵？随着幼儿对周围环境和桂花的关系上的想象与猜测，幼儿对桂花的认识与情感联结也在不断加深，在“做”中不断地学习与进步。

陈鹤琴先生曾在他的五指活动中说道：“各要素之间是相互联系的整体。”“活教育存在的意义是让幼儿回归自己的生活世界，不只是为了教育的成效和课程的成效，更是为了幼儿生命的成长，让幼儿的生活真正是‘我的’‘我活’和‘为我’。”①于是在幼儿兴趣正浓时，教师将其他活动进行渗透式地前置，围绕幼儿的兴趣重组活动的顺序。

在观察的热情高涨时，教师随机开展了对桂花的精细观察：对辨析桂花的种类、回顾其与在周末寻找的桂花有什么不一样。幼儿此时说着对桂花的细微观察：它的柄细细的，有的颜色深有的颜色浅。他们还就桂花的不同形状进行了讨论。

苹果说：“它很小，像一个个小点点，桂花叶大大的。”

蜜瓜说：“桂花有 4 片花瓣，但是它们特别小，站远了就看不到了。”

小番茄说：“桂花是藏在树叶里的。它们是抱在一起的，有好多。”

……

后期，幼儿在绘画的表征中也体现了对桂花的不同形态的理解，有纷飞状、点状的，还有不同光影下桂花的不同种颜色，都体现了幼儿对桂花的细微观察和持续探究。在用幼儿作品、桂花花瓣、桂花叶布置环境的同时，幼儿也在每一次路过的驻足中，感知着对桂花不同的观察，在“班级”这一环境中编织着与桂花的联系。

在精密观察的过程中不难看出孩子们对自然物的观察兴趣，运用陈鹤琴先生的课程论可以看出整体化、本土化、生活化、现代化的特点。这启发我们要关注大自然中的细微事物，运用幼儿发现的、观察的自然物进行环境创造。在引导幼儿运用“儿童教儿童”的方式通过直接感知、精密观察、自主探讨的方式关注桂花时，幼儿就在不断编织与桂花的关系。

---

① 陈鹤琴. 陈鹤琴全集(第二卷)[M]. 南京：江苏教育出版社，2008.

四、在创造中深入自然，深化“活”关系

新关系的生发就像活教育中的“活”，任意的组合都可以将幼儿的创造性思维变为新关系的产生进而转变为“活”关系，“儿童本来就有一种创造欲，我们只要善为诱导，善为启发，可以事半而功倍”①幼儿在日后的新经验中就可以重组这样的关系以及经验，在活用中不断生发新的兴趣，从而产生创造性的新课程，不断建构新经验，通过新经验来深化“活关系”，得到整体性的提升。

告别了发现、亲近和收集桂花的一周，教师从调查表中发现了幼儿对桂花的新认识：桂花美食——桂花糖芋圆、桂花糕……教师在晨谈中询问幼儿：“除了和家人共同发现的，你觉得桂花还可以做哪些美食呢？”教师发现了幼儿将桂花和果冻建立了新联系，发现幼儿很喜欢果冻类的制品，还有的幼儿说出了用桂花泡茶。于是教师将幼儿联想的新关系生成新课程：制作桂花冻、泡桂花茶。在制作的过程中，幼儿分成两组，观摩了白凉粉和蜂蜜用水煮开后又凝固的神奇现象，体验着小心翼翼地将桂花放进杯子后成功融合的喜悦；对桂花冻有了新认识；也在泡桂花茶的过程中感受到了桂花在水中的沉浮现象，进而发现桂花花瓣的聚拢；在品尝桂花藕粉中感受着桂花在嘴里的黏稠，进而体会到桂花美食的多重变化。借“桂花”这一事物，幼儿通过多种感官体会着与大自然的亲密感。

可见，儿童对动植物有着强烈的兴趣。儿童教育就是要充分利用这些天性，让儿童有更多的机会接近自然、了解自然、感受自然的魅力，养成热爱自然、保护自然的情感和习惯。②

“桂花香香”主题在幼儿讨论、采摘、观察、品尝、绘制后，出现了新难题——怎样把桂花留在教室里？幼儿发现前一周采摘后的桂花很快就枯萎了，香气也不在了。汉堡看到后告诉老师：“桂花死了，它从树上掉下来就会这样。”此时飞飞想到了一个好方法：可以把掉落的桂花放在土里。老师问：“为什么呢？”飞飞说：“因为这样它就有可能在明年又长出来

---

① 陈秀云，陈一飞．陈鹤琴文集[M]．南京：江苏教育出版社，2008.

② 虞永平．在疫情中重新认识学前教育可持续发展[J]．学前教育研究，2020(06)：3－8.

了。”于是幼儿便带着盒子，来到了那棵桂花树前，将桂花轻轻地撒在桂花树根的旁边。此时一个幼儿说道：“桂花回家啦。”回到班级后，教师和幼儿共同探讨“逝去”的桂花，运用桂花相关书籍讨论起幼儿眼中的生命，进行生命教育的启蒙。

“活教育”的目的论，不仅体现了幼儿教师在幼儿园教育教学中要对幼儿进行知识、技能等的基础教育，也要促进幼儿情感、社会性等的全方位发展。[①] 面对桂花的凋落，幼儿用自己的方式表达对生命结束的理解。桂花给予了幼儿开展生命体验的机会，桂花的枯萎与凋落也引导幼儿回归自然，学会尊重生命、敬畏生命、保护生命。

五、在合作中亲近自然，扩展“活”关系

由于疫情影响，幼儿只能在小范围的环境里亲近自然，如：幼儿园、住所的附近。但若找到这些小范围里的联系，譬如将随处可见的植物生成具有教育价值的关系，幼儿提升经验的方式也在亲近自然的范围扩展中更多样化。

在开展桂花主题期间，幼儿前期经验的调查来源于家人和幼儿的共同探讨。活动前，幼儿带着“对桂花的认识”“对桂花美食的了解”的相关调查表，与离园活动时的讨论结果作对比。在确保经验的有效性与真实性同时了解家长和幼儿共同的桂花经验。家园合作的形式横向延伸了幼儿对桂花的认识，将幼儿与桂花的关系扩展为家庭与桂花的关系。寻找桂花的主题以家庭教育的形式，扩大了生发关系的空间，不再局限于幼儿园，而是延伸到社区、公园、院子等。幼儿在寻香找桂花中以回忆的形式生发桂花与时间的关系。通过和家人赏桂花与分享桂花、分享桂花美食，幼儿找到桂花、家庭、自己之间的关系，在直接感知中生发关系，在家人、老师的引导中建立认知的最近发展区。随着时间的推移，这些关系像树实般逐渐深化、拓展了幼儿对桂花的认识。

1952年，陈鹤琴先生重申：“只有了解儿童后，我们对儿童的教育，才能确实有效。”[②]好的教育应当是教师和幼儿共生共长。在桂花主题中，教师带领幼儿共同寻找桂花、共同观

---

① 黄玉娇. 陈鹤琴“活教育”对幼儿园环境创设的启示[J]. 韶关学院报，2013，34(07)：143－145.

② 陈鹤琴. 陈鹤琴全集(第一卷)[M]. 南京：江苏教育出版社，2008：151.

察桂花、共同制作桂花美食，追随幼儿，引导幼儿表达、表征对桂花的理解。因此，在观察的过程中，教师尊重幼儿的表述与兴趣，及时将幼儿的兴趣（比如：寻找花香、装桂花、果冻里的桂花、桂花的凋落）作为连接环境与幼儿的生发课程的关系起点。围绕这些关系，教师和幼儿共同丰富关于桂花的经验，在尝试与操作中获得蕴藏在“桂花香香”里的新经验，在闻香、观察、触摸、聆听、品尝中递进式地编织关系，深入关系，在“做”中提升、巩固、扩展经验，亲近大自然。

六、结语

回顾“桂花香香”的主题活动，我以观察者和实践者的综合视角感受到了幼儿在主题活动中经验的不断提升。幼儿的行动也间接激发了我对自身与新的课程的关系的意识，在观察幼儿中做到教学相长，在家园合作中形成“家长—幼儿—教师”的铁三角关系滋养我不断前行。

陈鹤琴先生曾说过：“所谓成熟，不过是重新体验儿时游戏的认真态度和重新审视儿时积累的早期经验。只有了解儿童，才会尊重儿童。尊重儿童，就是尊重人类本身。”[①]青年幼儿教师是时代发展下的中坚力量，要本着科学的儿童观和教师观培养多元化的关系意识，学做知识的传递者、课程设计的建构者、为幼儿创造机会的引导者。陈鹤琴先生曾指出：“新教育的实验是需要一个新的环境的，中国的实验教育还在实验之中，新的时代造就出的新的环境，催生和呼唤着教育新的发展。”现今更应重视环境，怀着世界的眼光了解大自然、大社会的发展。为了适应时代的发展，我们要把握时代发展中的“活”关系，树立儿童立场，秉持关系意识研究“活”关系、“活”课程，做到可持续发展的教育，在实践中追随儿童，践行“活”教育，做“活的”教育。

---

① 王振宇. 儿童心理学[M]. 南京：江苏教育出版社，2006：1.

“活教育”理念关照下的大班课程实践探究

——以大班绘本微主题《花婆婆》为例

无锡市梁溪区南长中心园　凌　楠

陈鹤琴“活教育”思想是汲取了杜威、孟禄、克伯屈、陶行知等人的教育思想和教育实践的有益经验后，对中国传统“读死书、死读书、读书死”理念进行批判，提出的符合中国国情的教育思想，是对未来教育改革的长远前瞻，对当下的课程改革有重要的借鉴意义。

一、现状分析

在幼儿园课程改革浪潮不断翻涌的今天，很多幼儿园已经看到“活教育”的理论价值及其对教育实践的指导作用。但我们对“活教育”的理解还仅仅是字面上的理解，或者是对部分元素名词的理解，对于“活教育”的实际运用，始终差了那么点味儿。

（一）对“活教材”的认知偏差

“大自然、大社会都是活教材”是我们常常挂在嘴边的一句话，因此我在为幼儿“准备”学习对象时，尽量做到接近幼儿真实的生活经验。考虑到幼儿的年龄特点，我们精心用思维导图等形式为幼儿的后续学习做好计划。殊不知，这样写进“计划”中的学习计划虽然考虑到了幼儿的生活经验，但没考虑到幼儿是活生生的人，这些是不是他们的真实生活呢？尤其是在疫情防控常态化的当下，幼儿的生活经验直接受到大形势的影响，他们对外界的认知与早些年出生的幼儿是不一样的，这些提前做起的“计划”已然成了“死教材”。

（二）对“活教法”的认知偏差

活教育除了要使用真正的“活教材”，还要用“做中学”的活教法赋予其灵魂。目前，我们老师能够看到幼儿生活中的“活教材”,但对“活教材”的组织形式还是“死教育”的方法,注重幼儿探究后的结果呈现、知识技能的提升。将“做中学”片面理解为对材料的重复操作,忽视了幼儿已有经验与新经验的连接与延伸。这样的教法激不起幼儿的学习内驱力,也会慢慢磨灭幼儿深入学习的欲望。

(三)自身能力达不到“活教师”的要求

师幼互动存在于幼儿一日生活的各个阶段,存在于幼儿园各个领域的教育之中,对幼儿的学习与发展的作用不可估量。陈鹤琴也提出了“活教师”的理念,“活教师”可以理解为具有活的教育思想,发现活教材,运用活教法开展活教育的人。反思笔者自身,与“活教师”之间尚有差距,仍需不断学习修炼,以活教育理念武装思想,努力做到陈老先生提出的七个基本要求,在师幼互动中不断向“活教师”的目标靠近。

鉴于当下教育者能够觉察到活教材、理解活教师的基本内涵的情况,笔者认为活教法是将教师、教材、幼儿串联起来的一根线,也是所谓师幼共长的途径,在整个课程实施的环节起着至关重要的作用。陈鹤琴提出“活教法”包含四个环节,即实验观察、阅读参考、发表创作和批评研究①,笔者以大班下学期的园本课程绘本微主题为例,研究分析了幼儿在四个环节中的行为和表现,总结了活教育理念在具体实践中的应用,为之后的课程实施积累经验。

二、实践应用

(一)实验观察

实验观察相当于问题的起源,是幼儿通过多感官的参与,对学习对象进行视听嗅味触的感知而获得经验。这种经验应当是出于幼儿自身对该对象的兴趣与好奇,学习动机源于内部,才算是真实有效的实验观察。幼儿的学习是以直接经验为基础的,春天的到来,万物复苏,大自然充满生机、花儿竞相开放,这就是孩子们最能直接感受到的春天里美好的变化。

片段一:这是什么花?

---

① 陈鹤琴.陈鹤琴教育思想读本·活教育[M].陈秀云,柯小卫,选编.南京:南京师范大学出版社,2012:9.

下雨的早晨，中中在二道晨检门口一边向我问好一边讲述着今早来园的趣事。“老师，门卫室旁边有一棵树，开了很漂亮的粉色的花，下雨后有些花都掉到地上了。”很多孩子听到中中的话都凑了过来。

“那是什么花呀？老师？”“我看过的花长在花盆里，它怎么长在树上呢？”“它会结果子吗？”带着孩子们的问题，我们来到这棵树旁边，进行仔细观察。

“活教法”首先应信任与尊重幼儿，让幼儿主动关注与思考“活教材”，在好奇心驱使下运用更多感官获得对该对象的直接经验，鼓励幼儿“积极主动、认真专注、不怕困难、敢于探究和尝试、乐于想象和创造”①的学习品质。

（二）阅读参考

这一步是大多数教师在实际操作中容易存在误区的环节。很多人认为既然“大自然、大社会都是活教材”，那又何必在书本或其他介质中寻找间接经验，这样做是否与活教育的理念相矛盾呢？其实不然，“活教育”的课程以“大自然、大社会做主要的教材，以课本做参考资料”②，不再把书本知识看作是唯一学习的对象，而当作一种辅助学习的工具。

幼儿对春天里的花如此感兴趣，是因为在为数不多的感官参与中他们感受到了花的美好，且即将于六月份毕业的他们，对幼儿园美好事物也非常留恋，希望在毕业之际，幼儿园里能到处开满鲜花。在此情况下，他们会倾向于找一些与花有关的儿歌、音乐、图书，进行全方位的了解。恰巧一本《花婆婆》的绘本走进幼儿的视线，让他们爱不释手，百读不厌。这本绘本故事情节非常吸引人，与孩子们想让世界变得更美好的心愿不谋而合。

（三）发表创作

诗人看到花会写出“万紫千红总是春”的诗句；画家会用画笔描摹春天的美景；文学家能用千万辞藻形容一朵花的曼妙。幼儿也是一样，他们对这个特别的春天、幼儿园里的花有自己独特的想法。他们的创作是在基于前期的直接经验与间接经验相互影响下对花的理解。因此他们会用绘画、表演、搭建、讲故事等个性化的表达方式传达自己的想法。绘本精读月的四个礼拜里，全体幼儿选择用“舞台剧”的方式来演绎美好生活。在此过程中，为了使自己的创作更加完善，他们的学习过程也会回到第一环节和第二环节。

---

① 中华人民共和国教育部. 3—6岁儿童学习与发展指南[S]. 北京：首都师范大学出版社，2012：3.

② 陈鹤琴. 陈鹤琴教育思想读本・活教育[M]. 陈秀云，柯小卫，选编. 南京：南京师范大学出版社，2012：143.

幼儿用图画解答同伴对舞台剧的疑惑，记录对舞台剧的理解(见图 1、图 2)。

图 1　舞台剧解答

图 2　舞台剧脉络图

结合幼儿实际看舞台剧的经验，以及对舞台剧的研究，教师决定让他们来演一演。绘本《花婆婆》中的角色没有太多的对话，故事场景非常多，选择哪些场景进行表演，如何将它变成能够对话的舞台剧成了幼儿面临的第一个问题。

片段二：

中中：那不行，我们没有那么多时间，而且演员也不够。

芷辰：是呀，看那么多，人都要累了。

嘉徐：我们可以挑几个大家都很喜欢的场景来表演呀，这样表演起来也不会很难。

孩子们纷纷对着绘本，把自己最喜欢的一幕画下来。经过投票，他们选出了五幕来进行表演。

希希：我们可以想一想，卢菲丝到了东方的小国家，会和喝茶的人、卖西瓜的人说什么话？

昊宇：对呀，爱丽丝坐在爷爷腿上的时候，爷爷肯定也会和爱丽丝讲故事。

这时看舞台剧比较多的费韵竹小朋友提出还可以有一个人念旁白，发生了什么事就可以由他讲述。

幼儿投票选出最感兴趣的五幕剧，按照绘本中的情景，进行合理想象，将每个角色的台词用各种符号画了下来(见图 3、图 4)。

图 3　幼儿表征

图 4　幼儿设计剧本

台词、剧本都准备好后，幼儿进行了第一次试排练。在对台词时他们发现表演时没有背景和道具，别人看不出大家在表演什么。小莫提出可以用快递盒子做两棵椰子树。云琛说可以画一个壁炉，挂在架子上当背景。为了能够顺利排练舞台剧，一些废旧的材料瞬间成了他们的宝贝。大家还寻求家长的支持，购买了一些服装、道具，带来了一些家中不用的废旧布料、网纱。

五幕剧就是五个表演组，每个组都有导演、旁白和演员。很多小导演甚至放弃演出自己最喜欢的角色，选择指导大家的表演，自己来念旁白，这也充分体现了大班孩子的团队协作精神。在一次次的排练中，孩子们自己化妆、自己装扮、自己记录问题(见图 5、图 6)。

图 5　幼儿自主排练

图 6　记录排练问题

无论是用表征还是表演的形式，都是基于幼儿自身对舞台剧的理解以及对《花婆婆》绘本的熟悉。在这个过程中，为了更好地解释什么是舞台剧，怎样更好地表演，他们还要回过头进行调查研究，在循环往复的过程中积累经验。

（四）批评研究

批评研究可以理解为对研究过程的总结与反思，通过师幼之间、幼幼之间相互讨论、交流，让思维得到碰撞，经验得以分享。“大班幼儿要在集体中注意倾听老师或者其他人的讲话”①，批评研究绝不是以评价一个活动的好坏为目的，而是在对话与分享中形成新的经验，新的认知。其实在第三环节发表创作过程中也有批评研究的影子，如幼儿对舞台剧的理解是在与教师的交谈中讲述自己调查的结果，每位幼儿都有自己着重关注的点，通过发布会的形式，大家的经验就有了交叠。

在一次次对绘本深入的研究后，孩子们对花婆婆也产生了新的看法，在和老师的讨论交流中，我们也对孩子的想法进行了记录(见图 7)。

片段三：

小罗：花婆婆是一个自信与优雅的人。

沅沅：花婆婆是一个热爱生活、热爱大自然的人。

中中：她是一个热爱旅行，愿意挑战自己的人。

小阮：她是一个善良而且温暖的人。

图 7　孩子们心中的花婆婆

绘本里出现了各种美丽的风景，五彩的鲁冰花、蓝天、大海、轮船，花婆婆做了一件让世

---

① 中华人民共和国教育部. 3—6 岁儿童学习与发展指南[S]. 北京：首都师范大学出版社，2012:18.

界变得更美丽的事。在我们身边其实也有许多美丽的故事发生着。受到花婆婆的影响,在表演舞台剧后,越来越多的孩子想要成为像"花婆婆"一样的人。在班级的种植园地,孩子们也想要撒上花籽,让幼儿园变得更加美丽。最令我感动的是杭轩的一句话:"如果我们的幼儿园里所有的花都开放了,我们就到这里来拍毕业照。"孩子们马上就要毕业了,大部分孩子想要在幼儿园的最后一个春天种出一株花来的。他们还将假期里种的花带到了班级的植物角。经过一个多礼拜,有些种子已经长出了小芽,有些还没有动静,但是满怀希望的孩子们每天都在照顾、记录花朵点点滴滴的成长。

三、总结经验

(一)观察思考,激发兴趣

作为教师,我们需要给幼儿提供一个自然的学习环境,在这样一个自然的学习环境中引发他们学习。这样的情境一定是会引发幼儿的兴趣的,能与幼儿产生互动,能够引发幼儿多感官参与其中进行探索,并且能够维持幼儿长时间的探索和连续的活动。

同时,我们也要注意引导幼儿走出教室,观察生活,在真实的生活情境中善抓幼儿的"哇"时刻,有一定的课程组织能力,引导幼儿持续深入地学习与发展。这里的教师一定是带着思考,沉浸地观察幼儿的活动。自然中的学习并非见到花研究花,见到草研究草的。教师要抓住幼儿经验的生长点,在心中有一定的课程架构,这样才能更加有效地组织实施课程。

(二)自主探究,支持经验

经验的支持如同站在巨人的肩膀上远眺,比盲目摸黑效率更高,避免了原地转圈而无法继续的情况。同样,幼儿的学习也需要多方面的支持,通过对"活教材"的观察和研究,幼儿会带着问题有意图地汲取信息资料。所谓"授之以鱼,不如授之以渔",在幼儿园内幼儿寻求支持的对象不外乎教师群体和客观环境。

教师首先得提升自身的专业素养,积累科学文化知识,扛得住幼儿的"十万个为什么",其次要创设能够支持幼儿学习的环境,在这样的环境里幼儿能够找到自己所需的材料,在与材料的互动中解决自己的困惑,验证自己的想法。

(三)交流反思,经验提升

活教法的最后一步是集体的讨论与反思。陈鹤琴提出:"我们中国人个性很强,喜欢各自为政。在团体活动中,常常缺乏合作能力的表现。"①在集体讨论环节,我们要扭转中国人的惯性思维,不吝啬对别人想法的赞赏和表扬,虚心接受他人的观点与建议,也让幼儿能够站在他人的立场理解问题。

学会倾听是非常重要的一个品质,经验通过语言的表达与传递,会如大树般斜逸旁出,枝繁叶茂。教师在课程的开展中可多设计一些活动,如分享交流会、发布会、辩论等,幼儿参与其中探讨观点。教师用照片、录像、表征、脉络图等形式进行记录,从而织起主题学习的大网。教师要做好总结,帮助幼儿提升经验,完善不足之处。

面对当下纷繁复杂的幼儿园课程理念,我们应当分清什么是适合当下中国国情的。其实在现在流行的项目式教学中,我们也不难看到"活教育"的影子。例如,项目式教学的三步骤:计划、发展与反思,可以对应"活教法"的四步骤,它们在教与学的基本逻辑上是一致的。教育的不断发展也是在前人的基础上汲取精华。与其四处引水,不如搞好源头,立足国情,不断创新。当今的中国已然不是 20 世纪的中国,教育也要树立文化自信,教育人要不断思考"活教育"可以怎样为现在的教育服务,为现在的幼儿服务。

参考文献:

[1] 陈鹤琴.陈鹤琴教育思想读本·活教育[M].陈秀云,柯小卫,选编.南京:南京师范大学出版社,2012.

[2] 中华人民共和国教育部.3—6 岁儿童学习与发展指南[S].北京:首都师范大学出版社,2012.

[3] 张永英.陈鹤琴活教法思想滥觞及对当前幼儿园课程改革的启示[J].南京师大学报(社会科学版),2021(11).

① 陈鹤琴.陈鹤琴教育思想读本·活教育[M].陈秀云,柯小卫,选编.南京:南京师范大学出版社,2012:72.

再见了，我们的幼儿园

——践行陈鹤琴先生“活教育”思想的毕业典礼

南京市鹤琴幼儿园　叶屏屏

我园从办园之初就一直以陈鹤琴先生的“活教育”思想为指导，秉持着“大自然、大社会都是活教材”的理念，坚持用“活”的教育、“活”的教材培养“活”的儿童。

在大班下学期开学之初，我们大班组的教师就开始思考：对幼儿来说，毕业意味着什么？可以通过哪些活动让幼儿真正感受到毕业的含义？如何从课程的角度来思考毕业季的活动？毕业季的活动对幼儿有怎样的发展价值？通过研讨，我们认为，可以由一系列活动共同来建构毕业季的课程，如：对幼儿园三年生活的回忆，对即将到来的小学生活的认识和了解，一次有趣的毕业旅行，等等。而毕业典礼则是毕业季系列活动的高潮，也是其中最重要的一个环节。

我们想给幼儿一场难忘的毕业典礼，为此，我们一直在问自己：为什么要为幼儿举办毕业典礼，其意义和价值何在？幼儿真正需要的是一场怎样的毕业典礼？带着这样的思考，我们开启了毕业典礼的策划与筹备工作。

一、毕业典礼的设计与准备

毕业典礼是为毕业班孩子准备的。那么，作为这场典礼的主角，毕业班孩子对自己的毕业典礼有怎样的期待呢？

在和孩子进行讨论时，我们发现，他们都能说一说自己是怎么理解毕业和毕业典礼的：“毕业典礼就是庆祝我们毕业。”“毕业就是我们长大了，要上小学了。”我们问孩子：“毕业典礼上，你们有什么特别想做的事？”孩子们说道：“希望爸爸妈妈能来幼儿园，想跟爸爸妈妈讲一讲幼儿园里好玩的事情。”“想自己制作邀请函，邀请爸爸妈妈来参加毕业典礼。”“想给幼儿园送一份礼物。”……

因为希望孩子们能在这场毕业典礼中感受到被理解和尊重，体会到成长的意义，我们从设计活动开始就尊重他们的想法，尽可能满足他们的愿望，并结合孩子的兴趣、需要及我们对于毕业季课程教育价值的思考，来策划毕业典礼。我们觉得，策划这样一场毕业典礼，以下几个方面是我们需要重点考虑的。

（一）凸显幼儿的主体地位

我们一直强调孩子是活动的主体。我们认为，作为毕业典礼的主角，孩子的主人翁地位体现在两个方面：一是整个毕业典礼的准备过程，孩子都能亲自参与；二是孩子是毕业典礼的主角。

在毕业典礼上，每一位毕业生都应是最闪亮的星星。因此，我们想布置照片墙，用以展示所有毕业生的照片。我们还想在楼道两侧以“电影胶片”的形式呈现孩子们三年来在幼儿园学习、生活的照片，以展现孩子们的成长历程。

我们问孩子：“离开幼儿园的时候，你们最想做什么？”孩子们想到，要把带有个人印迹的物品留在幼儿园作为纪念。他们说，这里是自己生活了三年的地方，即使离开了也要让其他人知道幼儿园里曾经有过他们，这样他们就可以永远留下来了。最后，他们想到了一个可行的办法：把自画像留在幼儿园。于是，他们来到美工室创作自画像，并签上自己的名字。我们帮助他们将自画像布置在楼道两侧。

颁发毕业证书是毕业典礼中最庄严、隆重的一个环节。亲手从敬爱的园长伯伯那里接过自己的毕业证书，可以让孩子感受到被尊重、被认可，这也是他们成长的重要见证。我们希望孩子在台上从园长伯伯手中接过的就是属于自己的独一无二的毕业证书。所以，毕业典礼前，我们让孩子们亲手在毕业证书上贴上自己的照片。为了让这些毕业证书可以有序地颁发，我们给孩子们排了出场序号，毕业证书就按孩子的序号来排列。为了确保不出差错，我们还进行了一次彩排，这是我们三年来第一次为了一个活动而进行彩排。

在以往的大型活动中一般只有重要的来宾有专属的座位和席位卡，而这次我们觉得，让每个毕业生在毕业典礼上拥有一个专属座位和写有自己名字的席位卡，能够体现出他们是这次毕业典礼的主人，也是最重要的人，同时，这也让孩子感受到毕业典礼的庄严与隆重。我们请每个孩子自己制作席位卡，亲手在席位卡上写上自己的名字。此外，之前孩子们就提出，希望自己亲手为爸爸妈妈制作一封独一无二的毕业典礼邀请函。我们觉得这个想法很好，这是孩子作为毕业典礼的主人亲自向生命中最重要的人发出邀请，请他们来见证自己人生中的重要时刻。

孩子们在亲手为毕业典礼做准备的同时，充分感受到了自己是毕业典礼的主人。

（二）重视情感的表达和传递

毕业意味着成长，意味着新的开始，也意味着离别。毕业之际，孩子们一定有很多情感想要对教师、同伴表达，教师、家长也有千言万语想要说给孩子们听。

我们设计了"留言板"活动，分多个不同版块。在"毕业生留言板"上，请大班毕业生用绘画或前书写的方式表达他们的离别感想；在"家长留言板"和"教师留言板"上，家长和教师用文字表达对大班孩子未来的希冀与祝福；在"弟弟妹妹留言板"上，请中班孩子用绘画的方式把自己想对哥哥姐姐们说的话表达出来，教师则用文字记录他们的话，附在一旁。

千言万语也许无法通过小小的留言板来表达，所以，我们又设置了"离别真心话"环节，让每个毕业生都能充分表达自己对毕业的理解、思考和感想。为了让他们可以在比较轻松舒适的氛围中自由表达，我们通过视频的方式录制孩子们的"离别真心话"。每个孩子都可以在充分思考和准备之后，选择幼儿园里一个令自己感到最舒适愉快的地方进行录制。我们希望在每一件事上都能充分尊重孩子的想法。

毕业典礼上还有一个很重要的环节就是集体唱毕业歌。在选择毕业歌曲时，我发现，每个幼儿园的毕业典礼上孩子们唱的都是那几首歌。我在思考：不同幼儿园的孩子在幼儿园三年的记忆是多姿多彩、各不相同的，为什么都要唱一样的歌？对孩子来说，毕业歌是什么？如果是我，一定有很多的情感想通过这首歌来表达，歌里不需要有太多感谢的话，但我希望唱着这首歌就能够回想起自己在幼儿园三年来的点点滴滴，甚至在很多年以后还能边哼唱边回忆那些美好时光。我回忆起了十年前令我感动并影响我至今的一部日本电影《再见了，我们的幼儿园》，当年它的同名主题曲也感动了很多人。我想到了将这首歌曲的歌词进行改编，把班里孩子三年来在幼儿园的学习与成长写进歌词里，创编出一首属于他们的独一无二的毕业歌。

因为原版是一首日语歌曲，孩子欣赏和学习起来肯定有难度，于是前期我们在一日生活中一有机会就反复播放，让孩子们先熟悉歌曲的旋律。一周后我和孩子们就这首曲子进行了讨论。我问孩子们，听到这首歌有什么感觉。孩子们说，有点温暖，有点伤心，有点难过。我告诉孩子们，这首歌的名字叫《再见了，我们的幼儿园》，我鼓励孩子们谈一谈："马上要毕业了，对老师、对小朋友、对弟弟妹妹们、对我们的幼儿园，有什么想说的话？”他们说了很多让我很感动的话：“再见了，亲爱的老师”“再见了，弟弟妹妹们”“我们种的水稻和苹果树，我们摘过的柿子树和枇杷树，你们都要照顾好”……我把孩子们的话填进歌词里，然后让他们尝试跟着音乐唱出来。他们一边唱一边根据自己的感受提出建议，对歌词做一些细微的修改。比如，他们建议把“亲爱的弟弟妹妹”改成“可爱的弟弟妹妹”，把“敬爱的老师”改成“亲爱的老师”，有的孩子说：“我觉得最后应该要跟幼儿园说再见。”还有孩子为了“最棒的幼儿园”是否要改成“最好的幼儿园”而讨论半天。讨论的背后，是孩子们对幼儿园、同伴和教师最真挚的情感。

（三）注重家长的陪伴和参与

从孩子入园第一天起，我们就一直非常注重与家长的交流与合作。三年来，家长为孩子付出了很多，是孩子成长过程中最重要的人。因此，我们认为，他们也应是这场毕业典礼的主角之一。

我们不希望家长仅仅是被“通知”要出席孩子的毕业典礼，我们想让家长更多、更早地和孩子共同参与到毕业季的系列活动中，感受孩子的成长，交流成长的体会。比如，我们请孩子回家和爸爸妈妈一起翻看班级群相册中的照片。相册里全是三年来孩子在园生活、学习的照片。我们请家长和孩子一起挑选出不同阶段令他们印象深刻的照片，并带来幼儿园。我们会将这些照片以“电影胶片”的形式展示在楼道两侧。到了毕业典礼当天，家长和孩子走在楼道上便能回忆起三年来的点点滴滴。事实上，在选照片的过程中，孩子就和爸爸妈妈一起回顾了自己三年的幼儿园生活，家长也为见证了孩子在幼儿园一步一步的成长而感慨万分。同时，我们还请孩子们回去把他们创编的毕业歌唱给家长听，教家长也来学唱这首歌。

之前，孩子们提出，希望在毕业典礼那天能跟爸爸妈妈说说自己在幼儿园发生的有趣的事。在具体讨论之后，我们提议孩子们可以带爸爸妈妈在幼儿园里到处走走，讲讲在每个地方发生的趣事。孩子们在过去的活动中积累了一些看地图的经验，在学期初开展的主题活动“我们的幼儿园”中，对幼儿园的整体环境和建筑结构有了更全面的了解，因此，我们决定和孩子们一起制作“幼儿园记忆地图”。在孩子们自行设计的基础上，我们最终绘制成一张所有人都能看明白的地图。在毕业典礼当天，孩子们就可以拿着地图带着爸爸妈妈去逛幼儿园了。

二、毕业典礼进行时

（一）典礼预热

毕业典礼当天一大早，所有大班孩子穿着学士服、戴着学士帽，与身着正装的爸爸妈妈一起来到了幼儿园。

大厅中央是我们精心布置的一面主题墙，题为“我们一起走过的三年”。墙上展示了每一个毕业生的照片和幼儿园所有教师、工作人员的照片。这面主题墙的布置除了彰显谁是这次毕业典礼的主角之外，还有一层寓意是：孩子的成长离不开幼儿园所有教师、工作人员和小伙伴的陪伴。我们将这面墙称为爱心墙，意为这是一场爱的离别。边上的两块展板题为“我们毕业啦”，呈现的是两个班的毕业照，有班级集体照，也有小组照，每个孩子还在上面签上了自己的大名。小组毕业照展示出了小伙伴之间简单而又真诚的情谊。

在“毕业生留言板”上，我们能看到孩子们单纯而美好的愿望：“希望弟弟妹妹可以照顾好我们的水稻和苹果树。”“弟弟妹妹要好好学本领。”家长的留言也让人动容：“你们是最好的未来，毕业快乐！”“在幼儿园用心玩了三年是你人生中最宝贵的财富。在幼儿园成为真正的自己，是活教育最温暖的回忆。”孩子们还让爸爸妈妈帮他们读“弟弟妹妹留言板”上的话：“祝哥哥姐姐上小学快乐。”

（二）高光时刻

毕业典礼终于开始了。在主持人宣布之后，所有毕业生排着队，在众人的注目下隆重登场。他们向所有人挥手致意，并走到自己的专属座位坐下来。

毕业典礼中的园长致辞环节是孩子们都非常期待的。这位会陪着他们一起打水仗、一起去旅行，还会在新学期开学时变身“青蛙王子”在幼儿园大门口迎接他们入园的园长伯伯，早已成为他们心中最可亲可爱的大朋友。在典礼之前，毕业生们回忆起去年他们中班时参加上一届哥哥姐姐们的毕业典礼，还记得园长伯伯给大家带来了一个“活”的魔法——让孩子们了解了什么是“活教育”。他们很想知道今年园长伯伯会不会带来什么新的魔法。园长伯伯果然不负众望，给毕业生带来了另一个魔法——告别的魔法。园长伯伯通过一个形象的比喻告诉孩子们什么是毕业。他说，人的一生就像坐地铁一样，一站又一站，会有不同的人上车、下车，于是，一路上会有不同的人陪着你。而今天，幼儿园的老师和小朋友们要下车了，接下来，小学的老师和同学会上车，继续陪着你走下去……毕业典礼是大家要分别的日子，但告别不是忘记而是记住，是把最美好的东西留在记忆里，即便不舍得离开，也要笑着说感谢和再见……

在“家长代表送祝福”和“弟弟妹妹甜甜话”环节之后，现场举行了庄严的国旗交接仪式，毕业生亲手把鲜艳的五星红旗交到了中班的弟弟妹妹手上，也把责任托付给了弟弟妹妹。

之前录制的毕业生“离别真心话”视频在现场播放，所有教师和家长都感慨，孩子们真的长大了。“谢谢老师们陪我们度过三年的美好时光。”“相信在某一天的某个地方，我们一定会再见的。”简单的话语却表达了他们的心中所想，其中有感激，有对幼儿园美好时光的留恋，也有对未来的憧憬与期许。

在颁发毕业证书的环节，每个孩子用双手从园长伯伯的手中接过自己的毕业证书，认真地鞠了一躬说“谢谢园长伯伯”，并与园长伯伯合影。对于很多孩子来说，也许这是他们最后一次和园长伯伯说“谢谢”，最后一次和园长伯伯合影了。这位他们入园的第一天就在大门口迎接他们的园长伯伯，给他们的幼儿园生活画上了圆满的句号。

最后，孩子们要用刚刚学到的“告别魔法”，笑着和所有人告别。两个班的毕业生先后在同一首乐曲的伴奏下唱出了他们的毕业歌——《再见了，我们的幼儿园》。当音乐响起时，孩子身后的大屏幕上播放的是他们在幼儿园里生活、学习的照片。台下的家长看着孩子们三年生活的画面，听着他们用自己创编的歌曲跟幼儿园的一切告别，不禁眼泛泪光。孩子们用歌声诉说着在幼儿园的美好时光，也和这美好的时光说再见。

三、对毕业典礼的课程思考

（一）教育即在生活中生长

“活教育”是回归生活的教育，也就是让儿童在真实生活中感受、体验、思考，发现问题、解决问题、获得成长。生活是儿童经验生长的舞台。在“活教育”思想指导下，我们坚持“一日生活皆课程”的理念，将孩子的游戏和生活作为课程的生发点。毕业典礼便是孩子生活的一部分，是他们的经验得以生长的一个节点。我们努力将毕业典礼与我们的课程相结合，把做事、思考的权利还给孩子，以实现孩子经验的延续与生长。毕业典礼看似只是在一段时间做集中准备，但又不仅仅是这一段时间里完成的事。比如，“记忆地图”和毕业歌，并不是凭空出现的，而是在孩子三年实实在在的幼儿园生活的基础上产生的。毕业歌歌词中的每一件事，如孩子小班时种下的苹果树，中班时种下的柿子树，大班时种的水稻和小麦等，都是孩子们在课程中亲历的，是他们生活故事的代表。

（二）儿童是成长的主体

“活教育”是回归儿童的教育，也就是让儿童在前，拥有平等的权利，拥有自我意识，成为生活的主人。在毕业典礼的各个环节中，我们给了孩子充分的自主权。活动中，我们看到孩子们主动参与毕业典礼的每一项准备工作，他们有自己的思考与想法，这得益于在这三年的幼儿园生活中师幼之间平等的互动关系。毕业典礼筹划之初，我们在做了前期的思考、讨论之后，仍然不忘去倾听孩子们的意见。虽然孩子们的很多想法早已在我们预料之中，但我们仍希望孩子能作为一名主动的思考者自己来表达。毕业典礼方案的每一个环节，我们都会和孩子讨论，鼓励孩子表达自己的想法，让孩子感受到尽管自己还只是个孩子，却一直是被尊重、被理解、被认可的。而正是在这样平等的、相互尊重的师幼关系中，我们看到孩子们的表现远远超乎我们的想象。

以“活教育”助推大班幼儿的深度学习

——以大班项目活动“快乐岛面饼店”为例

南京市力联阳光幼儿园　陈　玲

我国著名的教育家陈鹤琴先生提出了“活教育”的课程论，即“大自然、大社会都是活教材”和“做中教、做中学、做中求进步”的教学论。“活教育”重视直接经验，强调以“做”为中心，主张在学校里的一切活动，凡是幼儿自己能够做的，都应当让他自己做。

陈鹤琴先生的“活教育”思想对当代学前儿童的身心发展与学前教育事业的发展依旧有着重要的指导意义。一切以“做”和实践为基础的方法论为幼儿园教育提供了强有力的借鉴价值。而项目活动以幼儿的自主探究性学习为主，让幼儿在发现问题、解决问题的过程中自主建构知识经验，获得各项能力的发展，是幼儿深度学习的良好载体。深度学习是幼儿主动探究、发现、产生认知冲突，进而采用策略解决问题的过程。幼儿具有与生俱来的探究能力，他们对这个未知的世界充满了无限的好奇和探究欲望。笔者以大班项目活动“快乐岛面饼店”为例，浅谈“活教育”理念对促进幼儿深度学习的探究。

一、甄别幼儿的兴趣动机，引发深度学习

陈鹤琴先生在十七条教学原则中提出了“凡儿童自己能够做的，应当让他自己做；凡儿童自己能够想的，应当让他自己想”。在探究过程中，幼儿往往表现出好奇心，且被鼓励后能积极主动地投入活动，并对需要完成的工作负责。幼儿在活动中的探究兴趣是深度学习的前提和内因。《3—6岁儿童学习与发展指南》(以下简称《指南》)明确指出：幼儿学习的核心是激发探究兴趣、体验探究过程、发展初步探究能力。由此可见，幼儿的探究兴趣非常

重要，但教师在追随幼儿兴趣时不能一味盲目地追随，而要分析幼儿的兴趣点是否具有潜在的学习价值，有哪些可发展为深度学习。

在前一个主题“为祖国妈妈过生日”中，大班幼儿领略了中华美食的魅力，其中面食是幼儿谈论最多的话题，因为面食是他们在日常生活中几乎每天接触到的，关于面食的生活经验比较丰富，对“吃”也有说不完的话。结合下午午点，幼儿对面食产生了极大的兴趣，对面食的成分和制作方法也提出疑问，活动也因此展开。

在大班项目活动“快乐岛面饼店”开始前，教师对调查问卷的结果进行了分析，发现幼儿对于面粉的来源基本是不清楚的，部分幼儿是在家长的告知下知道面粉是由小麦制成的，但对小麦不了解。通过统计，教师发现幼儿平时常吃的面食有饺子、面条、包子、面饼、花卷、馒头、比萨等，其中饺子、面条、包子和面饼是幼儿较为喜欢吃的。意向调查结果显示，“面条店”是幼儿最想在班级开展的游戏。（见图 1）

图 1　幼儿对面食的兴趣调查表

活动一开始，幼儿对“玩面粉”产生了兴趣，教师抓住这个教育契机组织了“和面”活动。接下来的活动结合幼儿调查表以及在活动中幼儿产生的兴趣点，将纵向多个层面的活动具体到细节，预设了一系列的活动，形成了活动的网络图。（见图 2）

为了满足幼儿的兴趣，支持幼儿的想法，倡导“做中学”的理念，我们从探索面粉入手，提供实物，让幼儿自主探索、实践，从而延伸出一系列有关面粉和面食制作的活动，让幼儿充分感受面粉的变化，给幼儿带来精彩的面粉之旅。

在后续的探索过程中，教师紧跟幼儿的脚步，重新切入活动网络，调整内容，让课程“从幼儿中来，到幼儿中去”。（见图 3）

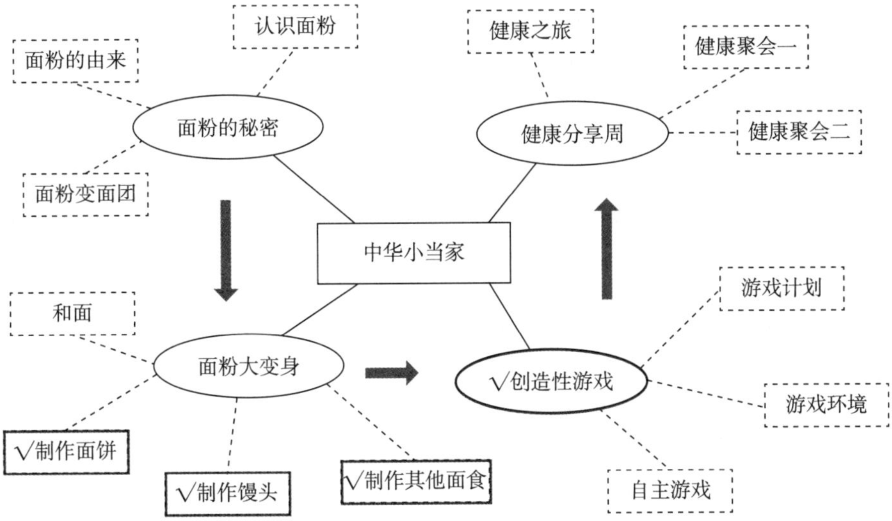

图 2　活动初始阶段的网络图

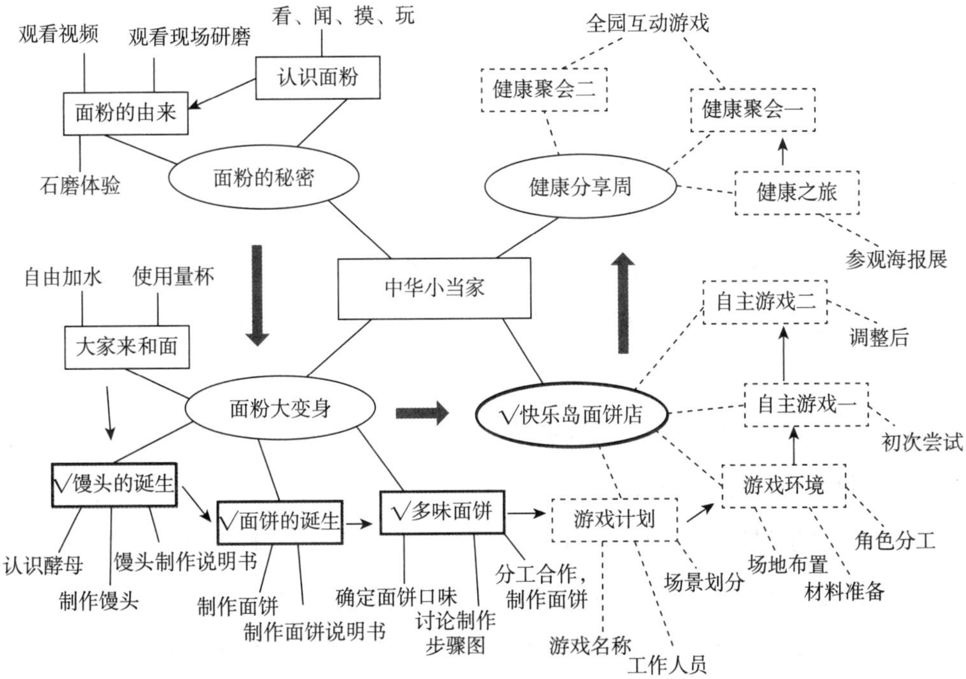

图 3　新的课程脉络图(打√部分为调整后的内容)

二、提供充足的探究时间，支持幼儿深度学习

陈鹤琴先生曾说："儿童的世界是儿童自己去探讨发现的，他自己所求来的知识才是真知识，他自己所发现的世界才是他的真世界。"学习是一个复杂的过程，需要时间的积累。比起被动接受、灌输式的浅层学习，深度学习更需要时间的保障和支持。保证幼儿在项目活动中拥有充足的探索时间，是进行探究活动的必要条件。幼儿在解决一个问题时需要充足的探索与实践的时间，教师不要急于求成，要顺应幼儿的身心特点，给予幼儿充分的时间与空间，以满足其不断深入的探究需求，使幼儿能够运用自己的思维和经验发现问题、解决问题。

项目活动主要从面粉的秘密、面粉大变身、快乐岛面饼店和健康分享周四条线索有序展开。活动中从共性问题到个性问题，以面粉为切入点，逐步延伸到对面食的个性问题。在活动前期，教师主要是结合幼儿的生活经验，通过幼儿常吃的多种面食引出对面粉的探究。我们在活动中给幼儿提供真实的面粉，引导他们用多种感官感知面粉，自己动手和面。在"和面"的过程中，幼儿屡次和面失败，(第一次和面：面粉怎么和？—第二次和面：加多少水合适？—第三次和面：使用量杯加水—第四次和面：边做边记录)对于水和面粉的配比始终掌握不好，通过反复尝试、讨论，进而引发出对量杯的使用和探究。仅仅对"和面"的探究持续了近两周。在此过程中，教师给予幼儿充足的时间和引导、等待幼儿发现问题、解决问题，多番尝试后幼儿制作出"和面说明书"。幼儿又根据说明书动手制作出馒头和面饼，再由制作原味面饼到多味面饼及面饼店游戏。整个探究活动中，全部使用真实的材料，每个幼儿都有动手机会。幼儿和面，老师即时烹饪供幼儿现场品尝，满足幼儿体验制作面食的成功感。

这是一个动态的学习过程，幼儿需要依次解决探究过程中产生的新问题。整个学习过程都是在幼儿的主动探究过程中自然发生的，同时也是在教师隐形的支持和推动下完成的。这遵循了陈鹤琴提出的"分组学习，共同研究""儿童教儿童"教学原则。教师支持幼儿与同伴合作探究与分享交流，引导他们在交流中尝试整理、概括自己探究的成果，一起讨论和分享自己的问题与发现，一起想办法收集资料和验证猜测，体验合作探究和发现的乐趣。

三、减少干预、学会观察，助推幼儿深度学习

陈鹤琴先生提出了“精密观察”，教师要既会观又会察，观察中思考，思考中观察，在活动中捕捉幼儿深度学习的生长点，及时发现、把握其价值，并加以引导，就会产生意想不到的教学效果。教师在观察中的指导要适时、适度，不轻易中断幼儿解决问题的过程。在必须干预时，教师应注意观察活动中幼儿的行为，解读幼儿行为背后的原因，采取适当的方式和方法。

在活动开展后期，幼儿由多味面饼引发了面饼店游戏，从自主性游戏入手，幼儿讨论、协商面饼店的开张计划。从面饼店的环境、材料、人员分工开始讨论，确定计划后先寻找替代材料进行游戏，再使用真实的材料制作面饼。幼儿在每天的游戏中不断增加情境和环境创设，如面饼店的店名、店招、招牌面饼、菜单等，全部由幼儿自主完成。“快乐岛面饼店”游戏如火如荼地在班级展开。经过持续观察，教师发现幼儿在游戏过程中出现了一些问题：“材料多，摆放混乱”“顾客多，不排队”等。这是由于幼儿缺乏相关生活经验。这时教师可以适时引导幼儿对出现的问题进行讨论、调整。经过重新规划，大家分工合作，面饼店变得井然有序起来。

我们要遵循《指南》中倡导的遵循幼儿的发展规律和学习特点。珍视幼儿生活和游戏的独特价值，充分尊重和保护幼儿的好奇心和学习兴趣，最大限度地支持幼儿通过直接感知、实际操作和亲身体验获取经验。所以在研究过程中，幼儿自己的事情尽量放手让他自己做，即使做得不够好，也应鼓励幼儿并给予一定的指导，让他在做事中建立自尊和自信。整个游戏环境的创设完全由幼儿自主完成，老师退位成支持者和配合者，让幼儿真正参与到游戏中去。作为教师，要当好幼儿探索活动的“催化剂”，采取适宜的策略，引导幼儿不断地进行深入的探索和学习。

四、多种方式呈现和交流，推进幼儿深度学习

陈鹤琴先生提倡开展“五指活动”，五指活动在幼儿生活中结成一个教育的网，有组织、有系统、合理地编织在幼儿的生活中，这种课程是整个的、连贯的。在整个项目活动开展过程中，教师要始终围绕幼儿的兴趣点，以发现问题、解决问题为主要探究方式，从而发展幼儿各方面的综合能力，进一步推进幼儿的深度学习。

（一）说：分享表达

说，是分享和表达，以一定的语言内容、语言形式及语言运用方式表达和交流个人观点的行为，是深度学习的重要体现。教师要为幼儿创设自由、宽松的语言交往环境，让每个幼儿都有表达的机会，让幼儿想说、喜欢说，并能得到积极回应。幼儿与同伴、教师分享以及表述自己探究的过程和发现都是深度学习的重要方式。为了更好地帮助幼儿分享表达，在活动后期教师还可以提供一些帮助幼儿回顾的素材，如在项目活动的高潮阶段，将“快乐岛面饼店”游戏通过视频、图片等来展示一些较有代表性的行为、情境，帮助幼儿进行情境重现。幼儿通过分享与交流，强化所学的知识经验，从而推动自身进行深度学习。

（二）记：记载录入

记，是记载和录入，是深度学习中思维提升的过程。这里的记不是传统意义教师视角下的记录，而是在探索过程中的幼儿多元记录，记录的形式包括简单的文字、符号、绘画、照片、音频、视频等。（见图 4 至图 6）

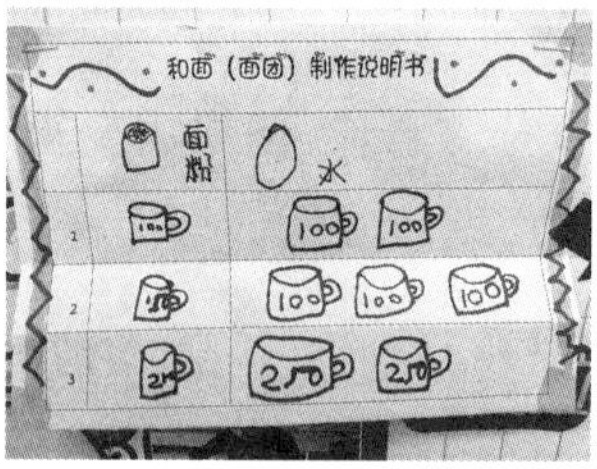

图 4　和面说明书

图 5　面饼的制作方法

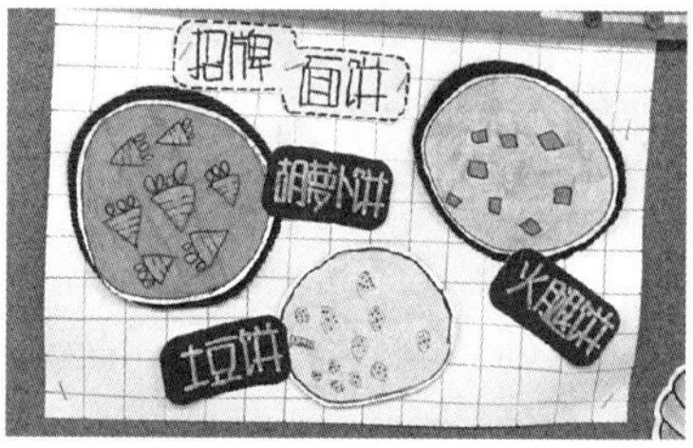

图 6　招牌面饼

在深度学习中，幼儿从知识灌输的对象和外部刺激的被动接受者转变为信息加工的主体和主动建构者。伴随着探索，记录会自然发生。记录大都发生在活动现场，是及时、有效的记录。如：在“和面”活动中，记录是解决面粉和水配比的重要方式，记录的过程正是发展高阶思维、对信息深度加工的过程。

（三）展：策划布展

展，是策划和布展，是对过程和成果的展示。在活动开展的后期，可以引导幼儿通过海报、主题墙、游戏等方式向家长或者其他班的幼儿介绍本班所开展的项目活动。教师通过记录、收集、整理活动的过程性资料，与幼儿一起回顾过程内容，深入思考：“已经知道了什么？还想知道什么？”这样以主题墙、海报来呈现幼儿在学习过程中的思维和学习品质是对学习过程和内容的再现。除了在幼儿园通过主题墙、海报为活动提供展示的方式外，还可以让幼儿离园回家时带着自己的游戏计划、记录和作品等，给父母讲讲自己的发现和收获。

五、加强家园共育，促进幼儿深度学习

《指南》提出：家庭、幼儿园和社会应共同努力，为幼儿创设温暖、关爱、平等的家庭和集体生活氛围，建立良好的亲子关系、师生关系和同伴关系，让幼儿在积极健康的人际关系中获得安全感和信任感，发展自信和自尊，在良好的社会环境及文化的熏陶中学会遵守规则，形成基本的认同感和归属感。

项目活动的开展过程中，教师可以让家长参与到活动中。家长有不同的职业、经历、爱好、特长，这在活动中是非常有价值的教育资源。抓住契机，有效地运用家长资源，让家长在深入参与的过程中共建课程的共同体。如在活动前做好计划，将需要家长配合的部分提前通过网络群告知家长；随着活动的推进，陆续向家长征集面盆、电饼铛等厨具；在健康分享周活动中，鼓励家长报名参加健康聚会，现场烹饪幼儿制作的多味面饼……家长们的全力支持，保证了活动的顺利开展。这个过程也是增加幼儿与家长、教师与家长双向互动的机会，能更好地促进幼儿的深度学习。

总之，在陈鹤琴先生的“活教育”思想的指导下，教师在班级开展项目活动时，能更有效地培养幼儿的创造性思维、语言沟通能力和情感表达能力，也培养了幼儿实际动手操作的能力和应用所学知识解决问题的能力。班级的项目活动应基于对幼儿的理解和尊重，以幼儿为主体，以幼儿的发展为目标，努力为幼儿的深度学习创造条件，满足幼儿在问题指引下积极主动的探索欲望，使幼儿在探索中不断调动自身内在的动力，去发现问题、解决问题。这样才能有效助推幼儿进行深度学习，也让学习充满挑战、充满乐趣。

参考文献：

[1] 朱凤. 利用科学活动促进幼儿深度学习[J]. 学前教育研究，2018(9).

[2] 鄞燕瑜. 巧设不同的问题情境，促进幼儿的深度学习——以中班建构游戏“桥”为例[J]. 幼儿教育研究，2019(3).

[3] 喻兴艳. 玩—说—记—展：指向幼儿的深度学习——以大班测量活动“竹笋有多高”为例[J]. 儿童与健康，2021(02).

[4] 闵国芬. 在项目活动中促进幼儿深度学习——以大班项目活动“消防车”为例[J]. 河南教育(幼教)，2019(12).